최신 **임상심리학**

최신 임상심리학 개정판

2019년 2월 28일   초판 1쇄 발행
2025년 1월 10일 개정판 1쇄 발행

지은이 신민섭·권석만·민병배·이용승·박중규·정승아·김영아·박기환
　　　　송현주·장은진·조현주·고영건·송원영·진주희·이지영·최기홍
책임편집 임현규
편집 정용준
디자인 김진운
마케팅 유명원

펴낸이 윤철호
펴낸곳 ㈜사회평론아카데미
등록번호 2013-000247(2013년 8월 23일)
전화 02-2191-1128
팩스 02-326-1626
주소 03978 서울특별시 마포구 월드컵북로6길 56
이메일 academy@sapyoung.com
홈페이지 www.sapyoung.com

ISBN 979-11-6707-171-2 93180

최신 임상심리학

신민섭 · 권석만 · 민병배 · 이용승 · 박중규 · 정승아 · 김영아 · 박기환
송현주 · 장은진 · 조현주 · 고영건 · 송원영 · 진주희 · 이지영 · 최기홍 지음

사회평론아카데미

개정판 서문

『최신 임상심리학』의 초판을 낸 지 6년이 지났습니다. 2019년에 발생한 코로나19 팬데믹은 전 세계 사람들에게 불안과 고통을 안겨 주며 우리 생활 전반에 큰 영향을 미쳤습니다. 코로나 이후 국내 우울증 고위험군이 5배나 증가하였고, 영유아 발달 및 아동, 청소년의 정신건강에도 부정적인 영향이 미친 것으로 나타났습니다. 이에 대응하기 위해 임상심리학 분야, 특히 심리 장애의 진단평가 및 치료 방식에 있어서도 많은 변화가 있었습니다. 비대면 심리검사 및 면담, IT-기반 정신건강 증진 프로그램을 포함한 심리치료 방식을 비롯하여, chatGPT로 대표되는 인공지능 분야의 급격한 발전은 임상심리학 분야에서 획기적인 패러다임의 변화를 이끌었습니다. 4차 산업혁명 시대에 접어들어 임상심리학자들도 이전에는 예측하기 어려웠던 새로운 미래에 대비하기 위해 고심해야 할 시기에 이르렀다고 할 수 있습니다.

임상심리학은 항상 사회의 변화와 함께 발전해 왔으며, 임상심리전문가 및 정신건강임상심리사 등 임상심리학 관련 전문가들은 어떠한 상황 속에서도 인간이 행복한 삶을 누릴 수 있도록 돕기 위해 꾸준히 연구와 임상 활동을 수행해 왔습니다.

DSM-5의 개정판인 DSM-5-TR이 2022년 미국에서 출간되었고, 2023년 DSM-5-TR의 한국어 번역판이 출간되었기에, 이번 최신임상심리학 개정판에서는 임상심리학 분야의 최신 동향을 빠짐없이 다룸으로써 학생들이 최신 지견을 더욱 쉽게 접하고 학습하는 데 도움을 주고자 하였습니다. 이를 위해 정신장애 진단 기준을 DSM-5-TR로 업데이트하고, DSM-5의 첫 번째 개정판인 DSM-5-TR에 추가된 요소에 대해 상세히 설명하였습니다. 또한 임상심리학의 역사를 설명하는 부분에서 2019년 이후의 내용을 추가하고, 비대면 상담, 자살 및 약물중독 위기면접, MMPI-3 등에 관한 내용을 새로 서술하였습니다. 이 외에도 디지털 치료제 및 헬스케어 앱 등 빠르게 변화하는 디지털 기술이 임상심리학 분야에 미치고 있는 영향을 소개하고, 전체적으로 다소 어렵다고 느껴질 수 있는 부분은 보다 상세히 기술하였습니다.

강의와 연구, 임상 활동 등 여러 가지 업무로 시간적 여유가 없는데도 개정판 작업을 흔쾌히 맡아 진행해 주신 각 챕터 저자 선생님들께 깊이 감사드립니다. 또한 심리학에 대한 열정과 전문적인 식견으로 개정판 작업 전반을 책임 있게 완수해 주신 임현규, 정용준 선생님께도 감사드립니다.

　　이 책이 임상심리학의 길을 명확하게 보여 주어 임상심리학을 공부하는 학생들과 전문가들을 안내하고, 임상심리학의 최신 지견을 전달하고 임상심리학이 나아가야 할 비전을 제시하여 학생 및 연구자들이 임상심리학의 현재와 미래에 대해 생각하는 계기를 만들어 주기를 기대합니다.

2025년 1월
대표저자 신민섭 올림

서문

　30여 년간 대학병원에서 강의와 연구, 수련생 지도감독 그리고 심리학적 진단 평가 및 치료 등을 해 온 임상 경험을 바탕으로 책을 저술하거나 번역한 경험은 비교적 많은 편이지만, 이번처럼 서문의 첫 문장을 무슨 말로 어떻게 시작해야 할지 몰라서 망설였던 적은 없습니다. 대표저자로서 이 책을 특히 더 잘 저술하고 싶은 욕구와 더불어 한국 임상심리학의 역사, 다양한 분야에서 일하는 국내 임상심리학자, 임상심리전문가, 정신건강임상심리사들의 연구 및 임상 활동 등 우리나라의 임상심리학 현황을 체계적으로 정리해서 총체적으로 보여주는 전문적이면서도 실용적인 책을 저술해야 한다는 사명감이 집필 과정 내내 심리적인 부담감으로 다가왔습니다. 아마도 제가 느끼는 이러한 생각과 감정이 바로 임상심리학이 현재 국내 심리학계와 정신건강분야에서 차지하는 막중한 위치와 무게, 다학제적인 복잡성을 반영하는 것이 아닐까 라는 생각이 듭니다.

　이 책의 첫 장에서 "임상심리학은 인간이 겪는 다양한 심리적 고통과 장애에 대한 심리적 원인을 과학적으로 연구할 뿐만 아니라 심리평가와 심리치료를 통해 심리적 장애를 지닌 사람을 돕는 학문"으로 정의하고 있고, 임상심리학이 추구하는 학문적 목적은 "인간이 겪는 심리적 고통과 장애를 설명하고 치유할 뿐만 아니라 나아가서 행복과 성장을 촉진하는 것이다"라고 기술한 바와 같이, 대학과 임상 현장에서 오랜 시간 동안 임상심리학자로서 일하면서 임상심리학은 저에게 단순한 학문 이상의 의미를 넘어서 자아성체성의 중요한 한 부분, 더 나아가 삶의 일부가 되었고, 이를 통해 행복과 성장의 기회를 얻을 수 있게 되었습니다.

　이제까지 국내에 소개된 훌륭한 임상심리학 관련 서적들이 많이 있지만, 한국 임상심리학의 역사, 한국 임상심리학자 수련제도 및 임상심리학자의 역할 등 모든 자료를 총망라하여 저술된 교재는 별로 없는 실정입니다. 이 책은 국내 임상심리학 분야에서 후학 양성과 심리치료 영역에서 뚜렷한 업적을 남기고 현재도 활발히 연구 및 임상 활동을 하고 계시는 전문가 선생님들께서 각 장의 저자로 참여해 주셨고, 저자들 간에 논의를 거쳐서 이제까지 임상심리학 교재에서 주로 다뤄 왔던 주제뿐만 아니라 앞으로 국내외에서 중요하게 대두될 주제들까지 고려해서 내용을 구성하였습니다.

1부 임상심리학의 개관에서 1장 "임상심리학이란 어떤 학문인가"에서는 임상심리학의 정의와 임상심리학자의 전문적 활동 영역뿐만 아니라 미국과 영국 임상심리학자 수련 모델 그리고 한국의 수련 모델과 자격제도에 대해 일목요연하게 정리해서 명확하게 소개하였습니다. 2장 "임상심리학의 역사"는 유럽과 미국을 중심으로 임상심리학이 발전해 온 역사를 개관한 후, 한국에서 어떻게 임상심리학이 뿌리내리고 꽃피어 왔는지를 임상심리학회 발전사와 회원들의 다양한 활동, 자격제도, 향후 과제 등을 소개함으로써 알기 쉽게 기술하였습니다. 3장 "임상심리학의 연구방법"에서는 과학적 연구가 갖춰야 할 기본 개념을 제시한 후 임상심리학 연구에서 사용하는 실험법과 비실험법, 평가 도구를 설명하고, 최근 점점 강조되고 있는 연구윤리를 살펴보았습니다.

2부 임상진단과 평가에서 4장 "진단"은 정신장애 진단분류체계의 정의 및 진단분류체계의 역사를 살펴보고, 대표적인 진단분류체계인 DSM과 ICD의 구성과 진단을 내리는 과정을 사례를 통해 설명하였습니다. 또한 정신장애 진단분류체계가 갖추어야 할 신뢰도와 타당도를 살펴보고, 정신장애의 원인에 대한 서로 다른 이론적 접근법들도 간략히 제시하였습니다. 5장 "임상면접"에서는 임상면접을 준비할 때 고려해야 할 사항들, 내담자와 라포 형성을 위한 기술, 임상면접의 진행 및 면접유형에 대해서 예를 들어 이해하기 쉽게 설명하였습니다. 6장 "지능평가"에서는 지능의 정의와 지능검사 개발의 역사, 지능에 대한 이론적 모델을 소개하고 웩슬러 지능검사를 비롯해서 다양한 지능검사의 구성요소와 실시 방법, 활용 등에 대해 다루었습니다. 7장 "성격평가"에서는 성격평가를 크게 객관형 성격검사와 투사형 성격검사로 구분하여 살펴본 후에, MMPI와 로르샤하검사를 비롯하여 다양한 성격검사들을 소개하고 성격검사의 장단점과 미래에 대한 고찰로 마무리하였고, 8장 "행동평가 및 자기보고"에서는 다양한 행동평가 방법과 자기보고 척도 및 체크리스트를 소개하고, 행동평가와 자기보고가 임상 현장에서 어떻게 활용될 수 있는지 구체적인 사례를 제시하였습니다. 9장 "신경심리평가"는 임상신경심리학과 신경심리평가의 정의를 살펴본 후에 대뇌 피질의 구조와 기능 및 인지기능장애와 관련된 신경학적 질환들에 대해 설명하고, 임상 현장에서 사용되는 신경심리검사를 인지기능 영역별로 구분하여 소개하였습니다.

3부 심리치료에서 10장 "정신역동 심리치료"는 프로이트를 시초로 하여 자아심리학, 대상관계 이론, 자기심리학 등으로 변화, 발전해 온 정신역동 이론에 대해 살펴보고, 정신역동 치료 기법들을 소개한 후에 최근 들어 활발히 진행되고 있는 정신역동 이론과 신경과학의 학제 간 연구와 정신역동 심리치료 효과를 증명하기 위한 치료성과 연구도 살펴보았습니다. 11장 "인지행동치료"에서는 인지행동치료의 발전 과정을 먼저 소개한 후에, 인지치료와 수용전념치료를 중심으로 치료의 기본 가설과 개념들, 치료과정 등을 소개하였습니다. 12장 "현상학적 치료"에서는 현상학적 치료의 철학적 배경과 기본전제 및 실존치료, 게슈탈트치료, 내담자중심치료 등 현상학적 심리치료들의 기본 전제와 공통점을 살펴본 후에 각 치료에 대해 상세하게 설명하였습니다. 13장 "집단치료"에서는 개인 심리치료가 아닌 집단치료의 특징 및 장단점을 소개하는 것에서부터 시작해서 집단치료의 윤리적 쟁점, 집단치료자의 자질, 집단치료의 구성 및 과정 그리고 집단치료의 치료적 요인을 살펴보았습니다.

4부 전문영역은 임상심리학과 밀접히 관련된 전문 분야로 구성되어 있습니다. 14장 "건강심리학 및 긍정심리학"은 건강심리학의 정의와 관점, 건강심리학자의 훈련과정 및 활동, 일반인들과 다양한 질환을 가진 사람들을 돕기 위한 건강심리학적 개입 방법을 기술할 뿐만 아니라 긍정심리학에 대해 소개하고 긍정심리학의 주요 쟁점인 행복의 정의와 행복에서 유전과 환경의 역할, 행복을 증진할 수 있는 방법에 대한 경험적인 연구 결과를 제시하였습니다. 15장 "아동임상심리학"은 아동임상심리학의 역사와 주요 주제들, 최근 연구 동향 및 아동임상심리학자의 역할과 자격제도, 아동기 장애의 조기 진단 및 개입방법에 대해 소개하였습니다. 16장 "기타 전문 영역"은 임상심리학의 지식과 실무경험 등이 적용되는 법정심리학, 지역사회심리학, 기업상담, 코칭심리학을 중심으로 해당 분야의 역사와 전문가들의 역할에 대해 구체적으로 소개하였고, 최근 들어 임상심리학 영역에서 활발히 이루어지고 있는 가상현실과 인공지능을 이용한 심리치료프로그램의 개발 연구들을 살펴본 후에 미래 임상심리학자의 역할에 대한 제언으로 마무리하였습니다.

바쁘신 가운데도 이 책이 가지는 의미와 중요성을 이해하시고 집필에 흔쾌히 참여해 주신 권석만, 민병배, 이용승, 박중규, 정승아, 김영아, 박기환, 송현주, 장은진, 조현주, 고영건, 송원영, 진주희, 이지영, 최기홍 선생님께 진심으로 마음 깊이 감사를 드립니다. 감사의 마음이 너무 커서 한 문장으로는 결코 담아낼 수 없을 겁니다. 이 책과 함께 늘 그 마음을 간직하겠습니다. 사회평론아카데미의 임현규, 장원정 선생님의 전문적인 조언과 도움, 윤철호 대표님과 고하영 상무님의 지원에도 깊이 감사드립니다. 이 책이 학교 및 다양한 현장에서 활동하시는 선생님들과 임상심리학에 대한 배움을 시작하는 학생들에게 심연의 바다와 같이 알기 어렵고 복잡한 마음의 작용과 심리적 고통을 이해하고 치료적 도움을 제공하는 데 있어서 등대와 같은 불빛이 되어 준다면 더할 나위 없이 기쁘고 저자들에게는 큰 보상이 될 것입니다.

2019년 2월 설레는 마음으로 봄을 기다리며
대표저자 신민섭 올림

차례

1부

임상심리학의 개관

01
임상심리학은
어떤 학문인가

임상 심리학은 흔히 '심리학의 꽃'이라고 일컬어진다. 심리학의 과학적 지식을 활용하여 인간이 겪는 심리적 고통과 장애를 치유하고 나아가서 행복을 증진하는 소중한 역할을 담당하는 심리학 분야이기 때문이다. 또한 임상심리학은 가장 많은 심리학자들이 활동하는 전문 분야이고, 임상심리학자들은 사회의 다양한 장면에서 활동하며 공헌하고 있기 때문이기도 하다. 이 장에서는 임상심리학이 어떤 학문인지를 이해할 수 있도록 임상심리학의 전반적 모습을 소개한다. 임상심리학의 정의와 학문적 특성을 비롯하여 임상심리학자는 어떤 일을 하는지, 임상심리학자가 되려면 어떻게 해야 하는지, 임상심리학자와 유사한 일을 하는 인접 분야에는 어떤 것들이 있는지, 한국 임상심리학의 현황은 어떠한지 그리고 한국 사회에서 임상심리학은 어떤 역할과 기여를 할 수 있는지에 관해 다룰 것이다.

☑ 이 장의 목표

1 임상심리학이 어떤 학문인지를 이해할 수 있다.
2 임상심리학자의 기능과 활동을 제시할 수 있다.
3 임상심리학자의 수련과 양성 과정을 설명할 수 있다.
4 임상심리학이 다른 정신건강 분야와 어떻게 다른지를 이해할 수 있다.

임상심리학의 이해

대학교에는 인문학, 사회과학, 자연과학을 비롯하여 법학, 경영학, 공학, 농학, 의학 등 매우 다양한 분야가 존재한다. 그중 심리학psychology은 인간의 마음과 심리적 현상을 과학적으로 탐구하는 학문이다. 심리학은 인간의 마음을 '과학적이고 실증적인 연구방법'을 통해 탐구한다는 점에서 인문학이나 종교적 접근과 다르다. 또한 심리학은 '개인'의 심리적 현상에 초점을 맞춘다는 점에서 인간의 삶과 관련된 다양한 사회적 현상(정치, 경제, 사회, 문화 등)을 연구하는 다른 사회과학 분야와도 구분된다.

심리학에는 인간의 마음과 심리적 현상의 다양한 측면에 초점을 맞추는 여러 세부 전공 분야가 있다. 인지심리학, 생리심리학, 발달심리학, 성격심리학, 사회심리학과 같은 기초 분야를 비롯하여 상담심리학, 산업심리학, 소비자심리학과 같은 다양한 응용 분야가 존재한다. 임상심리학clinical psychology은 여러 분야의 심리학 지식에 근거하여 인간의 심리적 고통과 장애를 연구하고 치료하는 응용심리학의 한 분야이다.

임상심리학의 정의

임상심리학의 학문적 특성을 이해하기 위해서는 먼저 '임상'이라는 용어의 의미를 살펴볼 필요가 있다. 임상심리학은 영어로 'clinical psychology'라고 하며 한자로는 '臨床心理學'이라고 쓴다. 'clinical'이라는 단어는 '병상 옆에서beside bed'라는 의미를 지니고 있으며, 한자인 '臨床'도 '병상에 임하여'라는 뜻을 지닌다. '병상(病床)'은 심각한 고통과 질병으로 인해 스스로 서 있기 어려운 사람이 누워 있는 자리인 동시에 그러한 고통과 질병으로부터 벗어나기 위해 치료를 받는 자리를 말한다. 따라서 임상이라는 용어는 '심한 고통과 장애를 지닌 사람을 치료하는 활동'을 의미하며, 흔히 병원 장면에서 환자를 대상으로 이루어지는 다양한 치료활동(예: 임상의학, 임상병리학)을 지칭할 때 사용한다.

임상심리학은 '심리적 고통과 장애'를 '심리학의 관점'에서 이해하고 '심리학적 원리와 수단'을 활용하여 치료하고 예방하는 분야라고 할 수 있다. '심리적 고통과 장애'[1]를 대상으로 한다는 점에서 육체적 고통과 질병을 대상으로 하는 신체의학과는 구별되며 '심리학의 관점에서 심리학적 원리와 수단'을 사용한다는 점에서 정신의학과 구별된다. 이처럼 임상심리학은 인간이 겪는 다양한 심리적 고통과 장애에 대한 심리적 원인을 과학적으로 연구할 뿐만 아니라 심리평가와 심리치료를 통해 심리적 장애를 지닌 사람을 돕는 학문이라고 할 수 있다.

현재 세계적으로 임상심리학이 가장 발전한 국가인 미국의 심리학회에서는 임상심리학을 다음과 같이 정의하고 있다. "임상심리학은 심리적 원인에 근거한 고통이나 기능장애를 이해하고, 예방하며, 완화하고 나아가서 주관적 행복과 개인적 성장을 촉진하는 목적을 위해서 과학, 이론 그리고 임상적 지식을 통합하는 분야"이다(Plante, 2005). 즉, 임상심리학이 추구하는 학문적 목적은 인간이 겪는 심리적 고통과 장애를 설명하고 치유할 뿐만 아니라 나아가서 행복과 성장을 촉진하는 것이다. 그러한 목적을 실현하는 주요한 방법은 과학적인 연구방법, 심리학의 이론 그리고 임상적 경험과 지식을 통합하는 것이다. 이러한 정의를 요약하면, 임상심리학은 인간의 심리적 고통과 부적응을 이해하고 치유하며 예방할 뿐만 아니라 행복과 성장을 촉진하기 위해 과학적 탐구와 임상적 실천을 통합하는 심리학 분야라고 할 수 있다.

임상심리학의 학문적 특성

기본적으로 임상심리학은 인간의 심리적 고통과 불행에 관심을 가진다. 인간은 누구나 행복한 삶을 추구하지만, 삶의 현실에는 수많은 고통과 불행이 존재한다. 크고 작은 심리적 고통과 불행이 쌓이게 되면 심각한 부적응 문제나 정신장애로 발전하게 된다. 임상심리학은 심리학의 이론과 지식을 활용하여 다음과 같은 물음에 답하고자 한다. 인간을 고통스럽게 만드는 부적응 문제와 정신장애에는 어떤 것들이 있는가? 이러한 부적응 문제와 정신장애는 어떤 심리적 원인에

----

1   임상심리학이 관심을 지니는 심리적 문제는 심리적 고통, 이상행동, 문제행동, 부적응 문제, 정신장애, 정신병리 등과 같은 다양한 용어로 표현될 수 있다.

의해서 발생하고 악화되는가? 심리적 문제와 정신장애는 어떻게 치료하고 예방할 수 있는가? 임상심리학은 이러한 물음들에 답하기 위한 과학적 연구를 실시할 뿐만 아니라 부적응 문제와 정신장애를 치유하기 위한 실천적 활동을 담당하는 학문이라고 할 수 있다.

임상심리학은 정신건강 분야의 핵심적 위치에 존재하는 학문 분야로서 다른 인접 분야와 구별되는 여러 가지 학문적 특성을 지니고 있다. 임상심리학의 독자적이고 고유한 학문적 특성을 요약하여 소개하면 다음과 같다.

첫째, 임상심리학은 인간의 불행과 장애를 치유하고 행복과 성장을 추구하는 심리학적 접근이다. 최근에 긍정 임상심리학positive clinical psychology 분야가 제기되고 있듯이, 임상심리학자는 정신장애 환자를 치료할 뿐만 아니라 나아가서 일상적인 스트레스로 인해 장애가 재발하지 않도록 그들의 행복과 성장을 지원하는 일에도 깊은 관심을 지니고 있다(권석만, 2008; Seligman, 2003).

둘째, 임상심리학은 과학자이자 임상가로서 학문적 탐구와 현장적 실천을 함께 추구하는 학문 분야이다. 임상심리학자의 매력 중 하나는 연구와 실무 능력을 겸비한다는 점이다. 임상심리학자는 과학적인 연구를 하지만 연구실에만 머물지 않으며, 임상 현장에서 심리평가와 심리치료를 하지만 과학적 탐구의 노력을 기울인다.

셋째, 임상심리학은 부적응과 정신장애로 인해 고통과 좌절을 겪고 있는 사람들을 위로하고 치료하는 심리적 돌봄psychological care의 전문 분야이다. 임상심리학자는 전문직업인professional으로서 치료비의 대가를 받고 돌봄을 제공하지만 인간에 대한 따뜻한 관심과 애정 역시 필요한 직업이다.

넷째, 임상심리학은 불행과 장애의 원인과 치유에 있어 사회환경적 측면보다 개인의 심리적 측면에 주목한다. 인간의 고통과 불행에는 개인의 심리적 요인뿐만 아니라 사회환경적 요인(예: 가난, 열악한 가족환경, 사회적 불평등과 차별 등)이 개입한다. 그러나 임상심리학자는 환경적 요인보다 심리적 요인에 주목하여 불행과 장애를 치유하는 데 관심을 지닌다. 개인의 심리적 요인(성격, 사고, 행동 등)이 부적응과 정신장애에 더 강력한 영향을 미칠 뿐만 아니라 더 쉽게 변화시킬 수 있기 때문이다.

마지막으로, 임상심리학은 인간에 대한 통합적 이해를 추구하는 학문이다. 임상심리학은 다양한 분야의 심리학 연구를 정신장애의 이해와 치료를 위해 적용하는 응용 분야일 뿐만 아니라 임상경험과 연구를 통해서 인간에 대한 통합적 이해를 추구하는 학문이다. 임상심리학자는 정신장애의 원인과 치료를 위해서 개인의 다양한 심리적 측면과 삶 전체를 고려해야 하기 때문에 여러 심리학 분야의 이론과 지식을 활용하여 인간의 전체 모습을 통합적으로 이해하려는 노력이 필요하다. 이런 점에서 임상심리학은 부적응과 정신장애를 연구하고 치료함으로써 궁극적으로 인간의 심리적 구조와 기능을 이해하고 설명하는 통합심리학이라고 할 수 있다.

심리적 장애에 대한 임상심리학의 접근법

(1) 인간의 문제: 심리적 고통과 장애

인간은 누구나 행복을 추구하는 동시에 불행을 회피하고자 한다. 그런데 인간의 현실적인 삶에는 다양한 유형의 고통과 불행이 존재한다. 어린 시절에 부모로부터 받은 학대나 차별, 부모의 반목과 가정의 불화, 형제자매 간의 경쟁과 갈등, 학업에서의 좌절과 실패, 친구들로부터의 왕따와 괴롭힘, 육체적인 질병이나 상해, 이성관계에서의 상처와 실연, 직장에서의 좌절이나 실직, 직장동료와의 갈등과 반목, 사업의 실패나 경제적 곤란 등 수없이 많은 부정적 사건들이 인간의 삶을 고통스럽고 불행하게 만든다. 더구나 현대인은 효율과 성과를 중시하는 물질주의적 경쟁사회에서 다양한 심리적 고통과 스트레스에 시달리고 있다. 이러한 심리적 문제가 심각하거나 오래 지속될 경우 인간은 여러 가지 부적응 문제나 심리적 장애를 나타낼 수 있다. 임상심리학자들이 관심을 가지는 심리적 문제의 몇 가지 사례를 살펴보기로 한다.

사례 1

대학생인 K군은 시험이 다가올 때마다 고민스럽다. 매우 성실한 K군은 시험 때마다 철저하게 준비를 하지만, 시험성적을 받아 보면 늘 좌절감을 느끼게 된다. 시험을 볼 때마다 불안과 긴장이 고조되어 자신이 공부한 내용을 시험지에 다 써 넣지 못하기 때문이다. 지난 학기에는 중요한 전공과목의 시험을 앞두고 며칠 밤을 새워가며 열심히 공부했지만, 예상한 것과 다른 문제가 나온 시험지를 받고 당황하게 되자 머릿속이 텅 빈 것처럼 정신이 혼미해져서 아무것도 생각이 나질 않았다. 평소 글씨체가 좋은 K군이었지만 당황하자 손이 떨려 답을 제대로 쓰기가 어려웠다. 억지로 힘을 주어 글을 쓰려고 했지만 팔과 어깨가 마비되는 것처럼 굳어지고 통증을 느끼게 되어 결국 시험을 망쳤다. K군은 시험을 볼 때마다 이와 비슷한 일이 일어나서 고통스럽다. K군은 고등학교 때에도 평소의 학교성적에 비해 수능시험과 같이 중요한 시험에서는 이상하게도 결과가 좋지 않았다.

사례 2

대학생인 S양은 이성관계가 매우 복잡하고 불안정하다. 남자친구와의 관계가 몇 달밖에 지속되지 못하고 늘 불행하게 헤어지게 된다. 자신에게 호감을 지니고 접근하는 이성친구에게 급속하게 뜨거운 애정을 느끼게 되지만, 남자친구가 항상 자신의 곁에 있어 주기를 원하고 자신에 대한 애정을 지속적으로 보여주기를 원한다. 따라서 남자친구의 애정을 수시로 확인하려 하며 이러한 기대가 조금이라도 좌절되면 남자친구에게 심한 분노와 배신감을 느끼게 된다. 이처럼 분노를 느끼면 S양은 남자친구에게 냉혹한 태도를 취하며 괴롭힌다. 예컨대 남자친구의 열등한 면에 대해서 가혹하고 모욕적인 비난을 하면서 심한 마음의 상처를 주곤 한다. S양은 자신의 곁에 남자친구가 없으면 허전하고 공허하여 새로운 남자친구를 사귀게 되지만, 이러한 이성관계의 패턴 때문에 사귈 때마다 불행한 결과를 초래하며 헤어지는 일이 반복되고 있다.

사례 3

40대 초반의 주부인 C씨는 요즘 남편이 외도를 하고 있다는 의심 때문에 거의 매일 부부싸움을 하고 있다. C씨에 따르면 자신을 아껴 주던 과거와 달리 남편이 자신을 멀리하면서 부부관계를 원하지 않고 있으며 자주 늦게 돌아오는 걸 보면 다른 여자와 사귀는 것 같다고 한다. 그러나 남편 말에 따르면 자신의 외도는 전혀 사실무근이며, 과장으로 진급하고 나서 근무시간도 늘고 스트레스가 증가해서 부인에게 관심을 쏟을 여유가 없다는 것이다. 그러나 C씨는 남편이 다른 여자를 만나 부정한 관계를 맺을 것이라는 의심을 지울 수가 없다. 몰래 남편 휴대전화의 통화내역을 확인하고 사소한 단서에 근거하여 남편을 추궁하곤 했다. C씨의 남편은 아내의 오해를 풀기 위해 온갖 노력을 했으나 오히려 의심은 강화되고 최근에는 아내가 자신의 얼굴을 할퀴고 때리는 일이 반복되자 이혼소송을 제기하였다.

사례 4

50대의 사업가인 M씨는 지난 1년간 거의 매일 밤 편안하게 잠을 이룰 수가 없었다. 잠자리에 누우면 자신의 심장이 비정상적으로 뛴다는 느낌을 갖게 되고 이러다가 심장마비로 죽지 않을까 하는 두려움을 지울 수가 없기 때문이다. M씨는 1년 전 사업자금을 융자받기 위해 은행에서 지점장 면담을 불안하게 기다리던 중 갑자기 심장이 평상시와 달리 심하게 뛰고 불규칙한 박동을 느끼게 되었다. 이때 그는 심장마비가 온 것이라는 생각이 들었고 그러자 심장은 더욱 심하게 뛰었으며 곧 죽을지 모른다는 심한 공포에 휩싸여 병원응급실로 달려갔다. 병원에서 심장검사 결과 정상이라는 판정을 받았음에도 불구하고 거의 매일 밤 심장에 신경이 쓰이고 심장마비가 걱정되어 잠을 이루지 못하고 있다. M씨는 자신의 약해진 심장에 충격이 가지 않도록 평소에 좋아하던 운동도, 부부관계도 하지 않으며 매사에 조심하고 있다.

사례 5

고등학교 2학년 학생인 J양의 부모는 요즘 걱정이 많다. 중학교 때까지 공부도 잘하고 별 문제 없이 생활하던 J양이 고등학교에 진학한 후에 성적이 현저하게 떨어졌을 뿐만 아니라 친구들과 밤늦게 어울려 다니며 외박을 하는 날이 잦아지고 있다. 이러한 행동을 지적하는 부모에게 J양은 반항적이고 공격적인 반응을 나타내고 있으며 더 이상 간섭하면 가출하거나 자살하겠다고 위협하고 있다. 부모의 말에 따르면 J양이 몇 명의 여자친구들과 집단으로 어울려 다니며 음주와 흡연을 할 뿐만 아니라 남자친구들과 성관계도 하는 것 같다고 한다. 이러한 행동에 대해서 J양은 부모에게 '학교는 결석하지 않고 다닐' 것이니 '그 외의 생활에 대해서는 일체 간섭하지 말고 자신들의 문제에나 신경 쓰'라며 단호하게 말하고 있다. J양의 부모는 학교의 담임교사나 상담교사에게 도움을 요청했지만 J양의 문제행동이 개선되지 않아 임상심리학자에게 도움을 청하게 되었다.

(2) 심리적 문제의 해결과 치료

만약 우리 자신이나 가족이 이러한 심리적 문제를 나타낸다면 어떻게 할 것인가? 누구에게 도움을 청할 것인가? 어떤 전문가를 찾아가서 도움을 요청할 것인가? 과연 우리 사회에서 어떤 전문가들이 이러한 문제의 원인을 가장 잘 이해하고 효과적인 도움을 줄 수 있을까?

① 종교인

대부분의 사람들은 이러한 심리적 문제에 부딪히게 되면 가족, 친구, 선배들과 상의하며 조언을 구한다. 종교를 지닌 사람들은 목사, 신부, 승려에게 도움을 청하게 된다. 과연 이러한 종교인들(목사나 신부)은 어떤 도움을 줄 수 있을까? 이들은 심리적 문제와 장애에 대해서 학문적 이해와 치료 방법을 지니고 있을까? 일부 종교인들은 이러한 심리적 문제를 귀신이나 악령 또는 신앙 부족에 의한 것이라고 주장하며 축귀술이나 안수기도를 권하거나 모든 게 마음먹기에 달렸으니 긍정적으로 생각하면서 열심히 신앙생활에 임하라는 막연한 조언을 주기도 한다. 그러나 대다수의 종교인들은 이러한 문제를 지닌 당사자나 가족을 위로하면서 정신건강 전문가를 찾아가서 전문적인 도움을 받으라고 권유할 것이다. 그렇다면 어떤 전문가를 찾아갈 것인가?

② 정신과의사

우리 사회에서 가장 대표적인 정신건강 전문가는 정신과의사이다. 정신과의사는 의과대학을 졸업하고 인턴과 정신과 레지던트 과정을 거친 전문의이다. 정신과의사는 대부분의 경우 생물의학적 모델에 근거하여 심리적 문제를 뇌의 문제로 여기며 약물치료를 시행한다. 병원 장면에서 정신과의사는 많은 환자를 진료하기 때문에 주된 증상을 탐색하여 그에 적절한 약물을 처방한다.

약물치료는 심리적 문제를 치료하는 주된 방법 중 하나이다. 일부의 심리적 문제는 약물치료에 의해 호전될 수 있으며, 약물치료에 순순히 응하는 사람들도 많다. 그러나 약물로 치료되지 않는 심리적 문제가 많을 뿐만 아니라 약물치료는 필연적으로 여러 가지 부작용을 수반한다. 약물은 심리적 문제의 근본적인 원인을 치료하는 것이 아니라 심리적 증상을 완화시키는 기능을 할 뿐이기 때문에 지속적으로 약물을 복용해야 하며, 이를 중단하면 재발하는 경우가 흔하다. 이러한 여러 가지 이유로 대다수의 사람들은 약물이 아닌 다른 방법으로 자신의 심리적 문제가 개선되기를 원한다. 그렇다면 이런 경우에는 어떤 전문가를 찾을 것인가?

③ 상담심리사

현재 우리 사회에는 심리상담을 하는 전문가들이 매우 많다. 본래 상담심리학은 정상적 적응을 하고 있는 학생이나 사람들이 일시적으로 경험하는 개인적 문제(예: 진로선택, 학업문제, 대인관계 문제, 가족갈등)를 해결하도록 돕는 전문 분야이다. 대다수의 상담심리학자들은 개인의 심리적 문제를 특정한 장애로 유형화하거나 진단하지 않으며 일반적인 상담기법(예: 경청, 공감, 지지 등을 통한 자존감 강화나 대인관계 개선)을 적용한다.

그러나 현재 우리 사회에는 상담심리사, 심리상담사 또는 상담사라는 다양한 명칭으로 활동하는 사람들이 매우 많다. 더구나 심리적 문제에 대한 교육과 실습을 충분히 시행하지 않은 채 심지어 몇 개월의 단기교육만으로 전문가 자격을 주는 기관도 있다. 따라서 심리상담을 한다고 주장하는 사람들의 교육배경이나 자격증을 잘 살펴 도움을 청해야 한다.

이 밖에도 우리 사회에는 정신건강 전문가로 정신과 사회복지사와 정신과 간호사가 있다. 또한 심리적 문제의 해결을 위해서 다양한 측면에서 도움을 제공하는 다양한 전문가들이 존재한다. 예컨대 예술활동(미술이나 음악)을 이용하는 치료, 운동이나 무용을 통한 치료, 반려동물을 매개로 하는 치료와 같은 다양한 방법의 치료를 제공하는 전문가들이 있다.

(3) 임상심리학자의 접근법

임상심리학자는 정신건강 분야의 가장 대표적인 전문가이다. 임상심리학자는 이상심리학(또는 정신병리학) 지식의 기반 위에서 심리평가를 통해 개인의 심리적 문제를 정확하게 이해하고 그러한 이해의 기반 위에서 체계적인 심리치료를 시행한다. 대부분의 임상심리학자는 상담심리학자에 비해서 심각한 심리적 문제를 다루는 경우가 많기 때문에 정신장애 진단체계에 근거하여 개인의 심리적 문제를 유형화하고 그에 따라 특수한 치료 방법을 적용한다. 임상심리학자는 정신장애 진단체계에 근거하지만 정신과의사와 달리 정신장애의 심리적 원인에 초점을 맞추며 심리치료를 통해 장애를 치료한다.

임상심리학자는 개인의 심리상태와 부적응 문제를 정확하고 체계적으로 평가하는 전문가이다. 따라서 임상심리학자는 심리평가(면접, 행동관찰, 심리검사 등)를 통해 개인의 부적응 문제와 그 발생 및 유지 요인을 통합적으로 이해하려고 노력한다. 이러한 통합적 이해의 바탕 위에서 심리적 상담과 치료를 통해서 개인의 문제를 해결하고자 한다. 임상심리학자는 이상심리학과 정신병리학에 대한 이론적 교육과 더불어 정신장애에 대한 임상적 경험을 갖추고 있어 다양한 정신장애를 심도 있게 이해하고 치료할 수 있는 역량을 갖추고 있다. 임상심리학자는 인지행동치료, 정신역동치료, 인본주의치료, 게슈탈트치료 등을 비롯한 다양한 심리치료를 통해 다양한 부적응 문제와 정신장애를 치료하게 된다.

임상심리학자는 일반인을 대상으로 심리 서비스를 제공하는 정신건강 전문가이기 때문에 학회나 국가기관에서 교육과정의 감독과 자격심사를 거쳐 자격증을 부여하고 있다. 우리나라의 경우 가장 대표적인 임상심리학자 자격증은 한국심리학회에서 공인하는 임상심리전문가로서 가장 오랜 역사와 신뢰성을 지니고 있다. 임상심리전문가는 대학원에서 임상심리학을 전공하고 정신과병원을 비롯한 임상 장면에서 2~3년의 수련과정을 이수하고 한국심리학회에서 실시하는 자격시험과 실기심사에 합격한 전문가이다. 이 밖에도 보건복지부에서 발급하는 국가자격인 정신건강임상심리사(1급과 2급)가 있으며 산업인력공단에서 자격을 인정하는 임상심리사(1급과 2급)가 있다. 이러한 임상심리학 전문가의 자격과 수련과정에 대해서는 이후에 자세하게 설명할 것이다. 여러 자격증 명칭이 있기 때문에 여기에서는 이러한 전문가들을 임상심리학자라고 통칭하기로 한다.

임상심리학자의 기능과 활동

임상심리학자의 기능과 활동은 매우 다양하다. 임상심리학자가 일하는 현장도 다양하고 업무도 다양하다. 임상심리학자의 3대 주요 기능은 연구, 심리평가, 심리치료이다(Plante, 2005). 이외에도 임상심리학자는 예방, 교육, 자문, 정책 제안 등과 같은 다양한 활동을 하고 있다.

연구

임상심리학은 정신장애의 원인과 치료에 대해서 과학적인 접근을 한다. 따라서 임상심리학자의 주된 기능 중 하나는 정신장애 또는 정신건강과 관련된 다양한 심리적 측면을 연구하는 것이다. 이러한 실증적 연구를 통해서 정신장애에 관한 과학적 지식이 축적됨으로써 정신장애의 이해와 치료에 관한 발전이 가능하다.

임상심리학자는 정신건강과 관련된 매우 다양한 주제에 대해 연구하지만 가장 중요한 것들은 다음과 같다. (1) 심리평가 도구의 개발: 부적응과 정신장애를 정확하게 평가할 수 있는 심리평가 도구의 개발 및 타당도 검증, (2) 정신장애의 심리적 원인 규명: 우울증, 불안장애를 비롯한 다양한 정신장애를 유발하고 악화시키는 심리적 요인의 규명, 특정한 정신장애에 걸리기 쉬운 취약성 요인, (3) 심리치료 방법의 개발: 특정한 정신장애에 효과적인 심리치료 방법의 개발 및 효과 검증.

임상심리학자는 과학적 연구를 수행하기 위해서 심리학 전반에 대한 이론적 이해와 더불어 연구 설계, 통계분석, 자료 해석, 논문 작성 등의 연구능력을 갖춰야 한다. 정신장애와 관련된 실증적 연구를 통해 밝혀진 과학적 사실들은 임상심리학자가 심리평가, 심리치료, 예방활동과 같은 실무적 활동을 실시하는 학문적 근거가 된다. 우리나라에서 이루어지는 임상심리학 연구가 발표되는 주된 국내학술지로는 *Korean Journal of Clinical Psychology*와 『한국임상심리학회지: 연구와 실제』가 있으며 이 밖에도 여러 국제학술지를 통해서 많은 연구 결과가 발표되고 있다.

심리평가

임상심리학자의 가장 고유한 기능과 업무는 심리평가이다. 심리평가psychological assessment는 임상심리학자의 중요한 기능으로서 개인의 다양한 심리적 속성(지능, 성격, 이상행동, 정신병리 등)을 심리학적 전문지식에 근거하여 면접, 행동관찰, 심리검사 등의 방법을 통해 단기간에 평가하는 작업을 말한다.

정신장애를 지닌 사람을 잘 이해하고 치료하기 위해서는 그 사람의 부적응 문제와 더불어 인지적 기능, 정서 상태, 대인관계 양상, 성격특성 등의 다양한 측면에 대한 정밀한 평가가 필요하다. 이러한 심리평가 자료에 근거하여 핵심적인 부적응 증상과 심각도를 평가할 뿐만 아니라 그러한 증상을 유발한 심리사회적 원인을 통합적으로 분석한다. 개인의 부적응 증상에 대한 심리평가에 근거하여 특정한 정신장애로 분류하여 판정하는 작업을 심리진단psychodiagnosis이라고 한다.

임상심리학자는 심리평가를 위해서 면접, 행동관찰과 더불어 심리검사를 활용한다. 임상심리학 분야에는 여러 심리적 측면을 평가할 수 있는 심리검사(예: 지능검사, 성격검사, 정신병리검사, 투사적 검사, 신경심리검사 등)가 개발되어 있으며, 임상심리학자는 이러한 심리검사를 실시하고 분석하며 해석

▲ 임상심리학자가 심리검사를 실시하고 있다.

할 수 있는 유일한 전문가이다. 임상심리학자는 심리평가의 전문가로서 개인의 심리적 상태와 부적응 문제를 정확하게 체계적으로 평가하는 전문적 기술을 갖춰야 한다.

심리치료

임상심리학자의 가장 중요한 기능과 역할 중 하나는 심리치료이다. 심리치료psychotherapy는 심리학적 방법을 통해서 개인의 부적응 증상을 제거하거나 경감하고 심리적 성장을 증진하는 전문적 활동이다(Wolberg, 1977). 정신장애에는 매우 다양한 원인들이 관여하기 때문에 심리치료뿐만 아니라 약물치료, 직업치료, 사회환경적 개입이 필요하다. 정신장애의 치료를 위해서 정신과의사들이 주로 약물치료를 사용하는 반면, 임상심리학자는 심리치료를 통해서 정신장애를 치료하고자 한다.

임상심리학자는 심리평가에 근거하여 개인을 체계적으로 이해하고 그 바탕 위에서 다양한 심리치료를 통해 부적응 문제와 정신장애를 치료한다. 효과적인 심리치료를 위해서는 정신장애의 증상과 그 심리적 원인에 대한 깊은 이해가 필요할 뿐만 아니라 환자와 원활하게 소통하고 치료 기법을 효과적으로 적용할 수 있는 능력이 필요하다. 임상심리학자는 다양한 정신장애와 심리치료 방법에 대한 깊은 이론적 이해를 지녀야 할 뿐만 아니라 심리치료를 실시할 수 있는 실

▲ 심리치료는 임상심리학자의 중요한 기능 중 하나이다.

무적 능력을 갖춰야 한다. 임상심리학자는 인지행동치료, 정신역동치료, 인본주의치료, 가족체계치료를 비롯하여 게슈탈트치료, 실존주의치료, 현실치료 등과 같은 다양한 접근의 심리치료를 한다.

특히 임상심리학자는 보다 과학적이고 효과를 검증할 수 있는 치료 방법을 개발하기 위해 노력해야 한다. 또한 치료자에 따라 달리 나타날 수 있는 치료 효과의 차이를 최소화하여 누구나 일정 수준의 수련과정을 거치면 비슷한 치료 효과를 낼 수 있도록 치료 기술을 표준화하고 체계화하려는 노력이 계속되어야 하며, 이를 위해 체계적인 치료 지침서들을 개발해야 한다.

한편 심리치료는 심리상담psychological counseling이라는 용어와 혼용되어 사용되는 경향이 있다. 일반적으로 심리치료는 병원과 같은 임상 장면에서 비교적 심각한 심리적 문제, 즉 심리장애나 정신질환을 지닌 사람을 치료하는 활동을 지칭하는 반면, 심리상담은 학교나 기업과 같은 비임상 장면에서 비교적 심각성이 덜한 심리적 문제나 적응 과제를 돕는 활동을 지칭한다.

교육과 예방

임상심리학자의 또 다른 주된 업무는 교육이다. 교육은 학생이나 수련생을 대상으로 임상심리학 전반에 대한 이론적 지식과 실무적 활동을 가르치고 감독하는 것이다. 대학의 교수진으로 활동하고 있는 임상심리학자들은 심리학 학부생이나 대학원생을 위한 수업을 하는 데 많은 시간을 보낸다. 또한 임상 현장에서 일하는 임상심리학자들은 수련생의 실무적 능력을 향상시키기 위해서 사례지도와 수퍼비전supervision을 통한 교육활동을 한다. 임상 현장에서 특정한 정신장애, 심리평가 방법, 심리치료 기법 등에 대해서 오랜 임상적 경험을 지닌 임상심리학자들은 대학에 출강하거나 학회의 다양한 발표 기회(워크숍, 세미나 등)에 그들의 경험과 지식을 전달하는 교육 활동을 하게 된다.

임상심리학자는 학생뿐만 아니라 일반인을 대상으로 정신건강에 관한 강의나 강연을 할 기회를 많이 갖게 된다. 정신장애를 치료하는 일보다 더 중요한 것은 예방하는 일이다. 많은 경우 정신장애에 대한 무지와 오해가 정신장애를 유발하게 된다. 임상심리학자는 정신장애와 정신건강에 대한 다양한 주제에 대해서 일반인을 대상으로 교육함으로써 정신장애를 예방하는 활동을 하게 된다. 때로는 특정한 정신장애에 취약한 집단을 대상으로 교육 및 예방프로그램(예: 청소년 대상의 게임중독 예방교육, 자살 예방교육, 자살자 가족이나 동료를 대상으로 한 정신건강교육)을 실시할 수 있다. 또는 좀 더 일반적인 문제(예: 인간관계 개선, 가족갈등 해결, 건강한 자녀양육, 건강하고 행복한 삶 등)에 대해 예방적 교육을 하기도 한다. 이처럼 임상심리학자는 지역사회, 기업체, 사회교육기관과 같은 다양한 장면에서 임상심리학의 지식과 경험을 전달하는 역할을 하고 있다.

자문 및 정책 제안

임상심리학자는 정부기관, 교육기관, 군대조직, 기업체, 산업체 관계자들에게 정신건강과 관련된 전문적 자문을 제공한다. 대부분의 조직은 구성원들의 다양한 심리적 문제(예: 스트레스, 인간관계 갈등, 동기 저하, 업무성과 부진 등)로 인해서 생산성이 저하되고 치명적 사고가 발생하고 있기 때문에 이러한 문제를 예방할 수 있는 조직 차원의 대책을 모색하고 있다. 예컨대 자살이나 병기사고가 발생하는 군대에서는 관심사병을 정확하게 선별할 수 있는 심리평가 방법이나 그들이 군대사회에 잘 적응하도록 지원할 수 있는 효과적인 집단 프로그램을 모색하는데 임상심리학자는 이에 전문적인 자문을 제공할 수 있다. 이처럼 임상심리학자는 다양한 조직에서 구성원들의 심리적 문제를 완화하고 구성원의 동기를 강화하며 인간관계를 개선할 수 있는 효과적인 방법에 대해서 전문적 자문을 제공할 수 있다.

또한 임상심리학자는 국민의 정신건강을 증진할 수 있는 다양한 정책을 제안할 수 있다. 우리나라는 경제적 발전수준에 비해서 국민의 전반적 행복도가 낮을 뿐만 아니라 스트레스, 자살률, 이혼율, 알코올 소비량 등이 매우 높은 국가이다. 따라서 국민의 정신건강을 위협하는 사회적 현상을 감소시키고 국민의 행복도를 증진할 수 있는 국가차원의 정책적 노력이 필요하다. 예를 들면, 자살률과 이혼율을 감소시킬 수 있는 정부차원의 정책, 청소년 폭력과 게임중독을 예방할 수 있는 교육적 정책, 재난사건(예: 세월호 침몰사건, 대구지하철 화재사건 등)의 발생 시 심리적 트라우마를 최소화할 수 있는 대책 등에 대해서 임상심리학자는 정책적 제안을 할 수 있다.

이 밖에도 임상심리학자는 우리 사회의 다양한 장면에서 전문적인 자문과 정책적 제안을 제시할 수 있다. 교도관들에게 범죄자를 다룰 수 있는 전문적 방법을 자문할 수도 있으며, 병원에서는 특정한 의학적 치료를 거부하는 사람들을 어떻게 대해야 하는지에 대한 도움을 줄 수 있으며, 사업체에서는 인사채용이나 승진 등의 심사에서 임상심리학자의 자문을 받을 수 있다. 최근에는 인터넷의 발달과 함께 심리검사나 정신건강 관련 콘텐츠에 대한 수요가 폭발적으로 증가하고 있는 상황에서 임상심리학자는 콘텐츠를 구성하고 보급하는 일에 참여하거나 기여할 수 있다.

임상심리학자의 양성과 수련

임상심리학자는 정신건강 분야의 고급전문가로서 이론과 실무에 관한 체계적 수련과정을 거쳐 양성된다. 임상심리학자의 수련과정은 국가마다 차이가 있다. 왜냐하면 국가마다 사회적 여건이 다를 뿐만 아니라 임상심리학의 역사와 발전 상황이 다르기 때문이다. 예컨대, 미국의 경우 임상심리학자는 대학원에서 임상심리학의 교육과 실습을 이수한 박사학위 취득자로 양성된다. 그러나 우리나라를 비롯한 여러 국가에서는 석사학위 소유자로서 일정 기간의 임상수련을 받은 사람들에게 임상심리학자의 자격을 주고 있다.

임상심리학자의 수련 모델

임상심리학자는 과연 어떤 기능과 역할을 수행하는 전문가로 양성되어야 하는가? 임상심리학자는 어떤 수련과정을 거쳐서 양성되어야 하는가? 수련과정에서는 어떤 내용의 교과목을 가르쳐야 하며 어떤 내용의 실습이 얼마 동안 이루어져야 하는가? 임상심리학의 역사와 발전과정에서는 이러한 물음에 대해서 깊은 논의가 이루어졌다.

(1) 과학자-임상가 모델

현재 임상심리학자의 가장 대표적인 수련 모델은 과학자-임상가 모델scientist-clinician model이다. 이 모델에 따르면 임상심리학자는 과학자인 동시에 임상가로 양성되어야 한다. 즉, 임상심리학자는 다양한 임상적 주제에 대한 연구를 시행하는 과학자의 능력을 갖추는 동시에 임상 현장에서 환자의 심리적 문제를 평가하고 치료하는 임상가의 역량을 지닐 수 있도록 수련과정이 구성되어야 한다는 것이다(Garfield, 1983).

미국의 경우 1949년에 콜로라도주 볼더Boulder에서 개최된 '임상심리학 훈련에 관한 회의'에서 임상심리학자는 과학자와 임상가의 역할을 동시에 수행할 수 있도록 대학원 교육훈련과정을 거쳐 철학박사 학위Ph. D. 소유자로 양성되어야 한다고 결정되었다. 이 회의에서 임상심리학자의 주된 기능은 심리평가와 진단, 심리치료 그리고 연구의 세 영역임이 명시되었다. 과학자-임상가 모델은 이러한 볼더 회의에서 결정된 과학자-전문가 모델scientist-practitioner model에 근거한 것으로서 현재 가장 대표적이고 이상적인 임상심리학자의 수련 모델이라고 할 수 있다.

과학자-임상가 모델은 과학적 탐구와 임상적 실천을 함께하는 임상심리학자의 역할을 강조한다. 임상심리학자는 정신장애와 심리치료에 관한 새로운 사실을 발견하는 과학적 연구자인 동시에 과학적 지식을 현장에 적용하여 임상적 실무자의 역할을 담당해야 한다. 따라서 임상심리학자는 임상 현장에서 정신장애 환자(내담자)에게 전문적 도움을 제공할 수 있는 실무역량을 지니는 동시에 임상 현장에서 발견한 문제를 과학적으로 연구하고 검증할 수 있는 연구역량을 갖추어야 한다. 달리 말하면, 과학자-임상가 모델은 임상심리학자가 임상 현장과 괴리된 비실용적 연구에만 매달리는 연구자여서도 안 되며 과학적 탐구 없이 개인적 경험에만 근거하여 실무활동을 하는 임상가여서도 안 된다는 것이다.

미국 대다수 대학의 임상심리학 교육프로그램은 과학자-임상가 모델을 따르고 있다. 미국의 경우 임상심리학자는 대학에서 학부과정을 마친 후에 대학원에 진학하여 최소한 5년 이상의 임상심리학 박사과정을 이수해야 한다. 임상심리학 박사과정의 교육 프로그램은 다양한 교과목 이수, 임상실습과 인턴십, 연구와 논문작성, 자격시험으로 구성된다. 교과목은 과학자로서 필요한 연구방법론(고급통계학, 실험설계, 심리측정 등)과 더불어 기초심리학(발달심리학, 사회심리학, 인지심리학 등) 및 임상심리학 전반에 대한 이론적 교육으로 구성되며, 박사학위를 받기 위해서는 반드시 연구를 통해 학술적 논문을 써야 한다. 아울러 임상가로서 필요한 정신병리학, 심리평가, 심리치료, 윤리와 직업적 쟁점 등에 대한 이론적 교육과 더불어 4학기 이상의 임상실습 및 인턴십을 이수해야 한다. 모든 교과목을 이수하게 되면 자격시험과 논문심사를 통해 임상심리학 박사학위가 수여된다.

미국에서 임상심리학자로 활동하기 위해서는 박사학위를 받은 이후에 각 주에서 공인하는 임상심리학자 자격증을 획득해야 한다. 임상심리학자 자격증을 획득하는 조건은 주마다 다소의 차이는 있으나 대체로 세 가지의 조건, 즉 (1)미국심리학회에서 인정하는 대학교 임상심리학 박사과정을 졸업하고, (2)수퍼비전하에 이루어진 임상경험이나 인턴십을 이수해야 하며, (3)주에서 실시하는 필기시험이나 구술시험에 합격해야 한다.

영국의 경우에 임상심리학자는 과학자-임상가 모델에 근거한 임상심리학 박사과정Doctor of Clinical Psychology을 통해 양성된다. 대학과 국립보건원National Health Service에서 공동으로 지원하는 교육 프로그램에서 3년간 풀타임으로 연구와 실무에 관한 공부를 해야 임상심리학자의 자격이 주어진다.

(2) 대안 모델들

과학자-임상가 모델은 임상심리학자를 양성하는 이상적인 수련 모델이라고 할 수 있다. 그러나 이 모델에는 진로에 대한 학생들의 욕구가 반영되어 있지 않을 뿐만 아니라 현실적으로 실현하기 어려운 점들이 많다는 비판이 제기되었다. 대학원에 진학하는 많은 학생들은 임상심리학을 공부한 이후에 개업을 하거나 취업하여 심리평가와 심리치료에 전념하는 임상가로 활동하기를 원한다. 이러한 진로를 원하는 학생들에게 있어서 과학자-임상가 모델의 수련과정은 연구에 관한 교육과정이 포함되어 있어 연구와 논문을 쓰는 일로 수련기간이 과도하게 연장된다고 할 수 있다.

또한 과학자-임상가 모델은 비현실적이라는 비판이 제기되었다. 일반적으로 과학자는 객관적이고 분석적이며 냉철한 태도가 필요한 반면, 임상가는 온화하고 공감적이며 직관적인 태도를 지니는 것이 중요하다. 그런데 과학자와 임상가에게 요구되는 자질이나 태도가 상반된 것이어서 한 사람이 양쪽의 태도를 모두 지니기 어렵다는 점이 제기되었다. 대부분의 경우 개인은 어느 한쪽의 자질이나 태도로 기울어지는 경향이 있기 때문에 과학자와 임상가의 역할을 모두 잘 수행할 수 있는 임상심리학자를 양성하는 것은 비현실적이라는 주장이다. 이러한 비판이 제기되면서 임상심리학자의 수련에 관한 여러 대안 모델이 제시되었다. 미국의 경우에는 현재 과학자-임상가 모델과 대안적 모델이 공존하고 있다(Trull & Prinstein, 2013).

가장 대표적인 대안 모델은 심리학박사Doctor of Psychology, Psy. D. 모델이다. 이 모델은 임상가의 실무교육을 대폭 강화하는 대신에 과학자의 연구교육을 약화시키고 학위논문의 조건을 간소화하여 심리학박사 학위를 수여함으로써 임상가 양성에 중심을 둔 수련 모델이다. 이러한 심리학박사 모델은 1968년 일리노이 대학교에서 처음 시작되었으며 연구에 관한 교육과 학위논문 제출이 생략되는 대신 실무적인 임상수련이 강화된 4년제 교육 프로그램이었다. 이후에 럿거스Rutgers 대학교를 비롯한 여러 대학교에서 학위논문 제출을 다시 포함시킨 심리학박사 프로그램이 개설되었다. 현재 60여 개의 공인된 임상심리학 프로그램이 존재하며 심리학박사 학위를 지닌 임상심리학자들이 배출되고 있다. 심리학박사 모델의 교육과정에서는 심리평가와 심리치료의 실습 및 인턴십이 강조되고 있으며 주로 실무와 관련된 학위논문을 제출하도록 되어 있다. 최근에는 과학자-임상가 모델보다 심리학박사 모델에 따라 배출되는 임상심리학자의 수가 증가하고 있는 추세이다.

이 밖에도 다양한 형태의 임상심리학자 양성 모델이 제시되고 있다. 그중 하나는 연구에 관한 교육을 완전히 배제하고 실무교육에만 집중하는 전문대학원 모델이 제시되고 있다. 이러한 전문대학원professional school은 대학교와 연계 없이 독자적으로 설립된 교육기관으로서 임상심리학 실무자를 양성하는 교육 프로그램을 제공하며 심리학박사 학위를 수여한다. 이처럼 임상심리학자가 실무자 중심으로 양성되는 추세가 계속된다면 과학적 기반이 약화될 것이라는 우려가 증가하면서 과학적 연구를 강조하는 임상과학자clinical scientist 모델이 제안되었다. 임상과학자 모델은 실무교육을 최소화하면서 임상연구와 논문을 강조한 교육이 이루어지는 모형이다.

Box 1.1   임상심리학자가 되려면 어떤 자질이 필요한가요?

임상심리학자는 심리적 고통과 장애를 지닌 사람을 대상으로 치료적 활동을 통해 긍정적인 변화를 유도하는 전문가이다. 따라서 임상심리학자, 특히 임상가로 성공하기 위해서는 남다른 노력과 자질이 필요하다.

임상심리학 교과서를 저술한 바 있는 코친(Kor-chin, 1976)에 따르면, 유능한 임상가가 되기 위해서는 강렬한 열정과 동기만으로는 부족하며 적절한 자질과 성품을 지니는 것이 중요하다. 그는 임상가와 심리치료자에게 필요한 자질을 다음과 같이 제시하고 있다. (1)인간에 대한 애정과 인간의 고통에 대한 깊은 관심, (2)자기통제 능력, (3)친밀하고 신뢰로운 인간관계 형성 능력, (4)언어적 표현 능력, (5)대인관계 예민성, (6)보통 수준 이상의 지능, (7)다양한 문화적 배경과 지식, (8)도덕성과 윤리의식.

미국의 저명한 임상심리학자인 가필드(Garfield, 1983)는 임상가의 성격과 적응 상태가 중요하다고 지적한 바 있다. 임상심리학자는 내담자의 심리적 문제를 평가하고 치료하는 기능을 수행해야 하기 때문이다. 아무리 지적으로 우수한 사람이라도 성격이나 적응상의 문제가 있으면 임상가로서 내담자와 원활한 관계를 형성하면서 성공적으로 자신의 역할을 수행하기 어렵다. 이러한 이유로 인해 개인의 성격 특

성이 지적 우수성과 더불어 임상심리학자로서의 적합성을 판단하는 지표가 될 수 있다고 주장하면서 가필드는 임상가의 업무를 성공적으로 수행하는 데 필요한 개인적 특성을 다음과 같이 열거하였다.

(1)우수한 지적 능력, (2)독창성과 풍부한 내적 자원, (3)호기심, (4)인간에 대한 관심, (5)자신의 성격에 대한 통찰, (6)동기의 복잡성에 대한 예민성, (7)인내심, (8)타인과 따뜻하고 효과적인 관계를 형성하는 능력, (9)근면성과 압력을 견딜 수 있는 능력, (10)책임감, (11)순발력과 재치, (12)성숙과 자기통제, (13)윤리의식, (14)다양한 문화적 배경, (15)심리학과 임상적 측면에 대한 깊은 관심.

물론 이러한 자질을 모두 갖춘 사람은 드물다. 또한 이러한 자질을 잘 갖춘 상태에서 임상심리학의 수련과정에 입문하는 학생들도 드물다. 임상가의 자질과 태도는 임상심리학을 공부하고 수련과정을 겪으면서 함양되는 것이기도 하다. 내담자와 상호작용하면서 끊임없이 반성하고 수퍼바이저의 지도를 받으며 자신을 성장시키는 노력을 통해서 조금씩 임상가의 자세가 정립되어 간다. 수기치인(修己治人)이라는 말이 있듯이 자기 자신을 끊임없이 갈고 닦으며 성찰해야 다른 사람의 심리적 문제를 치유하는 유능한 임상가로 성장할 수 있다.

한국의 임상심리학자 수련 모델

임상심리학자의 양성 모델과 수련과정에는 국가마다 현저한 차이가 존재한다. 국가마다 교육제도가 다를 뿐만 아니라 임상심리학과 관련된 사회문화적 상황에 차이가 있기 때문이다. 우리나라의 경우 임상심리학자는 기본적으로 과학자-임상가 모델에 근거하여 석사과정 교육과 3년의 임상수련을 이수한 석사학위자로 양성되고 있다. 현재 우리나라에는 세 가지의 임상심리학자 자격제도, 즉 (1) 한국심리학회에서 발급하는 임상심리전문가, (2)보건복지부에서 발급하는 정신건강임상심리사(1급과 2급), (3) 한국산업인력공단에서 발급하는 임상심리사(1급과 2급)의 자격제도가 시행되고 있다. 세 가지 자격제도의 기본적 특징을 소개하면 표 1.1과 같다.

표 1.1 | 한국의 임상심리학 관련 자격제도

자격 명칭	자격 구분	시행기관	학력 조건
임상심리전문가	민간자격	한국심리학회 및 한국임상심리학회	석사 이상
정신건강임상심리사	국가전문자격 (정신건강법)	보건복지부	1급: 석사 이상 2급: 학사 이상
임상심리사	국가기술자격 (국가자격기술법)	한국산업인력공단	1급: 석사 이상 2급: 학사 이상

(1) 임상심리전문가: 한국심리학회 공인

임상심리전문가는 1975년부터 한국심리학회가 자격증을 발급하며 공인하는 임상심리학자의 공식적 명칭이다. 임상심리전문가 자격증은 가장 오랜 역사를 지니고 있을 뿐만 아니라 가장 높은 신뢰성을 지닌 한국 임상심리학의 대표적인 자격제도이다. 임상심리전문가는 한국심리학회의 자격규정에 의해서 엄격한 관리하에 양성되고 있다.

한국심리학회의 임상심리전문가 자격규정(2조)에 따르면, "임상심리전문가라 함은 한국심리학회가 인정하는 대학 및 기타 교육기관에서 임상심리학을 전공하여 석사 및 그 이상의 학위를 받은 자로서, 한국임상심리학회에서 정한 소정의 수련과정을 이수한 후 임상심리전문가 자격시험에 합격하고 자격심사위원회에서 그 자격을 인정받아 한국심리학회가 발급하는 자격증을 부여받은 자"를 말한다.

임상심리전문가의 자격을 얻는 가장 대표적인 경로는 석사학위(임상심리학 전공) 과정 이상에서 임상심리전문가의 지도하에 3년 이상의 수련과정을 마친 석사학위 취득자로서, 임상심리전문가 자격시험에 합격하여 자격심사위원회에서 그 자격을 인정받는 것이다(임상심리전문가 자격규정 3조 1항).

① 석사과정에서의 임상심리학 전공

임상심리전문가가 되기 위해서는 대학원 석사과정에 진학하여 임상심리학을 전공해야 한다. 대학교마다 교수진 구성이 다르고 교과목이 다양하기 때문에 임상심리전문가 자격규정(3조 5항)에는 임상심리학 전공자의 기준을 다음과 같이 정하고 있다.

① 대학원에서 임상심리학과 관련된 과목을 3과목 9학점 이상, 연구방법론과 관련된 과목을 1과목 3학점 이상 이수한 자로서, 수련위원회에 대학원 성적표를 제출하여 이수과목의 적절성을 인정받은 경우에 한한다. 유사과목일 경우, 수련위원회에 해당 과목의 강의계획안을 제출하여 인정 여부에 대한 검토를 필요로 한다.

② 임상심리학과 관련된 과목으로 인정받을 수 있는 과목은 다음과 같다: 고급 임상심리학, 정신병리학, 심리진단(또는 심리평가), 심리치료, 임상실습, 신경심리평가, 행동평가 등.

③ 연구방법론과 관련된 과목으로 인정받을 수 있는 과목은 다음과 같다: 심리통계, 실험설계, 자료분석, 중다변인분석법 등.

② 3년 이상의 임상 수련과정

임상심리학자가 되기 위해서는 임상심리전문가의 지도하에 3년 이상의 임상 수련과정을 이수해야 한다. 수련과정은 석사과정 중에 시작할 수도 있고 석사학위를 받은 후에 시작할 수도 있다. 수련과정을 시작하려면 한국심리학회에 가입하여 수련생 등록을 하고 수련수첩을 발급받은 후에 수련내용을 구체적으로 기록하고 임상심리전문가의 확인을 받아야 한다. 석사과정 입학 후에 곧바로 수련과정을 시작한 사람은 석사과정 2년 동안에 이루어진 임상실습과 교육을 수련기간 3년 중 1년으로 인정받을 수 있기 때문에 석사학위 취득 후에 2년의 수련을 더 하면 임상심리전문가 자격시험에 응시할 수 있다. 그러나 석사학위 취득 후에 수련과정을 시작한 사람은 3년의 수련을 받아야 임상심리전문가 자격시험 자격을 얻게 된다.

임상 수련과정은 임상심리전문가가 활동하고 있을 뿐만 아니라 한국심리학회로부터 수련기관으로 인정받은 임상기관에서 이루어져야 한다. 임상심리전문가 수련과정 시행세칙에 따르면 수련기관은 임상심리전문가의 지도를 받아 실습을 할 수 있는 기관으로서, 정신과 또는 신경정신과가 설치되어 있는 병원 및 의원, 대학교의 학생생활연구소 및 학생상담소, 심리클리닉, 정신보건센터, 이에 준하는 기타 기관으로 한다.

수련생의 임상실습은 임상심리전문가의 지도하에 환자를 대상으로 심리평가나 심리치료의 실무적 교육을 받는 것이다. 수련교육은 연 1,000시간 이상으로서 수련생은 3년 과정 동안에 최소한 300시간 이상의 심리평가와 300시간 이상의 심리치료 수련을 받아야 하며, 수련기간 중에 제1저자로 연구논문을 1편 이상 발표해야 한다.

① 심리평가: 수련생은 수련감독자의 지도하에 3년 동안 최소한 300시간 이상의 심리평가를 수련해야 한다. 이 중에는 종합평가full battery 30사례 이상을 포함해야 하며 신경심리평가와 재활기능평가도 50%까지 인정될 수 있다.

② 심리치료: 수련생은 수련감독자의 지도하에 3년 동안 최소한 300시간 이상의 심리치료를 수련해야 한다. 이 중에 100시간(10사례) 이상은 주 치료자로서 시행해야 하며, 수련감독자는 수련생이 주 치료자로 시행한 치료에 대해 50시간 이상 지도감독해야 한다.

③ 연구: 수련생은 수련등록기간 중에 국내외 A급 학술지에 제1저자로 연구논문을 1편 이상 발표해야 한다.

③ 한국심리학회의 자격심사

임상심리학 전공의 석사학위를 취득하고 3년의 수련과정을 이수하게 되면 한국심리학회의 자격시험과 자격심사에 응시할 수 있다. 임상심리전문가의 자격시험은 필기시험과 면접시험으로 구성되며 시험과목은 기초과목과 임상과목으로 구분된다. 기초과목에는 성격심리학, 인지 및 학습 심리학, 생리심리학, 임상심리학 연구방법론이 포함되고, 임상과목에는 정신병리학, 심리평가, 심리치료가 포함된다. 자격심사위원회는 자격시험의 결과뿐만 아니라 수련생의 석사학위와 교과목 이수, 3년 수련과정의 교육내용, 학술지에 발표된 연구논문 그리고 실무적 능력과 전문가 윤리를 점검하는 구술면접을 통해 종합적인 자격심사를 한 후에 최종적으로 자격증 수여여부를 결정하게 된다.

이와 같이 임상심리전문가 자격을 얻으려면 (1) 대학원 석사과정에서 임상심리학을 전공하는 것, (2) 석사과정 중 또는 석사학위 취득 후 임상심리전문가의 지도하에 3년 이상의 임상수련을 하는 것, (3) 한국심리학회에서 실시하는 전문가 자격시험과 자격심사를 통과하는 것 등의 세 가지 조건을 충족해야 한다. 하지만 다른 경로도 존재한다. 석사학위 취득 후에 곧바로 박사과정에 진학하거나 외국으로 유학을 가는 경우에는 조금 다른 자격규정이 적용된다. 임상심리전문가 자격규정(3조 2~4항)에 따르면 다음과 같은 세 가지의 경우에도 전문가 자격을 받을 수 있다.

① 박사학위(임상심리학 전공) 과정 이상에서 임상심리전문가의 지도하에 2년 이상의 수련과정을 마친 박사학위 취득자로서, 임상심리전문가 자격시험에 합격하여 자격심사위원회에서 그 자격을 인정받은 자.

② 박사학위(임상심리학 전공) 취득 이상에서 임상심리전문가의 지도하에 1년 이상의 수련과정을 마치고 임상심리전문가 자격시험에 합격하여 자격심사위원회에서 그 자격을 인정받은 자.

③ 석사학위(임상심리학 전공) 취득 이상의 학력으로 외국에서 임상심리전문가 자격증을 취득한 후 국내의 관련분야에서 1년 이상의 실무 혹은 교육 경력을 갖추고 임상심리전문가 자격시험에 합격하여 자격심사위원회에서 그 자격

을 인정받은 자.

　임상심리전문가에 관한 좀 더 자세하고 구체적인 내용은 한국임상심리학회 홈페이지에 소개되어 있는 〈임상심리전문가 자격규정〉과 〈임상심리전문가 수련과정 시행세칙〉(한국심리학회, 2017)을 참고하기 바란다.

(2) 정신건강임상심리사: 보건복지부 공인

정신건강임상심리사는 1995년에 정신보건법이 시행되면서 시작된 국가자격증으로서 보건복지부(국립정신건강센터)로부터 자격을 인정받은 임상심리학자의 명칭이다. 정신건강임상심리사는 국가가 법으로 정한 정신건강전문요원으로서 의료법상의 지위를 누릴 수 있다. 정신보건법이 처음 시행될 때는 정신보건임상심리사라고 지칭되었으나, 2016년에 「정신건강증진 및 정신질환자 복지서비스 지원에 관한 법률」(보건복지부, 2016)로 개정되면서 정신건강임상심리사로 개칭되었다.

　정신건강임상심리사의 고유한 업무는 (1)정신질환자 등에 대한 심리평가 및 심리교육, (2)정신질환자 등과 그 가족에 대한 심리상담 및 심리 안정을 위한 서비스 지원이다. 아울러 정신건강임상심리사는 다음과 같은 역할과 업무를 수행할 수 있도록 법으로 규정되어 있다.

　(1) 정신재활시설의 운영
　(2) 정신질환자 등의 재활훈련, 생활훈련 및 작업훈련의 실시 및 지도
　(3) 정신질환자 등과 그 가족의 권익보장을 위한 활동 지원
　(4) 법 제44조제1항에 따른 진단 및 보호의 신청
　(5) 정신질환자 등에 대한 개인별 지원계획의 수립 및 지원
　(6) 정신질환 예방 및 정신건강복지에 관한 조사·연구
　(7) 정신질환자 등의 사회적응 및 재활을 위한 활동
　(8) 정신건강증진사업 등의 사업 수행 및 교육
　(9) 그 밖에 보건복지부장관이 정하는 정신건강증진 활동

　정신건강임상심리사는 두 가지 등급의 자격(1급과 2급)으로 구분된다. 1급

자격증은 보통 석사학위 취득자 이상인 사람이 3년 이상의 수련을 통해 취득할 수 있으며, 2급 자격증은 학사학위 취득자 이상인 사람이 1년 이상의 수련을 통해 취득할 수 있다. 정신건강임상심리사는 국가자격증이기 때문에 국가(보건복지부장관)에 의해서 수련기관의 지정, 수련과정 및 내용 등에 대하여 실태조사 및 지도·감독을 받게 된다.

① 정신건강임상심리사 1급

정신건강임상심리사 1급은 석사학위 취득 후 보건복지부에서 인정한 수련기관에서 3년 이상의 수련을 받고 소정의 자격시험과 심사를 통과하면 취득할 수 있다. 수련기관에서 임상수련을 시작하려면 반드시 석사학위를 취득해야 하며, 대학원 교육과정 중에서 아래에 제시된 임상심리관련 필수과목 4과목과 선택과목 3과목 이상을 반드시 이수해야 한다.

　　가) 필수과목(4과목)
　　　　– 정신병리학(혹은 고급이상심리학)
　　　　– 심리평가(혹은 심리진단, 심리검사)
　　　　– 심리치료(혹은 고급상담이론)
　　　　– 연구방법론(혹은 고급심리통계, 고급심리설계)
　　나) 선택과목(3과목)
　　　　– 상담 및 치료 과목 중 택1(인지치료, 행동치료, 정신분석치료, 집단치료, 아동심리치료, 노인심리치료, 예술치료, 놀이치료, 가족치료, 게슈탈트치료)
　　　　– 평가 및 측정 과목 중 택1(임상/신경심리평가, 아동심리평가, 투사검사, 고급측정 이론, 다변량 분석)
　　　　– 기초 및 응용 과목 중 택1(재활심리학, 임상현장실습, 건강심리학, 발달정신병리학, 신경인지과학, 고급발달심리학, 고급생리심리학, 고급학습심리학, 고급인지심리학, 고급성격심리학)

　　수련기관은 국가(보건복지부장관)에 의해 수련 적절성에 대한 심사를 통해 지정될 뿐만 아니라 수련과정 명칭과 수련정원도 결정된다. 수련기관의 장은 매년 정신건강임상심리사 수련생을 모집하며 수련생에 대한 수련성과를 평가한다.

수련생은 3년 동안의 수련기간 중 매년 1,000시간 이상의 수련을 받아야 하며 이론교육(심리치료, 심리평가, 정신사회재활, 정신병리학, 집단치료, 가족치료, 신경심리평가, 임상심리연구방법, 정신약물학 등)과 더불어 실습교육(심리평가, 개인/집단 심리치료, 정신사회재활, 개별사례분석)을 받아야 한다.

평가는 실습평가와 학습평가로 구분하며, 수련기관의 장은 학습평가를 위하여 관련협회(한국임상심리학회)에 출제를 의뢰하여 시험을 실시하거나 이수과목 중 일부과목을 정하여 자체 평가할 수 있다. 수련기관의 장은 수련생의 수련 결과를 보건복지부장관에게 보고하고 3년간의 수련내용에 대한 심사를 통과하면 수련생은 정신건강임상심리사 1급 자격증을 수여받게 된다.

대부분의 임상심리전문가는 정신건강임상심리사 1급 자격을 지니고 있다. 임상심리전문가의 수련과정은 대체로 정신건강임상심리사 1급과 일치하기 때문이다. 석사학위를 취득한 후에 수련을 시작하는 수련생들은 임상심리전문가와 정신건강임상심리사(1급)의 수련과정을 병행할 수 있다. 이 밖에도 정신건강임상심리사 1급 자격증을 취득하는 다른 경로가 존재한다. 정신건강임상심리사 2급 자격을 취득한 후 정신건강증진시설, 보건소 또는 국가나 지방자치단체로부터 정신건강증진사업 등을 위탁받은 기관이나 단체에서 5년 이상 근무한 경력이 있으면 1급 자격증을 받을 수 있다. 또 다른 방법은 산업인력공단에서 발급하는 임상심리사 1급 자격을 소지한 사람으로서 보건복지부장관이 지정한 수련기관에서 3년 이상 수련을 마치는 것이다.

② 정신건강임상심리사 2급

정신건강임상심리사 2급은 학사학위 취득 후 보건복지부에서 인정한 수련기관에서 1년 이상의 수련을 받고 소정의 자격시험과 심사를 통과하면 취득할 수 있다. 수련기관에서 임상수련을 시작하려면 반드시 학사학위를 취득해야 하며 대학 교육과정 중에서 아래에 제시된 임상심리관련 필수과목 4과목과 선택과목 6과목 이상을 반드시 이수해야 한다.

가) 필수과목(4과목)

- 임상심리학
- 이상심리학
- 심리평가(또는 심리검사, 심리진단)
- 연구방법론(또는 심리통계, 심리설계)

나) 선택과목(6과목)
- 상담 및 치료/평가 및 측정 과목 중 택 1(상담심리학, 집단상담, 가족상담, 아동상담, 특수아상담, 신경심리평가, 아동심리평가, 심리측정 이론)
- 기초과목 중 택 3[발달심리학, 생리심리학(또는 생물심리학), 신경심리학, 실험심리학, 학습심리학, 인지심리학, 언어심리학, 성격심리학, 사회심리학, 지각심리학, 동기 및 정서 심리학]
- 응용과목 중 택 2(건강심리학, 성심리학, 법정심리학, 행동의학, 재활심리학, 발달정신병리학, 임상현장실습, 스트레스와 적응, 노인심리학, 청년심리학)

정신건강임상심리사 2급 자격을 취득하기 위해서는 국가(보건복지부장관)에 의해 지정된 수련기관에서 1년간 1,000시간 이상의 이론교육(심리치료, 심리평가, 정신사회재활, 정신병리학, 집단치료, 가족치료, 신경심리평가, 임상심리연구방법, 정신약물학 등)과 실습교육(심리평가, 개인/집단 심리치료, 정신사회재활, 개별사례분석)을 받아야 한다. 정신건강임상심리사 2급 자격증을 취득하는 다른 방법은 산업인력공단에서 발급하는 임상심리사 2급 자격을 소지한 사람으로서 보건복지부장관이 지정한 수련기관에서 1년 이상 수련을 마치는 것이다.

(3) 임상심리사: 한국산업인력공단 공인

임상심리사는 한국산업인력공단에서 발급하는 국가기술자격증으로서 2012년에 시작되었다. 이 자격제도는 국민의 심리적 건강을 위해 임상심리학적인 전문지식과 기술을 활용하여 업무를 수행할 수 있는 전문인력을 양성하기 위한 것으로서 국가기술자격법 시행규칙(제10조의2제3항)에 의거하고 있으며 1급과 2급의 두 가지 등급이 있다. 이 자격제도에 대해서는 임상심리사 수련과 자격심사에 관한 전문성과 엄격성에 대한 많은 논란이 있으며 자격증 취득과정을 간략히 소개하면 다음과 같다.

임상심리사 1급 자격증을 취득하기 위해서는 심리학 분야에서 석사학위 이상의 학위를 취득한 자(또는 취득예정자)로서 임상심리와 관련하여 1년 이상 실습수련을 받거나 2년 이상 실무에 종사한 사람으로서 필기시험(고급이상심리학, 고급심리검사, 고급임상심리학, 고급심리치료, 임상심리연구방법론)과 실기시험(고급임상실무)에 합격해야 한다. 또는 임상심리사 2급 자격을 취득한 후 임상심리와 관련하여 5년 이상 실무에 종사한 자는 임상심리사 1급 시험에 응시할 자격이 주어진다.

임상심리사 2급은 국민의 심리적 건강과 적응을 위해 기초적인 심리평가, 심리검사, 심리치료상담, 심리재활 및 심리교육 등의 업무를 주로 수행하며, 임상심리사 1급의 업무를 보조하는 직무를 수행한다. 임상심리사 2급 자격증을 취득하기 위해서는 대학졸업자(또는 졸업예정자)로서 임상심리와 관련하여 1년 이상 실습수련을 받거나 2년 이상 실무에 종사한 사람으로서 필기시험(심리학개론, 이상심리학, 심리검사, 임상심리학, 심리상담)과 실기시험(임상실무)에 합격해야 한다.

Box 1.2 임상심리학자는 어떤 곳에서 일을 하나요?

임상심리학자는 심리평가, 심리치료, 연구를 수행할 수 있는 정신건강 분야의 전문가로서 매우 다양한 기관에 취업하여 활동하고 있다. 물론 소유하고 있는 자격증과 임상경험에 따라서 취업하는 기관과 직급이 다르다. 임상심리학자가 취업하는 기관은 크게 6가지, 즉 (1)병원, (2)개업, (3)대학교, (4)정부기관, (5)민간기관과 기업체, (6)기타의 정신건강 관련 기관으로 구분할 수 있다.

임상심리학자가 활동하는 주요한 취업 장면은 병원이다. 종합병원의 정신과나 신경과 또는 정신과전문병원에 취업하여 일하는 임상심리학자들이 많다. 한국임상심리학회 홈페이지에는 '임상심리학자가 있는 병원'을 소개하고 있다. 이 밖에도 개업한 일반

병원(정신과, 소아청소년과, 재활의학과 등)에서 의사의 의뢰를 받아 심리평가나 심리치료를 하기도 한다.

2000년 전후부터 사설 심리치료센터를 개업하는 임상심리학자들이 증가하고 있다. 혼자 또는 몇 명이 공동으로 임상심리센터 또는 심리치료 및 상담센터를 개업하여 일반인 내담자를 대상으로 심리평가와 심리치료 및 상담 서비스를 직접 제공하는 것이다. 또는 국가가 지원하는 정신건강센터를 설립하여 운영하는 임상심리학자도 늘어나고 있다. 한국임상심리학회 홈페이지에서는 전국의 지역별로 개업 임상심리학자를 소개하고 있다. 개업은 임상심리학자가 자율적으로 활동할 수 있는 유망한 진로이지만 개인적 역량과 노력에 따라 성공 여부가 결정된다.

임상심리학자 중에는 많은 내담자들이 심리치료를 받기 위해 대기하고 있을 정도로 성공적인 개업활동을 하고 있는 사람들이 많다. 최근에는 임상심리학자의 개업을 촉진하기 위한 '개업전문가협의회'가 결성되기도 했다.

대학교는 임상심리학자들이 활동하는 주요한 기관 중 하나이다. 박사학위를 지닌 임상심리학자는 대학교에 교수로 취업하여 학생들에게 임상심리학과 관련된 강의나 실습 교육을 담당하고 다양한 임상적 주제에 대한 연구활동을 한다. 또한 임상심리학자들은 대학교 내의 상담기관에서 부적응 학생을 대상으로 심리평가, 심리상담 및 다양한 예방활동을 하기도 한다.

최근에는 국가기관에서 일하는 임상심리학자들이 늘어나고 있다. 매우 다양한 국가기관이 임상심리학자의 전문적 역량을 필요로 하고 있다. 예컨대 이혼과 부부문제를 중재하는 가정법원, 군대에서 부적응의 소지가 있는 지원자를 평가하는 병무청, 문제 사병을 선별하고 적응을 도와야 하는 군부대, 범죄자를 수사하는 경찰청, 범죄자를 수감하는 교도소와 보호관찰소, 심리적 장애를 지닌 아동과 청소년을 돕는 교육청의 Wee센터, 성폭력 피해를 당한 아동을 치료하는 해바라기센터, 지역사회에서 정신장애 환자의 치료와 재활을 돕는 보건소 내의 정신건강센터를 비롯하여 국가인권위원회, 청소년위원회, 군의문사진상조사위원회 등과 같은 다양한 국가기관에서 임상심리학자들이 공직자로 활동하고 있다. 특히 정신건강임상심리사와 같은 국가자격증을 지닌 임상심리학자는 국가기관의 취업에 유리하다.

우리 사회에는 임상심리학자의 도움을 필요로 하는 곳이 매우 많다. 알코올중독, 도박중독, 게임중독과 같은 심리적 문제를 지닌 사람들의 치료를 담당하는 중독치료센터, 가정문제(이혼, 가정폭력, 가족갈등)를 담당하는 가족상담센터, 각종 트라우마나 폭력 피해자를 돕는 민간기관 등에서 임상심리학자들이 활동하고 있다. 최근에는 기업체에서도 임상심리학자를 고용하거나 개업 임상심리학자와 연계하여 직원의 심리적 문제를 치료하도록 지원하고 있다. 직원들의 심리적 문제는 기업체의 생산성을 저하시키는 주요한 원인이기 때문이다.

이 밖에도 정신과 환자들이 치료를 받고 사회에 잘 적응할 수 있도록 돕는 사회복귀시설 및 재활센터, 장애인을 비롯한 취약계층을 돕는 사회복지기관 등과 같은 다양한 기관에서 임상심리학자들이 활동하고 있다. 임상심리학자는 연구역량을 지니고 있기 때문에 심리건강과 관련된 연구를 담당하는 공공 및 민간연구소에서 일하기도 한다. 또한 임상심리학자는 심리평가의 최고전문가이기 때문에 다양한 심리검사를 개발하여 병원, 학교, 기업체 등에 보급하는 사업을 할 수도 있다.

임상심리학의 인접 학문 분야

정신건강 분야에는 다양한 학문 분야와 전문가들이 활동하고 있다. 임상심리학자뿐만 아니라 정신과의사, 상담심리사, 사회복지사, 간호사 등과 같은 다양한 전문가들이 정신장애의 치료에 관여하고 있다. 이러한 여러 분야의 정신건강 전문가들은 그들의 교육 및 훈련 배경에 따라 구분되는 경우가 많으나 활동영역이 중첩되는 경우가 많아서 명쾌한 구분이 쉽지 않다.

인간의 심리적 부적응과 장애는 다양한 측면의 원인이 관여하며 치료에 있어서도 다양한 측면의 노력이 필요하다. 정신건강 분야에는 임상심리학 외에도 여러 학문 분야가 존재하며 다양한 전문가 집단이 존재한다. 임상심리학자는 이러한 인접 분야의 전문가들과 협동하고 때로는 경쟁하면서 활동하고 있다. 따라서 인접 분야의 학문과 전문가들을 잘 이해하는 것이 필요하다.

정신의학

정신의학psychiatry은 정신장애를 진단·치료·연구하는 의학의 한 분야로서 최근에는 정신건강의학이라 부르기도 한다. 정신의학은 생물의학적 모델bio-medical model에 근거하여 정신장애의 원인을 주로 신체적 원인에서 찾고자 하며 치료 방법 역시 물리적 수단(약물치료, 전기충격치료 등)을 중시한다. 임상심리학과 정신의학의 가장 중요한 차이는 임상심리학이 정신장애의 심리적 원인을 연구하고 심리적 치료 방법을 적용하는 반면, 정신의학은 정신장애의 신체적 원인(뇌의 구조적 결함, 화학적 이상 등)에 초점을 맞추고 물리적 치료 방법을 적용한다는 점이다.

정신과의사psychiatrist는 정신의학에 근거하여 수련을 받은 가장 대표적인 정신건강 전문가로, 의과대학을 졸업하고 1년의 인턴과정과 4년의 정신과 레지던트과정을 거친 전문의이다. 레지던트 과정에서는 의학분야 특유의 도제적 교육을 통해 선임의사의 수퍼비전하에 사례를 받아 시행착오를 거치며 치료기술을 익히게 된다. 정신과의사는 가장 오랜 역사를 지닌 정신건강 전문가로서 신체의학의 기반 위에서 정신장애의 원인을 이해하고 치료하는 독보적인 위치를 지닌다. 정신장애를 유발하는 신체적 원인에 대한 이해가 깊을 뿐만 아니라 정신장애와 관련된 다양한 신체질환에 대해서도 잘 알고 있기 때문에 병원 장면에서는 가장 중심적인 위치에서 환자를 치료하게 된다.

그러나 정신과의사들은 자신의 고유한 영역과 역할에 대한 정체성 문제를 겪기도 한다. 신체적 질환을 치료하는 병원 장면에서 정신과의사는 그 원인과 치료 방법이 상대적으로 모호한 정신장애를 다루어야 하는 독특한 위치에 있기 때문이다. 또한 정신장애의 치료에 있어서 인접 분야의 전문가와 중첩되는 영역이 많기 때문이기도 하다. 정신장애가 뇌의 이상에 의한 것이라면 뇌의 전문의인 신경과의사가 더 잘 설명하고 치료할 수 있으며, 정신장애가 심리적 원인에 의한 것이라면 임상심리학자가 더 잘 설명하고 치료할 수 있다. 예를 들어, 치매는 정신과의사와 신경과의사 중 누구의 치료대상인가? 시험실패와 인간관계 갈등으로 우울증을 지닌 사람에게는 약물치료와 심리치료 중 어떤 것이 더 효과적일까? 이러한 상황에서 정신과의사에게 정체성 문제가 제기될 수 있다.

물론 육체와 정신은 밀접한 상호관계를 맺고 있기 때문에 양면을 통합적으로 이해하여 치료하는 전문가로서 정신과의사의 역할은 중요하다.

정신장애를 효과적으로 치료하기 위해서는 여러 전문가들의 협력적 노력이 필요하다. 정신장애는 다양한 원인에 의해서 유발될 뿐만 아니라 치료과정에서 다양한 측면에 대한 개입이 필요하기 때문이다. 일반적으로 병원 장면에서는 정신과의사가 중심이 되어 임상심리사, 정신과 사회복지사, 정신과 간호사 등의 전문가들과 팀을 이루어 협력적인 관계 속에서 환자의 치료에 임하게 된다.

Box 1.3   약물치료의 장점과 한계

정신과의사들이 정신장애를 치료하는 가장 주된 방법은 약물치료(drug therapy)이다. 약물치료는 생물의학적 이론에 근거한 치료법으로서 뇌중추신경계의 신경전달물질에 영향을 주는 화학물질, 즉 약물을 통해 증상을 완화하는 방법이다. 1950년대 이후 항정신성 약물의 급격한 개발이 이루어져 현재 다양한 정신장애의 치료에 사용되고 있다. 약물치료는 여러 가지 부작용이 따른다는 약점을 지니고 있으나 최근에는 이러한 부작용을 최소화하는 약물이 개발되고 있다. 예컨대, 프로작(Prozac)은 신경전달물질인 세로토닌의 재흡수를 선택적으로 억제하여 우울 증상을 완화하는 화학물질인 플루옥세틴(fluoxetine)의 상표명으로서 우울증 치료에 널리 사용되고 있다.

약물치료는 환자의 입장에서 커다란 노력 없이 비교적 저렴한 가격으로 증상을 완화시킬 수 있다는 점에서 매우 효과적이고 경제적인 치료수단이다. 또한 조현병이나 양극성장애와 같은 심각한 정신장애의 경우에는 약물치료가 필수적이다. 그러나 약물치료는 여러 가지 한계를 지니고 있다(권석만, 2011). 첫째, 모든 심리적 장애가 약물치료에 의해서 호전되는 것은 아니다. 예컨대, 성격장애를 비롯한 일부 장애의 경우에는 치료약물이 개발되어 있지 않으며, 약물치료에 가장 좋은 반응을 나타내는 우울증의 경우에도 일부의 환자들은 약물치료로 도움을 받지 못한다. 약물치료만으로 도움을 줄 수 없는 심리적 문제나 장애가 많다. 둘째, 상당수의 사람들은 약물치료를 원하지 않을 뿐만 아니라 약물치료의 크고 작은 부작용으로 인해서 약물치료를 중단하게 된다. 일부 사람들은 심리적 문제를 지니고 있더라도 자신의 정신세계가 화학물질인 약물에 의해서 영향받는 것을 원하지 않는다. 또한 향정신성 약물은 필연적으로 크고 작은 부작용을 유발하기 때문에 증상은 완화되어도 다른 심리적·신체적 기능이 약화되는 희생을 감수해야 한다. 셋째, 심리적 문제와 증상을 약물치료에 의존하게 되면 결국 환자 스스로 심리적 방법을 활용하여 문제증상에 대처하는 능력을 학습하지 못하거나 그러한 능력이 약화될 수 있다. 이러한 이유 때문에 약물치료를 받은 환자들이 증상이 재발되어 약물치료를 반복적으로 받게 되는 악순환에 빠질 수 있다. 약물치료의 가장 근본적인 한계는 약물치료가 증상을 완화시킬 뿐 심리적 장애의 원인을 치료하지 못한다는 점이다. 예컨대 대인기술의 부족이나 피해의식적인 사고경향 때문에 인간관계가 고립되어 우울증에 빠진 사람의 경우 항우울제를 복용함으로써 침체된 기분과 의욕상실에서 어느 정도 회복될 수는 있으나 대인기술과 피해의식이 개선되는 것은 아니다.

약물치료는 증상을 완화시킴으로써 심리적 문제를 개선하고 악화를 방지하는 데 도움이 될 수 있다. 심한 무기력감과 의욕 상실의 우울 증상을 지닌 사람의 경우 학업이나 직업과 같은 현실적인 과제를 수행하지 못하고 대인관계를 회피함으로써 문제상황이 더욱 악화될 수 있다. 이 경우에 약물치료는 우울 증상을 호전시킴으로써 최소한의 현실적인 과제를 수행하고 대인관계를 유지할 수 있게 한다. 그러나 우울 증상을 갖게 된 심리적 원인을 밝혀 치유하지 않는 한 항상 재발의 위험이 있을 뿐만 아니라 치유과정에서 심리적으로 성장할 수 있는 기회를 상실하게 된다. 대부분의 정신장애는 내담자가 자신의 증상을 더 잘 이해하고 생각과 행동을 변화시키는 심리치료적 도움을 통해서 좀 더 근본적인 치료가 가능하다.

상담심리학

상담심리학counseling psychology은 정상적인 적응을 하고 있는 사람들이 생활 속에서 직면하는 다양한 적응 문제(예: 진로 및 직업 문제, 학업 문제, 경미한 심리적 문제 등)의 해결을 도와주는 심리학의 한 분야이다. 대다수의 상담심리학자들은 개인의 심리적 문제를 특정한 장애로 유형화하거나 진단하지 않으며 일반적인 상담기법(예: 경청, 공감, 지지 등을 통한 자존감 강화나 대인관계 개선)을 적용한다. 그러나 정상 범위에 속하는 심리적 문제와 정신장애의 경계가 모호할 뿐만 아니라 심리치료와 상담의 구분이 모호해지면서 근래에는 상담심리학자들이 이상심리학, 심리평가, 심리치료를 비롯한 임상심리학의 이론과 치료 방법을 적용하여 정신건강 문제에 개입하는 추세가 나타나고 있다.

정신과 사회복지학

정신과 사회복지학psychiatric social work은 정신장애를 유발하는 사회환경적 요인과 더불어 정신장애의 치료를 위한 사회환경적 개입방법을 연구하는 전문 분야이다. 정신장애는 개인의 신체적·심리적 요인뿐만 아니라 사회환경적 요인(예: 가난, 실직, 열악한 주거환경이나 가족상황)에 의해서 발생하거나 악화될 수 있다. 정신장애 환자의 치료를 위해서는 물리적·심리적 치료와 더불어 그들의 장애를 악화시키는 사회환경적 상태를 긍정적으로 변화시키는 노력이 필요하다. 정신과 사회복지사psychiatric social worker는 주요한 정신건강 전문가로서 정신장애 환자의 사회환경적 요인(경제적 문제, 가정환경 등)을 사회복지적 측면에서 지원한다. 보건복지부에서 정신건강 전문요원으로 정신건강사회복지사 자격증을 발급하고 있으며, 많은 사회복지사들이 가족치료를 위시한 심리치료와 심리상담 활동에 참여하고 있다.

정신과 간호학

정신과 간호학psychiatric nursing은 정신과 환자를 효과적으로 돌보고 치료를 지원하는 방법을 연구하는 전문 분야이다. 정신과 간호사는 정신과 환자를 전문적으로 돌보는 전문가 집단이다. 정신과 환자는 다른 신체질환 환자와 달리 특수성을 지니고 있기 때문에 간호사는 정신장애에 대한 이해와 더불어 그러한 환자들과 관계를 맺고 돌보는 활동에 있어서 전문성을 가져야 한다. 정신과 병동에서 환자의 일상생활과 적응을 돕고 돌보는 활동을 하거나 지역사회 정신건강센터에서 정신장애 환자를 돌본다. 보건복지부에서 정신건강 간호사 자격증을 발급하고 있다. 정신건강 간호사들도 정신장애 환자를 돌보는 일과 더불어 심리치료와 심리상담 활동에 참여하고 있다.

기타의 전문 영역

우리 사회에는 다양한 심리적 문제와 장애를 치료하는 일에 관여하는 다양한 분야가 존재한다. 정신건강 분야에서 보건복지부가 공인하는 전문가는 정신과

의사, 정신건강임상심리사, 정신건강 사회복지사, 정신건강 간호사이다. 그러나 정신장애의 치료에 보조적인 역할을 하는 매우 다양한 전문 분야가 존재한다. 미술이나 음악과 같은 예술활동을 통해 정신장애의 치료에 도움을 주는 미술치료사와 음악치료사를 비롯하여 무용치료사, 운동치료사 등이 있다. 또한 정신과 환자의 사회적 재활과 취업을 돕기 위한 재활치료사와 직업치료사가 있다. 최근에는 반려동물을 매개로 하여 정신장애의 치료에 도움을 주는 전문가들도 생겨났다.

임상심리학과 관련된 심리학 분야로는 상담심리학 외에 건강심리학, 학교심리학, 발달심리학, 코칭심리학 등이 있다. 건강심리학health psychology은 건강과 신체질환에 영향을 미치는 심리적 요인을 연구하는 분야로서 건강심리학자들은 병원 장면(통합의학과나 건강증진센터, 재활의학과, 가정의학과 등)에 취업하여 환자의 건강을 증진하고 질병을 예방하는 활동을 하고 있다. 학교심리학school psychology은 학교 장면에서 아동과 청소년의 건강한 발달과 적응을 연구하고 지원하는 분야로서 학교심리학자는 학생들이 나타내는 다양한 부적응 문제를 예방하고 치료하는 활동을 하고 있다. 이 밖에도 발달심리학developmental psychology은 영아부터 아동과 청소년의 발달적 문제와 장애를 연구하고 치료하는 일에 관여하고 있으며 코칭심리학coaching psychology은 정상적인 일반인들의 자기계발과 정신건강을 증진하는 일에 관여하고 있다. 이러한 심리학 분야들은 임상심리학과의 연결과 협력이 필요한 분야라고 할 수 있다.

지금은 어느 때보다도 한국인의 정신건강과 행복증진을 위한 전문가 집단의 역할 분담과 협동이 필요한 시기이다. 정신건강 분야가 어느 한 전문직에 의해서 주도되거나 좌우되는 것은 바람직하지 않다. 정신건강 문제는 다양한 요인들이 얽혀 있는 복합적인 문제이기 때문에 어떤 한 분야의 전문가들이 모두 해결할 수는 없으며 여러 영역의 전문가들이 서로 힘을 합쳐 접근해야 한다. 임상심리학자는 정신건강 문제를 지닌 개인의 심리적 측면에 초점을 맞추어 문제해결을 추구하는 전문가라고 할 수 있다.

한국 임상심리학의 현황

심리학, 특히 임상심리학이 가장 발전한 나라는 미국이다. 미국은 임상심리학의 역사에서 매우 중요한 진전이 시작된 곳일 뿐만 아니라 임상심리학이 가장 활발하게 꽃핀 나라이기도 한다. 미국의 경우 심리학은 사회과학 분야 중에서 가장 많은 학생과 박사를 배출하고 있다. 그중 임상심리학은 심리학의 여러 분야 중에서 가장 많은 학생들이 지망하고 가장 많은 박사를 배출하고 있다. 미국의 여러 대학교에 개설된 임상심리학 박사과정에서는 매년 가장 우수한 학생들이 지원하여 치열한 경쟁을 치른다. 또한 체계적인 교육과정을 통해 양성된 임상심리학자는 사회의 다양한 장면에 진출하여 사회적으로 공헌하고 있을 뿐만 아니라 개인적으로도 높은 취업기회와 연봉을 누린다.

한국의 경우 임상심리학은 심리학 분야 중에서 가장 활발한 분야이다. 한국심리학회는 표 1.2에서 볼 수 있듯이 다양한 심리학 분야의 15개 분과학회가 존재하며 2018년 4월 현재 약 20,000명의 회원이 가입하고 있다. 한국임상심리학회는 한국심리학회의 제1분과학회로서 가장 오랜 역사를 지니고 있다.

한국임상심리학회에는 2018년 현재 약 7,000명의 회원이 사회 각층의 다양한 영역에서 왕성하게 활동하고 있으며, 산하에 13개의 지회 및 20개의 연구회(표 1.3 참고)를 두어 회원들의 전문성을 제고하는 데 주력하여 점증하는 심리치료 수요에 부응하고 있다. 한국심리학회가 공인하는 수련과정을 마친 뒤 임상심리전문가의 자격을 취득한 회원의 수만도 약 1,500명에 달하며, 정신건강복지법에 근거하여 보건복지부가 공인하는 정신건강임상심리사(1급 및 2급) 자격을 취득한 회원의 수는 약 2,600명에 이른다.

한국임상심리학회는 영문판인 제1학술지 *Korean Journal of Clinical Psychology*를 연간 4회 발간하고 있으며, 한국어판인 제2학술지 『한국심리학회지: 임상심리 연구와 실제』를 연 3회 발간하고 있다. 또한 매년 학술대회와 연수회 및 수련생 공동교육을 개최하여 각종 심포지엄과 워크숍, 회원교육, 사례발표를 비롯한 다양한 학문적 활동을 하고 있다.

표 1.2 한국심리학회의 15개 분과 학회

제1분과	임상심리학회
제2분과	상담심리학회
제3분과	산업및조직심리학회
제4분과	사회및성격심리학회
제5분과	발달심리학회
제6분과	인지및생물심리학회
제7분과	문화및사회문제심리학회
제8분과	건강심리학회
제9분과	여성심리학회
제10분과	소비자·광고심리학회
제11분과	학교심리학회
제12분과	법심리학회
제13분과	중독심리학회
제14분과	코칭심리학회
제15분과	심리측정평가학회

표 1.3 | 한국임상심리학 내의 20개 연구회

정신병리 연구회	부부문제 및 치료 연구회
한국정신분석 연구회	트라우마심리치료 연구회
인지행동치료 연구회	자살예방 및 위기상담 연구회
발달정신병리 연구회	학교진로심리 연구회
아동청소년 심리치료 연구회	행동의학 연구회
영유아임상 연구회	심리부검 연구회
임상명상치료 연구회	법 심리평가 및 치료 연구회
게슈탈트 연구회	멘탈휘트니스 긍정심리 연구회
성 치료 및 수면 연구회	지역사회심리자문 연구회
신경심리 연구회	지역연계심리지원 연구회

한국 사회에서 임상심리학의 역할과 기여

국가와 사회의 궁극적 목표는 구성원 모두가 행복한 삶을 누리도록 하는 것이다. 그러나 한국 사회에는 심리적인 고통 속에서 불행한 삶을 살아가는 사람들이 많다. 한국 사회는 경제적 발전 수준에 비해서 국민의 행복도가 낮을 뿐만 아니라 다양한 지표(자살률, 이혼율 등)에서도 불행과 스트레스가 많은 사회이다. 따라서 한국인의 불행을 치유하고 행복을 증진하기 위해서 임상심리학자가 기여할 수 있는 역할이 매우 많다.

임상심리학자의 첫 번째 역할은 한국인이 나타내는 부적응 문제와 정신장애의 현상과 원인을 체계적으로 이해하는 일이다. 모든 인간에게 보편적으로 나타나는 정신장애뿐만 아니라 한국인에게 독특하게 나타나는 정신장애의 현상과 원인을 체계적으로 밝히는 일이다. 이상행동과 정신장애에 대한 정확한 이해는 그 극복방법을 발견하는 토대를 제공한다.

둘째, 한국인이 나타내고 있는 부적응 문제와 정신장애를 치료하고 예방하는 일이 중요하다. 임상심리학적 지식에 근거하여 개인의 부적응 문제를 정확하게 평가하고 이러한 문제를 효과적으로 극복하도록 도울 수 있다. 다양한 심리학적인 평가기법과 치료 방법을 통해 이상행동과 정신장애를 극복하도록 돕는 일은 임상심리학의 가장 중요한 사회적 기능이라고 할 수 있다. 아울러 근본적으로는 이러한 문제가 발생하지 않도록 예방하는 일이 중요하다. 정신장애의 원인에 대한 이해는 예방대책을 마련하는 근거가 된다. 국가와 지역사회는 정신건강에 관한 예방적 지식을 홍보하고 교육하며 건강한 사회문화적 여건을 조성하도록 노력해야 한다.

셋째, 한국인이 더욱 만족스럽고 행복한 삶을 영위하도록 돕는 일에 임상심리학이 기여할 수 있다. 행복한 삶을 영위하는 것은 정신장애를 예방하는 최선의 방법인 동시에 개인의 삶의 질을 향상시키는 지름길이다. 개인의 행복은 환경적 요인보다 개인의 심리적 요인에 의해 훨씬 더 많은 영향을 받는다. 심리학 분야에서 개발된 다양한 치료 기법과 상담기법은 개인이 좀 더 행복하고 성숙한 삶을 영위하도록 돕는 강력한 도구가 될 수 있다. 예컨대 대인기술훈련, 의사소통훈련, 감정표현훈련 등은 긍정적이고 원만한 인간관계를 형성하는 데에 도움을 줄 수 있다. 문제해결기술훈련이나 스트레스관리훈련은 일상생활 속에서 경험하는 다양한 과제를 효과적으로 해결하는 데에 도움이 된다.

마지막으로, 임상심리학적 지식에 근거하여 한국인의 삶의 질을 향상시키기 위한 사회제도적 개선을 유도하는 일이다. 우리 사회에는 한국인의 정신건강에 악영향을 미치는 사회적 요인이 많다. 또한 한국인의 행복증진을 위해 새롭게 시도해야 할 사회적 변화도 많다. 한국인의 삶의 질을 향상시킬 수 있는 사회문화적 환경을 조성하기 위한 국가적·사회적 노력에 전문적인 심리학 지식을 제공하고 개선의 구체적 방안을 제시함으로써 건강한 사회 구현에 기여할 수 있다.

임상심리학은 개인의 삶의 질을 향상시킬 뿐만 아니라 국가적 안정과 발전에 기여할 수 있다. 부적응 문제와 정신장애로 인한 생산인력의 기능저하는 국가적 손실을 초래한다. 심리적 문제로 인한 학업 부적응, 직장 부적응과 실직, 대인관계의 갈등과 반목, 가정불화와 이혼, 각종 사고나 재해 등은 개인적 불행일 뿐만 아니라 사회적 생산성을 저하시키는 요인이다. 국가가 발전하기 위해서는 구성원의 정신적 건강과 의욕적인 삶의 태도가 중요하다.

우리 사회를 불안하게 만드는 범죄와 사고는 심리적 문제와 관련되어 있는 경우가 대부분이다. 살인, 강도, 폭행, 사기와 같은 다양한 범죄는 대부분 사회적 부적응이나 정신장애에 의한 경우가 많다. 또한 교통사고, 안전사고, 산업재해와 같은 각종 사고나 재해에는 심리적 문제가 관련되어 있다. 예를 들어 정신장애를 지닌 사람이 심각한 교통사고를 내거나 타인을 살해하는 일이 일어나고 있다. 이러한 범죄나 사고를 유발하는 심리적 문제를 밝혀내고 이를 예방하는 일은 개인의 불행을 막을 뿐만 아니라 살기 좋은 안전한 사회를 만드는 길이기도 하다. 이처럼 임상심리학자는 과학자이자 임상가로서 한국인이 더욱 건강하고 행복한 삶을 영위하도록 돕는 데에 기여할 수 있다.

Box 1.4 　　임상심리학자의 직업적 보람은 어떤 것인가요?

세상에 존재하는 모든 직업은 사회적 요구가 있기 때문에 존재할 뿐만 아니라 나름대로의 직업적 보람을 갖기 마련이다. 임상심리학자들 역시 자신의 직업에 대한 나름대로의 보람과 자부심을 지니고 있다. 개인마다 차이가 있겠지만 임상심리학자가 경험하는 직업적 보람은 크게 세 가지 영역으로 나누어 볼 수 있다.

그 첫째는 다른 사람들에게 치료적 도움을 제공하는 전문적 활동에 대한 보람이다. 특히 심리적 부적응과 장애를 지닌 사람들은 매우 고통스러운 상태에서 도움을 청하게 된다. 심리치료를 진행하면서 이들의 부적응과 장애가 점차적으로 개선되는 모습을 지켜보는 것은 매우 뿌듯하며 자신의 직업에 대한 보람과 자부심을 느끼게 한다. 좌절과 절망감에 사로잡혀 자살을 앞두고 마지막 기회로 임상심리학자를 찾아온 내담자가 있다. 심리치료 과정을 통해 자신과 세상에 대한 부정적 관점을 개선하여 건강한 삶을 회복하는 모습을 지켜보면서 임상심리학자는 직업에 대해서 자부심을 느낀다. 심리치료가 종결되고 나서 수년의 세월이 흐른 뒤에 내담자에게서 "선생님의 도움이 없었더라면 저는 지금쯤 죽었거나 폐인이 되어 있을 것입니다. 새로운 삶을 살도록 도와주신 선생님께 감사드립니다."와 같은 취지의 연락을 받는 경험을 대부분의 임상심리학자들이 지니고 있다.

둘째는 임상심리학자는 직업적 활동을 통해서 자기이해와 자기성장을 이루게 된다는 점이다. 한 연구에 따르면 임상심리학자 중 상당수는 자신의 심리적 문제를 이해하고 스스로 치유하기 위해서 이 분야에 흥미를 느낀다고 한다. 실제로 임상심리학을 공부하는 과정에서 자신의 심리적 문제를 이해하고 치유할 수 있는 많은 기회를 접하게 된다. 유능한 임상심리학자가 되기 위해서는 자신의 강점과 약점을 잘 이해해야 할 뿐만 아니라 자신의 삶을 적응적으로 잘 관리하는 노력을 기울여야 한다. 또한 임상가로 활동하면서 정신장애를 지닌 사람들이 불행한 상태에 빠져들게 된 심리적 원인을 이해하게 될 뿐만 아니라 치료과정을 통해 삶의 지혜가 증가하게 된다. 지혜는 어려움에 처한 사람을 조언하거나 조언을 받는 경험을 통해서 발달하는 것으로 알려져 있다. 스타우딩

거 등(Staudinger et al., 1992)은 특정한 직업이나 사회적 위치가 지혜를 발달시키는 데 기여할 수 있다고 주장한다. 특히 어려운 삶의 문제들을 다루며 그에 관한 이론과 개입방법을 공부하고 체계적 훈련과 실제적 경험을 하게 되는 직업이 그러할 수 있다. 그러한 직업의 대표적인 예가 임상심리학자이다. 윈드와 헬슨(Wind & Helson, 1997)은 나이와 직업경험이 지혜에 미치는 영향을 연구했는데, 임상심리학자의 경우 20대 후반부터 50대 초반에 이르기까지 다른 집단에 비해서 지혜가 더 급격하게 증가하는 것으로 나타났다.

셋째는 임상심리학자는 노력한 만큼 경제적 보상을 받을 수 있는 다양한 기회를 지닌다. 물론 개인의 역량과 취업 장면에 따라 소득수준에 차이가 있을 수 있다. 그러나 일반적으로 대부분의 임상심리학자는 국가자격증을 지닌 전문가로 인정받기 때문에 국가기관을 비롯한 다양한 기관에 취업할 기회가 많을 뿐 아니라 전문가로서 대우를 받게 된다. 또한 임상심리학자는 개업을 통해 심리평가와 심리치료의 역량을 발휘하거나 심리검사 개발, 교육, 강연, 자문, 연구 등의 활동을 통해 다양한 소득원을 확보할 수 있다.

이 밖에도 임상심리학자는 일상생활에서 주변사람들에게 심리적인 도움을 줌으로써 보람과 자부심을 느낄 수 있다. 대부분의 사람들은 크고 작은 심리적 문제를 지니고 있으며 임상심리학자를 만나면 조언과 도움을 요청하는 경우가 많기 때문이다. 임상심리학자는 일상적인 인간관계에서도 다른 사람에 대한 이해의 폭이 넓을 뿐만 아니라 독특한 개성을 지닌 사람들과 원만하게 교류할 수 있는 능력을 지니고 있다. 따라서 다른 직업을 가진 사람들보다 임상심리학자는 더 원만하고 효과적인 인간관계를 만들어 나갈 수 있다. 물론 임상심리학자들도 다양한 개성을 지닌 사람들의 집단이기 때문에 직업적 보람에 개인적 차이가 있을 것이다. 그러나 임상심리학자로서 성실하고 진지하게 자신의 직업활동에 임한다면 다양한 직업적 보람의 열매를 수확할 수 있을 것이다.

이 장의 요약

1   임상심리학은 심리적 원인에 근거한 고통과 기능장애를 설명하고 치료할 뿐만 아니라 나아가서 행복과 성장을 촉진하기 위해서 과학적 탐구와 임상적 실천을 통합하는 심리학 분야이다.

2   임상심리학자의 주요한 세 가지 기능은 연구, 심리평가, 심리치료이며 그 밖에도 예방, 교육, 자문, 정책 제안과 같은 다양한 활동을 하고 있다.

3   임상심리학자는 정신건강 분야의 고급전문가로서 이론과 실무에 관한 체계적 수련과정을 거쳐 양성되며 가장 대표적인 임상심리학자 수련 모델은 과학자-임상가 모델이다.

4   우리나라의 경우 임상심리학자는 기본적으로 과학자-임상가 모델에 근거하여 석사과정 교육과 3년의 임상수련을 이수한 석사학위자로 양성되고 있으며, 세 가지의 임상심리학자 자격제도, 즉 (1) 한국심리학회에서 발급하는 임상심리전문가, (2) 보건복지부에서 발급하는 정신건강임상심리사, (3) 한국산업인력공단에서 발급하는 임상심리사 제도가 시행되고 있다.

5   정신건강 분야에는 임상심리학자뿐만 아니라 정신과의사, 상담심리사, 사회복지사, 간호사 등과 같은 다양한 인접 학문의 전문가들이 협력과 경쟁의 관계 속에서 활동하고 있다.

6   한국임상심리학회는 한국심리학회의 제1분과 학회로서 산하에 13개의 지회 및 20개의 연구회가 있다.

7   우리나라는 경제적 발전 수준에 비해 국민의 행복도가 낮을 뿐만 아니라 불행과 스트레스가 많은 국가로, 임상심리학자는 과학자이자 임상가로서 한국인이 더욱 건강하고 행복한 삶을 영위하도록 돕는 데에 기여할 수 있다.

더 읽을거리

권석만(2013). 현대 이상심리학(2판). 서울: 학지사.

권석만(2011). 현대 심리치료와 상담 이론. 서울: 학지사.

Trull, T. J., & Prinstein, M. J. (2014). 임상심리학 [*The science and practice of clinical psychology* (8th ed.)]. (권정혜 등 역). 서울: 센게이지러닝코리아(원전은 2013에 출간).

02

임상심리학의 역사

임상 심리학은 1896년 미국에서 등장하여 응용심리학의 발전에 기폭제 역할을 하였으며 정신건강 분야의 주요 직군으로 발전하였다. 20세기 상반기 동안 임상심리학은 지능검사와 성격검사를 중심으로 심리평가 영역에서 인정받기 시작했으며, 심리클리닉과 학교, 아동지도소 등에서 심리치료와 심리자문 등의 심리 서비스를 일부 담당하였다. 순수 심리학을 강조하던 미국심리학회가 응용심리 분야의 요구를 외면하자 임상심리학은 1917년과 1937년에 독립된 조직을 만들기도 했다. 1940년대 제2차 세계대전 탓에 수많은 참전 군인과 그 가족, 일반 시민을 위한 심리 서비스 수요가 급증하였고, 이 시기 동안 임상심리학은 심리평가뿐만 아니라 치료개입 영역으로 역할을 급속히 확장시켰다. 이러한 발전은 인간행동에 관한 심리학의 지식을 활용하여 당대의 사회적 요구에 적극 대응한 성과였다. 현대적 관점에서 임상심리 전문가의 기준은 1949년의 볼더Boulder 모형으로 수립되었으며, 이후 몇 가지 수련모형이 대안으로서 제시되었다. 이제 임상심리학은 다양한 분야(예: 건강심리, 신경심리, 법정심리, 심리자문, 긍정심리 등)에서 전문성을 확장하고 있으며, 변화하는 사회적 경제적 환경 속에서 새로운 도전에 직면하고 있다. 한국의 경우를 살펴보면 한국심리학회는 1946년 창립되었고, 최초의 산하 분과학회인 한국임상심리학회는 1964년 발족하였다. 1995년에는 정신보건법이 제정되었으며, 이는 2016년에 정신건강증진 및 정신질환자 복지서비스 지원에 관한 법률(정신건강복지법)로 개정되었다. 이러한 법률적 환경 변화 및 급증하고 있는 심리 서비스 수요에 따라 한국에서도 임상심리학의 역할과 책임이 한층 더 커지고 있다.

☑ **이 장의 목표**

1 임상심리학의 기원에 관하여 이해할 수 있다.
2 임상심리학 발전의 주요시기를 이해할 수 있다.
3 임상심리학의 수련모형과 실제업무를 이해할 수 있다.
4 한국의 임상심리학을 이해할 수 있다.

심리학은 1879년에 태동하였으나 그 전부터 인간의 정신에 관한 관심은 인류의 오랜 주제였으며, 철학을 비롯한 종교, 의학, 생물학 등도 이를 다루어 왔다. 독립 학문으로서 심리학은 다양한 입장을 포섭하면서 발전하였는데, 여기에서는 임상심리학의 창립 이전에 있었던 관련된 주요 사건을 간략히 알아본다. 아울러 심리학이 형성되던 시기 즈음에 전개된 정신분석 및 정신의학의 발전 양상도 일부 조명한다.

선사시대부터 근대까지의 흐름

이상행동을 이해하고 치료하려는 노력은 선사시대에도 존재했을 것으로 보이며, 천공된 두개유골에서 그 흔적을 찾기도 한다. 고대 그리스의 히포크라테스(460~370 B.C.)의 4체액설, 플라톤(427~347 B.C.)의 영혼의 문제가 신체적 질병을 일으킨다는 주장, 아리스토텔레스(384~322 B.C.)의 정서상태가 신체기능에 영향을 준다는 주장 등은 가장 오래된 역사적 기록으로 여겨진다. 로마시대의 의사였던 갈레노스(130~200 A.D.)는 히포크라테스의 영향을 받아 4체액설을 발전시켰는데, 만성질환자의 경우 피를 빼는 사혈 및 방혈 요법을 적용하였고 우울증 치료에 구토를 권유하기도 하였다. 이러한 치료관행은 근대에 이르기까지 사용되었다고 한다(Kemp, 1990). 정신건강에 관한 고대의 관점은 건강, 질병, 성격, 행동이 상호 밀접하게 연관된다는 전체론적 관점의 선구로 간주될 수 있을 것이다(Plante, 2012).

암흑시대로도 일컬어지는 중세 시대(500~1500 A.D.) 동안 이상행동은 악령에 의해 귀신들림(빙의)으로 해석되었고, 치료는 당연히 성직자에 의한 영적 개입—주술적 행위 및 고문, 종교적 처단 등—이었다. 악령학demonology은 고대 이집트를 비롯하여 중국, 바빌론, 그리스 등의 여러 문화권에서도 존재했던 것 같으며, 유럽에서는 17세기까지도 마녀사냥이 행해졌다는 기록이 있다(Kemp,

1990). 중세의 마녀사냥 같은 행위는 없어졌지만, 제2차 세계대전 때 나치스에 의한 유대인 집단학살이라든가, 일부 정치인이 AIDS가 동성애자 탓이라고 하거나 사회의 많은 문제가 모두 불법이민자 탓이라는 식으로 무고한 희생양을 비난하는 군중심리 또는 사회적 집단 히스테리 현상 등은 오늘날에도 여전히 존재한다. 중세 시대에도 토마스 아퀴나스Thomas Aquinas(1225~1274)나 파라켈수스Paracelsus(1490~1541) 등 종교적 해석을 벗어나 보다 합리적인 다른 방식으로 이상행동을 설명하려는 여러 노력이 나타나기 시작하였다(Plante, 2012).

15~16세기 르네상스가 도래하면서 인본주의적 관심이 현저해졌으며, 17세기 과학혁명기에는 자연현상을 있는 그대로 과학적 방법에 따라 기술하려는 방식이 주류로 등장했다. 귀납법 및 자연의 통제를 중시하는 입장은 이후 다윈과 미국의 기능주의 및 행동주의 심리학의 토대가 되었다고 할 수 있다Goodwin(1999). 프랑스의 철학자 데카르트Descartes(1596~1650)는 정신과 신체가 분리된다는 심신이원론을 주장하였고, 이는 인간행동의 기본원리를 설명하려는 최초의 역사적 사건으로 간주되기도 한다. 또한 사유를 통한 진리탐구라는 데카르트의 합리주의적 전통은 라이프니츠Leibnitz(1646~1716) 및 칸트Kant(1724~1804)에 의해 계승되었고, 현대 인지심리학의 철학적 기초가 되고 있다(Goodwin, 1999). 뉴턴Newton(1643~1727)의 운동법칙처럼 가설이나 독단을 배제하고 수학적, 합리적, 경험적, 실험적 방법을 사용하여 현상을 성공적으로 설명할 수 있다는 믿음이 과학발전을 이끌었으며, 19세기에 태동한 심리학도 이러한 토대 위에 출범되었다고 할 수 있다.

근대적 방식으로 신경계 질환이 의심되는 환자를 치유하려는 시도는 의사였던 프란츠 안톤 메스머Franz Anton Mesmer(1734~1815)의 메스머리즘mesmerism에 관한 기록에서 찾아볼 수 있다. 그는 동물자기설animal magnetism을 주장하면서 환자에게 철분 함량이 높은 약을 투여한 다음 자석 위를 통과시키는 방식으로, 얼마 후에는 자석이 없이도 자력을 가진 자신의 암시에 따라 환자가 호전된다고 했다. 그의 방법은 당시 상당한 인기를 끌었지만, 1777년 비엔나 의사회는 이를 근거가 없는 것이라고 판정하고 추방명령을 내렸다. 1778년 메스머는 프랑스의 파리로 옮겨가서 그의 자성치료magnetic cure를 계속하였는데, 1784년에는 프랑스의 왕립학술원 특별위원회도 메스머리즘은 비과학적이라는 판정을 내렸다. 동시에 특별위원회의 보고서는 메스머리즘이 환자에게 치료될 수 있다는 믿음을 심어줌으로써 본인의 상태가 호전된 것처럼 생각하게끔 만들 수 있음은 인정된다고 기술했다(Hoffeld, 1980). 메스머리즘은 이후 스코틀랜드의 제임스 브레이드James Braid(1795~1860)에 의해 최면 현상으로 재명명되었고, 최면은 히스테리 현상과 함께 1890년을 전후하여 유럽 의학계에서 큰 관심을 받았다(Goodwin, 1999).

19세기 심리학의 창립

19세기는 근대 산업혁명(1760~1840) 및 프랑스 혁명(1787~1799) 등의 급격한 사회적 변혁 속에서 시민의식이 움텄고 인권의식이 전반적으로 높아진 시기였다. 프랑스의 정신과의사인 필리프 피넬Philippe Pinel(1745~1826)은 도덕치료moral treatment를 주장하면서 열악한 환경에서 환자들을 속박하던 정신질환자 수용소의 환경을 개선하였다. 비슷한 노력이 영국의 요크York에서 요양소retreat를 운영한 윌리엄 튜크William Tuke(1732~1822), 미국의 벤자민 러쉬Benjamin Rush(1745~1813), 엘리 토드Eli Todd(1769~1833) 등의 선구자들에 의해 주도되었다. 또한 사회개혁 운동가로서 도로시아 딕스Dorothea Dix(1802~1887)는 1848년 뉴저지주에 정신질환자를 위한 병원이 미국 최초로 건립되도록 하였다. 이후 미국의 각 주에 정신질환자를 수용하는 기관이 건립되었으며, 이 시기는 미국의 남북전쟁(1861~1865) 및 재건기(1865~1877)에 걸쳐 있었다. 근대의 이러한 추세는 지지적 관계 및 이완경험의 제공, 보다 효과적인 삶을 위한 새로운 기술의 습득 등을 목표로 하는 현대적 환경치료milieu therapy의 선구로 간주할 수 있다(Kendall & Norton-Ford, 1982).

정신병원 개혁운동은 정신질환자에게도 인간적이고 전문적인 개입이 필요하다는 것을 보여주었고, 이는 현대 임상심리학과 가장 직접적으로 연관된 역사적 사건이라고 주장되기도 한다(Reisman, 1976). 다만 현대적 관점에서 비판한다면 이러한 개혁운동은 일정한 시설에 수용되어 있던 이들만을 대상으로 처우와 치료를 개선시키고자 했던 한계가 있었다(Goodwin, 1999).

이 시기에는 또한 생물학적 유전적 원리들이 발견됨으로써 이후 신경심리학 및 신경과학, 인지과학 등의 토대를 제공하였다(Goodwin, 1999). 예를 들면, 척수의 후근이 감각을 통제하고 전근이 운동반응을 통제한다는 벨-마장디Bell-Magendie 법칙과 헬름홀츠Helmholtz(1821~1894)의 시각/청각에 관한 작동원리(예: 삼원색설) 등이 밝혀졌고, 오스트리아의 멘델Mendell(1822~1884)은 1865년 '유전의 법칙'을 통해 인간의 형질특성은 유전자에 의하여 일정한 확률법칙에 따름을 주장하였다. 찰스 다윈Charles Darwin(1809~1882)은 1859년『종의 기원』에서 자연선택설에 근거한 진화론을 주장하였다. 다윈의 주장은 인간의 행동과 정신과정은 환경에 적응하는 데 얼마나 기여하는가에 따라 연구되어야 한다는 기능주의 심리학에 크게 영향을 미쳤고, 진화심리학을 비롯한 비교심리학, 사회진화론 등의 기본골격을 제공하였다.

1879년 빌헬름 분트Wilhelm Wundt(1832~1920)가 독일 라이프치히Leipzig 대학교에 최초의 심리학 실험실을 설치함으로써 심리학이 창립되었다. 분트는 철학적 사유를 넘어 실증적 실험연구를 활용하였으며, 심리학의 역사 초기에 기여한 여러 학자들을 배출하였다. 그중에는 미국 최초의 심리학과 소속의 교수가 된 카텔J. M. Cattell(1860~1944) 및 최초의 임상심리학자 위트머L. Witmer(1867~1956), 현대정신의학 분류법의 창시자인 크레펠린E. Kraepellin(1856~1926) 등이 있었다(Goodwin, 1999).

1882년 영국의 프랜시스 골턴Francis Galton(1822~1911)은 인체측정학 실험실을 설립하고 개인차 및 상관관계의 개념, '평균으로의 회귀' 등을 주장하였다. 골턴의 성과는 현대 심리측정학의 토대를 제공하였으며, 인간의 여러 능력이 측정 가능함을 보여주었다. 그는 우생학eugenics의 창시자로도 여겨지는데, 개인차의 선천적 요인을 강조하는 논리는 불행히도 당대 제국주의 서구 열강의 식민지 지배 및 인종차별을 합리화하는 논거로 오용되기도 하였다.

1892년 31명의 회원으로 구성된 미국심리학회(APA)American Psychological Association가 창설되었으며 윌리엄 제임스William James(1842~1910)와 그랜빌 스탠리 홀Granville Stanley Hall(1844~1924)이 주도적인 역할을 하였다. 이즈음 미국에서는 여

러 학문 분야에서 전국적 조직이 연이어 창립되던 때로 신경과의사(1875), 언어학자(1883), 역사학자(1884), 자연과학자(1886), 생리학자(1887), 해부학자(1888) 등이 학회를 창설하였다. 1대 회장이었던 스탠리 홀은 이러한 추세 속에서 '심리학자'도 동등한 반열에 설 수 있기를 희망하였을 것이다(Green & Cautin, 2017). 하지만 마이클 소칼Michael Sokal(1992)에 의하면 미국심리학회(APA)는 발족 후 10여 년 동안 오히려 철학의 발전에 관심을 둔 것 같은 행보를 보였으며, 이에 대한 반발로 티치너Titchener는 1904년에 실험심리학자 모임the Experimentalists을 별도로 조직하기도 하였다.

1889년 카텔이 펜실베이니아Pensylvania 대학교 심리학과에 미국 최초의 심리학과 교수로 부임하였다. 그는 '미국판 골턴'으로 일컬어질 정도로 개인차 연구에 주력하였고, Mind라는 학술지에 발표한 「정신검사와 측정Mental Tests and Measurement」에서 신체검사(예: 키, 체중, 양팔 너비 등)를 제외한 기능을 측정한다는 의미에서 '정신검사'라는 용어를 사용했다(Cattell, 1890). 그는 "심리학이 경험과 측정을 기초로 하지 않는 한 자연과학의 확실성과 정밀성을 얻을 수 없다."고 주장하였다. 그는 '정신검사운동'을 주장하기도 했는데 비네Binet의 지능검사가 인기를 끌면서 세간의 관심에서 뒷전으로 밀리게 되었다(Goodwin, 1999).

의학에서 메스머리즘이나 최면현상 등에 대한 관심이 18세기 말에서 19세기 초에 이미 존재했음을 앞서 보았다. 브로이어Breuer(1842~1925)는 1880년~82년경 전환증상을 가진 '안나 오Anna O'를 치료하였고, 이후 이에 관하여 프로이트Freud(1856~1939)와 논의하여 1895년 『히스테리 연구Studies on Hysteria』를 공동 출간하였다. 그 책에서는 최면적 암시hypnotic suggestion 없이도 내담자와 대화치료talking cure가 가능하며, 환자는 감정정화abreaction를 경험하면 호전될 수 있다고 주장하였다. 이후 브로이어는 최면과 대화치료에 더 이상 관심을 두지 않았으나, 프로이트는 이후 자유연상과 무의식 등에 관한 연구를 계속하여 최초의 심리치료 이론으로 평가되는 정신분석[1]을 발전시키게 된다.

1888년과 1893년 사이에 프랑스를 중심으로 최면술에 관한 연구발표가

....

1   이는 'psychoanalysis'를 번역한 것으로, '심리분석'으로 번역하는 것이 더 낫다는 의견(윤순임, 1995)이 있다.

801개나 될 정도로 치열한 논쟁이 있었다(Goodwin, 1999). 이는 당시 리보Li-ebeault와 베르넹Bernheim으로 대표되는 낭시학파(최면은 암시효과에 불과하다는 입장)와 파리 살페트리에르Salpetriere 병원장이었던 장 마르탱 샤르코Jean-Martin Char-cot(1825~1893)의 주장(원인이 불분명한 신체증상으로서 오늘날의 전환증상에 해당되는 히스테리에는 최면이 효과적인 치료법이라는 입장)이 대립하면서 비롯된 일이었는데, 당시 주요 주제였던 '해리' 및 '무의식'에 관한 주장은 프로이트에게 상당한 영향을 미친 것으로 보인다. 실제로 1885년 프로이트는 약 3개월간 파리로 가서 샤르코에게 수학하였다(Goodwin, 1999).

임상심리학의 창립과 제1차 세계대전까지의 발전

위트머는 심리학의 연구방법을 부적응 행동의 개선에 적용했던 최초의 시도로써 1896년에 임상심리학을 창립하였다. 초창기 임상심리학은 지능검사 영역에서 두각을 나타냈으며, 이는 비네 검사를 미국에 보급한 고다드Goddard와 이를 표준화한 터만Terman의 업적 등으로 대표된다. 제1차 세계대전 즈음에는 입영대상자를 선별하기 위한 군대용 집단지능검사가 개발되어 사용되기도 하였다. 이 시기의 임상심리학자들은 주로 의료 장면에서 정신검사mental test를 시행하였고, 일부는 아동지도소 및 대학에 소재한 심리클리닉에서 교정적 작업remedial work에 종사하였다.

임상심리학의 창립

라이트너 위트머가 1896년 펜실베이니아 대학에 심리클리닉psychological clinic을 개소한 것을 공식적인 임상심리학의 기원으로 여긴다. 위트머는 카텔의 실험실 조수였으며, 스승을 좇아 분트에게 수학하여 1892년에 박사학위를 취득한다.

그가 다시 펜실베이니아 대학으로 1893년에 돌아왔을 때 카텔이 컬럼비아Co-lumbia 대학교로 이직하였기에 그의 후임으로 임용되어 실험실의 책임자가 되었다(Goodwin, 1999). 이 시기 미국의 심리학자들은 정신질환의 치료란 정신의학의 담당 영역이라고 여겼으며, 심리학의 적용은 그 외의 영역에 집중시키고자 하였다(Reisman, 1991). 1896년 3월 펜실베이니아 대학 인근 지역의 한 여교사가 14세의 학생을 위트머의 실험실에 데려왔는데, 철자법을 떼지 못한 이 아동을 돕는 과정에서 시력 문제를 교정하자 철자법 문제가 개선됨을 볼 수 있었다. 이후 언어장애가 있던 두 번째 사례가 있었고 비슷한 방식으로 1년여간 스물 네댓 개의 사례를 다뤘다고 한다(McReynolds, 1987). 그해 연말 보스턴에서 열린 APA 학술대회에서 위트머는 자신의 경험을 보고하였고, 1907년 학술지 *Psychological Clinic*을 창간하면서 '임상심리학'이라는 제목의 개관논문에서 다음과 같이 말했다.

> 펜실베이니아 대학의 심리클리닉으로 명명된 심리학 실험실이 나의 감독하에 지난 10여 년간 운영되어 왔다. 필라델피아와 인근 도시 공립학교의 아동들이 부모 또는 교사를 통해 의뢰되었고, 이들은 다른 아동들만큼 학업 수행을 신속하게 따라갈 수 없다거나 일상적인 훈육으로는 관리가 어려운 도덕적 결함 등을 뚜렷이 보였다. 심리클리닉에 오면 이들은 신체검사와 심리검사를 받았다. 검진 결과에 따라 바람직하다면 각 사례에서 필요한 대로 눈이나 귀, 코, 인후, 신경질환의 전문가에게 의뢰되었다. 동시에 실시되는 의학적 및 심리학적 검진의 결과를 바탕으로 아동의 정신적, 신체적 조건에 관한 진단이 이루어지고, 적절한 의학적이고 교육적인 치료가 추천된다. 이 아동들의 경과는 수년에 걸쳐 추적되었다.

1909년 그의 클리닉은 아동의 능력에 대해 심리학 외에도 교육 및 의학 영역의 평가를 실시하였고, 그 결과에 따라 손상을 극복하는 교수 방법(tutoring method)을 제시할 수 있었다(Kirsch & Winter, 1983; Routh, 1992). 그의 강조점은 사람들이 능력을 개발하도록 조력하는 '교육적' 역할을 하는 것이었다(Kendall & Norton-Ford, 1982). 또한 그는 각 개인의 요구에 따라 관찰과 실험의 과학적 방법을 적용하려고 했을 뿐만 아니라 학업 저하는 낮은 기대수준 및 학교 재직자들의 부실한 지도방안 탓이라는 관점도 갖고 있었다(Reisman, 1991). 위트머는 임상심리학자의 역할을 치료실 영역 이상으로 확대해야 한다고 여겼으며, 빈민 우범 지역의 아동의 경우처럼 유해한 사회적 조건을 바꾸기 위한 예방적인 사회적 운동에 참여해야 한다고 주장했다. 그는 당연히 의사 및 사회복지사 등과 협력하여야 한다는 관점을 갖고 있었다. 미국심리학회의 학교 심리학 분과에서도 위트머를 이 분야의 개척자로 여기며, 그를 기리는 라이트너 위트머상을 매년 수여하고 있다(Goodwin, 1999).

위트머를 모방한 클리닉이 1914년까지 19개 대학으로 확산되었고 제1차 세계대전 전까지 미국 전역에 약 25개에 이르렀다(Sexton, 1965). 그의 클리닉은 1931년경 총 사례수 파일이 거의 10,000건에 이르렀다(Fernberger, 1931). 위트머는 현대 임상심리학의 창시자로서 인정되기는 하지만 그의 영향력은 실제적이기보다는 역사적인 의의를 갖는 정도로 평가된다. 전문 직업에 관하여 최초로 이름을 붙였지만 새로운 이론이나 방법을 제시하지는 못했다는 한계가 있다는 것이다(Trull & Prinstein, 2013). 위트머는 당대에 강력한 영향을 미치던 정신분석 및 지능검사, 정신건강운동, 아동지도운동 등 대중적으로 주목받았던 방식과 동떨어져 자신만의 방법에만 머물렀던 한계를 보였다(Benjamin, 2005).

정신위생운동 및 심리치료와 관련된 주요 사건

20세기 초 심리학자들은 직접적으로 정신장애를 다루기보다는 심리학의 지식을 의학계에 전달하는 역할을 주로 수행한 것으로 평가된다(Hilgard, 1987; Popplestone & McPherson, 1984). 대학교수를 중심으로 구성된 APA는 응용 분야에는 무관심하였으며, 임상심리학의 발전도 미미하여 발달장애나 일부 정신질환자에게 심리검사를 시행하는 역할을 담당하였고 극히 일부만이 정서적 장해를 겪는 사람을 치료하고 연구하였다. 신생 학문이던 심리학의 지위와 APA의 회원수가 1916년 기준 308명에 불과했던 것을 감안하면 이러한 양상은 당연한 것으로 이해할 수 있다. 이즈음 임상심리학의 발전에 영향을 미친 주요 사건을 간략히 살펴보면 다음과 같다.

1908년 클리포드 비어스Clifford Beers(1876~1943)가 *A Mind That Found It-self*를 발간하였는데, 이는 자신의 조울증 치료경험을 통해 입원기간 중 환자들이 학대당하고 있음을 고발한 내용이었다. 얼마 후 존스 홉킨스Johns Hopkins 대학의 정신과의사이던 아돌프 마이어Adolf Meyer(1866~1950)가 비어스의 책에 관심을 가졌고, 두 사람은 공동으로 사회 개혁을 통해 정신질환을 예방할 수 있음을 주장하는 정신위생운동mental hygiene movement을 전개하게 된다. 대공황이 미국사회를 휩쓸면서 비어스의 시도는 실제적 성과를 거두지는 못하였지만, 이 운동은 대중에게 정신건강의 중요성을 일깨웠다는 의의를 갖는다(Grob, 1994).

1908년 분트의 제자로서 1889년에 박사학위를 취득한 엘우드 워체스터 Elwood Worcester(1862~1940)가 「종교와 의학: 신경장애의 도덕적 통제」라는 논문을 발표하였다. 그는 당시 보스턴에 있던 교회의 목사였는데 의학, 종교, 심리학이 연합함으로써 정신장애를 치유할 수 있을 것이라는 엠마누엘 운동Emmanuel Movement을 주창하여 인기를 끌었다. 그러나 의학과 심리학 모두 비판적인 입장을 취했으며, 위트머는 엠마누엘 운동이 "견고한 심리학 및 의학에 기반하지 않았다."고 비판했고, 휴고 뮌스터버그Hugo M nsterberg(1909)도 "믿을 수 있는 심리치료의 유일한 기초는 인성에 관한 철저한 심리학적 지식"이라고 비판하였다(Caplan, 1998). 의학 및 심리학 양쪽 모두 엠마누엘 운동을 지지하지 않음으로써 이는 1910년경 사라지게 된다. 하지만 이 사건을 계기로 일반 대중의 심리치료에 대한 수요와 관심이 상당하다는 것이 확인되었고, 의학계는 의사만이 치료를 담당해야 한다는 입장을 더욱 강화하게 되었다(Benjamin, 2005).

1909년 프로이트가 매사추세츠주 우스터에 소재한 클라크Clark 대학 개교 20주년 학술행사에 스탠리 홀의 초청으로 참석하였고, 5번의 강의를 통해 정신분석을 미국에 소개하였다. 이 사건 이후로 미국의 의학계와 심리학계에 정신분석적 견해가 수용되기 시작했다고 할 수 있는데, 특히 미국의 의료계는 프로이트의 정신분석치료를 의사만이 시행할 수 있다는 입장을 취하였다(Goodwin, 1999). 같은 해 뮌스터버그가 『심리치료Psychotherapy』라는 저서에서 모든 정신과정은 대응되는 두뇌처리과정이 있으므로 과학적으로 연구될 수 있어야 하며 심리치료는 정신의학과 분리된 임상적 과업이라고 주장하였지만, 이는 실제적이기보다는 선언적인 주장에 그쳤다.

신경과의사였던 모튼 프린스Morton Prince(1854~1929)는 정신병리학과 정신장애의 치료 연구에서 심리학의 중요성을 수용하였다. 그는 1906년에 *Journal of Abnormal Psychology*를 창간하여 실험정신병리학을 주창하였으며, *The Dissociation of a Personality*(1908)에서 다중성격 사례를 상세히 기술하였다. 또한 1926년에 하버드Harvard 대학교에 심리클리닉을 설치하였고, 일생을 심리학이 소속된 철학과에서 활동하였다.

윌리엄 힐리William Healy(1869~1963)는 의사로서 1909년 시카고에 청소년정신병질연구소Juvenile Psychopathic Institute를 개소하였다. 일찍이 그는 윌리엄 제임스와 교류하였고 자신의 연구소에도 고다드의 바인랜드Vineland 센터와 같은 인력구성을 도입하고자 하였다. 힐리의 기관은 청소년 비행의 연구기관이자 치료기관 역할을 하였으며, 첫 번째 심리학자로는 그레이스 퍼날드Grace Fernald(1879~1950)를 고용하였다. 그녀는 소년법정의 판사에게 청소년 범죄가 안정적인 유전적 성향 탓이기 보다는 심리적 및 가족의 맥락상황 탓일 수 있다는 정보를 고려해야 한다고 촉구하였다(Reisman, 1991). 퍼날드가 전직한 후 오거스타 브로너Augusta Bronner(1881~1966)가 심리학자로 활동하였으며 그녀는 얼마 후 힐리와 결혼하였다. 두 여성은 '임상심리학자'라는 직함을 사용하였으며 연구와 진단, 치료에서 중요한 역할을 수행하였다. 이후 이러한 선례에 따라 청소년 교정기관 및 법정에서 비슷한 역할을 수행하는 심리학자들을 점차 고용하기 시작하였다(Levine & Levine, 1992).

행동주의의 출현

1904년 노벨생리학상을 수상한 러시아의 파블로프Pavlov(1849~1936)는 '조건반사'(1897)를 보고함으로써 고전적 조건형성의 원리를 규명하였다. 파블로프의 주장은 행동주의의 창시자로 알려진 미국의 왓슨J. B. Watson(1878~1958)에게 계승되었다. 왓슨은 1913년 '행동주의자가 본 심리학Psychology as the Behaviorist Views'이라는 특강을 통해 행동주의자 선언behaviorist manifesto을 발표했으며 관찰 가능한 행동만을 대상으로 '객관적 실험을 통한 연구방법'을 강조하였다. 미국에서 행동주의가 인기를 끌게 된 것은 당시 유행하던 내성법에 의한 연구보다 과학으로서 심리학의 행동 연구가 더욱 실용적일 것이라는 과감한 그의 주장 때문이었다. 그는 광고, 약물 효과, 법학, 교육 등의 광범위한 응용 분야에 행동원리가 기여함을 역설하였고, 그러한 인기에 힘입어 1915년 미국심리학회장이 되었다. 행동주의 운동은 당시 철학의 논리실증주의 및 물리학의 조작주의 등을 기반으로 성장할 수 있었으며, 심리학이 사회의 전반적 현상들을 설명하는 데 유용함을 주장한 사건이었다. 왓슨의 노력 이후 20여 년이 흐른 1930년대에 이르러 행동주의는 심리학의 주요 이론으로서 자리를 잡았으며 '행동치료'가 주요 개입 방안으로 부각된 것은 1950년대 이후였다(Goodwin, 1999).

지능검사의 등장과 확산

프랑스의 비네Binet와 시몽Simon이 1905년 최초의 지능검사를 발표하였으며, 이 역시도 선구적 업적에 기반한 것이었다. 기록에 의하면 1838년 프랑스의 에스키롤Esquirol은 오늘날의 지적장애에 해당되는 백치idiot와 정신병의 차이를 기술하였으며 그가 사용했던 과제들은 언어성 지능검사와 유사하다고 한다. 에스키롤의 제자인 세강Seguin은 1866년 지적장애자를 교육시키는 운동 및 감각적 훈련 방안에 관심을 가짐으로써 현대의 동작성 지능검사 도구와 유사한 평가방안을 제공하였다(Neukrug & Fawcett, 2006). 비네Binet의 지능검사는 당시 의무교육 대상 학생을 선별하려는 목적으로 파리 공교육청의 요구로 개발되었으며, 이는 미국으로 전파되고 이어 전 세계로 보급되었다. 1912년에는 독일의 윌리엄 스턴William Stern이 비율지능지수를 제안하였다.

비네Binet의 지능검사는 헨리 고다드Henry Goddard(1866~1957)에 의해 1908년경 미국에 도입되었다. 고다드는 홀의 제자로서 뉴저지주에 바인랜드 훈련학교Vineland Traing School에 심리학 인턴과정을 설치하였고 지적장애에 관한 연구를 하였다. 1912년 「Kallikak 가계: 정신박약의 유전성」에 관한 연구를 통해 계통발생학적으로 지적장애가 유전됨을 주장하였고 비네 검사를 '정신박약' 판정의 도구로 사용하였다. 1910년경 뉴욕주에서는 이민자를 제한하려는 목적으로 지능검사를 사용하였는데, 당시 진화론적 입장이 팽배한 사회분위기와 맞물려 과학의 미명 아래 현대적 관점에서는 수긍하기 어려운 방식으로 검사가 남용되었다고도 할 수 있다. 1916년 루이스 터만Lewis Terman이 스탠포드-비네Standford-Binet 검사로 표준화하였고, 이는 2005년에 5판까지 출간되었다.

제1차 세계대전 이전 임상심리학자들은 주로 학교나 대학에 소재한 클리닉에서 교정적 작업에 종사하였다. 극히 소수만이 정신요양시설asylum에 근무했고 심리검사의 이용은 주로 정신건강 영역을 중심으로 이루어졌다. 당시 응용 장면의 심리학자들은 그들의 전문적 역할이 확대되기를 갈망하였으나, 미국심리학회의 기조는 대학을 중심으로 연구를 강조하는 추세였다(Reisman, 1991).

제1차 세계대전 전후의 상황

제1차 세계대전에 미군이 참전하게 되면서 1917년 당시 미국심리학회장이던 로버트 여크스Robert Yerkes는 고다드와 터만, 위플Whipple 등과 함께 위원회를 만들었고 참전군인 선발을 위한 군대-알파Army Alpha와 독해력이 부족한 수검자를 위한 군대-베타Army Beta의 집단지능검사를 개발하여 175만 명의 징집대상자에게 시행하였다. 아울러 군 장교용 인사선발 도구를 개발한 월터 딜 스콧Walter Dill Scott 은 제1차 세계대전이 끝난 후 미국방성의 표창을 받았다. 전쟁 중이던 1918년 미군 최초의 6성 장군이던 퍼싱J. Pershing이 전 군에 심리검사의 사용을 독려하는 지시를 하달하기도 하였다. 훗날의 평가에 의하면 제1차 세계대전 기간 중 심리학이 전쟁에 기여한 것보다 전쟁이 심리학에 기여한 점이 더 많았다고 평가되기도 하였다(Green & Cautin, 2017). 이 시기에 최초의 자기보고 성격검사인 우드워스(Woodworth, 1917)의 개인자료기록지personlal data sheet가 등장하였고, 이제 심리학자들은 지능검사를 넘어 다양한 검사도구들을 활용하기 시작했다.

1915년 임상심리학자들이 자문심리학자consulting psychologist라는 명칭으로 인증certification을 실시하자는 요구를 하였으나, APA는 이를 기각하였다. 그러자 1917년 J. E. 월레스 월린J. E. Wallace Wallin(1876 – 1969)과 레타 S. 홀링워스Leta S. Hollingworth(1886~1939)가 미국임상심리사협회(AACP)American Association of Clinical Psychologists라는 심리학 최초의 전문직업인 단체를 결성하였다. 45명의 소수 인원

으로 발족하였고 그마저도 1919년에는 APA와 재결합하였지만, 이러한 노력은 임상심리학의 직업적 발전을 위한 선구적 노력으로 평가될 수 있다(Routh, 1996).

영국의 경우 1901년에 심리학회The Psychological Society가 10명의 의학, 철학, 수학 등 다양한 분야의 학자들이 제임스 설리James Sully의 제안 아래 연 4회씩 학술모임을 가지면서 결성되었다. 1904년 『영국심리학술지British Journal of Psychology』가 워드Ward와 리버스Rivers에 의해 창간되었다. 심리학회는 1906년 영국심리학회The British Psychological Society로 개명하였고, 1918년에 100명의 회원이 있는 정도로 심리학의 발전은 미국보다 더딘 편이었다.

표 2.1 │ 1940년 이전의 임상심리학의 주요 사건

1879	빌헬름 분트가 심리학 실험실 창립
1882	프랜시스 골턴 인체측정학 실험실 개소
1887	G. 스탠리 홀이 *American Journal of Psychology*를 발간
1889	J. M. 카텔이 미국 최초로 심리학과(펜실베이니아대)의 교수로 부임
1890년대	
1890	제임스가 『심리학의 원리』를 출간
1890	카텔이 정신검사를 정의
1892	미국심리학회 창립
1895	브로이어와 프로이트가 『히스테리 연구』 발간
1896	라이트너 위트머가 펜실베이니아 대학교에 첫 번째 심리클리닉 설립
1900년대	
1900	프로이트의 『꿈의 해석』 출판
1905	비네와 시몽이 비네-시몽 지능검사 개발
1906	파블로프 노벨생리학상 수상(조건반사는 1897년 보고)
	머튼 프린스가 *Journal of Abnormal Psychology* 발간
1907	위트머가 *Psychological Clinic*을 발간
1908	클리포드 비어스는 정신위생운동 시작
	엘우드 워체스터가 엠마누엘 운동을 주창
	고다드가 비네 검사를 미국에 도입
1909	휴고 뮌스터버그가 『심리치료』 발간
	프로이트의 유일한 미국 방문(클라크 대학교 개교 20주년 기념)
	윌리엄 힐리가 시카고에서 아동지도클리닉 개소
1910년대	
1913	왓슨이 행동주의자 선언서 발표
1916	루이스 터만이 스탠포드-비네 지능검사 표준화

1917	로버트 여크스와 위원회가 군대 알파와 베타 검사를 제작
	우드워스가 PDS를 제작
	미국임상심리사협회(AACP)가 APA로부터 분리
1918	미군 최초 6성 장군이던 퍼싱이 군대에 심리검사 사용을 권고
1919	AACP가 APA와 다시 결합

1920년대

1920	왓슨과 레이너의 꼬마 앨버트 실험
1921	카텔이 Psychological Corporation을 설립
1921	헤르만 로르샤하의 잉크반점검사 발표
1922	미 정부가 심리학자 L. J. 오루크를 시민서비스국 인력조사과장으로 채용
1924	메리 커버 존스가 꼬마 피터의 사례 통해 공포의 역조건형성 발표

1930년대

1935	APA가 임상영역 보고서를 통해 임상심리학을 정의
1936	루띠가 첫 임상심리학 교과서를 출판
1937	미국응용심리학회(AAAP)가 APA와 다시 분리
1937	Journal of Consulting Psychology 발간
1939	웩슬러-벨뷰 지능검사 출판

두 세계대전 사이의 기간

제1차 세계대전 종전 이후 심리검사는 지능 이외에도 성격, 적성 등으로 다양해졌으며, 특히 정신분석의 영향으로 투사적 기법이 광범위하게 도입되면서 심리평가자로서 임상심리학자의 역할이 증대되었다. 지적 기능을 넘어 전반적인 성격 이해를 추구하게 되면서 자문 및 치료적 권고의 시행도 자연스럽게 증가하였다. 정신분석 이론이 정신건강 및 인간행동에 관하여 지배적인 영향력을 발휘하고 있던 시기에 행동주의 심리학도 성장하여 인간행동에 관한 과학적 관점을 제공하기 시작하였다. 미국심리학회가 응용 분야에 관심을 두지 않자 임상심리학은 1917년과 1937년 독자적인 협회를 창설하였다가 다시 재통합하는 일도 있었다. 응용심리학에 관한 미국심리학회의 전폭적인 수용은 1944년에 분과학회 편제를 채택하면서 이루어졌다.

임상심리학의 역할 모색

제1차 세계대전 기간 중 미국심리학회의 노력은 심리검사의 유용성을 확인시켜 주었다(Camfield, 1992; Samelson, 1977). 표 2.2에서 두 세계대전 사이에 개발된 주요 심리검사를 볼 수 있다. 이 시기에 이르러 일반 대중은 심리학(특히 심리검사)이 인간행동의 비밀을 밝혀주고 일상생활에 관하여 조언해 줄 수 있을 것으로 기대하게 되었다. 이러한 소비자의 기대에 부응하여 심리검사 및 응용심리학을 주 전공으로 하는 심리학자들이 APA의 회장으로 연이어 선출되었다(Benjamin, 1986). 이 시기 심리학자들은 아동지도클리닉^{child guidance center}에서 지능검사를 비롯한 심리평가 업무를 담당하였고 부모와 교사 등을 대상으로 자문 및 치료적 권고를 시행하였다(Plante, 2012). 단, 대부분이 교수직이던 APA 회원수의 증가는 미미하여 1940년 기점으로 664명에 머물렀다. 이에 비해 응용심리학에 종사하던 투표권이 없는 준회원은 1925년부터 신설되어 1940년을 기점으로 2,079명이 되었다.

　　1920~30년대에는 정신분석이 곧 심리치료로 여겨질 만큼 위세가 있었던 때였으며, 미국정신의학회는 의사만이 정신분석 훈련을 받을 수 있다는 입장을 견지하고 있었다(Buchanan, 1997). 그러나 프로이트는 정신분석에 관하여 다음과 같은 주장을 하였다.

표 2.2 | 두 세계대전 사이에 개발된 주요 심리검사

개발자 및 발표년도	검사
Pintner & Paterson(1918)	동작성검사
Rorschach(1921)	로르샤하 잉크반점검사
Seashore(1923)	음악적성검사
Goodenough(1926)	인물화(Draw-a-Man)검사
Strong(1927)	직업흥미검사
Gesell(1928)	발달척도
Scale(1930)	지능검사
Cornell-Coxe(1934)	지능검사
Doll(1936)	사회성숙도검사
Kuder(1939)	직업흥미검사
Murray(1938)	주제통각검사(TAT)
Bender(1938)	벤더 게슈탈트 검사
Wechsler(1939)	웩슬러–벨뷰 성인용 지능검사

정신분석은 의학의 전문 분야가 아니다. 나는 이에 대한 논쟁이 어떻게 가능한 지도 알 수 없다. 정신분석은 심리학의 한 분야에 해당한다. 옛날 말로 의학심 리학의 한 분야도 아니고 병의 진행에 대한 심리학의 한 분야도 아니라 그저 심리학의 한 분야일 뿐이다. 정신분석은 분명히 심리학의 전체가 아니라 심리 학의 하위구조이자 심지어 심리학의 전체적인 기초인 것 같다(Freud, 1927).

반면, 이 시기 즈음 대부분의 아동지도클리닉은 성sexuality보다는 가족관계 를 강조하였던 알프레드 아들러Alfred Adler의 이론을 주로 받아들였다(Trull & Prinstein, 2013). 비슷한 시기 치료와 관련된 주요 사건은 1928년 안나 프로이 트Anna Freud에 의한 정신분석적 놀이치료의 소개 및 1930년대 모레노J. L. Moreno 와 슬라브손S. R. Slavson의 집단치료를 들 수 있다. 훗날 내담자중심치료에 영향을 끼친 것으로 보이는 프레데릭 알렌(Frederick Allen, 1934)의 수동적 치료passive therapy 기법도 이 시기에 소개되었다.

심리학자들은 과학적 원리를 실무에 적용하려는 업무방식을 견지하였으 며, 이상행동의 생성과 제거를 설명할 때에도 마찬가지였다. 가장 고전적인 예 로는 왓슨과 레이너(Watson & Rayner, 1920)의 꼬마 앨버트의 공포조건형 성 실험 및 존스(Jones, 1924)의 공포의 역조건형성 실험을 들 수 있다. 당대 의 지배적인 설명방식이던 정신분석과 뚜렷이 대비되는 행동치료는 1950년 대가 되어서야 분명한 지위를 확보하게 되지만, 신행동주의로 분류되는 톨먼 Tolman(1886~1959), 헐Hull(1884~1592), 스키너Skinner(1904~1990) 등의 탄탄한 실험실 연구업적이 축적되고 있었다. 또한 서스톤(Thurstone, 1927)이 지능에 관한 다요인 이론을 주장하여 스피어만(Spearman, 1908)의 일반요인(g) 이론 을 비판하였다. 이러한 논쟁은 다양한 지능연구를 촉진시켰고, 더욱 정교화된 심리측정학의 발전을 자극하였다.

직업적 정체성 수립을 위한 노력

AACP와 다시 결합한 APA는 심리학자의 인증에 관한 논의를 진행했으나, 1927년 전문직업인으로서 심리학자의 인증시도를 포기하기로 한다(Goodwin,

1999). 다만 1925년 심리학을 전공하여 학위를 취득한 이후로 더 이상 논문을 발표하지 않으면서 현장 전문가로 종사하는 경우 투표권이 없는 '준회원associated member'제도를 신설하였다. 이러한 조치에 힘입어 1926년을 기점으로 APA의 준회원 수는 크게 증가하여 1940년에는 정회원보다 준회원이 훨씬 더 많게 된다. 1922년 7월 미연방정부는 시민국의 인사책임자로 로렌스 J. 오루크Lawrence J. O'Rourke를 고용하였고 그는 미연방정부 최초의 심리학자로 기록되었다(APA, 2017).

제9회 국제심리학대회가 미국에서는 최초로 1929년 9월 1일 코네티컷주 뉴헤이븐에서 예일대 총장이던 제임스 R. 에인절James R. Angell의 개막연설과 함께 개최되었다. 1931년 10월 17일에는 '오늘의 심리학Psychology Today' 라디오 방송이 개시되었고, 이는 15분 분량의 30회 강좌로 역시 에인절이 첫 방송을 통해 심리학의 개관을 얘기하였다(APA, 2017).

1930년대 APA회원의 약 1/3 정도가 학술 및 연구기관 외에서 근무하였고 미국 각 지역에 응용심리학자들의 모임이 운영되고 있었지만, APA는 여전히 '과학으로서 심리학의 발전'을 고수하였다. 많은 회원들이 APA가 본인들의 이해관계를 뒷받침하지 못한다고 여기고 있었다(Cautin, 2009). 이 시기는 정신의학계에서도 기존의 수용소 중심 입원병원에 종사하던 많은 정신과의사들이 프로이트 등을 좇아 지역사회에서 개업을 하는 형태로 근무양식을 변화시키던 때였다. 의료계는 정신장애에 관한 진단과 치료는 의학만의 고유 업무임을 주장하였고, 지역사회에서 활동하던 심리학자들과 다분히 긴장관계를 형성하게 되었다(Napoli, 1981). 심리학자의 입장에서 보면 모든 정신질환이 내재적으로 의학적 속성을 갖는 것인지는 분명하지 않았다. 당연하게도 마음과 행동의 전문직업인으로서 심리학자들도 전문성을 발휘할 여지는 매우 큰 상황이었다(Green & Cautin, 2017).

뉴욕의 자문심리사협회(ACP)State Association of Consulting Psychologists가 1933년 심리사에 관한 최초의 윤리원칙 및 행동강령(약칭 윤리규정)을 제정하였다. 이들은 전국 조직으로 ACP를 확대하고자 하였다(Benjamin, 1997). APA는 1935년 임상심리학 수련의 표준Standards of Training in Clinical Psychology으로서 '박사학위와 지도

감독을 받은 1년의 임상경험'으로 정의하고 권고했지만 이는 거의 무시되었다. 1940년대 초까지도 일부 현장의 심리학자들은 학사 학위만을 가지고도 활동하였다(Shakow, 1947). 1936년 루띠Louttit가 최초의 임상심리학 교과서를 출판하였다. 미국 대공황의 말기에 이른 1937년 노동절에는 심리학자들이 고용증진을 위한 시위에 참여하기도 했다(APA, 2017).

1937년 ACP에 의해 *Journal of Consulting Psychology*(현재의 *Journal of Consulting and Clinical Psychology*)가 출간되기 시작하였다. 같은 해 ACP를 중심으로 미국응용심리학협회(AAAP)American Association for Applied Psychology가 결성되었고, 더글라스 프라이어Douglas Fryer가 초대 회장으로서 1938년 조직을 가동하였다. AAAP는 하위 조직으로서 임상, 자문, 교육, 산업의 하위 분과 체제를 두었다. AAAP의 회원들은 APA의 회원이기도 했으나 400여 명의 회원들은 전문 직업을 대변하지 않으려는 APA보다는 AAAP에 대한 소속감이 더욱 강했다. 1940년 APA의 정회원은 664명이었으나, 개인적으로 개업활동을 하거나 응용심리학 분야에 종사하던 준회원은 2,079명에 달하였다. 응용 분야에서 활동하던 이들은 1944년 새롭게 구성된 APA 분과 체제를 통해 정회원이 되었다(Buchanan, 1997).

임상심리학의 도약: 1940년에서 1979년까지

제2차 세계대전이 시작될 즈음 유럽은 혼란에 휩싸이며 미국의 심리학은 적극적인 사회참여 요구에 직면한다. 1944년 미국심리학회(APA)는 심리학의 다양한 하위영역을 포괄하는 분과학회 체제를 수용하면서 미국응용심리학협회(AAAP)와 결합한다. 제2차 세계대전 종전을 전후로 미연방정부와 재향군인회의 지원을 받아 APA는 임상심리 전문가의 기준을 수립하고 1949년 볼더Boulder

모형을 선언한다. 제2차 세계대전 이후 사회적 요구와 경제성장을 바탕으로 미국의 임상심리학은 급속히 발전하였고, 전 세계 임상심리학의 역할 모형이 되었다. 1960년대 후반 지역사회건강법이 만성정신질환자의 사회복귀와 정신장애의 예방을 강조하는 정책방향을 이끌었으며 심리학의 역할은 보다 확장되었다. 1970년대 베일Vail 모형의 등장과 함께 보다 많은 임상심리학자가 배출되기 시작하였으며, 70년대 말에는 병원진료진으로서 공식적인 인정을 받게 되었다.

제2차 세계대전 기간 중 미국심리학회의 상황

1940년대 전쟁기간 동안에 군복무 적합성 판정 등의 다양한 분야에서 심리학의 전문지식이 요청되었다. 이 시기 동안 1,700여 명의 심리학자들이 군에 복무하였으며, AAAP는 응용심리학위원회를 발족하였다(Benjamin, 1997). 1943년 5월 31일 APA는 새로운 분과 체제 구성을 결정하였고 19개 분과division를 두기로 결정하였다. 이는 AAAP의 양식을 수용한 것으로 다양한 심리학의 영역을 통일성 있게 묶는 유연한 방식으로 오늘날까지 이어지고 있다. 1944년 실제로 발족한 최초의 분과는 17개였으며 그중 임상심리와 인사(현재 상담)심리 분과의 소속 회원 수가 가장 많았다. 1946년 APA의 기관지로서 *American Psychologist*가 창간되었으며, 이로써 APA는 과학으로서의 심리학을 추구하는 것 외에도 인간복지의 증진과 실무를 위한 전문직으로서의 심리학이라는 관점을 모두 포괄하게 된다. 1970년에서 2007년에 이르는 동안 31개의 APA분과가 형성되어 현재 54개 분과학회가 APA를 구성하고 있다. 미국에서는 코네티컷주에서 1945년 7월 19일 심리학평가위원회The Connecticut board of examiners in psychology에 의해 최초로 APA의 회장(1931~1932)을 역임한 월터 R. 마일스Walter R. Miles가 인증을 받았으며, 현재는 북미 전역에서 심리사의 면허제 및 인증제가 시행되고 있다.

초창기 학교 장면 및 인지적 제약을 지닌 아동 대상의 지능평가에서 시작된 심리평가의 기능은 의료 장면을 비롯하여 법원 및 교도소 등의 광범위한 기관으로 넓혀졌다. 보다 세련된 심리평가 기법이 요구되던 시기에 MMPI의 하위척도들이 1943년부터 연이어 출간되었다. 이는 최초의 경험적 문항 제작 방식에 의한 것으로서 기존의 내용타당도 구성방식에 의존한 심리검사에 비해 혁신적인 문항 제작 방식을 채용한 것이었다. 1949년 웩슬러Wechsler의 아동용 지능검사가 출간되었고, 1955년 웩슬러 성인지능검사Wechsler Adult Intelligence Scale가 웩슬러-벨뷰 지능검사Wechsler Bellevue Intelligence Scale의 개정판으로 출간된다. 웩슬러의 두 검사는 이후 개정판이 계속 출판되면서, WISC-5(2014) 및 WAIS-IV(2008)에 이르렀으며, 현재 WAIS-5의 출간이 2024년으로 Pearson사에 의해 공표되었고, 한국 표준화는 이후로 예상된다. 1940~50년대 심리학자들은 심리진단 전문가로서 역량을 인정받았고, 정신분석의 영향력에 힘입어 로르샤하Rorschach와 TAT 등 투사적 검사의 인기는 절정에 달하였다. 이전 세대의 지능에 관한 관심으로부터 성격 및 심리치료와 관련된 내용으로 주요 관심이 확대되면서 임상심리학은 정신건강분야 전반을 다루게 되었다.

볼더 모형의 등장과 임상심리학의 도약

재향군인병원에 입원한 상이용사로서 심리적 어려움을 호소하는 환자들이 40,000여 명에 이르자 재향군인행정기관(한국의 국가보훈부에 해당)은 1946년 약 4,700명의 임상심리학자들이 필요하다고 APA에 요청한다. 미연방공공건강국과 재향군인행정기관의 요구에 의해 APA의 임상심리학수련위원회Committee on Training in Clinical Psychology는 4년의 박사학위와 1년의 임상수련과정으로서 생물학적, 인지적, 개인차 및 사회적 측면들의 다양한 영역을 포괄해야 한다는 기준을 제시한다(Shakow, 1947). 즉, 심리학자는 과학자이면서 전문가여야 하며 연구와 치료, 평가의 포괄적인 수련을 해야 한다는 기준이었다. 1947년 9월 10일 APA의 대의원회Council of Representatives가 수련기준을 인준하였으며, 미국전문심리학평가위원회(ABEPP)American Board of Examiners in Professional Psychology를 발족시켜 박사학위를 가진 임상심리학자의 전문능력을 인증하기 시작한다. 이 조직은 오늘날 미국전문심리학위원회(ABPP)American Board of Professional Psychology로 개명되었다.

1948년 재향군인병원(한국의 보훈병원에 해당)을 중심으로 22개 임상심리학 수련과정에 200여 명의 대학원생들이 수련을 시작하였고, 1949년에는 42개의 과정으로 급증하였다(Peck & Ash, 1964). 재향군인병원에서 임상심리학자의 활동은 심리진단을 넘어 개인 및 집단 심리치료, 정신건강 연구 등으로 확대되었고, 임상심리학의 활동영역이 아동을 넘어 성인으로 진출하는 중요한 계기가 된다. 현대적 관점의 임상심리학이 비로소 출현한 시기였다(Trull & Prinstein, 2013).

1949년 8월 20일부터 9월 3일까지 2주간 콜로라도주 볼더Boulder에서 미국 전역에서 초청된 71명이 참석한 가운데 임상심리 대학원교육에 관한 회의가 개최되었다. 대학원 필수 교과목, 임상 전문 분야, 윤리 수련, 기금 문제, 박사 학위 전후의 임상수련 등 70여 항목의 합의가 도출되었으며, 상세 내용은 '임상심리학의 수련'(Raimy, 1950)으로 출간되었다. 임상심리학 수련의 표준으로 과학자–실무전문가 모형scientist-practitioner model 약칭 '볼더 모형'이 탄생한 것이다. 이 모형의 주요 내용은 (1)임상심리학자는 대학 심리학과에서 교육을 받을 것, (2)심리학자로서 먼저 수련을 받고 이후 임상가로서 수련을 할 것, (3)임상수련을 이수할 것, (4)진단 및 심리치료를 수련할 것, (5)수련의 정점은 박사학위이며 독창적인 연구로 공헌할 것 등이었다(Trull & Prinstein, 2013).

1950년대 미국 심리학의 직업적 성장은 경이로운 발전을 기록한다. APA의 회원수가 1950년 7,250명에서 1959년 16,644명으로 또한 같은 시기 연방정부의 연구비도 1,100만 달러에서 약 3,100만 달러로 증가하였다. APA는 1953년 심리학자의 윤리원칙을 발표하였으며, 이는 2002년까지 9차례에 걸쳐 개정되었다. 1955년 9월 2일 APA 대의원회는 심리학자의 등록과 면허를 위한 기준Model Act for State Licensure of Psychologists을 공표하였으며, 이 기준은 수차 개정되고 있다(APA, 2017). 1956년 기준으로 27개 기관이 APA 승인 인턴 프로그램APA-approved clinical internship programs이 되었고, 1959년 16개의 주 위원회가 시카고에 모여 미국 전역의 기준을 통일시키고자 전국심리학자격관리위원회Association of State and Provincial Psychology Boards를 출범시켰다. 상세한 내용은 2000년에 발간된 *American Psychologist* 특별호의 '볼더 회의 이후 50년'이라는 특집에서 확인할 수 있다.

정신건강 영역에서의 임상심리학의 역할 확대

1950년대 다양하게 발전한 심리치료 방안들이 전통적인 정신분석의 영향력을 축소시켰다. 칼 로저스 Carl Rogers(1951)의 내담자중심치료를 필두로 펄스 Perls의 게슈탈트치료(Perls, Hefferline, & Goodman, 1951), 프랭클 Frankl(1953)의 의미치료 logotherapy, 월피 Wolpe(1958)의 체계적 둔감법, 애커만 Ackerman(1958)의 가족치료, 번 Berne(1961)의 교류분석 transactional analysis 등이 연이어 개발되었으며, 심리학자들은 임상 현장에서 이러한 심리치료를 시행하였다. 특히 로저스는 제3의 심리학으로 일컬어진 인본주의 심리학의 대표 인물로서 40년대부터 심리치료의 과정과 성과에 대한 경험적인 연구를 개척하였다. 그는 당시로서는 최첨단 기기인 녹음기를 사용하여 치료과정의 축어록을 작성하였고 이를 분석한 자료를 제시하였다. 현대 인지행동치료의 선구로서 인정받는 엘리스 Ellis(1962)의 합리적 정서치료와 벡 Beck(1967)의 인지치료 cognitive therapy가 등장한 시기도 이즈음이었다.

이 시기 동안 정신의학에서도 향정신성 약물치료가 도입되었는데, 1951년 미국 FDA는 우울증 치료제로서 최초로 이미프라민 imipramine(상품명 Tofranil)을 승인하였으며, 그 외에도 리튬의 항조증 효과(Cade, 1948), 클로로프로마진(Thorazine)과 할로페리돌(Haloperidol 또는 Haldon)의 정신병적 증상의 진정 효과(Deniker & Delay, 1952), 벤조디아제핀(Valium)의 진정효과(Sternbach, 1963) 등이 속속 보고되었다. 1952년 미국정신의학회는 정신질환의 진단 및 통계 편람 1판(DSM-I)을 출간하였고, 이는 2022년 DSM-5-TR까지 발전하였다.

1952년 영국의 한스 아이젱크 Hans Eysenck가 당시의 심리치료 성과에 관하여 매우 비판적인 연구를 발표하는데, 24개 연구를 검토해 보니 정신역동적 기법과 절충적 기법을 중심으로 하는 심리치료를 받은 사람들의 72%가 자발적으로 회복된 것으로 기대할 수 있다는 주장이었다. 연구 결과와 관련하여 많은 논란이 계속되고 있지만, 이러한 주장은 대체방안으로서 행동치료의 발전을 촉진시키는 계기가 되었다. 행동치료의 인기는 조건형성을 이용하면 더욱 완벽한 사회를 이루어갈 수 있다는 세계대전 후의 낙관적인 사회정치적 분위기에 힘입은 바 컸다고 할 수 있다(Plante, 2012).

비슷한 시기 심리검사와 관련하여서도 임상적·주관적 예측과 통계적 예측의 정확성 간의 논쟁이 밀Meehl(1954)에 의해 제기되었다. 밀은 임상가의 판단오류를 감안할 때 가능하면 통계적 예측을 적용하기를 추천하였다. MMPI나 지능검사 같은 객관적 방식에 의한 법칙정립적nomothetic 접근과 투사 검사 등을 주로 이용하는 개별기술적idiographic 접근방식의 병행은 현대까지 이어지고 있다. 심리측정학이 보다 정교화되어 크론바흐(Cronbach, 1946)는 검사의 타당화와 수검태도에 관한 연구 성과 및 고전 심리검사의 제반 문제를 제기하였다. 이론적이고 실무적인 심리검사의 사용과 관련하여 APA는 '교육 및 심리검사의 표준The Standards for Educational and Psychological Testing'을 1954년에 공표하였다. 이 표준은 이후 APA와 미국교육연구협회American Educational Research Association 및 국립교육측정위원회National Council on Measurement in Education와 공동으로 2014년 제5판까지 개정되었다(Trull & Prinstein, 2013).

1960년대에는 심리학 영역에서 고전적인 연구 성과들이 연이어 보고되었다. 미셸Mishel(1960)의 마시멜로 실험을 비롯하여 밀그램Milgram(1961)의 복종 실험, 반두라Bandura(1964)의 보보인형 실험, 셀리그만Seligman(1967)의 학습된 무기력 실험 등이 대표적인 예이다. 이러한 인간행동에 관한 과학적 원리들은 응용심리학이 보다 굳건히 발전하는 토대를 제공하였다고 할 수 있다(APA, 2017). 매슬로Maslow와 로저스Rogers로 대표되는 인본주의 심리학이 인간의 의식을 강조하고 자유, 자기결정, 현상학적 이해를 강조하였으며, 실존주의적 입장을 강조하는 롤로 메이Rollo May 및 얄롬Yalom, 현대 정신분석학자(Kohut, Kernberg, Merton Gil 등)들도 인기를 끄는 등 여러 심리치료 방식이 공존하게 되었다(Plante, 2012).

미국의 경우, 1963년 지역사회정신건강법이 제정됨으로써 지역사회정신건강운동community mental health movement이 전개된다. 미국 전역에 정부의 지원을 받는 클리닉이 설치되어 정신건강을 위한 예방 및 조기 개입, 만성정신질환자의 탈원화가 강조되었다. 1965년 매사추세츠주의 스왐프스콧에서 지역사회심리학을 위한 회의가 개최되었으며, 각 지역센터에서 심리학자가 효과적으로 심리평가 및 위기 중재, 치료, 교육, 자문, 정신장애의 예방 업무를 수행하기 위한 방안을 논의하였다. 70년대까지 지속되던 지역사회정신건강운동은 주정부와 연방정부의 지원이 거의 폐지되었던 80년대에 이르러 대폭 축소되거나 개인 클리닉으로 편입되었다(Plante, 2012). 미국의 지역사회정신건강운동이 애초 목표만큼 성공적이지 못했다는 비판이 있으나, 그래도 이는 전 세계적으로 지역사회 기반 정신건강서비스 정책이 확산되는 계기로 여겨진다.

1970년대 마호니Mahoney(1974)의 인지적 재구성, 마이켄바움Meichenbaum (1977)의 스트레스면역훈련 및 자기지시훈련 등이 등장함으로써 60년대 시작된 인지치료(CT) 및 합리적 정서치료(RET)로 대표되던 인지행동치료를 더욱 확장시킨다. 이론적으로는 반두라Bandura(1969)의 사회학습 이론 및 자기효능감 연구가 인지와 행동을 연결짓는 데 크게 기여했다고 할 수 있다. 사고, 감정 및 기대의 변화에 초점을 맞추는 치료는 외현적인 행동을 변화시키는 것만큼이나 중요하게 된 것이었다(Trull & Prinstein, 2013).

1973년 미국정신의학회가 DSM-II를 발간하였고, 이 시기에 가족체계 접근방식(가족치료)이 크게 성장한다. 1970년 미연방 교육부는 APA를 심리학자 인증기관으로 인정하였으며, 이 당시 APA에 의해 전면인증된(full accredited) 임상심리학대학원 프로그램의 수는 81개에 이르렀다(APA, 2017). 이러한 연방 정부의 인정은 APA가 1950년대 이후 심리학 교육과 수련에 관한 평가 프로그램을 운영해 온 성과에 따른 것이었다. 1978년 5월 13일 캘리포니아주가 미국 최초로 심리학자의 병원진료권을 인정하였다. 2006년까지 37개 주에서 병원의 진료인력으로 승인되었으며, 12개 주에서는 부분적인 승인이 이루어졌다 (Bailey, 2006).

베일 모형의 출현

과학과 임상실무 모두에서 발전을 이루던 APA는 1968년 니콜라스 커밍스Nicholas Cummings가 건강보험위원회Committee on Health Insurance를 이끌며 정신과의사의 지도감독이나 의뢰 없이도 심리 서비스에 보험이 적용될 수 있어야 한다는 '선택의 자유' 캠페인을 전개하였고, 1969년 뉴저지주에서 최초로 관련 법률이 제정되었다(APA, 2017). 1967년 AABTAdvanced Association of Behavior Therapy가 창립되었으며, 1968년 일리노이Illinois 대학교에 최초의 심리학박사(Psy.D.)Doctor of Psychology 프로그램이, 1969년 캘리포니아에서 대학교와 관련 없이 설립된 자유설립 전문대학원이 등장하였다(APA, 2017).

심리학박사(Psy.D.)의 교육과정은 2년차까지는 철학박사(Ph.D.) 과정과 매우 유사하지만, 3년차부터 치료 및 평가의 실습이 강조되고 4년차에 인턴과정을 이수하는 등 실무능력을 강조하고 교육기간이 대학교의 철학박사 대학원 과정보다 1년 정도 짧은 편이다. 1973년 콜로라도주 베일Vail에서 열린 수련회의에서 학자-실무전문가 모형scholar-practitioner model이 인정되었다. 볼더 모형 이래로 강조되어 온 임상심리학자의 학문적 기능이 덜 강조되고 실무전문가로서 임상가의 기능이 강조된 것이다. 1975년 심리학의 건강 서비스 제공자 전국명부가 출간된 이후 개업 임상심리학자의 숫자는 계속 증가하였고, 보험회사(예: Blue Shield, Blue Cross 등)도 개업 임상심리학자를 정신건강 전달 체계의 주요 인력으로 인정하는 등 뚜렷한 직업적 성장이 나타났다(Trull & Prinstein, 2013). 1976년에는 자유설립심리학전문대학원전국협의회(NCSPP)가 발족했으며, 미국전문심리학위원회(ABPP)는 임상심리학자로서 학위를 취득한 이후 10여 년 내외의 경력을 갖춘 세부분야 전문가에게 별도의 ABPP인증을 실시하고 있다.

임상심리학의 현황: 1980년에서 최근까지

미국의 임상심리학은 1980년 독립적인 심리치료 시행권리를 인정받았고, 건강 및 신경심리, 법정 분야 등에 걸쳐 다양한 전문성을 추구하게 된다. 70년대 인증된 심리학박사 학위제도와 자유설립 심리학전문대학원의 설치에 힘입어 실무인력이 크게 증가하였다. 1988년 미국심리과학회(APS)가 APA는 응용심리학에만 관심을 둔다며 과학으로서 심리학을 강조하는 별도의 단체로 출범하였다. 관리건강보호제도managed health care가 보급되면서 정신건강 서비스 전달 체계가 급변하는 상황이 되었고, 임상심리 수련에서 과학자의 기능을 강조하는 임상과학자 모형도 출현하였다. APA는 1990년대 심리학자의 약물처방권 승인을 추구하게 되었고, 경험적으로 지지된 치료의 보급을 강조하기 시작하였다. 긍정심리학과 행복에 관한 과학적 관심이 높아졌으며, 마음챙김과 수용을 강조하는 보다 혁신적인 인지행동치료가 출현하였다. 다양한 문화적 배경을 이해하는 전문가의 역할이 더욱 강조되고 있으며, 2000년대 이후 스마트 기기가 널리 보급되면서 비용대비 효율성이 높은 심리 서비스가 요청되는 등 임상심리학은 새로운 도전에 직면하고 있다.

1980년대 미국을 중심으로 한 발전 현황

1980년 6월 16일 버지니아 임상심리사회Academy of Clinical Psychologist가 당시까지 의사를 통해서만 보험금을 지급해 왔던 BSVBlue Shield of Virginia 보험사를 상대로 독점금지 소송에서 승리하였다. 이 소송은 1978년에 시작되어 1982년 사후 배상금의 해결까지 약 4년에 걸쳐 진행되었으며, 이로써 미국의 경우 임상심리학자는 완전히 독립된 직업으로서 정신과의사와 동등한 위치에서 외래 심리치료 업무에서 시장경쟁을 할 수 있게 되었다(Resnick, 1985). 관리건강보호제도의 대표격인 미국의 노령의료보장제도Medicare의 업무담당자로서 임상심리학자의 활동은 1989년에 승인되었다(APA, 2017).

1987년에 APA의 회원수는 67,000명에 이르렀고 회원의 대다수가 현장의 개업 실무자로서 활동함으로써 학문적 관심사는 등한시한다는 지적이 일게 되었다. 전임회장이던 재닛 스펜스Janet Spence는 APA가 직업적 이해와 관련된 위원회 활동에만 90%의 시간을 쓴다고 비판하기도 했다. 조직을 개선하려는 노력이 무산되면서 1988년 미국심리과학회(APS)American Psychological Society가 과거 APA의 회장을 역임했던 22명의 창립회원을 중심으로 발족하였다. 2000년대가 되면서 APS의 회원수는 20,000명을 상회하게 되었고, APS의 회원 중에는 단지 20% 정도만이 임상, 상담, 학교 등의 응용 분야 종사자이다(Trull & Prin-stein, 2013).

1990년대에 이르러 기존의 철학박사에 비해 전문대학원 출신의 심리학박사가 더 많아지기 시작하였다. 피터슨(Peterson, 1997, 2003) 및 코헛과 위커스키(Kohut & Wickerski, 2010)는 철학박사에 비해 심리학박사 학위과정생이 상대적으로 쉽게 학위를 취득한다는 연구 결과를 보고했으며, 2010년 기준으로 연간 심리학박사 학위와 철학박사 학위 취득자는 1,350명 대 1,222명으로 조사되었다. 2024년 기준 APA 인증 박사과정 임상심리학 수련프로그램은 약 419개에 달한다(APA-CoA, 2024).

1990년대 마틴 셀리그먼Martin Seligman이 '학습된 낙관주의' 연구 등을 기반으로 인간의 긍정적 특성에 관한 심리학의 관심을 촉구하였다. 그는 1998년 APA의 회장으로 취임하면서 긍정심리학 분야를 제안하였다. 이 분야에는 몰입을 연구해 온 미하이 칙센트미하이Mihaly Csikszentmihalyi, 행복연구의 에드 디너Ed Diener, 성격 강점과 덕성을 강조하는 크리스토퍼 피터슨Christopher Peterson 등이 기여하고 있다(권석만, 2008). 긍정심리학은 그동안 심리학이 주요 사명인 삶의 질과 웰빙, 행복의 향상이라는 측면을 간과한 채 인간의 부정적인 측면만을 강조하였다는 반성과 함께 새로운 시각으로 심리학이 인간복리에 기여할 수 있음을 제시하고 있다(Myers & Diener, 1995).

1994년에는 미국정신의학회가 DSM-IV를 출간하여 정신장애의 진단기준을 개선하였다. 이러한 시도는 1980년 DSM-III 이래로 철저히 기술적이고 반이론적인 조작적 정의로써 정신장애 진단의 신뢰도와 타당도를 높이려는 노력이 반영된 것이며, 2013년에는 DSM-5가, 2022년에는 DSM-5-TR이 발표되었다.

1994년 미국심리과학회(APS) 산하 심리학적 임상과학회(APCS)Academy of Psychological Clinical Science가 출범하였다. 이는 리처드 맥폴Richard McFall(1991)이 주장한 임상과학자 모형Clinical Scientist Model에 의한 대학원 교육을 강조하는 이들의 조직이다. 한편 뷰틀러Beutler와 피셔Fisher(1994)도 통합전문성훈련 모형Combined Specialty Training Model을 제시하여 상담, 임상, 학교심리학의 전공과목을 공유하자는 대안적인 실무중심형 대학원 교육과정을 제시하기도 하였다.

1995년 APA는 약물처방권에 관한 수련을 승인하였으며, 2002년 뉴멕시코주에서 최초로 법적 인정을 받았다. 약물처방권과 관련된 논란에도 불구하고 2002년에 괌, 2004년에는 루이지애나주에서 법률적 승인이 있었다. 물론 약물처방권을 획득하려면 상응하는 교육 및 수련과정을 추가로 이수해야 하는데, 이와 관련된 임상심리학의 고민은 여전히 진행형인 상황이다.

1995년 미국심리학회는 경험적으로 타당화된 치료목록을 개발하여 발표하였으며(Chambless & Hollon, 1998), 이는 수차 보완을 거쳐 2005년 근거기반 실무evidence-based practice를 강조하게 된다. 근거기반 실무 지침의 예로는 2000년에는 동성애자 내담자를 위한 지침 및 2003년 노령 내담자를 위한 지침 등을 볼 수 있다. 근거기반 실무의 특징으로는 인지행동적 개입들이 우선시되고 있으며, 이는 무선화 연구를 통해 가장 좋은 연구성과를 얻는 방안들이 강조된다는 것이다(Plante, 2012). 현재 APA는 톨린(Tollin, 2015) 등이 제안한 근거기반 실무의 판정기준을 채택하고 있다. 이 기준은 다양한 출처에 따라 매우 강한, 강한, 약한, 불충분한 등 4수준으로 근거를 구분한다.

관리건강보호제도의 강화와 새로운 도전

전통적으로 미국의 정신건강 서비스는 소비자가 서비스를 받은 만큼 스스로 비용을 부담하는 전적인 자기부담방식이었다. 다만 노령층과 저소득층을 위한 사회보장제도(medicare/medicaid)는 일찍이 1965년부터 시행되고 있었다. 1970~80년대를 거치면서 일반인들도 자의적으로 HMOHealth Maintenance Organization 및 PPOPreferred Provider Organization 등의 일종의 보험체제에 가입하도록 하는 관리건강보호제도가 각 주별로 일반화되었다. 관리건강보호제도에서는 관리기관(예: HMO 또는 PPO)이 소비자의 내원 횟수(통상 6회 이내), 보험금의 지급비율, 치료가능 조건 등에 관하여 지침을 정하여 서비스 시행을 결정하며 실적에 따라 임상가에게 해당 비용 및 추가적인 성과급의 지급여부를 결정한다. 이는 건강보호비용을 줄이기 위한 방안으로, 서비스 실무를 담당하는 임상가는 이러한 제3자 지불방식(즉, 보험회사가 가입자를 위해 비용을 납부하는 식)하에서는 비용절감의 압박을 받을 수밖에 없게 되었다. 더욱이 2010년 오바마Obama 대통령의 건강보험개혁으로 불리는 부담적정보호법Affordable Care Act이 시행됨으로써 임금노동자의 대부분이 관리건강보호제도의 혜택을 받게 되었다. 이러한 의료 및 심리건강 서비스 환경의 급격한 변화는 자기부담지불방식에 익숙했던 개업 임상심리학자에게 심대한 영향을 미치게 되었다(Green & Cautin, 2017).

특히 미국의 경우 정신건강 분야의 연구기금이 축소되었고, 심리치료 현장에서 석사급의 실무인력(예: 결혼및부부치료사, 석사급 상담사 등)과의 경쟁이 심화되고 있다(Plante, 2012). 1998년 APA와 APS의 분리 이후 2008년 APA의 회원수는 다소 감소하였으며, 인터넷의 발달과 전자저널의 보급 등에 힘입어 APA 분과의 회원 수도 일부 감소 추세가 나타났다(Green & Cautin, 2017). 이러한 상황에서 임상심리학이 과거 정신의학이 그랬듯이 심리치료를 독점하려는 식의 직업조합guild같은 행태를 고집한다면, 관리보호제도와 비용절감이 강조되는 이 시대에 필연적으로 그 역할이 축소되고 명망도 잃게 될 것이라는 비판적 견해가 있다(Humphrey, 1996). 또한 사프란(Safran, 2014)은 정신의학이 심리치료를 등한히 하고 신경생화학 연구에 집중함으로써 진정한 과학으로서의 의학인양 자부하는 것처럼 최근 임상심리학도 NIMH의 연구기금을 확보하기 위해 신경과학 또는 뇌과학만을 좇고 있다고 비판하였다. 특히 심리학도 물리학과 같은 과학이어야 한다는 주장을 펼치는 APCS의 임상과학자 수련모형이 50개 이상이 증가된 배경에는 신경과학이라는 환원적 연구성과에 관한 과대평가가 있는 것은 아닌지 더 나아가 연구기금을 보다 쉽게 확보하려는 욕구가 있는 것은 아닌지 숙고해 봐야 할 것이라고 주장하였다.

2019년 12월에 시작되어 약 3년간 지속된 COVID-19 팬데믹으로 인하여 전 세계적으로 신체적 질환과 더불어 우울 및 불안, 사회적 고립, 사별 등의 심리적 문제가 급증하였다. 특히 이상 기후현상 및 생활환경의 급변 등으로 그 어느 때보다 다양한 정신건강 문제가 심리학의 도움을 필요로 하고 있다.

코로나 팬데믹 이후 화상통신 등 비대면 원격 건강관리방안에 대한 수요가 이전에 비해 급증하였으며, 2022년 말 인공지능기반 챗GPT가 등장함으로써 인터넷과 스마트 기기를 이용한 정신건강 서비스는 급속히 발전하는 중이다.

지난 130여 년 동안 임상심리학이 새로운 전망을 모색하며 행복을 향상시키는 사회적 역할을 훌륭히 수행함으로써 발전해 왔듯이 이제 보다 새로운 전망으로 미래를 준비하는 노력이 절실한 상황이라 할 수 있다.

표 2.3 | 1940년 이후 최근까지 임상심리학의 주요 사건

1940년대	1944	APA가 AAAP와 재결합하고 분과학회를 설치함
	1945	코네티컷주는 심리학에 관한 공인법을 최초로 시행
	1946	재향군인회와 NIMH는 임상심리학 수련 기금 마련
		American Psychologist 발간
	1947	임상심리학자의 자격증 관리위해 ABEPP 설립(이후 ABPP로 전환)
	1949	볼더 회의에서 과학자–실무전문가 수련 모형이 정의됨
1950년대	1951	로저스가 『내담자중심치료』 출판
	1952	아이젱크는 심리치료의 효과 비판
		미국정신의학회 DSM-I 출판
	1953	APA는 윤리기준을 출판
	1955	APA 대위원회는 등록 및 면허제 승인기준 발표, 이는 계속 개정됨
	1958	월피는 상호 억제에 의한 심리치료를 발표
1960년대	1963	지역사회정신건강증진법이 미의회에서 승인
	1965	매사추세츠주 스왐스콧 회의, 지역사회심리학 발전 방안 모색
	1967	고급행동치료학회(AABT) 창립
	1968	일리노이 대학교에서 최초의 Psy.D. 프로그램이 개설
	1969	캘리포니아주에 최초의 자유설립 심리학전문대학원 설립
1970년대	1970	DSM-II 출판
	1973	베일 수련회의에서 학자–실무전문가 수련모형과 Psy.D.가 승인됨
	1976	자유설립심리학전문대학원전국협의회(NCSPP) 창립
	1977	스미스와 글래스의 심리치료 효과 메타분석
	1979	캘리포니아주가 최초로 임상심리학의 병원진료권 인정
1980년대	1980	임상심리학이 독립적으로 심리치료 보험금 지급권 얻음
		DSM-III 출판
		관리건강보호제도가 보급됨
	1982	건강심리학 출현
	1987	DSM-III-R 출판
	1988	미국심리과학회(APS)가 APA에서 분리 창립
	1989	미국 노령보험(Medicare)에 임상심리학의 활동이 포함됨
1990년대	1991	리처드 맥폴이 임상과학자 모형을 주창
	1994	뷰틀러가 통합전문성훈련 모형 제안
		DSM-IV 출판
	1995	APA, 경험적으로 타당화된 치료목록 출판
		APA, 심리학자의 약물처방전 승인 선언
2000년대	2002	뉴멕시코주가 약물처방전 허용법 제정
	2010	오바마의 적정보호법 시행
	2013	DSM-5 출판
	2015	APA, 새로운 근거기반 실무 기준으로 Tolin 등의 기준을 채택
	2020	MMPI-3 출판
	2022	DSM-5-TR 출판
	2024	WAIS-5 출판

한국의 임상심리학 역사의 주요 사건은 1946년 조선심리학회(한국심리학회의 전신) 창립, 1964년 임상심리분과회의 창설, 1972년 임상 및 상담심리전문가 자격규정의 신설 및 1973년 자격제도의 시행, 1987년 임상 및 상담 분과의 분리, 1995년 정신보건법의 제정, 1997년 정신보건임상심리사 자격제도의 시행, 2003년 국가기술자격 임상심리사 2급 시행(1급은 2010년 시행), 2000년대 이후 공공 및 민간 영역에서의 임상심리 서비스의 수요 증대, 2016년 정신건강증진 및 정신질환자 복지서비스 지원에 관한 법률의 제정 등이다.

한국 임상심리학의 역사

우리나라에 임상심리학을 처음 소개한 것은 미군정청의 염광섭(귀국기간 1946~48년)과 존스Jones 박사라고 한다(염태호, 1996). 한국심리학회 제1분과학회인 임상심리학회는 1964년 11월 21일, 서울대 학생지도연구소에서 6명의 회원(김기석, 정양은, 김성태, 이현수, 양원숙, 신동균)이 창립총회를 열어 1대 회장 김성태를 선출하였고 11월 25일 첫 번째 주례집담회(주제: 불안에 관하여, 발표: 김성태)를 시작하였다. 이후 임상심리학회를 중심으로 한 발전 현황은 1994년에 발간된 『임상심리학회 30년사』와 2017년에 발간된 『한국임상심리학회 50년사』에 상세히 제시되어 있다. 이 글은 한국임상심리학회 50년사 편찬위원회[2]가 기술한 내용과 이후 최근의 변화를 추가하여 작성되었다.

....

2   편찬위원회는 위원장 박중규(대구대), 개관부문 오상우(원광의대), 학교부분 조용래(한림대), 박준호(경상대), 이수진(경성대), 이지영(서울디지털대), 병원부문 김지혜(성균관의대), 김근향(대구대), 박은희(한림대평촌병원), 개업부문 민병배(마음사랑), 오윤희(자유연 심리행동치료센터) 회원이 수고하여 주셨다. 본고는 2016년 한국심리학회 창립 70주년 학술대회에서 일부 발표된 바 있다.

표 2.4 | 한국 임상심리학의 주요 사건

연도	주요 사건
1946	조선심리학회 창립 (48년 대한심리학회, 53년 한국심리학회로 개명)
1952	이진숙, 고순덕에 의해 지능 검사인 웩슬러-벨뷰 검사가 최초로 한국에 소개.
1961	진위교에 의해 MMPI가 예비연구 형식으로 한국에 처음 소개.
	육군 임상심리장교 제도(제1호: 한명택) 신설. 4호까지 배출되었으나, 67년 지원자 없음으로 폐지.
1962	국립정신병원직제에 임상심리과가 독립된 부서로 편성.
1963	전용신, 서봉연, 이창우가 한국판 웩슬러 지능 검사(KWIS) 출판.
1964	임상심리분과회가 한국심리학회 내에 설립.
1965	정범모, 이정균, 진위교가 한국판 MMPI 출판.
1965	최초로 성모병원 신경정신과에서 김중술 임상심리수련 시작.
1968	김중술은 가톨릭의대 전임강사로 발령을 받음으로써 심리학자로서는 국내 최초로 의대교수 제1호로 부임.
1971	전용신이 고대-비네 검사를 출판.
1972	임상 및 상담심리전문가 자격규정 인준. 로샤 및 TAT 검사 관련서들 출판.
1973	임상심리전문가(8명) 및 상담심리전문가(7명) 1회 배출.
1974	임상심리분과회가 임상 및 상담심리분과회로 명칭을 개명. 이창우, 서봉연이 K-WISC 출판.
1977	500인 이상 사업장 근로자를 대상으로 직장의료보험제도가 처음으로 실시.
1982	학회지(제3권)를 속간. 임상 및 상담심리학 회보로 명칭을 바꾸어 발간.
1987	임상 및 상담심리분과회가 임상심리분과회와 상담심리분과회로 각각 분리.
	임상심리학회지 제6권인 '임상심리학회보' 발간.
1989	임상심리학자인 김영환, 김재환, 김중술, 노명래, 신동균, 염태호, 오상우가 신판 MMPI(다면적 인성검사) 출판.
1990	염태호와 김정규는 16PF를 모델로 성격요인검사 출판.
1992	한국심리학회 주최로 "심리검사 제작의 이론과 실제"라는 제목으로 통계 연수회 개최.
1992	염태호, 박영숙, 오경자, 김정규, 이영호가 K-WAIS 출판.
1993	권정혜와 민병배가 임상심리학자 최초의 심리상담기관인 서울인지치료상담센터를 설립하여 인지치료 시작.
1995	윤순임이 서울정신분석상담연구소를 개소하여 정신분석 심리치료 시작.
	김정규가 '게슈탈트 심리치료' 저술. 성신여대심리건강연구소 개설.
1997	오경자, 하은혜, 이혜련, 홍강의가 K-CBCL(아동 문제행동 체크리스트) 출판.
1998	최진영, 한국판 치매평정척도(K-DRS) 출판.
1999	김홍근이 Rey-Kim 기억검사 출판.
	정신재활연구소(소장 손명자)에서 정신재활프로그램 제작 및 워크숍 시작.
	정신보건법에 의한 사회복귀시설 등에서 한국임상심리학회 회원이 활동하기 시작함.
2000	'한국심리학회지:임상'이 연간 4회로 정기 발간되기 시작.
	한국임상심리학회의 사무실이 최초로 설치됨.
2001	임상심리학과 정신건강의학이 주도하여 '한국인지행동치료학회' 발족.
	김영환, 김지혜, 오상우, 임영란, 홍상황이 성격평가질문지(PAI) 출판.
2003	한국심리학회 윤리규정 제정.
	한국산업인력공단 국가기술자격 임상심리사 2급 시행(1급은 2010년).
	강연욱, 나덕렬이 서울신경심리검사(SNSB) 출판.
2004	김홍근이 Kims 전두엽-관리기능 신경심리검사 출판.
2005	김중술, 한경희, 임지영, 이정흠, 민병배, 문경주가 MMPI-2(다면적 인성검사 II) 출판.
2009	교육부 Wee프로젝트 시행, 각 지역별 센터에 임상심리사 진출
	한국심리학회에서 연구 진실성 심사 운영 세칙 제정.
2011	곽금주, 오상우, 김청택이 K-WISC-IV 출판.
2012	강연욱, 장승민, 나덕렬이 SNSB-II 출판.
2012	황순택, 김지혜, 박광배, 최진영, 홍상황이 K-WAIS-IV, K-WMS 출판.
2014	세월호 사건 관련 한국심리학회 재난심리위원회 활동에 주도적으로 참여.
	한국임상심리학회 창립 50주년 기념식.
2015	'한국심리학회지:임상심리 연구와 실제' 발간 시작
2016	5월 29일, 정신보건법이 '정신건강증진 및 정실질환자 복지서비스 지원에 관한 법률'로 전면 개정
	'한국심리학회지:임상'이 'Korean Journal of Clinical Psychology'로 영문화됨
2017	의료공공성 및 복지지원 관련 국가정책 강화(예: 보건복지부 치매정책과 및 자살예방정책과, 사회보장원제도 신설 등)
	서울심리지원센터에 관한 서울특별시의 조례 제정
2020	코로나 팬데믹 한국심리학회의 심리지원 활동 참여
2022	한국심리학회 '심리사법안' 발의에 참여
2024	전국민마음투자지원사업 참여, 서울시광역심리지원센터 개소 참여

(1) 1946년부터 1963년까지의 기간

염태호(1996)에 의하면 이 시기는 한국 임상심리학의 태동기에 해당되는 기간으로 미군정이 들어오면서부터 기능주의 및 행동주의 심리학, 임상심리학이 시대적 조류에 따라 국내에 소개되기 시작한 기간이다. 1950년대 서울대, 중앙대, 이화여대에 심리학과가 창설되기 시작하였고, 1952년부터 임상심리학 관련 연구논문, 저서, 심리검사 제작, 임상심리학 강의 또는 임상심리학을 각종 매체를 통해서 소개하는 글들이 발표되었다. 1946년 성백선은 사회사업가 권기주와 함께 문제아동자문기관을 운영하기 시작했고, 1958년 서울아동상담소를 개소하여 문제아동을 위한 임상활동을 하였다. 1961년부터 육군에서 임상심리장교 제도가 신설되어 67년까지 총 4명이 배출되었는데, 1호는 한명택이었다. 임상심리학이 병원 장면에 등장하기 시작한 것은 1962년에 국립정신병원직제에 임상심리과가 하나의 독립된 부서로 편성된 것이며, 1963년 우석의대병원 및 성모병원 등에 임상심리학자가 최초로 진출하였다.

1952년에 이진숙과 고순덕에 의해 웩슬러–벨뷰 검사가 번역되어 국내에 처음으로 소개되었다. 그러나 전쟁이 있었던 시대 상황으로 말미암아 광범위하게 사용되지 못하였으며, 임상에서도 거의 활용되지 못하였다. 1961년에는 진위교가 석사학위 논문으로 미국판 MMPI를 표준화 예비연구 형식으로 국내에 처음 소개하였다. 이어 1963년에 전용신, 서봉연 및 이창우가 성인용 웩슬러 지능검사를 번안 표준화하여 한국판 웩슬러 지능검사(KWIS)를 출판하였고, 이는 1992년 K-WAIS가 재표준화될 때까지 임상 장면에서 사용되었다. 1962년 정신과의사인 이정균은 한국인을 표본으로 한 MMPI 연구를 실시하였으며, 이를 바탕으로 의학박사 학위를 취득하였다.

1963년 서울대 학생지도연구소(학생생활연구소의 전신)에서 김기석은 로저스의 내담자중심상담을 적극적으로 도입하였고, 정신과 전문의인 이동식은 정신역동적 접근으로 심리학 전공 대학원생들을 지도하였다. 이러한 교육은 이후 임상심리학 및 상담심리학의 치료활동에 바탕이 되는 최초의 수련으로 평가할 수 있을 것이다(염태호, 1996).

(2) 한국임상심리학회가 창립된 1964년부터 1972년까지의 기간

1964년 11월 21일, 임상심리 분과회가 발족하였으며, 이후 수년간은 병원에 근무하던 소수의 심리학자들이 학술모임과 관련 연구를 지속하는 정도였다. 초창기 주요업무는 심리검사 및 평가에 치중되어 있었다. 1965년에 교육심리학자인 정범모, 정신과의사인 이정균, 교육심리학자인 진위교에 의해 MMPI가 한국판으로 표준화되었다. 같은 해 성모병원 신경정신과에서 임상심리학자 김중술의 지도하에 국내최초로 임상심리 수련이 개설되었고, 당시 수련생은 3명이었다.

1965년 원호택은 대구정신병원에서 국내 최초로 집단심리치료 및 개인심리치료를 시행하였으며, 이는 국내 의료기관에서 임상심리학자가 심리치료를 시행한 최초의 일이었다. 이러한 과정에는 당시 선임이었던 정신과 의료진의 배려가 큰 역할을 한 것으로 기록되었다(원호택, 염태호, 1986). 1972년 김기석이 칼 로저스의 *Counselling and Psychotherapy*를 초역하였고, 1978년에는 폴 A. 듀왈드Paul A. Dewald의 '개인정신치료의 이론과 실제' 강의 녹음테이프를 우리말로 번역하여 역동적 심리치료를 소개하였다. 김기석은 1962년에 홀랜드Holland와 스키너Skinner의 『행동분석』을 번역하여 국내에 소개하였으며, 1976년에는 이현수가 비치Beech의 『인간의 행동은 고쳐질 수 있는가: 행동치료의 이론과 실제』를 번역하게 된다. 1964년에는 김성태가 '불안에 대하여'라는 제목의 발표를 하면서 임상심리분과회 주도의 주례집담회가 시작되었다. 이후 1967년에는 임상심리학보 창간호가, 1969년에는 임상심리학보 제2권이 발간되었다.

(3) 임상심리전문가 자격제도가 시행된 1973년부터 1994년까지의 기간

1970년 당시 분과회 6대 회장이었던 김기석과 간사 염태호는 임상 및 상담심리전문가 자격규정을 별도로 만들기로 준비하기 시작한다. 다음 해인 1971년에 자격규정이 한국심리학회에서 인준되었으며, 1973년부터 임상심리전문가 및 상담심리전문가가 배출되기 시작하였다. 73년 당시 전문가 자격증의 명칭은 '임상 및 상담심리전문가'[3]였으며, 제1회 임상심리전문가는 7명(김성태, 이현수,

----

3 1972년 3월 3일 임상심리분과학회 월례회의에서 결정된 내용인 '臨床 및 相談心理 專門家法 草案'을 http://blog.naver.com/navr212/220163895583 에서 볼 수 있다.

김중술, 신동균, 원호택, 한명택, 염태호)이었고, 상담심리전문가는 6명(김기석, 이상노, 최정훈, 진위교, 홍성화, 한덕웅)이었다. 당시 상담심리 회원들의 뜻을 존중하여 8대(현행 10대) 임원진 선출과 동시에 '임상 및 상담심리 분과회'로 명칭을 변경하였다. 임상 및 상담심리분과회(1974~86)는 1986년까지도 총 회원 수는 88명에 불과하였다. 1987년 임상심리학과 상담심리학 각각이 고유한 영역이라는 인식이 반영되어 분과회는 임상심리분과회와 상담심리분과회로 분리되었다.

이 시기에 병원 장면에서 임상심리학자의 입지가 굳어졌으며 주요 대학병원에 임상심리전문가가 근무하게 되었다. 담당업무는 주로 심리평가 영역이었으며, 심리학 전공 대학원생의 숫자 및 임상 수련 현장의 기회는 매우 제한적인 상황이었다. 1976년에는 한양대학교 의과대학병원에 임상심리전문가 수련제도가 신설되었고, 1981년 서울대학교 의과대학병원에서도 임상심리전문가 수련제도가 시행되기 시작하였다. 학교 장면으로 1972년에 국내에서는 처음으로 이현수가 중앙대학교 심리학과에 임상심리학 교수로 부임하였고, 국립대학교에는 1979년에 오수성이 전남대학교 심리학과에 부임하였다. 1980년대 초반부터 각 대학교의 심리학과에 임상심리 전공 교수진이 임용되어 1990년을 전후하여 전국 30여 개 대학의 심리학과에 임상심리 전공 교수가 임용되었다.

1971년 전용신이 고대-비네 검사를 표준화했고, 1974년에는 이창우와 서봉연이 K-WISC를 표준화하였다. 1989년에 김영환, 김재환, 김중술, 노명래, 신동균, 염태호 및 오상우가 MMPI(다면적 인성검사)를 재번역하고 표준화했으며, 김재환, 김광일(1984)은 데로게이티스Derogatis의 자기보고형 '다차원 증상 목록' 검사를 간이정신진단검사Symptom Checklist-90-Revision로 표준화했다. 1990년 염태호와 김정규가 16PF 모형에 근거한 성격요인검사를 표준화하였다.

투사검사와 관련하여 1972년에 전용신이 TAT 검사법, 로르샤하 검사법을 출간하는 등 최초로 관련서적이 출간되었다. 이후 1983년 고려대 심리학과의 전용신을 주축으로 하여 16인의 임상심리학자들이 엑스너Exner가 집필한 로르샤하 종합체계를 번역하여 소개하였다. 1981년에는 오상우가 신경심리검사에 속하는 스트룹 색깔 단어 검사Stroop Color Word Test를 석사논문으로 한국에 처음으로 소개하여 신경심리평가에 대한 관심의 기반을 마련하였다.

1977년부터 국내에도 관리의료제도(직장의료보험)가 시행되면서 의료수가에 영향을 미치기 시작하였다. 초기에는 500인 이상의 사업장에서 직장의료보험이 시행되었으며, 1989년 전 국민 의료보험이 시행되면서 건강보험체계로 인해 전보다 표준화된 업무가 증가하고 비용절감 압력이 강해지는 등 의료기관에 근무하는 임상심리사에게 가해지는 부담이 커졌다. 1980년 DSM-III의 출판 이후로 심리진단과 관련된 표준화가 보다 강조되었다고 할 수 있으며, 국내에서도 정신의학을 중심으로 DSM의 영향력은 이전보다 뚜렷해졌다고 할 수 있다.

1982년에는 13년만에 임상심리학보 제3권을 속간하였는데, 상담심리 전공 회원의 건의에 따라 '임상 및 상담심리학보'로 명칭을 바꾸어 83년에 4권, 84년에 5권까지 발간하였다. 1987년에 임상심리분과에서 상담심리분과가 분리된 이후에는 제6권인 '한국심리학회지: 임상'으로 연간 1~2회씩 학회지가 발간되었다. 1984년에는 한국심리학회가 주최한 '제3회 심리학 연수회-임상심리학'을 시작으로 임상심리학 관련 워크숍과 심포지엄이 다수 개최되기 시작하였다.

이 시기 동안 1987년 염태호는 KWIS를 이용하여 '대뇌손상과 인지장애의 관계'로, 1983년 김영환은 'MMPI 진단판별 기능분석'이라는 논문으로, 1994년 홍창희는 '문항특성 및 개인차 변인과 MMPI 반응 잠재 시간과의 관계'로, 1981년 원호택은 '심리진단 검사배터리의 타당도 연구-MMPI, KWIS, 로샤검사를 중심으로', 1986년 김재환은 'Bellak의 모형에 따른 자아기능에 관한 연구'로, 1989년 손정락은 '정신분열증 형태 사고장애 환자의 구성개념화'로, 1990년 이봉건은 '바이오피드백 훈련에 의한 본태성 고혈압의 혈압강화 효과'로, 1993년에 권석만은 '우울증의 통합 인지모델'로, 신민섭은 '자살기제에 대한 실증적 연구: 자기 도피 척도와 타당화'로, 이영호는 '귀인양식, 생활사건, 사건귀인 및 무망감과 우울의 관계: 공변량 구조모형을 통한 분석'으로 각각 박사학위를 취득하였다.

(4) 정신보건법이 제정된 1995년부터 2016년까지의 기간

1973년 이래로 민간자격인 임상심리전문가로만 활동해 오던 임상심리학자들은 1995년에 정신보건법이 제정되고 1997년부터 정신보건임상심리사 자격을 부여받아 활동하기 시작하였다. 정신보건임상심리사의 고유 업무는 ①정신질환자에 대한 심리평가와 ②정신질환자와 그 가족에 대한 심리상담이었다. 기존 의료영역에서의 활동도 점차 확대되었고, 일부이긴 하였지만 지역사회 정신재활기관인 사회복귀시설에서도 정신보건임상심리사가 종사하기 시작하였다.

정신보건법 시행에 의한 사회복귀시설과 관련된 사항으로 대구 지역의 계명대 손명자 교수와 대구대 배정규 교수의 '정신재활'에 관한 선도적인 활약이 있었다. 1995년 개소한 대구재활센터는 애초에는 가족협회에 의해 운영되다가 2001년 이후 시설장으로서 손명자, 김이영, 이광식 회원이 연이어 담당하였다. 대구에는 이 밖에도 대구대정신건강상담센터(2000년, 시설장 배정규), 해인정신건강상담센터(1997년, 시설장 강덕규), 참누리정신건강상담센터(2000년, 시설장 배헌석)가 연이어 개소하였고, 1999년 서울의 성신여대심리건강센터 내 정신재활센터(2008년 다함정신건강상담센터로 재개소. 시설장 김한규)와 2001년 광주의 전남대심리건강연구소 내 정신재활센터(시설장 오수성)가 개소하였다.

2000년 이후 사회의 여러 분야에서 임상심리학자들을 고용하기 시작하였다. 한국주류산업협회가 출자한 재단법인 한국음주문화연구센터가 2000년에 설립되었고, 2001년 7월 한국음주문화연구센터 부설 '서울알코올상담센터(센터장 조현섭)'의 개소를 시작으로 알코올중독 분야에서 시작된 본 학회원의 기여는 이후 마약 및 도박 중독분야로 확대되었다. 주요 기관으로는 국립부곡병원(박상규) 및 한국마사회 유캔센터(이흥표, 이재갑, 김한우, 김태우, 한영옥 등), 강원랜드의 KL중독관리센터, 한국도박문제관리센터(2021년 한국도박문제예방치유원으로 명칭 변경) 부설 지역센터 등 여러 기관이 있다. 중독분야에 종사하던 회원들은 2011년 한국중독심리학회의 발족을 이끄는 주력이 되었다. 2024년 현재 한국도박문제예방치유원은 중앙센터를 비롯한 13곳의 센터로 운영되고 잇으며, 지역별로 많은 심리상담기관과 업무 협약을 맺고 있다.

2004년 6월에 서울 해바라기아동센터가 개소한 이후, 한국여성인권진흥원에서 운영하는 여성·아동폭력피해중앙지원단을 포함하여 전국적으로 34개의 센터가 운영되기 시작하였다. 서울센터 심리지원팀의 김태경과, 초대 중앙지원단장 신민섭(서울의대)이 활약하였고, 2009년 '조두순 사건' 이후 성폭력피해 아동에 관한 임상심리 분야의 참여가 더욱 절실히 요청되었다. 센터운영지침에 따르면 임상심리사는 '아동·장애인 전문상담과 아동 및 부모 심리치료, 심리평가를 주업무'로 담당하고 있다. 해바라기아동센터는 2014년 8월부터는 수사상담 및 진술녹화를 지원하는 경찰관이 상근 배치되어 신속한 수사 지원이 가능하도록 하고 있다. 2024년 기준, 여성가족부가 관할하는 성폭력피해자통합지원센터(해바라기센터)는 위기지원형 16곳, 아동형 7곳, 통합형 17곳이며, 주로 지역별 공공의료원이나 종합병원급에 소재하고 있다.

2005년 최전방 GP에서 발생한 총기 사건을 계기로 인성검사 강화의 필요성이 제기되면서 심리검사가 병역문화 개선 과제로 선정되었다. 군과 병무청의 노력으로 2007년부터 임상심리사를 징병검사장에 배치하여 정밀 심리검사를 추가로 실시하기 시작했다. 초창기에는 6급 또는 7급(일반직공무원 의료기술직)으로 선발되었으며, 각 지역 병무청별로 수 명에 이르는 임상심리학자가 활약하고 있다. 현행 병역법에 의하면, '제21조(심리검사) ① 심리검사는 심리검사사무원이 징병검사 대상자 전원에 대해 실시하는 인성검사와 인지능력검사(이하 "1차 심리검사"라 한다), 임상심리사가 실시하는 임상심리검사(이하 "2차 심리검사"라 한다)로 구분한다.〈개정 2014. 1.14, 2015. 1. 8〉'로 규정되어 있다.

2008년 교육부에 의해 각급 학교에서 학교폭력 예방 및 정서적 행동문제 대응을 위한 Wee 프로젝트가 시작되었다. 2012년 현재 전국에 광역거점기관으로서 Wee 스쿨 4개, 시군구지역거점기관으로 Wee 센터 136개소, 일선 학교단위 Wee 클래스 4,744개소가 설치되어 있다. Wee 센터에서는 기본적으로 1명 이상의 임상심리사를 채용하도록 하는데, 주요 업무는 심리평가, 사례관리, 정신건강프로그램 개발, 대외업무로 규정되어 있다. 대도시 지역에는 Wee 센터 종사자들이 임상심리전문가이거나 정신보건임상심리사인 경우가 대부분이지만, 군 단위 이하거나 농어촌 지역의 근무자는 산업인력공단 임상심리사 자격으로 근무하는 경우도 존재한다.

2006년 법무부 보호관찰직군에 정신보건임상심리사가 제한경쟁 특별채용되었고, 법원행정처의 조사업무 담당관(채용시 7급 등) 및 법무부의 교도직(채용시 9급 및 7급)에도 다수의 심리학자들이 종사하고 있다. 검찰이 운영하는 범죄

피해 트라우마 통합지원기관은 2010년 서울동부스마일센터를 시작으로 2017년까지 전국 11곳에 설치 운영되고 있으며, 정신건강의학과 전문의와 임상심리전문가가 전문적 심리지원 서비스 업무를 제공하도록 하고 있다. 경찰에도 피해자심리전문요원으로 임상심리 및 상담심리 분야의 제한경쟁 채용이 2007년 10명으로 시작하였고, 이후 10여 년간 부정기적으로 충원되다가 2017년부터 5개년 계획으로 매년 40명씩 선발 규모가 확대되기도 하였다. 또한 경찰은 성폭력피해아동의 지원을 위한 해바라기센터의 운영도 지원하고 있다.

공공분야에 심리학 전공자들이 이렇게 진출하기 시작한 것은 2000년대 초반 시기에 급격히 이루어진 일이며, 이러한 직종의 다양화는 이전 30년 동안에는 거의 나타나지 않았던 양상이다. 이에 비해 이 시기 동안 정신건강의학과를 중심으로 하는 병원 종사자의 수는 이전 세대에 비해 매우 증가하였으나 담당업무나 근무여건은 기관 및 지역별 여건에 따라 상당한 격차를 보이는 상황이다.

임상심리학자의 개업활동은 2014년 말 현재 전국 약 87개소 이상으로 조사되었다(한국임상심리학회 50년사, 2016). 이러한 심리 서비스기관의 개업 역시 2000년을 기점으로 뚜렷이 증가된 양상이나, 시중에는 유사전공자 및 관련전공자가 개업한 상담기관도 무수히 존재하는 현황이다. 민간부문에서 각 기업체에서도 심리건강의 중요성이 강조되면서 대기업체(예: 삼성, LG, SK 등)를 중심으로 심리전문가의 채용이 증가하고 있다.

1988년부터 연간 1~2회로 발간되던 기관지인 『한국심리학회지: 임상』은 2000년부터 연 4회로 확대 발간되었으며, 2016년 8월호부터 *Korean Journal of Clinical Psychology*로 영문화되었다. 국문 학술지로는 『한국심리학회지: 임상심리 연구와 실제』 1호를 2015년 12월에 발간함으로써 한국심리학회의 분과학회 중 최초로 2개의 기관학술지를 운영하기 시작하였다. 한국심리학회의 전문가는 2003년 8월 제정된 윤리규정 및 2009년 제정된 연구 진실성 심사 운영세칙을 엄격히 준수해야 하며, 자격 취득 이후에도 매년 윤리교육을 이수해야만 한다.

1990년대 '인지치료'에 관한 관심이 고조되었고, 1993년 서울인지치료상담센터(권정혜, 민병배)의 개소를 필두로 2000년대 초반 인지행동치료는 우리학회에서 가장 폭넓게 인정되는 치료적 접근법이 되었다고 할 수 있다. 2001년에 임상심리전문가와 정신과 전문의를 중심으로 '한국인지행동치료학회'가 창립되었고, 이후 인지행동치료의 대가들(J. Persons, M. Linehan, E. Foa, C. Padesky, F. Dattilio, J. Beck 등)이 연이어 내한하여 각종 워크숍과 학술행사를 개최하였다. 한국임상심리학회도 2012년 홀론Hollon의 특별초청 워크숍과 2014년 돕슨Dobson의 심리치료 Grand Conference를 개최하였다.

인지행동치료의 발전은 수용전념치료, 스키마치료, 변증법적 행동치료(DBT) 등을 적극적으로 도입하는 노력으로 이어졌다. 2005년에는 국내 최초로 마음챙김에 근거한 스트레스 감소(MBSR) 워크숍(한국형 개발자: 장현갑 영남대 명예교수)이 개최됨으로써 인지행동치료의 제3동향 치료법의 대표인 '마음챙김'의 보급에도 임상심리학회는 큰 기여를 하였다. 마음챙김에 주 관심을 가졌던 회원들은 2009년 1월 창립된 한국명상학회(구 한국명상치유학회)에 주도적으로 참여하여 초창기 회장으로서 1대 이봉건(충북대 심리학과), 2대 정애자(전북대) 회원이 활약하였다.

아동청소년 심리치료 분야에서도 인지행동적 접근은 적극 적용되었는데, 인터넷 중독 청소년을 위한 인지행동치료(이형초), ADHD 및 외현적 문제행동을 지닌 아동에 대한 부모훈련(고려원, 박중규, 오경자), ADHD 및 OCD 아동에 대한 인지행동치료(신민섭), 불안/발달장애 아동을 위한 인지행동치료(양윤란) 등의 연구성과가 보고되었다. 2010년경에 이르러 심리치료 및 상담과 관련된 역서와 저서는 헤아릴 수 없는 정도가 되었다.

2000년대 초반 또 하나의 주요 관심사인 긍정심리학이 대두하였다. 이 시기 고영건(고려대)과 김진영(서울여대)은 '멘탈휘트니스 프로그램Mental Fitness Program'을 국내에 보급하였으며, 권석만과 이훈진(서울대)도 지속적으로 긍정심리치료에 관한 역서와 저서를 출간하였다. 2010년에는 임영진이 박사학위논문으로 '성격 강점과 긍정 심리치료가 행복에 미치는 영향'을 발표하였다.

2014년 4월 16일 세월호 사건이 발생한 이후 한국심리학회 재난심리위원회가 적극 활동함으로써 일반 국민 및 정책당국자에게 '심리지원'의 전문 인력으로서 다시금 인정받게 되었다고 할 수 있다. 정부의 트라우마 관련 용역연구의 수행 및 안산지역 트라우마센터의 운영 참여는 일부 지역의 재난심리지원센터장으로서 임상심리전문가가 역할하도록 하는 계기가 되었다. 당연하게도 2010년 이후 심리적 응급조치와 트라우마 관련 치료 개입방안에 관한 관심이 고조되었다. 2020년 COVID-19 팬데믹을 비롯하여 2022년 이태원 참사 피해자 및 유족을 대상으로 한 한국심리학회의 활동에 많은 임상심리전문가가 적극 참여하기도 하였다.

2001년 김영환, 김지혜, 오상우, 임영란 및 홍상황이 성격평가질문지(PAI)를 표준화하여 임상 장면과 법정 장면에서 사용하기 시작하였다. 이는 범죄심리전문가와 범죄심리사가 주로 활동하는 경찰서, 보호관찰소, 구치소, 교도소, 법원, 검찰청에서 가장 선호하는 인성검사 중 하나로 인정받고 있다. 2005년에는 김중술, 한경희, 임지영, 이정흠, 민병배가 표준화한 MMPI-2(다면적 인성검사 Ⅱ)가 출시되었고, 2011년에는 MMPI-2-RF가 최신화되었다. 1999년에는 김영환 등이 엑스너의 로르샤하 워크북을 번역 출판하였고, 2011년에는 윤화영이 엑스너의 종합체계 I권을 완역 출간하였다.

신경심리검사의 발달도 두드러져 1998년 최진영이 한국판치매평정척도(K-DRS)를, 김홍근이 Rey-Kim 기억검사(1999)와 Kims 전두엽-관리기능 신경심리 검사(2004)를 표준화하였다. 2003년에는 강연욱과 나덕렬이 서울신경심리검사(SNSB)를 개발하여 신경인지기능을 종합적으로 평가할 수 있게 되었다. 2012년에 최진영, 김지혜, 박광배, 황순택 및 홍상황이 미국판 웩슬러 기억검사 4판을 출시함으로써 K-WAIS-IV와 더불어 임상적 유용성을 향상시켰다. 최신 지능검사의 한국판은 2011년에 곽금주, 오상우 및 김청택이 아동용 K-WISC-IV를 그리고 2019년 곽금주, 장승민이 K-WISC-5를 표준화하였고, 2012년 황순택, 김지혜, 박광배, 최진영 및 홍상황이 성인용 K-WAIS-IV를 국내 표준화하였다.

2014년 현재 국내 심리학 관련 학부 및 대학원에서 한국임상심리학회 전문회원(임상심리전문가)인 교수가 재직 중인 학교는 모두 40개교이며 평균 2명 정도가 전임 교수로 학부 및 대학원의 임상심리 전공 교육과 실습 지도를 담당하고 있다(한국임상심리학회 50년사, 2016). 학과 수는 지역별로는 서울, 경기지역 16개, 경상 지역(대구, 부산 포함)에 11개, 충청 지역 6개, 호남 지역 5개, 강

그림 2.1 | 한국임상심리학회 50주년 기념식(2014년 10월 17일 일산 KINTEX)

원 지역 2개로, 수도권과 경상권에 편중된 양상이다. 2024년 이후 자료는 한국 임상심리학회 홈페이지에서 확인할 수 있다. 2013년 한국심리학회 '임상심리전문가' 자격은 자격기본법에 의한 민간자격으로 등록하였으며, 2024년 기준 한국임상심리학회의 회원현황은 표 2.5와 같다.

표 2.5 | 한국임상심리학회 회원현황(1995~2024)

구 분	전문회원	일반회원 (2011부터 정회원)	준회원	특별회원	종신회원 (전문회원)	전 체
1995	102	189	24	2	–	317
1996	150	232	45	3	–	430
1998	157	300	80	4	–	541
1999	173	334	92	4	–	603
2001	210	658	665	3	–	1,536
2002	231	709	699	3	10	1652
2003	270	819	703	4	10	1,806
2004	309	940	693	4	10	1,956

구 분	전문회원	일반회원 (2011부터 정회원)	준회원	특별회원	종신회원 (전문회원)	전 체
2005	361	990	760	4	11	2,126
2006	395	1,217	809	4	11	2,436
2007	447	1,398	830	5	10	2,690
2008	500	1,616	838	6	14	2,974
2009	550	1,767	896	5	19	3,237
2010	616	1,957	914	5	21	3,513
2011	702	2,163	963	5	22	3,855
2012	775	2,420	999	5	26	4,225
2013	876	2,626	1,014	5	25	4,546
2014	966	2,934	1,100	5	34	5,039
2015	1,088	3,306	1,214	5	32	5,646
2016	1,182	3,532	1,380	7	32	6,133
2017	1,295	3,811	1,459	7	33	6,605
2018	1,405	4,091	1,548	7	34	7,085
2019	1,532	4,308	1,619	7	34	7,500
2020	1,631	4,559	1,712	7	34	7,943
2021	1,754	4,803	1,856	7	35	8,455
2022	1,879	5,058	1,965	7	37	8,946
2023	2,011	5,341	2,151	7	41	9,551
2024 (3/26 기준)	2,122	5,248	2,258	7	47	9,682

한국 임상심리학의 과제

2016년 5월 29일에 '정신건강증진 및 정신질환자 복지서비스 지원에 관한 법률'(이하 정신건강증진법)이 공포되었다. 개정 법률의 시행령은 2017년 5월 29일에 발효되었으며, 법령은 "정신질환의 예방·치료, 정신질환자의 재활·복지·권리보장과 정신건강 친화적인 환경 조성에 필요한 사항을 규정함으로써 국민의 정신건강증진 및 정신질환자의 인간다운 삶을 영위하는 데 이바지한다"는 광범위한 목적을 표방한다.

새로운 법에서는 국가와 지방자치단체의 책무를 ①국민의 정신건강 증진, 정신질환의 예방·치료, 정신질환자의 재활 및 장애극복과 사회적응 촉진을 위한 연구·조사와 지도·상담 등 필요한 조치 강구, ②정신질환의 예방·치료와 정신질환자의 재활을 위하여 정신건강복지센터와 정신건강증진시설, 사회복지시설, 학교 및 사업장 등을 연계하는 정신건강서비스 전달체계의 확립, ③정신질환자등과 그 가족에 대한 권익향상, 인권보호 및 지원 서비스 등에 관한 종합적인 시책을 수립 추진, ④정신질환자 등과 그 가족에 대한 모든 차별 및 편견을 해소하고 차별 받은 정신질환자등과 그 가족의 권리를 구제할 책임, 정신질환자등과 그 가족에 대한 차별 및 편견을 해소하기 위하여 적극적인 조치 강구

Box 2.1 정신건강복지법이 규정한 정신건강증진사업 시행기관의 종류

1. "정신건강복지센터"란 정신건강증진시설, 「사회복지사업법」에 따른 사회복지시설(이하 "사회복지시설"이라 한다), 학교 및 사업장과 연계체계를 구축하여 지역사회에서의 정신건강증진사업 및 제33조부터 제38조까지의 규정에 따른 정신질환자 복지서비스 지원사업(이하 "정신건강증진사업등"이라 한다)을 하는 다음 각 목의 기관 또는 단체를 말한다.
   가. 제15조제1항부터 제3항까지의 규정에 따라 국가 또는 지방자치단체가 설치·운영하는 기관
   나. 제15조제6항에 따라 국가 또는 지방자치단체로부터 위탁받아 정신건강증진사업등을 수행하는 기관 또는 단체
2. "정신건강증진시설"이란 정신의료기관, 정신요양시설 및 정신재활시설을 말한다.
3. "정신의료기관"이란 주로 정신질환자를 치료할 목적으로 설치된 다음 각 목의 어느 하나에 해당하는 기관을 말한다.
   가. 「의료법」에 따른 의료기관 중 제19조제1항 후단에 따른 기준에 적합하게 설치된 병원(이하 "정신병원"이라 한다) 또는 의원
   나. 「의료법」에 따른 병원급 의료기관에 설치된 정신건강의학과로서 제19조제1항 후단에 따른 기준에 적합한 기관
4. "정신요양시설"이란 제22조에 따라 설치된 시설로서 정신질환자를 입소시켜 요양 서비스를 제공하는 시설을 말한다.
5. "정신재활시설"이란 제26조에 따라 설치된 시설로서 정신질환자 또는 정신건강상 문제가 있는 사람 중 대통령령으로 정하는 사람(이하 "정신질환자등"이라 한다)의 사회적응을 위한 각종 훈련과 생활지도를 하는 시설을 말한다.

표 2.6 | 2022년 정신건강증진사업기관 현황

(단위: 개소)

정신건강 복지센터		자살예방센터		중독관리 통합지원센터		정신 재활 시설	정신 요양 시설	정신 의료 기관
광역	기초	독립	부설	광역	기초			
17	246	6	48	6	54	356	59	2,109

출처 중앙정신건강복지사업지원단

등을 명시하였다.

정신건강증진사업은 '정신건강 관련 교육·상담, 정신질환의 예방·치료, 정신질환자의 재활, 정신건강에 영향을 미치는 사회복지·교육·주거·근로 환경의 개선 등을 통하여 국민의 정신건강을 증진시키는 사업'으로 정의된다. 이의 구체적인 시행기관 유형별 상세 현황은 표 2.6과 같다.

이전 정신보건법에서 규정되었던 정신보건전문요원(정신보건임상심리사)의 명칭은 정신건강전문요원(정신건강임상심리사)로 개명되었으나 기본적인 자격규정은 그대로 유지되었다. 아울러 공통 업무의 내용이 좀더 포괄적으로 되었으며, 정신건강임상심리사의 개별업무는 1) 정신질환자등에 대한 심리 평가 및 심리 교육, 2) 정신질환자등과 그 가족에 대한 심리상담 및 심리 안정을 위한 서비스 지원으로 규정되었다. 새로운 정신건강증진법의 시행과 더불어 국립정신건강센터가 정신건강전문요원의 연간 보수교육과 자격관리를 보다 엄격하게 관리하고 있다. 아울러 보건복지부 정신건강정책과는 적극적으로 지역사회에서의 정신건강 증진활동(표 2.6. 정신건강증진사업기관 현황)에 보다 많은 정신건강임상심리사의 참여를 요청하고 있다.

2024년 기준 한국에는 세 종류의 임상심리학 관련 자격증이 혼재되어 있다. 한국심리학회 산하 한국임상심리학회의 '임상심리전문가' 자격규정에 의한 임상심리전문가 2,122명을 비롯하여 '정신건강증진 및 정신질환자 복지서비스 지원에 관한 법률'에 의한 정신건강임상심리사 1급 2,104명 및 2급 1,482명, '국가기술자격법'에 의한 임상심리사 1급 1,926명 및 2급 17,511명이 존재한다. 전문가와 1급은 기본적으로 임상심리학 석사학위 및 2~3년의 수련을 전제로 하지만 2급은 심리학사와 1년의 수련만을 요구하기 때문에, 실제 업무능력의 격차가 매우 큼에도 불구하고 일반인의 경우 그 차이를 분명히 알기 어려운 상황이다.

한국의 임상심리학이 60년의 역사를 자랑한다지만 일반 국민의 입장에는 구분이 어려운 유사 자격자가 존재하는 것 또한 엄연한 현실이다. 특히 한국산업인력공단은 2015년부터 임상심리사 2급 자격시험을 연 2회로 확대하여 최근 연 2,000여명 이상의 임상심리 업무 보조인력을 대량 배출하고 있다. 해당 자격의 취득 과정 및 실제 업무능력 수준에 대하여 관련 학계 및 학술단체는 크게 우려하고 있으므로 시급히 업무한계를 정하고 인력배출과 관련된 제도적 장치를 마련하는 것이 필요해 보인다.

한국의 임상심리학은 그간 학술단체로서 운영되어온 한국심리학회 및 한국임상심리학회를 중심으로 성장하여 왔으나, 학회는 전문직업인의 대표 기관으로는 그 역할이 상대적으로 소극적일 수밖에 없었다. 하지만 2018년 인지행동치료의 건강보험 급여화 전환과정에서 임상심리 인력의 법률적 지위를 충분히 인정받지 못한 일과 정부의 복지 강화정책 시행 과정(예: 치매안심사업, 개정 정신건강증진법의 주요 사업)에서 참여주체로 명시되지 못하고 배제될 수 있음을 경험한 일 등은 반드시 기억하고 바로잡아야 할 일이다. 직무의 전문성이 아무리 높아도 현행 법령체제에서 시행주체로 명기되지 못하면 고유의 담당 업무를 수행하는 인력으로 인정받지 못할 수 있음을 일련의 사태를 통해 분명히 볼 수 있었다. 전문직업인으로서 응용심리학 전공분야가 연대하여 법정단체인 협회를 구성한다든지 한국심리학회가 전문직에 종사하는 회원의 권익보호에 보다 적극적인 역할을 수행한다든지, 심리학의 전문인력으로서 인정받기 위한 노력을 배가해야 할 상황이다. 선진국의 예에서 보았듯이 심리학 전문인력의 법제화는 동시에 직업적 책임 및 윤리규정을 강화하는 것과 함께해야 할 것이며, 현행의 심리학 대학원의 교육과정 및 임상수련에 대한 엄밀한 검증도 시급하다. 2023년 59대 한국임상심리학회는 임상심리학 대학원 교육과정에 관한 제안을 하였으며, 이는 학회 홈페이지에서 확인할 수 있다. 학회 차원의 심의위원회를 설치하여 심리학의 교육 및 수련기관 인증제도를 도입하는 것도 일종의 방안으로 필요해 보인다. 이러한 맥락에서 2022년에 발의된 심리사법안은 21대 국회에서 처리가 되지 못하였지만, 지속적으로 한국심리학회의 산하 학회로서 적극적인 참여가 필요함을 보여주는 사건이었다.

2016년 4월 국립정신건강센터의 개소와 함께 정신건강 분야의 연구 영역에서도 심리학적 전문지식의 활용 요구는 더욱 증가하는 상황이라고 할 수 있다. 여전히 대다수 심리학의 전문교재 및 연구주제들이 영미권의 선도적인 관심사를 좇아가는 형국이지만, 이제는 우리 사회의 수요가 반영된 문제에 보다 관심을 기울여야 할 것이다. OECD 국가 중 최고 수준의 자살률, 학교폭력, 성폭력, 아동학대, 증오 및 분노관련 행동문제, 도박 중독, 범죄피해자 심리지원 미흡, 낮은 행복 수준 등 심각한 병리적 문제로부터 심리적 안녕과 행복을 추구하는 긍정심리학적 관심사까지 심리건강의 최전방 전문가로서 부단한 노력과 자기혁신이 요구되는 상황인 것이다. 2017년에 서울특별시 심리지원에 관한 조례[서울특별시조례 제6665호, 2017.9.21. 제정]가 제정되었고, '심리지원센터'는 심리평가, 개인상담, 심리교육, 집단활동 등을 통해 서울시민의 삶의 질을 개선하도록 돕는 종합적인 서비스 제공기관으로 역할하고 있으며, 10월 25일에는 서울시광역심리지원센터가 개소하였다. 2024년 기준 송파구와 도봉구, 양천구, 동대문구에 4개 센터가 설치 운영되고 있으며, 10월 25일에는 서울시광역심리지원센터가 개소하였다. 이러한 노력은 지방자치단체와 심리학이 긴밀한 협력을 통해 이룩한 의미 깊은 성과이며, 일종의 시범적 사건일 것이다. 한편 2024년 7월 1일부터 보건복지부가 주관하는 '전국민 마음투자 지원사업'도 시작되었으며, 임상심리학 분야에서는 학회를 중심으로 해당 사업에 적극 참여하고 있다.

한국의 임상심리학은 고도의 전문성을 지켜온 전통을 바탕으로 미래의 직업유망성이 매우 높다는 긍지를 과시하여 왔다. 이제 최신 심리검사의 개발 및 심리평가의 전문성 제고, 근거중심의 심리치료 개입방안의 개발과 보급, 시대적 조류를 선도하는 학술 업적의 축적 등을 통해 앞으로도 부단히 발전해야 할 것이다. 또한 사회적 여건을 조성하고 전문 직군으로서 얼마나 인정받느냐에 따라 미래의 모습은 상당히 달라질 수 있다. 코로나 팬데믹 이후, 전 지구적인 기후 위기 및 인공지능시대의 도래, 한국의 인구절벽 위기 등은 이제껏 경험하지 못했던 새로운 상황이다. 따라서 이제 한국의 임상심리학은 국민의 심리서비스 수요에 보다 선제적이고 능동적으로 대처해야만 한다.

이 장의 요약

1   인류사에서 이상행동의 이해와 치료에 관한 관심은 늘 있어 왔고, 히포크라테스(460~370 B.C.)의 4체액설 및 갈레노스(130~200 A.D.) 등의 주장은 현대의 전체론적 관점의 선구였다. 오랜 중세(500~1450 A.D.)의 악령학을 거쳐서야 르네상스가 도래했고, 그 이후 인본주의적이며 과학적인 관점으로 이상행동을 설명하려는 토대가 형성된다. 데카르트(1596~1650)의 합리주의와 프랜시스 베이컨(1561~1626)의 경험주의 이래로 인간의 본질에 철학적 논쟁이 전개되고, 17세기 과학혁명기 동안 자연과학은 실험법을 확립한다. 생리학과 유전학, 의학의 발달은 인간에 관한 과학적 이해를 넓혔고, 프랑스혁명(1787~1799)과 산업혁명(1760~1840)에 따라 봉건체제가 붕괴되고 시민사회가 출현한다.

2   19세기에 걸쳐 정신질환자 수용소에 도덕치료가 전파되었고, 자연과학적 방법론이 철학의 연구대상이었던 인간연구에 적용되면서 1879년 빌헬름 분트가 독일 라이프치히 대학교에서 과학심리학의 시작을 알렸다. 1890년 미국에서 윌리엄 제임스가 『심리학의 원리(*Principles of Psychology*)』를 발간하였고, 1892년 31명의 회원으로 미국심리학회가 창립했으며 스탠리 홀이 초대회장이 되었다.

3   임상심리학의 기원은 1896년 라이트너 위트머가 펜실베이니아 대학에 심리클리닉을 개소한 시점으로 본다. 카텔(1890)이 정신검사(mental test)를 도입했으나, 1905년 비네가 최초의 지능검사를 발표하면서 초기 임상심리학의 관심을 독점한다. 19세기 말 프랑스를 중심으로 최면술에 관한 의학의 관심이 매우 높았다. 브로이어와 프로이트는 1895년 히스

테리 연구를 발간하였고, 최면술에 관한 관심도 가졌다. 하지만 프로이트는 독자적인 정신분석을 정립하면서 인간행동에 관한 무의식적 심리결정론을 주장하였고, 이러한 주장은 최초의 심리치료 이론으로서 또한 인간의 내면에 관한 최초의 주장으로서 정신의학과 심리학에 크게 영향을 미친다.

4   20세기 초반 위트머의 심리클리닉과 유사한 기관들이 여러 대학에 설치된다. 모튼 프린스는 1906년에 *Journal of Abnormal Psychology*를 창간하였고, 1909년 휴고 뮌스터버그가 『심리치료』를 발간한다. 윌리엄 힐리는 1909년 시카고에 청소년정신병질연구소를 개소하고 아동지도운동을 통해 심리학자들과 함께 자문 및 심리치료 활동을 전개하였다. 비네의 지능검사가 고다드에 의해 미국에 도입되었고, 스탠포드-비네검사로 1916년에 표준화되어 크게 인기를 얻었다. 제1차 세계대전 시 징병검사의 일환으로 군대알파 및 군대베타 집단용 지능검사가 개발되었다. 1908년 클리포드 비어스는 정신위생운동을 주창하였고, 엘우드 워체스터는 종교, 의학, 심리학이 연합함으로써 정신질환을 개선할 수 있다는 엠마누엘운동을 전개하였다. 이러한 주장들을 통해 미국사회에서 정신질환에 관한 관심은 증가하였고, 그 시기동안 정신질환을 치료하는 업무는 정신의학과 정신분석이 주도적인 역할을 하였다.

5   제1차 세계대전 이후 미국의 심리학에서는 심리검사에 관한 일반의 관심이 매우 높아졌고 행동주의가 주장되는 등 응용심리학의 인기가 높아졌다. 1917년 APA로부터 미국임상심리사협회(AACP)가 분리하였다가 1919년에 재

결합하기도 한다. 1920~30년대 미국의 임상심리학자들은 아동지도클리닉에서 지능평가를 주업무로 담당하였고, 부모와 교사를 대상으로 자문활동과 치료적 권고를 하게 되었다. 아동지도클리닉 및 정신위생운동에 힘입어 심리학자들은 연구와 심리검사를 넘어 진단 및 치료 영역으로 활동분야를 확장시키기 위하여 노력하였다. 프로이트의 정신분석이 큰 인기를 구가하면서 1930년대 로르샤하 등의 투사기법이 임상심리학의 주요 업무가 되기도 한다. APA는 1935년 임상심리학 수련의 기준(Standards of Training in Clinical Psychology)으로서 '박사학위와 지독감독하의 1년 임상경험'으로 정의하였지만 이는 거의 무시되었다. 1937년 미국응용심리사협회(AAAP)가 4개의 하위분과를 포섭한 형태로 출범하여 미국심리학회(APA)의 근본적인 변화를 요구한다. 1939년 웩슬러-벨뷰 지능검사가 출간된다.

6 MMPI가 1943년부터 연이어 출간되었으며, 미국심리학회가 1944년 분과학회를 포섭하는 체제로 재출범하면서 AAAP와 재결합한다. 1945년 코네티컷주에서 최초의 심리학자 인증이 이루어지며, 1940~50년대 로르샤하검사와 TAT의 인기는 절정에 달하였다. 이전 세대의 지능에 관한 관심으로부터 성격 및 심리치료와 관련된 내용으로 심리평가의 주요 관심이 확대되었다. 1946년 미국재향군인회(VA)는 약 4,700명의 임상심리학자들이 필요하다고 APA에 요청했으며, 1947년 APA는 샤코가 제안한 대학원 박사과정에 1년 수련의 임상심리학 수련기준을 승인한다. 미 공공건강국과 VA의 지원하에 1948년 VA병원을 중심으로 22개 임상심리학 수련과정에 200여 명의 대학원생들이 최초의 수련을 시작하였고, 1949년 7월 볼더 모형이 발표된다.

7 1950년대 미국심리학회는 경이로운 성장세

를 보였으며, 대학원 교육 및 수련(1949), 윤리규정(1953), 심리학자의 등록 및 주면허에 관한 기준모형(1955) 등을 발표하면서 심리학자의 전문성 기준을 상세하게 규정하였다. 1956년 이후 매년 승인된 수련 프로그램 명단을 발표하며, 전국의 기준을 통일시키고자 전국심리학자격관리위원회(Association of State and Provincial Psychology Boards)를 출범시켰다. 1950~60년대에 정신분석의 대안이 되는 여러 심리치료 이론이 등장하였고, 아이젱크의 심리치료 효과에 관한 비판(1952), 밀(1954)의 임상적 판단에서 보험통계적 관점과 주관적 관점의 효과성에 관한 문제 제기를 통해 심리치료와 심리평가에 관한 체계적인 발전이 이루어진다.

8 1960년대 미국에서 지역시회심리학이 강조되기 시작하였으며, 심리학의 인지혁명과 더불어 인지행동치료가 대세로 떠오른다. 심리학박사(Psy.D.)의 베일 모형이 등장하고, 1978년 미국 캘리포니아주에서 임상심리학자의 병원 진료권이 인정된다. 사회학습 이론을 기반으로 인지행동치료는 더욱 발전하며, 가족체계를 다루는 치료방안(예: 가족치료)도 인기를 얻게 된다.

9 1980년 미국의 임상심리학은 개업 현장에서 심리치료의 시행과 관련하여 정신의학과 대등한 지위를 획득한다. 임상심리학은 신경심리학 및 건강심리학, 법정심리학의 영역으로 역할을 확대하였으며, 실무를 강조하는 Psy.D. 학위취득자가 급증하고 응용심리학 종사자가 APA의 대세를 이루자 1988년 미국심리과학회(APS)가 별도의 조직을 출범시킨다. 1990년대 긍정심리학이 주창되었으며, 1995년 APA는 약물처방권에 관한 수련을 승인하였고 2002년 뉴멕시코주에서 최초로 법적 인

정을 받는다. 1995년 경험적으로 타당화된 치료 목록이 발표된다.

10 1990년대 후반부터 관리건강보호제도가 강화되면서 미국의 경우 개업심리학자의 업무가 보험회사와의 계약에 의해 상당부분 제약을 받게 되었다. 아울러 개업현장에서는 석사급의 실무인력(예: 결혼및부부치료사, 석사급 상담사 등)과의 경쟁도 심화되었다. 다문화 및 동성애, 노령 내담자가 급증하면서 임상 현장에서 문화적 다양성과 민감성, 윤리적 고려가 강조되게 되었다. 특히 정보화 혁명이후의 인터넷과 스마트폰의 보급 등의 사회적 변화는 정신건강 서비스의 제공에도 광범위한 영향을 미치고 있다. 2008년 미국의 경제위기 이후 연구기금이 대폭 축소되었으며, APA의 회원수와 분과학회 회원수도 일부 감소하는 현상까지 나타나고 있다. 관리건강보호제도의 강화와 함께 각 기관은 수련생을 양성하기보다는 비용대비 효과성이 높은 시간제 인력을 활용하려고 하는 등 임상심리학은 이제 새로운 환경에 어떻게 대응할지 모색해야 할 상황에 처하게 되었다.

11 한국심리학회는 1946년 창립되었으며 제1 분과학회인 한국임상심리학회는 1964년에 창설되었다. 1972년 한국심리학회 임상 및 상담심리전문가 자격규정이 생겼고 1973년부터 전문가 자격제도를 시행하였다. 1987년 한국상담심리학회와 분리되기 전까지 임상심리전문가와 상담심리전문가는 각기 병원과 대학의 상담기관을 중심으로 활동했어도 하나의 분과 소속으로 활동하였다. 1995년 정신보건법에 의하여 1997년부터 '정신보건임상심리사'의 활동이 일부 법제화되었으나, 한국심리학회 임상심리전문가는 민간자격으로 여전히 최상위 자격으로 인정받고 있다. 1990년대부터 사설 심

리상담센터가 개소하기 시작하였으며, 2003년 국가기술자격 임상심리사 2급(1급은 2010년)이 시행된 즈음부터 진출직역은 급속히 확대되고 있다. 특히 공공영역으로는 중독분야(도박 및 국립법무병원, 알코올 등), 병무청, 법원, 군, 경찰, 교육부 Wee 사업, 법무부 교정직 및 보호직, 해바라기성폭력치유센터, 범죄피해 심리치료 스마일센터 등을 들 수 있으며, 2017년에는 서울특별시 조례에 의한 서울심리지원센터가 3곳에 설치 운영되고 있다. 상세 현황은 한국임상심리학회 50년사(2017)를 참고하기 바란다. 한국임상심리학회는 영문 및 국문 2개의 학술지를 발행하고 있으며, 심리평가 및 심리치료의 전문가로서 확고히 인정받기 위해 노력하고 있다. 2016년 정신보건법이 '정신건강 증진 및 정실질환자 복지서비스 지원에 관한 법률'로 전면 개정되었고, 국가의 의료 공공성 및 사회복지 강화정책에 따라 향후 전문적인 심리학적 서비스를 어떻게 효과적으로 제공해야 하는가에 대한 고민이 깊은 상황이다.

더 읽을거리

한국임상심리학의 발전 방향에 관한 1세대 임상심리전문가의 의견을 볼 수 있다.

김중술(1983). 임상심리학의 새로운 조망. *Korean Journal of Clinical Psychology*, 4(1), 3-6.

한국임상심리학의 초기 역사를 상세히 알 수 있다.

염태호(1996). **임상심리학회 30년사**. 한국임상심리학회.

임상심리학 30년사 이후 발전과정을 각 기관별로 상세히 정리하고 있다.

한국임상심리학회(2017). **한국임상심리학회 50년사**. 한국임상심리학회.

한국에 심리학이 자리매김한 과정을 개인적인 회고와 함께 정리하였다.

차재호(2005). 한국 심리학의 발전과정과 현재. 한국 사회과학, 27권, 167~184. 서울대학교 사회과학연구원.

한국심리학의 공식적인 역사를 정리하고 있다.

차재호, 염태호, 한규석(1996). 한국심리학회(편), 한국심리학회 50년사. 서울: 교육과학사.

미국을 중심으로 한 심리학 역사의 세부사항을 볼 수 있다. 심리학을 더욱 사랑하게 된다.

Goodwin, C. J. (2004). 현대심리학사[*A history of modern psychology*]. (박소현, 문양호, 김문수 역). 서울: 시그마프레스(원전은 1995에 출판).

미국을 중심으로 한 임상심리학의 개론서이다. 이 장의 일부 내용이 더욱 상세하게 제시되어 있다.

Plante, T. G. (2012). 현대임상심리학 제3판[*Contemporary clinical psychology* 3rd Ed.]. (손정락 역). 서울: 시그마프레스(원전은 2011에 출판).

Trull, T. J., & Prinstein, M. J. (2015). 임상심리학 8판[*Clinical psychology*]. (권정혜, 강연욱, 이훈진, 김은정, 정경미, 최기홍 역). 서울:센게이지러닝(원전은 2013에 출판).

03

임상심리학의 연구방법

임상

심리학과 유사 학문 분야를 구분 지을 수 있는 가장 확실한 특징은 임상심리학은 철저하게 과학적 접근과 연구방법에 기초한다는 점이다. 과학적 연구방법을 교육받은 임상심리학자는 기존의 이론과 데이터를 기반으로 (정신건강 분야 및 관련 분야에 대한) 연구 가설을 세우고 과학적 방법론에 따라 연구 가설을 검증할 연구 계획을 세우고, 연구 계획에 따라 데이터를 수집하고 분석하며 해석한다. 연구 가설은 정신건강이나 이상행동과 관련된 현상, 심리학적 평가를 개발하고 타당화하며, 심리학적 치료를 개발하고 그 효과성을 검증하고, 치료의 메커니즘을 이해하는 등 정신건강의 모든 영역(예: 정신병리, 정신건강 증진, 정신질환의 치료 및 예방 개입 개발 및 정책 자문, 심리평가 도구 개발 등)을 포함한다. 이러한 훈련을 통해 임상심리학자는 사회적 문제를 보다 객관적으로 분석하고 문제에 대한 과학적 해결책을 제시할 수 있다. 이 장에서 임상심리학의 연구방법에 대해 공부하기 전에 아래의 질문들에 대해 어떻게 답을 할지 생각해 보도록 하자. 그리고 이 장에서 공부할 연구방법들이 아래의 질문들에 답을 할 때 어떤 도움이 될 수 있을지에 대해 생각해 보기를 바란다.

연구과정
- 전과학적 단계 및 가설 검증
- 가설 설정
- 제1종 오류와 제2종 오류

연구방법
- 실험법
- 내적타당도와 외적타당도
- 실험법의 종류
- 비실험법
- 평가 도구 개발 및 타당화

연구 윤리

- 최근 뉴스 등 다양한 미디어에서 보도되는 '정신질환과 범죄와의 관련성'에서 실제 정신질환이 범죄에 미치는 인과관계가 있는가?
- 우울증이 있는 10대 미혼모에게 어떤 치료가 도움이 될 것인가?
- 청년의 높은 자살률을 낮출 수 있는 심리사회적 해결 방안은 무엇인가?
- 정신질환을 예측하는 위험요소를 어떻게 평가할 것인가?
- 노년의 고립을 해소할 수 있는 효과적인 정책을 위해 임상심리학자로서 어떤 제안을 할 수 있을 것인가?

☑ 이 장의 목표

1 임상심리학에서 전반적인 가설 설정 및 가설 검증 과정을 이해할 수 있다.
2 임상심리학에서 사용되는 실험법을 배운다.
3 임상심리학에서 사용되는 비실험법을 배운다.
4 임상심리학자가 데이터 수집 시 결정하고 고려할 사항을 이해할 수 있다.
5 임상심리학자가 지켜야할 연구 윤리를 숙지하고 적용할 수 있다.

임상심리학의 연구의 과정은 여타 심리과학 분야와 마찬가지로 가설을 설정하기 전부터 시작하여 가설을 설정하고 가설을 검증하는 과정으로 기술할 수 있다. 임상심리학자는 각 연구 단계에서 엄격한 방법론을 활용하여 연구를 진행한다.

전과학적 단계 및 가설 검증

과학철학자인 칼 포퍼(Popper, 1959)는 전과학적 단계prescientific process, 즉 가설 검증의 이전 단계에 주의를 기울일 것을 제안하였다. 전과학적 단계는 연구자가 가설을 설정하기에 앞서 특정 가설을 설정하게 되는 과정을 일컫는다. 예를 들면, '인지행동치료가 우울증을 감소하는 데 지지치료보다 효과적일 것이다'라는 가설을 세운 연구자에게, 왜 가설 설정 단계에서 '인지행동치료'와 '지지치료'를 선택하였는지 물을 수 있다. 이 단계에서 기존의 연구 결과에 기반하여 논리적인 근거로 선택하였을 수도 있고, 연구자가 이미 '인지행동치료'에 대한 선호를 지니고 있었을 수도 있으며, 그러한 연구자 개인의 선호가 영향을 미쳤을 가능성을 완전히 배제할 수는 없다. 앞에서 예로 들었던 '범죄와 정신질환이 정적(正的)인 상관이 있을 것이다'라는 가설을 세운 연구자는 이 가설을 세우기 전에 '학력'이나 '나이'가 아니라 '정신질환'을 주요 변인으로 선택하는데, 이미 일종의 개인적인 선호preference나 편견prejudice이 작용했을 수도 있다. 임상심리학에서 전과학적 단계의 중요성이 심각하게 고려되지 않았지만, 연구 결과를 해석할 때 반드시 고려해야 하는 사항임에는 틀림없다. 이미 많은 연구가 연구자의 개인적 관심, 선호, 편견 등에 의해 가설을 세우고 검증하고 있으며, 그러한 연구자의 가설이 지지되지 않은 연구 결과의 경우 저널 등에 게재되지 않고 연구자의 서랍에 묵혀 세상에 알려지지 않을 수 있다(소위 서랍문제file-drawer problem로 알려짐). 이러한 가능성을 생각한다면 전과학적 단계에서 연구자의 선호, 관심 혹은 편견이 현재 축적되어 있는 연구 결과에 영향을 미칠 수 있음을 고려하여야 할 것이다.

가설 설정

가설을 설정함에 있어 연구자는 검증 가능한 가설을 세우는 것이 중요하다. 검증 가능하지 않은 가설은 예를 들면, '우울장애는 존재할 것이다', '현대의 한국인은 불안하다'와 같이 개인마다 다른 판단 기준을 가지고 있는 경우 검증하는 것이 매우 어렵거나 불가능하다. 따라서 검증하려는 개념에 대해 구체적이면서도 다른 사람들도 동일하게 생각할 수 있도록 개념을 '조작적으로 정의operational definition'하는 것이 필요하다. '조작적 정의'는 심리학에서 가설을 검증할 때 반드시 선행되어야 하는 것이다. 예를 들면, '주관적 웰빙' 혹은 '우울감'에 미치는 심리학적 변인 간의 관계에 대한 가설을 세우고 검증하는 경우 연구자는 '주관적 웰빙'을 어떻게 정의할 것이며, 어떻게 측정할 것인지에 대해 구체적으로 제시해야 한다. 이를 위해 다른 연구자들도 동의할 수 있도록 객관적인 측정도구를 활용할 수도 있고, 객관적인 측정도구가 없는 경우 연구자는 정의하고 측정하는 방식에 대해 최대한 구체적이고 정교하게 기술해야 한다.

가설을 설정할 때 연구자는 영가설(혹은 귀무가설, Ho)과 대립가설(Ha)을 세운다. 예를 들어 '인지행동치료와 지지치료는 효과가 동일할 것이다'라는 가설은 연구자의 영가설이 될 것이고, 대립가설은 '인지행동치료와 지지치료는 효과가 동일하지 않을 것이다'가 되는 것이다. 연구자는 연구 데이터를 통해 자신의 영가설이 지지되는지, 기각되는지를 검증할 수 있다.

제1종 오류와 제2종 오류

모든 과학영역과 마찬가지로 임상심리학에서의 가설 검증 과정에서도 오류를 고려해야 한다. 즉, 가설 검증 결과를 100% 확신할 수는 없고 확률적으로 오류를 최소화하려는 노력을 할 뿐이다. 그리고 연구자는 자신의 연구 가설에 따라 어떠한 오류를 최소화할 것인지에 대해서도 의사결정을 해야만 한다. 가설 검증 시 나타나는 오류를 크게 두 가지로 나누면 제1종 오류와 제2종 오류로 구분할 수 있다. 이 두 가지 오류는 서로 역의 관계를 맺고 있는데, 제1종 오류를 감소하기 위해서는 제2종 오류의 증가를 감수해야만 한다.

제1종 오류type I error는 영가설이 참인데 기각을 하게 될 오류를 의미한다. 예를 들어 영가설인 '인지행동치료와 항우울제가 우울 증상을 감소하는 데 동일하게 효과적이다'라는 영가설을 세웠다고 가정하자. 실제 이 가설이 참인 경우 연구자의 영가설이 참임에도 불구하고 가설검정 과정에서 이 영가설을 기각하게 될 오류를 제1종 오류라 한다. 제1종 오류를 범할 확률은 α로 표시하며, 즉 유의수준이 된다. 유의수준 α를 0.05로 설정한 경우, 참인 영가설이 제1종 오류로 인해 기각될 확률을 5% 이내로 설정한다는 의미이다.

대조적으로 제2종 오류type II error는 영가설이 실제는 거짓인데 기각하지 못하게 되는 오류를 의미한다. 예를 들어 '인지행동치료와 항우울제가 우울 증상을 감소하는 데 동일하게 효과적이다'라는 영가설의 경우 실제 인지행동치료가 항우울제보다 더 효과적임에도 불구하고 이 영가설을 기각하지 못하게 되는 오류를 범할 때 제2종 오류를 범한다고 이야기한다. 제2종 오류를 범할 확률은 β로 표시하며, (1-β)는 거짓인 영가설을 기각할 확률로 검정력power이 된다. 임상심리학에서 치료 효과 연구 등을 설계할 때 각 집단(예: 인지행동치료 집단, 약물치료 집단 등)의 적정한 사례수sample size를 미리 결정하기 위해 검정력 분석power analysis를 하는데, 이때 (1-β)의 수준에 따라 사례수를 결정할 기준이 변경된다. 검정력 분석은 검정력이 충분한 사례수를 확보하는 방안으로 활용되는데, 즉 실제 영가설이 거짓일 때 이를 기각할 수 있을 만큼 충분한 검정력을 갖는 사례수를 찾는 방법이다. 일반적으로 80% 정도로 검정력을 가정하여 적정한 사례수를 찾지만, 잘못된 영가설을 기각하지 못하는 경우 심각한 위험을 초래한다고 판단하면 검정력을 90%로 설정하기도 한다.

표 3.1 | 제1종, 제2종 오류와 가설 검정

검정결과 실제	영가설 = 참(True)	대립가설 = 참(True)
영가설을 받아들임	옳은 결정	제2종 오류
영가설을 기각함	제1종 오류	옳은 결정

임상심리학자는 앞에서 기술한 과정을 거친 이후에는 가설을 검증하기 위한 다양한 실험설계 방법을 활용한다. 임상심리학 영역에서 활용되는 대표적인 방법들을 실험법(예: 집단간 설계)과 비실험법(예: 관찰법, 질문이나 검사를 활용한 상관법, 자연적 그룹 설계)으로 나눌 수 있을 것이다. 각각의 실험방법에 대해 알아보고, 어떻게 임상심리학 영역에서 활용되는지에 대해 알아보도록 할 것이다.

실험법

실험법은 인과관계에 대한 가설을 검증하기 위한 유일한 연구방법이다. 인과관계를 규명하기 위해 연구자는 일종의 처치(조작, manipulation)를 하고 그에 따른 결과를 평가한다. 예를 들어 특정 치료(예: 단기정신역동치료, 약물치료)가 정신과 증상(예: 우울 증상, 조현병 양성 증상 등)의 경감을 이끄는지를 연구할 때 활용된다. 혹은 사회적 위협(예: 편견)이 정신장애를 지닌 사람들의 불안을 가중시키는지를 연구할 때에도 활용된다. 실험법에서는 변인들의 역할을 이해하고 변인을 알맞게 설정하는 것이 필요하다.

(1) 변인

독립변인independent variable은 연구자가 조작하고 처치하는 변인이다. 예를 들어 단기역동치료가 우울 증상의 경감에 미치는 효과를 알아보기 위해 연구자는 참여자를 단기역동치료 혹은 지지치료에 무선할당할 수 있는데, 이때 치료의 종류(단기역동치료 혹은 지지치료)가 연구자가 조작하는 독립변인이 된다. '사회적 위협이 정신장애를 지닌 사람들의 불안을 가중시킨다'는 영가설을 검증하기 위해서는 실험에서 '사회적 위협'을 유발하는 상황과 '사회적 위협'을 유발하지 않는 상황을 조작할 수 있는데, 이때 '사회적 위협' 여부가 독립변인이 된다.

종속변인dependent variable은 독립변인에 따라(혹은 처치에 따라) 값이 변화하는 변수이며 독립변인에 영향을 받는 결과변수이다. 예를 들어 우울 증상의 치료 효과 검증시에 우울 증상은 종속변인이 된다.

혼입변인confounding variable은 독립변인 이외에 종속변인에 영향을 주는 변인으로 실험설계 시에 독립변수로 설정되지 않는 변인이다. 실험법을 통해 인과관계를 규명할 때 이러한 혼입변인을 사전에 고려하여 통제하는 것이 매우 중요하다. 만약 혼입변인의 역할을 간과하고 실험을 진행한 경우 데이터를 통해서 연구자가 가정했던 인과관계를 검정하는 데 혼란을 가져올 수 있다(표 3.2). 예를 들어 '사회적 위협이 정신장애를 지닌 사람들의 불안을 가중시킨다'는 영가설을 검증하는 실험을 진행했을 때 사회적 위협에 노출된 그룹의 사람들이 그렇지 않은 그룹 사람들보다 특성 불안trait anxiety이 높은 경우 종속변인인 불안 점수가 높

표 3.2 | 대표적인 혼입변인의 예

혼입변인	설명과 예시
우연한 혹은 예측하지 못했던 외부적 환경의 변화	실험기간에 발생한 우연한 외부 환경의 변화가 실험의 종속변인에 영향을 미칠 수 있다(예: '특정 처치가 대학생의 음주 빈도를 줄이는지'를 연구할 때, 축제나 기말고사 등의 일정이 겹칠 경우 연구 결과에 영향을 미칠 수 있다).
시간의 경과	독립변인의 영향 이외에도, 시간이 경과하여 변화가 나타날 수 있다(예: '마음챙김이 외상 후의 신체적 고통을 경감하는지'를 연구할 때, 시간이 지나면서 외상 후 신체적 고통이 자연스럽게 경감될 수 있다).
학습 효과	독립변인의 효과 혹은 영향력을 평가하기 위해, 여러 번에 걸쳐 종속변인을 측정하거나 평가할 수 있다. 이때, 반복적인 평가를 하는 동안 이전의 평가에 익숙해지거나, 기억 등의 이유로 종속변인에 영향을 미칠 수 있다.
참가자 기대 효과	치료 효과를 검증할 때, 한 집단은 실제 처치(예: 약물치료)를 받고 다른 집단은 단순히 대기를 하고 있을 때, 실제 처치를 받은 집단의 사람들이 처치의 효과 이외에도 처치를 받는다는 기대를 가져 종속변인에 변화를 가져올 수도 있다.
연구자 기대 효과	연구자가 가설을 설정하고 검증하는 과정에서 편향이나 기대를 지니고 있을 수 있다.
측정의 오차	종속변인을 측정하는 도구가 신뢰롭거나 타당하지 못한 경우, 독립변인의 영향력을 과대평가 혹은 과소평가하게 될 수 있다.
참가자 이탈	실험 처치에 할당된 참가자가 여러 가지 이유로 실험에서 이탈할 수 있다. 예를 들어 이사, 취업, 동기의 부족 등을 들 수 있는데, 이러한 이탈에 체계적인 이유가 있다면 실험결과에 영향을 미칠 수 있다.
표집 시 편향	실험 참가자의 모집 시에 실험 참가자가 특정 성향(예: 성별, 나이, 기타 문화적 배경 등)에 차이가 있게 표집된다면 실험의 결과에 영향을 미칠 수 있다.

았던 원인이 '사회적 위협'이 아니라 높은 '특성 불안'일 가능성이 있다. 이때 사전에 통제되지 않았던 특성 불안의 정도가 '혼입변인'이 된다. 혹은 사회적 위협 상황을 유도하기 위해 참가자에게 신문기사를 읽게 하고, 다른 조건에 있는 참가자에게는 음악을 들려주었다고 가정할 때 사회적 위협의 유도 이외에 '신문기사를 읽는 것'과 '음악을 듣는 것'의 차이가 결과에 영향을 미칠 수 있다. 이처럼 실험에서 조작하는 방식을 통제하지 못할 경우에도 혼입변인으로 작용할 수 있다. 실험법에서는 반드시 이러한 잠재적인 혼입변인을 파악하고 통제하는 것이 필요하며, 이렇게 잠재적 혼입변인을 사전에 통제하는 경우 '통제변인'이라 한다.

통제변인control variable은 실험에서 독립변인 이외에 종속변인에 영향을 미칠 수 있는 혼입변인을 미리 파악하여 통제하는 변인을 의미한다. 예를 들어 각 치료 집단(예: 약물치료와 심리치료)에 할당된 피험자의 성비, 나이, 교육수준 혹은 지능 등을 동일하게 맞출 때 이러한 변인들이 통제변인이 된다. 성비, 나이, 교육수준, 지능 등은 연구자가 사전에 독립변인 이외에 종속변인에 영향을 미칠 수 있는 변인으로 파악하고 통제하게 된다. 임상심리학자는 실험을 계획함에 있어 이러한 잠재적인 혼입변인을 생각하여 반드시 통제할 수 있어야 한다.

앞에서 설명한 변인들의 이해를 돕기 위해, 하나의 예로 아래의 연구 가설과 연구 설계를 생각해 보자.

- 연구 가설: 집단치료가 개인치료보다 우울 점수를 더욱 낮출 것이다.
- 연구 설계: 이전 치료 경험이 없는 다섯 명의 남성 환자와 여성 환자에게 24 회기의 집단치료를 제공하였다. 이들은 모두 같은 심리학 클리닉에서 만나 그곳에서 집단치료를 받았다. 또 다른 다섯 명의 남성 환자와 여성 환자를 개인치료를 위해 모집하였는데, 이들은 모두 이전에 심리치료를 받았던 경험이 있다. 이들은 모두 10회기의 개인치료를 받았고 같은 심리학 클리닉에서 만나 그곳에서 개인치료를 받았다. 연구 결과 치료 종결 후에 집단치료를 받은 환자들이 개인치료를 받은 환자에 비해 우울 점수가 더 낮았다.

위의 연구에서 독립변인은 치료의 종류(집단치료 혹은 개인치료), 종속변인은 우울 점수, 통제변인은 치료 환경(클리닉)과 남녀의 성비, 혼입변인은 서로 다른 치료 회기(24회기와 10회기)와 이전 치료 경험이 될 것이다.

내적타당도와 외적타당도

실험을 통한 결과가 타당한지는 내적타당도internal validity와 외적타당도external validity의 측면에서 이해할 수 있다. 내적타당도와 외적타당도를 모두 만족시킬 수는 없으나, 연구자는 연구 문제에 따라 내적타당도와 외적타당도 중 어떤 부분에 더욱 초점을 둘 것인지를 선택할 수 있다.

(1) 내적타당도

내적타당도는 연구에서 원인과 결과 사이의 관계를 얼마나 신뢰할 수 있는지 평가하는 기준이다. 연구자가 독립변인이 종속변인에 미치는 영향을 확인할 때, 혼입변인confounding variable의 영향력이 배제될수록 내적타당도가 높다고 평가된다. 내적타당도가 높아야 연구의 결과를 신뢰할 수 있으며, 이 결과를 바탕으로 인과관계를 논의할 수 있다. 이를 위해 연구자는 초기동질성과 과정동질성이라는 두 가지 주요 요인을 고려해야 한다.

① 초기동질성 확보 방안

초기동질성은 독립변인 조작 이전에, 서로 다른 조건에 있는 연구참가자들이 동질적 상태(예: 우울 등)를 유지하고 있음을 의미한다. 초기동질성을 확보하기 위한 대표적 방법은 무선할당random assignment이다.

● 무선할당

무선할당은 연구자가 연구참여자를 특정 조건에 임의로 배정하지 않고 난수 생성기를 이용하여 무작위로 할당하는 절차이다. 이 과정은 연구자의 편향을 제거하고, 연구참여자들의 선호나 사전 차이를 통제하여 초기동질성을 높인다. 무선할당을 통해 독립변인 조작의 순수 효과를 측정할 수 있으며, 이는 내적타당도의 필수 조건이다.

● 참여자 선별과 외적타당도의 관계

무선할당이 내적타당도와 관련된다면, 연구에 참여할 모집단을 대표하는 샘플을 선별participant selection하는 과정은 외적타당도와 관련된다. 모집단의 대표성을 확보해야만 연구 결과를 해당 모집단으로 일반화할 수 있다. 예를 들어, 우울장애를 연구 대상으로 삼는다면, 연구자는 성별, 연령, 지역 등을 고려한 대표적인 샘플을 선별해야 한다.

● 탈락률의 영향

연구 과정에서 탈락률attrition rate은 초기동질성을 저해할 수 있는 주요 요인이다. 탈락률은 연구참여자가 조건에 무선할당된 이후 연구를 중도에 포기하는 비율을 뜻한다. 예를 들어, 치료집단에서 취업 등의 이유로 연구참여자가 대거 탈락한다면, 남아 있는 집단은 초기 상태와 다른 특성을 지니게 될 가능성이 높다. 따라서 연구자는 조건별로 탈락률을 기록하고, 탈락 이유를 상세히 분석하여 초기동질성이 유지되었는지 평가해야 한다.

② 과정동질성 확보 방안

과정동질성은 독립변인이 조작되는 과정에서 참여자들이 동일한 절차를 경험하도록 보장하는 것을 말한다. 과정동질성을 확보하기 위해 연구자는 조작 과정을 표준화해야 한다.

● 표준화의 정의와 적용 사례

표준화standardization는 연구 조건마다 동일한 조작 절차를 적용하여 독립변인의 효과 이외의 모든 변인을 통제하는 것이다. 예를 들어 한 연구에서 약물치료와 개인 심리치료를 비교한다고 가정할 때, 두 집단 모두 동일한 치료 시간과 횟수를 보장해야 한다. 이는 치료 과정에서 발생할 수 있는 불필요한 차이를 제거하여 내적타당도가 유지되도록 돕는다.

- 표준화 절차의 구체적 예시
  - 시간적 균형 유지: 연구참여자들이 연구 조건에 노출되는 기간을 동일하게 조정한다.
  - 상호작용의 일관성: 모든 조건에서 동일한 수준의 연구자–참여자 상호작용을 보장한다.
  - 환경 통제: 연구가 진행되는 환경(예: 실험실 설정, 온도, 조명)을 일정하게 유지한다.

③ 내적타당도를 저해할 수 있는 요인과 극복 방안

연구의 신뢰성을 높이기 위해 연구자는 독립변인과 종속변인 외의 변인을 철저히 통제해야 한다. 또한 연구자가 의도한 조작 외 다른 요인이 연구참여자에게 미치는 영향을 최소화해야 한다.

● 혼입변인의 개입

혼입변인이란 독립변인과 종속변인의 관계에 영향을 미칠 수 있는 외부 변인을 말한다. 이를 방지하기 위해 연구자는 혼입변인을 식별하고 실험 설계 과정에서 이를 철저히 통제해야 한다.

● 연구자의 기대효과

연구자가 특정 결과를 기대함으로써 연구참여자의 반응에 영향을 미칠 가능성이 있다. 이를 극복하기 위해 연구자는 이중 맹검double-blind 방식을 적용할 수 있다.

● 참여자의 반응 편향

참여자가 연구 상황에서 스스로 기대되는 방식으로 행동하려는 경향을 보일 수 있다. 이를 방지하려면 연구자는 연구 목적을 은폐하거나 참가자의 행동에 영향을 줄 수 있는 단서를 최소화해야 한다.

정리하자면, 내적타당도는 연구의 신뢰도를 뒷받침하는 핵심 요소이다. 이를 확보하기 위해 초기동질성과 과정동질성을 유지하며, 무선할당, 탈락률 관리, 표준화와 같은 전략을 적용해야 한다. 또한 연구자는 내적타당도를 저해할 수 있는 요인들을 사전에 식별하고, 이를 통제하기 위한 설계를 철저히 계획해야 한다. 심리학 연구에서 내적타당도를 효과적으로 확보한다면, 인과관계에 대한 신뢰할 수 있는 결론을 도출할 수 있을 것이다.

(2) 외적타당도

외적타당도는 연구 결과를 다양한 맥락에 일반화할 수 있는 정도를 의미한다. 이는 연구자가 얻은 결과를 누가, 어디에서, 무엇을, 언제 적용할 수 있을지에 대한 문제를 다룬다. 외적타당도가 높으면 특정 연구에서 발견된 결과를 다른 모집단, 환경, 과제 또는 시대적 상황에도 적용할 수 있다. 심리학 연구에서 외적타당도는 실제 생활에 연구 결과를 적용하거나 정책과 서비스 개발에 기여할 수 있는 가능성을 평가하는 중요한 지표다.

① 외적타당도를 구성하는 네 가지 요소

외적타당도를 확보할 때는 모집단, 연구 환경, 과제(혹은 자극), 사회적/시대적 변화를 고려해야 한다.

● 모집단 요소

연구 샘플의 대표성이 외적타당도에서 중요한 역할을 한다. 모집단은 연구자가 데이터를 일반화하고자 하는 대상 그룹으로, 연구에 참여한 샘플이 이를 대표할 수 있어야 한다. 따라서 연구자는 연구 전 모집단을 명확히 정의해야 한다. 예를 들어 연구 대상이 '대학생'인 경우, 그 결과를 모든 20대에게 일반화할 수 있는지 검토해야 한다. 검토 결과 샘플이 모집단을 대표하지 못하면, 연구 결과의 일반화 가능성이 제한된다. 예컨대 만성 우울 환자에게서 얻은 결과를 급성 우울 환자에게 그대로 적용할 수는 없다.

● 연구 환경 요소

연구가 진행된 장소나 맥락이 다른 환경에서도 적용 가능한지 평가한다. 예를

들어 실험실에서 도출된 연구 결과가 교실이나 회사 환경과 같은 현실 상황에서
도 동일하게 나타날지, 정신과 병동에서 임상 연구를 통해 얻은 결과를 지역사
회 정신건강센터나 개인심리클리닉에서도 적용할 수 있는지 판단해야 한다.

● 과제(혹은 자극) 요소

연구에 사용된 특정 과제나 자극이 다른 과제나 자극에 일반화될 수 있는지 판
단한다. 즉 특정 치료 프로그램에서 참여자의 반응을 조사한 결과를, 다른 치료
방법에서도 동일하게 관찰할 수 있을지 따져 봐야 한다. 예를 들어 특정한 유형
의 스트레스 유발 자극에 대한 실험 결과를 도출했다면, 이 결과를 다른 유형의
스트레스 상황에도 적용할 수 있는지 검토해야 한다.

● 사회적/시대적 변화 요소

연구는 특정한 시점 및 사회적 배경에서 이뤄진다. 따라서 다른 시점이나 사회
정 상황에서도 연구 결과가 동일하게 나타날지 평가해야 한다. 즉 시대적 상황
과 기술 발전, 문화적 변화 등을 고려하여 연구 결과의 보편성을 판단하는 것이
다. 예를 들어 1990년대에 실시된 불면증 연구 결과를 오늘날 20대 여성에게
적용하고자 한다면, 해당 연구 결과가 이들에게 동일하게 적용될 수 있을지 사
전에 검토할 필요가 있다.

② 외적타당도를 고려한 연구 설계

외적타당도를 확보하려면 연구자가 연구 설계 초기부터 다음 요소들을 주의 깊
게 반영해야 한다.

● 모집단 샘플링의 중요성

모집단을 대표하는 샘플을 모집하기 위해 층화 표집stratified sampling과 같은 기술을
사용할 수 있다.

● 다양한 환경에서의 연구 수행

동일한 연구를 다양한 환경(실험실, 학교, 직장 등)에서 반복하여 환경적 일반화를

검증한다.

● 다양한 자극과 과제를 포함

연구 대상이 다양한 자극과 과제에 대해 동일한 반응을 보이는지 확인함으로써
과제 일반화를 강화할 수 있다.

● 추세 연구와 비교 연구 활용

서로 다른 시대적 맥락에서 연구를 반복 수행해 사회적/시대적 변화에 따른 차
이를 분석한다.

사례

기업의 업무 동기 향상 방법을 고민하던 영철은, 1990년대 중반 학생상담센터
에서 알코올 중독 대학생들의 치료 동기 향상 기법을 연구한 글을 읽었다. 그는
이를 회사원의 업무 동기 향상에 적용하려 했다. 이 사례에서 외적타당도를 구
성하는 네 가지 요소는 다음과 같이 구분된다.

모집단 요소: 대학생과 회사원 간의 차이.
연구 환경 요소: 학생상담센터 환경과 기업 환경 간의 차이.
과제 요소: 치료 참여와 업무 수행 간의 차이.
사회적/시대적 변화 요소: 1990년대와 현재(2020년대)의 차이.

영철이 이 연구 결과를 성공적으로 적용하기 위해서는 모집단의 특성과 환경
적 차이를 면밀히 검토하고, 연구를 반복 수행하거나 수정된 설계를 통해 외적
타당도를 확보해야 한다.

③ 외적타당도와 내적타당도의 관계

심리학 연구에서 내적타당도와 외적타당도를 모두 충족하는 것은 이상적이지만,
현실적으로는 연구 목적에 따라 특정 부분에 더 집중해야 하는 경우가 많다. 외
적타당도는 연구 결과를 다양한 현실 상황에 얼마나 유용하게 적용할 수 있는지

를 평가하는 중요한 기준이다. 심리학 연구자들은 외적타당도를 구성하는 모집단, 환경, 과제, 사회적/시대적 변화 요소를 종합적으로 고려하여 연구를 설계해야 한다. 특히 임상심리학 분야에서는 정책과 서비스 개발, 현장 적용 가능성을 높이기 위해 외적타당도를 강화하는 연구 설계가 필수적이다.

궁극적으로, 연구자가 연구 목적에 따라 외적타당도와 내적타당도 중 어느쪽에 더 초점을 둘 것인지 명확히 결정하는 것이 심리학 연구의 질을 높이는 핵심이다.

실험법의 종류

앞에서 언급한 대로 가설을 세우고 연구를 설계한 이후에는 다양한 연구방법을 활용하여 연구를 진행할 수 있다. 임상심리학자는 다른 심리학 분야와 마찬가지로 엄격한 과학적 연구방법에 기초하고, 각각의 연구방법이 지니는 장점과 단점을 이해하고 최적의 연구방법을 선택하여 진행한다. 먼저 실험 연구부터 살펴보고 이후에 비실험적 연구방법에 대해 살펴볼 것이다.

(1) 단일사례 실험 설계

단일사례 실험 설계를 활용한 단일사례 연구single case study는 한 명 혹은 소수의 연구참여자를 대상으로 연구자가 연구참여자와 1:1로 연구를 실시한다. 단일사례 연구는 연구자가 독립변인과 종속변인 간의 인과관계를 밝히는 데 사용되는 연구 설계 가운데 하나이다. 단일사례 연구가 중요한 이유는 집단을 나누어 실시하기 어려운 경우(예: 유병률이 낮은 질병에 관한 연구, 참가자 모집이 어려운 경우)에도 활용이 가능하며, 특정 개인에게 (아직 효과가 검증되지 않은) 치료조건이나 통제조건(예: 치료를 대기하고 있거나 치료를 제공하지 않는 조건)에 할당하면서 발생할 수 있는 윤리적인 문제에서 자유로울 수 있다. 단일사례 연구는 사례수가 1이라는 단점이 있어 여러 번에 걸친 단일사례 연구 결과가 축적되기 전에는 일반화에 어려움이 있을 수 있지만, 인과관계를 밝히는 목적으로는 아래에 소개한 단일사례 연구 설계기법을 이용하여 활용될 수 있다. 실제로 미국심리학회에서 효과적인 심리치료를 인증하는 경우(표 3.3 참고)에도 단일사례 연구방법으로

표 3.3 | 근거기반 실천을 위한 연구방법론

방법	이점
임상적 관찰	과학적 발견의 맥락에 유용
질적 연구	연구 대상 및 심리치료에 참가한 경험을 묘사하는 데 유용
체계적 사례 연구	임상 현장에서 각 연구 장면의 네트워크를 통합함으로써 비슷한 특징을 가진 타인과 내담자 개인을 비교하는 데 유용
단일사례 실험연구	개인의 맥락에 있어 원인과 결과 관계를 밝히는 데 유용
대중 건강과 민족 연구	정신건강 치료의 유용성, 활용성 그리고 수용성을 추적(tracking)하는 데 있어 유용 주어진 사회적 맥락에서 치료의 유용성을 최대화하기 위한 대안적 치료를 제안하는 데 유용
과정-결과 연구	변화의 메커니즘을 확인하는 데 유용
자연적 장면 내에서의 개입 효과성 연구	치료의 생태학적 타당도를 평가하는 데 유용
무선통제연구	과학적 증명의 맥락에 있어 개입의 효과에 대한 인과관계 추론에 유용
메타분석	다양한 연구와 연구 가설로부터 추론된 결과를 통합하고 효과 크기의 양적인 평가에 유용

임민경 등(2013)이 APA Presidential Task Force on Evidence-Based Practice(2006)에서 인용한 것을 재인용함.

도출된 결과가 무선통제연구 결과와 함께 고려된다(APA, 2006).

① ABAB 설계

단일사례 연구 중 하나인 ABAB 설계 ABAB design 는 두 가지 단계인 A와 B로 구성되어 있다. 첫째 A는 개입 전 기저선(baseline, 치료를 받기 전의 상태) 단계이며 B는 개입 단계가 된다. ABAB 설계는 AB 설계의 가설 검증상의 한계를 보완하기 위해 기저선 단계를 두 번 포함한다. 그렇게 함으로써 개입 이전의 행동 패턴(첫 번째 A)을 알고, 개입 이후에 개입을 제공하지 않을 경우(두 번째 A) 행동패턴을 알아야 개입 시에 정확히 어떤 행동 변화가 나타났는지를 알 수 있기 때문이다.

기저선 단계에서 목표 행동이 지속적으로 변화하는 경우에는 안정적인 행동의 패턴을 이해할 때까지 기저선 평가 기간을 늘리거나 목표 행동을 재정의하는 등 안정적인 행동패턴에 대한 이해를 할 수 있어야 한다. 그렇지 않을 경우 행동의 변화가 치료개입 때문에 나타난 것인지 불안정한 행동의 변화 때문인지 구분하기 어렵게 될 것이다. 예를 들면, 8살 남자아이인 철수가 교실에서 집중하지 않거나 수업을 방해하는 행동을 하는 경우 연구자는 집중하지 않고 다른 학생의 수업을 방해하는 철수의 행동을 목표 행동으로 정할 수 있다. 연구자는 철수에게 행동수정 기법을 적용해 보기로 하고 학교 선생님들에게 행동수정 기법(수업방해 행동에는 주의를 기울이지 않고 수업에 집중하는 행동에 선택적으로 칭찬과 관심을 보이는 것 등)을 교육하였다. 연구자는 평상시 철수가 수업시간에 보이는 방해 행동을 한 달간 관찰하고 기저선(A)에 해당하는 데이터를 수집하였다. 한 달 후 학교 선생님은 다음 한 달에 걸쳐 철수에게 행동수정 기법을 적용하였고 (B), 연구자는 방해 행동의 횟수를 다시 측정하였다. 한 달 동안의 행동수정 이후에는 다시 한 달간 행동수정 기법을 적용하지 않은 상태(A)에서 철수의 방해 행동을 측정하였다. 이후 학교 선생님은 한 달간에 걸쳐 철수에게 다시 행동수정 기법을 적용하였고 연구자는 방해 행동의 횟수를 측정하였다(그림 3.1).

　　연구자는 ABAB 설계로 얻은 결과를 통해 행동수정 개입 이전에 철수가 어느 정도 수업방해 행동을 보였고, 행동수정으로 인해 그러한 방해 행동이 얼마나 변화했는지를 관찰할 수 있다. 이러한 ABAB 설계 시에 연구자가 고려해야 할 점은 두 번째 A, 즉 다시 개입을 제공하지 않는 것에 윤리적이고 정당한 이유가 있어야 한다는 것이다. 만약 철수의 수업방해 행동이 철수 자신이나 다른 학생들에게 심각한 피해를 입힐 우려가 있는 경우 효과적으로 보이는 개입을 중간에 제공하지 않는 것은 윤리적인 문제를 야기할 수 있다.

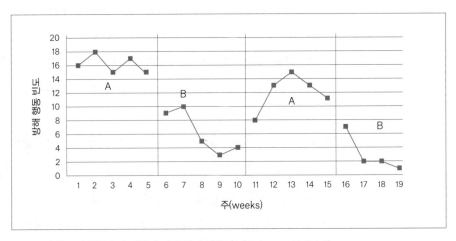

그림 3.1 | 철수의 행동수정 개입에 따른 방해 행동의 빈도 (ABAB 설계의 예)

② 다중 기저선 설계

다중 기저선 설계multiple baseline design는 몇 가지 가설을 검증할 때 사용될 수 있다. 먼저, 2개 이상의 목표 행동 변화에 하나 혹은 여러 가지 개입법이나 치료를 적용하면서 특정 개입법이나 치료가 특정 목표 행동만의 변화를 이끌고 다른 목표 행동에는 영향을 미치지 않는지를 검증함으로써 특정 개입법이나 치료와 목표 행동 간의 인과관계를 밝힐 때 사용될 수 있다. 예를 들어 정신과 입원 병동에 입원 중인 영수 씨가 병동의 일정(기상, 식사, 프로그램 참여 등)을 따르지 않거나, 프로그램에 참여하지 않거나, 때로 직원들이나 다른 환자들에게 언어적 폭력을 사용하는 경우, 세 가지 목표 행동 각각에 대한 개입을 고려할 수 있다. 병동에서는 영수 씨가 병동 일정을 잘 따르거나, 프로그램에 활발히 참여하거나, 언어적 폭력을 사용할 것 같을 때 스스로 조용한 곳에서 잠시 화를 가라앉히는 조절 행동을 하면 토큰을 주는 방식으로 개입하였다[토큰은 추후에 영수 씨가 원하는 일(매점 이용, 외부 산책 등)에 사용될 수 있음]. 이 세 가지 개입법이 영수 씨에게 도움이 되는지 파악하기 위해, 치료팀은 임상심리학자에게 행동수정 프로그램과

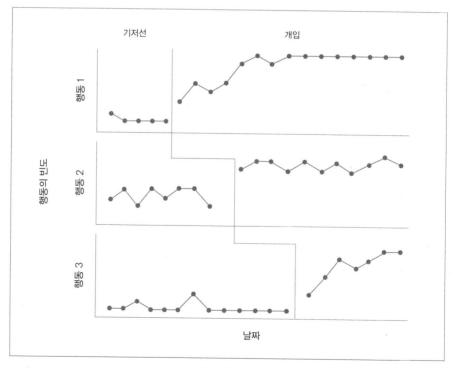

그림 3.2 | 영수 씨의 세 가지 행동에 대한 행동수정 결과

평가방법을 고안하도록 하였고, 이에 따라 병동 간호사 약 5일에서 2주일간 기저선 행동을 측정하면서 개입법을 실시할 때, 목표 행동에 어떤 변화가 나타나는지 모니터링하였다(그림 3.2).

또한 서로 다른 사례에 같은 훈련을 적용하면서 훈련의 효과를 보기 위해 다중기저선 설계를 활용할 수도 있다. 그림 3.3을 살펴보자. 영희, 철수, 순희에게 안전행동훈련을 제공하였다. 각각 다른 시기에 개입을 시작하고, 기저선 행동을 측정하며 모니터링하는 기간을 달리하였다. 그림 3.3을 보면 안전행동훈련이 특정 목표 행동(안전 행동의 비율)의 변화를 이끌었을 것이라고 추론할 수 있다. 물론 하나의 사례 연구를 통해 인과관계를 명확히 밝히기는 어렵지만, 이러한 사례 연구를 통해 도출된 연구 결과는 세 가지 사건 사이의 인과관계를 추론하는 데이터로 활용할 수 있다.

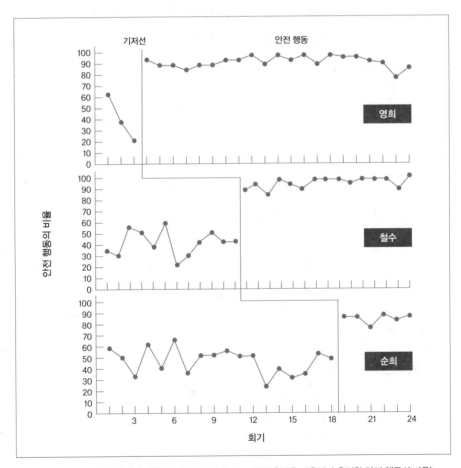

그림 3.3 | 다중기저선 설계의 예(영희, 철수, 순희에게 안전행동훈련을 적용하며 측정한 안전 행동의 비율)

③ 변동 기준 설계

변동 기준 설계Changing Criterion Design, CCD는 단목표 행동의 변화를 단계적으로 평가하는 데 사용된다. 변동 기준 설계에서 연구자는 목표 행동의 기준criterion을 점진적으로 변경하면서, 그 기준에 따라 행동이 변화하는지 관찰한다. 이 설계는 특정 중재가 목표 행동의 변화를 유도하는지를 검증할 때 유용하다. 변동 기준 설계는 특히 행동 분석과 임상심리학에서 중재의 효과성을 평가하는 데 널리 사용된다. 예를 들어 금연, 체중 감량, 약물 사용 감소 또는 심리치료 목표 달성과 같은 점진적 변화를 보이는 행동 변화를 평가하는 데 적합하다.

a) 변동 기준 설계의 주요 구성 요소

변동 기준 설계 시 초기 기준을 설정하고, 이후 시간이 지남에 따라 점진적으로 기준을 변경한다. 중재 후에는 목표 행동의 변화를 평가한다.

● 초기 기준 설정

대상자의 현재 수준의 행동을 관찰하고 측정하여 초기 기준을 설정한다. 예를 들어, 대상자가 하루에 담배를 10개 피운다면, 초기 기준은 이 행동 빈도에 맞게

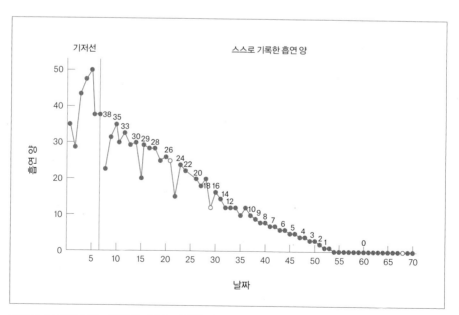

그림 3.4 | 금연 프로그램의 효과를 보기 위한 변동 기준 설계의 예시

설정된다(그림 3.4).

● 단계적 기준 변경

기준은 시간 경과에 따라 점진적으로 상향 또는 하향 조정된다. 대상자가 초기 기준에 도달하면, 다음 단계의 기준을 설정한다. 예컨대, 하루에 담배를 8개로 줄이는 것이 두 번째 기준이 될 수 있다.

● 목표 행동 관찰 및 평가

대상자가 변경된 기준에 도달했는지 확인하기 위해 데이터를 지속적으로 수집한다. 기준에 따라 행동이 변화하는 패턴이 반복적으로 관찰된다면, 중재의 효과성을 입증할 수 있다.

b) 변동 기준 설계의 강점

변동 기준 설계는 행동을 갑작스럽게 변화시키기보다, 실현 가능한 작은 목표를 설정하여 점진적으로 변화시킨다. 이는 내담자가 변화 과정을 보다 수월하게 받아들이도록 돕는다. 또한 개별화된 목표 설정이 가능하고, 내담자의 현재 상태와 변화 가능성에 따라 기준을 설정할 수 있어, 각 개인에게 맞춤화된 중재를 설계할 수 있다. 마지막으로 기준이 변경될 때마다 행동 변화가 일관되게 나타난다면, 이는 중재가 목표 행동 변화에 미친 영향을 강력하게 입증하는 수단으로 활용될 수 있다.

c) 변동 기준 설계의 제한점

변동 기준 설계는 기준을 여러 단계로 나누어 설정하므로, 연구 기간이 길어질 수 있다. 따라서 즉각적인 결과를 요구하는 상황이나 실험에서는 적합하지 않을 수 있다. 또한 변동 기준의 기준을 변경하는 것이 연구자 또는 치료자의 판단에 따라 이루어지기 때문에, 설정된 기준이 타당하지 않으면 연구의 타당성도 저하될 수 있다. 마지막으로 변동 기준 설계의 결과가 인과관계를 살피는 중요 근거 중 하나가 될 수 있지만, 여전히 단일 사례 설계이므로, 결과를 모집단에 일반화하는 데 한계가 있을 수 있다.

d) 변동 기준 설계의 실제 사례

변동 기준 설계를 활용한 중재의 실제 사례는 다음과 같다.

● 금연 프로그램

대상자가 하루에 피우는 담배의 개수를 기준으로 설정한다. 첫 주에는 하루 10개, 둘째 주에는 8개, 셋째 주에는 6개로 기준을 점진적으로 낮춘다. 데이터가 기준 변화에 따라 일관되게 감소하면, 중재의 효과가 입증된다.

● 체중 감량 프로그램

매주 감량할 체중의 목표를 설정한다. 첫 주에는 1kg, 둘째 주에는 0.8kg 등으로 목표를 점진적으로 조정한다. 대상자의 체중이 각 단계의 기준에 맞게 줄어드는 것은 중재가 효과적임을 나타낸다.

● 학업 성취 증진

학생의 학습 시간 또는 수행 과제를 기준으로 설정한다. 첫 주에는 하루 30분 학습, 다음 주에는 45분 학습 등으로 목표를 증가시킨다. 이후 학생의 성적을 살펴봄으로써 중재의 효과를 확인한다.

● 다양한 임상심리 개입

변동 기준 설계는 행동 수정 프로그램(특정 행동의 빈도 또는 강도를 점진적으로 감소시키거나 증가시키는 경우), 정신건강 치료(우울증, 불안장애, 중독과 같은 문제를 해결하기 위해 점진적인 목표를 설정하는 경우), 아동 발달 개입(사회적 기술이나 학업 성취와 같은 목표를 향상시키기 위한 단계적 접근) 등에 다양하게 활용된다.

e) 변동 기준 설계와 기타 단일 사례 설계 비교

변동 기준 설계는 다른 단일 사례 설계(예: ABAB 설계, 다중 기저선 설계)와는 다음과 같은 차별점을 가진다. 변동 기준 설계는 행동 변화를 점진적으로 평가한다는 점에서, 초기와 말기의 변화만 평가하는 ABAB 설계와 구분된다. 또한 다중 기저선 설계와는 달리, 동일한 행동 내에서 기준을 변경하여 변화 과정을 확인한다.

변동 기준 설계는 단일 사례 연구에서 중재 효과를 점진적으로 평가할 수 있는 유용한 도구이다. 내담자에게 맞춤형 목표를 설정하고 행동 변화 과정을 세부적으로 관찰함으로써, 중재의 효과를 객관적으로 검증할 수 있다. 임상심리학자와 연구자는 변동 기준 설계의 강점과 한계를 이해하고, 이를 적절히 활용하여 행동 수정 프로그램과 심리치료에서 효과적인 중재 전략을 개발할 수 있을 것이다.

④ 다중 치료 설계

다중 치료 설계multiple treatment design는 동일한 대상에게 여러 가지 치료 조건을 순차적으로 적용하여 각 치료의 효과를 비교하는 데 사용된다. 이 설계는 다양한 중재가 동일한 문제에 미치는 영향을 평가하거나, 중재 간의 상대적 효과성을 확인하는 데 유용하다.

다중 치료 설계는 임상심리학 분야에서 심리치료 방법의 효과를 비교하는 데 자주 사용된다. 예를 들어 우울증 치료에 사용되는 인지행동치료(CBT)와 수용전념치료(ACT)의 효과를 비교하거나, 특정 행동 문제에 대한 강화와 처벌의 효과를 평가할 수 있다.

a) 다중 치료 설계의 단계적 절차

다중 치료 설계는 다음과 같은 절차를 거쳐 이뤄진다.

● 기저선 측정baseline phase

대상자의 목표 행동을 중재 없이 관찰하여 초기 수준을 기록한다. 예를 들어 하루 평균 우울감 수준을 0~10점 척도로 측정할 수 있다.

● 첫 번째 치료 조건 적용treatment A

첫 번째 치료 방법(예: 인지행동치료)을 일정 기간 적용하고, 행동 변화를 관찰한다.

● 두 번째 치료 조건 적용_{treatment B}

두 번째 치료 방법(예: 수용전념치료)을 적용하고, 그에 따른 변화를 기록한다.

● 추가 치료 조건 적용_{optional}

필요에 따라 추가적인 치료 조건을 도입하여 비교할 수 있다.

● 결과 분석

각 치료 조건에서의 데이터를 비교하여, 특정 치료가 목표 행동 변화에 더 효과적인지를 평가한다.

b) 다중 치료 설계의 강점

동일한 대상에 대해 여러 치료를 적용하므로, 각 치료의 상대적 효과를 명확히 비교할 수 있다. 또한 특정 내담자에게 가장 효과적인 치료법을 선택할 수 있는 근거를 제공한다. 마지막으로 개별화된 평가가 가능하여 대규모 그룹 연구가 아닌, 개인 단위에서 치료 효과를 평가할 수 있다.

c) 다중 치료 설계의 제한점

다중 치료 설계 시에는 다음과 같은 점에 유의해야 한다.

● 순서 효과_{order effect}

이전 치료가 후속 치료의 결과에 영향을 미칠 수 있다. 즉 첫 번째 치료에서의 학습 효과가 다음 치료에까지 이어질 수 있다. 이를 통제하기 위해 치료 조건의 순서를 무작위로 바꾸거나 교차 설계_{counterbalanced design}를 활용할 수 있다. 예를 들어 첫 번째 집단에는 A→B, 두 번째 집단에는 B→A 순으로 치료를 진행한다.

● 잔여 효과_{carryover effect}

이전 치료의 잔여 효과가 후속 치료의 결과에 영향을 미칠 수 있다. 이 문제를 줄이기 위해 치료 간 잔여 효과를 상쇄할 만큼의 기간_{washout period}을 설정할 수 있다.

● 대상자의 순응도 요구
대상자가 여러 치료 조건을 반복적으로 경험해야 하므로, 시간과 노력이 요구
된다.

● 일반화의 어려움
단일 사례 연구의 특성상, 결과를 모집단 전체에 일반화하기 어려울 수 있다.

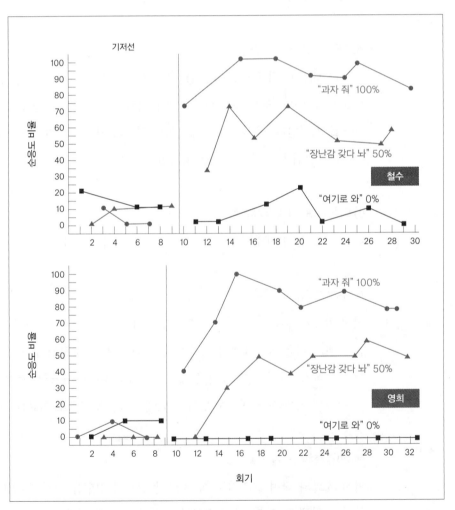

그림 3.5 │ 다양한 강화와 처벌 규칙(0%, 50%, 100%)을 적용했을 때 각 지시에 대한 순응도를 보기 위한 다중 치료 설계 예시

다중 치료 설계는 동일한 대상에게 여러 중재를 적용하여 효과를 비교하는 데 적합한 도구로, 임상심리학 연구와 실무에 기여하는 바가 크다. 다중 치료 설계를 통해 연구자는 각 중재의 상대적 효과를 평가하고, 개인화된 치료 계획을 수립할 수 있다. 단, 순서 효과와 휴대 효과와 같은 제한점을 고려하고, 이를 통제하기 위한 적절한 방법을 활용해야 한다. 다중 치료 설계는 임상심리학의 실증적 근거 기반을 강화하는 데 중요한 역할을 할 것이다.

(2) 집단 실험 설계

집단 실험 설계는 집단 간 설계, 집단 내 설계 그리고 혼합 집단 설계를 포함한다. 집단 간 설계는 두 개 이상의 독립적인 집단이 있고 연구참가자를 각 집단(조건)에 할당한다. 집단 내 설계에서는 같은 연구참가자에게 여러 번 반복 처치하여 데이터를 얻는다(그림 3.6).

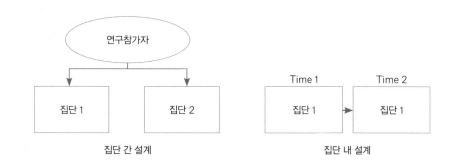

그림 3.6 | 집단 간 설계와 집단 내 설계의 차이

① 집단 간 설계

집단 간 설계between group design 시 무선할당random assignment 방법을 활용하는데, 이때 각 집단에 할당된 연구참가자의 특성이 무선할당으로 인해 동질하다는 가정을 하는 경우 처치 이후에 한 번의 평가를 실시하여 처치의 효과를 검증하기도 한다. 예를 들어 특정 심리치료의 효과를 검증하기 위해 90명을 모집하여 30명씩 각각 세 집단에 무선할당하였다. A 집단은 연구자가 효과를 검증하려는 심리치료를 받는 실험집단이고, B 집단은 기존에 이미 효과가 검증된 치료를 받는 비교 집단이며, C는 단

순한 대기 집단이었다. 심리치료 이후에 우울 점수를 사후 평가로 실시하였고 세 집단에서 우울 점수의 차이를 검증하였다. 이러한 집단 간 설계는 심리치료뿐 아니라 다양한 실험 정신병리 연구에서 활용되고 있지만, 무선할당 이후에도 발생할 수 있는 초기 동질성이 확보되지 못하는 경우(즉, 사전에 몇 가지 변인에서 집단 간 차이가 있을 수 있다.)에 대한 우려는 여전히 존재한다. 이러한 우려를 해소하기 위해 잠재적인 주요 혼입 변인들(예: 교육수준, 나이, 성별, 지능 등)에 대해 집단 간 사전에 차이가 없다는 초기 동질성 검증을 실시하기도 한다. 이러한 이유로 치료 효과 검증을 위해서는 단순 집단 간 설계를 사용하기보다는 이후 설명할 혼합 집단 설계를 활용하여 초기 동질성을 보다 명확하게 통제하는 것을 보편적으로 선호한다.

② 집단 내 설계

집단 내 설계within group design 시에는 연구참가자들이 특정 사건 이전과 이후에 행동에서 변화를 보이는지를 연구하는 것과 같이 동일한 사람들에게 동일한 처치를 여러 시기에 걸쳐 검증하면서 시간의 경과나 서로 다른 조건에 따라 목표 행동에 어떠한 변화가 나타나는지를 반복하여 검증하는 방법이다. 임상심리학에서 집단 내 설계는 새로운 치료의 효과를 검증하기보다는 이미 효과적으로 알려진 치료의 기전mechanism이나 언제 치료 효과가 나타나며 언제 사라지는지에 대한 질문에 답하기 위한 연구 설계로 자주 활용된다. 예를 들어 한 연구자가 행동의 변화를 이끄는 행동치료를 우울증이 있는 사람들에게 제공할 때 우울증의 경감이 부정적인 생각의 변화에 기인하는지, 부정적 생각의 변화 없이도 행동의 변화만으로도 우울증이 경감되는지를 검증하고자 하였다고 가정하자. 이 연구에서는 참가자들에게 매 회기 우울 증상과 부정적 생각을 평정하게 하고 그러한 변인들 간에 나타나는 변화의 관계를 종단적으로 연구할 수 있다. 집단 내 설계의 경우 시간이 지나면서 자연적으로 발생하는 행동의 변화를 통제하기 어렵다는 한계로 인해 시간 변인을 통제하기 위해 혼합 집단 설계를 활용하기도 한다.

③ 혼합 집단 설계

혼합 집단 설계mixed group design는 심리치료 효과 검증뿐 아니라 실험 정신병리 연구에서도 다양하게 활용된다. 혼합 집단 설계는 간단히 말하여 집단 간 설계와

혼합 집단 설계

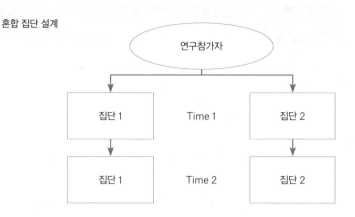

그림 3.7 | 혼합 집단 설계의 예

집단 내 설계를 혼합한 형태이다. 모집단을 대표하는 샘플을 각각의 집단에 무선할당하고, 여러 시기(사전 검사, 사후 검사, 추후 검사 등)에 걸쳐 평가한다. 혼합 집단 설계 가운데 인과관계를 명확히 규명하기 위한 가장 엄격한 방법을 무선통제연구randomized controlled trial, RCT라 한다. 무선통제연구를 통해 사전 동질성을 확보할 수 있으며 사전에 (통계적으로는 유의하지 않지만 여전히 완벽하게 동질하지는 않은) 변인들의 영향력을 통계적으로 통제할 수 있다. 무선할당연구의 결과는 메타분석(무선할당연구들을 모아 결과를 다시 분석 요약하는 기법, 연구에 대한 연구)을 통해서 심리치료 관련 정책 등에 적극적으로 활용하고 있다. 제갈은주 등(2016)에 보다 잘 설계된 연구, 즉 질 높은 무선할당연구를 위한 가이드라인이 소개되어 있다(Box 3.1 참고).

(3) 유사 실험 설계

유사 실험 설계quasi-experimental design는 실험법 가운데 혼합 집단 설계 중 무선통제연구와 유사하지만, 무선할당을 하지 않는다는 점에서 상이하다. 즉 연구자가 임의로 연구참여자를 여러 집단에 할당하거나 연구참여자가 자발적으로 특정 조건에 지원하여 연구참여자를 할당하고 나서, 연구자가 조작하는 독립변인(예: 치료의 종류)과 종속변인(예: 불안 점수)의 관계를 연구할 때 사용된다. 무선할당을 하는 경우 연구참여자가 우연by chance이 아닌 경우 각 조건(집단)에 동일한 특성

Box 3.1   무선통제연구의 질적 평가 척도(RCT-PQRS)

• 실험 참가자의 특성

  1. 실험 참여 및 제외를 결정한 진단적 도구와 기준

  2. 진단적 방법론의 신뢰도 문서화 혹은 증명

  3. 연관된 공병에 대한 기술(description)

  4. 실험 참가를 위해 검사 받은 참가자 수/최종 포함된 참가자 수/제외된 참가자 수에 대한 기술

• 치료의 정의 및 시행

  5. 치료가 추후 연구를 위해 충분히 기술되었거나 명확한 출처가 밝혀졌다(통제 집단/비교 집단 포함).

  6. 시행된 치료가 연구된 치료와 일치한다는 것을 증명할 방법(축어록이나 테이프가 수퍼비전을 통해 검토되었을 때만 완전히 만족됨)

  7. 치료자의 훈련 및 경력 수준

  8. 치료가 시행되는 동안의 수퍼비전

  9. 치료 도중 함께 시행된 다른 치료(예: 약물치료)에 대한 기술(만약 약물치료 중인 참가자가 집단에 포함되었을 경우 2점으로 채점하려면 어떤 약물 처방을 받았는지에 대한 완전한 보고가 필요함. 만약 약물치료 중인 내담자가 실험에서 제외되었다면 2점으로 채점)

• 결과 측정 및 측정도구

  10. 타당화된 결과 측정도구 사용(기존 도구 사용 혹은 새로 표준화된 도구)

  11. 주요한 결과 측정도구는 사전에 명시되어야 한다.

  12. 결과는 치료 집단에 대해 맹검(blind) 방식으로 신뢰롭게 평가되어야 한다.

  13. 연구된 치료의 위험과 부작용에 대한 논의

  14. 종결 이후의 장기적 치료 효과 평가(연구 이후 바로 치료로 이행된 대기 집단이나 비치료 집단의 경우 이 항목에 대해 평가 받을 필요 없음)

• 결과 분석

  15. 데이터 분석 시 치료의향분석 사용(Intent-to-treat method)

  16. 치료 중도탈락 및 거부 사례 기술

  17. 적절한 통계적 절차 적용(예: Bonferroni correction 사용, 종적 데이터 분석, 미리 확정된 혼입만 조정하기 등)

  18. 적절한 표집 크기

  19. 치료 배정에 있어 치료자 및 치료 장면의 효과가 적절히 고려됨

  20. 비교집단 배정을 정당화할 수 있는 미리 설정된 가설

  21. 실험집단과 비교집단이 같은 인구에서 같은 시간에 표집되었음

  22. 치료집단에 무선할당됨

• 연구의 전반적 질

  23. 치료자의 치료에 대한 충성도가 균형적이다.

  24. 연구의 결과가 표집, 측정 및 데이터 분석으로 타당화될 수 있다.

  25. 일괄 평정: 연구의 적절함, 실험 디자인의 질, 데이터 분석, 결과의 타당성 등을 고려한 연구에 대한 전반적 평가

을 가지고 할당될 것으로 생각할 수 있지만, 유사 실험 설계에서는 이러한 과정이 생략되어 내적타당도 중 초기 동질성을 확보하는 것에 어려움이 있다. 따라서 유사 실험 설계에서 도출된 연구 결과에 기반하여 독립변인과 종속변인 간의 인과관계를 상정할 수는 없다. 유사 실험 설계를 활용하는 경우는 무선통제연구를 실시하기 전 독립변인과 종속변인 간의 관계를 예비적으로 조사하기 원할 때, 무선통제연구를 하기에는 연구 윤리의 심각한 문제가 있을 때(예: 특정 참가자에게 치료를 받지 못하게 하는 등), 임상 현장에서 무선할당이 어려운 경우 등이다.

예를 들어 사회인지재활 프로그램의 효과를 검증하기 위해 지역사회 정신건강복지센터에서 프로그램을 실시하고 데이터를 모으는 경우를 생각해 보자. 한 센터에서는 프로그램을 실시하고 데이터를 모을 수 있다는 이야기를 들었고, 다른 센터에서는 프로그램을 실시하지 못하고 통제 집단으로 데이터를 모으는 것만 가능하다는 연락을 받았을 수 있다. 혹은 센터에서 프로그램 참여자를 모을 때 참여자가 사회인지재활 프로그램에 참여하기를 원하여 자원하는 경우도 있을 수 있다. 이때 무선할당을 적용하기가 어려워 유사 실험 설계를 활용하게 된다. 이러한 경우 연구자는 반드시 가능한 잠재적 혼입변인(예: 연구참여자의 동기 수준과 기대, 연구자의 편향, 센터마다의 치료 환경에서의 차이, 센터가 위치한 지역의 사회경제적 수준 등)이 결과에 영향을 미칠 수 있음을 연구 설계 이전에 인지하고 설계에 참고해야 한다. 무선할당으로 이러한 변인의 차이를 통제할 수 없기 때문에 사전에 연구참여자의 동기수준, 사회경제적 수준, 참여하는 치료나 심리사회 재활 프로그램의 종류에 대한 정보를 얻어야 할 수 있다. 연구 결과 분석 시에 이러한 잠재적 혼입변인들이 결과에 영향을 미치지 않았는지 검증할 필요가 있다. 이런 노력에도 불구하고 유사 실험 설계로부터 도출된 연구 결과는 인과적으로 해석하지 않도록 주의해야 한다.

(4) 혼합 설계

혼합 설계mixed design는 실험법과 상관법의 조합으로 이루어진다. 한 예로 무선할당을 통해 인지치료, 행동활성화, 항우울 약물치료 그리고 위약 집단 이렇게 4그룹으로 나누어 우울 증상에 미치는 치료 효과를 검증한 연구(Dimidjian et al., 2006)를 생각해 보자. 연구 결과, 인지치료, 행동활성화, 약물치료가 위약 집단과 비교하여 모두 치료 효과가 높았다는 것이 밝혀졌고 인지치료, 행동활성화, 약물치료가 동일하게 효과적이었다고 보고되었다. 하지만 연구자들은 이전의 연구 결과를 바탕으로 우울 증상이 높은 하위 집단의 경우에는 행동활성화와 약물치료가 인지치료보다 효과적일 수 있다는 가설을 세웠다. 이를 위해 연구자는 치료 전 우울 증상의 정도와 치료 효과 간의 상관을 통해 치료의 종류와 증상의 심각도 사이에 관계가 있는지에 대한 가설을 검증할 수 있다. 연구 결과, 초기에 우울 증상이 심했던 환자 그룹에서는 행동활성화와 약물치료가 인지치료에 비해 우울 증상을 낮추는 데 더 효과적인 것으로 나타났다(그림 3.8). 다음의 혼합 설계 연구는 무선할당연구와 상관법을 모두 활용한 연구이다. 여기에서 연구자가 주의해야 할 점은 이 연구에서 환자의 초기 우울 증상을 실험 초기에 조작한 것이 아니므로 우울 증상과 치료 효과의 관계를 인과관계로는 해석하지 않아야 한다는 점이다. 이 혼합연구 결과는 추후 실험 연구를 위한 가설 설정을 위한 예비연구 결과로만 활용되어야 하고, 연구자가 우울 증상 수준이 치료 종류별로 서로 다른 치료 효과를 나타내는지를 확인하기 위해서는 추가적인 실험연구가 실시되어야 한다.

(5) 실험 결과의 인과관계 해석

실험법을 사용한 경우 독립변인이 종속변인에 미치는 영향을 인과적으로 해석할 수 있다. 다만 인과관계의 해석을 위해 초기 동질성과 과정 동질성이 확보되어야 한다. 만약 집단 간 설계나 혼합 집단 설계를 활용한 경우에도 무선할당을

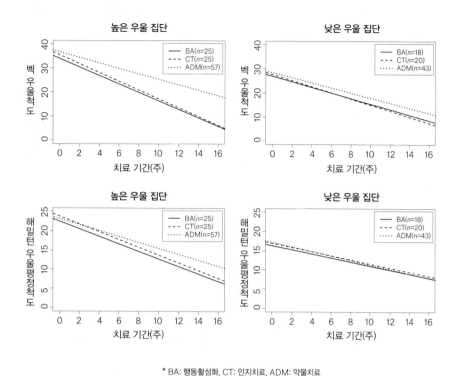

* BA: 행동활성화, CT: 인지치료, ADM: 약물치료

그림 3.8 | 무선할당과 상관법을 혼합한 혼합 설계의 연구 결과의 예

출처 Dimidjian et al.(2006).

하지 않으면 독립변인과 종속변인의 관계(예: 특정 치료와 증상 경감의 관계)를 인과적으로 해석하지 않아야 한다. 많은 치료 효과 연구가 무선할당을 하지 않고 유사 실험quasi-experiment 방식으로 진행되고 있으며, 이러한 경우에는 인과관계의 해석을 하지 않도록 주의해야 한다. 또한 혼합 설계의 경우에도 상관관계를 인과관계로 해석하지 않도록 해야 한다. 다음에 설명한 비실험법의 결과로도 인과적 해석을 할 수 없음을 알아야 한다.

비실험법

비실험법에 해당하는 연구방법은 관찰법, 질문지법(상관법), 역학연구, 자연적 그룹 설계 등을 포함한다. 임상심리학에서 인과관계를 밝히기 위해 실험법의 역할과 중요성이 매우 강조되고 있지만, 동시에 비실험법이 제공하는 정보나 비실험법으로만 검증할 수 있는 연구 문제가 있다. 따라서 임상심리학자는 실험법뿐 아니라 다양한 비실험법을 인지하고 연구 문제 검증에 활용할 수 있어야 한다.

(1) 관찰법

관찰법은 임상심리학에서 가설을 세우기 전부터 가설을 세우며 가설을 검증하는 과정에 모두 활용된다. 관찰법에는 비체계적 관찰, 자연적 관찰, 통제된 관찰이 있다.

① 비체계적 관찰

비체계적 관찰unsystematic observation은 연구자가 가설을 세우는 단계에서 실시하는 가장 기본적이고 일상적인 관찰이다. 예를 들면, 연구자가 자신이 일하는 병원에서 자연스럽게 환자들의 행동을 관찰하게 되는데, 이 과정에서 치료에 대한 가설이나 정신병리에 대한 가설을 세울 수 있다. 비체계적 관찰을 하는 경우에는 연구가 시작되지 않은 단계이므로 연구참여자는 존재하지 않는다. 비체계적 관찰의 결과는 사실 통제되지 않은 변인이 많아 그 결과를 신뢰할 수 없다는 비판을 받지만, 실제 연구 가설로 연계됨으로써 결과가 축적되어 이론으로 발전하는 경우도 많이 있다. 비체계적 관찰은 연구자가 연구 가설을 세울 수 있는 매우 중요한 정보의 원천이 된다. 임상심리학자는 주로 과학자-임상가로서 훈련을 받는데, 이러한 과학자-임상가 모델이 중요한 이유는 실제 임상가로서 현장에서 환자나 내담자와 치료하면서 자연스럽게 그들의 행동을 관찰할 수 있고, 이러한 임상적 경험을 바탕으로 연구 가설을 만들어 검증할 수 있기 때문이다.

② 자연적 관찰

자연적 관찰naturalistic observation은 비체계적 관찰과 유사하게 실제 상황 속에서 이루어지나, 비체계적 관찰과는 다르게 사전에 신중하게 계획하고 시행된다. 연구참여자는 연구자의 존재를 알고 있지만 연구자가 무엇을 관찰하는지는 잘 모르는 경우가 대부분이다. 예를 들면, 초등학교 교실에서 20명의 학생을 대상으로 연구자가 교실 뒤에 서서 학생들의 적응행동과 비적응행동을 관찰할 수 있다. 이

▲ 자연적 관찰의 예. 교실에서
학생들의 행동을 체계적으로
관찰할 수 있다.

때 연구자는 학생 한 명당 무선으로 목표 행동을 3분씩 관찰하여 한 시간가량 관찰을 할 수 있다. 자연적 관찰이라고 일컫는 이유는 연구자가 교실 상황에서 자신이 관찰한다는 점을 제외하면 관찰 대상의 행동이 통제되지 않고 다른 변인도 통제하거나 조작하지 않는 상태로 자연적인 행동을 관찰하기 때문이다. 임상심리학자는 자연적 관찰을 하는 데 많은 훈련을 받게 된다. 임상 현장에서 실시되는 치료적 면담에서도 면담 상황에서 내담자의 언어적 혹은 비언어적 행동(예: 자세, 치료에 대한 태도, 얼굴표정 등)을 주의 깊게 관찰한다. 특히 행동치료에서는 자연적 관찰을 통해 얻은 데이터를 평가에 중요하게 활용한다. 1970년대 입원병

Box 3.2   **아이온 박사의 토큰경제 프로그램**

1950년대 아이온 박사(Dr. Ayllon)는 캐나다의 서스캐치완주 정신병동에 입원한 한 여성 환자의 이상행동(빗자루를 잡고 복도 한 켠에 계속 서 있는)에 대해 전문적 자문을 할 기회가 생겼고, 이때 아이온 박사는 병동에서 자연적 관찰을 통해 여성 환자의 문제행동을 강화하는 요인(병원 스텝들의 관심)을 발견하게 되었다. 이러한 비구조적 관찰을 통해 얻은 데이터에 기반하여 아이온 박사는 병원 스텝들에게 이 여성이 빗자루를 쥐고 있을 때는 철저하게 관심을 두지 말고 좀 더 적응적인 행동(예: 빗자루를 놓고 의자에 앉는 등)을 할 때 다가가 관심을 보이고 대화를 할 것을 교육하였다. 이러한 아이온 박사의 제안은 매우 효과적으로 이 여성 환자의 이상행동을 변화시켰고, 당시 정신역동 이론에 기반한 정신분석적 개입에 익숙한 치료자들에게 간단하면서도 직접적이고 효과적인 매우 혁신적인 개입으로 받아들여졌다. 이후 아이온 박사는 미국 애나주립병원(Anna State Hospital)에서 이러한 행동주의에 기반한 토큰경제 프로그램을 실시하게 되었고, 정신병동 내에서의 개입으로 널리 자리 잡는 계기가 되었다.

동에서 시작된 토큰경제token economy는 임상심리학자의 자연적 관찰에서 발전되었다고 할 수 있다.

▲ 통제된 관찰의 예. 가상현실 기계를 활용하여 노출을 시도하고 있다.

③ 통제된 관찰

통제된 관찰controlled observation은 연구자가 상황을 조작하거나 변인을 통제한 상태에서 관찰을 진행한다. 예를 들면, 실제 거미가 들어 있는 유리 상자를 거미 공포증이 있는 환자에게서 1미터 정도 떨어진 곳에 놓아두고 거미를 바라보도록 지시한 후 연구참가자의 공포 반응을 관찰할 수 있다. 이처럼 방 안에 실제 거미를 배치하여 실제 상황을 통제·조작하기 때문에 통제된 관찰이라고 한다. 통제된 관찰을 통해 얻은 데이터가 행동평가로도 활용되지만, 동시에 행동치료의 일환으로도 활용된다. 거미 공포증을 치료하는 경우 1미터 떨어진 곳에 위치한 유리상자에 들어 있는 거미에 내담자가 반복적으로 노출될 때 내담자의 공포반응의 경감을 관찰하고, 치료자는 내담자가 거미에 둔감화가 일어나면서 점차 높은 수준의 노출(예: 실제 거미를 손바닥 위에 올려놓는 등)과 반응 그리고 둔감화 훈련을 하게 된다. 최근에는 가상현실과 같은 테크놀로지의 발전으로 구조적 관찰을 할 때 가상현실 기계를 이용하여 내담자가 가상현실 속의 자극(예: 높은 빌딩 위, 자동차 운전, 발표 상황 등)에 어떻게 반응하는지를 관찰하기도 한다.

(2) 상관법

상관법은 임상심리학에서 많이 활용되는 연구방법 중 하나이다. 인간 연구에서 적극적인 실험 조작을 하기 어려운 상황(예: 애착의 박탈, 외상 경험 등)에서 애착의 박탈 정도나 외상 후 불안 정도를 질문지나 인터뷰 등의 평가를 활용하여 정량화하고, 다른 종속변수들(예: 사회 기능 수준, 대인관계 기능 수준 등)과의 관계를 평가하여 변인들 간의 관계를 밝히기도 한다. 상관법은 연구자가 관심 있는 특정 변인들 간의 정적 혹은 부적 관계가 있는지 검증한다. 상관관계는 주로 피어슨Pearson의 적률 상관계수(r) 등을 활용하는데, 모든 상관계수는 −1.00에서 +1.00 사이의 값으로 표현된다. r^2은 두 변인이 서로 공유하는 정보량이 된다. 지능과 학업 성적 간에는 약 +0.5의 상관이 있다고 알려져 있고, +0.5의 상관이 있는 두 변인은 서로 25%의 정보량을 공유한다고 볼 수 있다.

상관법과 인과관계

상관법은 관심 변인들 사이의 관계를 파악하는 데 매우 유용한 방법이지만 변인들 사이의 인과관계에 대해서는 답을 할 수 없다. 예를 들어 정서에 대한 부정적 신념(예: '내 감정은 필요 없다', '내 감정을 없애고 싶다' 등)과 우울 증상 간에 정적 상관이 있는 경우 감정에 대한 부정적 신념이 높을수록 우울 증상이 높다고 해석할 수는 있지만, 감정에 대한 강한 부정적 신념이 높은 우울 증상을 낳았다거나 높은 우울 증상이 강한 감정에 대한 부정적 신념을 이끌었다고 해석하는 것은 무리이다. 상관법을 통해 얻은 결과를 인과적으로 해석하지 않는 이유는 두 변인들 이외에 혼입변인들의 영향을 충분히 통제하지 못했기 때문이다. 하나의 예를 더 들어보자. 조현병이 있는 환자들과 조현병이 없는 사람들이 사망한 이후 부검한 결과 조현병이 있었던 사람의 뇌에서 특정 바이러스가 발견되었다면 조현병과 특정 바이러스 사이의 상관이 있음을 발견했다고 볼 수 있다. 하지만 그 바이러스가 조현병의 원인이 된다고 해석하지 않아야 한다. 왜냐하면 그 바이러스를 지녔던 환자가 살았던 환경이 조현병이 없는 사람들이 살았던 환경보다 더 열악한 곳이었을 경우에는 조현병에 영향을 미쳤을 수 있는 원인이 바이러스 자체라기보다는 열악한 환경에서 겪는 높은 스트레스(잠재적 혼입변인)였을 가능성을 배제할 수 없기 때문이다. 이처럼 상관법을 통해 얻은 결과는 변인들 간의 인과관계에 대한 가설을 세우는 데 매우 중요한 정보가 됨에는 틀림이 없지만, 인과관계는 추후에 엄격한 실험법을 통해 검증되어야만 한다.

상관에 기초한 여러 통계분석 방법이 존재한다. 회귀분석과 요인분석 등이 그 예이다. 동일하게 회귀분석과 요인분석의 경우에도 변인들 간의 관계를 밝힐 뿐이므로 결과를 인과적으로 해석하지 않도록 주의해야 한다.

(3) 역학연구

역학연구는 질병의 원인을 파악하기 위한 기초자료를 얻기 위해 시행된다. 역학연구를 통해 특정 질환이 새롭게 발생하는 발병률incident rate, 특정 기간(예: 1년 혹은 평생) 내에 발병한 비율인 유병률prevalence rate을 연구한다. 이를 통해 한 해 발생하는 우울장애의 발생률, 1년 유병률, 혹은 평생 우울장애를 경험할 비율을 이해할 수 있다. 또한 이러한 발병률이나 유병률이 지역이나 문화마다 다르게 나타나는지 등을 파악하기도 한다. 특정 지역에서의 발병률이 높다면(즉, 상관이 높다면), 특정 질환을 일으키는 위험 요인risk factor을 그 지역에서 찾는 노력을 기울일 수도 있다(권정혜 외, 2015 참고).

평가 도구 개발 및 타당화

심리평가가 임상심리학자의 핵심 역량 영역에 있듯이 신뢰롭고 타당한 평가 도구를 개발하고 타당화하는 영역도 임상심리학자의 주요 연구 영역에 속한다. 평가 도구를 타당화하려면 평가하는 영역(예: 발달장애, 우울장애, 불안장애 같은 정신병리)에 대한 전문적인 경험과 지식(예: 치료와 연구)이 있어야 하며, 방법론과 심리측정에 대한 전문적인 지식도 필요하다.

그림 3.9에서는 평가 도구 개발에 대한 예시로 불안장애 선별 도구 개발연구(Kim et al., 2016)에서 활용한 문항 개발 절차에 대해 소개하였다. 먼저, 평가하려는 영역에 대한 체계적인 검토를 위해 평가하고자 하는 영역과 그 평가와 관련한 연구를 리뷰한다. 둘째, 임상심리학자뿐 아니라 심리측정 전문가, 정신과의사와 같은 분야의 전문가로 구성된 위원회에서 평가하려는 영역에 대한 조작적인 정의와 평가방법에 대한 논의를 거친다. 셋째, 평가하려는 영역이 새로운 영역이거나 기존의 평가 도구가 놓치고 있는 부분이 있다고 판단되면 평가 영역의 대상이 되는 대상자(혹은 환자)를 모집하여 포커스 그룹 인터뷰를 실시할 수 있다. 포커스 그룹 인터뷰에서는 진행자가 사전에 몇 가지 핵심적인 질문을 준비해 오지만 인터뷰 대상자들이 자신들의 경험을 충분히 이야기할 수 있도록 열린 질문과 함께 명료화하거나 구체화하는 질문을 할 수 있다. 포커스 그룹 인터뷰를 통해 기존 문항 내용들을 수정하거나 새로운 문항을 도출하기도 한다.

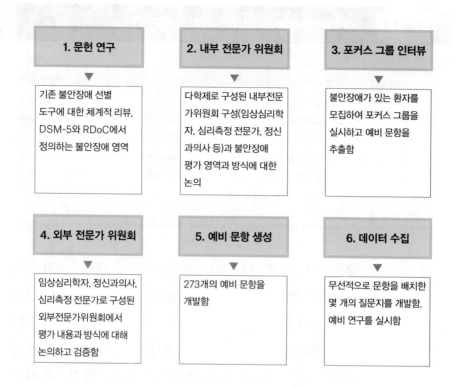

1. 문헌 연구	2. 내부 전문가 위원회	3. 포커스 그룹 인터뷰
기존 불안장애 선별 도구에 대한 체계적 리뷰, DSM-5와 RDoC에서 정의하는 불안장애 영역	다학제로 구성된 내부전문가위원회 구성(임상심리학자, 심리측정 전문가, 정신과의사 등)과 불안장애 평가 영역과 방식에 대한 논의	불안장애가 있는 환자를 모집하여 포커스 그룹을 실시하고 예비 문항을 추출함

4. 외부 전문가 위원회	5. 예비 문항 생성	6. 데이터 수집
임상심리학자, 정신과의사, 심리측정 전문가로 구성된 외부전문가위원회에서 평가 내용과 방식에 대해 논의하고 검증함	273개의 예비 문항을 개발함	무선적으로 문항을 배치한 몇 개의 질문지를 개발함. 예비 연구를 실시함

그림 3.9 │ 평가 도구 개발 과정의 예시: 불안장애 선별 도구의 개발(Kim et al., 2016).

이러한 단계를 거쳐 평가하고자 하는 영역에 대한 조작적 정의(예: 평가 영역 등)와 평가 방식(예: 질문 방식, 응답 방식 등) 등이 결정되면 외부전문가위원회에 타당성을 검토 받는다. 이 단계를 거치고 나면 예비 문항을 개발하고 피험자에게 데이터를 수집하여 최종 문항을 결정한다.

데이터가 수집되고 나면 평가 도구의 신뢰도와 타당도를 검증한다. 신뢰도의 경우 내적일치도, 검사-재검사 신뢰도 등을 산출하고, 타당도의 경우에는 넓게는 구성타당도construct validity를 검증하며, 이를 위해 수렴타당도convergent validity, 변별타당도divergent validity, 요인구조factor structure, 준거타당도criterion related validity, 예언타당도predictive validity 등을 검증한다. 선별 도구의 경우에는 평가하는 목적인 진단을 얼마나 잘 분별하는가를 검증하기 위해 민감도sensitivity와 특이도specificity를 산출한다. 민감도는 실제 정신질환이 있는 경우 선별 도구로 정신질환을 변별할 수 있는 정도를 의미한다. 선별 도구 개발 연구에서 민감도를 산출하기 위해 경험

Box 3.3 문항반응 이론과 컴퓨터 기반 적응검사

최근 심리측정 이론과 분석방법이 고도화되면서, 문항반응 이론(item response theory)과 컴퓨터 기반 적응검사(computerized adaptive test) 등이 심리학 분야의 평가 도구 개발에 적용되고 있다. 피험자의 특성(예: 성별, 나이, 문화에 따른 문항에 대한 반응특성)과 문항 자체의 특성(예: 난이도와 변별도 등)을 함께 고려하여 최소의 문항으로도 측정 오차를 최소화하여 측

정하고자 하는 구성개념을 보다 정확하게 측정할 수 있다. 기본스 등(Gibbons et al., 2016)은 문항반응 이론에 기반한 컴퓨터 기반 적응검사를 활용하여 불과 4문항 정도의 질문으로 대략 30분에서 1시간 정도 소요되는 임상면접으로 진단하는 것과 유사한 정도의 정확성을 달성할 수 있다고 보고하였다.

이 많은 임상가가 진단을 내리고 임상가가 진단 내린 경우와 선별 도구의 준거 점수 이상이 얼마나 일치하는지를 보고 결정한다. 이와 대조적으로 특이도는 실제 정신질환이 없는 경우 선별 도구로도 정신질환이 없다고 변별할 수 있는 정도를 의미한다. 선별 도구 개발 연구에서 특이도를 산출하기 위해 경험이 많은 임상가가 진단을 내릴 때 정신질환이 없다고 판단한 경우와 선별 도구의 준거 점수 이하에 해당하는 사람들이 얼마나 일치하는지를 보고 결정한다. 일반적으로 민감도가 높은 경우 특이도가 낮아지거나 그 반대일 수 있지만, 선별 도구가 지닌 검사 관련 오류를 낮출 수 있다면, 즉 좋은 선별 도구를 개발한다면 민감도와 특이도 모두 높을 수 있다.

연구 윤리

(1) 윤리강령과 기준

심리학을 포함한 사회과학 분야에서 실시된 연구의 역사를 돌이켜 보면, 연구윤리가 부재한 탓에 연구참가자에게 미칠 수 있는 잠재적 위험을 사전에 충분히 고려하여 예방할 수 있었지만 그 기회를 놓친 사례를 찾을 수 있다. 특히 인간

대상 연구는 미국은 물론 전 세계적으로 문제가 있었음이 보고되었다. 특히 제
2차 세계대전과 같은 전쟁 중에 수용자들을 대상으로 실시되었던 연구들, 미국
보건복지부 주관으로 실시된 터스키기Tuskegee 흑인 남성을 대상으로 한 매독 연
구 등이 대표적인 예이다. 터스키기 매독 연구에서는 연구대상자들에게 효과적
인 치료가 있음에도 불구하고 그 치료를 제한하였고, 결국 이러한 비윤리적 연
구가 뉴스에 보도되면서 의학과 사회과학 연구에 참여하는 연구참가자들을 보
호하기 위한 국가위원회가 설립되는 등 윤리 강령을 만드는 일에 착수하였다.
제2차 세계대전 이후 전범 재판 결과 탄생하게 된 뉘른베르크 강령Nuremberg Code
에서는 10가지 윤리적 기본 원칙을 제시하였고, 약 20년 후 세계의학협회는 인
간 존중, 선행, 정의의 핵심 윤리원칙을 내세운 벨몬트 보고서Belmont report를 발표
하였다. 이를 근간으로 연구윤리강령인 헬싱키 선언Declaration of Helsinki이 현재까지
지속적으로 개정되고 있다. 심리학 분야에서 역사적으로 비윤리적으로 알려진
연구는 다음과 같다. 밀그램의 권위에 대한 복종 연구Milgram's obedience to authority, 짐
바도의 스탠포드 감옥 실험Zimbardo's Stanford prison experiment, 험프리의 다방 연구Hum-
phrey's tearoom trade study이다. 이러한 연구에서는 심리적인 위협을 가하였고, 개인의
자율성 및 사생활을 침해하였으며, 명예를 훼손하는 등의 위험을 초래하였다.

국내에서는 「학술진흥법」 제15조에서 위임한 '연구윤리 확보를 위한 지침'
항을 정함으로써, 연구자 및 대학 등의 연구 윤리를 확보하는 데 필요한 역할과
책임에 관하여 기본적인 원칙과 방향을 제시하고, 연구부정행위를 방지하기 위
한 사항을 정하여 공표하였다[시행 2023. 7. 17.][교육부훈령 제449호, 2023.
7. 17., 전부개정].

한국임상심리학회는 이러한 국제적 윤리강령과 기준을 기초로 하여, 연구참
여 동의, 개인정보 보호, 표절 등을 포함한 총 17개 조항에 걸쳐 연구 관련 윤리
를 상세히 제시하고 있다(Box 3.4). 개인정보보호법이나 생명윤리의 강조와 함
께 연구 윤리는 모든 연구자에게 반드시 준수해야 하는 규정이 되었다. 임상심
리학자는 반드시 한국임상심리학회에서 규정하는 윤리규정을 철저하게 준수해
야만 한다.

기관에 속한 연구자가 인간 혹은 동물을 대상으로 데이터를 수집하는 등의
연구를 수행할 때는 반드시 연구 이전에 기관생명윤리위원회(IRB)Institutional Review

Box 3.4 한국임상심리학회 연구 관련 윤리 규정

제3장 연구 관련 윤리

제21조 학문의 자유와 사회적 책임

연구에 종사하는 심리학자는 학문의 자유에 대한 기본권을 가지며, 그에 따른 다음과 같은 사회적 책임과 의무를 가진다.

(1) 사상, 종교, 나이, 성별 및 사회적 계층과 문화가 다른 집단의 학문적 업적에 대하여 편견 없이 인정하여야 한다.

(2) 자신의 연구에 대한 비판에 개방적이고, 자신의 지식에 대하여 끊임없이 회의하는 자세를 가져야 한다.

(3) 자신의 주장을 반박하는 설득력 있는 증거를 발견하면 자신의 오류를 수정하려는 자세를 가져야 한다.

(4) 새로운 연구 문제, 사고 체계 및 접근법에 대하여 편견 없이 검토하여야 한다.

제22조 기관의 승인

연구수행 시 기관의 승인이 요구될 때 심리학자는 연구를 수행하기 전에 연구 계획에 대한 정확한 정보를 제공하고 승인을 얻는다. 또한 승인된 연구계획안대로 연구를 수행하여야 한다.

제23조 연구참여자에 대한 책임

심리학자는 연구참여자에 대해 다음과 같은 책임을 가진다.

(1) 연구참여자의 인격, 사생활을 침해받지 않을 개인의 권리와 자기결정권을 존중한다.

(2) 연구참여자의 안전과 복지를 보장하기 위한 조처를 하고 위험에 노출되지 않도록 하여야 한다.

(3) 연구참여자에게 심리적, 신체적 손상을 주어서는 아니 되며, 예상하지 못한 고통의 반응을 연구참여자가 보일 경우 연구를 즉시 중단하여야 한다.

(중략)

제33조 표절

심리학자는 자신이 수행하지 않은 연구나 주장의 일부분을 자신의 연구나 주장인 것처럼 논문이나 저술에 제시하지 아니 한다. 비록 그 출처를 논문이나 저술에서 여러 차례 참조하더라도, 그 일부분을 자신의 연구나 주장인 것처럼 제시하는 것은 표절이 된다.

Board에서 연구 윤리에 관한 승인을 받아야 한다. 대학과 같은 기관에서 IRB 심사를 제공하는 경우에는 해당 기관에서 연구윤리승인을 받을 수 있으며, IRB 심사를 제공하지 않는 기관의 경우에는 공용 IRB인 기관생명윤리위원회(www.irb.or.kr)에서 연구윤리승인을 받을 수 있다.

기관 연구자가 IRB를 받기 위해서는 사전에 연구윤리정보센터(Center for Research Ethics Information, CRE; 교육부와 한국연구재단이 지정한 연구윤리 종합 포털 사이트; www.cre.or.kr) 혹은 The Collaborative Institutional Training Initiative(CITI) Program(http://citi.bicstudy.org)과 같은 공인 기관에서 윤리

그림 3.10 | 연구자 연구 윤리 교육 이수증 예시

교육을 이수증을 받아야 한다(그림 3.10 참고). 현대의 연구 윤리 교육은 대부분 온라인으로 이루어지며, 온라인에서 해당 내용을 숙지한 후 일련의 퀴즈나 시험을 통과하여 이수증을 발급받을 수 있다. 연구 윤리는 연구참가자를 잠재적인 위험에서 보호할 뿐 아니라 연구자 및 연구자가 속한 기관을 사전에 보호하는 역할을 하므로, 연구자는 반드시 연구 윤리를 숙지하고, 윤리 규정에 의거하여 의사결정을 내리고 연구를 진행하여야 한다.

(2) 연구자로서의 임상심리학자

임상심리학은 연구와 서비스 영역에 있어 급속한 발전을 하면서 사회에 점차 큰 영향력을 미치고 있다. 4차 산업의 발전과 더불어 임상심리학은 융합을 통한 사회문제 해결에 중추적인 역할을 하는 학문 분야로 자리매김하고 있다. 이에 임상심리학은 전통적인 임상심리학분야에서 확장하여 임상신경과학clinical neuroscience, 임상범죄심리학clinical forensic psychology, 임상건강심리학clinical health psychology, 임상법심리학clinical law psychology 등으로 그 영역이 확대되고 있다. 따라서 임상심리학자는 신경생리학적 영역에서 법과 정책의 영역까지 아우르는 다양한 연구 방법론을 활용하여 연구하는 전문인으로 훈련을 받는다. 한 명의 임상심리학자가 모든 연구방법과 기술을 습득하는 것은 불가능하지만, 지속적으로 변화하는 연구 방법론에 관심을 가지고 끊임없는 도전과 학습을 해야 할 필요가 생겼다. 연구라는 것이 과거의 틀에서 벗어나거나 도전하는 과정임을 고려할 때 이렇게 급속도로 변화하는 환경에 유연하게 적응하는 것 또한 연구자에게 요구되는 역량이라 할 것이다. 이와 같은 최신의 기술과 방법의 변화를 통합하는 노력에도 불구하고 연구자로서의 임상심리학자에게 요구되는 변하지 않는 핵심적인 원리와 철학은 바로 가설 검증과 연구 과정에서의 철저한 과학적 검증 그리고 엄격한 연구 윤리의 준수에 있을 것이다.

이 장의 요약

1 임상심리학에서 연구 과정은 전과학적 단계, 가설 설정 단계, 가설 검증 단계 등 크게 세 가지로 나뉠 수 있다. 전과학적 단계에서는 연구자의 관심, 사회적 필요 등이 가설에 영향을 미칠 수 있음을 고려해야 한다. 가설 설정 단계에서는 영가설과 대립가설을 세워 오류를 최소화할 수 있도록 노력한다. 가설 검증 단계에서는 다양한 연구방법론을 윤리적으로 활용하여 가설을 검증한다.

2 가설 검증 시 발생할 수 있는 오류는 제1종 오류와 제2종 오류로 나눌 수 있다. 제1종 오류는 영가설이 참인데 기각을 할 오류이며, 제2종 오류는 영가설이 실제는 거짓인데 기각하지 못하게 되는 오류를 의미한다. 실제 거짓인 영가설을 기각할 수 있는 확률을 검정력(power)이라고 한다.

3 실험법은 독립변인과 종속변인 간의 인과관계를 검증하기 위한 유일한 연구방법이다. 임상심리학자는 실험법을 설계할 때 잠재적인 혼입변인을 미리 생각하여 통제하는 것이 중요하다.

4 실험 시 원인과 결과의 관계에 영향을 미칠 수 있는 혼입변인을 성공적으로 통제하였을 때 내적타당도가 높다고 이야기한다. 내적타당도는 초기 동질성과 과정 동질성을 달성하여 높일 수 있다. 초기 동질성은 무선할당을 통해, 과정 동질성은 처리과정의 표준화를 통해 달성할 수 있다.

5 연구 결과를 다른 환경이나 상황에 일반화할 수 있을 때 외적타당도가 높다고 이야기할 수 있다. 외적타당도를 구성하는 요소는 모집단, 세팅, 과제(혹은 자극) 그리고 사회적·시대적 변화이다.

6 단일사례 연구는 실험법 중의 하나로서 ABAB 설계나 다중기저선 설계 등을 이용하여 조작하는 독립변인과 종속변인 간의 인과관계를 밝히거나 유추할 수 있다. 집단 간 설계는 두 개 이상의 독립적인 집단에 연구참가자를 할당하는 경우이며, 집단 내 설계는 같은 연구참여자에게 여러 번 반복하여 데이터를 얻는 경우이다.

7 혼합 집단 설계는 집단 간 설계와 집단 내 설계를 혼합한 형태로, 심리치료 효과검증 연구나 정신병리와 관련된 연구에서 활용된다. 혼합 집단 설계에서 인과관계를 명확히 규명하기 위해 무선통제연구를 활용한다.

8 관찰법에는 비체계적 관찰, 자연적 관찰 그리고 통제된 관찰법이 있다. 비체계적인 관찰은 일상에서 연구자가 가설을 세우기 전에 정보를 얻기 위해 이루어지는 경우가 많으며, 자연적 관찰은 연구자가 가설을 가지고 목표 행동을 정하여 관찰하지만 피관찰자의 행동이나 상황을 통제하지는 않고 이루어진다. 통제된 관찰은 연구자가 보고자 하는 목표 행동을 관찰하기 위해 상황을 통제하여 연구자가 보다 효율적으로 목표 행동을 관찰할 수 있다.

9 상관법은 임상심리학에서 많이 활용되는 비실험법 중 하나이다. 상관은 변인들 사이의 관계를 파악하는 데 활용된다. 단, 인과관계에 대해서는 해석할 수 없다.

10 유사 실험 설계는 실험법 중 혼합 집단 설계 중 무선통제연구와 유사하지만, 무선할당을 하지 않는 점이 다르다. 이 때문에 유사 실험 설계에서 얻은 결과를 인과적으로 해석하지 않도

록 주의해야만 한다.

11 혼합 설계는 실험법과 상관법의 조합이다. 무선할당연구에서 참여자의 특성에 따라 분석을 다시 하는 경우가 이에 해당한다. 따라서 참여자의 특성이 무선할당연구 결과에 미치는 영향의 인과성에 대해서는 언급하지 않도록 주의하여야 한다.

12 역학연구는 질병의 원인을 파악하기 위한 기초 자료를 얻는 데 활용된다. 역학연구를 통해 특정 질환이 새롭게 발생하는 발병률, 특정 기간 (예: 1년 혹은 평생) 내에 발병한 비율인 유병률을 연구한다. 역학연구를 통해 특정 질환의 위험 요인을 파악하는 기초 자료를 얻기도 한다.

13 평가 도구를 개발하고 타당화하는 경우 임상심리학자는 다양한 신뢰도와 타당도를 검증해야 하고, 선별 도구의 경우에는 민감도와 특이도를 고려하여야 한다. 최근에는 문항반응 이론과 컴퓨터 기반 적응검사가 도입되면서 민감도와 특이도가 둘 다 높은 평가 도구들이 개발되고 있다.

14 임상심리학자는 연구 윤리를 잘 알고 준수해야 한다. 한국임상심리학회는 국제적 연구윤리강령과 기준을 근거로 총 17개의 연구 관련 윤리 조항을 명시하고 있다.

더 읽을거리

무선통제연구의 질적평가 척도를 포함하고 있으며, 이를 활용하여 국내 심리치료 무선통제연구의 질을 평가한 연구이다.

제갈은주, 장선경, 이가영, 최기홍(2014). 지난 50년간 국내 심리치료 무선통제연구에 대한 체계적 평가. 한국심리학회지: 임상, 33, 943-958.

행동활성화, 인지치료, 항우울제의 효과를 무선통제연구로 진행한 연구로, 무선통제연구의 중요한 예시가 될 뿐 아니라 본 장에서는 혼합설계의 예시로 제시하였다. 자세한 연구 설계와 결과에 관심이 있는 경우 참고하라.

Dimidjian, S., Hollon, S. D., Dobson, K. S., Schmaling, K. B., Kohlenberg, R. J., Addis, M. E., Gallop, R., McGlinchey, J.B., Markley, D.K., Gollan, J.K. Atkins, D. C., Dunner, D.S., & Jacobson, N.S. (2006).

Randomized trial of behavioral activation, cognitive therapy, and antidepressant medication in the acute treatment of adults with major depression. *Journal of consulting and clinical psychology, 74*(4), 658-670.

최근 우울장애나 불안장애 선별 도구를 개발함에 있어 문항반응 이론과 컴퓨터기반 적응검사를 활용하여 최소의 문항으로 최적의 민감도와 특이도를 보이는 선별 도구를 개발한 연구이다.

Gibbons, R. D., Weiss, D. J., Frank, E., & Kupher, D. (2016). Computerized adaptive diagnosis and testing of mental health disorders. *Annual Review of Clinical Psychology, 12*, 83-104.

임상심리학 연구방법론과 관련된 포괄적이고 광범위한 핸드북으로, 대학원 수준에서 활용할 수 있는 교재이다. 임상심리학 연구방법론를 체계적으로 공부하고자 한다면 이 책을 참고하라.

Kazdin, A. E., (Eds.). (2006). *Methodological issues and strategies in clinical research.* Washington, DC: American Psychological Asssociation.

임상심리학에서 활용되는 단일사례 연구 설계에 대한 포괄적인 교재이다. 본 장에서 설명한 단일사례 연구 설계 이외에 다양한 평가 도구 및 기법과 연구 설계와 실제에 대해 자세히 소개하고 있다.

Kazdin, A. E., (2011). *Single-case research designs.* New York: Oxford.

미국 임상심리학자들이 저술한 임상심리학 교재로, 한국의 임상심리학자들이 우리나라의 상황을 포함하여 번역한 교과서이다.

Trull, T. J., & Prinstein, M. J. (2015). 임상심리학 [*The science and practice of clinical psychology* (8th Edition)]. (권정혜 등 역). Seoul: 센게이지러닝(원전은 2013에 출판).

한국임상심리학회 홈페이지에서 연구 윤리에 관한 지침을 볼 수 있다.
www.kcp.or.kr

The Collaborative Institutional Training Initiative (CITI) Program으로 연구자가 연구 윤리 교육을 받을 수 있는 홈페이지이다.
http://www.citi.bicstudy.org

2부

임상진단과 평가

04

진단

정신 장애의 진단이란 특정 정신장애에 대한 정의에 입각하여 개인이 가진 문제에 대해 전문적인 용어로 이름을 붙이는 과정이다. 진단은 면담, 행동관찰, 심리평가 등을 통해 여러 정보원으로부터 정보를 수집하고 각 정보들의 중요도를 고려해서 진단적으로 구조화하는 과정을 거쳐 이루어진다. 임상심리전문가나 정신건강임상심리사들의 중요한 역할이 심리 진단과 다양한 치료적 개입을 제공하는 것이다. 실제로 임상 현장에서 대다수의 전문가들이 정신장애를 가진 사람들을 진단 평가하고 분류하는 데 많은 시간을 보내고 있다.

그러나 정신장애는 신체질환에 비해 진단·분류하기가 어렵고 진단자마다 진단의 일치도 및 객관성에 논란이 있는 경우가 많으므로 이를 해결하기 위한 지속적인 노력이 있어 왔다. 이러한 과정에서 개발된 대표적인 진단분류체계diagnosis and classification system가 미국정신의학회에서 개발한 DSM 체계와 세계보건기구에서 개발한 국제질병분류체계ICD 이다.

이 장에서는 정신장애의 정의 및 진단분류체계가 왜 필요하고 어떻게 개발되었는지 발달 과정에 대해 간단히 살펴본 후, DSM과 ICD 체계의 특성과 진단적 구성 요소 및 진단 절차들에 대해 사례와 함께 상세히 소개하고자 한다. 그리고 정신장애 진단분류체계의 신뢰도, 타당도 및 정신장애 진단분류체계에 대한 비판과 향후 개선 방향 및 권고 사항을 제시하였다. 마지막으로 정신장애의 원인에 대한 생물학적, 정신분석적, 행동주의적, 인지적, 통합적(소인-스트레스) 접근을 살펴보았다.

☑ 이 장의 목표

1 정신장애 진단의 정의 및 진단분류체계가 왜 필요한지 이해할 수 있다.

2 정신장애 진단을 내리는 경우에 장점과 단점을 이해할 수 있다.

3 대표적인 진단분류체계인 DSM 체계와 ICD의 특성과 구성 요소에 대해 배운다.

4 정신장애 진단분류체계에서 신뢰도, 타당도의 중요성을 이해할 수 있다.

5 정신장애의 원인에 대한 생물학적·심리사회적 이론에 대해 이해할 수 있다.

진단분류의 정의 및 필요성

대부분의 학문은 그 학문에서 다루는 내용을 체계적으로 기술하기 위한 분류체계를 가지고 있다. 심리장애 혹은 정신장애(이하 정신장애로 표현)[1]에 있어서도 마찬가지이다. 정신장애의 분류classification와 진단diagnosis은 한 개인을 분류체계 내에 있는 특정한 진단 범주에 배치하는 과정을 언급할 때 사용하는 용어이다 (Wicks-Nelson & Israel, 2006). 임상심리전문가나 정신건강임상심리사의 중요한 역할은 심리 진단과 다양한 치료적 개입을 제공하는 것이며, 실제로 임상 현장에서 대다수의 전문가들이 정신장애를 가진 사람들을 진단·평가하고 분류하는 데 많은 시간을 보낸다.

고대 그리스 용어인 진단diagnosis은 '구별하기' 또는 '식별하기'를 의미한다. 정신장애의 진단이란 특정 정신장애에 대한 정의에 입각해서 개인이 가진 문제에 대해 전문적인 용어로 이름을 붙이는 과정이라 할 수 있다. 진단은 심리평가, 면담, 행동관찰 등을 통해 여러 정보원으로부터 정보를 수집한 후 핵심문제를 중심으로 수집한 정보들의 중요도를 고려하여 구조화하는 과정을 거쳐 이루어진다(조수철, 신민섭, 2006). 그러나 정신장애는 단일한 기준에 따라 정의하기가 어렵기 때문에 신체질환에 비해 진단분류하기가 어렵고, 진단자마다 진단의 일치도 및 객관성에 논란이 있는 경우가 많으므로 이를 해결하기 위한 지속적인 노력이 있어 왔다. 이러한 과정에서 개발된 대표적인 진단분류체계가 미국정신의학회APA에서 개발한 정신질환의 진단 및 통계 편람Diagnosis and statistical manual of mental disorder, DSM과 세계보건기구WHO에서 개발한 국제질병분류체계International Classification of Disease Health Problem, ICD[2]이다.

....

1 진단분류체계에는 심리장애뿐만 아니라 생물학적, 유전적, 의학적 요인과 관련된 정신의학적 장애를 모두 포함하므로 정신장애라고 일괄해서 표현한다.
2 ICD는 원래 '국제 질병 및 건강문제 분류'인데 '국제질병분류'라고 번역되었다(이부영, 1992).

정신장애 진단분류체계가 필요한 이유는 첫째, 진단명을 통해 치료진 간에 그리고 치료자와 환자 또는 보호자 간에 의사소통이 효율적으로 이루어질 수 있으며, 개인을 이해하거나 돕기 위한 중요한 정보를 제공한다는 데 있다. 예를 들어 어떤 개인이 주요우울장애라는 진단을 받은 후 심리치료에 의뢰되었다면, 치료자는 그 진단 범주에 속하는 증상들을 즉각적으로 떠올릴 수 있으므로 초기 면담과 심리치료 과정이 보다 효율적으로 이루어질 수 있다. 또한 특정 장애로 진단받은 경우에 가장 우선적이고 적합한 치료적 개입에 대한 결정을 내리거나, 필요한 경우에 관련 분야 전문가들과 치료적 협업을 고려하는 데 도움이 된다(예를 들면, 조현병의 경우에는 약물치료가 우선적으로 선택될 수 있으나 학습장애나 자폐스펙트럼장애의 경우에는 약물치료보다는 특수교육적 치료, 언어치료, 놀이치료, 부모교육 등 다학제적 개입이 권고된다).

둘째, 정신병리의 원인이나 치료 효과 평가 등과 같은 임상 연구에서 공존병리를 가진 대상을 연구에서 배제하고 특정 장애를 가진 연구대상자를 선발하여 다양한 정신장애의 원인을 규명하고 치료방법을 개발하기 위한 통제된 연구가 이루어질 수 있으며, 연구하고자 하는 변인 상에서 여러 진단 집단들 간의 비교를 통해 다양한 정신장애에 대한 명료하고 체계적인 이해와 예후prognosis를 예측하는 데 도움이 된다.

정상과 이상행동의 판단 기준

우리가 어떤 사람의 행동을 보고 심리적으로 혹은 정신적으로 문제가 있는 것 같다고 판단할 때 어떤 기준을 사용하는가? 아마 정상인지, 이상행동인지 판단할 때 사람들마다 중요하게 고려하는 기준이 다를 수 있을 것이다. 이상행동과 정신장애를 정의하는 기준은 학자들마다 다양하며, 단일하게 정의된 절대적인 기준은 없다. 일반적으로 받아들여지는 정상과 이상행동의 판단기준은 ①적응적 기능의 저하 및 손상, ②주관적 고통과 불편감, ③문화적 규범으로부터의 일탈, ④통계적 규준으로부터의 일탈이다(권석만, 2013).

진단분류체계는 무엇이 정상(normal)인지에 대한 기준을 제공하고 있지 않다. 정상이라는 말은 평균의(average), 건강한(healthy), 일반적인(usual), 이상적인(ideal)이라는 의미를 가지고 있다. 이와 같이 정상에 대한 정의는 다양하며 각기 장·단점을 가지고 있다. 예를 들어 정상이 '건강한', 즉 어떤 질환이나 증상이 없는 것을 의미한다면 아마도 일반인들의 50%는 정신적으로 정상이라고 할 수 없을 것이다. '이상적인' 것이 정상이라면 아마도 우리는 결코 정상(normality)에 도달할 수 없을 것이다. 그러나 임상 장면에서는 그때그때마다 진단적 결정을 내려야 하므로 질병과 구분하기 위해 정상으로 간주되는 몇 가지 상태에 대한 기술을 제공하기도 한다. 예를 들어 '연령과 관련된 인지적 감퇴'는 치매가 아닌 중년기 이후의 사람들이 흔히 겪는 문제이다. 사랑하는 사람과의 사별로 인한 슬픔도 그러한 예가 될 수 있다.

출처 Morrison(2015), p. 52.

(1) 적응적 기능의 저하 및 손상

어떤 사람이 정신적으로 건강한가를 판단하는 기준 중의 하나는 자신이 생활하는 환경 내에서 얼마나 적응을 잘하는가와 관련된 것이다. 일상생활이나 직장 및 사회적 관계에서 제대로 업무를 수행하지 못하고 다른 사람들과의 관계에서 여러 가지 어려움과 갈등을 유발하는 정서적 반응과 부적응적인 행동을 보인다면 이상행동으로 보는 것이다. DSM 체계에서는 적응적 기능의 저하 및 손상을 정신장애를 판단하는 중요한 기준으로 간주하고 있지만, 이러한 판단기준에는 몇 가지 제한점이 있다. 적응과 부적응 문제를 판단하는 명확한 경계가 없다는 것, 누가 어떤 점에 근거하여 적응기능이 저하되었거나 손상되었다고 판단하느냐 하는 것, 개인의 부적응 문제가 어떤 심리적 기능의 결함에 의해 초래되었는지 인과관계를 알기 어렵다는 것 등이다.

(2) 주관적 고통과 불편감

정상과 이상행동을 판단하는 두 번째 기준은 개인이 경험하는 주관적 고통과 불편감이다. 어떤 사람이 불안이나 우울, 분노, 절망감 등으로 인해 주관적으로 느끼는 심리적인 고통이나 불편감이 심하다면 정신적으로 건강하지 않고 문제가 있다고 보는 것이다. 주관적인 심리적 고통과 불편감이 부적응 문제와 관련되어 있기는 하지만, 외견상 직업적으로나 사회적으로 인정을 받고 잘 적응하는 것처럼 보이는 사람들 중에는 직업적인 성공과 원만한 대인관계를 유지하기 위해서 많은 스트레스를 경험하고, 늘 긴장감과 불안감으로 인해 심리적인 고통을 경험하는 경우가 있다. 이 기준의 문제점 역시 "어느 정도 심하게 주관적으로 심리적 고통과 불편감을 경험해야 비정상적이라고 볼 수 있는가"이다. 개인마다 심리적으로 고통을 느끼고, 견디고, 표현하는 정도가 다르기 때문에 객관적인 기준을 적용하는 데 어려움이 있다. 특히 이러한 기준의 가장 큰 제한점은 매우 부적응적인 행동을 보여서 주변 사람들에게는 심한 고통을 초래하지만 본인은 별로 주관적 고통과 불편을 느끼지 않는 경우이다. 한 예로 자신이 대단한 능력이나 통찰력을 가지고 있다고 믿는 과대망상grandiose delusion이나 다른 사람이 자신을 사랑한다는 색정망상erotic delusion을 가지고 있는 경우에 그 개인은 그러한 망상이 사실이라 믿고 있기 때문에 주관적으로 심리적 고통과 불편감을 그다지 느끼지 않을 수 있다. DSM 체계에서는 '주관적 고통과 불편감' 역시 정신장애를 판단하는 중요한 기준으로 간주하고 있다.

(3) 문화적 규범으로부터의 일탈

개인이 속한 사회의 문화적 규범에 맞지 않거나 일탈된 감정이나 생각, 행동을 보일 때 이상행동으로 규정할 수 있다. 문화는 사회구성원들이 오랜 세월에 걸쳐서 이룩한 것으로서 한 사회구성원들이 함께 가지는 공통적인 행동 및 사고 방식, 가치와 규범들을 포함하므로 문화적 요인은 정신건강과 밀접한 관계가 있다. 자신이 속한 사회에서 잘 적응하기 위해서는 문화적 규범을 따라야 한다. 서양 문화에서는 처음 만난 이성과 인사를 나눌 때 반갑게 포옹하거나 볼에 가볍게 입맞춤을 하는 게 정상적인 행동일 수 있으나, 우리 사회에서는 처음 만난 이성에게 동의를 구하지도 않고 반갑다고 포옹을 하거나 뺨에 입맞춤을 하는 것은 문화적 규범에서 일탈된 부적절한 행동으로 간주된다. 따라서 '문화적 규범으로부터의 일탈'이라는 기준의 문제점은 문화적 상대성에 있다. 즉, 어떤 문화에서는 정상적인 행동이 다른 문화에서는 이상행동으로 간주될 수 있으며 시대에 따라 문화적 규범이 달라지므로 시대와 문화에 따라 상대적으로 적용해야 한다는 데 문제점이 있다. DSM 체계에서도 정신장애를 정의하는 데 있어서 문화적 요소를 고려하고 있다. 즉, 어떤 진단 기준에 해당되는 행동이라 할지라도 개인이 속한 문화나 집단에서 기대되고 허용되는 행동은 이상행동으로 판단해서는 안 된다고 언급하고 있다.

(4) 통계적 규준으로부터의 일탈

이 기준에 따르면 개인의 행동이 많은 다른 사람들의 평균적인 행동에 비해 매우 일탈되어 있을 때 이상행동으로 간주하는 것이다. 대개 평균치로부터 2 표준편차 이상 일탈되어 있을 때 이상행동으로 규정한다. 대표적인 예가 '지적장애'이다. DSM-5에서 지적장애 진단 기준 A는 지능검사로 산출된 개인의 지능지수가 대략 평균에서 2 표준편차 이하로 평가되었을 때 해당된다. 즉, 평균이 100이고 표준편차가 15인 지능검사에서는 오차범위(±5)를 포함해서 대략 IQ 65~75 범위에 해당된다. '통계적 규준으로부터의 일탈' 기준을 적용할 때에 문제가 되는 것은 평균으로부터 바람직한 방향으로 일탈하는 경우이다. IQ가 130 이상인 경우도 평균치로부터 2 표준편차 이상 일탈되어 있지만 이상행동으로 볼 수는 없다. 또한 통계적 기준을 적용하려면 인간의 모든 심리적·행동적 특성을 측정하고 평균과 표준편차를 산출해야 하는데, 그건 사실상 불가능하다. 또한 평균치로부터 2 표준편차 이상 일탈된 것을 정상과 비정상의 기준으로 삼고 있지만, 이는 이론적으로나 경험적으로 타당한 근거에 입각한 것은 아니다. 하지만 대표적인 객관적 심리진단 검사인 다면적 인성검사MMPI나 성격평가질문지PAI 등 객관적인 심리진단 검사에서 평균치로부터 2 표준편차 이상 일탈된 경우에 이상행동으로 판별하는 기준을 사용하고 있으며, DSM 진단분류체계에서 지적장애와 학습장애 진단 시 이러한 통계적 기준을 적용하고 있다.

앞서 살펴본 바와 같이 정신장애를 규정하는 단일하고 절대적인 기준은 없으며 각 기준마다 장·단점이 있으므로, 실제 임상 장면에서는 전문적인 교육과 임상 수련을 거쳐서 전문가 자격을 취득한 임상심리전문가나 정신건강임상심리사들이 여러 가지 이상행동 판단 기준 및 관련된 모든 심리검사, 면담 자료, 환경적 요인 등 여러 변인을 고려하여 이상행동 혹은 정신장애 여부를 판단한다.

Box 4.2   정신장애란 무엇인가?

정신장애에 대해서는 많은 정의가 존재하지만 그 어느 것도 정확하거나 완벽하지 않다. 이는 '이상(abnormality)'이라는 단어를 적절하게 정의할 수 없기 때문일 것이다. 한 예로 '이상'이 유별나다는 의미라면 매우 지능이 높은 사람도 이상의 범주에 해당한다. '이상'은 개인이 속한 문화에 의해 결정되는 부분도 있다. 물론 그렇지 않은 경우가 더 많긴 하지만 정신장애를 정의하는 데 있어서 문화적 요소도 반드시 고려해야 한다. 어떤 문화에서는 이상행동으로 간주되지만 다른 문화에서는 그렇지 않은 경우가 있기 때문이다.

DSM-5에서는 다음과 같은 정신질환의 정의를 제시하였고, 이에 입각하여 DSM-5 내에 진단을 포함시킬지 여부를 결정하였다.

"정신질환은 임상적으로 중요한 증후군이다. 즉, 사회적·개인적·직업적 기능의 장애와 고통을 유발하는 증상의 집합체(행동적이거나 심리적인 증상)이다."

정신장애의 증상은 일상적인 사건(예: 가족의 죽음)과 관련하여 예상되는 반응 이상의 것이어야 한다. 또한 개인과 사회 간의 갈등을 주로 반영하는 행동(예: 광적인 종교적·정치적 이념)은 보통 정신질환으로 간주하지 않는다. 또한 DSM-5는 주로 북미와 유럽의 환자들을 대상으로 한 연구에 근거한 것이므로 모든 문화에 일률적으로 적용할 수는 없다. 이런 까닭에 정신질환을 문화적 맥락에서 이해하는 것을 돕기 위해 한국판 DSM-5-TR 943~965쪽에는 '문화와 정신과적 진단' 대한 내용이 포함되어 있다.

출처 James Morrison(2016)

정신장애로 진단 내리기 위한 두 가지 조건

일상생활에서 사회적·직업적 역할을 적절히 수행하고 있는 사람들 중에서도 심리적인 문제나 증상을 하나 이상 가지는 경우가 드물지 않은 편이다. 하지만 하나 혹은 몇 개의 증상만으로는 적용 가능한 진단을 내리기에 충분하지 않다. 일반적으로 정신장애 진단을 내리기 위해서는 두 가지 조건이 충족되어야 한다. 첫째, 증상들이 특정한 패턴으로 집합적으로 나타나야 한다(증후군). 예를 들어 우울한 기분, 불안, 불면증, 주의집중 어려움 등은 그 증상 자체만으로는 진단 내릴 수 없다. 둘째, 이러한 증상들로 인하여 임상적으로 유의한 정도의 고통과 사회적·직업적 기능 손상이 초래되어야 한다(박원명 외, 2014).

정신장애의 범주적 분류와 차원적 분류

정신장애에 대한 범주적 분류는 이상행동이 정상행동과 질적으로 다른 명백한 특징이 있다고 보는 반면에, 차원적 분류에서는 이상행동이 정상행동과 질적으로는 다르지 않으며 부적응을 평가하는 몇 가지 연속적인 차원상에서 양적으로 다른 정도의 차이일 뿐이라고 가정한다. 역사적으로 볼 때 범주적인 분류법은 플라톤의 분류법에서 시작된다. 어떠한 질병을 구성하는 임상적인 증상이 있으며 이러한 준거가 되는 진단 기준에 따라 진단을 내리는데, 이러한 진단은 정상적인 건강한 상태와는 분명히 구분되는 특징이 있으므로 임상적인 증상 특징들이 어떤 진단 범주에 속하는가를 판단하는 것이다. 범주적 진단체계는 한 진단 내에 포함되는 모든 사례가 동질적일 때, 각 진단들 사이에 명백한 경계가 있을 때 그리고 다른 진단들이 서로 배타적일 때 임상적으로 유용하게 사용될 수 있으며, 정신장애에 대한 DSM 분류체계의 근간을 이룬다. 차원적 분류는 역사적으로 히포크라테스의 분류법에서 출발한다고 볼 수 있는데, 병적인 상태가 건강한 상태와 질적으로 다른 점은 없다고 본다(조수철, 신민섭, 2006). 양적인 차원에서 진단분할점을 산출하여(예: 벡 우울척도 점수 14점) 그 점수 이상인 경우에 정신장애가 있다고 진단하는 것도 차원적 접근법에 가깝다고 할 수 있다.

차원적 분류는 통계적 기법을 사용하여 관련된 이상행동 유형을 파악하는 경험적 접근법이라 할 수 있다. 요인 분석 등 통계적인 방법을 사용하여 함께 발생하는 경향이 있는 행동들의 요인 또는 군집을 파악하며, 이를 증후군이라 기술한다. 경험적 연구를 통해 확인된 대표적인 두 가지 증후군이 우울, 불안, 위축, 수줍음, 신체증상 등으로 구성된 내재화 증후군internalizing syndrome 그리고 공격행동, 반항, 규칙위반 등으로 구성된 외현화 증후군externalizing syndrome이다. 이러한 두 가지 증후군을 산출하는 데 사용된 대표적인 검사가 아켄바흐Achenbach가 개발한 아동행동평가척도(Child Behavior Checklist, CBCL; Achenbach & Rescorla, 2001)이다.

진단분류체계 개발의 역사

임상 장면에서 사용할 가장 합리적이고 근거에 기반을 둔 유용한 진단체계를 확립하기 위해 대규모의 체계적이고 효율적인 조직을 구성하고 방대한 연구 결과들을 총망라하여 확립된 진단체계가 DSM과 ICD 체계이다(조수철, 신민섭, 2006). 그러나 어떤 진단분류체계도 완벽할 수 없으므로 정신장애에 대한 지식과 연구 경험이 축적되면서 DSM과 ICD 체계에 대한 지속적인 개선 작업이 이루어져 왔다. DSM 체계는 DSM-I이 1952년 처음 출판된 이후에 문헌개관, 현장연구 결과 등에 입각하여 DSM-5-TR(2023)까지 개정되었다. 0~3세 영유아의 정신장애를 분류하기 위해 '진단분류 0-3(DC 0-3)Diagnostic Classification 0-3,'(1994)도 개발되었고, 2005년에 개정판인 'DC 0-3 R'이 출간되었다. ICD 체계는 ICD-6(1949)에 처음으로 정신장애가 포함된 이후로 여러 차례 개정 작업을 거쳐서 현재 ICD-10(1992)이 사용되고 있으며, ICD-11이 2022년에 발표되었다. ICD-11에서는 인터넷게임중독, 스마트폰중독 등 행위중독 부분이 추가되었다. 이렇듯 정신장애 진단체계 개정 과정에서는 축적된 연구 결과와 시대적·문화적 변화상을 반영하여 새로운 진단명이 추가되기도 하고, 기존의 진단명이 삭제되기도 하였다.

표 4.1 | ICD와 DSM의 개발 역사

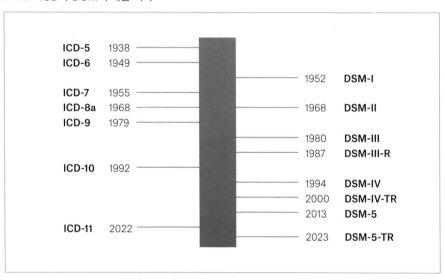

에밀 크레펠린Emil Kraepelin은 신경병리학neuropathology에 기초를 두고 정신장애 진단체계를 마련한 선구자이다. DSM 진단체계는 1883년 크레펠린에 의해 개발된 정신의학분류법에서 나온 것이다. 1952년 출판된 DSM-I은 제2차 세계대전에 참전한 군인들의 정신 상태와 장애를 진단할 기준을 마련하기 위해서 세계보건기구의 ICD-6를 기초로 하여 미국정신의학회에서 개발하였다. 1968년에 DSM-II로 개정되었는데, DSM-II 진단명에는 '반응reaction'이라고 기술된

▲ 에밀 크레펠린(1856~1926), 독일의
정신의학자

것이 많이 있다. 즉, 정신장애를 삶의 갈등이나 부적응에 대한 반응으로 개념화하여 병인론에서 심리적·사회적 요인을 강조한 면이 반영된 것이라 할 수 있다. 예를 들어 크레펠린은 우울증을 원인을 발견할 수 있는 정신질환으로 보았으나, 아돌프 마이어는 우울증을 심리적·사회적·환경적·생물학적 반응으로 보아서 멜랑콜리아melancholia라는 용어보다는 우울depression이라는 용어를 쓰기 시작하였다. 그 결과 정신증적 우울 반응psychotic depressive reaction, 우울신경증depressive neurosis 등이 DSM-II에 진단명으로 포함되었다.

최근 버전인 DSM-5에서의 큰 변화는 병인론 측면에서 볼 때 신경생물학적 요인을 강조하여 진단범주를 재조직화한 점이다. 즉 유아기, 아동기, 청소년기에 처음 진단되는 장애인 지적장애, 자폐스펙트럼장애, 주의력결핍 과잉행동장애(ADHD), 학습장애, 틱장애 등을 '신경발달장애' 범주로 묶은 것은 표현되는 증상보다는 뇌영상 연구나 신경생물학적 연구 결과를 반영하여 병인론에서 중추신경계의 발달지연이나 뇌기능장애와 관련된 것을 강조한 것이다. 마찬가지로 우울장애와 양극성장애도 기분장애 범주에서 별도의 독립된 장애로 각각 분류되었다. 강박장애도 불안장애 범주에서 '강박 및 관련 장애'로 별도로 분류되었다. 불안장애에 속했던 강박장애가 DSM-5에서 '강박 및 관련 장애'로 분리된 것은 강박증의 원인론에서 전두-선조체 회로frontal-striatal circuit의 이상을 시사하는 뇌영상 연구와 약물 연구 결과에 영향을 받은 것이며, 강박장애를 조현병이나 ADHD, 자폐스펙트럼장애와 더불어 대표적인 신경발달장애로 보는 추세를 반영한 것이다.

이렇게 병인론에서 유전적·생화학적·신경심리학적·심리적 요인을 모두 고려할 수 있게 된 것은 컴퓨터공학, 뇌영상 기술, 유전학, 신경과학 등에서의 급속한 발전 없이는 불가능하다. 4차 산업사회로 접어든 현재에는 인공지능, 빅데이터 분석, 기계학습machine learning 등 최첨단 IT 기술이 정신장애 병인론에 대한 연구나 진단 및 치료에서 중요한 패러다임으로 자리 잡았으며, 이러한 방법론을 이용한 정신장애 병인론과 알고리즘뿐 아니라 IT-기반 정신건강증진 프로그램과 디지털 치료제 개발 등 치료적 개입에 대한 많은 연구가 활발히 이루어지고 있는 추세이다. 이제까지 사용해 왔던 로마자 표기(DSM-I, II, III, IV)를 DSM-5에서는 아라비아 숫자로 바꾼 것도 이런 향후 연구 결과에 따라 DSM-5.1, DSM-5.2… 등으로 지속적인 개정을 하겠다는 의지를 표현한 결과라고 한다.

대표적인 진단분류체계

미국정신의학회의 DSM 체계

DSM은 각 정신장애를 정의하는 증상들로 구성된 진단 기준에 입각하여 그 기준을 만족시킬 경우에 특정 정신장애로 진단하는 범주적인 분류categorical classification 체계이다. DSM 진단체계는 특정 장애의 본질적인 특성들을 기반으로 하여 경험이 풍부한 임상가들의 기술로부터 시작되었다. DSM에는 각 장애별로 진단 기준이 구체적으로 명확하게 제시되어 있고 감별진단을 위한 지침도 자세히 제공함으로써 진단자 간의 진단 일치도를 높였다.

(1) DSM-I (1952)

기본적으로 DSM은 질병의 의학적 모형을 따른다. 앞서 기술한 바와 같이 DSM-I은 1952년에 크레펠린의 정신의학분류법에서 유래되었는데, 상당히 유사한 양상을 보이는 환자집단을 대상으로 과학적 연구를 진행하여 특정장애의 증상, 징후, 생애경과를 도출하는 기술적 작업을 통해서 이루어졌다(조수철, 신민섭, 2006).

미국에서 처음으로 정신장애를 분류하고자 하는 시도는 통계학적 정보를 수집하는 과정에서 이루어진 것이다. 1950년대 미국정신의학회 위원회는 학회 회원들에게 설문지를 돌리고 회신을 받아 몇 차례 수정하는 과정을 거치고 모든 APA 회원들의 투표 참여를 통해 1952년에 정신질환의 진단 및 통계 편람(DSM-I)을 출판하였다. DSM-I은 132쪽으로 이루어져 있으며 106개 정신장애를 수록하였고,[3] 이는 크게 3개 영역으로 구분된다. (1)코르사코프 증후군Korsakoff's syndrome, 간질(2010년 뇌전증으로 용어 변경) 등의 기질적 뇌 증후군, (2)우울, 정신분열증(2011년 조현병으로 용어 변경) 등의 기능적 장애functional disorders, (3)정신박약mental deficiency(DSM-5에서 지적발달장애로 용어 변경). 기능적 장애는 정신 증적 장애, 신경증적 장애, 성격장애로 다시 나누어졌다. 아동청소년 장애에는 아동/청소년기 적응반응adjustment reaction of childhood adolescence과 아동기 정신분열병적 반응schizophrenic reaction childhood type 등 두 범주가 포함되었지만, 아동청소년 진단 기준이 별도로 마련된 것이 아니라 성인 진단 범주에 따라서 진단되었다(Blashfield et al., 2014).

(2) DSM-II (1968)

세계보건기구는 정신장애 진단에 대한 전 세계적으로 합의된 체계를 만들고자 국제위원회를 구성하여 ICD-8(1965), ICD-8a(1968)를 출판하였는데, ICD-8a의 미국판이 바로 DSM-II이다. DSM-II는 11개 영역의 182개 정신장애를 수록하였고, 불안장애, 우울장애, 성격장애 부분이 확장되었다(Blashfield et al., 2014). 성인의 경우보다 심리적·사회적 요인을 강조하는 면이 반영되어 아동청소년 정신장애를 반응적인 것으로 보았으며, 집단비행반응group delinquent reaction, 과잉행동반응hyperkinetic reaction, 과잉불안반응overanxious reaction, 가출반응runaway reaction, 비사회화 공격반응unsocialized aggressive reaction, 철회반응withdrawing reaction이 추가되어 성인 정신병리와는 다르다는 점이 반영되었으나, 진단 기준은 별도로 제시되지 않았다(안동현, 김태호, 2014).

(3) DSM-III (1980)

DSM-III에서는 정신역동을 근간으로 하는 DSM-II로부터 급진적인 변화를 시도하였으며, 각 정신장애를 더욱 구체적이고 다양하게 범주화하였다. 정신장애에 대한 병인론에서 중립적이고 기술적인 진단 준거를 제시하였고, 진단체계의

....

3 DSM-I에 포함된 정신장애의 수는 106개 혹은 108개로 인용한 출처마다 약간 다르게 보고되고 있다. DSM-II 역시 182개 혹은 180개로 출처마다 약간 다르다.

임상적 유용성을 강조하였다. 시대적 배경을 살펴보면 당시 정신장애에 대한 다양한 치료 약물들이 개발되고 있었고, 이와 맞물려 정신의학에서 의학적 관점을 중시하는 신크레펠린 학파가 득세함에 따라 정신의학 패러다임이 변화하게 되었다. DSM-I/II의 출판 목적이 정신병리에 대한 진단명을 통일하여 치료진 간에 의사소통을 향상시키는 것이었다면, DSM-III의 경우에는 정신의학에서의 과학적인 관점을 추구하는 것이었다. 따라서 DSM-III에서는 DSM-I/II가 장애에 대해 증명되지 않은 가설을 토대로 하면서 조작적 정의를 사용하지 않았기 때문에 임상가와 문화마다 진단이 의미하는 경우가 다르다는 점을 비판하였고, 이러한 단점을 보완하여 진단자들 간에 진단의 신뢰도를 높이기 위해 각 장애의 진단 기준을 명백하게 기술적으로 제시하였다. 이에 더해 경험적인 연구를 통해 밝혀진 전형적인 인구통계학적 특성이나 감별진단, 장애의 발병이나 경과 등에 대해서도 상세하게 명시하였다.

DSM-III에서는 정신장애가 배타적이고 불연속적인 질환이라는 전제하에 각각의 장애를 주관적인 보고, 직접적 관찰 그리고 검사 결과에 입각하여 개별 환자들에게서 공통적으로 나타나는 증상들을 군cluster으로 묶은 증후군으로 보았다. 이를 통해 조작적으로 정의된 진단 기준을 확립하여 환자들을 진단분류함으로써 진단자 간에 신뢰도가 높아진다면 과학적 연구가 가능하고, 나아가 연구 결과를 축적하고 임상적 지식을 체계적으로 정리·전달하는 것이 가능할 것이라고 생각하였다. 또한 DSM-III의 집필진들은 각 증후군에 대한 생물학적 지표를 발견할 수 있을 것이라 예상하였다. 또한 DSM-III는 다축진단체계를 도입하여 정신장애를 체계적으로 진단할 수 있도록 하였다.

축 I: 임상적 장애clinical disorders 및 임상적 주의를 필요로 하는 상태
축 II: 성격장애 및 정신지체
축 III: 일반적인 의학적 상태
축 IV: 심리사회적 및 환경적 문제
축 V: 전반적 기능평가 척도(GAF)Global Assessment of Functioning

1987년에는 새로운 연구 결과들을 갱신하여 진단 기준을 개정한 DSM-

III-R이 출판되었다. DSM-III의 다축체계나 진단 기준의 사용, 정신장애의 주요 구성은 그대로 유지하였으며, 수면장애와 흡입제 남용/의존/중독과 같은 새로운 진단 범주를 포함하였고, 아동기 혹은 청소년기 정신분열성 장애 Schizoid Dis-

---

Box 4.3   다축진단 사례 예

대학교 3학년에 재학 중인 A양은 지도 교수의 권유로 정신건강의학과에 내원하였다. A양은 혼자서 하는 과제는 훌륭하게 해냈지만, 학생들 앞에서 발표를 해야 하는 상황에서는 심한 불안을 경험했다. 발표를 시작하기 전부터 불안감이 점점 높아지고 심장이 빨리 뛰기 시작했으며, 마이크를 잡고 학생들 앞에 서자 숨이 가빠지고 목소리가 심하게 떨렸다. 떨리는 목소리를 고르기 위해 목을 가다듬어 보지만 모든 사람들이 자신을 주목한다는 생각에 극도로 불안해졌고 얼굴에서는 열이 나는 것을 느꼈다. 머릿속이 하얘진 상태로 열심히 준비한 발표자료를, 앞을 보지 않고 시선을 피한 채 읽어 내려갔으나 말을 더듬는 자신의 행동에 대해 학생들이 비웃는 것 같이 느껴져 더 이상 발표를 하지 못하고 중단했다. 이를 전해 들은 지도 교수는 A를 불러 상담을 했는데, A는 울면서 한 번 더 남은 발표도 하지 못할 것 같으니 수강 취소를 해 달라고 호소했다. A는 수업시간뿐만 아니라 최근에 친구의 강요로 억지로 나가게 된 단체 소개팅 자리에서도 마주 앉은 사람과 눈을 마주치지 못하고 얼굴이 붉어져 아무 말도 하지 못했고 식사도 제대로 하지 못했다고 말했다.

A는 어려서부터 담임교사로부터 수줍음이 많고 말수가 적다는 평가를 자주 들어왔다고 한다. 안면홍조증이 있었던 A는 초등학교 3학년 때 친구들로부터 얼굴이 붉다는 이유로 놀림을 받았지만 제대로 대처하지 못했고 얼굴이 더욱 새빨개지면서 울기만 했다. 이러한 반응에 어떤 아이들은 A에게 별명을 부르며 놀리고 A의 물건을 숨겨두거나 따돌리는 등 또래들에게 괴롭힘을 당했다고 한다. 중고등학교 때에도 다른 사람 앞에 나서는 것을 두려워했고, 자기 스스로 못생겼다고 생각하면서 다른 사람들의 눈에 띄지

않으려 했다. 또다시 놀림을 당하지 않을까 하는 걱정에 아주 친한 친구 몇 명 외에는 만남을 회피했다고 한다. 하지만 친한 친구들과 함께 있는 자리에서는 크게 불안해하지 않고 자신의 생각을 적절히 표현할 수 있었으며, 대학교 진학 후 몇몇 발표 과제가 포함된 수업을 제외하면 강의 내용을 이해하고 과제물을 제출하는 데에는 전혀 어려움이 없었다. 발표 과제에서 최하점을 받기는 했지만 필기시험이나 다른 혼자서 하는 과제에서는 양호한 성적을 받아서 전체 평점 A를 유지해 왔다.

A의 아버지는 가족들에게 무뚝뚝했고 바쁜 직장 일 때문에 가족들과 대화할 시간이 없었다고 하며, A가 낮은 성적을 받아올 때만 가끔 혼을 냈다고 한다. 전업주부였던 어머니는 A와 얼굴이 예쁘고 사교성이 좋은 언니를 항상 비교했으며, A가 안면홍조증을 치료해 달라고 어머니에게 여러 차례 말했지만 나이 들면 점차 나아질 거라며 대수롭지 않게 생각하고 귀 기울이지 않았다고 한다. 이에 학교에서 따돌림을 당했을 때에도 부모에게 알리지 못하고 혼자서 끙끙 앓았다고 한다.

축 I.   사회불안장애(social anxiety disorder)
축 II. 회피성 성격 특성(avoidant personality trait)
축 III. 안면홍조증(hot flush)
축 IV. 또래 괴롭힘 과거력(peer bullying history), 경한 수준의 부모의 정서적 방임(parental emotional neglect)
축 V. 61-70*

* GAF 점수 61-70은 한 영역에서 경도의 증상을 보이거나, 사회적·직업적 혹은 학교에서의 기능 중 한 가지에서 어려움이 있는 경우에 해당됨. 그러나 대체로 잘 기능하고 있고 몇몇 사람들과는 의미 있는 대인관계를 맺고 있음.

order of Childhood or Adolescence를 삭제하는 등 상당한 변화가 이루어졌다.

(4) DSM-IV (1994)

1992년 출판된 ICD-10과 호환을 이루기 위해 DSM-IV가 출판될 필요성이 제기되었다. DSM-IV는 DSM-III와 마찬가지로 다축진단체계와 기술적인 접근법을 채택하였으며, DSM-III에서 제시된 의문점에 대한 경험적 증거들을 보완하였다. 또한 2000년에 체계적인 문헌개관 및 현장연구를 포함한 경험적 연구 결과들을 갱신하여 DSM-IV-TRText Revision이 출판되었는데, 이때 진단 기준 내용에서의 변화는 없었지만 장애와 관련된 특징에 대한 정보, 문화와 연령, 성별 특징, 장애의 예상되는 경과, 유병률, 가족 양상 등에 관한 정보가 포함되었다 (APA, 2000).

(5) DSM-5(2013), DSM-5-TR(2023)

DSM-5에서 가장 중요한 변화 중 하나는 다축진단체계를 폐기했다는 것이다. DSM-IV에서 성격장애와 정신지체를 축 II 진단으로 분류한 이유는 평생에 걸쳐 지속되는 장애에 특별한 지위를 부여하여 환자들의 주요한 정신병리를 치료할 때 이를 간과하지 않게 하려는 목적에서였다. 그러나 이러한 다축진단체계가 임상적 유용성과 타당성이 부족하다는 이유로 DSM-5에서는 다축진단체계를 없애고, 축 II의 성격장애와 정신지체(지적발달장애로 용어 변경됨), 축 III의 신체질환이나 일반적 의학적 상태 등은 축 I 진단과 함께 동등하게 나란히 기술하였다. 또한 축 IV의 심리사회적·환경적 문제, 축 V의 전반적 기능상태 평가는 일차 진단에 부가적으로 기술하도록 하였고, 축 V에서 사용되었던 '전반적 기능평가 척도GAF'는 개념이 명료하지 않고 임상 현장에서 적용하는 데 문제점이 있어서 WHO에서 개발한 '세계보건기구 장애평가목록(WHODAS) 2.0'을 사용하도록 하였다. WHODAS 2.0은 6개 영역—이해력 및 의사소통, 이동 능력, 자조, 사교 활동, 일상적인 활동, 사회 참여—에서 개인의 활동수행 능력을 평가하기 위해 개발된 36문항으로 구성된 자기보고형 질문지이다.

또한 특정 장애의 진단 기준을 모두 충족시키지 못하고 몇 가지 기준만을 충족하는 경우에 사용하였던 '달리 분류되지 않는Not Otherwise Specified, NOS'이라는 진단을 '달리 명시된Other Specified' 혹은 '명시되지 않는Unspecified'으로 변경하였다. 예를 들면, '달리 명시된 불안장애'는 사회적·직업적 또는 다른 중요한 기능 영역에서 임상적으로 현저한 고통이나 손상을 일으키는 불안장애의 특징적인 증상들을 보이지만, 불안장애의 진단범주에 속한 장애 중 어느 것에도 진단 기준을 완전히 만족하지 않는 경우에 적용된다. 이때 '달리 명시된 불안장애' 진단은 특정 불안장애의 진단 기준에 맞지 않는 이유에 대해 임상가가 교감할 수 있는 경우에 사용되며, 만일 특정 불안장애의 진단 기준에 맞지 않는 이유를 명시하고 기술할 수 없는 경우에는 '명시되지 않는 불안장애' 진단이 적용된다(권준수 외, 2015).

또한 DSM 자체는 범주적 진단분류체계이지만 차원적 접근이 더 유용한 장애나 증상에 대해서 차원적 개념을 도입하려는 시도를 보였다. 먼저 진단명 자체도 차원을 염두에 두고 '~스펙트럼 spectrum', '~ 관련related'으로 재정비하여 장애들을 서로 별개인 것으로 취급하는 엄격한 경계선을 없애려고 시도하였다(예: 자폐스펙트럼장애, 양극성 및 관련 장애). 또한 진단 기준에 심각도를 명시자specifier로 붙여서 더 많은 정보를 함유할 수 있도록 하였다. 예를 들면, 알코올사용장애의 경우 11개의 진단 기준 중 충족되는 개수에 따라 심각도를 세분화할 수 있다. 또한 신경인지장애의 경우 주요major와 경도mild로 나눔으로써 진단의 특이도specificity를 향상시킬 수 있도록 하였다. 마지막으로 일차 정신병리 진단 기준에 맞지 않는 정신과적 증상을 명시자로 나란히 적을 수 있도록 하였다. 예를 들어, 만약 주요우울장애에서 불안증이 동반된 경우에는 이를 주요우울장애 진단명을 기록할 때 명시할 수 있도록 하였다(주요우울장애, 불안증 동반).

DSM-5는 160개 범주의 541개 진단 기준으로 구성되어 있다. '성별 불쾌감Gender Dysphoria DSM-5-TR(DSM-5-TR 한국판에서는 '젠더 불쾌감'으로 번역)' 범주가 추가되었고, 우울장애 범주 내에 '파괴적 기분조절부전장애Disruptive Mood Dysregulation Disorder', 강박 및 관련 장애 범주 내 '수집광Hoarding Disorder'과 '피부뜯기장애Excoriation Skin-Picking Disorder', 물질관련 및 중독장애 범주 내에 비물질 관련 장애인 '도박장애Gambling Disorder'가 추가되었다. '자폐스펙트럼장애'는 이전의 자폐성장애, 아스퍼거장애, 아동기 붕괴성 장애, 달리 분류되지 않는 전반적 발달장애Pervasive

Developmental Disorder Not Otherwise Specified를 모두 포괄하는 용어가 되었다(표 4.2, 4.3). 성격장애는 DSM-IV의 진단 기준을 그대로 차용하였지만, 그에 더해서 성격장애에 대한 대안적인 차원적 모델도 제시하였다(표 4.4).

DSM-5에서는 분자생물학, 인지 및 정서 신경과학, 신경영상학, 유전학 등 최신의 신경생물학적 연구 결과를 반영하여 과거 DSM-IV에서 문제점으로 지적되어 왔던 높은 공병률을 개선하기 위해 노력했다. 또한 진단과 관련된 생애 전반의 발달적 주제들을 진단에 포함시켜서 신경인지장애와 신경발달장애를 독립시켰고, 아동에게만 적용할 수 있는 특정 진단 기준을 세부적으로 제공하였다.

기존의 DSM 체계에서는 성격장애 역시 일반적인 행동이나 정상으로 여겨지는 증상과 뚜렷하게 구분되는 임상적 증후군 범주를 토대로 개념화되었다. 하지만 진단에 차원적으로 접근해야 한다고 생각하는 연구자들은 성격장애가 이

표 4.2 | DSM-IV와 DSM-5 진단범주의 변화

DSM-IV	DSM-5
· 유아기, 아동기 또는 청소년기에 보통 처음 진단되는 장애	· 신경발달장애
· 섬망, 치매, 기억상실장애 및 기타 인지장애	· 조현병 스펙트럼 및 기타 정신병적 장애
· 다른 곳에 분류되지 않는 일반적인 의학적 상태로 인한 정신장애	· 양극성 및 관련 장애
	· 우울장애
· 물질 관련 장애	· 불안장애
· 정신분열증 및 기타 정신증 장애	· 강박 및 관련 장애
· 기분장애	· 외상 및 스트레스 관련 장애
· 불안장애	· 해리장애
· 신체형장애	· 신체증상 및 관련 장애
· 허위장애	· 급식 및 섭식 장애
· 해리장애	· 배설장애
· 성장애 및 성 정체감 장애	· 수면–각성장애
· 섭식장애	· 성기능부전
· 수면장애	· 성별 불쾌감
· 다른 곳에 분류되지 않는 충동조절장애	· 파괴적, 충동조절 및 품행 장애
· 적응장애	· 물질관련 및 중독 장애
· 성격장애	· 신경인지장애
· 임상적 관심의 초점이 될 수 있는 기타 상태	· 성격장애
	· 변태성욕장애
	· 기타 정신질환
	· 약물로 유발된 운동장애 및 약물치료의 기타 부작용
	· 임상적 주의의 초점이 될 수 있는 기타의 상태

표 4.3 | DSM-IV와 DSM-5에서 하위 진단범주 및 진단명 변화

DSM-IV	DSM-5	
유아기, 소아기, 청소년기에 흔히 처음 진단되는 장애 범주	신경발달장애 범주	신경발달장애 外 범주
정신지체	지적발달장애	
표현성 언어장애	언어장애	
혼재 수용-표현성 언어장애		
음성학적 장애	말소리장애	
말더듬기	아동기 발병 유창성장애(말더듬)	
	사회적(실용적) 의사소통장애(새로 추가)	
자폐성 장애	자폐스펙트럼장애	
아스퍼거 장애		
소아기 붕괴성 장애		
광범위성 발달 장애		
레트장애	(삭제)	
읽기장애 산술장애 쓰기장애	특정학습장애	
주의력결핍 및 과잉행동장애	주의력결핍 과잉행동장애	
품행장애		[파괴적, 충동조절 및 품행장애]에 포함
반항성장애		
이식증		[급식 및 섭식 장애]에 포함
반추장애		
뚜렛장애	틱장애	
만성 운동 또는 만성 음성 틱장애		
일과성 틱장애		
유분증		[배설장애]에 포함
유뇨증		
분리불안장애		[불안장애]에 포함
선택적 함구증		
반응성 애착장애		[외상 및 스트레스 관련 장애]에 포함

* 음영이 들어간 것은 DSM-5로 개정되면서 통합되거나 다른 장애 범주에 포함된 경우이다.

표 4.4 | DSM-IV와 DSM-5에서 성격장애 진단 범주의 변화

DSM-IV와 DSM-5에서 공통으로 쓰인 성격장애 진단 모형	성격장애에 대한 대안적 DSM-5 모형
일반적 성격장애 　A군 성격장애 　　편집성 성격장애 　　조현성 성격장애 　　조현형 성격장애 　B군 성격장애 　　반사회성 성격장애 　　경계성 성격장애 　　연극성 성격장애 　　자기애성 성격장애 　C군 성격장애 　　회피성 성격장애 　　의존성 성격장애 　　강박성 성격장애 　기타 성격장애 　　다른 의학적 상태로 인한 성격 변화 　　달리 명시된 성격장애* 　　명시되지 않는 성격장애*	성격장애의 일반적인 진단 기준 특정 성격장애 　반사회성 성격장애 　회피성 성격장애 　경계성 성격장애 　자기애성 성격장애 　강박성 성격장애 　조현형 성격장애 　특질에 따라 명시된 성격장애 성격특질 DSM-5 성격장애 특질의 영역과 양상의 정의

*DSM-5에서 추가된 분류명

상abnormal부터 정상까지의 연속선상에 존재하는 성격 특질의 역기능적 변인이라고 주장하였다. 이를 감안하여 DSM-5에서는 기존의 범주적 접근에 차원적 모형을 결합하여 새로운 혼합형 '범주 차원 모형categorical-dimensional model'을 창안하였다. DSM-5에 두 모델을 모두 포함한 것은 임상 활동과 연속성을 유지하면서 성격장애에 대한 현재의 범주적 접근이 지니는 단점을 보완하기 위한 것이다(표 4.4, 4.5, 4.6). 성격장애에 대한 대안적 DSM-5 모델에서는 10가지 DSM-IV 성격장애 범주 중 4가지(편집성, 조현성, 연극성, 의존성)를 제외하고 반사회성, 회피성, 경계성, 자기애성, 강박성, 조현형 성격장애의 진단 기준을 재정비하였다.

　새로이 개정된 혼합 모델에서 성격장애의 진단은 2가지 평가를 필요로 한다. 진단 기준 A는 성격 기능의 손상 수준을 평가하며 진단 기준 B는 병리적 성격특질을 평가한다. 진단 기준 A인 성격 기능의 손상 수준 평가에서는 자기와 대인관계기능에서의 장애가 성격장애에서 핵심이 되므로 정체성과 자기주도성을 포함한 '자기'기능과 공감과 친밀감을 포함한 '대인관계' 기능에서의 장애를 연속선상에서 평가한다. 이때 성격 기능 수준 척도Level of Personality Functioning Scale

표 4.5 | DSM-5-TR 강박성 성격장애 진단 기준

융통성, 개방성, 효율성을 희생하더라도 정돈, 완벽, 정신적 통제 및 대인관계의 통제에 몰두하는 만연된 패턴이 성인기 초기에 시작되며 여러 맥락에서 나타나고, 다음 중 4가지(또는 그 이상)를 충족한다.

1. 내용의 세부, 규칙, 목록, 순서, 조직 혹은 스케줄에 몰두하여 활동의 주요 요점을 놓침
2. 과제의 완수를 방해하는 완벽함

   (예, 자신의 지나치게 엄격한 기준을 충족하지 못해 프로젝트를 완수할 수 없음)
3. 여가 활동과 친구 교제를 마다하고 일과 성과에 지나치게 열중함

   (경제적으로 필요한 것이 명백히 아님)
4. 도덕, 윤리 또는 가치관에 대해 지나치게 양심적이고, 꼼꼼하며 융통성이 없음

   (문화적 혹은 종교적 정체성으로 설명되지 않음)
5. 감상적 가치조차 없는데도 낡고 쓸모없는 물건을 버리지 못함
6. 자신의 일하는 방법에 정확하게 복종적이지 않으면 일을 위임하거나 함께 일하지 않으려 함
7. 자신과 다른 사람 모두에게 돈을 쓰는 데 인색함, 돈을 미래의 재난에 대비하는 것으로 인식함
8. 경직성과 고집스러움을 보임

출처 APA(2023), p. 847-848.

표 4.6 | 강박성 성격장애에 대한 대안적 DSM-5-TR 모델 진단 기준

A. 성격 기능에서 중등도 이상의 손상이 있다. 다음의 4가지 영역 중 2가지 이상의 영역에서 특징적인 장해를 보인다.

1. **정체성**: 주로 업무 또는 생산성에서 파생된 자기감(sense of self); 강한 감정의 표현과 경험의 제한
2. **자기주도성**: 행동에 대한 내적 기준이 경직되고 비합리적으로 높을 뿐 아니라 융통성이 부족하여 과제를 완료하고 현실적인 목표를 세우기 어려움; 과도하게 성실하고 양심적인 태도
3. **공감**: 타인의 생각, 감정, 그리고 행동을 이해하고 인식하는 것의 어려움
4. **친밀감**: 관계는 업무와 생산성에 비해 이차적인 것으로 보임;

   경직성과 완고함이 다른 사람과의 관계에 부정적인 영향을 줌

B. 4가지 병리적 성격 특질 중 3가지 이상이 존재하며, 그중 하나는 반드시 (1) 경직된 완벽주의이어야 한다.

1. **경직된 완벽주의**(극단적 성실성의 측면[애착상실과 양극단에 있음]): 자신 또는 다른 사람의 수행을 포함하여 모든 것이 결함 없이 완벽해야 하며, 오류나 잘못이 없어야 한다는 것에 대한 경직된 고집; 모든 세부 사항이 정확하다는 것을 확인하기 위해 적절한 시기를 놓침; 일을 하는 데 있어 하나의 옳은 방법만 존재한다는 믿음; 생각, 그리고/또는 관점의 변화가 어려움; 세부 사항, 조직화, 그리고 순서에 대한 집착
2. **고집증**(부정적 정서성의 측면): 행동이 기능적 또는 효과적이 되기 위해서 중단된 이후에도 오랫동안 과제를 지속함; 반복되는 실패에도 불구하고 동일한 행동을 지속함
3. **친밀감 회피**(애착상실의 측면): 친밀한 또는 낭만적인 관계, 대인관계 애착, 그리고 친밀한 성적 관계의 회피
4. **제한된 정서성**(애착상실의 측면): 정서적으로 각성되는 상황에서 거의 반응을 보이지 않음; 제한된 감정 경험 및 표현; 무관심 또는 냉담함

출처 APA(2023), p. 975.

를 사용하여 임상가는 각 요소들에 대해 5점 척도로 평정한다(수준 0: 손상이 거의 없거나 없음, 수준 1: 경도 손상, 수준 2: 중등도 손상, 수준 3: 고도 손상, 수준 4: 극도의 손상). 성격장애 진단을 위해서는 성격 기능에서 중등도 또는 그 이상의 손상이 요구된다.

진단 기준 B에서 병리적 특질은 5개의 광범위한 특질trait 영역—부정적 정서성, 애착상실, 적대성, 탈억제, 정신병적 경향성—으로 구성되어 있으며, 5개의 특질 영역 내에 25개의 특정한 '특질 양상facet'이 포함되어 있다. '특질 양상'도 연속선상에 존재하는데, 각 성격장애에 전형적인 특질 양상의 대부분을 보일때 성격장애 진단을 내릴 수 있다.

DSM-5에서 새로 제시된 성격장애의 범주적·차원적 진단 기준은 강박성 성격장애의 예시를 보면 쉽게 이해할 수 있다(표 4.5, 4.6).

DSM-5-TR(2023)은 DSM-5의 첫 번째 개정판으로, DSM-5 진단 기준 중 70개 이상의 질환에 대해 수정이 이루어졌다. 문헌검토를 통해서 정신질환에 대한 설명문을 최신의 것으로 갱신하였는데, 가장 광범위하게 갱신된 부분은 유병률, 위험 및 예후인자, 문화와 관련된 진단적 쟁점(문화와 정신과적 진단), 성, 젠더와 관련된 쟁점 및 자살사고 혹은 행동과의 연관성, 그리고 동반이환이다. 자살 및 비자살적 자해행동을 보고하기 위한 새로운 진단인 지속적 비탄장애가 추가되었다. 또한 부록으로 DSM-5-TR 진단과 ICD-10-CM 증상부호화 목록이 추가되었다(권준수 외, 2023).

이제까지 DSM 진단체계에 대해 살펴보았다. 다음 사례에서 DSM-5-TR 진단 기준에 입각하여 진단이 어떻게 이루어지는지 제시하였다(Box 4.4).

Box 4.4 '걱정꾼'으로 살고 있는 K

K는 늘 '걱정꾼'으로 살고 있다. 35세인데도 여전히 학교에서 낙제하는 악몽을 꾼다. 최근에는 자신이 외줄타기를 하고 있는 것 같은 느낌이 들었다. 대기업에서 대표이사를 보좌하는 업무를 맡고 있는데 사장이 그의 업무성과를 매우 칭찬하는 말을 여러 번 했지만 안심하지 못하고 이 직책을 맡은 이후로 매일매일 초조하다고 말하였다. K는 업무에 집중하기 어려웠고, 밤이 되면 몸은 피곤하지만 잠드는 데 어려움이 있었으며 자다가 깨는 일이 반복되었다. 사소한 일에도 과민해져서 집에서 아이들에게 짜증을 내고

소리 지르기 시작하였다. 공황발작을 경험한 적은 없으며, 우울하다고 생각해 본 적도 없었다. 자신이 좋아하는 스포츠나 활동에서는 여전히 즐거움을 느끼고 있었다. 자신이 아내에게 충분히 좋은 남편이 아니므로 아내가 자신을 떠날지 모른다고 걱정하였다. 불안감을 없애기 위해 명상을 시도해 보았지만 오히려 자신의 문제에 더 집중하게 되었으며, 저녁식사 때 술을 마셔보기도 하였는데 이는 알코올중독에 대한 걱정을 촉발시켰다. 면담 시 K의 외모는 단정하였지만, 다소 안절부절못하였고 불안해 보였다. 말은 적절하고 명료했으며, 강박증상이나 공포증, 망상 혹은 환각 경험은 없다고 하였다. K는 자신의 주된 문제가 불안감이 지속되는 것이라고 하였다.

DSM-5-TR에 입각한 K의 진단

K는 삶의 많은 측면에서 걱정을 하고 있으며(직장, 아내와의 관계, 알코올중독 등) 이러한 걱정은 실제로 정상적인 수준의 일상적인 걱정보다 과도한 것으로 보

인다(진단 기준 A). 명상이나 알코올을 통한 이완 등 반복적으로 노력해 보았지만 걱정을 통제할 수가 없었다(진단 기준 B). 집중하기 어려움(진단 기준 C3), 피곤(C2), 과민성(C4), 수면문제(C6)와 같은 네 가지 신체적·정신적 증상을 보였으며(진단 기준은 3가지 이상이면 충족됨), 증상이 지속된 기간이 진단에서 요구되는 6개월을 초과하여 거의 매일 어려움을 경험하였다(진단 기준 A). 그는 이러한 증상으로 인해 상당한 고통을 경험하였다(진단 기준 D). 위 사례에서 제공한 정보를 고려해 볼 때 증상이 물질(예: 약물남용이나 치료약물)이나 다른 의학적 상태(예: 갑상선 기능항진증)에 기인되었을 가능성은 배제할 수 있으며(진단 기준 E), 정신병적 장애, 기분장애, 신체증상장애 등 다른 정신질환으로 더 잘 설명되지 않는다(진단 기준 F).

진단: F41.1[4] 범불안장애(Generalized Anxiety Disorder)

출처 James Morrison(2016), pp.189-191. APA(2015), p. 236.

세계보건기구의 국제질병분류체계

(1) 국제질병분류체계의 역사

① ICD 출간에서 ICD-6까지

국제질병분류체계 (ICD) International Classification of Diseases는 각 나라의 사망원인에 대한 통일된 용어의 필요성에 따라 처음으로 정리되었다. 1900년에 '국제 사망원인 목록International List of Causes of Death, ICD'이라는 이름으로 초판이 출간되었고, 이후 1938년까지 대략 10년마다 ICD 개정이 이루어져 ICD-5까지 출간되었다. 한편 그 시기에 이환율과 사망률 분류를 통합할 필요성이 점차 제기됨에 따라 미국정신의학회의 대표들을 포함한 미국의 사망원인위원회, 캐나다·영국의 정부대표 및 UN의 건강부서는 1944년에 '질병, 손상 및 사망 원인의 통계적 분류

----

4   F41.1은 ICD-10에 명시된 진단코드이다.

Statistical Classification of Diseases, Injuries and Causes of Death'라는 통합된 분류를 제시하였고, 이후 미국, 영국, 캐나다의 임상 현장에서 검증된 추가적인 정보에 입각하여 수정되었다.

UN은 제2차 세계대전 직후에 WHO에 질병의 국제적 명명법, 원인, 공중위생 관행, 표준화된 진단 과정을 수립·개정하는 업무를 위임했다. 이에 따라 1946년 WHO의 임시위원회에 ICD 6번째 개정을 위한 준비와 '국제 병인 목록International Lists of Causes of Morbidity'의 설립 업무가 배정되었다. WHO 임시위원회에서 앞서 언급한 1944년에 제시된 사망통계 분류를 국제적으로 검토하고 질병 통계로 개정하여 '질병, 손상 및 사망 원인의 국제 분류International Classification of Diseases, Injuries, and Causes of Death'를 제작한 것이 ICD-6(1949)이며, 여기서 최초로 '정신질환 편Mental disorder section'에 몇 가지 정신장애를 포함하게 되었다.

ICD-6의 '정신, 정신신경 및 성격장애Mental, Psychoneurotic, and Personality Disorders' 영역은 3개의 군(정신증, 정신신경증 장애, 성격·행동 및 지적 장애)으로 정리되었고, 26개 범주를 포함하는 위계적 구조로 구성되었다. 각 범주에 포함용어 및 배제 용어를 제외하고 정의, 진단 지침 등은 제시하지 않았다. 당시 ICD-6의 정신장애 분류는 널리 받아들여지지 않았고, APA에서 이를 기반으로 DSM-I(1952)을 제작하였다.

② ICD-7에서 ICD-9까지

ICD-7(1955)의 정신장애 분류는 이전과 동일하게 큰 변화가 없었고 오류와 불일치를 수정하는 데 역점을 두었다. ICD-7이 전 세계적으로 널리 사용되었으나 정신장애 진단분류는 소수 국가에서만 채택되었다. 이후 몇십 년간 WHO와 APA는 실질적으로 협력을 해서 ICD-8(1965), 개정판인 ICD-8a(1968)와 DSM-II의 정신장애 분류체계를 개발하였다. 그 결과 DSM-II와 ICD-8a의 정신장애 영역은 동일한 세 개의 범주—정신증, 신경증, 성격장애, 다른 비정신증적 정신장애 psychoses, neuroses, PDs, and other nonpsychotic mental disorders 그리고 정신지체mental retardation—를 사용하였고, 용어, 숫자 코딩 체계, 범주의 순서와 하위범주 또한 두 체계 간에 상당히 유사해졌다.

이후 WHO는 임상 현장에서 진단 범주를 의미 있게 적용하기 위해서는 추가적인 지침이 필요하다고 결정하여 1974년에 용어집을 출간하였는데, 이는 ICD-8a가 통계적 분류체계로 기능할 뿐 아니라 임상 현장에서 진단에 유용한 정보를 제공하는 기능을 했기 때문이다. 용어집은 국가마다 진단이 개인특유적 정의에 의해 분화되어 있는 상황에서 용어 및 개념을 표준화하기 위한 것이었다. 용어집의 자료는 ICD-9(1979)의 정신장애 편에 통합되었고 거의 모든 WHO의 회원국에서 채택되었다. 용어집은 이론적 구성개념보다는 기술적·조작적 접근을 따랐으므로 통합된 ICD-9은 정신장애의 증상에 기반을 둔 최초의 분류였으며, 이로써 ICD와 DSM이라는 정신장애에 대한 현재의 기술적인 국제 분류체계가 확립되었다.

③ ICD-10에서 ICD-11까지

ICD-10(1992)은 DSM-IV와의 협업을 통해 개정되었고, 정신병리의 분류에 있어서 기술적 모델이 주로 도입되면서 비록 여전히 중요한 차이는 있었지만 ICD-10과 DSM-IV는 개념적으로 매우 유사해졌다. 그러나 WHO는 ICD-10 '정신 및 행태 장애' 편에 포함된 각 조건에 대한 용어 정의가 임상 현장에서 신뢰롭게 진단을 내리기 위해 사용하는 데 충분한 정보를 제공하지 않는다고 판단하여, "정신 및 행태 장애 분류: 임상 기술과 진단지침(CDDG)Classification of Mental and Behavioural Disorders Clinical Descriptions and Diagnostic Guidelines, 1992"을 개발하였다. CDDG는 정신장애 범주의 주요 임상 및 관련 특징들을 기술하였고, 진단을 내리는 데 있어 임상가에게 도움을 주기 위해 더 유연하고 조작적인 범주 지침을 제공하였다. WHO(1993)는 또한 "정신 및 행태 장애 분류: 연구를 위한 진단 기준Classification of Mental and Behavioural Disorders Diagnostic Criteria for Research, DCR-10"을 출간하였고, 이는 DSM-IV과 매우 유사한 조작적 진단 기준을 포함하고 있다. 그럼에도 DSM과 ICD 체계 간에 공유된 176개의 진단 범주 중에서 일과성 틱장애만 동일하다는 보고가 있을 정도로 중요한 차이가 존재한다.

WHO는 ICD-11 개정안을 개발하는 데 있어서 임상적 유용성과 전 세계적 적용 가능성에 특히 초점을 두었다(표 4.7). 만약 ICD-11의 정신장애 분류

표 4.7 | ICD-11 정신장애 분류

· 신경발달 장애 Neurodevelopmental disorders

· 조현병 혹은 기타 일차성 정신증적 장애 Schizophrenia or other primary psychotic disorders

· 긴장증 Catatonia

· 기분 장애 Mood disorders

· 불안 혹은 공포 관련 장애 Anxiety or fear-related disorders

· 강박 혹은 관련 장애 Obsessive-compulsive or related disorders

· 스트레스와 특정하게 연관된 장애 Disorders specifically associated with stress

· 해리장애 Dissociative disorders

· 급식 혹은 섭식 장애 Feeding or eating disorders

· 배설장애 Elimination disorders

· 신체적 고통 혹은 신체적 경험 장애 Disorders of bodily distress or bodily experience

· 물질 사용 혹은 중독적 행동으로 인한 장애   Disorders due to substance use or addictive behaviors

· 충동조절 장애 Impulse control disorders

· 파괴적 행동 혹은 반사회적 장애 Disruptive behaviour or dissocial disorders

· 성격 장애 및 관련 특질 Personality disorders and related traits

· 성도착 장애 Paraphilic disorders

· 허위성 장애 Factitious disorders

· 신경인지 장애 Neurocognitive disorders

· 임신, 출산 및 산후기와 연관된 정신 혹은 행동 장애
  Mental or behavioral disorders associated with pregnancy, childbirth and the puerperium

· 장애 혹은 달리 분류된 질환에 영향을 미치는 심리적 혹은 행동적 요인
  Psychological or behavioral factors affecting disorders or diseases classified elsewhere

· 장애 혹은 달리 분류된 질환과 연관된 이차성 정신 혹은 행동 증후군
  Secondary mental or behavioral syndromes associated with disorders or diseases classified elsewhere

· 수면-각성 장애 Sleep-wake disorders

· 성기능장애 Sexual dysfunctions

· 성별불일치 Gender incongruence

· 달리 분류된 정신, 행동 혹은 신경발달 장애
  Other specified mental, behavioral or neurodevelopmental disorders

· 분류되지 않은 정신, 행동 혹은 신경발달 장애
  Mental, behavioral or neurodevelopmental disorders, unspecified

출처 https://icd.who.int/browse/2024-01/mms/en#334423054

를 실제 적용하는 것이 어렵다면 임상 현장에서는 표준화되고 조작적으로 정의된 범주가 아닌 비표준화된 개념을 사용하게 될 것이며, 그 결과 정확한 평가, 전 세계적 건강 통계나 정책, 건강 프로그램을 위한 타당한 자료를 얻을 수 없게 될 것이다. 따라서 대부분의 ICD-11(2022)의 변화는 진단범주의 임상적 유용성을 향상시키는 것을 목적으로 하였다. 전 세계적 적용 가능성은 임상적 유용성과 관련된 것이지만 진단분류가 다양한 지역, 국가, 언어, 문화적 맥락 그리고 자원 수준이 매우 다른 상황에서도 유용한 정도를 의미한다.

ICD-11은 디지털화되었고, 사용자 친화적이다. 아스퍼거 증후군이 삭제되었고, 게임장애가 포함되었으며, 번아웃을 처음으로 공식적인 직업적 증후군으로 분류하였다. ICD-11에서도 성격장애를 차원적 접근으로 전환하여, 모든 성격장애에 적용될 수 있는 특성에 초점을 두었다.

(2) DSM과 ICD 체계 비교

대부분의 정신병리 연구자들은 DSM의 특이적·조작적 기준을 사용하였고, ICD-10의 '연구를 위한 진단 기준DCR'은 연구에서 널리 채택되지 않았다. 반면에 임상 현장에서는 ICD-10 '임상 기술과 진단지침CDDG'이 훨씬 더 일반적으로 사용된다. 44개국의 약 5,000여 명의 정신의학자들을 대상으로 이루어진 국제적인 조사 연구에 따르면 응답자의 70%에서 ICD가 일상적 임상 현장에서 가장 많이 사용되는 진단분류체계라고 답했고, 오직 23%만이 DSM-IV를 주로 사용하고 있었다(Reed, Correia, Esparza, Saxena, & Maj, 2011). ICD-10은 전 세계적으로 사용되는 반면, DSM-IV는 북미에서 보편적으로 사용되고 있고 설문에 참여한 몇몇 국가(아르헨티나, 호주, 케냐, 터키)에서는 DSM-IV를 주로 사용하고 있다. 우리나라에서는 ICD와 DSM 체계를 상호보완해서 사용하고 있다.

DSM-5/DSM-5-TR과 ICD-10/ICD-11의 몇 가지 중요한 차이를 정리하면 다음과 같다.

① DSM-5는 진단 기준에 제시된 증상 수를 충족해야 진단이 가능한 반면에 ICD-10에서는 진단 지침을 사용하므로 덜 엄격하고, 임상가의 판단

에 더 자율성을 부여한다.

② ICD-10 '정신 및 행태 장애'에 있는 모든 진단코드가 DSM-5에 포함되지는 않는다.

③ DSM-5의 ADHD는 ICD-10에서 운동과다성 품행장애_{Hyperkinetic conduct disorder}와 가장 유사하지만 동일하지는 않다. 성격장애 명칭도 동일하지 않다.

④ DSM-IV에서 자폐장애 범주에 속했던 아스퍼거장애가 DSM-5에서는 삭제되었지만, ICD-10에는 아스퍼거 증후군_{Asperger syndrome}이 개별 진단으로 포함되어 있다. 그러나 ICD-11에서는 삭제되었다.

⑤ DSM-5에는 우울장애 범주 내에 '파괴적 기분조절부전장애'를 포함시켰지만, ICD-10은 이 장애를 포함하지 않는다.

⑥ DSM-5에서는 물질 남용과 의존 간에 구별이 없지만 ICD-10에서는 사용, 남용, 의존 범주를 사용한다.

⑦ ICD-10은 '혼재성 불안 및 우울 장애_{Mixed anxiety and depressive disorder}'를 포함하지만 DSM-5에는 없다.

⑧ 충동조절 장애, 파괴적 행동 및 반사회적 장애_{Impulse control disorders and disruptive behaviour and dissocial disorders}는 ICD-11에서 개별적인 장으로 분류되었지만 DSM-5에서는 합쳐져 있다.

⑨ ICD-11에서는 성격장애를 DSM-5보다 분류체계의 앞부분에 제시함으로써 발달적 연속을 더 강조한다.

⑩ DSM-5 혹은 DSM-5-TR에 포함되지 않은 '복합 외상후 스트레스장애_{Complex PTSD}', 게임장애가 ICD-11에 포함되었다.

진단분류체계는 신뢰롭고 타당해야 하며 대부분의 정신장애를 포괄할 수 있어야 한다. DSM이나 ICD 체계의 개정판이 나올 때마다 기재된 정신장애의 수는 늘어났지만, 사실상 진단분류체계가 모든 장애를 다 포괄하기는 불가능하므로 이를 해결하고자 한 것이 DSM-IV의 '달리 분류되지 않는NOS' 그리고 DSM-5의 '달리 명시된Other Specified' 혹은 '명시되지 않는Unspecified'과 같은 진단 범주이다.

DSM이나 ICD와 같이 비교적 잘 확립된 진단분류체계에 기반을 두고 진단을 내리더라도 정신장애는 단일한 기준에 따라 정의하기가 어렵기 때문에 진단자마다 진단의 일치도 및 객관성에서 오류가 발생할 수 있다. 즉, 어떤 경우에는 임상적 진단이 매우 정확할 수 있지만 다른 경우에는 상당히 부정확할 수도 있다.

진단의 정확도를 높이기 위해서는 진단적 오류가 어떻게 일어날 수 있는지, 오류를 어떻게 수정할 수 있는지를 알아야 하며, 특히 전문화된 임상 훈련이 매우 중요하다. 진단 시 오류가 발생할 수 있는 원인 중 하나는 성이나 인종, 종교, 사회경제수준SES에 대해 가지고 있는 진단자의 편견이 진단분류체계의 신뢰도와 타당도를 저하시킬 수 있다는 점이다. 또한 임상가가 내린 진단의 정확성이나 행동적 예측, 성격적 기질 그리고 치료적 권고의 효과에 대해서 이후에 피드백을 받는 일이 많지 않기 때문에 정확하지 않은 진단적 판단이 거의 수정되지 않은 채 계속될 가능성이 있다. 오류의 또 다른 원인은 초두효과primacy effect이다. 즉, 면담에서 초기에 얻어진 정보가 나중에 얻어진 정보보다 더 중요하게 간주되는 경향이 자주 있다는 것이다. 임상가가 초기에 진단적 판단을 내리고 자신의 진단을 확증하기 위해 이를 뒷받침할 정보만 찾는다면 이러한 오류가 더욱 강화될 수 있다. 임상적 훈련으로 충분한 경험을 축적하고 공식적인 심리평가와 더불어 다양한 정보원으로부터 구조화된 면담을 함으로써 다양한 각도에서 정보를 얻게 된다면 진단의 정확도가 더욱 향상될 수 있다.

신뢰도

진단분류체계에서 신뢰도는 평가자 혹은 진단자 간의 진단의 일치도를 말한다. DSM과 ICD 진단체계에서 각 장애에 대한 객관적이고 구체적인 진단 기준을 제시하기 위해 노력해 온 것은 바로 진단체계에 입각해서 내려진 진단자 간의 일치도를 높이기 위한 것이다. 진단자 간 일치도는 서로 다른 진단자가 어떤 개인의 부적응행동에 대해 동일한 진단 범주를 적용하는지의 여부를 나타내는 것이다. 예를 들면, 어떤 사람이 불면 증상, 우울과 절망감, 피해의식, 주의집중 문제를 호소할 때 "두 명의 진단자가 우울장애로 동일하게 진단을 내릴 것인가?" 여부에 관한 것이다. 만일 같은 진단분류체계에 입각하여 어떤 사람을 진단하였을 때 진단자마다 내린 진단이 다르다면 그 진단분류체계는 신뢰도가 낮다고 할 수 있다.

또한 진단분류체계에서 신뢰도는 진단 범주의 사용이 시간 경과에 따라 안정적인지 여부에 관한 것이다(Wicks-Nelson & Israel, 2009). 예를 들면, "적대적 반항장애로 진단받은 9세 소년이 두 번째 평가에서도 동일하게 진단되는가?"에 관한 것이다. 시간이 지남에 따라 변화될 수 있는 특성을 가진 정신장애의 경우에는 신뢰도가 낮게 산출될 수 있다. 또한 신뢰도는 진단분류체계 자체의 내적일관성을 평가하는 방법이다. 이것은 진단분류체계 내에 있는 특정한 장애의 진단 기준이 특정한 정신병리를 구성하고 있는 항목들이라면 각 항목들 간에는 의미 있는 상관관계가 있어야 한다고 가정하여, 각 항목들 간의 상관계수를 산출함으로써 평가할 수 있다(조수철, 신민섭, 2006).

이와 같이 진단분류체계의 신뢰도에 영향을 줄 수 있는 오류의 원천으로는 정보수집과정에서의 문제, 진단 기준 자체의 문제, 시간에 따른 증상의 변화, 진단자의 편견 등이 있으므로 이러한 문제를 인식하고 통제하면 신뢰도를 높일 수 있다.

타당도

진단분류체계는 신뢰로울 뿐만 아니라 타당해야 한다. 일반적으로 타당도의 개념은 어떤 심리검사가 측정하려고 하는 특질을 정말로 측정하는지 여부에 관한 것이다. 임상적 진단평가 도구로서 타당한 검사는 그것이 측정하려고 의도한 것을 측정해야 하며, 임상가에게 유용한 정보를 제공해야 한다. 마찬가지로 진단분류체계의 타당도는 그 분류체계가 증상이나 원인 등에서 정말로 다른 장애들을 정확하게 진단분류하는가와 관련된 것이며, 진단분류체계는 정신장애의 병인론과 발달과정, 치료에 대한 반응 그리고 임상적 특성에 대해 유용한 정보를 제공해야 한다. 즉, 진단분류체계의 타당도는 "진단 범주를 적용했을 때 알지 못했던 것들에 대해 무엇을 알려줄 수 있는가 그리고 특정 장애에 대한 기술이 얼마나 정확한가?"에 관한 것이다. 예를 들어서 품행장애 진단은 ①이 장애가 다른 장애와 구분되는 특징들을 가지고 있다는 것을 알려주는가, ②무엇이 이러한 문제를 일으켰는지에 대해 알려주는가, ③이 진단은 앞으로 어떤 일이 발생할 것인지, 어떤 치료가 도움이 될 것인지에 대해 알려주는가에 관한 것이다.

진단분류체계에 입각하여 동일한 정신장애로 진단받은 사람들에게서 그 문제를 일으킨 원인이 동일하다는 결과를 발견한다면 그 진단분류체계는 원인론적 타당도etiological validity가 높다고 할 수 있다. 타당도의 중요한 측면인 특정 장애에 대한 기술이 얼마나 정확한가는 진단분류체계에서 "어떤 장애를 기술하고 분류하는 방식과 그 장애가 실제로 존재하는 방식이 일치하는가?", 즉 구성 타당도construct validity에 관한 것이며 이는 광범위한 연구가 필요하기 때문에 검증하기가 상당히 어려운 문제라 할 수 있다(Wicks-Nelson & Israel, 2009).

로빈스와 거즈(Robins & Guze, 1970)는 진단분류체계의 타당도를 확립하는 방법으로 5단계 과정을 제안하였다. 즉, 정신장애의 특성에 대한 임상적 기술(성별, 인종, 발병연령, 촉발요인 등), 진단과 의미 있는 상관관계를 확인하는 실험실 연구(예: 공존 타당도), 다른 장애와의 경계 설정, 초기 진단을 확증하기 위한 추적 연구 그리고 정신장애의 유전적, 환경적 요소를 규명하기 위한 가족 연구family study가 진단의 타당도를 확립하기 위해 사용할 수 있는 방법이다.

▲ 신뢰도를 여러 화살이 비슷한 위치에 꽂히느냐의 문제로 비유한다면, 타당도는 복수의 과녁들 중 노리는 과녁을 맞추었느냐의 문제이다.

예언 타당도predictive validity는 진단분류체계에 따라 진단을 내린 경우에 치료에 대한 반응, 경과, 가족력의 양상, 장기적인 예후 등에 대해서 어느 정도까지 예견할 수 있는가와 관련된 것이다. 한 예로 양극성장애 진단을 내렸을 경우에 임상가들은 "가족력에서 양극성장애 유병률이 높을 것이다", "양극성장애 치료제인 리튬에 대해서 양호한 반응을 보일 것이다"와 같은 예측을 할 수 있는데, 이를 어느 정도 정확하게 예측할 수 있는가를 평가하는 것이 예언 타당도이다(조수철, 신민섭, 2006).

진단분류에 대한 비판 및 권고

비판

현행 범주적 진단체계가 가진 한계는 다음과 같다. 먼저 각 정신장애 범주가 다른 장애와 경계가 분명한 독립적인 진단적 실체라고 규정하기 어렵다는 점이다. 또한 같은 진단을 받은 사람들 간에도 개인차가 있으며 이질적일 수 있다. 특히 임상가가 환자의 고유 특성보다 진단명에 초점을 맞출 때 치료방법의 선택과 예후에 대해 선입견을 가지게 될 수 있다. 또한 진단 기준을 충족시키지는 않지만 분명히 장애가 있어서 임상적인 주의를 요하는 경우가 있을 수 있으며, 연령에 따른 증상 변화가 뚜렷한 장애의 경우에는 각 연령별로 가중치를 둔 진단 기준이 필요하다. 각 장애에 영향을 주는 상황적 요인을 고려하고 있기는 하나 중요하게 다루고 있지는 않다는 점도 현행 진단체계의 제한점이라 할 수 있다(조수철, 신민섭, 2006).

정신장애 진단이 초래하는 낙인도 진단분류에 대한 중요한 비판 중 하나이다. 정신의학자인 사즈(Szasz, 1961)가 그의 저서인 *The Myth of Mental Illness*에서 "진단은 개인을 비인격화하고 사회적 제약과 통제를 가하는 수단"이 될 수 있다고 지적한 바 있다. 링크(Link, 1989)는 사회화를 통해 정신과 환자에 대한 일련의 신념이 조장되고, 환자는 이 신념을 내면화하면서 부정적인 자아상을 형성하여 이 자체로 부적응적인 결과를 초래하게 된다는 '수정된 낙인 이론'을 제시하기도 하였다. 오래된 연구이기는 하나 진단의 문제점을 시사하는 로젠한(Rosenhan, 1973)의 실험연구도 주목할 만하다. 그 연구에서는 실험 보조자들을 가짜 환자로 꾸며서 정신병원을 방문하게 하였고, 실험 보조자들은 환청 등의 증상을 호소하여 모두 진단명을 부여받고 입원하게 되었다. 입원 후에 이들은 평상시처럼 생활하고 의료진에게 더 이상 환청이 없다고 말했음에도 불구하고, 이들의 모든 행동은 정신병리적으로 간주되었고 항정신병 약물이 투여되었다. 이는 진단명으로 인해 개인적 정보와 특수성이 간과되고 고정관념이 형성될 수 있으며, 치료자는 환자의 행동을 진단명에 따라 해석하거나 환자 스스로도 진단명에 맞게 자신의 행동을 변화시키는 자기이행적 예언self-fulfilling prophecy 결과(Laing, 1967)를 보일 위험이 있음을 분명하게 보여준 연구라 할 수 있다.

정신장애 진단 시 권고 사항

정신장애 진단 시 임상가들이 고려하도록 가브, 웨딩과 파우스트(Garb, 2005; Wedding & Faust, 1989)가 제안한 권고 사항은 다음과 같다.

1) 개인의 중요한 정보를 간과하는 것을 피하기 위해 임상가는 종합적이며 구조화된 혹은 적어도 반구조화된 면접 방법을 사용해야 한다. 이는 긴급한 임상적 판단(예: 타해나 자해의 위험)을 해야 할 때 특히 중요하다.

2) 임상가는 자신의 가설을 지지하는 자료뿐 아니라 지지하지 않는 증거 역시 주의 깊게 고려하고 포함하여야 한다.

3) 진단은 DSM-5-TR이나 ICD-10/ICD-11에 포함된 구체적인 준거에 기반을 두어야 한다.

4) 기억은 오류가 발생하기 쉬우므로 임상가는 기억에 의존하는 것을 가급적이면 피하고 가능한 한 주의 깊게 기록한 자료를 신뢰하는 것이 바람직하다.

5) 예측을 위해서 임상가는 가능하다면 기저율base rate[5]을 참조해야 한다. 이

5　기저율은 사전확률을 말한다. 예를 들어 특정 상황/집단에서 어떤 정신장애의 발생비율을 볼 때 일반 청소년 집단보다는 학교 상담실을 방문한 청소년 집단에서 우울증 비율이 높다.

러한 고려는 잠재적으로 해당 인구나 맥락에서 얼마나 자주 그러한 행동이 나타나는지 대략적인 추정을 가능하게 한다.

    6) 임상가는 가능하면 그들의 판단의 정확성과 유용성에 대해 피드백을 구하는 것이 좋다.

    7) 임상가는 그들이 평가하는 사람이나 집단과 관련된 이론적 그리고 경험적 자료들을 최대한 고려하고 습득해야 한다.

    8) 임상가는 최신 경향과 지식을 알기 위해 임상적 판단에 관한 문헌자료에 끊임없이 익숙해져야 한다.

심리적·정신적 문제를 가진 개인을 정확하게 이해하고 안전하게 진단을 내리기 위해서 확신이 서지 않을 때는 정신장애 진단을 결정적으로 내리지 않는 것이 바람직하며, 면담을 할 때 더 많은 시간과 노력을 들여서 가능한 한 많은 정보를 수집해야 한다. 물론 진단을 내리는 것은 많은 장점이 있지만, 정확하지 않은 진단은 부적절한 치료적 개입을 선택하게 하거나 사회적 낙인을 찍는 등 개인에게 오히려 더 해로울 수 있다. 진단을 통해서 환자 혹은 내담자가 어떠한 도움을 받을 수 있는지 진지하게 생각하고 신중하게 정신과적 진단을 적용해야 한다.

정신장애의 원인에 대한 이론적 접근

이상행동과 정신장애를 정의하는 단일하고 절대적인 기준이 없는 것처럼 정신장애의 원인에 있어서도 서로 다른 조망을 가진 다양한 이론들이 제시되어 왔다. 이는 크게 생물학적·기질적 원인과 심리사회적 원인으로 구분할 수 있다. 정신장애 병인론에서 생물학적 혹은 기질적 접근은 인간의 문제행동의 원인을 유전적 요인, 즉 뇌의 생화학적 이상 및 뇌의 구조적 요인에 기인한 것으로 보고 있다. 주된 연구방법은 쌍생아 연구, 분자유전학, 정신약물학, 뇌영상 기법을 이용하여 생물학적 원인을 규명하고자 하는 연구들이다. 반면에 심리사회적 접근에서는 정신장애의 병인론에서 개인 내적인 무의식적 갈등, 환경적 요인과 관련된 학습 경험, 개인의 역기능적 사고 과정 등 심리적 요인이나 환경적 요인들이 심리적인 문제와 정신장애를 발달시키는 데 중요한 역할을 한다고 보고 있다. 그리고 생물학적·심리적·환경적 요인들을 모두 통합하여 정신병리의 발생에 대해 설명하는 입장이 '소인-스트레스diathesis-stress' 이론이다.

정신장애의 원인을 어떻게 보느냐에 따라서 임상가가 주로 채택하는 정신병리 평가 방법 및 치료 기법이 달라진다. 이 책의 3부 심리치료 영역에서 정신장애의 심리사회적 원인론 및 치료 기법에 대해 상세히 설명하고 있으므로, 여기에서는 정신장애에 대한 생물학적·정신분석적·행동주의적·인지적 이론 및 소인-스트레스 이론에 대해 간단히 소개하고자 한다.

생물학적 이론

정신병리의 기저에는 생물학적 요인이 관여되어 있다는 전제하에 정신장애의 원인을 생물학적 결함이나 생물학적 기능상의 문제로 보는 입장이다. 생물학적 이론은 신체질환과 마찬가지로 정신장애를 유전적 요인, 뇌의 생화학적 이상 및 뇌의 구조적 요인 등과 같은 기질적 혹은 신체적인 원인에 기인된 질환으로 보고 있으며, 이는 기능적 혹은 심리적 원인론에 대응하는 이론이라 할 수 있다. 신경병리학에 기반을 두고 임상정신의학의 체계를 마련한 크레펠린을 생물학적 병인론에서 원조라 할 수 있다(조수철 외, 2014).

알츠하이머 치매, ADHD와 자폐스펙트럼장애 등을 포함하는 신경발달장애, 강박장애, 조현병 등에 대한 뇌영상 연구나 유전연구, 약물치료 연구들은 이러한 장애에 유전적, 신경생물학적 요인들이 관여되어 있다는 결과를 제시하였다. 최근 들어 유전학, 생화학, 분자생물학, CT, MRI, PET와 같은 뇌영상 기법의 발달에 힘입어 정신병리의 생물학적 원인을 규명하는 연구에서 획기적인 발전이 이루어지고 있으며, 특히 정신장애를 치료하는 신약을 개발하고 약물치료 효과를 검증하는 연구들이 활발히 진행되고 있다. 생물학적 접근법에서는 도파민, 노르에피네프린, 세로토닌 등 특정한 신경전달물질의 과잉분비나 결핍을 조절하는 약물을 통해 정신장애 증상을 치료하며, 약물치료에 반응하지 않거나 임신 등 약물치료 적용이 어렵거나 약물치료를 원치 않는 경우에는 전기충격치료 electroconvulsive therapy, ECT, 경두개자기자극술 transcranial magnetic stimulation, TMS 등이 사용되기도 한다.

정신분석적 이론

정신분석 이론에서는 정신병리를 심리적인 요인, 즉 어린 시절 경험에 뿌리를 두고 있는 개인 내적인 무의식적 갈등과 관련된 것으로 설명한다. 예를 들어 프로이트 Freud는 말 공포증을 보이는 5세 아동 한스의 사례보고(1909)를 통해서 공포증이 오이디푸스 콤플렉스 oedipus complex[6]와 관련된 것으로 설명하였다. 자아가 사회적으로 용납될 수 없는 무의식적인 욕구와 갈등을 다루기 위해 방어기제를 동원하여 오이디푸스 콤플렉스에서 비롯된 거세불안, 근친상간에 대한 불안을 억압 repression하고 다른 대상에 대치 displacement함으로써 그 대상을 매우 두려워하고 회피하는 공포 증상을 보이게 된다는 것이다. 망상이나 히스테리 증상 등 다양한 정신장애의 원인도 역시 어린 시절에 해결되지 않은 무의식적 갈등에 있다고 설명하고 있다. 따라서 정신분석치료에서는 무의식적 갈등을 파악하고 이를 자각하게 함으로써 정신장애가 치료될 수 있다고 본다. 자유연상, 꿈의 분석, 전이분석 등 정신분석적 치료 방법에 대한 자세한 설명은 10장 정신역동 심리치료를 참고하기 바란다.

행동주의적 이론

행동주의적 접근에서는 정상적인 행동뿐만 아니라 부적응적인 이상행동도 학습기제에 의해 습득된다고 보고 있다. 프로이트가 공포증을 무의식적인 오이디푸스 콤플렉스에 기인한 것으로 설명한 것과는 반대로, 1920년 왓슨 Watson과 레이

---

6   오이디푸스 콤플렉스는 3~5세 남아가 어머니를 사랑하고 소유하고자 하지만 이는 근친상간적이기 때문에 불안을 느끼며 경쟁자인 아버지에게서 느끼는 질투심과 거세불안으로 인해 경험하게 되는 내적 심리적 갈등을 말한다. 자신의 아버지인지 모르는 상태에서 아버지를 죽이고 어머니와 결혼한 그리스 신화 오이디푸스의 이름에서 따온 것이다.

너Rayner는 11개월 된 알버트에게 고전적 조건형성classical conditioning 실험 절차를 이용하여 쥐에 대한 공포 반응이 학습될 수 있다는 것을 입증하였으며, 역조건형성counter conditioning 절차를 이용하여 공포증상을 소거할 수 있음도 보여주었다.

이와 같이 행동주의 이론에서는 고전적 조건형성, 조작적 조건형성, 사회학습(관찰 학습) 이론을 통해 이상행동이 발달하고 유지되는 것을 설명하고 있으며, 이러한 학습 원리를 이용해서 다양한 유형의 정신장애를 치료할 수 있다고 보았다. 예를 들어 '고전적 조건형성'은 파블로프Pavlov의 유명한 고전적 조건형성 실험에서 보여준 바와 같이 개에게 무조건 자극(고기)과 조건 자극(종소리)을 짝지어 제시함으로써 조건 자극(종소리)에 대한 조건 반응(타액 분비)이 학습되는 것을 말한다. 이 원리를 이용하여 왓슨과 레이너가 11개월 된 알버트에게 천둥소리(무조건 자극)와 하얀 쥐(조건자극)를 짝지어 제시한 결과, 알버트는 하얀 쥐에 대한 공포반응(조건 반응)을 습득하게 되었다. 조작적 조건형성은 보상(강화물)이 뒤따르는 행동은 학습하고 처벌이 주어지는 행동은 회피한다는 손다이크(Thorndike, 1911)의 '효과의 법칙law of effect'에 기반을 둔 것으로 스키너Skinner가 이를 더욱 발전시키고 체계화하여 부적응적인 행동을 소거하고 바람직한 행동을 조성하는 행동수정behavior modification 기법이 개발되었다. 반두라Bandura는 강화물이 없이도 다른 사람의 행동을 관찰하고 모방함으로써 새로운 행동을 학습할 수 있다는 사회학습 이론을 제시하였다.

행동주의적 접근에서는 정신분석적 이론이 개인 내부에서 일어나는 현상을 객관적으로 분명하게 측정하지 못한다는 비과학적인 문제점을 비판하면서 행동치료 효과를 객관적으로 평가하여 경험적으로 입증하는 많은 연구가 이루어져 왔다. 행동치료 기법에는 강박증 치료에 효과적인 것으로 입증된 노출 및 반응방지법ERP, 불안장애에 대한 체계적 둔감법systematic desensitization, 문제행동과 불쾌한 자극을 짝지어서 제시함으로써 문제행동을 소거시키는 혐오 조건 형성aversive conditioning, 공포증 치료에 효과적으로 알려진 모델링modeling 기법, 바람직한 행동을 보이는 경우에 강화물을 제공하여 보상하는 행동수반성behavioral contingency을 이용한 기법 등이 있다.

인지적 이론

인지적 이론은 사람들이 경험하는 심리적 고통이나 정신장애가 부적응적이고 역기능적인 생각이나 비합리적인 신념 때문에 생긴다고 보는 입장이다. 엘리스 Ellis는 개인의 성격과 정신병리를 이해하는 데 있어서 외부자극에 대한 개인의 반응을 매개하는 신념체계가 중요하다고 보았으며, 비합리적인 신념을 좀 더 합리적인 신념으로 변화시킴으로써 심리적 문제를 치유할 수 있다고 보았다. 벡 Beck은 부적응적인 인지도식schema, 역기능적인 신념, 인지적 오류, 부정적인 자동적 사고automatic thought와 같은 인지적 요인에 입각하여 우울, 불안 등 다양한 정신병리가 유발되는 기제를 체계적으로 설명하였고, 부적응적인 인지를 보다 현실적이고 적응적으로 변화시키는 인지치료 이론을 제시하였다.

1960년대에 대부분의 행동치료에서는 정신병리와 관련이 있는 인지과정에는 주의를 기울이지 않았으나, 1970년대에 이르러 마이켄바움Meichenbaum, 벡과 같은 인지치료자들이 인지적 이론을 행동치료에 적용하기 시작하여 인지행동치료로 통합이 이루어지게 되었다. 인지행동치료의 기본 가정은 정서와 행동은 인지의 결과이며 인지적·행동적 개입을 통해서 심리적 고통과 부적응 문제를 감소시킬 수 있다고 보는 것이다. 자동적인 자기패배적인 사고를 파악하고 부적응적인 인지도식을 변화시켜서 적응적이고 합리적인 도식이 발달하도록 돕는 인지 재구조화 기법이나 행동실험 및 행동 활성화 등을 포함한 인지행동치료 방법은 11장 인지행동치료를 참고하기 바란다.

소인-스트레스 이론

생물학적, 심리적, 환경적 요인 등 다양한 이론적 관점을 통합시킨 것이 정신장애에 대한 소인-스트레스diathesis-stress 이론이다. 소인은 특정한 정신장애를 보이기 쉬운 개인적인 취약성vulnerability을 말한다. 소인은 유전적이거나 신경전달물질의 이상 등과 같이 생물학적 요인일 수도 있고 부적응적인 성격특성이나 부정적인 인지도식과 같이 심리적인 요인일 수도 있다. 스트레스는 개인이 경험하는 부정적인 생활 사건들(가족의 사망, 실연이나 실직, 신체질환 등)이라 할 수 있다.

소인-스트레스 이론은 개인의 취약성 요인과 스트레스 요인이 상호작용하여 정신장애를 나타내게 한다고 설명한다. 즉, 심리적 스트레스가 극도로 심한 경우에는 개인적 취약성이 매우 경미하더라도 정신장애를 보일 수 있으며, 반대로 스트레스가 경미하더라도 매우 심각한 개인적 취약성을 가진 사람은 정신장애를 보일 수 있다는 것이다(권석만, 2013). 주빈과 스프링(Zubin & Spring, 1997)이 제시한 조현병에 대한 소인-스트레스 모델에 따르면 조현병 부모의 자녀는 그 장애에 대한 개인적인 소인을 가지고 있으며(유전적 요인과 출생 전후의 신체적·심리적 취약성 요인), 성장하는 과정에서 스트레스를 경험하게 될 경우에 개인적인 취약성과 스트레스가 상호작용하여 일정 수준을 넘게 되면 조현병이 발병할 수 있다고 설명한다. 같은 유전적 취약성을 가진 일란성 쌍생아라고 해도 동일하게 정신장애를 보이지 않는 경우가 많은데, 이러한 현상은 소인-스트레스 이론으로 설명 가능하다.

앞서 정신장애 진단분류체계의 변화 과정을 병인론적 측면에서 살펴보았듯이 정신장애의 병인론 초기에는 크레펠린의 영향을 받아서 신경·생물학적 요인을 강조하다가 1950~60년대 정신역동적 이론이 지배적이었던 시기를 지나 최근 들어서는 다시 유전적·생화학적·신경학적·심리적 요인을 통합하는 추세로 진행하고 있음을 알 수 있다. 정신장애 병인론에서 어느 하나가 맞고 틀린 게 아니므로 임상 장면에서 정신장애를 진단할 때는 환자와 가족, 친지들에 대한 면접, 심리학적 평가, 뇌영상 검사, 실험실 검사 등을 실시하여 모든 생물학적·심리사회적 요인들에 대한 정보를 충분히 얻고 이러한 자료를 포괄적으로 통합하여 환자를 전체as a whole로 이해하고 진단해야 하며, 환자에게 가장 도움이 될 수 있는 치료적 개입을 선택하고 권고함으로써 가장 효과적인 최적의 치료를 제공해야 한다.

이 장의 요약

1 정신장애의 진단은 특정 정신장애에 대한 정의에 입각해서 개인이 가진 문제에 대해 전문적인 용어로 이름을 붙이는 과정이다. 심리평가, 면담, 행동관찰 등을 통해서 여러 정보원으로부터 정보를 수집하고, 핵심문제를 중심으로 수집한 정보들의 중요도를 고려하여 구조화하는 과정을 통해서 진단이 이루어진다.

2 대표적인 진단분류체계는 미국정신의학회에서 개발된 '정신질환의 진단 및 통계 편람(DSM)'과 세계보건기구에서 개발된 '국제질병분류체계(ICD)'이다.

3 정신장애 진단분류체계가 필요한 이유는 첫째, 진단명을 통해 치료진 간에 그리고 치료자와 환자 혹은 보호자 간에 의사소통이 효율적으로 이루어질 수 있다. 둘째, 임상 연구에서 공존병리를 가진 대상을 연구에서 배제하고 특정 장애를 가진 연구대상자를 선발하여 다양한 정신장애의 원인을 규명하고 치료방법을 개발하기 위한 통제된 연구가 이루어질 수 있다.

4 정신장애를 정의하는 기준은 학자들마다 다르며, 단일하게 정의된 절대적인 기준은 없다. 일반적으로 받아들여지는 정상과 이상행동의 판단기준은 '적응적 기능의 저하 및 손상', '주관적 고통과 불편감', '문화적 규범으로부터의 일탈' 그리고 '통계적 규준으로부터의 일탈'이다.

5 정신장애 진단을 내리기 위해서는 두 가지 조건이 충족되어야 한다. 첫째, 증상들이 특정한 패턴으로 집합적으로 나타나야 한다(증후군). 둘째, 이러한 증상들로 인하여 임상적으로 유의한 정도의 고통과 사회적·직업적 기능 손상이 초래되어야 한다.

6 정신장애에 대한 범주적 분류는 이상행동이 정상행동과 질적으로 다른 명백한 특징이 있다고 보는 반면에, 차원적 분류에서는 이상행동이 정상행동과 질적으로는 다르지 않으며 부적응을 평가하는 몇 가지 연속적인 차원상에서 양적으로 다른 정도의 차이일 뿐이라고 가정한다.

7 DSM 진단체계는 크레펠린에 의해 개발된 정신의학분류법에서 나온 것으로, 각 정신장애를 정의하는 증상들로 구성된 진단 기준에 입각하여 그 기준을 만족시킬 경우에 특정 정신장애로 진단하는 범주적인 분류체계이다.

8 DSM 자체는 범주적 진단분류체계이지만 DSM-5/DSM-5-TR에서는 차원적 접근이 더 유용한 장애나 증상에 대해서 차원적 개념을 도입하였다. 즉, 진단명 자체도 차원을 염두에 두고 '~스펙트럼'(예, 자폐스펙트럼장애), '~ 관련'(예: 양극성 및 관련 장애)으로 재정비하여 장애들을 서로 별개로 취급하는 엄격한 경계선을 없애려고 시도하였다. 성격장애에서도 DSM-5/DSM-5-TR에서는 기존의 범주적 접근에 차원적 모형을 결합하여 새로운 혼합형 '범주 차원 모형'을 제시하였다.

9 '국제질병분류체계(ICD)'는 각 나라의 사망원인에 대한 통일된 용어의 필요성에 따라 처음으로 정리되었다. 1900년에 '국제 사망원인 목록'이라는 이름으로 초판이 출간되었고, 이후 1938년까지 대략 10년마다 ICD 개정이 이루어졌으며, ICD-6(1949)에서 최초로 정신질환 편에 몇 가지 정신장애를 포함하였다. 현재

ICD-11(2022)까지 개정이 이루어졌다.

10 정신장애는 단일한 기준에 따라 정의하기가 어렵기 때문에 비교적 잘 확립된 진단분류체계에 기반을 두고 진단을 내리더라도 진단자마다 진단의 일치도 및 객관성에서 오류가 발생할 수 있다. 따라서 임상 훈련을 통해 충분한 경험을 축적하는 것이 중요하며, 공식적인 심리평가와 더불어 다양한 정보원으로부터 구조화된 면담을 통해 다양한 각도에서 정보를 얻게 된다면 진단의 정확도가 향상될 수 있다.

11 진단분류체계에서 신뢰도는 첫째, 진단자 간의 진단의 일치도를 말한다. 이는 서로 다른 진단자가 어떤 개인의 부적응행동에 대해 동일한 진단 범주를 적용하는지 여부를 나타내는 것이다. 둘째, 진단분류체계에서 신뢰도는 진단 범주의 사용이 시간 경과에 따라 안정적인지 여부에 관한 것이다. 셋째, 진단분류체계 내에 있는 특정한 장애의 진단 기준이 특정한 정신병리를 구성하고 있는 항목들이라면 각 항목들 간에는 의미 있는 상관관계가 있어야 한다는 것이다.

12 진단분류체계의 타당도는 증상이나 원인 등에서 정말로 다른 장애들을 정확하게 진단하는가와 관련된 것이다. 진단분류체계는 정신장애의 병인론과 발달과정, 치료에 대한 반응 그리고 임상적 특징에 대해 유용한 정보를 제공해야 한다.

13 범주적 진단체계가 가진 한계는 첫째, 각 정신장애 범주가 다른 장애와 경계가 분명한 독립적인 진단적 실체라고 규정하기 어렵다는 것이며, 같은 진단을 받은 사람들 간에도 개인차가 있어서 이질적일 수 있다. 둘째, 각 장애에 영향을 주는 상황적 요인을 고려하고 있기는 하나 중요하게 다루고 있지는 않다. 셋째, 정신장애 진단이 사회적 낙인을 초래할 수 있다는 것이다.

14 심리적·정신적 문제를 가진 개인을 정확하게 이해하고 안전하게 진단을 내리기 위해서 확신이 서지 않을 때는 정신장애 진단을 결정적으로 내리지 않는 것이 바람직하다.

15 정신장애 병인론에서 생물학적 혹은 기질적 접근은 인간의 문제행동의 원인을 유전적 요인, 뇌의 생화학적 이상 및 뇌의 구조적 요인에 기인한 것으로 보고 있는 반면에, 심리사회적 접근에서는 개인 내적인 무의식적 갈등, 환경적 요인과 관련된 학습 경험, 개인의 역기능적 사고 과정 등 심리적 요인이나 환경적 요인들이 심리적인 문제와 정신장애를 발달시키는 데 중요한 역할을 한다고 보고 있다. 생물학적·심리적·환경적 요인들을 모두 통합하여 정신병리의 발생에 대해 설명하는 입장이 '소인-스트레스'이론이다.

더 읽을거리

APA (2015). 정신질환의 진단 및 통계 편람 제5판 [*Diagnostic and Statistical Manual of Mental Disorders* 5th. Ed.]. (권준수 외 역). 서울: 학지사(원전은 2013에 출판).

APA (2023). 정신질환의 진단 및 통계편람 제5판 수정판[*Diagnostic and Statistical Manual of Mental Disorders* 5th Ed. TR.]. (권준수 외 역). 서울: 학지사. (원전은 2022에 출판).

권석만(2013). 현대 이상심리학. 서울: 학지사.

권석만(2014). 이상심리학의 기초: 이상행동과 정신장애의 이해. 서울: 학지사.

Morrison, James (2015). 한결 쉬워진 정신장애 진단 제2판[*Diagnosis Made Easier Principles and Techniques for Mental Health Clinicians*, Second Edition]. (신민섭 외 역). 서울: 시그마프레스(원전은 2014에 출판).

Morrison, James (2016). 쉽게 배우는 DSM-5: 임상가를 위한 진단지침[*DSM-5 Made Easy: The Clinician's Guide to Diagnosis*]. (신민섭 외 역). 서울: 시그마프레스(원전은 2014에 출판).

05

임상면접

임상

면접을 공부하기에 앞서 임상가를 찾고 첫 대면에 이르기까지 내담자의 입장을 상상해 보자. 내담자는 심리적 고통으로 몇 날 며칠을 괴로워하다가 고민 끝에 임상가에게 도움을 요청하고, 현재 임상 전문가 앞에 앉아 있다. 내담자는 '나를 이상하게 생각하지 않을까?', '문제 많은 사람으로 평가하지 않을까?', '솔직하게 이야기해도 될까?' 등의 염려와 걱정, 긴장된 마음으로 앉아 있을 것이다. 내담자의 이러한 상황을 고려한다면 임상면접이 단순히 특정 면접 기술을 배우고 외워서 진행할 수 있는 것이 아니라는 사실을 깨닫게 될 것이다. 임상면접 역시 대화의 한 형태이므로 임상가는 안전하고 편안한 분위기를 제공하는 동시에 내담자를 이해할 수 있는 객관적 정보를 파악하는 것이 중요하다.

여기에서는 임상면접이 무엇인지와 임상면접이 이루어지는 전반적인 과정에 대해 살펴볼 것이다. 먼저 임상면접을 진행하기에 앞서 임상가가 무엇을 준비해야 하는지를 환경적·윤리적·다문화적 측면에서 살핀 다음, 임상가의 역량과 책임에 대해 설명한다. 또한 내담자와의 라포 형성은 임상면접 시작부터 마지막까지 큰 영향을 미치므로 라포 형성을 위한 기본적인 기술을 소개한 뒤, 임상면접의 전 과정을 제시한다. 마지막으로 임상면접의 과정과 목적에 따라 면접 유형을 구분하여 제시할 것이다.

☑ 이 장의 목표

1 임상면접의 정의와 목적을 이해할 수 있다.

2 임상면접을 진행하기 위해 필요한 태도와 기술을 습득한다.

3 임상면접의 진행과정과 유형을 이해할 수 있다.

임상면접이란

임상면접이란 임상가가 내담자의 직면한 임상 문제에 대한 정보를 수집하고 평가 및 진단하는 과정을 의미한다. 임상가는 궁극적으로 임상면접을 토대로 내담자에게 필요한 치료적 도움을 제공하게 된다. 즉, 임상면접은 공식적으로 두 가지 주된 목적이 있다(Sommers-Flanagan & Sommers-Flanagan, 2017). 첫째, 짧은 시간 안에 내담자의 정확한 정보를 가능한 많이 수집하여 임상적인 평가를 하는 것이다. 둘째, 정확한 평가와 진단을 통해 내담자에게 적합한 심리적 도움을 제공하는 것이다. 이를 위해 좋은 치료적 관계는 타당하고 신뢰할 수 있는 정보를 획득하고 효과적인 개입을 제공하는 데 필수적인 조건이라고 할 수 있다. 제임스 모리슨James Morrison은 좋은 면접자의 특성을 다음과 같이 정리하였다(Morrison, 2014).

- 내담자와 좋은 치료적 관계(라포)를 만들고 유지하면서
- 짧은 시간 안에
- 진단을 위해 정확하고 많은 정보를 수집하는 것

그러나 초보 임상가는 임상면접이 어떠한 환경에서 이루어지고, 어떻게 내담자와 관계를 형성하며, 어떠한 정보를 수집하고 평가해야 하는지에 대한 정보가 없어 불안해할 수 있다. 따라서 임상면접에 대한 설명에 앞서 임상면접을 위한 준비와 윤리적 문제 그리고 신뢰로운 치료적 관계(라포)를 형성하는 기술 등 임상가가 기본적으로 갖추어야 할 태도에 대해 소개하겠다.

임상가는 무엇을 준비해야 하는가

임상면접을 진행한다고 가정했을 때 다음과 같은 질문이 떠오를 수 있다. 임상 면접은 어떤 공간에서 진행하나? 무엇을 준비해야 하나? 임상가로서 나는 어떤 준비를 해야 하나? 이러한 질문에 답하기 위해 면접을 준비할 때 고려해야 할 환경 및 임상적 요소, 윤리적 문제, 다문화 민감성에 대해 살펴볼 것이다.

환경적 요소

(1) 면접 공간: 어떤 공간이 면접을 하기에 적절한가

먼저, 공간은 다른 영역으로부터 독립되고 사생활이 보장되는 곳이어야 한다. 방음이 되지 않아 개인 정보가 드러나기 쉬운 공간이나 임상가를 제외한 다른 관계자들까지도 들을 수 있는 개방된 공간은 내담자가 존중받지 못한다고 느낄 수 있다. 또한 공간의 분위기는 삭막한 느낌이 들지 않도록 하고 안정감과 편안함을 느낄 수 있는 공간을 선택하는 것이 적절하다. 내담자들은 면접 공간이 낯설기 때문에 처음에는 공간의 이곳저곳을 탐색할 수 있다. 따라서 깔끔하고 청결함을 유지하면서 전문성을 보여줄 수 있는 서적이나 관련 자격증을 비치해 둔다면 임상가에게 신뢰를 느낄 수 있을 것이다.

면접 공간을 설정할 때 고려해야 할 또 다른 사항은 면접 공간이 임상가의 통제 아래에 있어야 한다는 점이다. 임상가는 다양한 어려움을 호소하는 내담자를 만나게 된다. 어떤 내담자는 자신이나 타인에게 위해를 가하는 공격적인 행동을 보일 수도 있다. 따라서 임상가는 만일의 경우에 대비하여 출입문 가까이에 앉아서 위급 상황에 즉각적으로 대처할 수 있어야 한다. 이를 위한 한 가지 방안으로 테이블 아래에 긴급 버튼을 설치하여 신변 보호를 위한 도움을 요청할 수 있다.

때로는 임상가의 부주의로 면접이 방해를 받아 결과적으로 내담자의 권익에 피해를 줄 수도 있다. 그러므로 임상가는 면접이 어느 누군가로부터 방해받

05 | 임상면접 • **205**

지 않도록 자신의 휴대전화 상태를 확인하고, 면접 공간에 유선전화가 있다면 데스크로 전화를 돌려놓을 필요가 있다. 또한 문밖에 '면접 중' 표시를 해 둠으로써 안전한 면접상황을 준비해야 한다. 하지만 이러한 준비에도 불구하고 의도치 않게 긴급한 문제로 면접에 방해를 받을 수 있다. 그럴 경우 내담자에게 피해를 준 부분에 대해 사과하고 손해 본 시간에 대해 보상할 수 있다(Sommers-Flanagan & Sommers-Flanagan, 2017).

(2) 앉는 위치: 어떻게 앉을 것인가

임상면접을 진행할 때, 임상가와 내담자가 앉는 위치도 고려할 수 있는 사항이다. 탁자를 가운데 두고 정면으로 마주 보고 앉을 수도 있고, 대각선으로 앉을 수도 있다. 임상가와 내담자 모두의 시선이 자유로울 수 있는 좌석 배치는 대각선으로 앉는 것이다. 그러나 탁자의 한쪽 길이가 길면 대각선이 멀게 느껴지므로, 테이블의 모서리에 'ㄴ' 형태로 옆에 앉으면 보다 편안한 대화를 이어나가기 쉽다. 'ㄴ' 형태는 마주 보고 앉는 위치보다 시선 처리에 대한 부담감이 적으면서 내담자의 비언어적 메시지를 관찰하기에 용이한 자리 배치이다(박민수, 2017).

▲ 상담자와 내담자의 시선이 자유로울 수 있는 좌석 배치는 'ㄴ'형태나 대각선으로 앉는 것이다.

(3) 메모와 녹음: 면접 중 메모와 녹음을 해야 하는가

면접이 진행되는 동안 메모, 녹음과 같은 기록을 하는 것이 바람직한가에 대해서는 논쟁이 있지만, 대부분 다음과 같은 이유로 기록을 하는 것에 동의한다. 내담자는 면접 가운데 호소하는 문제와 관련하여 중요한 정보를 언급할 것이다. 만약 면접이 다 끝나고 기록을 하면 임상가의 선택적인 기억에 의존하게 되므로 정작 중요한 정보들의 일부를 놓칠 가능성이 있다. 그러므로 내담자가 말하는 모든 내용을 기록으로 남길 필요는 없지만, 중요한 정보를 요약하여 기록하는 것이 이후 평가와 진단에 도움이 될 것이다.

그럼에도 불구하고 막상 메모를 하려고 하면 다음과 같은 생각이 머리를 스쳐 지나갈 수 있다. '면접 중인데 메모를 해도 될까?', '내가 메모하는 모습을 보고 내담자가 불편해하면 어떡하지?' 등의 염려하는 마음이 일어나서 망설여질 수 있다. 반대로 내담자 입장에서는 임상가가 기록에만 집중하고 자신에게는 집중하지 않는다고 생각할 수도 있다. 따라서 메모를 할 때에는 다음과 같은 항목을 고려해야 한다.

면담 중 기록 시 주의사항

· 메모가 내담자와의 라포를 형성하는 데 방해되는지를 살피고, 내담자에게 더 집중하라.
· 메모하는 이유를 설명하라.
· 메모 내용을 숨기거나 감추는 행동을 보이지 말라.
· 일부 내담자들은 메모 내용을 궁금해하므로 내담자가 볼 수 있다는 가정하에 평가적인 내용을 작성하는 것은 주의하라.
· 만약 내담자가 메모를 보고 싶어 한다면 읽어보게 하고, 어떤 생각이 들었는지 탐색하라.

출처 Sommers-Flanagan & Sommers-Flanagan(2017).

면접 내용을 녹음하거나 녹화할 수도 있다. 최근에는 녹음과 녹화가 빈번하기 때문에 내담자가 큰 거부감을 보이지는 않는다. 그렇다 하더라도 녹음이나 녹화를 해야 하는 필요성을 설득해야 한다. 그 내용이 비밀로 보장되며 내담자가 허락한 사람에게만 공개한다고 충분히 설명하고 협조를 구해야 한다. 그리고 임상가는 내담자와 약속한 내용을 반드시 지켜야 한다. 만일 내담자에게 미처 동의를 구하지 못하고 면접이 끝난 후 공개하게 될 상황에 놓이게 된다면, 그때라도 내담자와 접촉하여 상황을 설명한 뒤 동의를 구하고 정보를 활용해야 한다.

윤리적 문제

(1) 비밀보장

기본적으로 내담자가 보고한 모든 내용은 비밀보장을 원칙으로 한다는 사실을 안내하되, 비밀보장의 한계에 대해서도 반드시 설명해야 한다. 예컨대 내담자나 임상가 또는 그 밖의 사람들을 상해로부터 보호해야 할 때는 내담자의 동의 없이 정보를 최소한으로 노출할 수 있다(한국임상심리학회 윤리규정 제17조 비밀 유지 및 노출의 일부 발췌). 내담자가 자살을 구체적으로 계획하고 실행하려고 하거나 주변 사람들에게 위해를 가하고자 하는 모습이 발견되면 임상가는 이를 알리고 안전을 지킬 의무가 있는 것이다(미국심리학회APA 윤리규정 Section 4. Privacy and Confidentiality 참고 http://www.apa.org/ethics/code/index.aspx).

(2) 전문성 보이기

내담자들은 보다 숙련된 임상가와 면접하기를 원할 수 있다. 임상 수련을 받으면서 보다 숙련된 모습을 보이기 위해서는 병리와 관련된 전문 지식을 숙지해야 하는 것은 당연하며, 그 밖에 면접 전반의 과정에서 정확하고 분명한 의사전달과 표현을 할 수 있어야 한다. 이를 위해서는 첫 접촉에서 이루어지는 자기소개부터 연습할 수 있다(Sommers-Flanagan & Sommers-Flanagan, 2017). 머릿속에서는 멋있게 자기소개를 하는 모습을 상상하지만, 막상 자기소개를 하려면 어디서부터 어떻게 해야 할지 머뭇거릴 수 있다. 소개 문구를 작성하고 녹음해서 들어보면서 연습한다면 실제 내담자를 만났을 때에도 분명하고 정확하게 전달할 수 있을 것이며, 이러한 모습은 내담자로 하여금 신뢰를 가지도록 할 것이다.

(3) 옷차림

임상가의 옷차림이 내담자의 불안감에 영향을 미친다고 한다. 임상가의 옷차림이 내담자의 옷차림보다 약간 더 형식을 갖춘 것이었을 때 불안이 감소하는 것으로 나타났다(Hubble & Gelso, 1978). 면접을 준비할 때 환경적 요소도 중요하지만 임상가 역시 하나의 면접 도구이므로 격식을 갖춘 옷차림과 옷차림에 맞는 과하지 않은 화장, 약간의 장신구와 같은 사소한 부분에 대해서도 내담자에게 안정감을 줄 수 있도록 신경을 써야 한다.

(4) 신체접촉

일반적으로 신체접촉은 관계를 더 친밀하게 하는 수단으로 활용될 수 있지만 임상가와 내담자의 관계에서는 주의해야 한다. 가령 내담자가 힘든 이야기를 하면서 흐느끼고 있을 때, 포옹을 하거나 손을 내밀어 그 힘든 마음을 위로하고 싶은 마음이 드는 것은 자연스러운 현상이다. 하지만 임상가의 이러한 행동이 자칫 내담자에게 호감을 표시하는 것으로 오해석될 수 있으므로 주의해야 한다. 특히 성적 학대 경험이 있는 내담자라면 임상가의 접촉이 외상 경험을 활성화할 수 있으므로 더욱 주의할 필요가 있다. 만일 면접 중 내담자의 안정 및 진정을 위해 어깨에 손을 얹는 등의 신체적 접촉이 필요하다고 판단된다면 "진정을 위해 어깨에 손을 얹어도 되겠습니까?"라고 의도를 말하고 동의를 구한 뒤 행동해야 한다. 이러한 주의사항을 고려하고 행동했음에도 불구하고 신체접촉으로 인해 관계의 손상이 오거나 다른 문제가 발생한다면 수퍼바이저에게 지도감독을 받아야 한다.

다문화 민감성

최근 우리나라는 다문화 사회가 되어감에 따라 임상 장면에서도 다문화에 대한 민감성이 요구된다. 이를 위해서는 다음의 몇 가지를 고려해야 한다. 먼저, 자신이 가지고 있는 문화적 인식이 어떠한지 살펴보아야 한다. 가령 동성애, 장애인에 대해서 어떻게 생각하는지, 편견을 가지고 있지 않은지 등 자신의 문화적 정체성이 어떠한지 살펴볼 필요가 있다. 다음으로 다양한 문화의 가치, 행동 등에 대한 학습이 필요하다. 특히 문화적·성적·종교적으로 소수에 해당하는 사람들과 면접을 진행해야 한다면 문화 특정적 전문 지식을 미리 공부하고 준비해야 한다. 이러한 민감성은 나와 다른 문화 및 소수minority의 입장에 있는 내담자를 이해하는 데 밑거름이 될 것이다.

임상가의 역량과 책임

전문직 종사자는 전문적 지식과 기술을 습득하고, 윤리적인 방법으로 역량[1]을 발휘하여 다른 사람의 요구에 부응해야 한다. 이러한 정의에 따라 임상가는 전문직이라 할 수 있다.

APA(2016) 윤리강령과 한국심리학회(2016) 규정에는 전문적 역량 개발과 유지의 중요성, 역량 유지를 위한 지속적인 교육과 노력이 강조되어 있다. 임상가는 전문적 역량을 유지하기 위해 지속적으로 새로운 지식을 함양할 수 있으며, 상담 실무 시에는 상담 내용에 대해 수퍼비전 및 교육분석을 받을 수 있다. 수퍼비전은 수퍼바이저가 한 사람 혹은 여러 수퍼바이지에게 피드백을 제공하는 행위이다. 수퍼비전의 목적은 내담자의 전문적·개인적 발달 촉진, 임상가의 효율성 증진, 책임 있는 활동과 프로그램 증진에 있다. 교육분석은 임상가의 전문적 성장을 촉진하기 위한 개입으로, 임상가들은 자발적으로 혹은 상황에 따라서는 의무적으로 교육분석을 받는다. 임상가들이 교육분석을 받게 되는 동기로는 전문적 문제뿐 아니라 개인적 문제 해결, 자기이해 및 자각 높이기 등이 있다. 즉 이는 효과적인 전문가가 되고자 하는 바람이 반영된 노력 중 하나라고 볼 수 있다.

전문가로서의 역량 개발은 대학원 교육자들의 선발과 수련감독하의 훈련, 교육프로그램 수료와 자격 및 면허 취득을 위한 자격 인증 등의 과정을 통해 이루어지고, 공식적·비공식적 계속 교육을 통해 역량이 유지된다. 그러나 충분한 교육의 부족이나 경험의 부족, 비자발성이나 경직성으로 인한 역량 부족으로 임상가는 기술적·인지적·정서적 역량 부족 상태에 놓이게 될 수 있다.

역량이 부족한 경우 대개 추가적인 교육과 수련감독하의 실습, 개인 치료 등을 통해 다시 역량을 갖출 수 있으나, 임상가는 이러한 역량 부족과 능력 상실을 예방하기 위해 자기보호와 복지를 증진하기 위한 노력을 병행해야 한다. 전문성 측면에서 자기보호 전략으로는 지속적인 교육, 자문과 수련감독, 연결망 형성, 스트레스 관리 전략 등이 있고, 개인적 측면에서의 자기보호 전략으로는 건강한 개인 습관, 친밀한 관계에 대한 관심, 여가 활동, 이완과 집중, 자기탐색 및 인식 등

....
1   '역량'이란 전문성의 정도를 뜻하는 '능력'과, 이를 실제 현장에서 실천하는 것, 즉 '수행'과 관련된 용어이다.

이 있다(유성경 등, 2010).

내담자와 어떻게 관계를 맺을 것인가

라포 형성의 필요성

(1) 라포 형성은 왜 중요한가

내담자가 스스로 임상가를 찾아왔더라도 자신의 문제를 꺼내는 것은 어색하고 불편한 일이다. 특히 특정한 정신병리 진단을 받은 경험이 있는 사람들은 타인의 부정적 평가나 판단에 대한 두려움으로 자신의 문제를 꺼내는 것이 어려울 수 있다. 이러한 면접 초기 상황에서 라포 형성이 잘 이루어진다면 내담자는 임상가와의 관계에서 안정감을 느끼고 방어나 왜곡을 최소화하여 자신이 겪고 있는 감정이나 문제를 솔직하고 자유롭게 표현할 수 있다. 실제로 치료적 관계를 포함한 공통요소가 치료적 성과의 30%를 예측하는 반면, 치료 기술은 성과의 15%를 예측하는 데 그치는 것으로 나타났다(Norcross, 2002). 따라서 임상가는 내담자와 좀 더 생산적이고 효과적인 면접을 위해 안정감 있고 협력적인 관계를 형성해야 한다.

| Box 5.1 | 라포란 무엇인가 |

라포란 치료자와 내담자 사이에서 느낄 수 있는 조화로움(feeling of harmony)과 신뢰를 의미한다(Morrison, 2014). 라포 수준이 높을 때는 치료자와 내담자 간의 단순한 상호작용을 넘어서 서로 친근하게 몰두하여 활기차고 조화롭게 대화가 이루어진다.

(2) 라포 형성을 위한 기본 태도

임상가는 내담자를 한 인격체로서 존중해야 한다. 이에 대해서는 로저스(Rogers, 1977)의 태도를 참고할 필요가 있다. 로저스는 상담가와 내담자 사이의 관계에서 갖추어야 할 기본 태도로 세 가지(무조건적 긍정적 존중, 공감적 이해, 일치성)를 제시했다. 이 세 가지 기본 태도는 인간중심 이론person-centered theory에서 주로 강조하고 있지만 내담자를 대하는 임상가의 기본 태도라고 볼 수 있다.

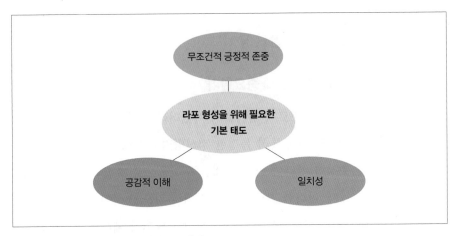

그림 5.1 | 라포 형성을 위한 기본 태도 3가지

● 무조건적 긍정적 존중unconditional positive regard은 내담자를 존귀하게 여기는 것을 의미한다. 면접을 신청하는 내담자들은 그들의 부모나 사회가 부여하는 가치에 조건화되어 있는 경우가 많다. 즉, 거부적 가치의 조건에서 양육된 내담자는 자신이 타인의 기대에 부합될 때만 가치 있는 존재라고 학습해 왔을 것이다. 임상가는 내담자가 경험한 내용에 대해 사회적 잣대로 바라보기보다는 비판단적 태도로 수용해야 한다. 이처럼 부모나 사회가 부여한 조건에 따르지 않고 내담자를 있는 그대로 존귀하게 대함으로써 무조건적인 긍정적 존중이 가능하고 가치의 조건화가 해제될 수 있다. 임상가가 이러한 태도를 지닌다면 내담자는 더 이상 자신을 숨기기 위해 애쓰지 않고 안전하다고 느끼기 때문에 자신을 더 깊이 탐색하고 개방할 수 있다.

● 공감적 이해empathetic understanding는 임상가가 자신의 틀로 경험하는 현실을 제쳐 두고 내담자가 경험하고 인식하는 현실을 느끼고 반응하려는 과정이다. 우

리는 같은 세계를 살고 있지만, 각자가 경험하는 주관적 세상은 서로 다르다. 왜냐하면 각 개인의 특성과 성장과정에서 경험한 것이 다르기 때문이다. 내담자를 공감적으로 이해한다는 것은 이 내담자가 진실로 경험하고 있는 것이 무엇인지를 인식하고 그에 반응하는 것이다. 가령 우리는 부모의 상실이 굉장히 슬픈 경험이라고 생각한다. 그렇지만 만약 부모에게 상습적으로 폭력을 당한 내담자라면 부모의 상실은 슬픔을 비롯하여 여러 복잡한 감정을 일으킬 것이다. 따라서 공감적으로 이해한다는 것은 내담자를 다른 대부분의 사람이 아닌 내담자 고유의 존재감이 있는 대상으로 바라보는 것이다. 내담자는 이러한 공감적 이해를 해 주는 임상가에게 믿고 도움을 요청할 수 있을 것이다.

● 일치성congruence은 임상가가 현재 경험하는 심리적인 관점들을 내담자에게 투명하게 드러내는 것이다. 우리는 대화를 할 때 상대의 언어 못지않게 비언어적 요소에 큰 영향을 받는다. 그런데 상대가 보내는 언어와 비언어적 메시지가 일치하지 않는다면 어떤 메시지를 받아들여야 할지 몰라서 혼란을 느낀다. 임상면접에서 내담자는 임상가의 작은 언어, 비언어적 메시지에 민감하기 때문에 임상가가 보이는 여러 단서들이 일치되고 통합되어 있다면 불분명한 의미를 전달할 가능성이 줄어들게 된다. 결과적으로 내담자는 자기방어를 내려놓고 자신의 경험을 솔직하게 드러낼 수 있다.

Box 5.2   초보 임상가를 위한 마음챙김 연습

첫 번째 면접을 앞둔 초보 임상가의 대처
초보 임상가는 면접 중에 내담자에게 집중하기보다는 자신에게 더 집중하는 경우가 많다. 내담자의 비언어적 모습, 반응 내용에 집중하면서 내담자의 문제를 파악하고 타당한 정보를 획득하기보다는 이어지는 질문으로는 무엇을 해야 할지, 면접이 잘 진행되고 있는지 등을 염려하기 때문에 면접을 통해 정확한 진단과 도움을 제공하는 것에 어려움을 겪을 수 있다. 이러한 불안과 염려는 초보 임상가라면 누구나 경험할 수 있는 것이므로 직종 변경을 생각할 만큼

심각한 문제는 아니다. 이러한 장애물은 연습을 통해서 충분히 극복할 수 있다.

최근 임상 장면에서 마음챙김(mindfulness)이라는 개념이 주목받고 있다. 마음챙김은 의도를 가지고, 비판단적인 태도로, 지금 이 순간에 존재하는 것을 의미한다(Kabat-Zinn, 1994). 즉, 자신의 불안과 염려를 비판단적 태도로 인식함으로써 그러한 생각과 걱정에서 빠져나와 다시 주의를 내담자에게 돌릴 수 있다는 점에서 초보 임상가의 면접 훈련을 도울 수 있다. 이뿐만 아니라 마음챙김 훈련은 임상가 개

인이 가진 판단과 선입견을 내려놓고, 면접하는 '지금 여기(here and now)'에서 경험되는 내담자를 파악하고, 정보를 수집하고, 평가로 이어나갈 수 있도록 이끈다.

호흡 마음챙김 지시문 예시

자리에 편안하게 앉습니다. 두 발은 어깨 넓이로 벌려 바닥에 가지런히 두세요. 허리를 세우고, 어깨를 편안히 내려놓고 부드럽게 눈을 감습니다. 이제 주의를 지금 여기 당신의 호흡으로 가져가 봅니다. 편안하게 호흡하면서 공기가 코를 통해 들어오고, 다시 코를 통해 나가는 것을 느껴 보세요. 이제 평소보다 조금 더 느리게 또는 좀 더 빠르게 호흡하면서 당신에게 가장 편안하고 느긋함을 주는 부드러운 리듬의 호흡 패턴을 찾아보세요.

부드러운 호흡에 집중하고 있는데 생각이 불쑥 나타날 수도 있습니다. 아주 당연하고 자연스러운 마음의 작용입니다. 걱정하지 마세요. 억지로 생각을 없애려고 하거나 마음을 비우려고 애쓰지 않으셔도 됩니다. 편안하게 호흡하면서 그저 마음속에서 일어

나는 생각이나 충동들을 알아차리고, 다시 주의를 호흡으로 가져오면 됩니다. 코를 통해 공기가 들어오고 나가는 것을 느껴 봅니다. 몇 분 동안 이 과정에 머물러 보세요. 점차 호흡이 부드러워지고 안정되면서 마음도 편안해짐을 느낄 수 있을 것입니다.

당신이 긴장될 때 언제 어디서든 부드러운 호흡을 연습할 수 있습니다. 이제 준비가 되면 천천히 눈을 뜨겠습니다.

참고 Gilbert & Choden(2013).

(3) 라포 형성의 장애물

무조건적 긍정적 존중, 일치성, 공감적 이해는 라포 형성의 가장 기본적인 토대이므로 임상면접의 초기부터 면접이 마무리될 때까지 꾸준히 쌓아 나가야 한다. 하지만 라포 형성을 방해하는 몇 가지 장애물이 있다. 첫째, 초보 임상가의 경우 전문가로 보이기 위해 부단히 애쓰는 경우가 많다. 특히 초심자로서의 불안과 무능함 등을 들키고 싶지 않기 때문에 주의의 초점이 내담자보다는 자신에게 향해 있을 수 있다. 이는 라포 형성에 중요한 경청을 방해하므로 내담자와 진실된 관계를 형성하는 데 걸림돌로 작용할 수 있다. 둘째, 숙련된 임상가의 경우 오히려 오랜 경험이 장애물로 작용할 수 있다. 경험이 많아지면 특정 진단에 대해 선입견이 생길 수 있고, 자신의 편견을 바탕으로 내담자를 바라보면서 자신이 가진 틀에 내담자를 끼워 맞추는 방식으로 면접이 진행될 수 있다. 셋째, 안전한

관계 형성이 임상가가 모든 내담자를 좋아하고 친구가 되어 그들의 생각과 행동에 동의해야 하는 것을 의미하지 않는다. 반대로 내담자가 임상가를 마음에 들어 하거나 위대한 사람으로 생각하며 추종하는 것도 의미하지 않는다. 임상가는 라포 형성을 방해하는 자신의 개인적인 욕구, 두려움, 견해 등을 자각하고, 진실된 관계 형성을 하기 위해 노력해야 한다.

라포 형성을 위한 기술

면접도 두 사람 사이에서 이루어지는 하나의 의사소통이다. 그러므로 면접 기술만 익혀서는 면접의 목적을 달성하기 어렵다. 즉, 내담자는 기계적으로 정보만을 요청하는 임상가보다는 내담자를 편안하게 해 주고 고통에 공감해 주는 임상가에게 솔직한 이야기를 할 수 있을 것이다. 따라서 내담자를 대하는 기본 태도와 함께 면접 기술을 활용한다면 면접 과정 동안 안정적인 관계를 맺고 평가를 위한 중요한 정보를 탐색할 수 있을 것이다.

(1) 관심 기울이기

임상가가 내담자에게 관심을 기울이고 있는지 여부는 임상가의 언어적/비언어적 태도에서 드러난다. 따라서 편안한 표정으로 내담자의 눈을 자연스럽게 응시하고, 안정감 있는 적절한 속도를 유지하면서 말하며, 내담자의 말에 고개를 끄덕이거나 "음음, 그렇구나, 아!"와 같은 반응을 하는 것이 필요하다. 다음에 제시된 표를 통해 임상가로서 내담자에게 충분한 주의를 두고 있는지 점검할 수 있다.

(2) 적극적 경청

① 재진술하기

재진술하기paraphrasing는 내담자가 진술한 내용(상황, 대상, 생각)을 임상가의 말로 바꾸어 되돌려주는 기술이다. 내담자의 이야기 가운데 인지적인 부분을 정리하여 되돌려준다는 측면에서 '내용 반영', '바꾸어 말하기rephrasing'라고도 부른다. 내담자가 말한 내용의 핵심적인 부분을 다시 내담자에게 들려주는 짧은 형태의

표 5.1 │ 내담자에게 관심 기울이기 ENCOURAGES

E	eye	적당한 정도의 눈 마주치기를 유지하라
N	nods	적절한 고개 끄덕임으로 반응하라
C	cultural differences	문화적 차이를 인식하고 존중하라
O	open stance	내담자 쪽으로 열린 자세를 유지하라
U	uhmm	"음" 등의 인정하는 언어를 사용하라
R	relaxed	편안하고 자연스럽게 대하라
A	avoid	산만한 행동은 피하라
G	grammatical	내담자의 언어/문법적인 스타일에 맞추어라
E	ear	세 번째 귀로 들어라
S	space	내담자와 적절한 거리, 공간을 유지하라

출처 Hill & O'Brien(1999).

표 5.2 │ 진술 내용에 따른 재진술 예시

상황	… 한 상황/입장이군요. 예: "부모님 사이에서 이러지도 저러지도 못하는 입장이군요."
사건	… 한 일/사건이 있었군요. 예: "사소한 말다툼이 결국 헤어지는 원인이 되었군요."
대상	… (사람/동물/사물)을 … 하게 여기는군요. 예: "그 친구가 자기 실속만 챙기는 속물로 여겨지나 보군요."
생각	… 때문에 … 하게 생각하는군요. 예: "매번 약속에 늦으니까 나를 무시한다는 생각이 들었군요."
바람/욕구	… 하기를 원하는군요. 예: "부모님이 인정해 주기를 원하는군요."

출처 강진령(2018).

요약과 같은 것이다. 다음의 표는 재진술하기에서 주로 사용할 수 있는 표현을 정리한 것으로, 초점에 따라서 몇 가지 진술방법이 있다.

내담자는 자신이 경험한 내용을 모호하게 표현하기도 하고 과거와 현재를 오가며 이야기하기 때문에 임상가는 주의 깊게 들어야 한다. 이러한 면접 상황에서 재진술은 내담자의 이야기를 경청하고 있음을 보여줄 수 있고 내담자가 이야기하는 핵심을 확인하여 이해를 증진시킬 수 있다. 재진술을 하는 것은 이야기를 이어나가는 촉진제가 되기도 하며 더 깊이 있는 탐색을 가능하게 한다. 다만, 앵무새처럼 따라하지 않도록 주의해야 한다. Box 5.3을 참고하여 내담자의 말에 대한 재진술 반응을 연습해 보자.

Box 5.3　재진술하기 연습

면접 중 내담자가 다음과 같이 진술한다면, 어떻게 재진술할 수 있을지 연습해 보자.

내담자 진술
1. 가족들은 저에게 관심이 없어요. 제가 늦게까지 안 들어와도 전화 한 통 없어요.
2. 사람들이 많은 곳에 가면 사람들이 나를 어떻게 볼까 하는 생각이 들어요.
3. 엄마는 제가 이야기할 때 다른 곳을 보면서 대충대충 들어요.
4. 도대체 얼마나 잘해야 인정받을 수 있는 건지 모르겠어요.

가능한 답변
1. ○○씨가 늦어도 가족들이 연락 한 번 없으니까 나에게 무관심하다는 생각이 드시는군요.
2. 사람들이 나를 어떻게 생각할지 걱정이 되는 거네요.
3. 어머니가 ○○씨 이야기를 경청하지 않는다고 여기시는군요.
4. ○○씨가 잘한 부분에 대해 인정받고 싶군요.

---

② 반영하기

재진술이 내용에 대한 것이라면, 반영하기reflecting는 내담자가 경험하는 '감정'을 말로 돌려주는 기술이다. 내담자의 감정은 언어로 직접 표현되기도 하고, 비언어적 메시지로 나타나기도 한다. 화가 난다고 말로 표현하는 사람이 있는 반면, 얼굴이 일그러지거나 열이 오르고 주먹을 움켜쥐는 등 분노가 신체적으로 나타나는 사람도 있다. 반영하기는 언어적·비언어적 메시지를 충분히 관찰 및 경청하고 내담자가 어떤 심정이었을지 추측하여 적절한 표현으로 돌려주는 과정을 포함한다. 이를 통해 내담자는 이해받는다는 느낌을 받을 수 있다. 또한 평소 주목하지 않았던 감정에 접촉할 수 있으며 강렬한 감정은 오히려 누그러질 수도

있다. 임상가의 반영하기는 내담자가 감정을 더 잘 인식하고 표현하게 함으로써
정서를 조절하는 데도 도움이 될 수 있다.

Box 5.4 반영하기 예시

내담자: 이번에는 발표를 잘해 보려고 만반의 준비를 했는데, 전 역시 안 되나 봐요. 아무리 해도 그 친구를 따라가지 못하는 것 같아요.

임상가: 발표준비를 열심히 했는데, 만족할 만큼 발표를 못했다고 생각하네요. 특히 친구랑 비교가 되면서 더 속상한 것 같아요.

내담자: 네, 사실 그렇게 못한 건 아니었어요. 그런데, 그 친구보다 더 노력했다고 생각했는데, 결과는 별반 차이가 없으니까 그게 너무 짜증이 나요.

임상가: 아, 발표를 준비하는 과정에서 ○○씨가 더 많이 노력했는데도 결과에서 크게 차이가 나지 않으니까 그게 속상한 거네요.

내담자: 네, 맞아요!

---

③ 명료화하기

명료화하기clarification는 내담자가 모호하고 불분명하게 표현할 때 그 내용을 명확하게 확인하기 위한 기술이다. 질문의 형태로 표현되지만, 단순한 질문이 아니라 내담자가 자신의 경험을 보다 더 구체적으로 설명할 수 있도록 돕는 역할을 한다. 명료화의 가장 큰 목적은 다음과 같다. 내담자가 3인칭 대명사(그때, 그 친구가, 그 사람이 등)를 비롯하여 모호한 표현을 사용할 때 마치 이해한 것처럼 있기보다는 명료화하기를 통해 내담자가 구체적으로 이야기를 할 수 있도록 해야 한다. 명료화하기를 사용해야 하는 시기는 다음과 같다.

명료화 반응이 필요한 때

- 내담자가 좀 더 구체적으로 말하도록 돕고자 할 때
- 내담자의 진술 내용을 정확하게 들었는지 확인하고자 할 때
- 모호하거나 혼동되는 진술 내용을 명확하게 할 때
- 상담자가 이해한 의미를 내담자에게 투사하는 것을 막고자 할 때

출처 강진령(2018).

내담자: 그때 그 사람을 만나지 않았어야 했어요. 그게 제 인생의 실수예요.

임상가: 그렇군요. 그런데 그때가 언제인가요?

내담자: 작년 여름요. 제가 ○○시험에 떨어져서 힘들었던 때거든요.

상담가: 시험에 떨어져 힘들 때 그분을 만나셨군요.

그분은 누구인가요?

임상가: 지금 만나는 남자 친구요. 만나지 말았어야 했어요.

내담자: 남자 친구를 만난 것을 후회하고 계시는군요. 그런데 실수라는 것은 어떤 의미인가요?

④ 요약하기

요약하기summarizing는 재진술과 반영의 기술이 포함된 기술로, 내담자가 말한 언어적 표현의 요점만 간추려서 되돌려주는 기술이다. 이러한 요약하기 기술은 다음과 같은 상황에서 유용하게 사용할 수 있다. 면접 상황에서 내담자가 장황하게 이야기를 할 때 그 내용의 흐름을 파악하여 중요한 내용만을 요약하여 말한다면 제한된 시간 안에 어떤 것에 초점을 맞추어야 할지 파악하기 쉽다. 요약하기를 할 때에는 다음과 같이 시작할 수 있다.

지금까지 ○○씨가 이야기한 내용을 잠시 정리해 보면…, 혹시 빠진 것은 없나요? (혹시 제가 잘못 이해한 부분은 없나요?)

⑤ 공감하기

공감empathy은 라포 형성의 핵심 요소로, 상대방의 입장에서 그 감정을 느끼고 경험해 보는 복잡하고 정교한 과정이다(주은선, 2007). 공감 반응은 상대방의 입장을 이해하여 반응하는 인지적 공감 반응과, 상대방이 느낄 법한 감정을 추측하여 반응하는 정서적 공감 반응으로 구분할 수 있다. 사실 공감을 한 문장으로 정의하는 것이 쉽지는 않지만, 중요한 부분은 특정 기술이나 기법이 아니라 내담자와 함께 그 경험에 머무르는 방식이라는 점이다. 이때 주의해야 할 점은 두 가지가 있다. 첫째, '공감해요'라고 말하지만 그저 말뿐인 공감이 된 경우이다.

둘째, 반대로 너무 상대의 감정에 빠져서 과잉동일시하는 경우가 있다. 이는 진정한 공감이라고 말하기 어렵다. 그렇다면 과연 어떻게 공감할 것인가? 사실 공감은 앞서 언급한 재진술하기, 반영하기, 명료화하기, 요약하기 모두와 관련 있지만, 내담자의 감정과 맥락을 알아차리고, 공명하여, 함께 있음을 전달하는 과정을 포함한다. 따라서 내담자가 깊은 감정에 접촉했을 때 머무를 수 있도록 하고 앞서 살펴본 기술들을 활용한 적극적 경청으로 공감표현을 시도한다. 일반적으로 깊은 수준의 공감은 내담자가 표면적으로 언급한 내용 이외에 그 말에 함축된 의미, 감정, 욕구까지 발견해서 이해하고 있음을 전달해야 한다.

Box 5.6 공감하기 예시

내담자: 제가 분명히 비밀이라고 했는데… 그 친구가 저의 이야기를 다른 친구들에게 말했어요. 어떻게 그럴 수가 있나요?

임상가: 비밀이라고 했는데… 비밀이 지켜지지 않았군요.

내담자: 맞아요. 그래서 너무 배신감이 들고 화가 나요.

임상가: 그 친구를 정말 믿었기 때문에 배신감이 들고 실망스러웠을 것 같아요.

내담자: 전 그 친구밖에 없는데… 그 친구는 저보다 다른 친구들이 더 소중한가 봐요.

임상가: 소중한 친구를 잃은 것 같은 기분인가 봐요.

내담자: 네…. 그래서 친구가 밉기도 하지만 너무나 슬퍼요…. (눈물)

임상가: 친구에게 화도 나지만 소중한 친구를 잃는다면 슬프고 가슴이 아플 것 같아요.

임상가는 앞서 살펴본 재진술하기, 반영하기, 명료화하기, 요약하기, 공감하기 등의 반응을 적절히 활용한 적극적 경청으로 면접에 임해야 한다. 다시 말해 적극적 경청의 자세로 면접을 진행해야 하는데, 이는 훈련을 통해 계발될 수 있다. 적극적 경청하기 훈련이 필요하다면 다음을 참고하여 연습해 보자.

적극적 경청하기 연습

〈목적〉

1. 임상가는 적극적 경청 반응을 활용할 수 있다.
2. 임상가가 적극적 경청을 할 때 내담자의 기분을 경험할 수 있다.

〈내용〉

1. 2명이 짝을 지어 연습해 봅니다. 한 명이 임상가, 다른 한 명이 내담자 역할을 맡습니다. 내담자는 중간 수준의 어려움을 이야기합니다. 그러면 임상가는 내담자의 이야기를 듣고, 적극적 경청의 여러 반응(예: 재진술하기, 반영하기, 명료화하기, 요약하기, 공감하기 등) 중에서 한 가지 반응을 선택할 수도, 다양한 적극적 경청 반응을 보일 수도 있습니다. 다만 질문하기는 하지 않습니다. 이러한 임상가의 적극적 경청 반응에 내담자는 어떤 기분이 드는지 잘 살펴봅니다.
2. 역할을 바꾸어서 연습해 봅니다.
3. 각자의 경험을 나눕니다.

예 수업에서 또 다르게 활용할 때 한 명의 임상가와 내담자를 선정하고 나머지 학생들이 관찰자의 역할을 합니다. 시연이 끝나고 학생들이 임상가 역할을 한 사람에게 피드백을 제공합니다. 또는 시연 중간 중간 멈추고 임상가의 반응에 대해 논의할 수도 있습니다.

(3) 침묵다루기와 자기노출

① 침묵 다루기

침묵 다루기는 내담자의 침묵과 그 원인인 숨은 감정을 언급하고 다루어 나가는 기술이다. 많은 사람이 사회적 상황에서 침묵하는 것에 어색함을 느낀다. 그러나 치료 장면에서의 침묵은 치료적일 수 있다. 치료적 침묵은 내담자가 말할 시간을 허용하여 내담자와의 대화를 촉진한다. 또한 내담자 중에는 생각하는 데 시간이 오래 걸리는 이도 있으므로 침묵이 필요할 수 있다. 따라서 임상가는 침묵이 긍정적 형태의 의사소통일 수 있음을 기억하고, 내담자가 할 말을 찾지 못할 때가 아니라면 그 침묵을 깨뜨릴 필요 없이 잠시 내담자에게 생각할 시간을 주고 기다리면 된다.

②자기노출

자기노출은 임상가가 치료를 효과적으로 전개하기 위해 내담자에게 자신에 대한 주관적인 정보, 즉 자신의 경험이나 생각, 느낌 등을 내담자에게 노출하는 기술이다. 임상가가 자기노출을 적절히 할 때 내담자의 신뢰감도 커지고 더욱 균형 잡힌 관계가 형성된다. 또한 임상가의 자기노출은 자기노출을 편치 않게 여기거나 방법을 모르는 내담자에게 시범을 보여주기 위해 사용될 수 있다. 그러나 실제 장면에서 임상가는 자기노출만 계속해서는 안 된다. 자기노출을 할 때 논의의 초점이 내담자의 관심사에서 임상가의 관심사로 바뀔 수 있기 때문이다. 더 나아가서는 내담자에게 도움이 필요한 사람으로 여겨져 신뢰를 잃을 위험이 있으므로, 이 기술을 사용할 때는 내담자와 내담자 욕구에 초점을 두어야 한다.

질문하기

내담자를 존중한다는 것은 내담자의 관점에서 그의 경험을 이해하는 것이다. 자칫 자신의 이전 임상 경험을 토대로 오해석하지 않기 위해서 적절한 질문은 필수적이다. 따라서 임상가는 면접이 진행되는 과정에서 의도와 목적을 가지고 질문을 해야 한다. 멀로니와 와드(Maloney & Ward, 1976)는 질문의 형태를 몇 가지로 구분하여 제시하였다.

● 개방형 질문: 무엇what, 어떻게how로 시작하는 질문으로, 내담자는 질문 받은 주제에 대해 자유롭게 대답할 수 있다. 따라서 내담자의 다양한 사고, 감정을 끌어낼 수 있다. 다양한 정보를 수집할 때 유용하게 사용할 수 있다.

"부모님이 다투고 있을 때 어떤 경험을 했는지 말해 주시겠어요?"
"어떤 이유로 면접을 신청하시게 되었는지 이야기해 주시겠어요?"

● 촉진형 질문: 내담자가 경험한 내용을 구체적으로 이야기할 수 있도록 촉진하는 역할을 한다.

"그 당시 경험에 대해 조금만 더 자세히 이야기해 주시겠어요?"

● 확인형 질문: 내담자의 말을 그대로 반복하거나, 바꾸어 말하거나, 요약하여 이야기함으로써 내담자가 말한 내용을 잘 이해했는지 확인하고, 나아가 더 설명할 기회를 줄 수 있다.

"그러니까 그때 당신은 … 라고 느꼈다는 말인가요?"

● 직면형 질문: 내담자의 언어, 비언어적 행동이 불일치할 때 또는 내담자가 앞서 언급한 내용과 지금 보고하는 내용이 불일치할 때 그 부분을 반문함으로써 내담자의 정확한 정보를 파악할 수 있다.

"이전에는 … 라고 말씀하셨는데, 지금은 … 라고 말씀하시네요"

● 직접 질문: 라포가 형성되고 나면 내담자를 이해하는 데 필요한 정보를 직접적으로 질문한다.

"당신은 친구가 거절했을 때 뭐라고 반응했나요?"

질문은 내담자의 마음의 문을 열게도 하고, 닫히게도 하는 열쇠이다. 임상가가 개인적 호기심을 채우기 위해서 하는 질문은 내담자의 마음의 문을 닫게 할 것이다. 반면 내담자를 한 인간 존재로 만나서 그의 내면세계를 이해하고자 하는 질문이라면 마음의 문이 저절로 열려서 기꺼이 갇혀진 정보들을 쏟아 낼 것이다. 임상가는 지금 하는 질문의 의도가 무엇인지 스스로 알아차리도록 주의를 기울여야 한다.

기타 주의사항

면접에서 사용하는 언어와 관련하여 다음 사항에 주의를 기울여야 한다.

첫째, 내담자가 이해할 수 있는 언어를 사용해야 한다. 우리는 다양한 연령과 교육수준의 내담자를 만나게 된다. 따라서 내담자의 입장을 고려한 언어 선택이 바람직하다. 가령, 석사학위가 있는 내담자에게 중학생 대하듯 하면 그 내담자는 모욕감을 느낄 것이다. 임상가를 찾아온 것이 그들의 이해 수준이 떨어졌다거나 부족하다는 것을 의미하는 것은 아니다.

둘째, 심리학적 전문용어 사용을 되도록 피해야 한다. 임상면접은 임상가의 유능함을 뽐내는 자리가 아니다. 그러므로 임상가는 내담자가 이해할 수 있는 일상 언어를 사용하여 위축감이 들지 않도록 배려해야 한다.

마지막으로 내담자는 자신의 경험을 자신의 입장에서 이야기하기 때문에 임상가는 그 말(단어)의 의미를 분명하게 할 필요가 있다. 즉, 내담자가 모호한 단어를 사용하거나 중의적인 말을 사용한다면 그 말의 의미를 지레짐작해서는 안 되고 명료화하기 위한 질문을 해야 한다(명료화 반응). 가령 "그 사람은 저에게 너무 가혹했어요."라고 했을 때 가혹했다는 의미가 심리적으로 상처를 주었다는 말인지 혹은 신체적인 폭행을 포함한 것인지 불분명하기 때문에 즉각적인 확인이 필요하다.

이상에서 살펴본 내담자와 관계 맺기는 어느 특정 한 시점에 이루어지는 것이 아니다. 내담자와 관계 맺기(치료적 관계)는 내담자를 만나는 순간부터 진행되고 면접이 마무리되고 이후 치료 과정으로 이어지는 전반적 과정에서 이루어지는 것임을 기억하자.

임상면접은 어떻게 진행되는가

임상면접이 진행되는 과정을 이해하는 것은 임상가가 목적지를 잃지 않고 단계별로 진행할 수 있도록 돕는다. 임상면접의 단계는 크게 면접 전 과정과 실제 면접 과정으로 구분하여 살펴볼 수 있다.

면접 전 과정

실제 임상 면접을 진행하기에 앞서 내담자는 전화, 온라인을 통해 임상기관에 최초로 접촉한다. 이 과정은 공식 면접이 시작되기 전 기관에서 내담자가 호소하는 임상 문제에 도움을 줄 수 있는지를 안내하는 단계에 속한다. 여기에서는 온라인 및 기관 방문을 통해 예약접수를 진행하는 과정을 살펴보고자 한다.

(1) 전화 또는 방문 예약(방문 안내)

심리적 어려움을 경험하는 사람들은 도움을 받을 수 있는 기관을 찾거나 주변 사람들로부터 추천받기도 한다. 하지만 심리치료가 어떻게 진행되고, 구체적으로 어떤 도움을 받을 수 있는지에 대한 정보는 제한되어 있는 경우가 많다. 정신건강 분야 전문가를 만나거나 임상가와 면접을 해 본 경험이 없는 내담자가 심리치료라는 새로운 경험을 보다 편안하게 여길 수 있도록 도와야 한다. 내담자나 내담자의 가족이 유선으로 기관 관련 사람의 목소리를 듣는 순간, 기관에 방문하여 문을 열고 들어가 눈 맞춤을 하는 순간 등이 임상면접 및 치료에 대한 첫인상을 결정짓는다. 그러므로 언제 어떠한 상황이든지 간에 친절하고 환영하는 태도를 보이는 것이 중요하다. 내담자와 첫 만남에서는 기관을 소개하고, 어떤 도움을 제공하고 있는지와 더불어 내담자가 궁금해하는 사항에 대해 이해하기 쉽게 전달해야 한다. 추가적으로 면접에 소요되는 시간과 비용, 진행과정 등에 대한 정보를 제공해 주어야 한다. 이러한 과정이 원활하게 이루어지면 기관에 대한 이미지가 높아지고 임상면접 및 치료에 대한 신뢰가 생길 수 있다. 마지막으로 내담자가 현재 필요로 하는 것이 무엇인지를 파악하는 것이 필요하다.

요약하면 이 단계에서는 기관의 친절한 안내와 내담자의 니즈$_{needs}$를 파악하는 것이 가장 중요하다.

Box 5.7   **전화 면접 예약(전화 안내)**

예시 1

임상가: 안녕하세요. ○○정신건강센터입니다. 무엇을 도와드릴까요?

내담자: 안녕하세요. 저는 ○○○라고 합니다. 요즘 극심한 스트레스 때문에 생각이 너무 많고 잠도 잘 자지 못하는데요. 제가 그곳에 가면 어떤 도움을 받을 수 있나요?

임상가: 스트레스로 생각이 많고 잠도 잘 주무시지 못한다니, 힘드시겠어요. 본 센터에 방문하시면 전문가 선생님과 어떤 상태인지 먼저 살펴보고, ○○씨에게 도움이 될 만한 방법을 상의하면서 진행하게 됩니다. 방문을 원하시면, 예약시간을 잡아드릴 수 있습니다.

내담자: 아, 그럼, 그곳에 가면 저의 어려움을 도움받을 수 있나요?

임상가: 네, 기관에 방문하시면, ○○씨가 어떤 어려움을 겪고 어떤 도움을 필요로 하는지를 보다 구체적으로 상의하실 수 있습니다. 예약을 잡아드릴까요?

내담자: 네, 그럼, 언제 가면 되나요?

임상가: 이번 주 중에 ○○씨가 편한 요일과 시간이 언제인가요?

내담자: ○○일, ○○시~ ○○시 사이에 가능합니다.

임상가: 그럼, ○○씨가 말씀하신 그 시간으로 예약 잡아두겠습니다. 혹시 변경 사항이 있으시면 본 센터로 연락주세요. 센터에 오시는 방법은 아시나요?

내담자: 네, 홈페이지에서 봤습니다.

임상가: 위치를 찾기 어려우시면 연락주세요. 그럼, 그때 뵙겠습니다.

예시 2

임상가: ○○ 센터입니다. 무엇을 도와드릴까요?

내담자: 안녕하세요. 저…, 그곳에 가면 어떤 도움을 받을 수 있나요? 요즘 심적으로 너무 힘들어요. 시도 때도 없이 눈물만 나고, 잠도 잘 못 자고요.

임상가: 마음이 불편하시군요. 저희 센터에서는 심리적인 어려움을 포함하여 불면 등에 대해서도 다루고 있어서 도와드릴 수 있을 것 같습니다.

내담자: 네. 만약에 제가 그곳에 가게 된다면 어떤 과정으로 심리치료가 진행되나요?

임상가: 먼저 센터를 방문하셔서 본원의 임상가와 초기면접을 진행하시게 됩니다. 전반적인 상태에 대해 점검하는 시간이라고 생각하시면 됩니다. 또한 필요한 경우 몇 가지의 심리검사가 진행될 수 있습니다. 이후 면접과정과 심리검사 결과를 토대로 심리치료가 진행될 예정입니다.

---

(2)온라인 예약

스마트 시대로 접어들면서 전화나 방문 예약보다는 온라인 예약이 늘어나고 있는 추세이다. 특히 온라인은 내담자들이 자신의 익명성을 보장받으면서 기관에 대한 정보를 얻을 수 있기 때문에 임상면접 및 심리치료에 접근하기 용이하다. 온라인에서 제공하는 정보를 보고 자신이 원하는 기관에 문의를 남길 수 있다. 정신건강 관련 기관에 따라 예약 방식은 다르지만, 일반적으로 자신의 정보(이름, 연락처, 문의사항)를 입력하면 기관에서 유선으로 연락을 취해 접수면접을 예약할 수도 있고 또는 온라인 시스템을 통해 방문날짜를 예약하고 기관에 방문할 수도 있다.

그림 5.2 | 국립정신건강센터 홈페이지의 진료예약 안내 화면

면접 과정

임상면접에서는 주어진 시간 안에 내담자의 핵심 문제를 파악하고 평가하는 것이 숙제이다. 따라서 시간을 잘 활용하는 것이 중요하다. 이러한 중요성에 공감한 모리슨(Morrison, 2014)은 임상면접에서 내용에 따라 할애해야 할 비중을 표 5.3과 같이 제시하였다.

표 5.3 | 면접 내용별 비중

면접 내용	비율(%)
주 호소 문제를 확인하고 자유롭게 이야기할 수 있도록 독려	15%
특정한 진단명을 추측 (자살, 폭력 히스토리, 약물 남용 등에 관한 질문)	30%
의학적 히스토리 정보 얻기	15%
그 밖에 개인적·사회적 히스토리 정보 얻기, 특정 병리 평가	25%
정신상태검사(MSE)	10%
내담자와 평가결과와 치료에 대해 상의, 다음 만남 계획	5%

전반적인 면접과정은 위에 제시된 비율을 고려하여, 크게 세 가지로 구분할 수 있다. 여기서는 초기, 중기, 후기로 구분하여 설명하고자 한다.

(1) 초기

초기 단계는 기관에서 임상가와 내담자가 처음 만났을 때 시작되며, 내담자와 임상가의 관계가 시작되는 단계이다. 초기 단계에서는 임상가와 내담자가 편안하게 이야기를 주고받을 수 있는 분위기를 형성하는 것이 중요하다.

초기 단계의 내담자는 임상가를 권위 있는 사람으로 보고 자신을 잘 치료하거나 평가해 줄 것이라 기대하지만, 한편으로는 면접상황에 대한 공포 또는 의구심을 가질 수 있다. 이때 이러한 공포나 의구심을 잘 다루어 준다면 안정적인 라포 형성은 성공적으로 진행될 수 있다. 내담자가 가지는 공포와 의구심은 다음과 같다.

- 내 앞에 있는 임상가는 능력 있는 사람일까?
- 이 임상가가 나를 도울 수 있을까?
- 내가 정말 미치거나 이상한 건 아닐까?
- 별로 이야기하고 싶지 않은 것에 대해 말하라고 하면 어떡하지?

아마 내담자는 기관을 찾아오면서 임상가가 자신에게 따뜻한 태도를 보이고 걱정해 주길 바랐을 것이다. 그리고 임상가가 자신을 거부하거나 거절하는 모습을 기대하지 않았을 것이다. 따라서 임상가는 초기 단계에서 이러한 부분을 외현적으로 표현하여 내담자와의 관계를 편안하게 이끌어가는 것이 필요하다. 임상가는 면접초기에 다음과 같은 이야기들로 내담자와의 관계를 형성할 수 있다.

임상면접 초기에 사용하기 적절한 언어들

- ○○씨(내담자)와 만날 시간을 기다리고 있었어요.
- 우리가 만난 것이 처음이라 약간 어색하게 느낄 수 있어요. 하지만 면접이 진행되면서 편해질 수 있다고 생각합니다.
- 오늘 우리가 이야기를 나누게 될 텐데요, 궁금하거나 이야기하고 싶은 것이 있다면 언제든지 말씀해 주세요.

초기 단계에서 임상가는 내담자의 언어를 경청하고 공감하는 태도를 보이며 내담자의 개방을 끌어내야 한다. 초기 단계의 주된 목표는 내담자의 이야기에 경청하고, 내담자의 정보 개방을 촉진하는 것이다. 내담자와의 소소한 대화(예: 날씨, 센터로 오는 길), 고지된 동의informed consent, 비밀보장 등의 내담자의 긴장을 풀기 위해 할 수 있는 이야기들을 마치고 난 후에는 내담자의 고민에 대해 직접적으로 질문해야 한다. 이는 내담자에게 민감한 사항이므로 차분하고 진중한 태도로 내담자의 걱정을 임상가와 나눌 수 있도록 독려한다.

질문할 때는 내담자에 대한 임상가의 관심이 표현되어야 하며 주된 사건이나 걱정에 대한 궁금증이 포함되어야 한다. 추가적으로 어째서 지금 이 시점에 오게 되었는지에 대해 알아보는 것도 좋다. 질문의 형태는 개방형 질문('무엇what' 혹은 '어떤how'으로 시작하는 질문)이나 내담자의 반응을 부드럽게 끌어낼 수 있는 언어를 사용하는 것이 좋다. 구체적으로 사용할 수 있는 질문은 다음과 같다.

임상면접 초기에 사용하기 적절한 질문

· 어떻게 여기에 오게 되었는지 말해 주시겠어요?

· 어디서부터 시작하면 좋을까요?

· 어떻게 도와드리면 될까요?

· 어떻게 이 시점에 방문을 결정하게 되었나요?

이러한 질문에 대한 내담자의 대답은 평가와 상태 판단에 중요한 기회를 제공한다. 만약 내담자가 대답하기를 꺼린다면 임상가가 무언가 잘못하거나 직절하지 못한 언행으로 인해 그런 것인지, 문화적인 요인 때문인지 혹은 자신을 표현하는 것 자체가 내담자의 어려움이어서 그런지를 확인해야 한다. 내담자가 자신의 이야기를 하는 데 힘들어 한다면 임상가는 다음과 같은 태도를 지님으로써 면접 초기 단계를 슬기롭게 풀어갈 수 있다.

자기표현을 힘들어 하는 내담자에게 임상가가 보여야 할 태도

〈공감과 긍정적 기대 표현하기〉

내담자: 무슨 말을 해야 할지 모르겠어요.

임상가: 처음에 무슨 말을 할지 결정하는 게 힘들 수 있어요. 어디서부터 시작하면 좋을지 잠시 생각해 보세요.

내담자: (말하기를 주저하며 머뭇거린다.)

임상가: 무엇부터 이야기해야 할지 주저되고 망설여질 수 있습니다. 그러나 그것이 무엇이든 막상 털어놓고 이야기해 보면 도움이 될 수 있습니다.

〈협력 강조하기〉

임상가: ○○씨가 적극적으로 참여해 준다면, 제가 도와드릴 수 있는 부분이 분명히 있을 겁니다. 저도 제가 할 수 있는 부분에서 최선을 다할게요. 이 시간을 유용하게 만들려면 우리가 함께 힘을 합치는 것이 필요해요.

〈내담자가 면접을 이끌도록 만들기〉

내담자: 어떤 걸 이야기해야 하죠?

임상가: 당신이 원하는 것은 어떤 것이라도 괜찮습니다. 저는 이야기를 듣고 궁금한 것이 있으면 질문을 드릴게요.

초기 단계가 원만하게 진행되면 내담자는 자신의 깊은 고민을 조금씩 표현하게 되고 임상가와 라포를 형성하게 된다. 내담자가 초기 단계에서 보이는 일반적인 반응은 다음과 같다.

요즘 들어 눈물이 많아졌어요. 시도 때도 없이 눈물이 흘러요. 저녁만 되면 더 심한 것 같기도 해요. 왜 이런지 도무지 모르겠어요. 학교에서도 가만히 있다가 눈물이 나고 친구들에게 들키지 않으려고 하다 보니까 거리도 멀어지는 것 같아요 … (중략) 어렸을 때부터 집안 환경이 좋지 않았는데, 요즘에는 학교에서 친구들 때문에 더 힘든 것 같아요.

초기 단계에서 이루어지는 중요한 작업 중 하나는 내담자의 심리상태를 임상적 관점에서 관찰하는 것이다. 이는 정신상태검사(Mental Status Examination, MSE)를 통해 이루어진다. 임상가에 의해 관찰된 MSE는 내담자의 이해, 진단 및 치료에 중요한 정보를 제공한다. 민성길 등(2006)이 분류한 MSE에 포함되는 내용은 다음과 같다.

표 5.4 | 정신상태검사(MSE)

항목	내용
외모, 전반적 태도 및 행동	외적으로 관찰할 수 있는 영역으로는 표정, 안색, 체취, 신체 및 의복의 청결 상태, 자세 등이 대표적이다. 행동으로는 최근 활동이 현저히 감소하거나 증가하였는가, 자발적 행동은 어떠한가, 자극에 대한 반응 등을 관찰할 수 있다. 틱tic이나 상동증적인 동작, 반향언어, 반향동작, 상동증, 거절증, 강박증, 언어장애, 공격성 등이 면접 중 나타나지 않는가에 대해서도 관찰한다.
사고의 과정	말수가 많은지, 적은지 혹은 말을 하지 않는지, 스스로 얘기하는지, 질문을 받을 때만 얘기하는지, 주저하며 말하는지, 천천히 말하는지, 빨리 말하는지, 요점 또는 줄거리 없이 얘기하는지, 화제를 바꿔 버리는지, 얘기 도중 갑자기 옆길로 새는지, 이상한 용어를 사용하며 얘기를 하는지, 우울증, 사고분열, 지리멸렬, 연상이완loosening of association 등이 있는지를 관찰하여 기록한다.
사고의 내용	내담자 자신에 대한 생각 또는 자신을 둘러싼 환경에 대한 내담자의 생각을 살펴본다. 자신이 특별히 주목받고 있다고 생각하는가, 특별히 사람들이 자기를 피하고 있다고 생각하는가, 개인적 능력에 대하여 실제보다 크거나 높게 평가하고 있는가, 내담자가 몰입해 있는 생각에 대하여 묻는다.
지각	내담자가 환청, 환시 등의 환각을 경험하고 있는지 파악하는 것이 필요하다. 내담자의 환각이 언제 발생하는가(밤에 일어나는가, 낮에 일어나는가), 그 내용은 어떠한가, 복잡성·선명성은 어느 정도인가, 내담자는 그것을 어떻게 받아들이는가, 어떤 상황에서 나타나는가 등을 묻는다. 정상인에서도 나타날 수 있는 입면 시 혹은 출면 시 환각과는 구별되어야 한다. 기타 착각 등 다른 지각장애가 없는지도 조사한다.

감정반응	내담자의 감정반응은 전반적 행동, 말투, 행위에서 관찰할 수 있다. 내담자에게 기분은 어떠한가를 물어보고, 감정이 잘 변하는가, 감정변화의 이유는 주로 무엇인가를 묻는다. 또한 면접 시 내담자의 행동·표정이 내담자 자신이 표현하는 자신의 감정 상태와 일치하는가를 면밀히 관찰한다. 지나치게 과장되는지, 불충분하게 표현되는지, 지나치게 억제하려 하는지 등을 관찰한다. 감정이 고양되어 있는지, 우울한지, 불안한지 또는 감정반응이 부적절한지, 불충분한지, 양가적인지 기술한다. 내담자가 진술하는 내용에 따른 감정의 반응을 기록한다.
지적 능력	기억력, 계산력, 지남력, 읽기, 쓰기, 독해력, 일반적인 지식, 상식, 추상력, 판단력 등의 지적 능력에 대해 조사한다. 내담자의 과거에 대해 물어봄으로써 장기 기억능력을 확인할 수 있으며, 몇 시간 전의 일을 물어보거나 조금 전에 대화했던 내용을 다시 물어봄으로써 단기 기억능력을 파악할 수 있다. 특정 숫자에 대해 규칙적 연산을 요구함으로써(예: 100에서 7씩 빼나가게 함) 집중력을 검사할 수 있다.
의식	내담자의 의식의 장애가 있는 경우 기질성 뇌장애가 있다고 추측할 수 있다. 의식혼탁은 주변 파악 능력이 전반적으로 감소되어 있는 상태이며, 외부자극에 집중할 수 없고 목표를 향한 일관성 있는 사고나 행동을 할 수 없는 상태이다. 의식상태의 변화 시 지남력장애가 흔히 동반되지만, 지남력장애가 있다고 반드시 의식장애가 동반되는 것은 아니다.
병식	내담자가 자신의 심리적 고통이 얼마나 심한지를 아는가, 자신이 경험하고 있는 증상의 종류를 인식하는가, 치료받는 이유를 아는가, 발병에 관한 정신병리적 의미를 얼마만큼 이해하고 있는가에 대해 알아본다. 병식의 수준은 다양한데, 완전히 병을 부인하는 상황, 병을 어느 정도 인식하고 도움이 필요하다는 것을 알지만 동시에 부인하는 상황, 병을 인식하나 타인을 탓하는 상황 그리고 지적인 병식, 진실한 감정적 병식 등이 있다.

위 사항들을 종합할 때 초기 단계에서 임상가가 확인해야 할 사항은 다음과 같다.

표 5.5 | 임상면접 초기에 점검해야 할 사항

목표	필요한 기법
라포 형성하기	비지시적 경청
내담자의 문제에 초점 맞추기	개방형 질문, 부드럽게 접근하기
구조화 및 지지 제공	내담자 느낌 반영, 초기 단계의 목표 명확화하기, 문제의 초점 좁히기
내담자 내적 참조틀을 표현하도록 돕기	비지시적 경청, 치료적 질문
내담자 심리상태 평가	MSE

(2) 중기

중기 단계는 면접에서 긴 시간을 소요하는 단계이다. 이 시기는 평가와 필요하

다면 내담자에게 도움을 주는 치료적 개입이 실시되는 단계라고 볼 수 있다. 중기 단계는 1)면접의 목적, 2)임상세팅, 3)임상가의 이론적 배경, 4)내담자의 문제(혹은 소망)와 같은 요소들에 의해 내용과 과정이 결정된다. 면접에서 긴 시간을 소요하는 만큼 핵심적인 단계이지만 초기 단계 및 후기 단계와 적절히 잘 어우러지는 것이 필요하다.

임상면접은 기본적으로 정보 수집을 기반으로 하는 평가면접이다. 중기 단계에서 정보 수집은 초기 단계에서의 정보 수준을 넘어 더 구체적이고 심화된 것이다. 이는 몇 가지를 목표로 할 수 있는데, ① 내담자의 주 호소나 문제를 확인·평가·탐색하기, ② 내담자의 대인관계적 행동이나 심리사회적 역사와 관련된 자료 수집, ③ 내담자의 현재 상태와 기능을 평가하기 등이 그것이다.

① 주 호소(혹은 목표) 확인, 평가 및 탐색

주 호소는 곧 내담자가 기관에 도움을 구하는 이유이며, 임상가가 최우선적으로 집중해야 하는 것이기도 하다. 보통 하나 혹은 그 이상의 정서적 고통이나 스트레스 증상으로 표현된다. 주 호소는 "당신이 여기에 온 이유는 무엇인가요?", "무슨 일로 오셨나요?", "무엇을 도와드릴까요?" 등의 질문으로 확인할 수 있다. 내담자에 따라 주 호소를 빠르고 비교적 정확하게 말하기도 하지만, 몇몇 내담자는 모호하고 명확하지 않게 이야기한다.

내담자의 주 호소나 이와 관련된 여러 문제들은 곧 목표설정과 관련된다. 다시 말해, 내담자가 보고하는 문제들을 활용해 목표를 설정할 수 있다. 다음에 제시된 예문과 같이 임상가는 내담자를 도와 적절한 목표나 해결책을 설정한다. 항상 내담자 문제를 직접 목표로 설정해야 하는 것은 아니지만, 문제를 재구성하여 목표로 설정하는 것은 내담자 희망을 증진시키며 긍정적인 목표설정 과정으로 볼 수 있다(Wollburg & Braukhaus, 2010).

○○씨는 술을 많이 마시는 행동에 대해 이야기하고 있군요. 제가 제대로 잘 이해했다면 ○○씨는 음주량을 줄이고 싶어 하는 것 같아요. '술 먹는 양 줄이기'를 치료 목표로 하면 어떨까요?

일단 내담자 주 호소를 확인하고 나면 문제를 분석하는 과정도 필요하다. 이때 포함되어야 할 부분은 내담자의 정서, 인지, 대인관계, 행동적 요소이다. 다음과 같은 질문들을 토대로 내담자를 이해할 수 있다.

표 5.6 | 내담자 이해를 위한 질문

선행사건에 대한 질문
- 처음 그런 문제(혹은 증상)가 나타난 것은 언제인가요?
  → 증상의 기원과 동시에 최근까지 그 증상이 어떻게 유지되어 왔는지 탐색한다.
- 문제(혹은 증상)가 있다는 것을 자각한 당시는 어떤 상황이었나요?
- 이 문제(혹은 증상)가 생기기에 앞서 보통 어떤 상황이 벌어지나요?

문제 경험에 초점을 맞춘 질문
- 얼마나 자주 이 문제(혹은 증상)를 경험하나요?
- 이 문제(혹은 증상)가 시작되면 어떤 일이 벌어지나요?
- 이 문제(혹은 증상)가 시작되면 어떤 생각이나 이미지가 떠오르나요?
- 이 문제(혹은 증상)가 시작되기에 앞서, 도중 혹은 이후에 어떤 신체감각이 일어나나요?

대처방안 질문
- 이 문제를 해결하기 위해 어떤 것들을 해 보셨나요?
- 무엇이 가장 도움이 되던가요?

실제 면접시간 내에 위와 같은 질문들을 모두 하는 것은 쉽지 않을 것이다. 내담자들은 종종 임상가의 질문 내용에 맞지 않는 이야기를 할 수도 있으며, 자신이 원하는 방향으로 면접을 이끌어 갈 수도 있다. 내담자의 이런 모습은 때때로 더 중요한 정보를 주기 때문에 무시해서는 안 된다. 임상가는 면접 계획에 맞게 진행하되 경청, 비지시적 반영, 공감 등을 사용하여 내담자가 자신의 경험을 충분히 펼칠 수 있는 환경을 만들어 주어야 한다.

② 내담자의 대인관계적 행동이나 심리사회적 역사와 관련된 자료 수집

인간은 그 개인을 둘러싼 독특한 환경에 의해 영향을 받는다. 가족체계, 주변인, 사회·문화 등이 대표적이다. 내담자 증상 또한 이러한 맥락에서 이해할 수 있다. 임상가는 내담자의 증상이나 문제뿐만 아니라 내담자의 전반적 삶에서 이 문제를 어떻게 이해할 수 있을지 고민해야 한다. 이런 과정에서 내담자의 개인

적 혹은 심리사회적 역사, 대인관계적 역사와 가족력 등을 탐색하는 것이 유용하다.

● 개인적 혹은 심리사회적 역사

내담자의 개인적 혹은 심리사회적 역사를 탐색할 때 필요한 질문 가운데 하나는 '왜 지금 why now'에 관한 질문이다. 이 질문은 내담자의 주 호소와 직결되고 촉발사건 precipitating event이 무엇인지 확인하는 데 도움을 준다. 촉발사건은 내담자가 임상 장면에 도움을 청하도록 만든 결정적 사건을 의미하며, 비교적 가까운 과거에 내담자가 경험한 일을 의미한다. 촉발사건을 탐색하는 과정을 통해 내담자의 치료 동기 수준을 파악할 수 있다. 즉, 내담자가 자신이 원해서 임상 장면을 방문하게 되었는지 아니면 주변 환경(가족, 선생님 등)에 의해 강제적으로 임상 장면을 방문하게 되었는지 파악할 수 있다. '왜 지금' 형태의 질문과 촉발사건을 확인할 때 사용할 수 있는 질문은 다음과 같다.

촉발사건을 확인할 때 사용할 수 있는 질문

· 이제 당신이 치료에서 도움을 받고 싶은 부분은 알 것 같네요. 그런데 어째서 지금 이 시기에 찾아오게 된 건지 궁금하네요.
· 이런 문제로 오랫동안 고통받고 있었군요. 오늘에서야 여기에 오게 만든 것은 무엇인가요?
· 여자친구와 헤어진 몇 달 전에는 이곳에 오지 않았어요. 왜 그때 오지 않고 지금 오게 된 건가요?
· 과거에 어떤 문제들은 혼자 처리하기도 했을 텐데 이번 일은 많이 힘드셨나 봐요. 어떤 점이 이전과 달랐나요?

개인의 심리사회적 역사를 추적하는 데 있어 특정시기와 관련된 질문을 통해 내담자 주 호소 혹은 증상과 관련된 정보를 수집할 수도 있다. 그 가운데 초기기억 earliest memory은 내담자가 가진 핵심 감정/주제 혹은 문제들과 관련지을 수 있다(Sweeney, 2009). 예를 들어 인정받지 못한 기억을 초기기억으로 가지고 있는 사람은 현재 누군가로부터 인정받고 관심을 받는 행동에 중독되어 있을 수 있다.

모든 내담자들은 긍정적인 기억과 부정적인 기억을 가지고 있다. 이런 기억들 가운데 특히 부정적인 기억들을 면접에서 전혀 이야기하지 않으려고 하는 경우 부인denial, 억제repression 혹은 해리dissociation와 같은 방어기제를 사용했을 가능성이 있다. 따라서 임상가는 내담자가 정서적으로 편향된 기억들만을 보고할 때는 그 반대되는 정서 경험에 대해서도 질문하여 전반적인 정서를 파악하는 것이 좋다.

일반적으로 개인의 역사를 탐색할 때는 ①초기기억, ②부모(양육자)/형제자매에 대한 기억, ③학교와 또래 관계, ④직업 장면, ⑤기타 영역에 대한 기억의 흐름으로 탐색할 수 있다. 짧은 면접시간 내에 이런 영역들을 다 탐색하는 것은 어려우므로 기관이나 임상가는 이와 관련된 질문지를 미리 내담자에게 작성하도록 요청할 수 있다. 이렇게 작성된 자료는 짧은 면접시간에서 집중해야 할 영역을 알려준다.

● 대인관계 역사

대인관계 행동 영역은 내담자 문제의 발생과 유지에 결정적 역할을 한다. 따라서 접수면접에서 내담자의 대인관계 행동을 평가하는 것은 필수적이다. 임상가는 다음의 5가지 출처를 통해 내담자의 대인관계 행동과 관련된 자료를 수집할 수 있다.

> 내담자 대인관계 행동을 파악할 수 있는 자료
> · 내담자 자기보고: 과거(예: 청소년기) 관계양상과 현재 관계양상
> · 면접 가운데 관찰되는 내담자 행동
> · 정식 심리검사 자료
> · 과거 심리치료 기록
> · 주변 사람으로부터의 정보

짧은 면접시간 내에 내담자의 대인 행동을 평가하는 것은 사실 힘든 일이며, 그마저도 주관적일 확률이 높다. 예를 들어 내담자의 자기보고는 왜곡되고 편향되어 있을 가능성이 있기 때문이다. 어떤 내담자들은 자신의 대인관계 행동의 긍정적인 부분만 말하기도 하는 반면, 또 다른 내담자들은 부정적인 대인관계 경험에 대해 자신을 너무 비난하는 형태로 보고하기 때문이다. 또한 임상가의 개인적 관찰 또한 주관적일 수 있다. 따라서 내담자의 대인관계 행동을 평가할 때는 몇 가지 기본적 원칙을 따르는 것이 효율적이다.

대인관계 행동평가 기본원칙

- 한 번의 관찰로 판단하여 단정 짓지 않는다: 사람의 행동은 상황과 대상에 따라 확연히 달라질 수 있다. 유사한 행동의 패턴이 여러 번 관찰될 때 믿을 수 있다.
- 활용할 수 있는 자료를 통합하여 평가하라: 자기보고, 임상가의 관찰, 심리검사 등의 자료를 통합하여 평가한다.

한편 내담자로부터 발생하는 감정에 관심을 기울이는 것이 필요하다. 예를 들어 따분함, 각성됨, 슬픔, 짜증남 등이다. 이런 개인적 정서반응은 역전이로 볼 수도 있지만, 임상가가 느끼는 감정반응을 다른 사람들 또한 느꼈다는 증거가 있다면 내담자 대인관계 행동에 반영될 수 있다. 만약 임상가의 감정반응이 독특한 것이었다면 역전이 반응이었을 가능성이 있다.

● 가족력

내담자의 가족력을 알아보며 임상가는 세 가지 정도를 파악할 수 있다. 첫째, 내담자를 포함하여 부모, 형제, 배우자 그리고 자녀 등의 성장 과정에 대해 추측할 수 있다. 둘째, 내담자와 부모 혹은 친척과의 과거에서 현재까지의 관계에 대해 알 수 있다. 셋째, 내담자의 가족 내에 정신질환을 앓았던 혹은 앓고 있는 사람이 있는지에 대해 알 수 있다. 몇몇 정신장애는 유전적으로 혹은 가족 내 환경에서 발생할 수 있다.

　　내담자는 기본적인 서류 작성 과정에서 가족의 나이, 직업 등 기본적인 정보를 제공했을 수 있다. 하지만 이것을 파악하는 데 그치지 말고 현재 가족 구성원들과 친밀한 정도를 파악해야 하며, 만약 관계가 단절되었다면 그 이유에 대해서 파악하는 것도 필요하다. 이러한 정보는 내담자를 포함한 가족 구성원들의 성격적 측면을 추측하는 데 유용하다.

가족력을 확인할 때 할 수 있는 질문

· 당신이 ○○(가족 구성원)와 어떻게 지내는지 이야기해 주시겠어요?
· 당신의 부모님은 어떤 분인가요?
· 가족 구성원 가운데 정신적인 문제로 약물을 복용하거나 심리치료를 받은 사람이 있나요?

---

③ 현재 기능 평가

내담자의 역사적 · 대인관계적 문제들에 대한 탐색이 끝나면, 임상가는 내담자의 현재 기능 상태를 파악해야 한다. 아래에 제시되는 문구들은 내담자가 현재 본인의 기능 상태를 표현하기에 적절한 질문이다.

내담자의 현재 기능을 평가하기 위한 질문

· 하루를 어떻게 보내시나요?
· 하루에 얼마나 오래 일(공부)하시나요?
· 친구(애인)와 함께 보내는 시간이 얼마나 되나요?
· 수면은 충분히 취하시나요?
· 식사는 규칙적으로 하시나요? 식욕에 변화가 있나요?
· 자신을 돌보기 위해 하는 일이 있나요?
· 혼자 있을 때 주로 어떤 활동을 하나요?

일부 내담자들은 과거에 대해 이야기하는 것에 빠져 현재의 관점으로 넘어오기 힘들어 한다. 이러한 현상은 특히 어린 시절에 힘든 일을 겪었거나 트라우마를 경험했을 경우에 나타난다. 만약 면접과정에서 내담자의 마음이 상한다면 내담자의 기분을 인정해 주고 긍정적 변화에 대한 희망을 심어줄 수 있어야 한다. 예를 들어 교통사고로 딸이 사망한 후 찾아온 어머니를 생각해 보자. 임상가는 다음과 같이 반응할 수 있다.

자녀를 잃고 극도로 괴로워하는 것은 자연스러운 일입니다. 대부분의 사람들이 자녀를 잃는 것이 정말 고통스러운 경험이라고 생각할 거에요. 당신이 여기 와서 자녀의 죽음과 그 느낌을 이야기하는 것이 얼마나 용기 있는 행동인지 몰라요. 전 당신의 그 아픔을 사라지게 하는 것보다 우선 애도의 시간을 가지는 것이 중요하다고 생각해요.

내담자의 기분을 인정하는 것은 내담자의 감정을 자연스러운 것이라고 수용하는 것을 의미한다. 즉, 내담자가 경험하는 감정은 자연스럽게 생길 수 있는 것이라고 임상가가 인정해 주는 것이다(타당화validation). 이 과정은 내담자가 고통스럽거나 괴로운 감정을 경험하고 있을 경우 접수면접을 마치기 전 사용하기에 적절하다. 아울러 심리적 안정감을 제공해 주는 것은 접수면접을 마무리하며 꼭 필요한 부분이다.

④ 평가

중기 단계에서 임상가는 다각도에서 내담자를 평가하게 된다. 구체적으로는 다음과 같다.

- 내담자가 정상인가, 비정상인가(여기에서 DSM-5-TR 또는 ICD-11 Beta draft의 진단적 준거가 활용된다)?
- 내담자의 사회적(대인관계) 기술 수준은 어떠한가?
- 내담자가 얼마나 고통스러워하는가?
- 내담자가 사용하고 있는 대처전략은 무엇인가?
- 내담자가 호감형인가, 적대적인가, 자아도취적인가, 강박적인가, 내재화

하는가, 외재화하는가?
- 어떤 이론적 접근이 내담자 문제해결에 도움이 될 것인가?

이때 임상가는 심리검사 도구를 활용하여 위 영역에 대해 평가할 수 있다. 그러나 평가에 있어서 중요하게 고려해야 할 것은 임상가 개인이 가진 편향bias을 줄이는 것이다. 임상가가 평가를 하는 데 주관적 해석의 영향을 줄이기 위해서는 평가에서 요구되는 표준화된 절차를 준수해야 한다. 각각의 심리검사들은 검사실시와 절차에 대해 상세하게 소개되어 있으므로 이러한 과정을 충분히 익히고 숙달해야 한다. 이처럼 평가의 표준화된 과정을 사용해야 그 결과에 대해서도 타당도와 신뢰도를 확보할 수 있다. 또한 규준norm을 바탕으로 수집된 자료와 비교해 볼 수도 있다.

⑤ 개입

내담자의 문제가 위중하거나 내담자가 자신의 문제를 막 쏟아내는 경우에는 평가와 동시에 치료적인 개입이 이루어질 수 있다. 여기서 치료적 개입은 임상가가 훈련한 혹은 지향하는 근거기반 심리치료 이론적 개입이어야 한다. 예를 들어 임상가가 행동주의적 접근을 배경으로 삼은 경우라면 강화, 모델링, 노출 등을 사용할 수 있고, 인지행동주의적 접근을 배경으로 하고 있다면 다양한 질문을 통해 내담자의 부적응적인 사고를 파악하고 핵심 도식schema을 탐색하여 행동 및 정서 문제를 다룰 수 있을 것이다. 인간중심적 접근을 사용하는 임상가라면 내담자가 깊은 수준에서 자기self를 만날 수 있도록 치료적 관계를 활용할 것이며, 정신분석을 배경으로 하고 있다면 내담자의 언어 및 비언어적 정보를 듣고 무의식에 대한 정보를 해석하는 데 초점을 둘 것이다. 하지만 초심임상가의 경우 평가와 치료가 분리된 상황에서는 개입을 하기보다는 내담자의 상태를 점검하고 내담자의 언어에 공감하고 지지하면서 평가에 초점을 두는 것이 안전하다.

중기 단계에는 일반적으로 평가와 치료적 활동이 공존한다. 중기 단계에서 임상가가 확인해야 할 사항은 다음과 같다(표 5.7).

표 5.7 | 임상면접 중기에 점검해야 할 사항

목표	필요한 기법
비지시적 경청에서 좀 더 지시적인 경청으로 전환하기	내담자에게 이런 전환이 필요한 이유 설명하기
정보 수집	개방형/폐쇄형 질문 적절히 사용하기
평가(진단)와 관련된 정보 수집	구조화된 진단면접 도구 사용하기(예: DSM-5-TR, ICD-11 Beta draft)
적절한 개입	해석, 직면, 치료적 질문 혹은 임상가의 이론적 토대에 따른 개입 사용하기
평가나 개입 중심에서 벗어나 후기 단계 준비하기	면접 시간 파악하기, 주요한 사항에 대해 요약하고 설명하기

(3) 후기

면접을 마무리하는 후기 단계에 오면 임상가와 내담자 모두 긴장감이 높아질 수 있다. 임상가는 내담자의 과거력과 사회적 배경에 관한 정보가 적절히 수집되었는지 걱정한다. 임상 장면에서 걱정 때문에 중기 단계를 과도하게 할애하여 제대로 면접을 마무리 짓지 못하는 일이 빈번하게 관찰된다(Shea, 1998). 내담자는 면접 동안 자신이 적절하게 반응했는지 그리고 이 작업이 도움이 될 것인지에 대해 생각하며 각성될 수 있다. 또한 면접 시간의 대부분을 본인의 고민에 관해 이야기하였으므로 기분이 좋지 않을 것이다. 심지어 면접 전보다 기분이 더 나빠졌을 수도 있다. 후기 단계에서는 이 부분을 충분한 시간을 가지고 다루는 것이 중요하다.

① 지지와 안심 제공

내담자에게 정서적 지지와 심리적 안정을 유도하는 것은 면접 전반에서 중요하다. 특히 면접은 임상가와 처음 만나는 자리이므로 내담자에게 힘든 자리일 가능성이 높고 면접 중간에 불안한 마음이 생길 수 있다.

또한 임상가는 임상 장면을 찾은 내담자의 결정을 지지하고 희망적인 메시지를 전달해야 한다. 대부분의 내담자들은 임상 장면을 찾을 때 나아질 것에 대한 기대를 가지고 있지만, 한편으론 자신의 내면을 탐구하고 변화하는 데 두려움을 가지고 있기 때문이다. 후기 단계에서 임상가는 다음과 같은 이야기들로 임상 장면을 찾기까지의 내담자 노고를 인정해 줄 수 있다.

> 내담자의 노력과 노고를 인정해 주는 언어
> - 첫 만남에서 짧은 시간에 많은 내용을 다루어야 했기 때문에 힘들었을 거에요.
> - 짧은 시간 내에 자신에 대해 잘 설명해 주셨어요.
> - 마음을 열고 많은 부분을 저에게 알려주셔서 고마워요.
> - 오늘 이곳에 오신 것은 정말 잘한 선택이에요.
> - 심리치료를 요청하는 것은 정말 힘든 일이죠. 하지만 도움을 청하는 것은 내면에 힘이 있다는 증거입니다. 환영합니다.

② 주요 내용 요약하기

후기 단계의 핵심적인 과업중 하나는 내담자 주 호소 혹은 핵심문제와 관련한 사항을 진행한 면접과 연관시켜 요약하는 것이다. 이는 내담자의 치료에 대한 동기를 높여줄 뿐만 아니라, 내담자 자신에 대한 이해를 한층 더해 통찰을 줄 수 있다. 또한 면접 시간 동안 임상가가 자신의 이야기를 경청하고 이해해 주었다는 인상을 주어 훗날 이어질 수 있는 치료적 관계를 돈독히 할 수 있다.

> 지금까지 이야기를 들어 봤을 때 ○○씨는 사람들 앞에서 발표할 때 마음이 편해지길 원하는 것 같아요. 또 지금까지 습관처럼 해 왔던 완벽을 추구하는 행동들을 덜 하고 싶어 하는 것처럼 느껴졌어요. 또 마음속의 정체 모를 불안함을 없애고 싶어 하는 것도 인상 깊었어요.

마지막으로 후기 단계에서 임상가가 확인해야 할 사항은 다음과 같다.

표 5.8 | 임상면접 후기에 점검해야 할 사항

목표	필요한 기법
지지와 안심 제공	감정 반영하기, 내담자의 표현에 감사하기
핵심내용 요약 및 정리하기	주제들을 통합 및 정리하고 요약하여 전달하기

후기 단계에서는 대략적인 면접의 목적이 달성되어야 한다. 진단 목적의 경우 임상가는 이를 확증하는 데 필요한 심리검사를 의뢰하고 내담자 요구에 따라 추가적인 심리치료를 진행하게 된다.

기타 임상면접 유형

진단면접

진단면접diagnostic interview은 특정 분류체계 내에서 어떤 심리적 장애psychological disorder를 가졌는지 판단하기 위해 실시된다. 여기에서의 분류체계란 세계적으로 사용되는 몇 가지의 분류체계를 의미한다. 국제질병분류체계(International Classification of Diseases 11th Revision, ICD-11; WHO, 2018)와 정신질환의 진단 및 통계 편람(Diagnostic and Statistical Manual of Mental Disorders, DSM-5; APA, 2013)이 대표적이다. 이 가운데 DSM 체계는 세계적으로 정신건강 전문가들이 활용하고 있음은 물론 국내 임상 장면에서도 널리 통용되고 있다. 일반적으로 임상면접은 진단면접을 포함한다. 따라서 임상가는 진단을 위한 면접에 앞서 여러 진단분류체계를 숙지하고 이해하는 것이 필요하다. 진단면접에는 구조화된 면접과 비구조화된 면접이 있다(Box 5.8).

위기면접

위기면접crisis interview은 위기 상태에 처한 내담자의 심리적 지원을 위해 이루어진

Box 5.8 　　　구조화 면접과 비구조화 면접

구조화 면접

정의 구조화된 면접(structured interview)에서는 모든 내담자에게 표준화된 형식으로 면접을 진행한다. 즉, 동일한 질문과 절차를 각각의 피면접자들에게 적용한다. 이러한 과정은 같은 내담자를 면접한 2명 이상의 임상가가 유사한 평가절차를 거칠 수 있게 함으로써 면접자 간 신뢰를 높일 수 있다.

특성 구조화된 면접은 다음과 같은 이점을 지닌다. 먼저, 타당도에 대한 부분이다. 구조화된 면접이 제공되지 않는다면 임상가들은 개개인의 기준에 따라 같은 내담자를 다르게 진단하거나 사례개념화할 수 있다. 또는 같은 내담자에게 중요질문을 하더라도 그 형태가 일정하지 않다면 내담자의 반응 양상 또한 달라질 수 있다(예: A라는 임상가는 '사람들과 상호작용할 때 불안합니까?' 라고 질문할 수 있지만, B라는 임상가는 '당신이 가장 불안한 건 언제입니까?'라고 질문할 수 있다. 불안에 대한 질문이지만 두 질문은 엄연히 다르다). 이런 측면에서 구조화된 면접은 임상가가 바뀌어도 진단이나 평가가 안정적이라는 장점을 가지고 있다. 두 번째로, 효율성 측면이다. 일반적으로 면접은 짧은 시간 내에 이루어진다. 구조화된 면접에서는 정해진 시간 내에 최대한의 주요 정보를 얻을 수 있다. 반면, 비구조화 면접은 내담자에 따라 무한정 길어지거나 원하는 정보를 다 얻지 못하고 시간적 제약으로 인해 끝마치게 되는 경우가 생길 수 있다.

비구조화 면접

정의 비구조화된 면접(unstructured interview)에서는 구조화된 면접과는 반대로 임상가의 구조화된 질문이 거의 이루어지지 않는다. 즉, 내담자는 주 호소문제에 대한 다양한 측면들을 자유롭게 설명해 나간다. 이 과정에서 임상가는 내담자의 언어를 독려하며 충분히 해당 내용에 대해 이야기할 수 있도록 지지한다.

특성 비구조화 면접은 구조화된 면접에 비해 다음과 같은 이점을 지닌다. 첫째, 비구조화된 면접은 내담자와 라포 형성에 유리하다. 구조화된 면접은 필요한 정보 습득을 위해 일련의 과정들로 이루어져 있다. 자연스럽게 내담자는 임상가가 필요한 요소에만 대답하는 경우가 많아 내담자의 언어의 다양성은 떨어지게 된다. 반면 비구조화 면접에서 임상가는 적극적 경청을 하는 사람으로서 내담자의 신뢰를 얻을 수 있다. 둘째, 구조화된 면접에서 나타나지 않는 정보들을 얻을 수 있다. 구조화된 면접에 얽매이다 보면 조사하지 못한 중요한 정보를 놓칠 수 있다. 비구조화된 면접에서는 비교적 자유롭게 면접의 방향을 내담자가 스스로 정할 수 있다. 이 과정에서 내담자가 강조하는 것, 반복되어 나오는 사고, 감정 등이 어떤 것인지 구체적으로 파악할 수 있다.

다. 급박한 상황에서 임상기관을 찾은 내담자에게는 즉각적인 개입이 필요할 수 있다. 즉, 내담자가 외상 경험으로 인해 정서적으로 압도되거나 제대로 대처하지 못할 때 이루어지는 면접이다. 예를 들어 자살을 시도한 경우, 직접 혹은 간접적으로 누군가의 죽음을 경험한 경우, 지진·화재·홍수 등 예상하지 못한 자연재해로 인한 극심한 불안 등이 대표적인 위기개입 상황이라 할 수 있다.

(1) 자살

자살은 우리나라는 물론 세계적으로도 만연한 문제이다. 국내 사망률 관련지표에서 빠지지 않고 상위권에 나타나는 것이 자살이며, 미국의 경우 최근 자살률이 관측 이래 가장 높은 것으로 나타났다. 하지만 임상 장면에서 자살에 관해 이야기하는 것은 내담자에게도 심지어 임상가에게도 어려운 일이다. 실제 자살충동을 느끼거나 시도하려는 내담자를 대하는 것이 임상가들에게 가장 큰 스트레스라는 결과도 있다(Fowler, 2012). 하지만 임상가는 자살 관련 경험을 적절히 다룰 수 있어야 함은 물론 그 가능성을 가진 내담자에게도 적절한 개입을 해야 한다.

자살과 관련한 심리적 요인들은 다양하다. 첫째, 사회적 고립(외로움)은 대표적인 예다. 가족과 별거 중이거나 연인과 헤어진 상태에서는 자살의 위험성이 높아진다. 둘째, 과거에 자살과 관련한 시도나 자해의 경력은 이후 자살에 대한 위험성을 높이는 것으로 알려져 있다. 셋째, 신체적 질병은 자살을 예측한다. 만성통증, 뇌졸중, 치매, 류머티스 관절염 등은 자살 위험성을 증가시킨다. 넷째, 상실과 관련된 경험은 자살 위험을 증가시킬 수 있다. 상실은 직위의 상실, 사랑하는 대상의 상실, 신체적 건강의 상실, 수치스러운 경험으로 인한 체면의 상실 등이 있다. 마지막으로 학대나 왕따의 경험이다. 사회적 상황에서의 트라우마와 왕따 경험은 자살 징후, 자살시도와 관련되는 것으로 알려져 있다.

자살사고가 있거나 자살시도 경험이 있는 내담자에게 임상가는 직접적이고 구체적인 탐색을 실시해야 한다. 즉, "자살에 대해 생각하게 된 이유는 무엇입니까?", "이전에 자살을 시도한 적이 있습니까?", 자살을 시도한 적이 있다면 "자살을 시도하게 된 이유는 무엇입니까?", "어떤 방식으로 자살하려고 했습니까?" 등의 질문을 통해 내담자의 심적 고통을 외부로 표출하도록 유도해야 한다. 내담자의 심적 고통이 외부로 표출되는 과정에서 임상가는 적극적 경청과 공감기술을 적절히 활용하여 짧은 시간 내에 치료적 관계를 형성해야 한다. 긍정적인 치료적 관계를 형성하는 것은 자살 방지에 핵심적이다. 특히 응급상황(예: 자살예방핫라인, 희망의 전화, 생명의 전화 등)에서는 어떤 개입을 하려는 것보다 당사자와의 관계 형성에 집중해야 한다. 이런 과정을 통해 내담자는 자기파괴적인 사고를 전환하여 대안적인 방안을 찾을 수 있으며 임상가의 전문적 도움에 대한 신뢰를 가질 수 있다. 내담자와 실제 면접을 진행할 때는 비교적 안전한 공간(예: 투신할 수 없는 공간, 자해할 수 있는 도구가 없는 공간)을 선택해야 하며 혼자 두거나 자유롭게 돌아다니는 것에 당분간 제약을 두어야 한다.

다음의 대화는 이전에 자살시도 경험이 있는 내담자를 탐색하는 과정을 나타낸 것이다.

> 치료자: 미리 작성하셨던 서류를 살펴보니 6개월 정도 전에 자살을 시도했다고 적혀 있네요. 여기에 대해 이야기해 줄 수 있을까요?
>
> 내담자: 네. 칼로 손목을 그었어요. 여기 아직 흉터도 남아 있어요.
>
> 치료자: 당시에 어떤 일이 있었기에 그런 시도를 하게 되었나요?
>
> 내담자: 그때 학교에서 왕따를 당하고 있었어요. 새아빠도 싫었고요. 제 마음대로 되는 게 하나도 없었어요. 그날도 새아빠에게 한참 꾸중을 듣고 … 제 방에서 칼로 손목을 그었죠.
>
> 치료자: 그래서 어떻게 되었나요?
>
> 내담자: 정신을 잃은 것 같아요. 주변이 너무 시끄러워서 일어나 보니 병원이었어요. 며칠을 병원에서 보냈어요.
>
> 치료자: 그랬군요. 그 일에 대해 지금은 어떻게 생각하나요?
>
> 내담자: 큰일 나지 않은 게 다행이라고 생각해요. 지금 생각해 보면 정말 죽으려고 그랬던 건 아니었어요.(울음) 너무 힘들어서 그랬던 것 같아요.
>
> 치료자: 자기 몸을 해치고 싶을 정도로 많이 힘들었나 보군요. 최근에는 어떤가요? 자살에 대한 생각을 한 적이 있나요?

(2) 약물중독

물질 남용 내담자에게서는 타당한 정보를 수집하기 어려울 수 있다. 이러한 어려움을 돕기 위해 개발된 면담법이 있는데, 예를 들어 알코올 문제를 확인하는 경우 흔히 CAGE 질문지를 사용한다(Williams, 2014). CAGE는 내담자의 알코올 사용 습관을 확인하기 위한 네 가지 주요 질문의 앞 글자를 딴 약어이다.

C: 술을 반드시 끊어야겠다고(CUT DOWN) 생각한 적이 있는가?

A: 자신의 음주에 대해 사람들이 비난해서 화가 난(ANNOYED) 적이 있는가?

G: 자신의 음주에 대해 스스로 죄책감(GUILTY)을 느낀 적이 있는가?

E: 신경을 안정시키거나 숙취 증상을 없애려고 이른(EARLY) 아침에 일어나자마자 해장술을 마신 적이 있는가?

동기강화상담은 대체로 비지시적이지만, 물질 관련 면담을 수행하려면 물질 사용과 남용 관련 질문으로 면담을 구성할 수 있다. 물질 관련 면담 과정은 다음과 같다.

첫째, 물질 사용에 대해 언급하며, 이에 대해 이야기해도 괜찮은지 내담자의 허락을 구한다. 둘째, 물질 사용 혹은 남용에 대해 구체적으로 질문한다. 셋째, 일상과 생활방식, 스트레스에 관해 질문한다. 물질에 대해 이야기하는 것에서 벗어나 생활 스트레스에 대해 이야기하는 것으로 옮겨 가면 물질 사용에 대한 정보를 수집하는 것 이상의 내용에 관심이 있다는 것을 내담자로 하여금 알게 한다. 넷째, 건강에 대해 먼저 질문한 다음 물질사용에 대해 들어봐야 한다. 내담자에게 물질 사용과 관련된 건강 문제가 있다면, 먼저 건강 문제에 초점을 맞춘 다음 건강과 물질 사용 사이의 관계를 조심스럽게 탐색하는 것이 도움 된다. 다섯째, 좋은 것과 덜 좋은 것에 대해 물어봐야 한다. 이 전략은 내담자가 물질 사용에 대해 좋아하는 것뿐만 아니라 별로 좋아하지 않는 것에 대해 이야기할 수 있게 한다. 여섯째, 과거와 현재의 물질 사용에 대해 물어볼 수 있다. 내담자의 물질 사용 패턴은 시간이 지나면서 변한다. 일곱째, 정보를 제공하고 "어떻게 생각하세요?"라고 물어보는 것은 중독교육을 제공할 때, 개방적이고 협력적인 관계에 도움이 될 수 있다. 여덟째, 당신이 걱정하는 바를 직접 표현하고, 내담자가 걱정하는 바를 직접 물어보게 한다. 이때 열린 질문을 사용하는것이 좋다. 아홉째, 변화 대화를 불러일으키는 질문을 해야 한다. 내담자가 자신의 물질 사용을 탐색한 후에는 투사적 질문이나 가상 질문을 사용해 어떤 행동을 취할 수 있는지 물어볼 수 있다.

(3) 폭력

폭력 가능성에 대한 평가는 고된 작업이고, 폭력을 예측하는 것은 매우 어렵다. 모든 형태의 폭력 행동을 예측할 수 있는 단일 위험 요인은 존재하지 않는다. 폭력평가에 대한 일반적인 지침은 다음과 같다. 첫째, 폭력 행동 이력에 대해 직간접적인 질문을 해야 한다. 특히, 신체적 공격과 잔인함에 경각심을 가져야 한다. 위협적인 행동이 과거의 폭력 행동과 유사하다면 위험은 더 크다. 둘째, 내담자가 건강한 결정을 하도록 가르치고, 훈계하고 설득하려는 충동을 자제해야 한다. 셋째, 계획에 대한 구체적인 내용을 듣고, 호기심 어린 질문과 간접 질문을 사용해 내담자의 폭력 계획의 구체성을 더 자세히 평가해야 한다. 구체적인 계획은 폭력 위험이 증가와 관련이 있다. 넷째, 폭력 이력에 대한 정보를 미리 파악해 두어야 한다. 폭력적인 행동 패턴이 빨리 시작될수록 이 패턴은 계속될 가능성이 높다. 혼란스럽고 폭력적인 환경에서 성장한 내담자는 폭력의 위험이 더 크다.

(4) 재난개입: 심리적 응급 처치

심리적 응급 처치(PFA)psychological first aid는 재난과 외상 대응에 가장 보편적으로 사용되는 모형으로, 초기 외상 후 괴로움을 줄이고 장단기 적응 기능 회복을 지원하기 위한 것이다. 이는 외상 생존자가 발견될 수 있는 곳이라면 어디서든 실시될 수 있게끔 고안되었다. 재난 후에 이는 쉼터, 학교, 병원, 집, 집결지, 급식소, 가족지원센터. 기타 지역사회 장면에서 제공될 수 있다. 이 원칙은 또한 외상 후에 병원외상센터, 강간위기센터, 전쟁 지역 등 많은 재난 외의 상황에서도 즉시 적용될 수 있다. PFA는 현장에서 간단하고 실용적으로 시행할 수 있도록 고안되었다(Ruzek et al., 2007).

　　PFA 모형의 여덟 가지 핵심 작업을 중심으로 다음과 같은 지침이 구성되어 있다(Everly, Phillips, Kane, & Feldman, 2006; Ruzek et al., 2007) 첫째, 첫 접촉과 관계 형성은 내담자에게 공감적이고 비강압적인 방식으로 도움을 주는 접촉으로 시작한다. 상담가는 내담자에게 접촉하기 전에 허락을 얻어야 하며, 자신과 그 상황에서 자신의 역할에 대해 간략하고 관련된 정보를 제공해야 한다. 둘째, 안전과 지지이다. 많은 위기 상황은 본질적으로 혼란스럽기 때문에 개인 정보를 보호하고 편안함을 주는 것이 좋다. 안전 및 보안이 확보된 장소로 이동하고 생존자의 기능을 관찰하며, 필요한 경우 의료적 개입을 하는 것이 중요하다. 셋째, 안정화 작업은 가족이나 친구에게 도움 청하기, 착지 기법grounding 등 위기와 외상 후에 나타나는 격렬한 감정을 이해하는 데 유용한 개입이다. 넷째, 정보 수집은 생존자의 당면한 우려사항과 요구사항을 파악하는 것이다. 이를 통해 생존자에 따라 개별화된 접근을 할 수 있다. 정보 수집에서 신경 써야 하는 부분은 생존자가 어느 정도로 질문에 반응할 수 있는지 판단하는 것이다. 다섯째, 문제 해결 지원에는 생존자가 당면한 우려 사항과 요구 사항을 해결하도록 돕는 것을 포함한다. 여섯째, 사회적 관계 연결을 재개하면 위기나 재난 시 대부분의 사람들에게 안정과 회복을 촉진한다. 이러한 연결에는 가족, 친구, 과거에 도움을 주었던 지역사회 지원 담당자가 포함될 수 있다. 일곱째, PFA 기간 동안 주요한 교육적인 조치는 대처 전략에 대한 지원 정보를 제공하는 것이다. 여기에는 현재와 미래에 도움이 될 수 있는 정보가 포함된다. 마지막으로, 협력 기관 연계는 생존자를 선비 받을 수 있는 곳으로 안내하거나, 전화로 기관과 연계하는 것이 필요한 지원이다.

위기면접은 신속성을 기반으로 하고 핵심문제에 초점을 맞추어 진행되어야 한다. 아울러 문제 상황에 대한 긍정적 태도를 지닐 수 있게끔 조력해야 한다. 즉, 일반적으로 진행되는 면접과는 달리 위기상황의 면접은 내담자의 문제 상황을 빠르게 그리고 직접 다루어야 하며, 상황을 원만하게 해결할 수 있다는 기대를 제공하는 한편 해결방안도 함께 탐색하는 것이 필요하다.

위기면접에서는 내담자의 심리적 안정을 유도하는 것이 무엇보다 중요하다. 임상가의 따뜻하고 수용적인 태도를 통해 현재 내담자가 경험하고 있는 극심한 고통을 개방할 수 있도록 한다. 이는 일시적 정화catharsis의 효과를 가질 수 있으며, 내담자가 이성적이고 논리적인 사고를 할 수 있도록 도와준다. 하지만 위기상황에서의 감정적 개방이 내담자 문제해결과 연결되지 않을 수 있으므로, 극심한 정서적 상태를 일차적으로 해소하도록 노력한 뒤에는 추가적인 심리치료를 제공하거나 다른 서비스로 연계될 수 있도록 도와야 한다.

비대면 면접 및 상담

2019년 COVID-19 발생 후 전 국가적으로 전염병 확산을 방지하기 위해 사회적 거리두기, 자가 격리와 같은 다양한 정책이 펼쳐지면서, 화상회의를 통한 자택 근무, 학교와 학원에서의 비대면 수업 및 활동이 크게 증가했다. 더욱이 우리나라는 IT가 발전한 나라여서 비대면 근무 및 수업이 예상보다 빠르게 정착하였다. 이러한 디지털 기술의 급속한 발달로 인해 임상이나 상담 분야에서도 비대면 면담이나 상담에 대한 관심이 증가하였다. 그 결과 국내외에서 이와 관련한 다양한 연구가 이뤄졌고 일부 기술은 이미 상용화가 진행되고 있다.

비대면 상담에는 문자를 활용한 비대면 문자 상담과, 전화를 활용한 비대면 전화평가, 화상회의 웹사이트나 프로그램을 활용한 비대면 온라인 화상 상담 등 다양한 형태의 비대면 평가와 상담이 있다. 비대면 상담은 물리적 거리로 상담 및 치료적 접근이 어려웠던 많은 내담자에게 편의성을 제공하고 이동 시간 및 비용을 절약해 준다는 장점이 있다. 그러나 온라인을 활용한 비대면 활동, 특히 문자 상담이나 전화평가와 같은 비대면 상담의 경우 임상가나 상담가가 내담자의 비언어적 단서에 접근하기 어려우며, 평가/상담을 받는 내담자의 신원이 도용되거나 위조되고 있는지 확인하기 어렵다. 또한 비밀보장과 관련하여 기술상의 한계가 있으며, 원격 위기(자살 충동, 살해 충동과 같은) 대응 절차가 복잡하다. 이러한 한계 및 어려움에 대처하기 위한 일반적인 해결책으로는 앞서 설명한 내용을 포함한 비대면 상담과 관련된 정보를 제공하며 동의를 받는 사전 동의를 활용하는 것이 있다.

이 외에도 온라인으로 화상면담을 진행할 때 임상가는 화면에 비치는 공간과 복장에서 전문성이 드러나도록 신경 써야 하며, 사전에 화상면담 프로그램 활용법을 숙지하고 프로그램이 정상적으로 작동하는지 점검해야 한다. 또한 내담자의 환경을 임상가가 제어할 수 없으므로, 내담자가 가족, 주변 상황 및 사건의 영향을 받지 않고 충분히 면담에 집중할 수 있는 상황을 조성하도록 내담자에게 협조를 요청하는 과정도 필요하다(더 자세한 내용은 『임상면담 기초와 적용』 2장, 15장; 영문버전 PREPARATION-The Room 참고).

끝으로 다양한 연구에서 비대면 면담과 상담 역시 내담자에게 긍정적인 효과를 미친다고 이야기하고 있으나, 여전히 많은 연구가 필요하다. 따라서 비대면 면담에서 발생할 수 있는 여러 어려움에 대해 충분히 고민하고 대책을 강구해야 한다.

이 장의 요약

1   임상면접은 내담자 이해를 위한 정보 획득과 평가 그리고 내담자가 필요로 하는 도움을 제공하는 의사소통 과정이라고 정의할 수 있다. 따라서 임상가의 역할은 내담자와 라포를 형성하면서 짧은 시간 안에 진단을 위한 정확하고 많은 정보를 수집해야 한다.

2   임상가로서 면접을 준비할 때에는 환경적 측면, 윤리적 측면, 문화적 측면을 고려해야 한다. 먼저, 면접공간은 독립된 개인적 공간이되 임상가와 내담자 모두에게 안전한 느낌을 주는 곳이어야 한다. 또한 면접 중 녹음을 하거나 기록을 할 때에도 주의를 요한다. 윤리적 측면에서는 내담자에게 비밀보장에 대한 원칙과 한계를 고지하고, 신체접촉을 활용할 때에도 주의가 필요하다. 또한 전문성을 보이기 위해 여러 차례 면접 시연을 해 볼 수 있다. 임상가는 지속적인 교육과 수퍼비전 및 교육분석을 통해 전문적인 역량을 강화해 나갈 책무가 있다. 마지막으로 문화적, 성적, 종교적으로 소수에 해당하는 사람들과 면접을 진행하는 경우 그와 관련하여 전문지식을 학습하고 임상가 자신의 문화적 정체성을 살펴볼 필요가 있다.

3   임상면접에서 안정감 있는 관계 형성은 내담자의 방어나 왜곡을 최소화하여 자신의 감정과 문제를 솔직하게 표현할 수 있도록 하기 때문에 매우 중요하다. 따라서 효과적인 면접을 위해서는 내담자에게 주의를 기울이고, 적극적 경청, 다양한 상담기술을 사용하며, 효과적인 질문을 할 수 있어야 한다.

4   임상면접 과정은 초기, 중기, 후기로 나눌 수 있다. 초기에는 내담자와의 라포 형성을 위한 과정이 필요하며 내담자의 심리상태를 MSE를 통해 파악한다. 중기 단계에서는 내담자의 주 호소 파악과 아울러 진단평가와 개인적·심리사회적 탐색이 이루어진다. 후기 단계에서는 면접과정에서 나타난 주요 내용들을 요약하고, 마무리에 앞서 심리적 불편감을 이야기한 내담자의 심적 안정을 도모한다.

5   임상면접은 진단평가를 위한 과정이므로 일반적으로 진단면접이 포함된다. 진단면접은 특정 분류체계 내에서 내담자가 어떤 심리적 장애를 가졌는지 판단하기 위해 실시된다. 세계적으로 통용되는 분류체계는 ICD-11 Beta draft, DSM-5-TR 등이 있다. 한편 위기면접은 위기 상태에 처한 내담자의 심리적 지원을 위해 이루어진다. 특히 자살에 관한 위기면접에서 임상가는 짧은 시간 내에 내담자와 관계 형성에 집중하고 심리적 안정을 유도해야 한다.

더 읽을거리

Sommers-Flanagan, J., & Sommers-Flanagan, R. (2017). *Clinical interviewing*. 6th edition. John Wiley & Sons.

Gilbert & Choden (2013). *Mindful compassion: Using the power of mindfulness and compassion to transform our lives.*

Morrison, J. (2014). *The first interview*. 4th edition. Guilford Publications.

6

지능평가

인공 지능artificial intelligence, AI이 점차 발전해서 인간에게 큰 도움을 줄 것이라는 기대나 인간을 지배할지도 모른다는 두려움이 점차 커지고 있다. 인간만의 특징이라고 생각했던 지적 능력이 이제 과학기술에 의해 구현될지도 모른다는 생각인 것이다. 그렇다면 지능이란 과연 무엇일까? 고대 로마의 철학자인 키케로Cicero가 최초로 'intelligentia'라는 말로 인간이 무엇인가를 안에서inter 모으고legere 선택하여 분리하는 것을 언급함으로써 지능에 대한 관심을 표현한 이후, 현대에 이르기까지 많은 임상심리학자들이 지능에 대한 정의를 내리고 이를 측정하기 위한 도구들을 발전시켜 왔다. 현대의 임상심리학자들은 누군가를 파악하기 위해 다양한 심리검사 도구 중 단 하나의 검사만을 실시할 수 있다고 하면 단연코 지능검사를 선택할 것이라고들 한다. 지능 수준이 그 사람의 적응력을 가장 잘 알려주는 지표가 되기 때문이다. 지능은 중요한 개념인 만큼 다양한 정의와 모델, 측정방법이 존재한다. 이 장에서는 다양한 지능의 개념과 측정방법 등을 소개하여 지능평가에 대한 전반적인 이해를 높이고자 한다.

☑ **이 장의 목표**

1 지능의 정의와 바람직한 평가방법을 설명할 수 있다.

2 지능에 영향을 미치는 다양한 요소들을 제시할 수 있다.

3 주요 지능검사의 구성과 실시방법들을 구분할 수 있다.

심리학적인 개념을 측정하기 위해서는 '조작적 정의'를 내려야 한다. 또한 적절한 모델을 통해 조작된 정의를 잘 설명하고, 그에 따른 측정을 통해 해당 개념을 수치화하는 과정을 진행하게 된다. 여기에서는 지능에 대한 초기 임상심리학자들의 정의와 중요한 모델들을 살펴봄으로써 지능의 다양한 측면을 이해하게 될 것이다.

지능의 정의와 지능검사의 역사

지능 자체는 인간이 발생하면서부터 시작되었겠으나, 지능에 대한 연구를 시작한 것은 그리 오래되지 않았다. 지능검사를 최초로 개발한 비네와 시몽(Binet & Simon, 1905)은 지능을 '잘 판단하고, 잘 이해하고, 잘 추리할 수 있는 능력'이라 정의하였다. 터먼(Terman, 1916)은 '개념을 형성하고 개념의 중요성을 파악하는 능력'이라 정의하였고, 웩슬러(Wechsler, 1944)는 '목적을 가지고 행동하며, 합리적으로 사고하여 환경에 효과적으로 대처하는 종합적인 능력'이라 정의하였다. 보다 최근에 스턴버그(Sternberg, 2003)는 지능을 '개인이 속한 사회문화적 상황에서 개개인의 기준에 따라 삶에서 성공을 달성하는 능력'이라 정의하기도 하였다. 지능에 대한 많은 정의들을 정리하면 대체적으로는 첫째, 인간이 주변 환경을 정확하게 인식하고 이를 다루거나 자신을 적응시키는 능력, 둘째, 경험을 통해 학습하고 축적된 지식을 자신에게 유리하게 활용하는 능력, 셋째, 추상적 사고를 통해 경험하지 않은 일들을 개념화하여 예측하고 통제할 수 있는 능력들로 구분할 수 있다.

(1) 비네 검사

최초로 지능을 측정하기 위해 개발된 검사는 비네와 시몽(Binet & Simon, 1905)이 개발하였다. 물론 이들 이전에도 신체적인 능력을 측정하거나, 절대식역, 차

이식역 등의 연구를 통해 인간의 한계와 개인차를 연구하던 골턴Galton 등의 학자도 있었다. 카텔Cattell은 「정신검사와 측정(Mental Tests and Measurement)」이라는 논문을 발표하였고 처음으로 '정신검사mental test'라는 용어를 사용하기도 하였다. 검사의 형태로 본격적으로 제작한 사람은 비네와 시몽이었다. 당시 프랑스 교육부에서는 학업성취 불가로 의무교육에 문제가 발생하는 학생들을 선별하는 검사를 제작하기 원했고, 비네와 시몽(1905)이 복합적인 인지 능력을 측정하는 검사를 제작하여 활용하기 시작한 비네 검사가 최초의 지능검사라 할 수 있겠다. 이후 비네 검사는 1908년 개정판, 1911년 개정판이 나왔고, 미국의 스탠포드대학으로 연결되어 스탠포드-비네(SB)Stanford-Binet검사로 수정, 발표되었다. 유사하게 우리나라에서는 고려대학교에서 이를 받아들여 고대-비네 검사로 출판하였다(전용신, 1971). 이후 미국에서는 SB 3(Terman & Merrill, 1963, 1973), SB 4(Thorndike, Hagen, & Sattler, 1986), SB 5(Loid, 2003)로 지속적으로 개정판을 출시하였고, 5판에서는 비율지능 개념을 받아들여 웩슬러 검사와 유사한 모습을 갖추게 되었다. 그러나 한국판 표준화는 지속적으로 이루어지지 않아서 한국에서는 사용이 거의 중단되었다.

한편 지능검사는 제1차 세계대전을 통해 더욱 급속하게 발달하였다. 전쟁에서 이기기 위해 일정 수준 이하의 병사를 받지 않으려 각국의 군대에서는 지능검사 관련 연구를 하기 시작했고, 미국심리학회에 의뢰하여 군대 알파Army alpha, 군대 베타Army beta 등의 집단용 실시 검사를 만들어 냈다. 오늘날 활용하는 차례맞추기나 빠진곳찾기, 기호쓰기와 같은 소검사들도 이때 개발된 것이다.

(2) 웩슬러 검사

웩슬러는 비네 검사를 좀 더 발전시켜서 보다 종합적이고 총체적인 능력, 다시 말하면 '목적을 가지고 행동하며 합리적으로 사고하여 환경에 효과적으로 대처하는 종합적인 능력'을 측정하기 위한 도구를 개발하기 위해 노력하였고, 마침내 1939년 청소년과 성인용 웩슬러-벨뷰 지능검사Wechsler-Bellevue Intelligence Scale의 초판(WB-I)을 개발하였다. 웩슬러 검사는 언어뿐 아니라 동작성 지능까지도 포함하여 측정하기 시작하였다는 것, 동일 연령대 사람들의 수행과 비교하여 점수를 산출한다는 것 등의 장점을 지니고 있었다. 이후 WB 검사는 각 하위검사별 신뢰도, 표집의 크기, 규준집단의 대표성 등의 문제가 생겼고, 이를 보완하여 웩슬러 성인지능검사(WAIS) Wechsler Adult Intelligence Scale(Wechsler, 1955)로 개정하였다. 개정판인 WAIS(1955), WAIS-R(1981), WAIS-III(1997)를 거쳐 가장 최신 버전인 WAIS-IV(2008)가 출시되었다. 발전과정에서 유지하였던 언어성 검사 verbal scale, 동작성 검사 performance scale, 전체지능 full scale의 구조는 WAIS-III부터 변화하였다. WAIS-III(1997) 이후 의학의 발달로 평균 수명이 증가하며 고령화 사회로 이어지자 이에 맞게 규준 연령의 범위를 89세까지 확장시켜 노인에게도 적합한 문항을 추가하였다. IQ 점수를 산출할 수 있게 하였으며 연령, 성, 교육 수준에 따라 계층화하였다. 한편 언어성 검사와 동작성 검사의 개념은 유지하면서도 언어이해, 지각적 조직화, 작업기억, 처리속도라는 네 가지의 지수를 도입하였다. 신경심리학적인 특성을 반영하는 소검사인 순서화, 동형찾기, 행렬추론 세 가지를 추가하였다. WAIS-IV(2008) 개정판에는 언어성 검사와 동작성 검사의 개념을 폐기하고 언어이해, 지각추론, 작업기억, 처리속도의 네 가지 지수를 사용하였다. 지각적 조직화라는 용어는 지각추론으로 변경하였다. 또한 차례맞추기, 모양맞추기 소검사를 대신하여 퍼즐, 무게비교, 지우기 세 가지 소검사를 추가하였으며 일반능력지수(GAI) General Ability Index와 과정 점수를 추가하여 분석 척도를 증가시켰다. 언어성 검사와 동작성 검사 개념은 폐기하였으나 일반능력지수를 통해 전반적인 점수 global score에 대한 고려가 가능해졌으며 과정 점수로 수검자의 수행능력의 질적인 측면도 확인할 수 있게 되었다. 한편 아동용지능검사도 개발되었다. WB-II는 웩슬러 아동지능검사(WISC) Wechsler Intelligence Scale for Children(Wechsler, 1949)로 개정되어 현재 WISC-V까지 개발되었으며, 영유아를 대상으로 한 웩슬러 유아지능검사(WPPSI) Wechsler Preschool and Primanry Scale of Intelligence(Wechsler, 1967)도 개발되어 현재 WPPSI-III까지 이르렀다.

한국에서도 웩슬러 지능검사는 지속적으로 번안되어 소개되었다. 한국판 웩슬러 성인용지능검사 Korean Wechsler Intelligence Scale의 경우, 국내에서 이진숙과 고순덕(1953)이 WB-II를 번안한 후 WAIS의 체계가 KWIS(전용신, 서봉연, 이창우, 1963), K-WAIS(한국임상심리학회, 1992) 및 K-WAIS-IV(황순택, 김지혜, 최진영,

홍상황, 2012)로 진행되었다. 아동을 대상으로 하는 지능검사의 경우는 K-WIS-C(이창우, 서봉연, 1947), KEDI-WISC(한국교육개발원, 1987), K-WISC-III(곽금주, 박혜원, 김청택, 2001) 그리고 K-WISC-IV(곽금주, 오상우, 김청택, 2011) 및 K-WISC-V(곽금주, 장승민, 2019)로 표준화되었다. 유아를 대상으로 하는 지능검사는 WPPSI-R(Wechsler, 1989)는 K-WPPSI(박혜원, 곽금주, 박광배, 1996) 및 K-WPPSI-IV(박혜원, 이경옥, 안동현, 2015)로 표준화되었다. K-WAIS-IV의 경우 원판 WAIS-IV의 구조와 내용을 반영하였으나 규준에서의 차이를 가지고 있다. 원판 WAIS-IV의 경우 16~89세까지 연령규준을 나타내고 있으나 K-WAIS-IV의 경우 현실적인 요인들로 인하여 16~69세까지 연령규준을 나타내고 있다. 또한 연령의 범주도 차이가 난다. WAIS-IV의 경우 5년 혹은 10년의 단위로 구성되어 있으나 K-WAIS-IV의 경우 모두 5년 단위로 구성되어 있다. 이는 우리나라의 연령 집단 간의 차이가 크게 나타났기 때문이다.

표 6.1 | 웩슬러 지능검사의 원본 및 한국판 출시 비교

미국판			한국판		
성인용	아동용	영유아용	성인용	아동용	영유아용
WB-I (1939) 7~69세	WB-II (1946) 10~79세		WB-I (1954) 17~54세		
WAIS (1955) 16~64세	WISC (1949) 5~15세	WPPSI (1967) 4~6.5세	KWIS (1963) 12~64세	K-WISC (1974) 5~16세	
WAIS-R (1981) 16~74세	WISC-R (1974) 6~16세	WPPSI-R (1989) 3~7.25세	K-WAIS-R (1992) 16~64세	KEDI-WISC (1987) 6~15세	K-WPPSI (1996) 3~7.25세
WAIS-III (1997) 16~89세	WISC-III (1991) 6~16세	WPPSI-III (2002) 2.5~7.25세		K-WISC-III (2001) 6~16세	
WAIS-IV (2008) 16~90세	WISC-IV (2003) 6~16세	WPPSI-IV (2012) 2.5~7.5세	K-WAIS-IV (2012) 16~69세	K-WISC-IV (2011) 6~16세	K-WPPSI-IV (2015) 2.5~7.5세
	WISC-V (2014) 6~16세			K-WISC-V (2019) 6~16세	

지능의 모델

(1) 스피어먼의 2요인 이론

스피어먼Spearman은 요인분석을 사용하여 지능의 구조를 연구한 초기의 학자이다. 그는 지능이 일반요인(g요인, general factor)과 특수요인(s요인, specific factor)의 두 가지 요인으로 구성되어 있다는 2요인 이론을 주장하였다. 2요인은 지능을 일반적이고 공통적으로 가지는 g요인(일반지능, 일반지적능력)과 개개의 검사에서 발견할 수 있는 언어 능력, 수리 능력, 공간 능력, 암기력, 기억력 등의 특수적인 지능인 s요인(특수지능, 특수지적능력)으로 나눈 것을 나타낸다. s요인의 개념은 음악, 기계, 그림 등의 능력까지도 확장될 수 있다. 그러나 스피어먼은 지능은 우리의 삶 속에서 다양하게 확인할 수 있으며 일반화된 능력이라 생각하여 일반지능요인의 중요성을 강조하였다.

(2) 서스톤의 다요인 이론

서스톤(Thurstone, 1916)은 지능을 '개념을 형성하고 중요성을 파악하는 능력'으로 정의하였다. 일반요인을 가정했던 스피어먼과 달리 서스톤은 지능의 구성요소들을 '각각의 독특한 정신능력'으로 정의하였으며 이들을 기본정신능력primary mental ability, PMA으로 개념화하였다. 각각의 기본정신 능력에는 수리 능력(N요인), 단어유창성(W요인), 언어의미(V요인), 지각 속도(P요인), 시공간 능력(S요인), 논리적 능력(R요인), 기억(M요인)이 있다. 그는 통계적으로는 요인분석을 사용하지만 공통요인인 g요인을 가정하지 않았다.

(3) 길포드의 지능구조 모델

길포드(Guilford, 1955)는 지능을 다양한 종류의 정보를 전달하는 능력이나 기능으로 정의하였다. 그는 지능의 구조 모델structure of intellect, SOI을 제시하며 지능을 개인이 경험하는 환경에서 입력하는 정보들을 다양한 방법으로 인식하고 처리하는 능력의 집합체라고 보았다. 이 집합체는 내용content, 조작operation, 결과product의 세 가지 범주로 구성되어 있다고 주장하였다. 조작은 지적인 문제해결을 위해서 인지·기억·확산적 사고·수렴적 사고·평가를, 내용은 조작이 수행되는 정보 영역으로 도형적·상징적·의미적·행동적 영역을 의미한다. 결과는 특정한 유형의 형태로 내용에 적용되는데 여기에는 단위, 유목, 관계, 체계, 변형, 함축이 있다. 각각의 차원은 5개, 5개, 6개로 구성되었고 서로 상호작용을 하며 약 150개의 지능구조 단위를 가지고 있다.

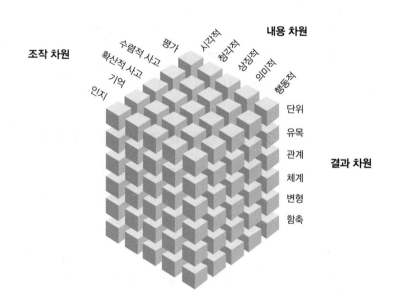

그림 6.1 | 길포드의 지능구조 모델

(4) 카텔과 혼의 이론

카텔(Cattell, 1963)은 스피어먼의 g요인의 역할을 확장하여 유동적 지능(Gf)fluid intelligence과 결정적 지능(Gc)crystallized intelligence의 2가지 요소로 지능의 개념을 분리하였다. 유동적 지능은 유전적이고 선천적인 지능으로, 뇌와 중추신경계의 성숙에 비례하여 발달하게 되며 외부요인 혹은 노령화에 의해 퇴화되는 지능이다. 학습 능력과 문제해결 능력, 새로운 상황에 적응하는 능력 등도 유동적 지능에 포함된다. 반면 결정적 지능은 성장하면서 겪게 되는 개인의 교육, 문화 등 다양한 환경 속 상호작용을 통해 발달하며 유동적 지능을 기반으로 학습을 통해 계속 발달해 나아가는 지능이다. 이 개념은 카텔의 제자인 혼Horn에 의해 지속적으로 체계화되었다. 혼과 놀(Horn & Noll, 1997)은 추가적인 공통 요인을 제안하여 유동지능(Gf), 결정지능(Gc) 외에도 공간지능(Gv)visual intelligence, 청각지능(Ga)auditory intelligence, 단기기억(SAR)short term apprehension and retention, 장기기억(TSR)fluency and retrieval from long-term storage, 양적 지능(Vq)quantitative intelligence, 처리속도(Gs)the process of intellectual speed, 결정 속도(QDS)speed of decision making 등을 제시하였다. 이러한 확장에도 불구하고 초기 카텔의 Gf와 Gc에 대한 개념은 유지되어 '카텔과 혼의 Gf-Gc 이론'이라는 명칭으로 불렸다. 한편 혼은 각각의 기능의 특성에 대해 신경학적인 연구들을 토대로 한 증거들, 예를 들면 연령에 따라 감소하는 능력과 증가하는 능력들이 혼재되어 있다는 사실들을 제시하며 스피어먼이 제시하였던 전체를 아우르는 최상위 개념으로서의 g요인은 인정하지 않았다.

(5) 캐롤의 3층 인지 능력 이론과 CHC 이론의 발전

캐롤Carroll은 카텔과 혼과는 독립적으로 요인분석을 통해 지능의 구조를 면밀히 탐색하였다. 그는 461개의 연구를 분석하여(Carroll, 1993, 1997), 지능을 위계적 구조로 개념화하였다. 캐롤은 일반지능 요인인 g요인이 가장 상위인 III 수준(일반능력)에 위치하고, 8가지 인지요인이 II차원(광범위적 능력)에 위치하며, 특수 요인으로 70여 가지의 능력이 I차원(협소적 능력)에 존재한다는 '인지 능력의 3층 이론'을 주장하였다. 그중 두 번째 차원인 광범위 능력에 속한 것은 유동지능(Gf)fluid intelligence, 결정지능(Gc)crystallized intelligence, 일반적인 기억과 학습(Gy)general memory and learning, 전반적인 시지각(Gv)broad visual perception, 전반적인 청지각(Gu)broad auditory perception, 전반적인 인출능력(Gr)broad retrieval ability, 전반적인 인지 속도(Gs)broad cognitive speediness, 처리속도와 결정속도(Gt)processing speed and decision speed인데, 이는 카텔과 혼의 Gf-Gc 이론과 거의 비슷한 모습을 보인다. 다만 캐롤은 상위 개념으로서의 g를 III수준에 제시하고 있다는 점이 달랐다.

맥그루(McGrew, 1997)는 이 두 가지 이론의 유사점을 인지하고, 그 공통점과 차이점을 분석하여 통합의 가능성을 제시하였다. 결국 혼과 캐롤(Horn & Carroll, 1999)은 이 이론에 공헌한 세 사람의 이름(Cattell, Horn, Carroll)이 연결된 CHC 이론으로 명명하였다. CHC 이론에서는 상위개념인 g요인을 인정하였고, 다수의 광범위 인지 능력을 두는 것으로 일단 정리되었다(McGrew, 2014). 그 이후에도 CHC 이론의 큰 틀은 계속되고 있는 반면 광범위 능력의 개수는 지속적으로 추가·통합되고 있으며(McGrew, 2016), 최근에는 루리아 Luria의 신경심리 이론과 연결하여 경험적인 타당성을 높이는 작업도 진행되고 있다(Flanagan et al., 2013).

(6) 가드너의 다중지능 이론

가드너(Gardner, 1983)는 지능을 '문제를 해결하기 위해 하나 또는 그 이상의 환경에서 가치 있는 방법을 생산해 낼 수 있는 능력'이라 정의하였다. 그는 고전적인 지능의 관점에 도전하며 지능은 매우 다양한 능력을 포함하여야 한다는 생각으로 다중지능 이론을 제안하였다. 정신 능력은 한 가지로 포괄할 수 없으므로 언어적 지능linguistic intelligence, 공간적 지능spatial intelligence, 논리-수학적 지능logical-mathematical intelligence, 신체 운동 지능bodily-kinesthetic intelligence, 음악적 지능musical intelligence, 자기이해 지능intrapersonal intelligence, 대인관계 지능interpersonal intelligence과 같은 독립적인 지능이 존재하며 이것이 상호작용을 한다고 보았다. 개인이라면 누구나 이러한 지능을 사용할 수 있지만, 동일한 문제라도 해결하는 과정에서 개인차를 나타내기 때문에 상대적인 성격의 강점과 약점을 파악할 수 있게 된다 (Walters & Gardner, 1985). 따라서 가드너는 인위적인 실험실 환경에서 검사도구를 사용하여 지능을 측정하는 것에 회의적이었고, 실제 상황이나 그와 유사한 상황에서 측정해야만 좀 더 적절한 평가가 이루어질 것이라 제안하였다.

지능평가의 정확성

지능검사는 다양한 심리검사 중에서 가장 먼저 개발되었고, 매우 엄격한 기준으로 측정하는 검사이며, 그 결과의 활용에서 중요성이 매우 큰 검사이다. 따라서 정확한 평가와 활용이 필요하다. 이를 위해 필요한 속성으로는 신뢰도, 타당도, 표준화 등의 통계적 속성이 있다. 한편 개인의 지능은 유전이나 환경에 따라 달라지기도 하지만 사회의 변화에 따라서는 전 국민의 지능 수준이 높아지기도 한다. 이와 관련한 지능의 전반적인 특성에 대해서도 알아보자.

지능평가의 통계적 속성

(1) 신뢰도

신뢰도reliability란 검사가 측정하고자 하는 개념에 대해 오차 없이 측정하는 것, 즉 검사의 일관성을 의미한다. 신뢰도는 시간, 대상, 검사자, 검사문항 등 측정과 관련된 다양한 변화에도 불구하고 유지되어야 한다. 각각의 변화를 어떻게 검증하는가에 따라 다음의 신뢰도 측정 방법이 개발되었다.

검사-재검사 신뢰도test-retest reliability는 시간의 흐름에도 불구하고 검사 결과가 일정하게 유지되는 특성을 의미한다. 검증 방법은 한 검사를 같은 집단에 일정한 간격을 두고 두 번 실시한 후 그 상관계수를 통해 신뢰도를 추정한다. 적절한 신뢰도 계수는 .08 이상이어야 한다(Kline, 1993). 오차변량은 처음 실시한 검사 결과와 두 번째 검사 결과의 차이이다. 검사-재검사 신뢰도에서 시간 변량 이외에 오차를 일으키는 요소로는 연습효과practice effect, 검사 간의 실시 간격, 검사 간의 난이도, 수검자의 환경 변화 등이 있다. 연습효과는 한 번 실시한 문항이 반복됨으로 인해 발생하는 오차이다. 수행 능력이 증가할 수도 있고, 검사 이후 답을 찾아보게 되는 경우 아는 문항이라 지루해지는 경우 등이 있기 때문이다. 검사 간의 실시 간격은 너무 짧다면 신뢰도가 지나치게 높게 나타날 것이고 너무 길다면 신뢰도가 지나치게 낮게 나타날 것이다. 간격이 너무 긴 경우 발달과 관련된 검사 등은 신체적인 성장에 따른 오차변량이 증가할 수 있고, 그 사이 새로운 지식을 학습하게 될 수도 있다. 검사와 재검사의 난이도가 지나치게 극단적으로 쉽거나 어렵다면 바닥효과floor effect나 천장효과ceiling effect가 나타나 과도한 신뢰도가 추정될 수 있다. 검사와 검사 간 사이에서 수검자의 환경의 변화에 따라 영향을 받을 수도 있다. 수검자의 건강상태나 기분 등 정서적인 요인도 영향을 미친다. 지능검사를 비롯한 일반적인 심리적 속성을 측정하는 검사들은 흔히 4주 정도의 간격을 두지만, 이는 검사의 특성에 따라 매우 다르게 적용할 수 있다.

동형검사신뢰도parallel-form reliability는 본래의 검사와 내용, 형식, 난이도, 지시내용, 시간 등이 동일한 평행검사parallel test를 사용하여 신뢰도를 측정하는 것을 말한다. 동형검사신뢰도는 문항이 달라지기 때문에 연습효과가 적다는 장점이 있는 반면, 평행검사를 제작해야 한다는 어려움이 있다. 두 검사간의 적률상관계수를 측정한 수치를 동형성 계수라고 부르는데, 평행검사가 되려면 동형성계수가 .90 이상이어야 한다(Kline, 1993). 시간 간격을 두고 동형검사를 실시하는 경우 동형검사신뢰도를 통해 검증하는 것은 시간에 따른 오차이다. 그 외에 동형검사신뢰도에 영향을 미치는 오차는 동형성, 즉 문항이 얼마나 동일하게 표집되었는가와 유사한 형식의 문항을 실시해 봄으로 인해 발생하는 이월효과 carry-over effect가 있다. 이월효과는 한 검사를 수행해 보았음으로 인해 알게 된 검사의 목적을 활용하여 수행전략이 달라지거나, 유사한 과제 경험으로 인해 수행능력이 높아지는 등의 원인으로 인해 다음에 실시한 검사에 영향이 발생하는 것을 말한다.

반분신뢰도split-half reliability란 한 검사의 문항들을 일정 단위로(대개 반으로) 나누어 그 상관을 통해 문항 표집의 일관성을 검토하는 신뢰도의 유형을 말한다. 문항들을 반으로 나누는 방법으로는 전반부와 후반부의 문항으로 나누는 전후 절반법first-second half method, 홀수 문항과 짝수 문항으로 나누는 기우 절반법 odd-even method, 문항별 난이도와 점수, 전체 검사 점수 간의 양류상관계수 혹은 양분상관계수로 점수를 낸 후 산포도를 작성하고 가까이 있는 문항끼리 짝지어 검사를 양분하는 짝진 임의배치법method of matched random subsets 등을 활용한다. 검사의 난이도 배분이나 형식을 고려하여 반분의 방식을 채택한다. 반분신뢰도는 하나의 검사를 두 개로 나누게 되므로 검증하는 각 세트의 문항 수는 반으로 줄어든다. 이것이 상관계수 산출에 영향을 미치기 때문에 이를 보완하기 위해 스피어먼(Spearman, 1910)과 브라운(Brown, 1910)이 제안한 공식을 사용하여 측정한다.

문항내적합치도internal consistency는 문항 각각이 전체 검사와 관련이 있는지를 측정하여 각 문항들의 동질성을 검증하는 방식을 말한다. 따라서 전체 검사 세트가 단일개념을 측정하는 경우에 적합하다. 능력검사와 같이 각 문항에 정답과 오답이 있는 경우는 쿠더-리처드슨Kuder-Richardson 신뢰도 계수를 사용하고, 성향검사와 같이 일반적인 행동 특성을 측정하는 검사에서는 크론바흐 알파Cronbach's alpha 계수를 사용한다.

마지막으로, 채점자간신뢰도inter-rater reliability는 검사를 실시한 사람에 따라 결과가 달라지는지를 검증하는 방법이다. 지능검사에서는 가능한 명료한 지시와 채점의 원칙을 제공하고자 함에도 불구하고, 채점자들은 후광효과, 관용의 오차, 집중경향의 오차 등의 영향을 받는다. 채점자간신뢰도는 한 명의 수검 결과에 대해 두 사람이 채점을 하여 그 오차를 측정하는 방식으로 산출한다.

(2) 타당도

타당도validity는 검사가 측정하고자 하는 바를 실제로 측정했는지를 확인하는 것을 말한다. 검사의 이름, 조작적 정의가 실제 문항과 잘 맞는지를 확인하고자 하는 것이다. 검사가 아무리 일관성 있는 결과를 보이더라도(신뢰도가 높더라도), 엉뚱한 개념을 측정하고 있으면 적절하지 않기 때문이다.

안면타당도face validity는 일반인들이 보기에 검사에서 측정하는 것이 무엇인지를 알 수 있는지 그리고 그것이 적절해 보이는지를 말한다. 안면타당도가 높으면 문항이 무엇을 측정하는지를 바로 알 수 있다. 안면타당도가 낮으면 실제 해당 개념을 측정하지 않을 수 있거나 수검자에 맞는 용어로 제작되지 못했을 가능성이 있다. 반면 안면타당도가 높으면 특정 영역에 대한 수행효능감이 낮은 수검자는 수행불안이 더 높아질 수 있고, 검사 결과를 조작하고자 하는 의도를 가진 수검자는 왜곡된 반응을 보일 수 있다.

내용타당도content validity는 전문가들이 보기에 검사도구의 내용이나 문항이 측정하고자 하는 개념을 정확하게 그리고 고르게 반영하고 있는지를 확인하는 방법이다. 따라서 내용타당도는 해당 분야의 전문가들에게 적합성을 평정하게 하고 그 일치도를 산출하는 방식을 주로 활용한다.

준거타당도criterion validity는 한 검사가 그 검사가 측정하는 것을 가장 잘 알려

주는 다른 준거와 얼마나 일치하는지를 말한다. 지능검사의 경우 비네는 학업 수행이 가장 좋은 준거라고 제시한 바 있다. 그 준거가 미래에 발생할 일이어서 미래의 결과와 일치도가 높은지를 확인하는 경우 이를 예언타당도predictive validity 라 하고, 현재의 특성이나 기존에 그 개념을 잘 측정하는 검사와 일치도가 높은 지를 확인하는 경우 공인타당도concurrent validity라 부른다. 예를 들어 새로운 지능 검사를 개발하고 이를 웩슬러 지능검사와의 상관을 통해 검증한다면 준거타당 도 중 공인타당도가 높다고 말할 수 있다.

구성타당도construct validity는 다양한 검사들 간의 관계를 통해 해당 검사가 적 절한 구성개념을 측정하고 있는지를 검증하는 방법이다. 이는 유사한 개념을 측 정하는 검사와의 상관이 높게 나타나는 수렴타당도convergent validity, 상이한 개념 을 측정하는 검사와의 상관이 낮게 나타나는 변별타당도divergent validity, 둘 이상 의 개념을 둘 이상의 방식으로 측정하여 상관을 검토하는 다특성-다방법 행렬 multitrait-multimethod matrix 등을 통해 검증할 수 있다. 요인분석 역시 타당도를 검증 하기 위해 활용할 수 있다. 각 문항들이 소검사의 적절한 개념을 측정하고 있는 지를 공통 변량의 측정을 통해 검증하거나, 전체 검사들의 요인구조를 검토하여 각 소검사의 구성이 적절한지를 살펴볼 수 있다.

(3) 표준화

지능검사를 비롯한 모든 심리검사는 측정치 자체만으로는 의미가 없다. 모집단 의 수행에 대한 추정이 있고, 그에 비해 어느 정도의 수행이 이루어지고 있는지 를 판단해야 하기 때문이다. 이 과정에서 반드시 필요한 절차가 검사의 표준화 이다. 표준화standardization에는 절차의 표준화와 규준의 표준화가 포함된다. 절차 의 표준화standardization of procedure 또는 절차의 동일성이란 검사의 시행과 채점, 해 석이 동일한 방식으로 진행되도록 규정되어 있는 것을 말한다. 이를 위해서는 검사의 구성, 검사 실시 환경, 준비물, 시행 방식, 시간 등에 대한 명료한 지침이 있어야 한다. 동일한 채점을 위해 채점자간신뢰도가 보장될 만한 채점의 원칙과 사례 등이 제공되어야 한다. 동일한 해석을 위해서는 해석에 대한 지침과 해석 의 기초가 되는 이론을 제시해야 한다. 규준의 표준화normative standardization란 검사의 보편적인 수행에 대한 정보를 제공하는 것이다. 지능검사의 경우 그 검사가 사용될 모집단의 인구통계학적 특성에 따른 구성비에 맞추어 표집을 구성한 후, 해당 집단의 수행을 근거로 수검자의 점수가 어느 정도에 해당하는지를 알 수 있는 상대적인 점수를 제공한다.

지능검사의 수행 정도를 제시하는 방식은 크게 두 가지로 나뉜다. 최초의 지능검사인 비네 검사는 비율지능 방식을 사용했다. 비율지능은 검사 결과로 산출된 정신연령을 수검자의 생활연령(실제 나이)으로 나눈 후 100을 곱하여 구한 점수이다. 정신연령mental age, MA은 해당 나이에 속하는 사람들의 50%가 성취하는 점수이다. 예를 들어 8세 아동의 50%가 38번 문항까지 맞추었다면(또는 38점을 맞았다면), 38번 문항까지 맞춘(또는 38점을 맞은) 특정 수검자의 정신연령이 8세라고 추정하는 것이다. 생활연령chronological age, CA은 만 나이를 계산한 것이다. 예를 들어 10세 아동의 정신연령이 8세라면 (8÷10)×100=80으로 지능지수는 80점이 되는 것이다. 비율지능의 산출 공식은 다음과 같다.

$$IQ = \frac{MA}{CA} \times 100$$

여기에서 비율지능은 이해하기 쉽다는 장점이 있으나, 근본적으로 정신연령이 직선적으로 발달한다는 기저의 가정이 있다는 한계가 있다. 예를 들어 50세인 사람이 100세의 지능을 가지고 있으면 수치상으로는 200점의 지능지수가 되지만, 실제 인지 능력은 50세인 사람이 더 뛰어나기 때문이다. 20세 이전에도 지능은 직선적으로 발달하는 것이 아니다. 이에 비네 검사도 최근의 개정판인 SB 5(2003)에서는 더 이상 비율지능을 채택하지 않았다. 그러나 사회성숙도검사 등 일부 검사에서는 여전히 비율지능을 사용하고 있다.

편차지능은 규준집단(대개는 동일한 연령구간의 집단)의 수행에 대하여 평균과 표준편차를 산출한 후 상대적인 위치를 제공하는 것을 말한다. 즉, 규준집단의 수행 정도를 통해 특정 수검자의 점수가 평균으로부터 몇 표준편차의 위치에 존재하는지를 계산하고, 그것을 알아보기 쉬운 표준 점수로 환산하여 제시하는 것이다. 지능검사에서는 대개 평균 100, 표준편차 15인 표준 점수를 사용한

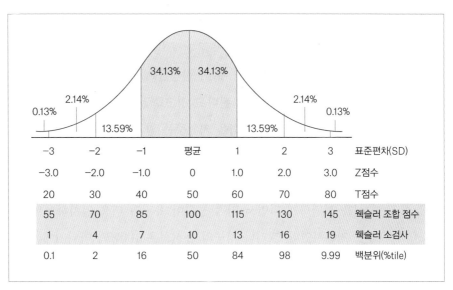

−3	−2	−1	평균	1	2	3	표준편차(SD)
−3.0	−2.0	−1.0	0	1.0	2.0	3.0	Z점수
20	30	40	50	60	70	80	T점수
55	70	85	100	115	130	145	웩슬러 조합 점수
1	4	7	10	13	16	19	웩슬러 소검사
0.1	2	16	50	84	98	9.99	백분위(%tile)

그림 6.2 | 편차지능의 점수와 다른 표준 점수 및 백분위의 관계

다. 웩슬러 지능검사의 경우 소검사는 평균 10, 표준편차 3인 표준 점수를 사용한다. 이 점수의 상대적인 위치는 위의 그림 6.2에 제시되어 있다.

지능에 영향을 미치는 요소

(1) 생물학적 특성과 지능

지적 능력은 유전되는가에 대한 질문은 오랜 관심사였다. 현재는 일반인들도 지적 능력이 어느 정도는 유전된다고 생각하는 것으로 보인다. 연구자들은 지능의 유전성은 약 50%에서 많게는 80%까지의 변량을 설명해 주는 것으로 보고하고 있다. 부샤르(Bouchard, 1981)는 함께 자란 일란성 쌍생아의 지능에 대한 상관 계수가 .86, 따로 자란 일란성 쌍생아는 .72, 함께 자란 이란성 쌍생아는 .60, 함께 자란 형제는 .47, 따로 자란 형제는 .24의 수치를 보이는 것으로 보고하였다. 나이서 등(Neisser et al., 1996)은 *American psychologist*지에 기고한 'Intelligence: Knowns and Unknowns'라는 논문에서 지능의 유전성은 유아기보다 후기 청소년기 및 성인기에서 더 나타난다는 것을 제시하였고, 이는 후에 윌슨 효과_{Wilson effect}라는 이름으로 보고되었다. 윌슨 효과(Bouchard, 2013)는 미국, 덴마크, 스웨덴, 노르웨이 등 여러 나라의 다수 쌍생아 및 입양 연구를 개관한 결과 18~20세가 되면 지능의 유전적 영향은 .80에 이르고, 환경의 영향은 .10에 불과하다는 것이다. 애초에 이 현상을 발견한 윌슨(Wilson, 1983)은 환경의 영향을 평가절하해서는 안된다고 경고하였고, 아마도 서구 사회에서의 입양아들이 개인이 타고난 잠재력을 키워주는 환경에서 자랐기 때문일 것이라고 조심스럽게 해석하였다. 부샤르(Bouchard, 2013)는 아동기에는 환경의 영향을 더 많이 받기 때문에 지능의 일치도가 낮게 나타나지만 성인기가 되면 자신이 삶의 방식을 선택하게 되면서 지적 능력이 유전과 더욱 일치하게 나타나게 되는 것으로 정리하였다. 그러나 지능의 유전성은 100%가 아니기에 환경의 영향을 배제할 수는 없다. 앞서 검토한 부샤르(Bouchard, 1981)의 자료에 따르면 함께 양육된 생물학적으로 무관한 형제의 지능 상관계수는 .32인 반면, 따로 양육된 생물학적 형제의 지능 상관계수는 .24에 불과했다. 따라서 어느 하나가 전체적인 영향을 미치는 것은 아니고 양방향으로 상호작용을 하며 결정되는 것으로 보인다.

한편 지능이 높은 사람은 교육을 보다 많이 받는 경향이 있고, 더 전문적인 일에 종사하며, 수입이 더 높은 것으로 보고된다(Neisser et al., 1996). 뿐만 아니라 생활습관이나 식생활도 더 건전하여 심혈관계 질환을 적게 앓고, 자살률과 사고사가 적으며 전반적인 수명이 긴 것으로 나타났다. 다만 암에 걸리는 비율과는 관계가 없었다.

(2) 지능의 시간적 안정성

사람들은 점차 더 똑똑해지는가? 연구에 의하면 일견 그런 것으로 보인다. 플린(Flynn, 1984, 2009)은 지능검사가 개정될 때마다 이전판 검사를 같이 받는 표준화 집단이 있음에 착안하여, 그 집단의 이전판 점수의 평균이 몇 점이 되는지를 계산하였다. 예를 들어 20년 만에 표준화를 하는 검사에서 표준화 집단 중 일정 연령 집단의 이전판 지능 점수를 구했을 때, 그 평균이 106점이라면 20년 사이에 6점의 지능 상승이 있는 것이다. 플린(Flynn, 1984)은 실제 계산 결과 사람들의 지능이 10년마다 약 3점씩 상승하고 있다는 현상을 찾았고, 그것을 플린 효과라 명명하였다. 플린 효과는 미국뿐 아니라, 유럽, 일본 그리고 한국에서도 확인되었다. 한국의 경우 1990년대에 태어난 연령 집단과 1970년대에 태어난 연령 집단을 비교한 결과 10년마다 7.7점의 지능이 상승하여 서구사회보다 훨씬 큰 지능 점수 상승이 나타났다(te Nijenhuis et al., 2012). 이는 일본에서 1945년과 1965년 연령 집단의 비교에서도 10년마다 7.7점의 지능 점수 상승이 있었던 것과 동일한 결과여서(Lynn & Hampson, 1986), 동아시아의 급격한 경제발전과 관련이 있는 것으로 파악된다. 그러나 플린 효과가 실제 인지기능이 향상되는 것인지는 좀 더 조심스러운 해석이 필요하다. 교육 연한의 증가, 지능검사와 유사한 심리검사에 대한 친숙성 증가, 영양상태의 향상, 건강 증진으로 인한 뇌질환 감소 등의 다양한 원인이 있기 때문이다. 또한 노르웨이, 덴마크, 호주 등의 연구 결과를 보면, 1950년대에는 10년에 3점 정도의 상승을 보이던 경향이 점차 2점, 1.5점, 1.3점, 0점 등으로 줄어들고 있어서 무한한 상승으로 이어지지만은 않을 수도 있다.

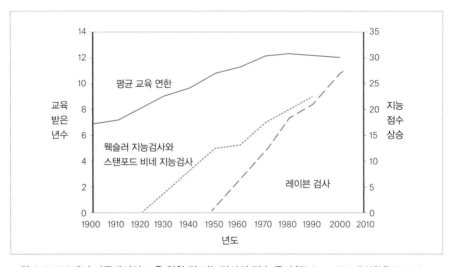

그림 6.3 | 20세기 미국에서의 교육 연한 및 지능검사의 점수 증가 [원자료 : 평균교육연한은 IPUMS 자료, 웩슬러 지능검사와 비네 지능검사는 Horgan(1995), 레이븐 검사는 Flynn(2009).]

웩슬러 지능검사

웩슬러 방식의 지능검사는 현재 가장 많이 사용되는 지능검사의 유형이 되었다. 성인용과 영유아용은 4개정판까지, 아동용은 5개정판까지 개발되었다. 웩슬러 지능검사는 연령 집단은 달라도 유사한 형태를 공유하고 있다. 하나씩 살펴보도록 하자.

성인용 웩슬러 지능검사

웩슬러 지능검사는 오늘날 세계적으로 가장 널리 통용되고 있는 지능검사이다. 한국 웩슬러 성인용지능검사 4판(K-WAIS-IV)Korean Wechsler Adult Intelligence Scale-Fourth Edition은 16세 0개월에서부터 69세 11개월까지의 청소년과 성인의 인지 능력을 확인할 수 있는 가장 보편화되고 표준화된 지능검사이다.

(1) 검사의 구성

K-WAIS-IV는 총 15개의 소검사로 구성되어 있다. 15개의 소검사는 10개의 핵심 소검사와 5개의 보충 소검사로 이루어져 있다. 10개의 핵심 소검사는 4개의 조합 점수로 요약되고, 보충 소검사는 경우에 따라 핵심 소검사를 대체하거나 추가적인 정보를 제공하는 역할을 한다.

전체지능지수(FSIQ)full scale IQ는 전반적인 인지 능력에 대한 최종적인 요약치이다. 전체지능지수와 같이 제공되는 네 가지의 조합 점수는 언어이해지수(VCI)verbal comprehension index, 지각추론지수(PRI)perceptual reasoning index, 작업기억지수(WMI)working memory index, 처리속도지수(PSI)processing speed index로 지능의 다양한 측면을 요약하여 살펴볼 수 있도록 하고 있다. 언어이해지수와 지각추론지수는 이전의 언어성 지능과 동작성 지능의 개념을 대체한 개념으로 이 둘을 합쳐 일반능력지수(GAI)general ability index라 한다. 처리속도지수와 작업기억지수는 인지효능지수(CPI)cognitive proficiency index라 한다.

표 6.2 | K-WAIS-IV 검사의 구성

조합척도(composite scales) 또는 지수척도(index scales)			소검사	
			핵심 소검사	보충 소검사
전체척도 (full scale)	일반능력지수 (GAI)	언어이해지수 (VCI)	공통성 어휘 상식	이해
		지각추론지수 (PRI)	토막짜기 행렬추론 퍼즐	무게비교 빠진곳찾기
	인지효능지수 (CPI)	작업기억지수 (WMI)	숫자 산수	순서화
		처리속도지수 (PSI)	동형찾기 기호쓰기	지우기

표 6.2에 15개의 소검사와 4개의 조합 점수의 구성이 있다.

(2) 조합 점수

① 언어이해지수

언어이해지수(VCI)는 언어적 이해 능력, 언어적 기술과 정보를 새로운 문제해결에 적용하는 능력, 언어적 정보처리 능력, 어휘를 사용한 사고 능력, 결정적 지식, 정신적 수행을 전환할 수 있는 능력을 포함한 인지적 유연성, 자기감찰 능력ability to self-monitor 등을 측정한다. 언어이해지수를 구성하는 소검사들은 개인의 축적된 경험을 측정하는 일련의 언어성 과제로 이루어져 있다. 언어이해지수의 핵심 소검사는 '공통성', '어휘', '상식'이고, 보충 소검사는 '이해'이다.

② 지각추론지수

지각추론지수(PRI)는 지각적 추론 능력, 시각적 이미지에 대한 사고 능력 및 시각적 이미지를 유창하게 다룰 수 있는 능력, 공간처리 능력, 시각-운동 통합 능력, 인지적 유연성(정신적 수행의 전환능력을 포함하는), 상대적인 인지적 속도, 제한된 시간 내에 시각적으로 인식된 자료를 해석 또는 조직화하는 능력, 비언어적 능력, 언어를 사용하지 않고 추상적 개념과 관련성을 형성할 수 있는 능력, 유동적 추론 능력, 자기점검 능력 등을 측정한다. 지각추론지수의 핵심 소검사는 '토막짜기', '행렬추론', '퍼즐'이고, 보충 소검사는 '무게비교', '빠진곳찾기'이다.

③ 작업기억지수

작업기억지수(WMI)는 정보를 일시적으로 기억 속에 보유하고, 정신적 조작을 수행하며, 기억을 조정하고, 결과를 산출하는 능력을 필요로 하는 과제들로 구성되어 있다. 작업기억은 주의, 집중, 정신적 통제, 추론 등을 포함한다. 최근의 여러 연구에서 작업기억이 고차원적 인지처리의 핵심요인 중의 하나임을 밝히고 있다. 작업기억지수는 작업기억, 청각적 단기기억, 주의지속 능력, 수리 능력, 부호화 능력, 청각적 처리기술, 심적 수행을 바꿀 수 있는 능력을 포함한 인지적 유연성, 자기감찰 능력을 측정한다. 작업기억지수의 핵심 소검사는 '산수'와 '숫자'이고, 보충 소검사는 '순서화'이다.

④ 처리속도지수

정보의 처리속도는 인지 능력과 관계가 있으며, 처리속도의 감퇴는 다른 인지 능력검사의 연령관련 수행 감소와도 관련이 있다. 처리속도지수(PSI)는 단순한 시각정보를 빠르고 정확하게 훑어보고 차례를 밝히고 변별하는 능력을 측정한다. 그러나 이 지수를 구성하는 소검사의 수행에는 단순 반응시간과 시각 변별뿐만 아니라 인지적 의사결정이나 학습 요인이 포함된다. 처리속도지수에는 처리속도, 과제수행속도, 시지각적 변별 능력, 정신적 수행의 속도, 정신운동속도, 주의력, 집중력, 단기시각기억, 시각-운동 협응 능력, 수 능력, 정신적 수행을 변화시킬 수 있는 능력을 포함한 인지적 유연성, 자기점검 능력이 반영된다. 처리속도지수의 핵심 소검사는 '동형찾기', '기호쓰기'이고, 보충 소검사는 '지우기'이다.

⑤ 전체지능지수

전체지능지수(FSIQ)는 개인의 인지 능력의 현재 수준에 대한 전체적인 측정치이며, 프로파일을 해석할 때 제일 먼저 검토되는 점수이다. 이는 언어이해, 지각추론, 작업기억, 처리속도의 4개 지수를 산출하는 데 포함된 소검사 환산점수들의 합으로 계산된다. 검사의 다양한 측정치들 중에서 FSIQ는 개인의 지적 능력에 대한 가장 신뢰롭고 타당한 측정치이며, 보통 일반지능(g)의 가장 대표적인 점수로 간주된다. FSIQ는 현재의 인지 능력 수준을 말해 줄 뿐 아니라 학업적 성취와 직업적 성공의 유용한 예측변인이다.

⑥ 일반능력지수

일반능력지수(GAI)는 언어이해의 핵심 소검사(공통성, 어휘, 상식)와 지각추론의 핵심 소검사(토막짜기, 행렬추론, 퍼즐)로 구성된 조합 점수다. GAI는 전체지능지수에 비해 작업기억과 처리속도의 영향을 덜 받는다. 따라서 FSIQ에 포함된 작업기억과 처리속도 측면을 배제한 인지적 능력을 검토할 필요가 있을 때 사용할 수 있다. 신경심리학적 결함이 있는 경우 작업기억과 처리속도 과제의 수행이 언어이해나 지각추론 과제의 수행보다 더욱 민감하게 영향을 받는다. 이런 경우 작업기억과 처리속도 소검사들에서의 수행 저하로 (FSIQ로 대표되는) 전체적인 지적 능력과 다른 인지기능(예를 들어, 기억력) 간의 차이가 실제만큼 드러나지 않을 수 있다. GAI는 일반적 능력과 다른 인지기능을 비교할 수 있도록 고안된 지수로, 이를 통하여 개인의 상대적인 강점과 약점을 파악할 수 있다.

⑦ 인지효능지수

인지효능지수(CPI)는 와이스와 게이블(Weiss & Gable, 2008)이 WISC-IV 보고서에서 도입한 개념이다. CPI는 작업기억의 핵심 소검사(숫자, 산수)와 처리속도의 핵심 소검사(동형찾기, 기호쓰기)로 구성된 조합 점수다. CPI는 언어이해와 지각추론에 덜 민감한 인지적 능력 측정이 필요할 때 고려할 수 있다. 그러나 CPI 소검사들도 어느 정도는 언어이해와 지각추론을 필요로 한다.

(3) 소검사

K-WAIS-IV의 소검사는 4개의 조합 점수에 따라 언어이해 소검사, 지각추론 소검사, 작업기억 소검사, 처리속도 소검사로 분류되며, 각 소검사들의 실시방법과 해석적 의미는 다음과 같다.

표 6.3 | K-WAIS-IV 언어이해 소검사

구분	소검사		설명
핵심 소검사	공통성	실시방법	두 개의 단어를 제시하면 두 단어의 연관된 공통점을 이야기한다.
		해석적 의미	기본적으로 제시되는 단어에 대한 이해, 통합요소에 대한 개념화를 할 수 있는 능력이 필요하다. 즉, 언어자극을 청각을 통해 지각하고 난 뒤 단어를 포함하는 상위개념에 대해 고안할 수 있는 능력이 필요하다. 유동성 지능과 결정성 지능, 언어로 개념화하는 능력, 논리적인 추론 능력, 본질과 비본질을 구분하는 능력 등을 확인할 수 있다.
핵심 소검사	어휘	실시방법	그림 또는 글로 제시되어 있는 자극 책자를 활용하여 그림의 경우 그림이 무엇인지 언어적으로 표현을 하고, 글의 경우 단어의 뜻을 말한다.
		해석적 의미	수검자 개인이 획득한 지식, 속해 있던 가정의 문화적 배경, 사회발달 경험과 지적 호기심, 학습능력과 그를 통한 결정적 지능, 장기기억 등에 대해 확인할 수 있다.
	상식	실시방법	일반적인 지식에 관한 광범위한 주제를 다루는 질문에 대답을 한다.
		해석적 의미	현재 지식에 대한 학습능력을 비롯한 지적인 호기심과 장기기억을 확인하고 습득한 정보를 인출하는 능력 등을 확인할 수 있다.
보충 소검사	이해	실시방법	사회적 상황이나 속담 등의 질문에 대한 답변을 듣고 점수를 채점한다.
		해석적 의미	사회적인 상황에서 나타나는 질문을 하고 그에 대한 대답을 하게 되면서 수검자의 언어적 표현능력, 사회적 상황을 해석·판단하는 능력과 장기기억을 확인할 수 있다. 사회적인 경험 속에서 신념과 태도를 볼 수 있으며, 윤리적인 기준의 적합성을 알아볼 수 있다. 문제해결 성향에 대한 탐색으로 성격에 대한 정보를 얻는다.

표 6.4 | K-WAIS-IV 지각추론 소검사

구분	소검사		설명
핵심 소검사	토막짜기	실시방법	제시된 토막의 모양 또는 자극 책자에 제시된 모양과 윗면이 동일한 모양을 흰색, 빨간색으로 구성된 토막을 활용하여 제한시간 내에 만든다.
		해석적 의미	토막을 돌려보며 시각적 자극에 해당하는 것을 논리적인 추론을 통해 완성한다. 추상적인 시각적 자극을 받아서 실제로 조직화하는 능력을 본다. 공간지각능력, 추론능력, 시각과 운동반응을 통합 및 조직화하는 능력, 유동적 지능 등을 확인할 수 있다.
	행렬추론	실시방법	자극 책자에 일정한 규칙으로 배열한 그림 중 물음표가 있는 칸을 그 아래 다섯 가지의 보기 중에서 고른다. 자극 그림은 2×2개의 정사각형 유형 또는 일렬로 늘어선 유형의 2가지이다.
		해석적 의미	유동적 지능과 부분을 통해 전체를 확인할 수 있는 통합적인 능력, 비언어적인 문제해결 능력 등을 확인할 수 있다.
	퍼즐	실시방법	자극 책자를 활용하여 제시된 그림을 여섯 가지의 보기 중 3개를 골라 동일하게 만드는 것이다. 반드시 세 가지를 골라야 하고, 이를 위해 고른 보기들이 서로 겹치지 않아야 한다.
		해석적 의미	비언어적인 추론과 시각적인 자극에 대한 추론 능력을 측정하기 위해 WAIS-IV에 새로 추가된 검사이다. 시각적인 지능, 유동적 지능, 시공간 조작 능력 등을 측정할 수 있다. 전체적인 처리 접근에 가장 보편적으로 활용된다.
보충 소검사	무게비교	실시방법	자극 책자에 제시된 균형이 맞지 않는 저울의 균형을 맞추기 위해 필요한 적합한 물체를 찾는다.
		해석적 의미	작업기억과 관련이 있지만 문항을 시각적으로 제시하면서 관련성을 줄이고 지각추론과의 관련성을 높였다. 특히 무게를 비교하는 것에는 보다 많은 인지적 과정과 주의력이 필요한데, 이는 각 도형이 가진 서로 다른 무게로 인해 매 항목마다 무게에 대한 가설과 개념화를 실시하고 문항을 풀어야 한다. 또한 16번 항목부터 저울이 2개에서 3개로 변화하기에 수검자의 인지적인 능력의 개입이 필요하다.
	빠진곳찾기	실시방법	일상적인 물건과 상황 속에서 중요한 부분이 빠진 그림을 보고 빠진 곳을 정확하게 가리키거나 말한다
		해석적 의미	빠진 항목에 대한 의미자극의 시각화를 비롯한 시각적 지능과, 본질과 비본질을 구분하고 전체적인 우뇌 처리과정 등을 확인할 수 있다. 종종 언어적인 반응보다 빠진 곳을 손으로 가리키는 비언어적인 반응을 하기도 하며, 이때는 언어적인 인출의 어려움일 가능성을 확인할 필요가 있다. 일반적이지 않고 지나치게 세부적인 항목에 집중하는 경우는 강박적이거나 주의력에 대한 문제를 호소할 가능성이 있다.

표 6.5 | K-WAIS-IV 작업기억 소검사

구분	소검사		설명
핵심 소검사	숫자	실시방법	숫자 바로 따라하기, 거꾸로 따라하기, 순서대로 따라하기의 세 가지 과제로 구성되어 있다. 바로 따라하기의 경우 검사자가 제시한 숫자를 순서대로 따라한다. 거꾸로 따라하기의 경우 검사자가 제시한 숫자를 거꾸로 따라한다. 순서대로 따라하기의 경우 검사자가 읽어준 숫자를 작은 순서에서 큰 숫자 순서로 재조합하여 따라한다.
		해석적 의미	청각적 자극에 대한 즉각적인 회상인 단기기억과 정보 부호화를 비롯한 주의집중능력을 확인할 수 있다. 각 과제의 규칙이 변화하므로 인지적으로 유연하고 융통성 있는 사고와 이해력이 필요하다. 불안 수준에 따라 큰 영향을 받을 수 있다.
	산수	실시방법	검사자가 불러주는 산수 문제에 대해 제한시간 내에 답을 한다.
		해석적 의미	청각적인 자극이 제시되기 때문에 문제를 이해할 수 있는 이해력과 수리력, 집중력, 주의력 등의 능력을 확인할 수 있다. 개인이 습득한 수리적인 지식과 순차적인 정보처리능력 등을 확인할 수 있다. 일상생활의 사칙연산으로 제시되므로 문항에 대한 이해능력 저하가 영향을 미칠 수 있다. 수학에 대한 불안이 수행 수준에 영향을 미칠 수 있다.
보충 소검사	순서화	실시방법	일련의 숫자와 글자를 읽어주면 숫자는 점차 커지는 순서, 문자는 가나다 순서대로 재배열하여 말한다.
		해석적 의미	청각적으로 정보를 습득한 뒤 순서대로 재조합 후에 인출해야 하므로 순차적 처리능력, 정신적 조작 능력, 주의집중력, 단기 청각 기억력 등을 확인할 수 있다. 숫자-글자 순서로 규칙을 재배열하므로 인지적 유연성과 유동적 지능을 확인할 수 있다. 문항당 세 문제가 속해 있으므로 세 번의 기회에서 암기능력을 활용할 수 있는 과정 부호화 능력과 인지적 유연성을 확인할 수 있다.

표 6.6 | K-WAIS-IV 처리속도 소검사

구분	소검사		설명
핵심 소검사	동형찾기	실시방법	2개의 표적집단과 5개의 탐색집단으로 일련의 짝이 구성되어 있다. 표적집단의 모양 2개 중에 하나와 동일한 그림이 탐색집단에 존재하면, 그 모양에 빗금으로 표시한다.
		해석적 의미	시각적인 자극을 제시하면서 처리속도가 더해졌다. 따라서 단기 시각 기억, 시각–운동 협응능력, 시각적 변별력, 주의력, 집중력의 능력과 지각적 조직화하는 능력, 유동적 지능 등을 확인할 수 있다.
	기호쓰기	실시방법	제시된 숫자와 짝지어진 기호를 숫자만 적혀 있는 칸의 아래에 동일하게 제한 시간 내에 옮겨 그린다.
		해석적 의미	주어진 시간 안에 처리하는 처리속도가 중요한 검사이다. 시각적으로 제시된 자극을 본 뒤 처리하므로 단기 시각 기억력 및 지각 능력, 시각–운동 협응능력, 시각적 탐색능력 등을 확인할 수 있다. 현재의 주의집중력, 검사에 대한 동기 등을 확인할 수 있다.
보충 소검사	지우기	실시방법	처리속도지수 측정을 강화하기 위해 WAIS-IV에 처음 도입되었다. 주어진 시간 내에 조직적으로 배열되어 있는 도형들 속에서 표적 모양을 찾아 표시해야 한다.
		해석적 의미	시각적 자극 안에서 표적 모양을 선별하면서 시각적 선택적 주의력 및 시각–운동 능력을 확인할 수 있다. 지각 속도, 처리 속도 등을 측정한다. 과제 수행을 위해 지속적 주의력, 선택적 주의력, 억제능력 및 집중력이 필요하다.

아동용 웩슬러 지능검사

(1) 검사의 구성

K-WISC-IV 역시 성인용과 마찬가지로 총 15개의 소검사로 구성되어 있다. 15개의 소검사는 10개의 핵심 소검사와 5개의 보충 소검사로 이루어져 있다. 10개의 핵심 소검사는 4개의 조합 점수로 요약되고, 보충 소검사는 경우에 따라 핵심 소검사를 대체하거나 추가적인 정보를 제공하는 역할을 한다.

전체지능지수(FSIQ)는 전반적인 인지 능력에 대한 최종적인 요약치이다. 전체지능지수와 같이 제공되는 4개의 조합 점수는 언어이해지수(VCI), 지각추론지수(PRI), 작업기억지수(WMI), 처리속도지수(PSI)로 지능의 다양한 측면을 요약하여 살펴볼 수 있도록 하고 있다. 언어이해지수와 지각추론지수는 이전의 언어성 지능과 동작성 지능의 개념을 대체한 개념으로 이 둘을 합쳐 일반능력지수(GAI)라 한다. 처리속도지수와 작업기억지수는 인지효능지수(CPI)라 한다.

다음 표 6.7에 15개의 소검사와 4개의 조합 점수의 구성이 소개되어 있다.

표 6.7 | K-WISC-IV의 구성

조합척도(composite scales) 또는 지수척도(index scales)			소검사	
			핵심 소검사	보충 소검사
전체척도 (FSIQ)	일반능력지수 (GAI)	언어이해지수 (VCI)	공통성 어휘 이해	상식 단어추리
		지각추론지수 (PRI)	토막짜기 공통그림찾기 행렬추리	빠진곳찾기
	인지효능지수 (CPI)	작업기억지수 (WMI)	숫자 순차연결	산수
		처리속도지수 (PSI)	동형찾기 기호쓰기	선택

(2) 조합 점수

① 언어이해지수

언어이해지수(VCI)는 언어를 활용한 이해와 능력, 개념형성 능력, 처리 능력, 수검자의 결정적 지능과 학습 능력 등을 측정한다. 핵심 소검사는 '공통성', '어휘', '이해'이고, 보충 소검사는 '상식', '단어추리'이다.

② 지각추론지수

지각추론지수(PRI)는 언어를 사용하지 않고 자극 책자에 제시된 그림 또는 모양을 보며 시각적인 자극을 추상적으로 추론하여 얻게 된다. 비언어적인 기술, 주의력과 집중력, 시지각적 추론과 변별, 시공간 능력, 유동적이고 비언어적인 추론 능력을 확인할 수 있다. 핵심 소검사는 '토막짜기', '공통그림찾기', '행렬추리'이고, 보충 소검사는 '빠진곳찾기'이다.

③ 작업기억지수

작업기억지수(WMI)는 청각적인 자극을 듣고 수검자가 시행을 한다. 주의력과 집중력, 청각적 기억, 단기기억, 부호화 전략, 암기 전략 등을 확인할 수 있다. 핵심 소검사는 '숫자'와 '순차연결'이고, 보충 소검사는 '산수'이다.

④ 처리속도지수

처리속도지수(PSI)는 시지각의 변별, 주의력과 집중력, 시각-운동의 협응 및 변별 능력, 조직화하는 능력, 비언어적 및 지각적 추론 능력 등을 확인할 수 있다. 핵심 소검사는 '기호쓰기'와 '동형찾기'이고, 보충 소검사는 '선택'이다.

⑤ 전체지능지수, 일반능력지수, 인지효능지수

K-WAIS-IV와 유사하게 해석한다.

(3) 소검사

표 6.8 | K-WISC-IV 언어이해 소검사

구분	소검사		설명
핵심 소검사	공통성	실시방법	두 개의 단어를 제시하면 두 단어의 연관된 공통점을 이야기한다.
		해석적 의미	언어적 추론능력, 개념화능력, 습득된 장기기억을 인출하는 과정에서의 언어적 기억에 대한 접근능력, 추상적 사고능력, 어휘지식, 결정적 지능 등을 확인할 수 있다.
	어휘	실시방법	그림문항과 단어문항으로 이루어져 있으며 자극 책자를 활용하여 그림이나 단어를 제시한 뒤 이름을 말하고 단어의 개념에 대해 설명한다.
		해석적 의미	개인의 획득된 지식인 결정적 지능과 축적된 지식수준, 언어적 개념형성능력, 언어의 개념화, 언어발달 수준, 장기기억 및 학습능력, 청각적 지각과 이해, 추상적 사고, 언어적 유창성, 어휘 수준 등을 확인할 수 있다.

구분	소검사		설명
핵심 소검사	이해	실시방법	익숙한 사건이나 상황 등 사회적으로 경험할 수 있는 질문을 한 뒤 수검자가 그에 맞는 행동이나 상황에 대해 설명한다.
		해석적 의미	언어적 이해 및 추론능력, 언어발달 및 능력 수준, 결정적 지식, 일반적인 상식, 사회적인 판단, 실제 사회적인 상황에 적용 가능 여부, 도덕적 및 윤리적 판단 등을 확인할 수 있다.
	상식	실시방법	일반적인 지식에 관한 광범위한 주제를 다루는 질문에 대답을 한다.
		해석적 의미	결정적 지능, 장기기억의 저장 및 인출 능력, 언어적 표현능력, 지적 호기심 등을 확인할 수 있다.
	단어추리	실시방법	일련의 설명을 듣고 공통개념에 대해 답한다.
		해석적 의미	언어적 추론 및 추상화능력, 언어적 이해, 언어발달, 어휘지식, 결정적 지식, 장기기억, 개념적 사고, 유추 및 추론 능력, 정보를 통합 및 종합하는 능력 등을 확인할 수 있다.

표 6.9 │ K-WISC-IV 지각추론 소검사

구분	소검사		설명
핵심 소검사	토막짜기	실시방법	제시된 토막의 모양 또는 자극 책자에 제시된 모양과 윗면이 동일한 모양을 흰색, 빨간색으로 구성된 토막을 활용하여 제한시간 내에 만든다.
		해석적 의미	부분을 통해 전체를 만드는 능력, 형태를 지각하고 분석하는 능력, 시지각 및 시각적 조직화, 시각–운동의 협응능력, 전경과 배경을 분리하는 능력, 시각적인 관찰능력 등을 확인할 수 있다.
	공통그림 찾기	실시방법	자극 책자에 제시된 두 줄 혹은 세 줄로 분할되어 나타난 그림들을 보고 공통점을 찾아 각 줄에 있는 그림들을 하나씩 고른다.
		해석적 의미	비언어적인 추론능력, 추상화와 범주능력, 시각적 처리, 의미 있는 자극에 대한 지각, 시지각적 조직화 및 변별 능력 등을 확인할 수 있다.
	행렬추리	실시방법	제시된 다섯 가지의 보기 중에 한 가지를 골라 완성되지 않은 행렬을 완성시킨다.
		해석적 의미	가로와 세로를 확인하여 규칙을 찾아 고르므로 유동적 지능, 비언어적 추론 및 문제해결 능력, 부분–전체를 확인하고 변별하는 능력, 귀납능력, 유추능력, 시지각 변별 및 추론 능력 등을 확인할 수 있다.
보충 소검사	빠진곳찾기	실시방법	일상적인 물건과 상황 속에서 중요한 부분이 빠진 그림을 보고 빠진 곳을 정확하게 가리키거나 말한다.
		해석적 의미	시각적 지각과 조직화, 세부 사항에 대한 주의력과 집중력, 시각적 추리능력, 결정적 지식, 유의미한 자극을 지각하는지 여부, 시각적 예민성, 본질과 비본질을 변별하는 능력 등을 확인할 수 있다.

표 6.10 | K-WISC-IV 작업기억 소검사

구분	소검사		설명
핵심 소검사	숫자	실시방법	숫자 바로 따라하기, 거꾸로 따라하기의 두 가지로 구성되어 있다. 검사자가 불러주는 숫자를 기억한 후 제시된 조건에 따라 답한다.
		해석적 의미	주의력과 집중력, 청각적 단기기억, 암기능력, 계획능력을 측정할 수 있다. 거꾸로 따라하기는 작업기억, 정신적 조작능력, 유연성 등이 반영된다.
	순차연결	실시방법	일련의 숫자와 글자를 읽어주면 숫자는 점차 커지는 순서, 문자는 가나다 순서대로 재배열하여 말한다.
		해석적 의미	정신적 조작, 주의력과 집중력, 청각적 단기기억, 작업기억, 부호화 및 암송 전략 사용 등을 확인할 수 있다.
보충 소검사	산수	실시방법	검사자가 불러주는 산수 문제에 대해 제한시간 내에 답을 한다.
		해석적 의미	단기기억, 수리적 계산 및 추론 능력, 청각기억, 유동적 지능, 주의력과 집중력, 청각적 언어이해, 논리적 추론 등을 확인할 수 있다.

표 6.11 | K-WISC-IV 처리속도 소검사

구분	소검사		설명
핵심 소검사	기호쓰기	실시방법	제시된 숫자와 짝지어진 기호를 숫자만 적혀 있는 칸의 아래에 동일하게 제한 시간 내에 옮겨 그린다.
		해석적 의미	시각–운동 처리능력, 학습능력과 인지적 유연성, 주의력과 집중력, 시각적 처리 순서 능력 등을 확인할 수 있다.
	동형찾기	실시방법	표적문항과 반응영역을 비교하여 주어진 시간 안에 표적문항에 존재하는 기호를 반응영역에 '예'나 '아니요'로 표시한다.
		해석적 의미	시각–운동 능력과 변별능력, 처리 및 지각 속도, 정신적 처리속도, 단기 시각기억, 인지적 유연성, 주의력과 집중력을 확인할 수 있다.
보충 소검사	선택	실시방법	무선으로 배열된 그림과 일렬로 배열된 그림을 보고 주어진 시간 동안 표적 그림에 표시한다.
		해석적 의미	처리속도와 시각적 선택의 주의 및 무시능력, 지각적인 변별 및 인식, 지각적 탐색, 단기기억, 초점을 유지하는 능력, 주의력과 집중력, 시각–운동의 협응능력 등을 확인할 수 있다.

(4) 한국 웩슬러 아동용지능검사 5판

한국 웩슬러 아동용지능검사 5판(K-WISC-V)은 2019년 출간되었다(곽금주, 장승민, 2019). 5판은 최근의 인지발달, 신경발달, 인지신경과학, 학습과정 이론을 반영하여 제작되었고, 그에 따라 4판에서의 소검사 13개에 3개의 소검사(무게비교, 퍼즐, 그림기억)가 추가된 총 16개의 소검사가 포함되었다. 기본지표 점수는 5가지(언어이해, 시공간, 유동추론, 작업기억, 처리속도)로 늘어났고, 5가지의 추가지표(양적추론, 청각작업기억, 비언어, 일반능력, 인지효율)를 제공한다. 한편 미국판에서는 21개의 소검사가 있으나 한국판에서는 이름대기, 상징해석 등의 보조검사 5개를 생략하였고, 이에 따라 보조 지표인 이름대기속도, 상징해석, 저장인출 지표가 생략되었다. 또한 미국판에서는 태블릿을 사용하지만, 한국판에서는 사용하지 않는다.

표 6.12 | K-WISC-V의 소검사

범주	소검사	약자	기본 지표	추가 지표	설명
기본 (전체IQ)	토막짜기	BD	시공간	비언어 일반능력	제한시간 내에 주어진 두 가지 색으로 이루어진 토막을 사용하여 제시된 모형이나 그림과 똑같은 모양을 만든다.
	공통성	SI	언어이해	일반능력	공통적인 사물이나 개념을 나타내는 두 개의 단어를 듣고 두 단어가 어떻게 유사한지 말한다.
	행렬추리	MR	유동추론	비언어 일반능력	행렬이나 연속된 모양의 일부를 보고 이를 완성하는 보기를 찾는다.
	숫자	DS	작업기억	청각 작업기억 인지효율	수열을 듣고 기억하여 숫자를 바로, 거꾸로, 순서대로 따라한다.
	기호쓰기	CD	처리속도	비언어 인지효율	제한시간 내에 기호를 사용하여 간단한 기하학적 모양이나 숫자와 상응하는 기호를 따라 그린다.
	어휘	VC	언어이해	일반능력	그림문항에서는 소책자에 그려진 사물의 이름을 말하고, 말하기 문항에서는 검사자가 읽어주는 단어의 뜻을 말한다.
	무게비교	FW	유동추론	양적추론 비언어 일반능력	제한시간 내에 양쪽 무게가 달라 균형이 맞지 않는 저울 그림을 보고 균형을 유지할 수 있는 보기를 찾는다.

기본	퍼즐	VP	시공간	비언어	제한시간 내에 완성된 퍼즐을 보고 퍼즐을 구성할 수 있는 3개의 조각을 선택한다.
	그림기억	PS	작업기억	비언어 인지효율	제한시간 내에 1개 이상의 그림이 있는 자극페이지를 본 후 반응페이지에 있는 보기에서 해당 그림을(가능한 한 순서대로) 찾는다.
	동형찾기	SS	처리속도	인지효율	제한시간 내에 반응 부분을 훑어보고, 표적 모양과 동일한 것을 찾는다.
추가	상식	IN	언어이해		일반적 지식에 관한 광범위한 주제를 다루는 질문에 답한다.
	공통그림찾기	PC	유동추론		두 줄 또는 세 줄로 이루어진 그림들을 보고, 각 줄에서 공통된 특성으로 묶을 수 있는 그림들을 하나씩 고른다.
	순차연결	LN	작업기억	청각 작업기억	연속되는 숫자와 글자를 듣고, 숫자는 오름차순으로, 글자는 가나다순으로 암기한다.
	선택	CA	처리속도		제한시간 내에 무선으로 배열된 그림과 일렬로 배열된 그림을 훑어보고 표적그림에 표시한다.
	이해	CO	언어이해		일반적인 원칙과 사회적인 상황에 대한 이해에 근거하여 질문에 답한다.
	산수	AR	유동추론	양적추론	제한시간 내에 그림 문항과 말하기 문항으로 구성된 산수 문제를 암산으로 푼다.

K-WISC-V의 검사 체계는 다음과 같다.

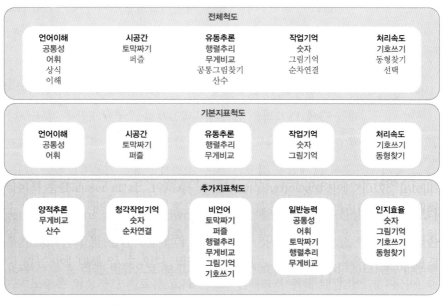

그림 6.4 | K-WISC-V 검사체계

출처 K-WISC-V 매뉴얼

유아용 웩슬러 지능검사

한국 웩슬러 유아지능검사 4판(K-WPPSI-IV)Korean Wechsler Preschool & Primary Scale of Intelligence-IV은 2세 6개월에서 만 7세 7개월까지 유아의 인지 능력을 임상적으로 평가하기 위한 개인 지능검사이다(박혜원, 이경옥, 안동현, 2015). 이는 미국에서 2012년 출간된 WPPSI-IV(Wechsler, 2012)를 한국판으로 표준화하여 개발한 것이다. K-WPPSI-IV는 지적 특성, 인지발달, 신경발달, 인지뇌과학에 대한 새로운 연구를 기반으로 문항과 소검사가 개발되었다는 것을 WPPSI-III와 비교하여 새로운 점으로 내세운다.

K-WPPSI-IV는 이전 판의 소검사 10개(토막짜기, 상식, 행렬추리, 공통성, 공통그림찾기, 모양맞추기, 어휘, 이해, 수용어휘, 그림명명)에 소검사 5개(동형찾기, 그림기억, 선택하기, 위치찾기, 동물짝짓기)가 추가되어 총 15개의 소검사로 구성되어 있다. 소검사 3개는 핵심 소검사, 보충 소검사, 선택 소검사로 구분된다. 먼저 핵심 소검사는 지표 점수와 규준 산출에 사용되며, 보충 소검사는 핵심 소검사가 유효하지 않거나 생략된 경우 사용되고, 지적 기능에 대한 정보와 임상적인 의사결정에 필요한 추가정보를 제공한다. 선택 소검사는 보충 소검사처럼 지적 기능에 대한 더 많은 정보를 제공하지만 지표 점수 산출에는 사용되지 않는다. 이러한 소검사의 구성은 유아의 월령이나 지표 점수에 따라 달라진다.

K-WPPSI-IV의 지표는 기본지표척도 5개((VCI, VSI, FRI, WMI, PSI)와 추가지표척도 4개((VAI, NVI, GAI, CPI)로 구분되며, 총 9개의 지표 점수를 제공한다.

K-WPPSI-IV는 2세 6개월~7세 7개월용 유아지능검사이지만 다시 2세 6개월~3세 11개월용 검사와 4세 0개월~7세 7개월용 검사로 나뉜다. 연령범위에 따라 서로 다른 소검사를 구성하였고 도구 및 기록지가 다르다. 2세 6개월~3세 11개월용 검사의 경우, 소검사 7개와 기본지표척도 3개, 추가지표척도 3개이다. 4세 0개월~7세 7개월용 검사의 경우, 소검사 15개와 기본지표척도 5개, 추가지표척도 4개이다. 2세 6개월~3세 11개월용 검사체계는 표 6.13과 같고, 한국 웩슬러 유아지능검사 4판의 4세 0개월~7세 7개월용 검사체계는 표 6.14와 같다.

표 6.13 | K‒WPPSI‒IV의 2세 6개월~3세 11개월용 검사체계

기본지표	전체 소검사	약어	추가지표	
VC 언어이해	상식	IN		
	수용어휘	RV	VA 어휘습득	GA 일반능력
	그림명명	PN		
VS 시공간	토막짜기	BD		
	모양맞추기	OA	NY 비언어	
WM 작업기억	그림기억	PM		
	위치찾기	ZL		

표 6.14 | K‒WPPSI‒IV의 4세~7세 7개월용 검사체계

기본지표	전체 소검사	약어	추가지표	
VC 언어이해	상식	IN		
	공통성	SI		
	어휘	VC		
	이해	CO		GA 일반능력
VS 시공간	토막짜기	BO		
	모양맞추기	OA		
FR 유동추론	행렬추리	MR		
	공통그림찾기	PC		
WM 작업기억	그림기억	PM	NY 비언어	
	위치찾기	ZL		
PS 처리속도	동형찾기	BS		CP 인지효율
	선택	CA		
	동물짝짓기	AC		
	수용어휘	RV	VA 어휘습득	
	그림명명	PN		

K-WPPSI-IV의 소검사 구성은 다음 표 6.15와 같다.

표 6.15 | K-WPPSI-IV의 소검사 구성

	소검사	설명
1	토막짜기	제한시간 내에 제시된 모형 또는 토막그림을 보고, 한 가지나 두 가지 색으로 된 토막을 사용하여 똑같은 모양을 만든다.
2	상식	그림문항의 경우, 일반 상식에 관한 질문에 가장 적절한 보기를 선택한다. 언어문항의 경우, 일반 상식에 관한 광범위한 주제를 다루는 질문에 답한다.
3	행렬추리	완성되지 않은 행렬을 보고 행렬을 완성시키기 위해 적절한 보기를 선택한다.
4	동형찾기	제한시간 내에 제시된 벌레그림과 같은 벌레그림을 보기 중에서 찾아 표시한다.
5	그림기억	일정시간 동안 1개 이상의 그림이 있는 자극페이지를 보고 난 후, 반응페이지의 보기 중에서 해당 그림을 찾아낸다.
6	공통성	그림문항의 경우, 제시된 2개의 사물과 같은 범주의 사물을 보기 중에서 선택한다. 언어문항의 경우, 공통된 사물이나 개념을 나타내는 2개의 단어를 듣고 공통점을 말한다.
7	공통그림찾기	두 줄 또는 세 줄의 그림을 보고, 각 줄에서 공통된 특성을 지닌 그림을 하나씩 선택한다.
8	선택하기	제한시간 내에 비정렬 또는 정렬된 그림을 훑어보고 목표그림을 찾아 표시한다.
9	위치찾기	일정시간 동안 울타리 안에 있는 1개 이상의 동물카드를 보고 난 후, 각 카드를 보았던 위치에 동물카드를 배치한다.
10	모양맞추기	제한시간 내에 사물의 표상을 만들기 위해 조각을 맞춘다.
11	어휘	그림문항의 경우, 검사책자에 있는 그림의 이름을 말한다. 언어문항의 경우, 검사자가 읽어 준 단어의 정의를 말한다.
12	동물짝짓기	제한시간 내에 동물과 모양의 대응표를 보고, 동물그림에 해당하는 모양에 표시한다.
13	이해	그림문항에서 일반적인 원칙이나 사회적 상황을 가장 잘 나타내는 보기를 선택한다. 언어문항에서 일반적인 원칙과 사회적 상황에 대한 이해를 기초로 질문에 답한다.
14	수용어휘	검사자가 읽어주는 단어를 가장 잘 표현하는 보기를 선택한다.
15	그림명명	그림으로 제시된 사물의 이름을 말한다.

다양한 지능검사

웩슬러 지능검사 이외에도 국내에 소개된 다른 지능검사 또는 언어적 기능을 활용하지 않는 검사, 문화적으로 공평한 검사 등이 존재한다. 여기에서는 최근의 신경심리학적 연구 결과를 적극 반영한 카우프만 지능검사, 지적 능력과 함께 사회적응력을 측정하는 사회성숙도검사 및 몇몇 비언어적·문화공평 검사 등을 소개한다.

카우프만 지능검사 개정판

카우프만 지능검사 개정판(KABC-II)Kaufman Assessment Battery for Korean Children, 2nd ed.은 만 3세~18세에 이르는 아동과 청소년의 정보처리와 인지 능력을 측정하기 위해 개발된 개인 지능검사이다. 이는 웩슬러 방식의 지능검사가 지능 이론에 입각하여 이루어지기보다 임상적 경험과 현실적 필요성에 의해 구성되었다는 점을 비판하면서 임상적 진단과 문화적으로 공평한 측정을 해낼 수 있는 대안적인 지능검사로 사용하고자 한 검사이다. 이 검사는 이론적으로는 카텔과 혼의 유동성-결정성 이론과 캐롤의 삼원지능 이론이 통합된 CHC 이론 및 루리아의 신경심리학적 모델을 활용하였다.

　KABC-II는 총 18개의 소검사로 이루어져 있으며, 다섯 개의 하위척도로 분류된다. 전체 점수는 검사 의뢰 목적과 수검자의 특성에 따라 다르게 산출될 수 있는데, 검사자는 검사를 실시하기 전에 루리아 모델과 CHC 모델 중 어느 모델을 선택할지를 미리 결정하고 검사를 실시하여야 한다.

　루리아 모델의 관점에서 볼 때, KABC-II는 습득된 지식보다는 정보처리 능력에 초점을 맞추고 있으며 인지처리지수(MPI)라는 전체척도지수를 산출한다. 루리아의 이론에서는 언어숙련도나 일반적 지식과 같은 습득된 지식을 인지처리 능력과는 다른 영역으로 간주한다.

　CHC 모델의 관점에서는 각 척도의 해석이 달라진다. 예를 들어 루리아의 관점에서 동시처리를 측정하는 척도가 CHC 이론에서는 시각처리 능력(Gv)을 측정하는 것으로 본다. 또한 CHC 모델에는 루리아 모델에 없는 지식(Gc) 척도가 포함되어 있다. CHC 모델에 입각하여 실시한 모든 척도들의 전체 점수는 유동성-결정성지수(FCI)fluid-crystallized index라 부른다. 표 6.16에 KABC-II의 하위척도와 전체척도의 이원적 이론이 설명되어 있다.

표 6.16 | KABC-II의 하위척도와 전체척도의 이원적 이론의 기초

루리아 용어	CHC 용어	KABC-II 하위척도 명칭
순차처리	단기기억(Gsm)	순차처리(Gsm)
동시처리	시각적 처리(Gv)	동시처리(Gv)
학습력	장기저장-회생(Glr)	학습력(Glr)
계획력	유동성추리(Gf)	계획력(Gf)
	결정성능력(Gc)	지식(Gc)
KABC-II 전체척도 명칭	인지처리지수(MPI)	유동성-결정성지수(FCI)

KABC-II는 연령에 따라 사용하는 소검사가 다르고, 보충하위검사나 요인구조도 다르다(그림 6.5 참고). 3세의 경우 개별 척도들에 의해 측정하고자 하는 요인들이 신뢰롭게 독립적인 요인으로 구분되지 않아서 모든 척도 점수를 합하여 얻어지는 종합 점수가 전체척도지수가 된다. 4~6세는 전체척도와 함께 동시처리(Gv), 순차처리(Gsm), 학습력(Glr) 및 CHC 모델의 경우 지식(Gc) 척도가 포함된다. 7세~18세의 경우에는 계획력(Gf) 척도가 동시처리(Gv) 척도에서 분리된다.

KABC-II는 비언어성 척도 역시 제공한다. 3~4세의 경우 손동작·관계유추·얼굴기억·삼각형 소검사가, 5세의 경우 손동작·관계유추·얼굴기억·형태추리·삼각형 소검사가, 6세의 경우 손동작·관계유추·형태추리·이야기완성·삼각형의 소검사가, 7~18세의 경우 손동작·블록세기·삼각형·형태추리·이야

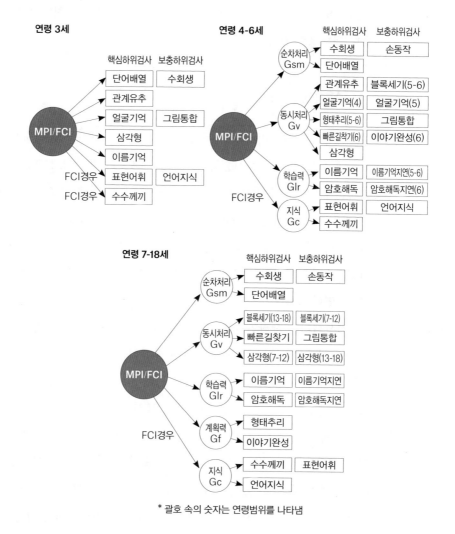

그림 6.5 | 연령별 KABC-II의 구조(KABC-II 한국판 매뉴얼, p.15)

기 완성 소검사가 비언어성 척도의 하위척도로 구성되어 있다.

한국판 표준화는 문수백(2014)에 의해서 3세에서 18세까지 전국 3,200명의 아동들을 교육통계연감에 따른 인구 비율에 따라 6개월 단위로 나누어 32개의 연령군으로 표집하여 진행하였다. 신뢰도는 내적일관성 신뢰도에서 종합척도의 경우 3~6세는 .93(비언어성척도)~.98(인지처리척도), 7~18세는 .95(비언어성척도)~.98(인지처리처도)의 범위를 보였고, 하위검사의 경우 .73(3세, 이름기억-지연)~.97(3세, 암호해독)의 신뢰도를 보였다. 검사-재검사 신뢰도는 MPI

에서 .88~.92, FCI에서 .89~.93으로 높은 수준을 유지하여 통계적 속성은 양호한 것으로 보인다.

사회성숙도검사

사회성숙도검사는 미국에서 돌Doll이 개발한 바인랜드 사회성숙척도Vineland Social Maturity Scale를 참고하여 김승국과 김옥기(1995)가 개발하고 표준화한 검사이다. 지적장애의 진단에 필요한 적응행동을 측정하기 위해 자조, 이동, 작업, 의사소통, 자기관리, 사회화 등의 사회적 능력social competence을 측정하는 것을 목표로 한 검사이다. 총 117개 문항을 난이도 순으로 배열하였고, 0세~30세의 서울시민 619명을 대상으로 예비검사를 실시한 후 다시 1,980명을 대상으로 표준화를 실시하였다.

검사실시는 생활연령을 참고하여 수검자가 충분히 실시할 수 있을 만한 지점에서 시작하여 낮은 쪽으로는 3개 문항이 '+' 또는 '+F'로 표시될 때까지 실시하고, 높은 쪽으로는 3개 문항이 '−'로 표시될 때까지 실시한다. 지적장애가 의심될 경우는 5개 문항 정도가 '−'로 표시될 때까지 충분히 실시한다. 문항의 판단은 부당한 강요나 인위적인 유인이 없어도 각 항목이 지시하는 본질적인 행동을 습관적으로 수행하거나, 현재는 습관적으로 하고 있지 않으나 하려고만 하면 쉽게 수행할 수 있을 경우 '+', 검사 시에는 특별한 제약으로 각 항목이 지시하는 행동을 성공적으로 수행하지 못하였지만 평상시에는 성공적으로 수행하였을 경우 '−', 지금까지는 기회의 부족으로 각 항목이 지시하는 행동을 수행하지 못하였지만 기회가 부여된다면 곧 성공적으로 수행 또는 습득할 수 있을 경우 '+NO', 각 항목이 지시하는 행동을 가끔 하기는 하나 그 행동이 불안정할 경우 '±', 각 항목이 지시하는 내용을 전혀 수행하지 못하거나, 부당한 강요나 유인이 있을 때만 수행하거나, 과거에는 성공적으로 수행하였으나 현재는 노쇠나 장애로 수행하지 못할 경우 '−'로 채점한다. 채점은 +와 +F는 1점, ±는 0.5점, −는 0점으로 채점하고, +NO는 앞뒤 문항의 점수에 따라 1점, 0.5점, 0점으로 다양하게 채점한다(자세한 채점은 김승국, 김옥기, 1995 참고).

검사 결과는 사회연령(SA)를 생활연령(CA)로 나눈 숫자에 100을 곱하여 사회지수를 구하여 활용한다[SQ=(SA/CA)×100]. 각 문항에는 해당 문항이 측정하는 영역이 표시되어 있고, 그 문항을 실시할 수 있는 평균 연령이 기재되어 있어서 구체적인 기능을 살펴볼 수 있도록 구성되어 있다. 영역은 자조(SH)Self help, 이동(L)locomotion, 작업(O)occupation, 의사소통(C)communication, 자기관리(SD)self-direction, 사회화(S)socialization의 6유형이며, 자조는 다시 일반, 식사, 용의의 세 영역으로 나뉜다.

　　사회성숙도검사는 지적장애가 있거나 보호자의 보고에 의한 인지기능 추정만이 가능한 경우 지능검사의 대안으로 많이 활용되고 있다. 사회연령을 생활연령으로 나누는 비율지능의 개념을 채택하고 있어서 성인기 이후의 능력을 측정하기에는 다소 적합하지 않고, 후기 청소년기나 청년기의 문항들이 관찰 가능한 행동이 아닌 것들이 있다는 아쉬움이 있으나, 적응행동 및 타인 보고와 수행을 함께 참고하여 기능을 파악하는 도구로서는 매우 유용하게 활용되고 있다.

비언어적 지능검사

인간의 지적 능력은 언어능력과 큰 관련이 있기 때문에 지능검사는 대체로 언어를 통해 지시를 하고 언어의 처리과정을 측정하는 내용이 많이 포함되어 있다. 또한 지능검사에 포함되어 있는 자극이나 질문 내용들은 해당 문화권에서 통용되는 것으로 구성되기 쉽다. 그러나 임상 현장에서는 언어장애 또는 일시적으로 언어를 잘 활용하지 못하는 내담자를 만나거나 다른 문화적 배경을 가진 사람을 만나게 되는 경우도 많다. 근본적인 지적 능력의 결함이 아닌 문화나 언어로 인한 지능 측정에서의 오류를 피하기 위해 문화나 언어의 영향을 받지 않는 검사를 개발하려는 시도가 지속적으로 이루어져 왔으며, 다음과 같은 검사들이 대표적으로 개발·활용되고 있다.

(1) 레이븐 매트릭스검사

레이븐 매트릭스검사Raven's Progressive Matrices Test는 레이븐(Raven, 1936)이 스피어먼의 일반지능(g)을 측정하기 위해 개발한 검사에서 시작되었다. 현재는 5세에서 60세까지의 다양한 연령을 대상으로 실시할 수 있도록 확장되었으며, 가로,

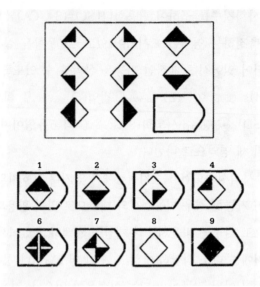

그림 6.6 | 레이븐 매트릭스검사 문항 예시

세로가 각각 2칸, 3칸, 4칸, 6칸인 정사각형 매트릭스로 구성되어 있다. 수검자들은 매트릭스상의 그림들을 가로세로 방향으로 살펴보면서 규칙을 찾아 빈칸에 어떤 그림이 들어가야 할지를 결정해야 한다. 표준 세트는 각기 12문항으로 된 5세트의 검사지로 모두 흑백으로 구성되어 있다. 컬러 세트는 5세~11세 아동, 노인, 장애인을 대상으로 구성되었으며 일부를 제외하고는 대부분 컬러로 만들어져 있다. 고급 세트는 지적 능력이 뛰어난 아동이나 성인들을 대상으로 제작되었고, 총 48문항으로 구성되어 있다. 우리나라에는 33개월에서 10세 아동을 대상으로 한 3세트 36문항의 컬러 세트가 표준화되어 보급되고 있다(임호찬, 2003).

(2) 한국판 라이터 비언어성지능검사

한국판 라이터 비언어성지능검사(K-Leiter-R)는 로이드와 밀러(Roid & Miller, 1996)가 2~20세까지의 아동청소년의 유동적 추론과 시각화, 시공간적 기억력 및 주의력과 같은 비언어적 인지기능을 측정하기 위해 개발한 라이터 국제수행능력검사(Leiter-R) Leiter International Performance Scale, Revised Ed를 신민섭과 조수철(2012)

이 만 2~7세 대상의 한국판 검사로 표준화한 검사이다. K-Leiter-R은 시각 및 추론(VR)visualization and reasoning과 주의 및 기억력(AM)attention and memory의 두 영역으로 구성되어 있다. 평가자는 필요에 따라 VR과 AM을 둘 다 평가할 수 있고 둘 중 하나만을 선택하여 평가할 수 있다. K-Leiter-R은 평가자, 부모, 아동 및 교사가 아동의 행동에 대해 평가하도록 하는 평가 척도가 포함되어 있으며 비언어적인 방식으로 지적 능력을 측정하기 때문에 의사소통장애, 인지발달이 부진한 아동, 청각장애, 운동 기능이 부진한 아동, 뇌손상 아동, ADHD 아동 및 학습장애 아동을 평가하는 데 도움이 되는 것으로 알려져 있다. K-Leiter-R은 지능 점수 이외에도 문항 난이도에 따른 반응 예측과 영역별 개인의 성장치를 확인해 볼 수 있는 성장 점수, 전체적인 지능이 아닌 기억 및 주의과정 또는 시각 및 공간 능력을 평가하는 복합 점수, 아동의 인지적 강점과 약점 및 특정 능력을 탐색해 볼 수 있도록 하는 소검사 점수 및 특수아동을 진단하고 평가하기 위한 진단적 해석지표를 제공하는 특수진단 점수를 제공한다.

(3) 한국 비언어지능검사 2판

한국 비언어지능검사 2판(K-CTONI-2)Korean Comprehensive Test of Nonverbal Intelligence-Second Edition은 5세 0개월부터 59세 11개월의 사람들에게 사용되는 비언어적 인지 능력 측정 검사도구이다(박혜원, 2014). 이 도구는 비언어적인 지적 능력과 서로 밀접한 관계가 있지만 측정방법이 서로 다른 여섯 개의 하위 소검사로 구성되어 있다. 하위 소검사로는 분석적 추론 능력을 측정하는 그림 유추와 도형 유추, 범주적으로 분류하여 관계를 추론하는 능력을 측정하는 그림 범주와 도형 범주, 순차적 추론 능력을 측정하는 그림 순서, 도형 순서로 구성되어 있다.

　유사한 비언어적 지능검사로는 6세~90세를 대상으로 지능과 적성, 추상적 추론, 문제해결력을 측정하는 것으로 알려진 TONI-4Test of Nonverbal Intelligence, Fourth Edition와 5세~18세 아동을 대상으로 비언어적으로 일반지능을 측정하는 것으로 알려진 UNITUniversal Nonverbal Intelligence Test 등이 있다(Bracken & McCallum, 2015; Ritter et al., 2011).

지능평가의 활용도는 선발, 인사, 교육, 심리치료 등 무궁무진하지만, 임상 장면에서 자주 만나게 되는 상황은 지적장애 여부에 대한 판단이다. 장애의 진단에 지능검사가 활용되는 방식과 지적장애와 관련한 기본적인 지식을 설명하면 다음과 같다.

지능의 수준

지능검사의 결과를 단지 지능지수(전체지능)만을 활용하여 이해하는 것은 농구 선수의 실력을 키가 몇 cm인가만을 근거로 판단하는 것과 유사할 정도로 세심하지 못한 접근이다. 지능검사에 포함된 각종 소검사 점수와 그 조합들로 시사되는 풍성한 자료들을 통해 다양한 인지적 특성을 파악하고 활용하는 것이 해석의 과정에서 필수적이다. 그러나 많은 자료를 단순화하여 하나의 수치나 정도로 표기하는 것은 빠른 의사소통 및 의사결정, 행정적인 문제의 처리에 도움이 된다는 것 역시 무시할 수 없는 장점이다. 지능검사의 결과를 범위에 따라 간단히 분류하고 표현하는 다음과 같은 몇 가지 방식이 존재한다.

웩슬러 검사와 같이 편차지능을 기반으로 한 지능검사는 본래 평균이 100이고, 표준편차가 15인 표준 점수이므로 가장 기본적인 분류는 평균에서 몇 표준편차 떨어진 정도인지를 기반으로 판단하게 된다. 평균보다 2표준편차 이상 높으면 '최우수' 또는 '영재'라고 판단하는 반면, 평균보다 2표준편차 이상 낮으면 '지적장애'라 판단할 수 있다. DSM에서는 1~2 표준편차 사이인 70~85점을 경계선적 지적기능borderline intellectual functioning, BIF이라는 개념으로 지칭하고 있다. 2~3 표준편차는 경도 지적장애mild intellectual disability, 3~4 표준편차는 중등도 지적장애moderate intellectual disability, 4~5 표준편차는 중도 지적장애severe intellectual disability, 5 표준편차 이상은 최중도 지적장애profound intellectual disability로 지칭한다. 다만 사회적응 능력을 참고하여 등급을 조정할 수 있도록 경계선에 5점의 여유를 두어 서로 중복되게 하여 임상가가 판단할 수 있는 여지를 두었다. 웩슬러 지능검사는 표준편차를 기반으로 한 판단체계를 기본적으로 활용하지만 70점에서 130점까지의 점수를 10점씩 나누어 명명하였다. 따라서 69 이하는 매우 낮은, 70~79는 경계선, 80~89는 평균 하, 90~109는 평균, 110~119는 평균 상, 120~129는 우수, 130 이상은 최우수로 명명하였다.

장애 진단

장애인복지법 시행규칙에 따른 장애 등급의 판정은 다음과 같다. 1급 지적장애는 지능지수가 35 미만인 사람으로 일상생활과 사회생활의 적응이 현저하게 곤란하여 일생 동안 타인의 보호가 필요한 사람, 2급 지적장애는 지능지수가 35 이상 50 미만인 사람으로 일상생활의 단순한 행동을 훈련할 수 있고, 어느 정도의 감독과 도움을 받으면 복잡하지 아니하고 특수기술을 요하지 아니하는 직업을 가질 수 있는 사람, 3급 지적장애는 지능지수가 50 이상 70 이하인 사람으로 교육을 통한 사회적·직업적 재활이 가능한 사람이다. 다만 2019년 하반기부터는 1~3급 장애는 '장애의 정도가 심한 장애인', 4~6급 장애는 '장애의 정도가 심하지 않은 장애인'으로 단순화되어 지적장애는 장애의 정도가 심한 장애인으로 통칭하도록 법률 개정이 이루어졌다.

　우리나라에서의 장애 진단은 의료기관의 정신건강의학과, 신경과 또는 재활의학과 전문의가 원인 질환 등에 대하여 6개월 이상의 충분한 치료 후에도 장애가 고착되었음을 진단서, 소견서, 진료기록 등으로 확인하도록 규정되어 있다. 장애 고착의 기준 시기는 원인 질환 또는 부상 등의 발생 후 또는 수술 후 6개월 이상 지속적으로 치료한 후이나 만 2세 이상에서 선천적 지적장애 등 장애의 고착이 명백한 경우는 예외로 한다. 발달 단계에 있는 소아청소년은 만 6세 미만에서 장애판정을 받은 경우 만 6세 이상~만 12세 미만에서 재판정을 실시하여야 하고, 만 6세 이상~만 12세 미만 기간에 최초 장애판정 또는 재판정을 받은 경우 향후 장애상태의 변화가 예상되는 경우에는 만 12세 이상~만 18세 미만 사이에 재판정을 받아야 한다. 향후 장애 정도의 변화가 예상되는 경우에도 시기와 필요성을 진단서에 명시하여 반드시 재판정을 받도록 하여야 한다.

지적장애 판정을 위해 규정된 지능평가 절차는 다음과 같다. 지적장애는 웩슬러 지능검사 등 개인용 지능검사를 실시하여 얻은 지능지수(IQ)에 따라 판정하며, 사회성숙도검사를 참조한다. 지능지수는 조합 점수를 종합한 전체 검사 지능지수를 말하며, 전체지능지수가 연령별 최저득점으로 1급 또는 2급에 해당

편차지능	DSM	웩슬러 지능검사 조합 점수	조합 점수의 기술적 분류	장애등급 판정기준
			최우수	
130		130		
			우수	
		120		
115			평균 상	
		110		
100		100	평균	
		90		
85			평균 하	
	경계선적 지적기능 (borderline intellectual functioning, BIF)	80		
			경계선	
70		70		70
	경도 지적장애 (mild intellectual disability)		매우 낮은	
				지적장애 3급
50~55		55		
	중등도 지적장애 (moderate intellectual disability)			50
				지적장애 2급
35~40		40		
	중도 지적장애 (severe intellectual disability)			35
				지적장애 1급
20~25		25		
	최중도 지적장애 (profound intellectual disability)			

그림 6.7 | 지능검사 결과의 다양한 분류

하는지의 판별이 어려운 경우에는 GAS 및 비언어적 지능검사도구(시각-운동 통합발달검사, VMI; 벤더게슈탈트검사, BGT)를 추가 시행하고, 검사내용, 검사 결과에 대한 상세한 소견을 제출한다. 만 2세 이상부터 장애판정을 하며, 유아가 너무 어려서 상기의 표준화된 검사가 불가능할 경우 바인랜드 사회성숙도검사, 바인랜드 적응행동검사 또는 발달검사를 시행하여 산출된 적응지수나 발달지수를 지능지수와 동일하게 취급하여 판정한다. 뇌 손상, 뇌 질환 등 여러 가지 원인에 의하여 성인이 된 후 지능 저하가 온 경우에도 상기 기준에 근거하여 지적 장애에 준한 판정을 할 수 있다. 단, 노인성 치매는 제외한다.

이 장의 요약

1 최초의 지능검사는 비네 검사이다. 이후 웩슬러 방식의 지능검사가 개발되어 많은 나라에서 사용하고 있다. 지능이라는 개념을 이해하기 위해 스피어먼은 2요인 모델을, 서스톤은 다요인 모델을, 길포드는 지능구조 모델을 제시했다. 카텔과 혼은 유동성-결정성 모델을 제시하였고, 캐롤의 3층 인지 능력 이론과 만나 CHC 이론으로 발전하였다. 한편 가드너는 지능은 한 가지로 포괄할 수 없다고 주장하며 다중지능 이론을 주장하였다.

2 지능검사가 정확하게 제작되기 위해서는 신뢰도와 타당도가 갖추어져야 한다. 신뢰도는 검사의 일관성을 뜻하며, 검사-재검사 신뢰도, 동형검사신뢰도, 반분신뢰도, 문항내적합치도, 채점자간신뢰도 등이 있다. 타당도는 검사가 측정하고자 하는 바를 실제로 측정하고 있는지를 가리키며, 안면타당도, 내용타당도, 준거타당도, 구성타당도 등이 있다.

3 심리검사는 표준화되어야 하며, 표준화에는 절차의 표준화와 규준의 표준화가 있다. 절차의 표준화는 검사의 시행과 채점, 해석이 동일한 방식으로 진행되도록 규정되어 있는 것을 말한다. 규준의 표준화란 검사의 보편적인 수행에 대한 정보를 제공하는 것이다. 규준의 표준화를 위해서는 수검자 점수의 상대적 위치를 알 수 있는 표준 점수가 제시되어야 한다.

4 지능 점수는 유전의 영향을 받기도 하지만 환경의 영향을 무시할 수도 없다. 부모자녀 간 지능의 상관이 자녀의 나이가 많아질수록 높아지는 현상을 윌슨 효과라 한다. 지능은 10년마다 3점씩 높아지는 현상도 관찰되는데, 이를 플린 효과라 한다. 플린 효과가 실제 인지 기능 향상에 의한 것인지에 대해선 조심스러운 해석이 요구된다.

5 웩슬러 지능검사는 지능검사 중 가장 많이 활용되는 검사이다. 성인용, 아동용, 영유아용이 있으며, 15개의 소검사와 4~5개의 지수 점수(또는 조합 점수)로 나뉘어져 있고, 일반능력지수, 인지효능지수 등을 산출할 수 있다.

6 카우프만 지능검사는 루리아의 신경심리 이론과 CHC 이론에 기반한 아동용지능검사이다. 사회성숙도검사는 적응 행동을 측정하기 위한 검사로 사회연령을 생활연령으로 나누는 비율지능 방식을 통해 사회지능을 추정한다. 레이븐 매트릭스검사, 라이터 비언어성지능검사, 한국 비언어지능검사 등 언어를 사용하지 않거나 문화적인 차이가 반영되지 않도록 고안한 지능검사들도 개발되어 있다.

7 지적장애 진단에도 지능평가가 활용된다. 적절한 평가를 위해서는 편차지능의 개념 및 지적장애 수준에 대한 지식, 법률적인 지식이 필요하다.

더 읽을거리

지능평가를 위한 지침서 및 해설은 다음에서 참고할 수 있다.

곽금주, 오상우, 김청택(2001). K-WISC-IV 전문가 지침서. 서울: 학지사.

곽금주, 장승민(2019). K-WISC-V 실시와 채점 지침서. 서울: 인싸이트심리검사연구소.

김도연, 옥정, 김현미(2015). K-WISC-IV의 이해와 실제. 서울: 시그마프레스.

문수백(2014). KABC-II 전문가 지침서. 서울: 학지사 심리검사 연구소.

박혜원, 이경옥, 안동현(2014). K-WPPSI-IV 한국 웩슬러 유아지능검사. 서울: 학지사 심리검사연구소.

황순택, 김지혜, 박광배, 최진영, 홍상황(2012). 한국 웩슬러 성인용 지능검사 4판(K-WAIS-IV). 대구: 한국심리주식회사.

Lichenburger, E., & Kaufman, A. (2009). WAIS-IV 평가의 핵심(황순택, 김지혜, 최진영, 홍상황 역). 서울: 시그마프레스.

07

성격평가

성격 이라고 하면 일반적으로 개인의 독특한 행동 특징을 기술하기 위한 용어로서, 다른 사람들과 비교 가능한 지속적이면서도 일관성 있는 행동 및 심리 특성이라고 정의할 수 있을 것이다. 그러나 임상가가 지니고 있는 이론적 관점에 따라 성격의 핵심 요인은 달라질 수 있다. 관점에 따라 성격을 여러 특성들의 조직체로 보기도 하고, 심리내적 역동들 간 관계로 보기도 하며, 학습된 행동의 반복으로 보기도 하고, 세상에 대한 지각과 해석으로 볼 수도 있다. 성격에 대한 이론적 관점의 차이는 성격을 평가하는 방법론에서도 차이를 만들어 낸다. 이처럼 다양한 성격 이론과 성격 평가가 가능하다는 점을 염두에 둘 필요가 있다.

일반적으로 성격검사는 객관형 검사와 투사형 검사로 나눈다. 대부분의 객관형 성격검사는 지필검사 형태로서 진술문에 대해 예 혹은 아니요로 응답하거나 리커트형 방식으로 반응하게 되어 있고, 최근엔 주로 컴퓨터로 채점하는 추세에 있다. 투사형 성격검사는 대개 모호하고 구조화되지 않은 자극을 제시한 후 내담자가 자유롭게 반응하도록 하여 의식적·무의식적으로 나타나는 내담자의 성격 구조 및 역동을 파악하려고 한다.

풀배터리, 즉 임상 현장에서 종합심리검사로 불리는 전통적인 심리검사의 인기가 예전 같지 않고, 시대에 맞지 않는다는 비판도 지속되고 있지만, 현장에서 진단 및 평가를 위해 가장 유용하게 사용하는 도구는 여전히 종합심리검사이다. 미국의 임상심리학자들이 가장 많이 사용하는 심리검사로 꼽은 것도 지능검사와 더불어, MMPI, 문장완성검사, 주제통각검사, 로르샤하검사, 벤더도형검사, 투사적 그림검사 등과 같은 오랫동안 사용해 오던 검사들이고(Watkins et al., 1995; Trull & Prinstein, 2013에서 재인용), 한국 사정도 마찬가지라 할 수 있다. 유용한 성격평가 도구로 인정받기 위해서는 신뢰도와 타당도가 입증되어야 하고, 임상적 유용성과 경제적 효용성도 담보되어야 하는데, 기존 심리검사의 성격평가 도구들은 이러한 요구를 상당 부분 충족하고 있기 때문에 지속적으로 현장에서 사용하고 있다.

임상 현장에서 많이 사용하는 검사도구들을 크게 객관형 성격검사와 투사형 성격검사로 구분하여 알아보겠다.

☑ **이 장의 목표**

1 성격평가를 위해 객관형 성격검사와 투사형 성격검사를 구분하여 사용할 수 있다.
2 객관형 성격검사에 해당하는 검사들을 살펴본다.
3 투사형 성격검사에 해당하는 검사들을 살펴본다.
4 성격검사의 향후 발전방향 및 과제에 대해 살펴본다.

여기에서는 객관형 성격검사 중 임상 및 상담 장면에서 많이 사용하고 있는 다섯 가지 검사, 즉 여러 버전의 MMPI, PAI, NEO-PI-R, 16 PF, TCI를 중심으로 살펴볼 것이다. MMPI-2/MMPI-A와 PAI는 임상 장면에서의 정신병리 진단을 목적으로 만들어진 검사인 반면, 나머지 세 가지 검사는 일반인의 성격을 평가하기 위해 만들어졌다.

여러 버전의 MMPI

다면적 인성검사(MMPI)Minnesota Multiphasic Personality Inventory는 1943년 처음 출판된 이후 전 세계적으로 가장 많이 사용된 성격검사이다. MMPI가 성격평가의 최강자로 군림할 수 있었던 가장 큰 이유를 꼽자면, MMPI에는 수검자의 반응왜곡 여부를 탐지하는 타당도 척도와 정신병리를 탐지하는 임상 척도가 있으며, 이를 실제적으로 활용할 수 있는 수많은 경험적 연구가 축적되어 왔다는 점이다. 그러나 시간이 흐르면서 새로운 규준 마련, 문항 내용 혹은 표현 수정, 기존 검사로 측정하지 못하는 주요 성격특성이나 임상 증상 평가 등의 필요성이 제기되면서 1989년 MMPI-2가 출간되었다. 이후 2008년, MMPI-2의 임상 척도 대신 재구성 임상(RC)Restructured Clinical 척도가 핵심 척도로 채택되고, 3개의 상위 차원 척도와 23개의 특정 문제 척도 등으로 구성된 MMPI-2-RFRestructured form 가 개발되었다. 2020년에는 새로운 최신 규준 자료에 근거하여 MMPI-2-RF를 개정·확장한 MMPI-3가 출판되었다. 한편 MMPI-2 출판 이후 두 가지 청소년 용 MMPI가 개발되었는데, 1992년에는 MMPI-A가, 2016년에는 MMPI-2-RF와 보조를 맞추어 MMPI-A-RF가 출판되었다. MMPI의 오랜 역사 속에서 다양한 버전이 출시된 바 있고, MMPI-2에서 MMPI-2-RF로, MMPI-A에서 MMPI-A-RF로 바뀌면서는 검사 구성과 관련하여 이론적·실제적 변화도 있었기에, 이를 하나씩 살펴보기로 하겠다.

(1) 원판 MMPI

원판 MMPI는 미네소타 대학 병원에서 일하던 임상심리학자 해서웨이Hathaway와 정신과의사 맥킨리McKinley에 의해 1943년에 제작되었으며, 정신과적 진단을 목적으로 만들어졌다. 해서웨이와 맥킨리는 검사개발자의 이론적·개념적 접근에 따라 문항을 결정하는 논리적 제작 방식이 아닌 집단 간에 차이가 나는 문항들을 경험적인 문항 분석을 통해 결정하는 경험적 제작 방식을 사용하여 검사 척도들을 개발하였다. 경험적 제작 방식을 사용함으로써 수검자가 검사문항에 대한 반응을 자신이 원하는 방향으로 왜곡할 수 있는 문제점과 검사개발자가 주관적으로 결정한 채점 방향이 실제 관찰되는 집단 간 차이와 일치하지 않는 문제점을 보완할 수 있었다.

MMPI의 기본 척도는 4개의 타당도 척도와 10개의 임상 척도로 구성되었으며, 수많은 특수 척도들이 제작되어 사용되었다. 임상 척도의 경우 개발 당시 정신과 진단명으로 척도명을 만들었는데, 그때 포함된 정신과 환자들의 진단은 건강염려증hypochondriasis, 우울증depression, 히스테리hysteria, 반사회성psychopathic deviate, 편집증paranoia, 강박증psychasthenia, 정신분열증schizophrenia, 경조증hypomania이었으며, 해당 척도 점수가 높을 때 해당 정신과 장애의 진단을 내릴 수 있을 것으로 기대하였다. 다만 10개 임상 척도 중 나중에 추가된 2개 척도인, 남성성-여성성(Mf)Masculinity- Femininity 척도와 내향성(Si)Social Introversion 척도는 진단명이 아니었다. 실제 임상 장면에서 MMPI를 사용했을 때 특정 임상 척도의 점수가 가장 높다고 하더라도 해당 임상 척도명과 일치하지 않는 진단을 받는 문제가 제기되면서 현재는 임상 척도명을 직접 사용하는 대신 10개 임상 척도에 일련번호를 붙여 사용하는 것이 일반적이다.

다른 성격검사들과 비교하여 MMPI의 장점은 자기보고식 검사에서 수검자들이 문항에 거짓으로 답하거나 왜곡해서 답할 수 있다고 보고, 일탈된 수검 태도를 탐지하기 위한 타당도 척도를 둔 것이다. 이들 척도는 무응답(?)Cannot Say 척도, 부인(L)Lie 척도, 비전형(F)Infrequency 척도, 교정(K)Correction 척도이다. 결과적으로 MMPI는 응답의 신뢰도를 확인하기 위해 배치한 똑같은 내용의 16문항을 포함하여 총 566문항으로 구성되었다. 경험적 제작 방식에 의해 개발되었기 때문에 문항내용만으로는 어떤 진단 특징을 측정하고자 하는 것인지 알기 어려운 경우도 있고, 특정 문항이 왜 그 척도에 포함이 되는지 혹은 그 문항이 왜 정상집단과 병리집단을 구분하는 문항인지 이해되지 않는 경우도 있다. 이러한 제작 방식에 대한 일부의 문제 제기도 있었지만, MMPI는 출판되자마자 임상 장면에서 인정받기 시작했고, 수많은 연구와 경험적인 검증을 통해 임상 장면뿐 아니라 학교, 교정 시설, 군대, 특수 기관 등과 같은 다양한 장면에서 가장 널리 사용되고 연구되는 심리검사로 자리 잡았다(박영숙 외, 2019).

(2) MMPI-2

MMPI가 1943년 개발된 이후 임상 장면 이외의 다양한 장면들에서 사용되면서 필요 이상으로 사생활을 침범하고 불쾌감을 줄 수 있는 성 혹은 종교 관련 문항들에 대한 문제가 제기되었고, 오래 전 규준을 시대에 맞는 새로운 규준으로 바꿔야 할 필요성이 대두하였다. 또한 성차별적 문구, 구식 관용적 표현들, 시대에 맞지 않는 문학작품 및 오락문화와 관련된 문항들도 문제가 되었고, 자살, 약물 문제, 치료 관련 행동 등과 같은 임상적으로 중요한 내용 영역들을 추가적으로 포함할 필요성도 제기되었다.

이러한 문제 제기와 필요성에 따라 1980년대 초부터 재표준화 작업을 시작하여 1989년 최종 567문항의 MMPI-2가 미국에서 출판되었다. 이처럼 MMPI의 문제점들을 개선하고 보다 향상된 형태로 MMPI-2가 개발되었지만, 개발의 기본적인 원칙은 MMPI의 기본 타당도 척도와 임상 척도의 틀을 그대로 유지함으로써 MMPI와 연속성을 지닌 검사를 만드는 것이었다. 따라서 검사 결과의 해석에 있어 MMPI에 적용되던 해석 내용들을 MMPI-2에도 그대로 적용할 수 있게 되었다(박영숙 외, 2019).

MMPI-2는 MMPI의 4개 타당도 척도에 6개를 추가하여 총 10개의 타당도 척도를 포함하고 있으며, 임상 척도는 동일한 명칭과 특징을 유지하였다. MMPI-2의 기본 척도인 타당도 척도와 임상 척도에 대한 명칭과 문항 수는 표 7.1에 제시하였다. MMPI-2는 이외에도 재구성 임상 척도, 내용 척도, 보충 척도, 성격병리 5요인 척도를 포함하고 있으며, 임상 소척도와 결정적 문항도 해석에 참고할 수 있도록

표 7.1 | MMPI-2의 기본 척도

척도 종류	척도 기호	척도 명칭	문항 수
타당도 척도	?	무응답(Cannot Say)	
	L	부인(Lie)	15
	F	비전형(Infrequency)	60
	K	교정(Correction)	30
	VRIN	무선반응 비일관성(Variable Response Inconsistency)	67문항 쌍
	TRIN	고정반응 비일관성(True Response Inconsistency)	23문항 쌍
	F(B)	비전형-후반부(Back Infrequency)	40
	F(P)	비전형-정신병리(Infrequency-Psychopathology)	27
	FBS	증상 타당도(Symptom Validity)	43
	S	과장된 자기제시(Superlative Self-Presentation)	50
임상 척도	1(Hs)	건강 염려증(Hypochondriasis)	32
	2(D)	우울증(Depression)	57
	3(Hy)	히스테리(Hysteria)	60
	4(Pd)	반사회성(Psychopathic Deviate)	50
	5(Mf)	남성성-여성성(Masculinity-Femininity)	56
	6(Pa)	편집증(Paranoia)	40
	7(Pt)	강박증(Psychasthenia)	48
	8(Sc)	조현병(Schizophrenia)	78
	9(Ma)	경조증(Hypomania)	46
	0(Si)	내향성(Social Introversion)	69

구성되어 있다.

(3) MMPI-2-RF

MMPI-2 재구성판(MMPI-2-RF)은 MMPI-2를 최신 성격 및 정신병리 이론에 근거하여 재구성한 검사다. 2008년에 출판된 MMPI-2-RF에서는 MMPI-2의 임상 척도를 빼고 재구성 임상(RC) 척도를 중심으로 하여 다양한 척도로 재구성하였다. RC 척도는 원판 MMPI의 임상 척도가 서로 상관이 높아서 해당 척도의 고유 정신병리를 적절히 측정하지 못한다는 비판을 극복하기 위해 개발되었다. 공통 정신병리 요인으로서 의기소침 요인을 추출하고, 이러한 의기소침 요인과 차별화된 각 해당 임상 척도의 핵심 구성개념을 명확하게 측정하고자 하였다.

벤포래스Ben-Porath와 텔레겐Tellegen(Ben-Porath & Tellegen, 2008/2011)은 MMPI-2와 동일한 규준집단과 문항군집을 사용해서 다양한 분석을 수행하였고, 최종적으로는 51개 척도 338개 문항의 MMPI-2-RF를 개발하였다. 51개 척도에는 9개의 타당도 척도, 9개의 RC 척도, 3개의 상위차원(H-O)Higher-Order 척도, 23개의 특정 문제(SP)Specific Problems 척도, 2개의 흥미 척도, 5개의 성격병리 5요인(PSY-5) 척도가 포함된다. 척도 구성을 MMPI-2와 비교하면, RC 척도는 동일하지만, 2개 타당도 척도[비전형 신체적 반응(Fs), 반응 편향(RBS)], 상위차원 척도, 특정 문제 척도, 흥미 척도가 새로이 추가되었고, 7개 타당도 척도와 PSY-5 척도는 개정되었다. MMPI-2-RF의 척도들을 표 7.2에 제시하였다.

MMPI-2는 총 567문항, 121개 척도로 구성되어 있어 다양하고 포괄적인 영역을 평가할 수 있는 반면, MMPI-2-RF는 총 338문항, 51개 척도로 구성되어 있는 만큼 좀 더 핵심적인 영역에 초점을 맞추고 있다. 결과적으로 MMPI-2는 수검자의 성격 및 정신병리에 대한 좀 더 종합적이고 풍부한 평가가 가능하고, MMPI-2-RF는 좀 더 효율적이고 명료한 해석이 가능하다. 또한 MMPI-2가 임상 척도를 중심으로 전반적인 프로파일의 상승 패턴 및 다양한 척도 조합을 해석하는 반면, MMPI-2-RF는 임상 척도를 포함하고 있지 않으며, 3층의 위계적 해석구조(상위차원 척도 → 재구성 임상 척도 → 특정 문제 척도)에 따라 해석할 수 있다.

(4) MMPI-3

벤포래스와 텔레겐(Ben-Porath & Tellegen, 2020a, 2020b)은 현재의 미국인 모집단을 대표할 수 있는 규준을 마련하고, MMPI-2와 MMPI-2-RF가 평가하지 못하는 부분을 보완하기 위해 MMPI-3을 개발하였다. 이를 위해 MMPI-2-RF 문항군을 개선하고 확장한 MMPI-2-RF-확장형(MMPI-2-RF-EX)을 통해 MMPI-2-RF 척도를 개정하고 새로운 척도들을 도입했다. 이 과정에서 335개 문항, 52개 척도로 구성된 MMPI-3이 만들어졌으며, 영어를 사용하는 미국인 규준과 스페인어를 사용하는 미국인 규준을 구분하여 제시하였다.

MMPI-3은 10개의 타당도 척도, 42개의 주요 척도로 구성되어 있으며, 주요 척도의 경우 MMPI-2-RF와 마찬가지로 위계적 배열의 특징을 가지고 있다. 다시 말해, 가장 광범위한 범위를 측정하는 상위 차원(H-O) 척도, 중간 정도의 범위를 측정하는 재구성 임상(RC) 척도, 가장 좁고 구체적인 범위를 측정하는 특정 문제(SP) 척도로 구성되어 있고, 부적응적 특질을 측정하는 성격병리 5요인(PSY-5) 척도가 포함되어 있다.

척도 구성 면에 있어서, MMPI-2-RF와 비교해 MMPI-3은 타당도 척도에서 반응 비일관성(CRIN) 척도가 새로이 추가되었고, RC3 척도가 빠지면서 특정 문제 척도의 냉소적 태도(CYN)로 대체되었다. 특정 문제 척도에서는 새롭게 추가된 척도들[예: 섭식 문제(EAT), 강박(CMP), 충동성(IMP), 우월감(SFI)]이 있는 반면, 분리[예: 스트레스(ST)와 걱정(WRY)]되거나 삭제된[예: 소화기 증상 호소(GIC), 두통 호소(HPC), 다중 특정 공포(MSF)] 척도들도 있다. 한편 MMPI-2-RF에 있던 흥미 척도 2개는 MMPI-3에서 삭제되었다. 표 7.2에 MMPI-2-RF의 척도와 MMPI-3의 척도를 비교하여 제시하였다.

(5) MMPI-A와 MMPI-A-RF

원판 MMPI는 성인용으로 개발되었지만, 청소년에게도 그대로 사용되어 왔다. 그러나 MMPI의 일부 문항들은 청소년에게 적절하지 않은 내용을 담고 있었고, 청소년기의 고유한 경험을 담은 문항들이 거의 없었다. 또한 MMPI에는 청소년을 위해 특별히 개발된 척도가 없었으며, 추후에 성인용으로 개발된 많은 보충 척도들에 대해서는 청소년의 규준 자료가 거의 존재하지 않았다.

MMPI를 청소년에 적용하는 데 따르는 이러한 문제점들을 해결하기 위하여 MMPI를 대체할 새로운 MMPI-2의 개발과 병행하여 청소년을 위한 별도의 MMPI-A를 개발하였다. MMPI-A는 MMPI-2와 마찬가지로 MMPI의 기본 타당도 척도 및 임상 척도의 틀을 그대로 유지함으로써 MMPI와 연속성을 지닌 검사이지만, 문항과 척도의 측면에서 MMPI와는 다른 특징을 지닌 검사

표 7.2 | MMPI-2-RF와 MMPI-3의 척도 비교

척도 종류	MMPI-2-RF	MMPI-3	척도 명칭
		CRIN	반응 비일관성
	VRIN-r	VRIN	무선반응 비일관성
	TRIN-r	TRIN	고정반응 비일관성
	F-r	F	비전형 반응
타당도 척도	Fp-r	Fp	비전형 정신병리 반응
	Fs	Fs	비전형 신체적 반응
	FBS-r	FBS	증상 타당도
	RBS	RBS	반응 편향
	L-r	L	흔치 않은 도덕적 반응
	K-r	K	적응 타당도
	EID	EID	정서적/내재화 문제
상위차원 척도	THD	THD	사고 문제
	BXD	BXD	행동적/외현화 문제
	RCd	RCd	의기소침
	RC1	RC1	신체증상 호소
	RC2	RC2	낮은 긍정 정서
	RC3		냉소적 태도
재구성 임상 척도	RC4	RC4	반사회적 행동
	RC6	RC6	피해의식
	RC7	RC7	역기능적 부정 정서
	RC8	RC8	기태적 경험
	RC9	RC9	경조증적 상태
특정 문제 척도			
	MLS	MLS	신체적 불편감
	GIC		소화기 증상 호소
	HPC		두통 호소
신체/인지증상	NUC	NUC	신경학적 증상 호소
		EAT	섭식 문제
	COG	COG	인지적 증상 호소

척도 종류	MMPI-2-RF	MMPI-3	척도 명칭
내재화	SUI	SUI	자살/죽음 사고
	HLP	HLP	무력감/무망감
	SFD	SFD	자기 회의
	NFC	NFC	효능감 결여
	STW	STR	스트레스/걱정 → 스트레스
		WRY	스트레스/걱정 → 걱정
		CMP	강박
	AXY	ARX	불안 → 불안 경험
	ANP	ANP	분노 경향성
	BRF	BRF	행동 제약 공포
	MSF		다중 특정 공포
외현화		FML	가족 문제
	JCP	JCP	청소년기 품행 문제
	SUB	SUB	약물 남용
		IMP	충동성
	AGG	AGG	공격 성향
	ACT	ACT	흥분 성향
		CYN	냉소적 태도
대인관계	FML		가족 문제
	IPP	DOM	대인관계 수동성 → 지배성
		SFI	우월성
	SAV	SAV	사회적 회피
	SHY	SHY	수줍음
	DSF	DSF	관계 단절
흥미 척도	AES		심미적–문학적 흥미
	MEC		기계적–신체적 흥미
성격병리 5요인 척도	AGGR-r	AGGR	공격성
	PSYC-r	PSYC	정신증
	DISC-r	DISC	통제 결여
	NEGE-r	NEGE	부정적 정서성/신경증
	INTR-r	INTR	내향성/낮은 긍정적 정서성

이기도 하다. 먼저 문항의 측면에서 청소년에게 부적절한 문항들이 삭제되거나 청소년에게 맞게 수정되었고, 청소년의 독특한 영역을 다루기 위한 새로운 문항들이 추가되었다. 또한 척도와 관련하여 MMPI-A에는 MMPI-2와 마찬가지로 새로운 타당도 척도, 내용 척도, 보충 척도 및 성격병리 5요인 척도가 추가되었는데, 내용 척도와 보충 척도들 중에는 특별히 청소년을 위해 새로이 개발된 척도들이 포함되었다(박영숙 외, 2019). 이와 같은 특징을 지닌 478문항의 MMPI-A가 1992년 개발되었다.

아처 등(Archer et al., 2016)은 MMPI-2-RF의 개발 절차를 따라서 241개 문항의 청소년용 검사 MMPI-A-RF를 개발하였다. 이를 통해 의기소침 공통요인, 중복 문항 등을 제거한 재구성 임상 척도를 새로이 구성하고, 청소년들이 보다 수월하게 검사를 수행하도록 문항 수를 줄일 수 있었다. MMPI-A-RF의 척도는 위계적으로 배열되어 있어 MMPI-2-RF와 상당히 유사하다. 6개 타당도 척도와 42개 주요 척도를 포함하여 총 48개 척도로 구성되어 있고, 주요 척도로는 9개의 재구성 임상(RC) 척도, 3개의 상위 차원 척도, 25개의 특정 문제 척도, 5개의 성격병리 5요인 척도가 있다. MMPI-A는 총 478문항으로 다양하고 포괄적인 영역을 평가할 수 있는 반면, MMPI-A-RF는 총 241문항으로 보다 실시가 간편하고 핵심적인 문제 영역에 초점을 맞출 수 있다.

(6) 한국어판의 개발

한국에서는 1963년에 정범모, 이정균, 진위교가 MMPI를 표준화하였고, 1989년에 한국임상심리학회에 의해서 MMPI가 재표준화되었다. 재표준화는 실제 활용과정에서 드러난 기존 MMPI 문항의 번역상 문제와 사회적·문화적 변화를 반영하지 못하는 오래된 규준의 문제를 해결하기 위한 것이었다. 한국판 MMPI-2의 표준화는 전국 성인 1,352명을 대상으로 김중술 등(2005)에 의해 이루어졌는데, 이후 임상집단 자료와 여러 타당화 자료들이 수집되어 이에 대한 분석 결과들이 포함된 MMPI-2 매뉴얼 개정판(한경희 외, 2011)이 출시되었고, 2008년 미국에서 처음 출판되어 51개 척도 338문항으로 구성된 MMPI-2 재구성판MMPI-2-RF이 한국에는 2011년 한경희, 문경주 등에 의해 소개되었다. 한국판 MMPI-3의 경우 현재 ㈜마음사랑을 통해 표준화 연구가 진행되고 있으며, 2025년 이후 출판 예정이다(참고: https://maumsarang.kr/maum/examine/mmpi_overview.asp). 미국에서 현재 MMPI-2, MMPI-2-RF, MMPI-3이 함께 사용되고 있는 상황인 점을 고려하면 국내에서도 한동안 여러 버전의 MMPI가 공존하게 될 가능성이 있다.

한국판 MMPI-2 표준화와 함께 한국판 MMPI-A의 표준화도 2005년 김중술 등에 의해 이루어졌다. MMPI-A를 최신 정신병리 이론에 근거하여 재구성한 한국판 MMPI-A-RF는 한경희 등에 의해 2018년에 출판되었으며, MMPI-A와 MMPI-A-RF 모두 만 13~18세의 청소년을(미국의 경우는 14~18세) 대상으로 하고 있다.

Box 7.1   MMPI-2와 MMPI-2-RF의 비교

미국에서 1989년(한국판 2005년)에 개발된 MMPI-2는 성인의 성격 및 정신병리를 평가하는 도구 중 가장 널리 사용되고 가장 많은 연구가 이루어진 검사이다. 한편 MMPI-2-RF는 MMPI-2를 최신 성격 및 정신병리 이론에 근거하여 재구성한 검사로 좀 더 최근인 2008년(한국판 2011년)에 개발되었다. MMPI-2는 임상척도를 중심으로 전반적인 프로파일의 상승 패턴 및 다양한 척도 조합을 해석하는 반면, MMPI-2-RF는 임상척도를 포함하고 있지 않으며, 3층의 위계적 해석구조(상위차원 척도〉재구성 임상척도〉특정문제 척도)에 따라 해석을 할 수 있다. 아울러 MMPI-2는 총 567문항, 121개 척도를 포함하고 있어 다양하고 포괄적인 영역을 평가할 수 있는 반면, MMPI-2-RF는 총 338문항, 50개 척도로 구성되어 있는 만큼 좀 더 핵심적인 영역에 초점을 맞추고 있다. 결과적으로 MMPI-2는 수검자의 성격 및 정신병리에 대한 좀 더 종합적이고 풍부한 평가가 가능하고, MMPI-2-RF는 좀 더 효율적이고 명료한 해석이 가능하다. 한편 청소년용인 MMPI-A를 최신의 정신병리 이론에 근거하여 재구성한 MMPI-A-RF가 미국에서는 2016년, 한국에서는 2018년에 출판되었다. MMPI-A는 총 478문항으로 다양하고 포괄적인 영역을 평가할 수 있는 반면, MMPI-A-RF는 총 241문항으로 보다 핵심적인 영역에 초점을 맞추고 있다(참고: http://www.maumsarang.kr/maum_examine/mmpi_overview.asp).

---

(7) 척도 점수의 해석

여러 버전의 MMPI 척도들은 척도 간 비교를 위해서 T점수를 사용한다. 그림 7.1에서 보는 바와 같이 T점수는 각 척도의 원점수를 평균 50, 표준편차 10으로 변환시킨 것이다. 검사 개발의 목적이 정신장애의 진단이었기 때문에 처음부터 진단을 위한 높은 점수에 관심이 있었고, 따라서 평균에서 상위 2 표준편차인 70을 임상적으로 의미 있는 점수라고 대개 간주한다. 예를 들어 우울증 척도에서 70 이상의 점수를 받았다고 한다면, 100명 중 2~3명만이 받는 높은 점수에 해당하기 때문에 진단적으로 우울증을 고려할 수 있다. 다만 MMPI-2, MMPI-2-RF, MMPI-3에서는 의미 있게 높은 점수의 기준을 다소 내려 T점수 65로 제시하고 있다. T점수 35 내외의 낮은 척도 점수도 중요한 임상적 정보를 제공해 주는 경우가 있으므로 해석할 때 주목할 필요가 있으나, 높은 점수에 비해 낮은 점수의 의미와 관련된 정보 및 해석의 신뢰성은 상대적으로 제한되어 있기 때문에 낮은 점수에 대한 해석은 매우 신중하게 해야 한다.

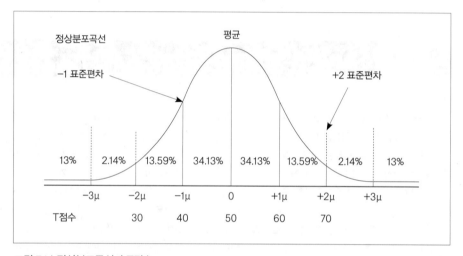

그림 7.1 | 정상분포곡선과 T점수

여러 버전의 MMPI는 정신병리 평가용으로 개발되었기 때문에 해석에 주의가 요구되고, 해석의 난이도도 높은 검사이다. 단순히 높은 척도의 특징을 매뉴얼 내용에 기초하여 해석한다면 선무당 사람 잡는 상황이 벌어질 수도 있다. MMPI-2의 방대한 정보들을 이해하고 활용하려면 임상심리전문가에 의한 체계적 해석 훈련이 꼭 필요하며, 수검자에 대한 풍부한 가설을 제공하는 한 가지 도구로서 MMPI-2를 활용하려는 태도가 바람직하다. 따라서 면담, 검사행동 및 다른 검사 결과들을 통합적으로 검토하는 노력이 필요하다.

MMPI-2를 해석할 때 우선적으로는 타당도 척도를 통해 검사 결과의 타당성을 확인하고 높은 임상 척도에 주목하지만, 가장 높은 점수의 2개 척도로 해석하는 2 코드 해석도 많은 정보를 전달하는 중요한 해석방식이다. 내용 척도, 보충 척도, 성격병리 5요인 척도, 결정적 문항 등을 검토한 후 전체 프로파일을 가지고 형태 분석을 시도할 수 있다. MMPI-2-RF 해석의 경우, 우선 타당도 척도를 검토하는 것은 MMPI-2와 동일하지만, 이후 해석은 여섯 가지 영역으로 구분하여 각 영역에 해당하는 주요 척도들을 살펴보는 방식으로 달라진다. 여섯 가지 영역은 (a) 신체/인지 영역, (b) 정서 영역, (c) 사고 영역, (d) 행동 영역, (e) 대인관계 영역, (f) 흥미 영역이며, 특히 정서, 사고, 행동 영역의 경우 각 영역 특징과 관련된 상위차원 척도, 재구성 임상 척도, 특정 문제 척도, 성격병리 5요인 척도를 위계적 순서에 따라 광범한 정보를 제공하는 척도에서부터 협소한 정보를 제공하는 척도로 해석해 들어간다. MMPI-3 해석의 경우, 흥미 영역이 삭제되어 나머지 다섯 가지 영역에 대해 위계적으로 해석하는 방식이어서 MMPI-2-RF와 거의 유사한 해석 전략을 사용하고 있다.

MMPI-A와 MMPI-A-RF의 해석은 각각 MMPI-2와 MMPI-2-RF의 해석 전략과 유사하게 이루어진다. 다만 MMPI-A-RF는 임상적으로 유의한 척도 상승을 60점 이상으로 낮추어 제시하였는데, 분할점을 낮춤으로써 부정 오류(문제가 실제로 있을 때 문제가 존재하지 않는다고 판정하는 오류)는 감소하고 문제와 증상을 탐지하는 능력은 향상된 반면, 긍정 오류(실제로는 문제가 없음에도 문제가 존재한다고 판정하는 오류)가 증가하는 문제점이 나타나서 적절한 분할점에 대한 향후 연구가 필요한 상황이다. 해석과 관련된 자세한 내용은 MMPI의 경우 김중술(1996)을, MMPI-2의 경우 이훈진 등(2007)과 유성진 등(2020)을, MMPI-3을 포함하여 여러 버전의 MMPI를 함께 공부하고 싶다면 문혜신 등(2023)을 참고하길 바란다.

여러 버전의 MMPI는 다른 심리검사들에 비해 비교적 쉽게 실시하여 검사 결과를 확인할 수 있는 장점이 있지만, 정신장애 진단을 목적으로 개발된 검사이므로 반드시 적절한 훈련과 경험을 갖춘 전문가가 사용하여야 한다. 따라서 적절한 해석을 위해서는 인간의 심리, 정신병리 및 심리측정에 대한 전문적인 지식을 갖추어야 하며 검사를 윤리적으로 사용하려는 태도가 반드시 필요하다.

PAI

(1) PAI의 개발과 구성

성격평가질문지(PAI)Personality Assessment Inventory는 모리(Morey, 1991)가 제작한 성인용 성격검사로서 임상 장면에서 환자나 내담자의 성격과 정신병리를 평가하기 위한 목적으로 만들어졌다. 한국에서는 김영환 등(2001)이 표준화하였고, 김영환 등(2019)에 의해 재표준화되어 성격평가질문지 증보판으로 출판되었다. 4개 타당성 척도, 11개 임상 척도, 5개 치료고려 척도, 2개 대인관계 척도를 포함하여 총 22개 척도 344문항으로 구성되어 있다. 이 중 10개 척도는 해석을 용이하게 하고 복잡한 임상적 구성개념을 포괄하기 위해 3개 정도의 하위척도를 포함하고 있다. 이 검사의 반응 양식은 각 문항에 대해 "전혀 그렇지 않다", "약간 그렇다", "중간이다", "매우 그렇다" 중 하나를 선택하는 4지 선다형이다. PAI의 척도 구성 및 척도에 대한 간략한 설명은 표 7.3에 제시하였다.

표 7.3 | PAI의 척도 구성과 설명

	척도명	문항수	척도 설명
타당도 척도	비일관성(ICN)	10	수검자가 얼마나 일관성 있는 반응을 했는지를 나타냄
	저빈도(INF)	8	대부분의 사람들과 다른 방식으로 반응하는 경향을 측정함. 무선반응, 부주의, 무관심, 정신적 혼란이나 독해력 결함 등의 문제를 시사함
	부정적 인상(NIM)	9	일부러 불편함이나 문제가 있는 것처럼 보이려는 경향을 측정함
	긍정적 인상(PIM)	9	바람직한 인상을 주려고 하는 경향을 측정함
임상척도	신체적 호소(SOM)	24	전환(SOM-C), 신체화(SOM-S), 건강염려(SOM-H)로 구성되어 있으며, 신체적 기능 및 건강관련 문제에 대한 관심을 측정함
	불안(ANX)	24	인지적(ANX-C), 정서적(ANX-A), 생리적(ANX-P) 불안으로 구성되어 있으며, 불안을 경험할 때 공통적으로 나타나는 임상 특징을 측정함
	불안관련장애(ARD)	24	강박증(ARD-O), 공포증(ARD-P), 외상적스트레스(ARD-T)로 구성되어 있으며, 불안장애와 관련된 세 가지 상이한 증후군의 임상 특징을 측정함
	우울(DEP)	24	인지적(DEP-C), 정서적(DEP-A), 생리적(DEP-P) 우울로 구성되어 있으며, 우울장애에서 나타나는 다양한 임상 특징을 측정함
	조증(MAN)	24	활동수준(MAN-A), 과대성(MAN-G), 초조성(MAN-I)으로 구성되어 있으며, 고양된 기분, 과대성, 활동수준 증가, 초조성, 참을성 부족 등과 같은 다양한 특징을 측정함

	척 도 명	문항수	척도 설명
임상척도	망상(PAR)	24	과경계(PAR-H), 피해의식(PAR-P), 원한(PAR-R)으로 구성되어 있으며, 주변환경의 잠재적 위험에 대한 지나친 경계, 원한을 품는 경향, 타인으로부터 부당한 대우를 받는다는 생각 등을 측정함
	조현병(SCZ)	24	정신병적 위험(SCZ-P), 사회적위축(SCZ-S), 사고장애(SCZ-T)로 구성되어 있으며, 기이한 신념과 지각, 사회적 효율의 저하, 사회적 무쾌감, 주의집중력 결핍 및 연상과정의 비효율성 등의 내용을 측정함
	경계선적 특징(BOR)	24	정서적 불안정(BOR-A), 정체성 문제(BOR-I), 부정적 관계(BOR-N), 자기손상(BOR-S)으로 구성되어 있으며, 감정통제 어려움, 강렬하고 투쟁적인 대인관계, 정체감 혼란, 자기파괴적인 충동적 행동 등을 측정함
	반사회적 특징(ANT)	24	반사회적행동(ANT-A), 자기중심성(ANT-E), 자극추구(ANT-S)로 구성되어 있으며, 자기중심성, 공감능력 및 자책감 부족, 무모한 모험심, 흥분과 자극추구 성향 등 반사회적 태도 및 행동을 측정함
	음주문제(ALC)	12	알코올 사용, 남용, 의존과 관련된 행동과 그 결과를 평가함
	약물사용(DRG)	12	약물 사용, 남용, 의존과 관련된 행동과 그 결과를 평가함
치료고려 척도	공격성(AGG)	18	공격적태도(AGG-A), 언어적공격(AGG-V), 신체적공격(AGG-P)으로 구성되어 있으며, 분노, 공격성, 적개심과 관련된 태도와 행동 특징을 측정함
	자살관념(SUI)	12	죽음이나 자살과 관련된 사고를 평가함
	스트레스(STR)	8	현재 혹은 최근에 경험한 생활 스트레스를 평가함
	비지지(NON)	8	친지, 친구 및 가족 등과의 상호작용에서 지각된 사회적 지지의 부족 정도를 측정함
	치료거부(RXR)	8	심리적, 정서적 변화에 대한 개인적 관심과 동기, 적극적으로 치료에 참여하려는 의지 등을 평가함
대인관계 척도	지배성(DOM)	12	지배와 복종의 양 차원에서 나타나는 특징을 측정함. 점수가 높을수록 대인관계에서 독립성, 주장성, 통제성을 나타냄
	온정성(WRM)	12	온정과 냉담의 양 차원에서 나타나는 특징을 측정함. 점수가 높을수록 대인관계에서 사교적이고 공감적임을 시사함

PAI는 원래 18세 이상의 성인을 대상으로 임상적 문제를 평가하기 위해 개발되었으나, 청소년의 성격과 적응적 문제 및 정신병리를 평가할 필요성이 대두되면서 2007년 모리에 의해 청소년 성격평가질문지가 개발되었다. 한국에서는 2007년 이전에 PAI를 토대로 한 한국판 PAI-A를 만들어 사용하다가, 모리의 PAI-A를 번안 및 표준화한 PAI-A 증보판(황순택 등, 2019)이 출판되었다. 청소년용은 중고등학생을 대상으로 하고 있다.

(2) PAI의 특징과 활용

PAI의 특징을 장단점을 중심으로 살펴보면 첫째, MMPI가 "예-아니요"의 이분법적 반응양식인 반면, PAI는 4점 평정척도로 이루어져 있어 장애의 정도나 주관적 불편감의 수준을 정확하게 측정하고 평가할 수 있다. 둘째, PAI의 대부분 척도들은 3~4개의 하위척도로 구성되어 있어 척도의 점수가 상승되어 있을 때 하위척도의 상대적 상승을 통해 보다 정확한 해석을 할 수 있다.

셋째, PAI는 DSM의 진단분류체계를 따르고 있어 척도명이 DSM의 진단명과 상당 부분 일치한다는 장점이 있다. 그러나 DSM의 주요 진단 중 일부만을 포함하고 있을 뿐만 아니라 두 가지 성격장애(경계선 성격과 반사회적 성격)만 평가하고 있다는 지적도 받고 있다. 물론 DSM의 주요 진단을 모두 포함하여 평가할 수 있는 검사는 아직까지 존재하지 않으므로 PAI만의 단점이라고 하기는 어렵다.

한편 음주문제(ALC) 척도와 약물사용(DRG) 척도의 해석적 유용성은 평가 맥락에 따라서 한계가 있을 수 있는데, 문항의 내용이 알코올이나 약물을 사용하는 행동과 그 결과에 대해 직접적으로 질문하고 있어서 인상 관리를 위해 이를 부인하거나 과소 보고할 가능성이 높기 때문이다. 또한 비자발적으로 평가에 응하는 청소년 같은 경우 면담에서 음주를 하지 않는다고 보고해 놓고도 역채점 문항에 대한 부주의한 응답으로 실제 ALC 척도의 점수가 높게 나타나는 경우도 있다.

넷째, PAI는 MMPI와 유사하게 타당도를 볼 수 있는 척도와 임상 척도를 포함하고 있어 수검태도에 대한 평가에 이어 다양한 정신병리적 특징을 평가할 수 있도록 되어 있을 뿐만 아니라 환자의 치료 동기, 치료적 변화 및 치료 결과에 민감한 치료고려 척도, 지배와 복종(지배성) 그리고 애정과 냉담(온정성)이라는 두 가지 차원으로 개념화하는 대인관계 척도를 포함하고 있어 정신병리적 증상 외에 다양한 정보들을 확인할 수 있다는 장점이 있다. 그러나 실제 임상적 활용을 위한 다양한 연구는 MMPI에 비해 부족한 편이고 MMPI와 해석적 정보가 중복되는 특징으로 인해 정신과적 장면에서의 활용도는 상대적으로 높지 않다. 국내에서는 PAI가 청소년 비행 재범 예측이나 범죄피해 평가 등에 활용되고 있어 정신과적 영역보다는 범죄 심리 영역에서 상대적으로 많이 사용되고 있다.

PAI에서 척도 점수는 MMPI와 마찬가지로 T점수를 사용하며, T점수가 50 이상이면 표준화 표본의 평균보다 높다는 것을 의미한다. 임상집단이 아닌 일반표본의 경우 대부분의 척도에서 수검자의 약 84%는 T점수가 60 이하이고 98%는 T점수가 70 이하에 해당한다. 그러므로 T점수가 70 이상이면 일반인의 전형적인 반응과는 상당히 다르다는 것을 의미한다.

NEO-PI-R

성격을 특성으로 설명하고자 하는 학자들은 기본적인 성격 특성을 몇 개의 요인으로 보는 것이 타당한지 오랜 시간 연구하며 논쟁해 왔으나 기본적인 성격 요인을 5개로 보는 것이 타당하다는 연구 결과와 주장이 쌓이면서 많은 성격심리학자들은 5요인 모델Five Factor Model, FFM(Goldberg, 1993)을 받아들이게 되었고, 성격의 5요인 모델이 가정하는 다섯 개의 성격 요인을 측정하고자 NEO 성격검사 개정판(NEO-PI-R)NEO Personality Inventory-Revised이 개발되었다(Costa & McCrae, 1992). 그림 7.2에서 보듯이, 이들 요인은 신경증Neuroticism, 외향성Extraversion, 개방성Openness to experience, 친화성Agreeableness, 성실성Conscientiousness으로 구성되어 있다. 이 검사는 개인 반응의 타당도를 확인하기 위한 세 개의 문항을 포함하여 다섯 개의 요인과 각 요인 별로 여섯 개의 하위 요인 그리고 하위 요인별 8개 문항으로 구성되어 총 243개 문항으로 이루어져 있다. NEO-PI-R에서 측정하는 5개 성격 요인과 각 요인별 6개 하위 요인에 대한 소개 및 간략한 설명은 표 7.4에 제시하였다.

1985년 개발된 NEO 성격검사 원판은 이름에서 유추할 수 있듯이, 5요인 중 3개 요인, 즉 신경증(N), 외향성(E), 개방성(O)만을 측정하였으나, 1992년 개정판에서는 5개 요인 모두를 측정하고 각 요인별 하위 요인들도 포함하여 평가하고 있다. NEO-PI-R은 구성타당도를 강조하면서 합리적-경험적 검사개발 전략을 사용하였는데, 각 성격 요인에 대한 정의와 분석을 통해 그 성격 특성을 측정할 수 있는 다양한 문항들을 구성한 후, 요인분석을 포함하여 통계적으로

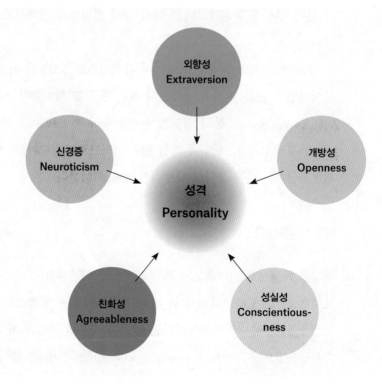

그림 7.2 | 성격의 5요인 모델

표 7.4 | NEO-PI-R에서 측정하는 성격 요인 및 하위 요인

요인	하위 요인	요인 설명
신경증	불안, 적대감, 우울, 자의식, 충동성, 취약성	대부분 상황에서 우울, 불안, 분노를 느끼는 성향
외향성	온정, 사교성, 주장성, 활동성, 자극추구, 긍정적 정서	자기주장적이고 활동적이며 다른 사람들과 어울리는 것을 선호하는 성향
개방성	상상, 심미성, 감정개방성, 행동개방성, 사고개방성, 가치개방성	내외적 경험에 대해 호기심이 많고 수용적이며 상상력이 풍부한 성향
친화성	신뢰성, 솔직성, 이타성, 순응, 겸손, 동정	타인에 대해 긍정적이고 공감적이며 협조적으로 행동하는 성향
성실성	유능감, 정연성, 충실성, 성취갈망, 자기규제, 신중성	목표를 추구함에 있어 꾸준하고 끈기 있는 성향

신뢰도와 타당도가 확보된 문항만 최종 선정하였다.

이 검사는 정상 성인의 성격을 측정하기 위해 개발되었지만, 정신장애의 진단, 심리치료의 경과 예측, 내담자에게 적합한 치료 유형 선택 등에도 사용할 수 있다. 다만 임상적 활용을 위한 연구가 아직 충분히 이루어지지 못한 한계가 있다.

한국에서는 이승은(1993)과 이인혜(1997)가 NEO-PI-R의 신뢰도와 타당도를 연구하였고, 안창규와 채준호(1997)가 표준화한 바 있으며, NEO-PI-R을 아동과 청소년 대상으로 각각 NEO 아동성격검사와 NEO 청소년성격검사로 만들어 표준화하기도 하였다(안현희, 김동일, 안창규, 2007).

16 PF

16 성격 요인검사(16PF)16 Personality Factor Questionnaire를 개발한 레이먼드 카텔Raymond Cattell은 측정과 성격연구 분야에서 큰 업적을 남긴 선구자였다. 그는 요인분석을 통해 성격의 기본 차원으로 16개의 성격 요인을 도출하여 검사로 제작하였는데, 1949년 처음 제작한 이후 1995년에 이르기까지 5번의 개정판을 내놓은 바 있다.

카텔(1957)에 따르면 특정 상황에서 한 개인의 행동을 예언하는 총체적 특징이 성격이므로 외현적 행동으로 관찰되는 개인의 특성은 표면특성일 뿐 개인 행동에 대한 충분한 설명개념이 되지는 못한다. 반면 표면특성의 배후에는 상황과 독립적으로 일관되게 행동에 작동하는 근원특성이 내재해 있다. 표면특성의 공통요인이 되는 근원특성을 확인하기 위해 카텔은 요인분석을 통해 16 PF를 개발하였다.

한국판 16 PF는 염태호와 김정규(1990)에 의해 성격 요인검사라는 이름으로 표준화되었다가 2003년 다요인 인성검사라는 이름으로 개정되었다. 1990년도 개발된 한국판 16 PF는 16개의 일차 척도와 4개의 이차 척도 그리고 2개의 특수 척도(타당도 척도)로 구성되었으나, 2003년 개정판에서는 14개의 일차 척도와 2개의 특수 척도로 재편되었다. 다요인 인성검사의 척도와 요인 특징을 표 7.5에 제시하였다.

척도의 해석은 1에서 10까지의 범위로 환산되는 표준점수 스텐Standard TEN,

표 7.5 | 다요인 인성검사(16 PF)의 척도 및 요인 특징

일차 척도	요인명	낮은 점수	높은 점수
척도 1	A	냉정성(coolness)	온정성(warmth)
척도 2	C	약한 자아강도(unstableness)	강한 자아강도(stableness)
척도 3	E	복종성(submissiveness)	지배성(dominance)
척도 4	F	신중성(desurgency)	정열성(surgency)
척도 5	G	약한 도덕성(low superego)	강한 도덕성(high superego)
척도 6	H	소심성(shyness)	대담성(boldness)
척도 7	I	둔감성(tough-mindedness)	예민성(tender-mindedness)
척도 8	M	실제성(praxernia)	공상성(autia)
척도 9	N	순진성(naivete)	실리성(shrewdness)
척도 10	O	편안감(untroubled-adequacy)	자책감(guilt-proneness)
척도 11	Q1	보수성(conservatism)	진보성(liberalism)
척도 12	Q2	집단 의존성(group-dependency)	자기결정성(self-sufficiency)
척도 13	Q3	약한 통제력(self-conflict)	강한 통제력(self-control)
척도 14	Q4	이완감(relaxation)	불안감(tension, anxiety)
특수 척도			
동기왜곡 척도	MD	솔직하게 대답함	잘 보이려는 의도로 대답함
무작위 척도	RANDOM	진지하게 대답함	아무렇게나 대답함

STEN에 따라 이루어지는데, 5점과 6점은 평균 점수이므로 해석하지 않고, 4점과 7점은 다소 높은 점수로 해당 척도의 경향성이 있다는 정도의 해석이 가능하지만 해석 보류가 제안되며, 3점과 8점은 높은 점수로, 1점과 2점 및 9점과 10점은 아주 높은 점수로 해석된다.

일부 척도의 신뢰도와 규준 적합성에 대한 비판이 있었지만(Anastasi, 1988), 16 PF는 정상 성격을 평가하는 유용한 측정 도구 중 하나로 인정받고 있다. 16 PF의 장점은 인간에게서 관찰할 수 있는 대부분의 성격 범주를 포함하고 있어

서 일반인의 성격 평가와 이해에 적합할 뿐만 아니라 임상 장면에서 환자 증상의 근본 특징을 파악하는 데에도 활용할 수 있다는 점일 것이다. 다만 이 검사는 임상 평가에서보다는 상담 장면에서 자주 사용되는 것으로 알려져 있다.

TCI

기질 및 성격검사(TCI) The Temperament and Character Inventory 는 클로닝거 Cloninger 의 심리생물학적 인성모델에 기초하여 개발되었다. 클로닝거(1986, 1987)는 그레이 Gray 의 행동 활성화 및 행동억제 체계 이론에 행동 유지 체계를 설명하는 셰브링 Sjöbring (1973)의 이론을 통합하여 그 당시 요인분석에 기초하여 개발된 아이젱크 Eysenck 의 모델이나 성격의 5요인 모델과는 구분되는 인성 모델을 제시하였다.

이 모델에서 기질 temperament 과 성격 character 은 인성 personality 을 구성하는 두 가지 큰 구조이다. 기질은 자극에 대해 자동적으로 일어나는 정서적 반응성향을 의미한다. 기질은 체형이나 눈동자 색깔처럼 다분히 유전적으로 타고난 것으로서, 일생동안 비교적 안정적인 속성을 보인다. 따라서 기질은 인성발달의 원재료이며 기본틀이 된다.

성격은 개인이 추구하는 목표 및 가치에서의 개인차와 관련된다. 성격은 기질과 환경의 상호작용 속에서 형성되는 것으로서 일생 동안 지속적으로 발달한다. 또한 기질에 의한 자동적인 정서반응을 조절하는 역할을 할 수 있다.

TCI는 기존의 다른 성격검사들이 기질과 성격을 구분하지 못하는 한계를 극복하여 인성발달에 미치는 선천적 기질의 영향과 후천적 성격의 영향을 구분하여 평가할 수 있도록 개발된 검사로서, 4가지 기질 차원과 3가지 성격 차원으로 구성되어 있다. 또한 7가지 기질 및 성격 차원들은 각각의 하위 차원들을 포함하고 있다. 이러한 7가지 차원들은 서로 상호작용하면서 한 개인이 환경에 적응하는 삶의 고유한 방식을 결정하는 것으로 볼 수 있다. 4가지 기질 차원으로는 자극추구(NS), 위험회피(HA), 사회적 민감성(RD), 인내력(P)이 있고, 3가지 성격 차원으로는 자율성(SD), 연대감(C), 자기초월(ST)이 있다. 표 7.6에 TCI의 기질 및 성격 차원에 대한 간략한 설명을 제시하였다.

한국에서는 오현숙과 민병배(2004)가 JTCI 12-18을, 민병배·오현숙과 이

표 7.6 | TCI의 기질 및 성격 차원에 대한 설명

기질 차원	자극추구(NS) novelty seeking	새롭거나 신기한 자극, 잠재적인 보상 단서에 끌리면서 행동이 활성화되는 유전적 경향성
	위험회피(HA) harm avoidance	위험하거나 혐오스러운 자극에 대해 행동이 억제되고 위축되는 유전적 경향성
	사회적 민감성(RD) reward dependence	사회적인 보상 신호에 의해서 이전의 보상 또는 처벌 감소와 연합되었던 행동이 유지되는 유전적 경향성
	인내력(P) persistence	지속적인 강화 없이도 한 번 보상된 행동을 일정 시간 동안 꾸준히 지속하려는 유전적 경향성
성격 차원	자율성(SD) self-directedness	자신이 선택한 목표와 가치를 이루기 위하여 자신의 행동을 통제, 조절, 적응하는 능력
	연대감(C) cooperativeness	타인에 대한 수용 능력 및 타인과의 동일시 능력에서의 개인차
	자기초월(ST) self-transcendence	우주 만물과 자연을 수용하고 동일시하며 이들과 일체감을 느끼는 능력에서의 개인차

주영(2007)이 JTCI 3-6, JTCI 7-11, TCI-RS를 한국 문화에 맞게 표준화하였다. 연령대에 따라 유아용(JTCI 3-6), 아동용(JTCI 7-11), 청소년용(JTCI 12-18), 성인용(TCI-RS)의 총 4개 버전으로 구분한다. 기본적으로 TCI의 모든 버전은 동일한 성격 및 기질 구조를 가지고 있고 실시, 채점 및 해석 기준도 동일하다. 다만 검사 실시에서 유아용과 아동용은 양육자가 보고하는 형식이며, 청소년용과 성인용은 자기보고 형식이라는 차이가 있다.

　　TCI의 활용을 통해 우리가 생각해 볼 수 있는 시사점은 기질은 일생 동안 안정적인 속성이므로 수용하는 것이 바람직한 반면, 성격은 일생 동안 지속적으로 변화 가능하므로 인성발달을 위해 노력해야 한다는 것이다. 또한 성격이 잘 발달하고 성숙할수록 개인의 기질적 반응특성은 잘 조절되어 표현되므로 기질과 성격의 적절한 통합적 발달이 중요하며, 인성발달을 위해 기질과 성격의 역할과 영향력을 잘 구분할 줄 아는 것도 중요하다. TCI는 기질과 성격을 구분하여 다양한 정보들을 도출할 수 있어 상담 장면이나 교육적 측면에서 많이 사용되고 있다.

지금까지 객관형 성격검사에 대해 살펴본 내용을 간략히 정리하면 다음과 같다. 다면적 인성검사(MMPI)는 계속해서 개정되어 최근에는 MMPI-3까지 출판되었으며 대표적인 객관형 성격검사로서 인정받고 있다. 성인용과 청소년용으로 구분하여 사용된다. 성격평가질문지(PAI)는 임상 장면뿐 아니라 범죄 심리 영역에서 특히 많이 사용되고 있으며, 국내에서는 성인용과 청소년용의 증보판이 출판되어 사용되고 있다. NEO 성격검사 개정판(NEO-PI-R)은 성격의 5요인 모델을 토대로 신경증, 외향성, 개방성, 친화성, 성실성 요인으로 구성되었고, 정상 성인의 성격을 측정하기 위해 개발되었다. 16 성격 요인검사(16PF)는 성격의 기본 차원으로 16개의 성격 요인을 도출하여 개발된 검사로, 정상 성격을 평가하는 유용한 측정 도구 중 하나이다. 기질 및 성격검사(TCI)는 기질과 성격을 구분하여 측정하게 되어 있다. 4가지 기질 차원과 3가지 성격 차원으로 구성되어 있으며, 연령에 따라 총 4가지 버전으로 구분된다.

투사형 성격검사

투사형 성격검사의 본격적인 시작을 꼽고자 할 때 우선 떠오르는 것은 1921년 개발된 로르샤하검사이지만, 로르샤하검사가 처음부터 투사형 검사로 개발된 것은 아니라는 점에서 시작의 자리는 1935년 개발된 주제통각검사로 넘어가게 된다. 사실은 프랭크Frank의 투사적 방법에 대한 1939년 논문이 '투사형projective' 이라는 용어가 널리 사용되는 계기가 되었다고 말할 수 있다. 투사형 성격검사는 특정한 반응을 끌어내거나 요구하지 않는 상황에서 나타나는 개인의 독특한 성격 특징을 찾아내는 방법이라고 할 수 있다. 따라서 투사형 성격검사는 비구조화되고 모호한 자극으로 구성되어 있고, 검사 지시문도 수검자가 자유롭게 반응할 수 있도록 주어야 하는 특징을 지니고 있다. 여기에서는 투사형 성격검사 중 임상 장면에서 주로 많이 사용되고 있는 네 가지 검사, 즉 로르샤하검사, 주제통각검사, 문장완성검사, 투사적 그림검사를 중심으로 살펴본다.

로르샤하검사

(1) 검사의 개발과 발전

로르샤하검사는 스위스의 정신과의사 헤르만 로르샤하Herman Rorschach에 의해 1921년에 소개되었다. 조현병 환자의 왜곡된 지각적 특징을 탐지하는 진단적 목적을 가지고 개발되었고, 개인의 지각적·인지적 반응양식을 통해 성격에 대한 정보를 얻을 수 있는 도구로 간주되었으나, 개발 당시에는 개인 내면의 무의식적 역동을 알 수 있는 투사형 성격검사로서의 역할이나 기능에 대한 가정은 없었다. 투사 가설을 적용하여 대표적인 투사형 검사가 된 것은 1930년대 중후반 이후이다. 로르샤하는 검사 개발 이듬해 37세라는 젊은 나이에 갑자기 사망하였고, 로르샤하검사의 발전은 스위스가 아닌 미국에서 이루어졌다.

로르샤하검사는 벡Beck, 헤르츠Hertz, 클로퍼Klopfer, 표트로프스키Piotrowski, 라파포트Rapaport와 샤퍼Schafer 등에 의해서 더욱 체계화되고 이론적인 진보를 하게 되었으나, 불행하게도 각 체계들은 검사의 실시·채점·해석에서 서로 달랐고, 이러한 차이로 인해 연구 결과의 해석과 일반화에 제한이 있을 수밖에 없었다. 1972년 엑스너Exner와 엑스너Exner의 전문가 설문연구에서는 22%의 전문가가 공식적으로 채점을 하지 않는다고 했고, 75%는 자신만의 절충적인 방식으로 채점하고 있다고 답변하였다. 이처럼 로르샤하검사라는 도구만 같을 뿐 서로 다른 방식으로 사용하는 상황에서 검사의 신뢰도와 타당도에 대한 비판은 어쩌면 당연했다.

이러한 혼란을 해결하기 위하여 오랜 기간 통합의 노력을 해 온 엑스너에 의해 1974년 로르샤하 종합체계Rorschach comprehensive system가 탄생하였다. 엑스너는 이전의 주요 5개 접근에서 경험적으로 지지된 채점방식이나 해석방식을 선택적으로 통합하였고, 채점의 신뢰도와 해석의 타당성을 높이는 작업을 하였다. 엑스너의 로르샤하 종합체계는 2003년까지 네 번의 개정이 이루어졌고, 2006년에 엑스너가 사망한 이후에도 일정 기간 대부분의 로르샤하 연구와 대학원 정규 교과목 및 임상 현장에서 사용되었다. 그러나 기존 종합체계의 문제, 즉 규준의 대표성과 정확성 문제, 수검자 반응수가 너무 적거나 많은 변동성의 문제, 채점자 간 신뢰도나 해석적 타당도가 낮은 일부 변인의 문제 등을 지적하며 이를 개선하기 위한 여러 연구와 시도가 나타났다.

결과적으로 마이어 등(Meyer et al., 2011)에 의해 로르샤하 수행평가체계 (R-PAS)Rorschach Performance Assessment System가 개발되었다. R-PAS는 보다 정확하고 정교한 규준을 마련하였고, 실시 절차에서 각 카드별로 2~3개의 반응을 하도록 지시함으로써 반응수의 편차를 줄여 최적화된 반응 수를 확보할 수 있게 하였으며, 채점 기호화 체계를 정비하였고, 원점수뿐 아니라 표준점수와 백분위를 사용하여 변인 간 비교와 변인의 해석을 용이하게 하였다. 또한 종합체계의 구조 요약에서 7개 군집으로 구성하여 해석하던 것을 수검 행동 및 관찰 내용을 포함한 5개 영역으로 재구성하여 해석과 연계하였고, 새로운 척도를 추가하거나 기존 지표를 수정하였으며, 경험적 지지의 강도에 따라 페이지 1변인과 2변인을 구분하였다.

현재 R-PAS 매뉴얼은 2023년 기준 10쇄가 출판되었고, 공식적인 사용 국가는 59개국 정도이다(우상우, 2024). 전 세계적으로는 Exner의 종합체계에서 R-PAS로 전환되어 가는 추세이지만, 국내에는 아직 R-PAS 매뉴얼 한국어 번역판이 출간되지 않은 상태이며, 실제 국내 임상 현장에서는 대부분 종합체계를 중심으로 하여 사용하고 있다. 그러므로 국내에서 R-PAS로 본격 전환하기 위해서는 국내 학계와 현장에서 도입 필요성과 효용성에 대한 논의와 수용의 시간이 필요해 보이며, 일부 문화적 차이를 보이는 변인들에 대해서는 체계적 연구를 통해 국내 규준을 마련하는 등의 과정이 뒷받침될 필요가 있다. 따라서 다음에 제시되는 로르샤하검사의 실시, 채점 및 해석에 대한 설명은 현재 국내에서 주로 활용되고 있는 로르샤하 종합체계를 토대로 하였다.

(2) 검사의 실시

로르샤하검사는 데칼코마니 형태의 대칭구조로 된 10장의 잉크반점 카드를 사용하는데, 이 중 5장은 무채색으로 되어 있고, 2장은 검정색과 적색이 혼합되어 있으며, 3장은 여러 가지 색채가 혼합되어 있다. 그림 7.3에 로르샤하검사와 유사한 데칼코마니 무늬들을 예시하였다.

실시절차는 반응 단계와 질문 단계로 나뉘는데, 처음 반응 단계에서는 각

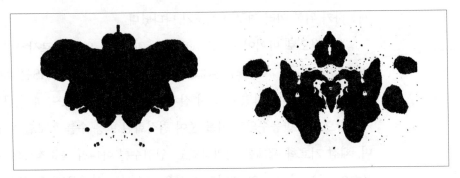

그림 7.3 | 로르샤하검사와 유사한 데칼코마니 무늬

카드를 차례대로 한 장씩 보면서 무엇처럼 보이는지를 수검자가 대답하도록 한다. 검사자는 수검자의 모든 반응내용을 문자 그대로 기록해야 하며, 수검자가 카드를 돌리는 경우 이것도 기호로 기록해야 한다. 검사자는 원칙적으로 침묵하고 수검자의 반응에 영향을 미칠 수 있는 구체적인 설명이나 답변을 삼가야 한다. 10장의 카드에 대해 반응 단계가 끝나면 질문 단계로 들어가게 되는데, 카드를 처음부터 다시 한 장씩 차례대로 보여주면서 반응 단계에서 반응한 내용을 문구 그대로 읽어준 후 어디를 그렇게 보았는지, 어떤 점 때문에 그렇게 보았는지를 수검자가 대답하도록 요구한다.

질문 단계는 반응 단계에서의 반응내용을 정확히 채점하기 위해 미진한 부분을 확인하는 과정인데, 엑스너의 종합체계에서 한 반응을 완전하게 채점하기 위해서는 다음 세 가지 범주의 채점이 우선 가능해야 한다. 이는 반응위치(어디서 그렇게 보았는지, 즉 전체를 보았는지, 부분을 보았는지 등), 결정요인(무엇이 그렇게 보도록 만들었는지, 즉 형태 때문인지, 색깔 때문인지 등), 반응내용(어떤 내용인지, 즉 사람, 동물, 풍경 등)이다. 세 가지 범주 중 반응내용은 반응 단계에서의 대답내용에서 바로 확인되는 경우가 대부분이지만, 반응위치와 결정요인은 확인되지 않은 채 다음 카드로 넘어가는 경우가 많다. 따라서 질문 단계는 이 두 가지 채점 범주를 추가적으로 확인하기 위한 지시문으로 구성되어 있다.

로르샤하검사의 실시에서 핵심적인 사항 중 하나는 수검자가 자발적으로 반응할 때 그 검사 결과를 수검자의 심리적 특징으로 신뢰할 수 있기 때문에 검사자가 직접적으로 확인하는 질문 혹은 유도 질문을 하거나 채점에 불필요한 정보를 질문하지 않도록 해야 한다.

(3) 채점과 해석

채점은 로르샤하검사에서 나온 반응들을 채점기호로 바꾸는 과정이다. 채점이 정확해야 이를 근거로 한 해석 또한 타당할 수 있으므로 정확한 채점을 하기 위한 체계적인 훈련이 반드시 필요하다. 로르샤하검사의 채점범주와 채점기호 및 기준에 대한 간략한 소개는 표 7.7에 제시하였다.

반응영역은 수검자가 반응한 카드의 영역이 전체인지 부분인지 혹은 공백을 포함하고 있는지를 평가하는 것이다. 발달질은 반응형성에 포함되어 있는 인지적인 처리의 발달수준을 평가하기 위한 것으로, 반응한 대상의 형태가 얼마나 구체적인가, 반응한 대상들 간의 관계가 의미 있게 조직화되어 있는가에 따라 네 가지 기호로 채점된다. 결정요인은 수검자의 반응을 끌어낸 카드의 특징을 말하는 것으로 반점의 형태, 운동, 유채색, 무채색, 음영, 차원 등이 이에 해당한다. 형태질은 수검자의 반응이 얼마나 잉크반점에 잘 부합하는지를 보는 것으로 수검자의 지각적 정확성과 현실검증력에 대한 정보를 준다. 반응내용은 수검자가 반응한 내용의 대상들이 어떤 범주에 들어가느냐를 평가한다. 평범반응 채점을 통해서는 대부분 사람들이 보고하는 반응을 수검자도 지각하여 반응할 수 있는지 평가할 수 있다. 조직화 Z점수는 각 카드 자극의 복잡성을 고려할 때 얼마나 조직화된 반응을 하고 있는지를 가중치를 부여하여 수량화한 것이다. 특수점수는 앞선 기본적인 채점으로 평가가 되지 않는 특징들을 채점에 포함하기 위하여 개발되었고, 15개의 채점이 있다.

이렇게 채점한 후 채점기호의 빈도, 백분율, 비율 등을 산출하여 이러한 자료들을 체계적으로 요약하는데, 이를 구조 요약이라고 한다, 구조 요약은 두 부분으로 구성되어 있는데, 상단부에는 주로 각 채점기호들의 빈도가 기록되고, 하단부에는 상단부의 일부 빈도를 포함하여 비율, 백분율과 특수지표 점수들이 기록되며, 7개의 군집, 즉 통제와 스트레스 내성 군집, 정보처리 군집, 인지적 중재 군집, 관념 군집, 정서 군집, 자기지각 군집, 대인지각 군집으로 구성되어 있다.

해석과 관련하여 종합체계에서는 우선적으로 구조 요약을 중심으로 한 구조적 혹은 양적 해석을 시도하므로 구조 요약의 변인들에 대한 이해가 매우 중요하다. 구조적 해석에서는 종합체계 탐색전략에 따르는데, 7개 군집의 탐색 순

표 7.7 | 로르샤흐 검사의 채점범주와 채점기호

채점범주	채점기호 및 기준		
반응영역	W 전체반응 D 흔한 부분반응 Dd 드문 부분반응 S 공백반응		
발달질	+ 통합반응 o 보통반응 v/+ 모호/통합반응 v 모호반응		
결정요인	형태 F 모양으로 인한 지각		
	운동 M, FM, m 사람, 동물, 무생물의 운동을 본 경우		
	유채색 C, CF, FC, Cn 색채에 근거하여 반응한 경우		
	무채색 C', C'F, FC' 무채색에 근거하여 반응한 경우		
	음영-재질 T, TF, FT 반점의 음영으로 인해 재질을 지각		
	음영-차원 V, VF, FV 반점의 음영으로 인해 깊이나 차원을 지각		
	음영-확산 Y, YF, FY 반점의 밝고 어두운 특징을 지각		
	형태차원 FD 크기와 모양에 따라 깊이나 차원을 지각		
	쌍(반사)반응 (2), Fr, rF 대칭성(으로 인해 반사되거나 거울에 비친 이미지)에 근거하여 반응		
형태질	+ 보통-정교화	o 보통 u 드문	− 왜곡된
반응내용	H 인간전체	(H) 비현실적 인간전체	Hd 인간부분
	(Hd) 비현실적 인간부분	Hx 인간경험	A 동물전체
	(A) 비현실적 동물전체	Ad 동물부분	(Ad) 비현실적 동물부분
	An 해부	Art 예술	Ay 인류학적 반응
	Bl 피	Bt 식물	Cg 의복
	Cl 구름	Ex 폭발	Fi 불
	Fd 음식	Ge 지도	Hh 가정용품
	Ls 풍경	Na 자연	Sc 과학
	Sx 성반응	Xy 엑스선	
평범반응	규준집단의 1/3 이상에서 자주 나온 반응들로서 10장 카드에서 총 13개 규정되어 있고, 수검자의 반응이 이에 해당하면 P로 채점.		
조직화 Z점수	수검자가 자극을 얼마나 인지적으로 조직화하였는가, 얼마나 조직화하려 노력하였는가를 평가하기 위해 도입. Z점수를 줄 수 있으려면 형태가 포함되어 있는 반응이어야 하고, 반점의 부분들이 서로 의미 있는 관계를 맺고 있어야 함. Z점수를 줄 수 있는 네 가지 기준(ZW, ZA, ZD, ZS)이 있는데, 각 카드마다 네 가지 기준에 따른 점수가 배정되어 있어 수검자 반응이 Z점수의 어떤 기준에 해당하는지 확인하여 점수를 부여함.		
특수 점수	6개의 특이한 언어반응(DV, DR, INCOM, FABCOM, CONTAM, ALOG), 1개의 반응반복(PSV), 4개의 특수내용(AB, AG, COP, MOR), 2개의 인간표상반응(GHR, PHR), 개인적 반응(PER), 특수한 색채현상(CP) 등 총 15가지로 구성됨.		

서를 기준에 따라 정한 후 체계적으로 해석을 시도한다. 구조적 해석은 주제적 (혹은 질적) 해석, 검사행동 해석, 계열분석 등과 통합되어야 하며, 해석과정은

모든 자료들이 수검자를 종합적으로 이해하기 위한 잠정적 가설로 간주된 상태에서 진행된다. 다시 말해, 구조 요약 변인들의 점수가 적응적 범위에 있는지 그렇지 않은지 우선적으로 확인하지만, 반응내용에 포함되어 있는 수검자 개인의 심리적 역동과 검사과정에서 드러난 수검자의 특이한 행동 등을 모두 종합하여 수검자가 어떤 심리적 특징을 지닌 사람인지 이해하려고 노력해야 한다. 로르샤하검사의 해석은 인간을 보다 종합적으로 이해하고 설명하려는 시도이기 때문에 로르샤하검사에 대한 지식과 경험 외에도 인간의 심리와 이상행동에 대한 깊은 이해가 동반되어야 한다. 제대로 된 전문성을 확보하기 위해서는 반드시 임상심리전문가의 지도감독하에 체계적 훈련을 받을 필요가 있다.

(4) 비판과 활용

로르샤하검사에 대한 수많은 비판이 있었고 그 비판은 여전히 존재하는데, 우선 신뢰도와 타당도를 포함하여 심리측정적 적절성에 대한 논란이 끊이지 않았고, 규준의 적절성, 정신분석 이론 적용의 적절성, 로르샤하검사를 지지한 메타분석의 적절성 등에 대한 비판도 제기되었다. 이에 대해 엑스너는 로르샤하검사가 만족할 만한 채점자 간 일치율, 높은 검사-재검사 신뢰도, 수용할 만한 타당도, 대표성 있는 규준자료를 가지고 있음을 여러 연구를 통해 보여 주었다. 또한 엑스너 사후에는 여러 연구자가 R-PAS 개발을 통해 지속적으로 로르샤하 검사의 문제점을 개선하고자 시도하고 있다.

로르샤하검사는 객관형 성격검사와 비교한다면 분명히 심리측정적으로 비판받을 문제가 많은 검사이지만, 투사형 성격검사로서 가지는 장점을 최대화하여 발휘할 수 있는 도구이기에 많은 비판에도 불구하고 여전히 임상 현장에서 사용되고 있는 것이라고 할 수 있다. 로르샤하검사는 어차피 모든 것을 알아낼 수 있는 만능의 도구가 아니므로 최적의 활용도를 잘 이해하고 사용하는 것이 현명한 자세일 것이다. 로르샤하검사의 활용도는 구체적인 감별진단의 목적에서보다는 전반적으로 수검자의 심리적 특징을 확인하여 치료전략이나 치료목표를 결정하는 상황에서 커진다. 로르샤하검사는 겉으로 드러난 행동보다는 심리적 구조나 역동을 평가하기 때문에 증상을 야기하는 근본적인 심리적 측면을 규명하는 데 도움을 줄 수 있다.

주제통각검사

(1) 검사의 개발과 구성 및 실시

주제통각검사(TAT)Thematic Apperception Test는 1935년 하버드 대학의 머레이Murray와 모건Morgan이 소개했고, 1936년 제작된 원 도판은 3회의 개정을 거쳐 1943년 31개 도판의 TAT 도구로 정식 출판되었으며, 현재까지 변경 없이 사용되고 있다. TAT는 다양한 대인관계상의 역동적 측면 파악에 특히 유용한 검사로 알려져 있다.

TAT는 모호한 대상을 지각하는 과정에 개인 고유의 심리적인 특징이 포함되어 독특한 해석을 도출하게 된다는 이론적 입장을 가지고 있으며, 로르샤하검사의 카드 자극과는 달리 TAT의 카드 자극에는 사람, 사물 및 풍경이 등장하지만 이를 보면서 이야기를 만드는 과정에 수검자의 과거 경험, 상상, 욕구, 갈등 등이 투사된다고 가정한다(카드 자극의 예는 그림 7.4 참고). 카드 자극 자체가 끌어내는 반응은 지각perception이라고 할 수 있지만, 이 지각된 내용에 개인의 과거 경험이 결합되어 이해, 추측, 상상이라는 심리적 작용이 이루어지면 통각apperception이 작용한다고 할 수 있다. 따라서 통각이 반영된 내용 분석으로 수검자 성격의 여러 가지 측면을 파악할 수 있다. 머레이는 통각이 반영된 이야기의 주제에는 개인의 공상 내용이 들어가 있고, 그 공상 내용은 개인의 내적 욕구와 환경적 압력에 영향을 받는다고 보았다. 이러한 가설을 토대로 개인의 욕구need와 환경 압력pressure 사이의 상호작용을 분석함으로써 개인의 심리적 상황을 평가하고 해석하는 욕구-압력 분석법을 제시하였다.

아동용 주제통각검사(CAT)Children's Apperception Test는 1949년 벨락Bellack이 3세에서 10세 사이의 아동에게 시행할 수 있도록 제작하였고, 1952년 수정판

그림 7.4 | 주제통각검사에서 사용하는 카드 중 하나인 12F.

을 출판하였다. 동물에 좀 더 쉽게 동일시하는 아동의 특징을 반영하여 사람이 아닌 동물을 등장시킨 것이 주요 특징이다. 한국 아동에게 알맞게 수정된 한국판 아동용 주제통각검사(K-CAT)는 1976년 김태련, 서봉연, 이은화, 홍숙기에 의해 출판된 바 있다. K-CAT는 9장의 표준판 카드와 9장의 보충판 카드로 구성되어 있다.

TAT의 검사도구는 총 31장(백지카드 포함)의 카드로 구성되어 있으며, 각 카드 뒷면에는 M성인남자, F성인여자, B소년, G소녀와 같은 기호가 쓰여 있어 피검자의 성별과 나이에 따라 카드를 선정할 수 있도록 되어 있고, 이러한 기호가 없는 카드는 성별과 나이에 상관없이 사용 가능하다. 카드 중 10장은 모든 수검자에게 실시하도록 되어 있고, 나머지 카드는 성별과 나이에 따라 각각 10장씩 실시하도록 되어 있어, 수검자는 총 20장의 그림을 보게 된다. 검사 실시는 한 번에 10장씩 최소 하루의 간격을 두고 두 번에 나누어 시행하도록 되어 있고, 한 번에 걸리는 시간은 약 한 시간가량이다. 그러나 임상 현장에서 실제 TAT를 사용하는 경우 10장 정도의 카드를 선택하여 한 번만 실시하는 경우가 대부분이다.

검사 지시문은 수검자에게 각 카드를 보여주면서 현재 무슨 일이 일어나고 있는지, 이 장면 이전에는 어떤 일이 있었고, 앞으로 어떤 일이 일어날지에 대한 이야기를 극적으로 만들어 보도록 되어 있다. 이에 더해 등장하는 사람들이 어떻게 느끼고 무엇을 생각하고 있는지 등을 상세하게 이야기하도록 격려하며, 각 카드마다 약 5분 정도 길이로 이야기하도록 안내한다. 16번 백지 카드의 경우 백지에 어떤 그림을 상상해 보고, 그 상상을 이야기로 꾸며서 말하도록 요구한다.

(2) 검사의 해석

채점하고 해석하는 다양한 방법들이 제시된 바 있는데, 이에는 정신분석에 기초한 직관적 해석법, 주인공 중심의 해석법, 표준화법, 대인관계법, 지각법 등이 있다. 이 중 주인공 중심의 해석법인 머레이의 욕구-압력 분석법과 벨락의 직관적 해석법이 가장 많이 알려져 있고 주로 사용되고 있다. 욕구-압력 분석법의 기본적인 해석과정은 표 7.8에 간략하게 제시하였다. 벨락의 직관적 해석법은 수검자 반응내용 기저의 무의식적 내용을 자유연상을 이용하여 해석하는 방법으로

TAT 분석용지를 사용하여 포괄적이고 체계적인 분석을 시도하며 수량화도 가능하다. 그러나 이러한 체계적 해석법들은 적용하는 데 많은 시간과 노력이 소요되기 때문에 실제 임상가들은 수검자의 반응 내용을 체계적 채점이나 분석 없이 직관적으로만 해석하는 경우가 많은데, 이런 경우 반복되는 해석이나 매우 특이한 해석에 주목하면서 다른 심리검사 결과들과 통합적으로 해석하고자 노력해야 한다.

표 7.8 | 욕구-압력 분석법의 해석과정

1. 주인공을 찾는다.	5. 주인공의 내적 심리상태를 분석한다.
2. 환경 자극의 요구와 압력을 분석한다.	6. 주인공의 행동이 표현되는 방식을 분석한다.
3. 주인공의 반응에서 나타나는 욕구를 분석한다.	7. 이야기의 결말을 분석한다.
4. 대상에 대한 주인공의 감정을 분석한다.	

초심자들은 TAT의 반응내용을 해석할 때 검사자 자신의 욕구나 감정, 갈등을 투사하는 경향 때문에 모든 수검자에 비슷한 해석을 할 수 있고, 수검자의 반응내용을 상징적으로 해석하기보다는 글자 그대로 해석하는 경향을 보일 수 있으며, 하나의 이야기에서 해석한 가설을 과도하게 일반화하는 우를 범할 수 있으므로 신중한 해석 태도가 필요하다.

한국의 임상 장면에서는 TAT가 많이 사용되지 않는데, TAT가 임상가의 시간과 노력 투자 대비해서 얻는 해석 정보의 양과 질이 만족스럽지 못한 측면, 즉 가성비가 떨어지는 것 때문일 수 있다. 또한 로르샤하검사에 비해 체계적인 해석적 접근을 하기 어려운 부분 때문에 임상 장면에서 상대적으로 선택되지 않을 수 있다.

한편 TAT는 로르샤하검사만큼 비판을 받지 않았는데, 그 이유 중 하나는 TAT 채점에 대해 관심이나 강조가 많지 않았기 때문일 수 있다(Trull & Prinstein, 2013). TAT의 신뢰도와 타당도를 평가하는 것은 쉽지 않은 일인데, 연구에서 사용된 지시, 실시방법, 사용되는 카드 수, 채점체계 방식 등이 매우 다양해서 어떠한 결론을 내린다는 것이 거의 불가능하기 때문이다. 신뢰도와 타당도를 입증하기 위한 일부 노력들이 있었지만, 신뢰도와 타당도를 분명하게 주장할 수 있는 근거는 부족하다.

문장완성검사

(1) 검사의 개발과 특징

이 검사는 수검자에게 미완성 문장을 제시한 후 이를 완성하도록 하는 자기보고식 검사로서, 수검자가 문장을 완성하는 방식과 내용에 수검자 내면의 동기, 갈등, 중요한 인물들에 대한 정서적 태도, 가치관 등이 투사되어 나타날 것이라고 가정한다. 로르샤하검사와 주제통각검사가 모호한 형태의 시각적 자극을 사용하여 수검자의 투사를 이끌어낸다면, 문장완성검사(SCT)Sentence Completion Test는 미완성 문장을 사용하여 수검자의 투사를 이끌어내는 특징이 있다.

19세기 후반 에빙하우스Ebbinghaus는 미완성 문장을 지능검사 측정을 위해 사용한 바 있으며, 골턴Galton의 자유연상검사, 카텔Cattell의 단어연상검사, 크레펠린Kraepelin, 융Jung, 라파포트Rapaport 등의 연구가 문장완성검사의 토대를 구축했고, 페인(Payne, 1928)이 SCT를 현재와 같은 방식의 성격검사로 처음 사용한 것으로 알려져 있다. 그러나 실제 투사검사로 널리 사용된 것은 1940년대 이후로 볼 수 있다.

문장완성검사는 로르샤하검사나 주제통각검사에 비해 검사의 목적을 쉽게 추측할 수 있고 말이 아닌 글로 쓰는 방식이기 때문에 자신이 드러내고 싶지 않은 내용은 의식적으로 통제할 수 있어 수검자의 심층적 성격특성을 파악하기 어려우므로 투사형 성격검사로 보기 어렵다는 비판도 있다. 그러나 제시된 문장이 갖는 모호함의 정도가 다르고 수검자가 반응한 문장의 내용이나 의미를 통해서만 투사를 확인할 수 있는 것이 아니라 정서적 내용들이 표현되는 미묘한 방식을 통해서도 투사를 확인할 수 있기 때문에 문장완성검사의 투사형 성격검사로서의 유용성을 부정하긴 힘들다. 따라서 수검자가 완성한 문장의 내용, 의미, 정서적 내용이 표현되는 방식 등을 통해 수검자의 독특한 측면을 볼 수 있을 뿐만 아니라 수사법, 표현의 정확성이나 모호함, 반응시간, 수정된 부분 등도 중요한 의미를 지닐 수 있다. 초심자의 경우에는 수검자의 의식적 방어가 들어가 있을 가능성을 유념하여 반응내용을 너무 직접적으로 해석하지 않도록 주의해야 한다. 경험이 많은 임상가는 문장의 전반적 흐름, 미묘한 뉘앙스 등을 통해 수검자의 주요 성격적 패턴을 파악할 수 있다.

(2) 검사의 유형 및 해석

여러 유형의 문장완성검사들이 제작되었으나, 주로 색스Sacks의 문장완성 검사(SSCT)Sacks Sentence Completion Test와 로터Rotter의 문장완성검사(ISB)Rotter Incomplete Sentences Blank가 많이 사용된다.

SSCT는 가족, 성, 자기개념, 대인관계라는 네 가지 영역에 관한 중요한 태도를 끌어낼 수 있는 미완성 문장으로 구성된 60개 문항의 검사이다. 국내에서는 내용이 반복되는 것을 제외하고 50개의 문항을 현재 많이 사용하고 있다. SSCT의 문항 영역과 내용에 대한 간략한 소개는 표 7.9에 제시하였다. 해석과정에서는 우선 각 영역의 반응들을 통합적으로 고려하여 수검자의 태도에 대한 임상적 인상을 구체화하는데, 내용뿐만 아니라 표현의 뉘앙스 및 수사법 등을 눈여겨보게 된다. 그러고 나서 해당 영역의 손상 정도를 3점 척도로 측정하게 되어 있으나, 실제 현장에서 수량적 채점은 거의 하지 않는 실정이다.

ISB는 원래 미국공군병원에서 진단 초기에 부적합자를 걸러내기 위해 사용되었다. 40개 문항으로 각 문장에 대한 내담자의 반응은 검사매뉴얼의 규준과 비교되고 응답들이 규준에서 얼마나 이탈되어 있는가에 따라 7점 척도의 적응-부적응 차원에서 채점된다. 모든 문항에 대한 평정 점수들을 합산하여 전체 적응 점수를 산출하며 점수가 높을수록 부적응의 정도가 심한 것으로 판정한다.

문장완성검사는 개인으로 시행할 수도 있고 집단으로도 실시 가능하며, 약 20~30분 정도 소요되는 자기보고식 검사여서 실시가 간편한 장점이 있다. 지시문도 머릿속에 처음 떠오른 생각으로 문장을 가능하면 빨리 완성하라는 간단한 내용으로 되어 있다. 수검자가 검사를 완성한 후 질문 단계를 실시할 수 있으며, 수검자 반응에서 중요하거나 숨겨진 의도가 있어 보이는 문항에 대해 좀 더 이야기하도록 질문할 수 있다. 다만 질문 단계는 필수적인 절차는 아니므로 꼭 필요하다고 판단할 때만 시행한다.

아동의 욕구상태와 부모 및 교사, 동성·이성 친구에 대한 태도를 파악하기 위해 아동용 문장완성검사도 제작되었는데, 가족, 사회, 학교, 자기의 4개 영역으로 구성되어 있고, 아동의 전반적인 심리적 적응을 판단하는 데 사용한다. 국내에서 주로 사용하는 검사는 33문항으로 구성되어 있다.

표 7.9 | SSCT의 문항 영역과 내용

영역(문항수)	문항 내용
가족 (12문항)	어머니, 아버지, 가족에 대한 태도를 담고 있는 문항 (문항 예: 나는 어머니를 좋아했지만 _____)
성 (8문항)	이성 관계, 여성, 남성, 결혼, 성관계에 대한 태도를 담고 있는 문항 (문항 예: 남녀가 함께 있는 것을 볼 때면 _____)
대인관계 (16문항)	친구, 지인, 직장동료, 직장상사에 대한 태도를 담고 있는 문항 (문항 예: 윗사람이 오는 것을 보면 _____)
자기개념 (24문항)	자신의 두려움, 죄의식, 목표, 능력, 과거와 미래에 대한 태도를 담고 있는 문항 (문항 예: 어리석게도 내가 두려워하는 것은 _____)

투사적 그림검사

(1) 검사의 개발과 특징

그림은 문자보다 앞서는 인간의 의사표현 수단이었으며, 정서적 표현의 기능도 함께 지니고 있기에 그림을 통해 인간의 심리적 특징을 이해하려는 시도나 노력은 오래 전부터 있었다. 19세기 말과 20세기 초 정신장애 환자들의 그림을 통해 정신병리 진단을 할 수 있다는 주장이 있었고, 그림을 통한 지능 측정 시도도 나타났다. 특히 굿이너프(Goodenough, 1926)는 인물화의 세부묘사 수준을 통해 아동의 지능을 측정하고자 시도하였다. 이후 마초버(Machover, 1949)는 인물화검사(DAP)Draw A Person를 개발하였는데, 정신분석 이론에 근거하여 그림검사에 대한 신체상 가설을 제안하였다. 이 가설에 따르면 그림검사에서 종이는 수검자의 환경에 해당하고, 사람 그림은 그 그림을 그린 수검자 자신에 해당한다. 따라서 사람 그림에 나타난 특징들은 수검자가 자신을 어떻게 지각하고 있는가와 관련한 표상이라고 할 수 있다.

사람 그림에 더해 집과 나무를 그리게 하는 집-나무-사람검사(HTP)House-Tree-Person는 벽(Buck, 1948, 1964), 벽과 해머(Buck & Hammer, 1969) 등에 의해 개발되고 발전되었는데, 인물화검사에서 사람 그림을 그리라고 했을 때보다 집이나 나무를 그리게 했을 때 사람들이 위협감을 덜 느낀다는 것을 발견했고, 집과 나무에서도 개인의 자기상이 투사되어 나타난다는 것을 확인하였다. 사람 그림이 보다 의식적인 수준의 자기상을 반영하는 반면 나무 그림은 무의식적 수준의 자기상을 나타내는 것으로 알려져 있어 인물화검사에 비해 정보가나 활용도가 높다. 또한 집, 나무, 사람은 나이 어린 수검자에게도 친숙한 대상이고 모든 연령이 그릴 수 있는 주제이자 수용성이 높은 대상이라는 특징이 있다.

번즈와 카우프만(Burns & Kaufman, 1970)은 아동들에게 가족이 무언가를 하고 있는 장면을 그리도록 하는 운동성 가족화검사(KFD)Kinetic Family Drawing를 개발하였다. 아동들의 문제를 이해하는 데 매우 중요한 요인이 가족이므로 KFD를 통해서 아동이 가족 내에서 자신을 어떻게 지각하고 가족관계나 환경을 어떻게 지각하고 있는지 관련 정보를 얻을 수 있다. 다시 말해 이 검사를 통해 가족 중 아동에게 가장 중요한 영향을 미치는 사람이 누구인지, 심리적으로 제일 가깝거나 제일 멀게 느끼는 사람이 누구인지, 아동이 느끼는 가족 간의 관계나 상호작용 양상은 어떠한지 등을 파악할 수 있다.

KFD에서 가족 내에서의 개인의 중요성은 그림의 크기, 위치로 표현되므로 누구를 가장 크게 그렸고 누구를 자신과 가장 가깝게 그렸느냐를 살펴보는 게 중요하다. 심리적 가까움은 근접성으로 표현되므로 대개 가장 좋아하는 사람을 자신의 옆에 그리는 경향이 있다고 할 수 있지만, 이는 반드시 실제적으로 가까움을 의미하는 것은 아니며 친해지고 싶은 갈망과 욕구의 표현일 수도 있음을 고려해야 한다. 또한 KFD에서 누구를 포함하고 생략했느냐가 중요한데, 예를 들어 부모나 형제 등 특정 가족 구성원을 생략했다면 그 사람에 대한 부정적 태도를 반영하고 아동 자신을 생략했다면 낮은 자존감, 가족에 대한 소속감과 정서적 유대감이 부족함을 반영할 뿐만 아니라 우울할 가능성을 시사한다.

(2) 검사의 실시 및 해석

투사적 그림검사를 실시하기 위해서는 종이 몇 장과 연필, 지우개, 초시계를 준비한 뒤, 해당 그림을 그려 보라는 지시만 전달하면 되므로 실시가 매우 용이하다. 대개 그림을 그리게 한 다음 그림에 대해 질문을 하는 단계를 밟는데, 사람 그림을 예로 들면, 사람의 성별, 나이, 직업, 기분, 성격, 소원, 미래 등에 대해 묻고, 이에 대한 수검자의 대답 내용을 통해 수검자 자신의 특징이 반영된 부분을 해석하게 된다.

투사적 그림검사를 해석할 때는 구조적 혹은 표현적 요소와 내용적 혹은 주제적 요소를 모두 고려해야 하며, 모든 해석은 잠정적 가설로 여기고 다른 가설들과 통합하여 해석하려는 태도를 가져야 한다. 구조적 요소에는 검사 시 태도와 소요시간, 그림을 그려나간 순서, 그림의 크기, 그림을 그린 위치, 필압, 왜곡 및 생략, 지우개 사용 등이 있다. 구조적 요소와 관련된 해석적 질문은 표 7.10에 제시하였다. 내용적 요소는 집 그림의 경우 지붕, 벽, 문, 창문 등이 어떻게 그려져 있는지, 나무 그림의 경우 수관, 나무 기둥(혹은 둥치), 가지, 뿌리 등이 어떻게 그려져 있는지, 사람 그림의 경우 머리, 얼굴, 몸통, 팔다리 등이 어떻게 그려져 있는지와 관련된다.

표 7.10 | 투사적 그림검사의 구조적 해석

1. 검사 시 태도와 그림을 그리는 데 소요된 시간은 어떠한가?

2. 그림을 그리는 순서와 그리는 양상에서 특이점은 없는가?

3. 그림의 크기가 지나치게 크거나 작지는 않은가?

4. 그림을 종이의 어느 위치에 그렸는가?

5. 필압이 얼마나 강하거나 약한가?

6. 선의 질이 어떠한가? 선이 끊기거나 흔들리거나 덧칠되어 있지 않은가?

7. 그림의 세부특징을 과도하게 묘사하거나 필수세부(예: 사람의 눈)를 생략하지는 않았는가?

8. 그림을 자주 지웠는가? 무엇을 지웠는가?

9. 그림의 대칭적인 측면을 강조했는가?

10. 그리라고 지시한 것 외에 무엇을 더 부가해서 그렸는가?

투사적 그림검사의 해석 시 주의사항으로는 우선, 그림의 세부적인 특징보다 전체적인 인상과 느낌에 주목하는 것이 좋다. 둘째, 다양한 해석을 끌어낼 수 있지만, 누구나 납득할 만한 해석을 우선 시도하는 게 바람직하다. 합리적인 설명이 어려운 해석일수록 검사자의 주관적 해석 혹은 추론에 치우칠 가능성이 높다. 셋째, 그림을 통한 해석내용을 내담자의 개인정보 및 다른 검사 결과와 통합하려는 노력을 해야 한다.

투사적 그림검사는 검사 해석의 객관성과 신뢰성에 많은 문제를 지니고 있음에도 불구하고 검사 실시 및 해석의 편리성 때문에 임상 및 상담 장면에서 널리 사용하고 있으나, 단독으로보다는 여러 검사들 중 하나로 사용하는 경향이 있다.

지금까지 투사형 성격검사에 대해 살펴본 내용을 간략히 정리하면 다음과 같다. 로르샤하 검사는 비록 개발 당시에는 투사형 성격검사로 만들어지지 않았으나, 지금까지 대표적인 투사형 성격검사로 널리 사용되어 왔다. 이후 엑스너 Exner의 로르샤하 종합체계를 통해 검사를 실시, 채점, 해석하게 됨으로써 상당 부분 표준화가 이루어졌다. 최근에는 R-PAS의 등장으로 로르샤하 검사 실시, 채점, 해석에도 새로운 변화가 생기고 있다.

TAT의 경우 검사를 실시하고 해석하는 데 임상가의 부담이 상대적으로 크고 다른 투사형 성격검사와 해석이 중복된다는 등의 이유로 실제 임상 장면에서 널리 사용되고 있지는 않으나, 개인의 무의식적 역동을 살펴볼 수 있는 흥미로운 성격평가 도구라고 할 수 있다.

문장완성검사와 투사적 그림검사는 실시하는 데 부담이 적고 객관형 성격검사를 통해 얻지 못하는 수검자의 심층 정보를 확인할 수 있어 임상 및 상담 장면에서 널리 사용되고 있다.

성격검사의 장단점과 미래

객관형 성격검사와 투사형 성격검사는 각각의 장단점을 지니고 있다. 보통 임상 장면에서 두 유형의 성격검사를 함께 사용하는 이유도 두 유형의 검사가 지니고 있는 단점을 보완하고 장점을 최대화하기 위한 것이라고 할 수 있다. 여기에서 는 이러한 장단점을 살펴본 후 인터넷 기반 검사 및 검사해석의 특징을 언급하 고, 마지막으로 근거기반 평가를 포함하여 성격검사의 미래에 대해 간략하게 기 술하였다.

객관형 성격검사와 투사형 성격검사의 장점과 단점

객관형 성격검사의 장점은 첫째, 검사 실시의 간편성을 들 수 있다. 실시뿐만 아 니라 채점 및 해석이 비교적 용이하다. 다만 이러한 용이성으로 인해 전문적인 훈련을 받지 않은 사람들이 검사를 지나치게 단편적으로 사용할 가능성이 있으 며, 정신장애 진단용 성격검사의 경우 오용으로 인한 윤리적 문제와 실질적 피 해가 대두할 수 있다. 둘째, 신뢰도와 타당도가 잘 확립되어 있다는 것이다. 특 히 이 부분은 투사형 성격검사에 대한 가장 큰 비판 중 하나로서 거꾸로 객관형 성격검사에서는 주요 장점이 된다. 셋째, 실시와 채점 및 해석이 객관적이다. 절 차가 표준화되어 있고 해석 또한 매뉴얼로 제시되어 있어 검사자에 따른 큰 편 차 없이 신뢰롭게 사용이 가능하며, 규준을 통한 개인 간 비교도 객관적으로 이 루어질 수 있다. 넷째, 경제적이라는 이점이 있다. 검사자가 대면하여 시행하는 절차 없이 수검자 혼자 시행할 수도 있고, 여러 명의 수검자를 대상으로 검사를 시행할 수도 있으며, 컴퓨터 실시 및 채점 혹은 온라인 검사 등도 가능하다.

객관형 성격검사의 단점으로는 우선 문항내용의 제한성을 들 수 있다. 한정 된 질문내용과 반응 양식으로 인해 수검자 개인의 다양하면서도 독특한 정보를 얻기 힘들다. 그뿐 아니라 검사문항들의 내용은 일반적으로 수검자의 표면적인 특징, 즉 의식적으로 확인할 수 있는 생각, 감정, 행동 등으로 구성되어 있어 수검자의 심층적인 특징, 즉 의식하기 힘든 동기나 역동 등을 파악하기 어렵다. 둘째, 의도적으로 반응을 왜곡할 수 있다는 것이다. 검사 문항들이 무엇을 측정하려 하는지 쉽게 파악할 수 있기 때문에 수검자가 자신의 실제 모습대로 솔직하게 대답하지 않고 사회적으로 바람직한 방향으로 반응하거나 혹은 심리적 문제를 과장하여 보고하는 것이 가능하다. 이러한 문제점을 탐지하기 위해 MMPI의 경우 타당도 척도를 개발하여 포함한 바 있다. 셋째, 반응경향성을 들 수 있다. 수검자 개인의 독특한 반응 특징에 따라 검사 결과가 영향을 받을 수 있는데, 긍정적인 방향으로 응답하거나 부정적인 방향으로 응답하는 경향 여부에 따라 해당 검사에서 도출되는 총점이 달라지며, 한국의 경우 중간 상태로 응답하는 경향이 강해 리커트형 척도를 사용하는 경우, 검사자 혹은 연구자가 의도적으로 중간에 해당하는 지점을 두지 않고 짝수로 체크하게 하는 경우도 있다(예: 6점 척도).

투사형 성격검사의 장단점은 사실상 객관형 성격검사의 장단점과 대비하여 반대로 생각하면 거의 설명이 된다. 따라서 투사형 성격검사의 장점은 수검자의 독특하면서도 심층적인 검사반응을 얻을 수 있다는 점, 의도적 반응왜곡이 쉽지 않아 비교적 실제 자신의 성격 특징이 반영된다는 점, 자유롭고 풍부한 반응을 하는 것이 가능한 점 등을 꼽을 수 있다.

투사형 성격검사의 단점으로는 신뢰도와 타당도가 부족한 점, 실시와 채점 및 해석이 간편하지 않을뿐더러 객관성이 부족하다는 점, 수검자의 성격특성 외에 검사자의 특징이 수검자의 검사반응에 영향을 미칠 수 있는 점 등을 언급할 수 있다.

인터넷 기반 검사 및 검사해석

컴퓨터는 검사 채점과 프로파일 산출에 주로 사용되어 왔다. 컴퓨터 사용의 이점은 비용 절감, 수검자 주의 향상 및 동기 강화, 표준화된 절차 준수 등이다. 일부 검사에서는 컴퓨터 기반 검사 해석도 제공하고 있다. 여기서 더 나아가 인터넷을 활용한 검사 실시와 검사 해석 제공도 증가할 것으로 예상하는데, 컴퓨터뿐만 아니라 스마트폰을 비롯한 다양한 매체들을 통해 서비스를 제공할 수 있

▲ 모바일 기기와 인터넷을 활용한 검사들이 개발되고 있다.

다. 모바일 앱의 사용이 보편화된 요즈음, 앱의 외형과 기능, UI, 개인화personaliza-tion 등을 고려한 검사들이 늘어날 수 있는데, 이러한 요인들은 내담자가 응답하는 방식과 과정에 영향을 미침으로써 검사 도구의 신뢰도나 타당도에도 영향을 미칠 가능성이 있다.

인터넷 기반 검사나 검사 해석은 앞으로 증가하겠지만 이에 대한 우려도 존재한다. 우선, 인터넷 기반 검사와 전통적인 심리검사가 동일한 심리측정적 특징을 가지는지 분명하지 않다. MMPI-2, MMPI-2-RF, MMPI-3의 경우 컴퓨터 실시와 지필형 실시에 따른 결과에서 유의한 차이가 없다는 연구들이 있긴 하지만, 온라인검사가 전통적 심리검사보다 신뢰도와 타당도가 낮다는 보고도 있는 등 관련 연구가 아직 충분하지는 않은 실정이다. 둘째, 인터넷 기반 검사는 검사 상황이나 주의집중과 관련하여 적절한 통제를 할 수 없어 검사 상황에서의 혼입요인이 많을 수 있다. 셋째, 인터넷 기반 검사를 실시하거나 결과를 제공할 때 검사의 보안 유지가 어려울 수 있고, 내담자 개인에 초점을 둔 결과 해석 제공이 쉽지 않을 수 있다. 넷째, 일정한 기준에 따라 선택하는 결과 해석의 내용이 얼마나 정확하고 타당한지 객관적으로 입증되지 않은 경우가 대부분이다. 따라서 인터넷 기반 검사 및 검사 해석의 신뢰도와 타당도에 대한 객관적 입증이 필요하며 임상적 유용성에 대한 확인도 중요하다.

성격검사의 미래

최근 근거기반 평가가 강조되고 있는데, 근거기반 평가(EBA)evidence-based assessment
는 특정한 평가 목적을 위하여 평가할 구성개념, 도구, 평가의 전개방식을 결정
하는 데 연구와 이론을 통해 도출된 최선의 근거를 활용하는 평가를 뜻한다(김
빛나, 김지혜, 2015). 이는 근거기반 심리치료(EBT)evidence-based treatment와 더불어
근거기반 실천(EBP)evidence-based practice의 중요한 한 가지 요소이다.

근거기반 평가의 핵심 특징은 정신병리와 정상 발달에 대한 연구 결과와 과
학적 이론을 강조하고, 심리측정적으로 건전한 도구를 사용한다는 것이다. 다시
말해 규준, 내적 일관성, 평가자 간 신뢰도, 검사-재검사 신뢰도, 내용타당도, 구
성타당도, 타당도 일반화, 치료변화에의 민감도, 임상적 유용성을 갖춘 도구를
도구 사용의 목적(선별, 진단, 치료경과 관찰)에 따라 적합하게 사용해야 한다. 이
런 강조점하에서 심리측정적 속성이 잘 확립된 장애별 자기보고식 척도나 객관
형 성격검사들이 임상적으로 중요하게 활용될 가능성이 높다.

성격검사, 더 넓게는 심리검사의 특성에서 신뢰도, 타당도, 효용성은 필수적
인 요소이다. 이를 입증한 검사들은 미래에도 중요한 검사로서 사용될 것이지
만, 수용할 만한 신뢰도, 타당도, 효용성을 보이지 못하는 검사들은 사용이 감소
하게 될 것이다. 사용이 줄어들 유력한 검사로 투사형 성격검사를 꼽을 수 있지
만, 객관형 성격검사가 제공하지 못하는 장점이 있다는 점에서 상당 기간 존재
가치를 보여줄 것으로 예상한다. 성격평가에서 컴퓨터와 휴대전자기기의 역할
이 더욱 증가할 것이고, 전통적인 지필검사와 수동 채점의 방식은 컴퓨터나 휴
대전자기기를 활용한 실시와 채점의 방식으로 변화할 것이다. 또한 컴퓨터 혹은
휴대전자기기의 시청각적 특징이나 생리적 측정도구를 활용한 검사, AI를 활용
한 검사가 새로이 개발되어 제공될 가능성이 있다.

객관형 성격검사와 투사형 성격검사는 서로의 장점과 단점이 대칭적으로
뒤바뀌어 있는 특징을 보인다. 앞으로 인터넷을 활용한 검사가 대세를 이루게
되고, 근거기반 평가가 강조되는 추세가 이어질 것으로 전망되므로 이러한 특징
에 잘 맞는 객관형 성격검사가 투사형 성격검사보다 더 활용될 것이라고 예상
할 수 있다. 그러나 투사형 성격검사가 보유하고 있는 장점을 필요로 하는 임상

가들이 존재하는 한, 과거의 영광에는 못 미치겠지만 투사형 성격검사의 사용도 지속될 것으로 예상한다.

이 장의 요약

1 성격검사는 일반적으로 객관형 성격검사와 투사형 성격검사로 나눈다. 대부분의 객관형 성격검사는 지필검사 형태로 되어 있고, 최근엔 주로 컴퓨터로 채점하는 추세에 있다. 투사형 성격검사는 대개 모호하고 구조화되지 않은 자극을 제시한 후 내담자가 자유롭게 반응하도록 하여 의식적·무의식적으로 나타나는 내담자의 성격 구조 및 역동을 파악하려고 한다.

2 객관형 성격검사 중 임상 및 상담 장면에서 많이 사용되고 있는 다섯 가지 검사를 살펴보았는데, 여러 버전의 MMPI, PAI는 임상 장면에서 정신병리 진단을 목적으로 만들어진 검사인 반면, NEO-PI-R, 16 PF, TCI는 일반인의 성격을 평가하기 위해 만들어졌다.

3 투사형 성격검사는 특정한 반응을 끌어내거나 요구하지 않는 상황에서 나타나는 개인의 독특한 성격 특징을 찾아내는 방법으로, 여기에서는 투사형 성격검사 중 주로 임상 장면에서 많이 사용되고 있는 로르샤하검사, 주제통각검사, 문장완성검사, 투사적 그림검사의 특징들을 살펴보았다.

4 객관형 성격검사와 투사형 성격검사는 각각 서로 다른 장점을 지니고 있으므로 두 유형의 검사를 보완적으로 사용할 여지가 있다. 다만 향후 인터넷을 활용한 검사와 근거기반 평가가 강조되면서 객관형 성격검사가 강세를 보일 가능성이 있다.

더 읽을거리

여기에 소개된 성격검사들에 대한 더 자세한 내용은 다음을 참고할 수 있다.

박영숙 외(2019). 현대 심리평가의 이해와 활용. 서울: 학지사.

Groth-Marnat, G., & Wright, A. J. (2017). 심리평가 핸드북(신민섭 외 역). 서울: 사회평론아카데미(원전은 2016년에 출판).

MMPI-2에 대한 자세한 내용은 다음을 참고할 수 있다.

Graham, J. R. (2007). MMPI-2: 성격 및 정신병리 평가 제4판(이훈진, 문혜신, 박현진, 유성진, 김지영 역). 서울: (주)시그마프레스(원전은 2006년에 출판).

Friedman, A. F., Bolinskey, P. K., Levak, R. W., & Nichols, D. S. (2020). MMPI-2 해설서(유성진, 안도연, 하승수 역). 서울: 학지사(원전은 2015년에 출판).

또한 MMPI-2의 낮은 점수에 대한 해석에 도움을 줄 수 있는 자료로서 MMPI에 관한 다음 서적의 해석 내용도 참고할 수 있다.

김중술(1996). 다면적 인성검사: MMPI의 임상적 해석. 서울: 서울대학교 출판부.

MMPI-2의 해석상담에 대해 관심 있는 사람은 다음을 참고할 수 있다.

Levak, R. W., Siegel L., Nichols, D. S., & Stolberg, R. A. (2015). MMPI-2 해석상담, 어떻게 할 것인가(마음사랑연구소 역). 서울: (주)마음사랑(원전은 2011년에 출판).

MMPI-3을 포함하여 여러 버전의 MMPI를 함께 공부하고 싶으면 다음을 참고할 수 있다.

Graham, J. R., Veltri, C. O. C., & Lee, T. T. C. (2023). MMPI 검사: 성격 및 정신병리 평가 제6판(문혜신, 박현진, 유성진, 김지영 역). 서울: (주)시그마프레스(원전은 2022년에 출판).

로르샤하검사에 대해서는 다음에서 자세히 설명하고 있다.

Exner, J. E. (2011). 로르샤하 종합체계(윤화영 역). 서울: 학지사(원전은 2003년에 출판).

Exner, J. E. (2006). 로르샤하 종합체계 워크북(김영환, 김지혜, 홍상황 역). 서울: 학지사(원전은 2001년에 출판).

Weiner, I. B. (2005). 로르샤하 해석의 원리(김영환, 김지혜, 홍상황 역). 서울: 학지사(원전은 2003년에 출판).

08

행동평가

행동

평가는 임상심리학자들의 중요한 역할 중 하나이다. 행동평가는 행동주의의 원리에 근거한 접근법으로 인간의 행동 특성을 다양한 방식으로 평가하는 심리평가 기법 중의 하나이다. 여기서 다양한 방식이란 행동평가 면접, 행동관찰, 자기감찰, 인지행동평가, 기능적 행동평가, 정신생리적 평가를 말하는 것으로 이 장의 순서에 따라 자세히 설명할 것이다.

여기에서는 증상과 관련된 내적인 특성 혹은 성격특성과 관련된 원인을 밝혀서 진단하고 분류하는 것에 중점을 둔 전통적 평가와 달리 구체적인 행동을 관찰하여 현재 문제행동의 원인을 밝히고, 그 문제를 해결하기 위해 지속적으로 계획을 세우는 데 중점을 둔 행동평가를 소개하고자 한다. 행동평가에서의 행동이란 객관적으로 관찰할 수 있는 외현적 행동뿐만 아니라 인지, 정서, 대인관계, 감각, 심리생리적 기능과 같은 내현적 행동을 포함하며, 이와 관련된 내담자의 자기보고에도 관심을 가진다. 임상 장면에서의 행동평가는 치료가 시작되기 전뿐만 아니라 치료의 다양한 단계에 걸쳐 지속적으로 이루어지는 과정이라고 할 수 있다. 행동평가는 치료전략의 초기 선택에 정보를 제공하고, 치료를 진행해 나가는 과정에서 치료전략이 얼마나 효율적인지 피드백을 주는 수단이 되며, 치료가 끝난 뒤에 전반적인 효율성에 대한 평가를 가능하게 하고 문제행동의 재발을 이끌 수 있는 상황적 요인을 살피고 다루기 때문에 중요하다.

이 장에서는 행동평가의 개념 및 의의를 소개하고 행동평가의 방법, 행동평가에 유용하게 사용되는 성인 및 아동 관련 척도와 체크리스트의 종류에 대해 다룰 것이다.

☑ 이 장의 목표

1 행동평가의 특징을 전통적 평가와 비교하여 이해할 수 있다.

2 행동평가 면접과 자기감찰의 개념과 방법을 이해할 수 있다.

3 행동관찰의 개념을 이해하고, 각 유형별 특징을 알아본다.

4 인지행동평가의 개념을 이해하고, 이를 위한 자기보고식 검사 및 인지기록의 방법을 알아본다.

5 기능적 행동평가와 정신생리적 평가의 개념을 이해할 수 있다.

6 성인과 노인, 아동의 척도 및 체크리스트의 사용 목적을 이해하고 그 종류와 특징을 알아본다.

행동평가의 개념 및 의의

행동평가는 인간의 행동 특성을 다양한 방식으로 평가하는 심리평가 기법 중의 한 종류이다. 여기서 다양한 방식이란 행동평가 면접, 행동관찰, 자기감찰, 인지행동평가, 기능적 행동평가, 정신생리적 평가를 말하는 것으로 이후에 자세히 설명할 것이다.

이러한 행동평가는 행동주의 이론에서 출발하였다. 1950년대 후반에 파블로프의 고전적 조건형성을 이용한 불안장애 치료로부터 행동치료가 알려지게 되었고, 이후부터 1960년대까지 행동수정 기법이 발달하는 시기에 임상 장면에서 활용되기 시작하였다. 초기 행동평가는 행동의 패턴을 관찰하는 것이 주를 이루었고, 특히 행동의 빈도, 비율, 지속시간을 수량화하는 데 초점이 맞추어졌다. 1970년대에 들어오면서 행동평가의 범위와 초점이 확장되었다. 문제행동에 대한 더 깊은 이해를 위해 여러 학자들에 의해 기능분석의 필요성이 대두되었다. 즉, 문제행동을 예방하고 적절하게 대처하며 바람직한 대안행동들을 제시하기 위한 목적으로 문제행동을 둘러싼 전후 맥락인 선행사건과 후속결과를 살펴보는 기능분석 방법이 제안되었다. 이러한 방법으로 문제행동의 목적, 즉 기능을 파악하여 선행사건을 분석하고 변화시켜 문제행동을 예방하고, 문제행동을 유지시키는 후속결과들을 분석하고 더 적절한 대안행동을 제시함으로써 문제행동을 효과적으로 다룰 수 있게 되었다. 또한 행동평가의 범위가 가정, 학교, 직업 장면 등 다양한 사회적 맥락으로 확대되었다. 이는 개인행동의 변화를 위해서는 그 개인이 속한 환경이 개인에게 미치는 영향을 살펴보아야 하며, 개인의 행동 변화와 유지를 위해서는 환경의 변화가 필수적으로 필요하다는 것을 알게 되었기 때문이다. 이와 더불어 행동평가의 범위가 감각, 인지, 감정, 상상, 대인관계, 정신생리적 기능으로 확대되면서 객관적인 행동관찰뿐만 아니라 자기보고와 중요한 타인의 평가, 인지평가 등이 행동평가의 범주에 포함되었다. 1980년대부터 최근까지 행동평가가 그 이전에 시행되고 있었던 전통적 평가를 포함하게 되면서 그 다양성이 확대되는데, 전통적 평가는 행동평가가 만들어지기 이

전, 즉 행동주의 관점이 등장하기 이전의 정신분석적 관점에서 내담자를 진단하기 위한 목적으로 실시되어 왔다. 전통적 평가는 내담자의 겉으로 드러나는 증상에 초점을 맞추는 것이 아니라 그 증상을 유발하는 내면의 원인을 찾는 데 그 목적이 있었다. 그 내면의 원인은 쉽게 변하지 않는 내적인 특성 혹은 성격적 특성과 같은 것들을 밝히고 추론하여 찾아내는 것이었다. 행동평가와 전통적 평가의 통합으로 인해 심리평가의 범위가 확대되어 임상가들의 역할이 확장되었고, 따라서 내담자의 증상을 더 정확하게 진단하며 더 효과적인 치료방법들을 제시할 수 있게 되었다.

행동평가의 특징을 전통적 평가와 비교해서 설명하면 다음과 같다.

- 전통적 평가는 행동을 개인의 심리적인 원인에 의해 나타나는 징후로 보는 반면, 행동평가는 행동이 일어나는 상황에서 나타나는 반응인 표본으로 보기 때문에 특정 행동을 이해하고자 할 때에는 그 행동에 영향을 미치는 환경변인에 초점을 맞춘다.
- 전통적 평가는 개인의 성격이나 행동 특성이 오랜 시간에 걸쳐 형성된 것으로 보고 특정 시간이나 공간과 같은 변인에 관심을 두지 않는 반면, 행동평가는 특정한 상황에서 나타나는 행동을 표집하는 데 중점을 두므로 행동을 둘러싼 전후 맥락을 중요시한다. 즉, 행동이 일어나기 전의 선행사건과 행동이 일어난 후의 후속결과를 탐색하여 행동이 일어나는 목적 혹은 기능을 살펴보고자 한다.
- 전통적 평가는 진단하고 분류하는 것에 중점을 두는 반면, 행동평가는 문제를 발견하고 그 문제를 치료하기 위해 지속적 계획을 세우는 데 중점을 두기 때문에 평가를 한 번만 하는 것이 아니라 치료를 진행하는 과정마다 평가를 한다. 즉, 문제를 치료하기 전에 평가하여 치료전략을 세우기 위한 정보를 제공한다. 치료를 진행하면서도 평가를 하여 치료전략의 효율성을 점검하여 피드백을 제공한다. 그리고 치료가 종결된 후에도 전반적인 치료의 효율성을 평가한다.

이렇게 행동평가는 전통적으로 심리검사 자료에만 의존하였던 심리평가 과정에 내담자의 행동을 평가하는 과정을 포함시켜 심리평가의 범위를 확장시켰을 뿐만 아니라 직접적인 치료와 개입을 할 수 있도록 임상가들의 역할 또한 확대하였다.

행동평가의 방법

행동평가 면접

행동평가 면접은 구체적인 행동용어로 자신의 경험을 기술하도록 격려하는 것과 같이 지시적으로 진행된다는 점에서 보통의 임상면접과는 차이가 있다. 면접에서는 선행사건, 행동, 후속결과로 이루어지는 행동의 상호 관련성에 대해 구체적으로 기술하거나 설명하도록 안내한다. 행동평가 면접에서는 행동의 빈도와 강도 그리고 지속시간을 체계적으로 측정하여 기초선을 설정할 수 있다. 따라서 목표 행동을 선정하고 조작적으로 정의하는 행동평가의 초기 단계에 실시하기 적합하다.

행동평가 면접은 일반적으로 특정한 문제행동과 이를 유지하는 요인 및 그 결과를 파악하는 것이 주 목적이다. 이와 더불어 목표 행동을 파악하고 추가적인 행동평가 절차를 선택한다는 목적을 지닌다. 그러므로 평가자는 내담자의 행동을 구체적으로 분석하여 내담자를 위한 치료를 계획하고, 내담자 동기를 증진시키며 과거에 시도했던 개입의 구체적인 정보를 파악하게 된다. 따라서 평가자와 내담자는 문제를 한정하여 그 문제 발생장소와 발생시기 등을 구체적으로 파악하여 문제행동과 목표 행동을 분명하게 기술해야 한다. 뿐만 아니라 단순히 목표 행동만을 기술하는 것이 아닌 과거력, 문제행동의 발생 요인 등의 다양한 맥락을 고려하고 문제행동의 기능, 즉 문제행동을 통해 이루고자 한 목표를 함께 분석해야 한다.

행동평가 면접의 초기 단계에서 평가자는 내담자와 라포를 형성할뿐 아니라 내담자의 문제에 접근하여 정확한 정보를 얻는 것도 매우 중요하다. 따라서 평가자는 내담자에게 문제에 대하여 개방형으로 질문하되 내담자의 경험을 충분히 이해하기 전에는 섣불리 질문하지 않는 태도가 필요하다. 또한 충분히 내담자의 이야기를 이해하고 있다고 표현하고 공감하며 귀 기울여 듣는 자세가 필요하다. 이러한 자세는 내담자가 자신의 문제를 잘 표현할 수 있도록 촉진하며 때때로 구체적인 선행사건과 결과에 관한 정보를 얻게 한다. 반면에 경청과 공감이 제대로 이루어지지 않을 경우 평가자와 내담자 간의 라포가 제대로 형성되지 않을 수 있고 내담자로부터 문제에 관한 정확한 정보를 얻기 어려워질 수 있다.

때때로 자신이 겪고 있는 문제와 감정을 정확히 지각하여 표현하는 것을 어려워하고 자신의 문제에 대해 묘사하기를 거부하는 내담자들도 있을 수 있다. 이러한 경우 문제행동을 구체적으로 관찰하고 이를 중심으로 발생장소, 발생시기 등을 면담을 통해 파악해야 한다. 예를 들어 섭식에 문제가 있다고 모호하게 묘사하는 내담자라면 하루 중 몇 번 먹는지, 무엇을 먹는지, 먹고 구토를 하는지, 많이 먹은 것을 염려하여 설사제를 사용하는지, 그렇다면 사용빈도는 어떠한지를 구체적인 행동언어로 바꾸어 말할 수 있도록 해야 한다. 이외에도 행동평가 면접과정에서는 언어적인 의미뿐 아니라 목소리 크기와 속도, 억양과 같은 유사언어적인 반응, 자세와 눈 맞춤과 같은 비언어적 운동반응 등의 행동적 특징에서의 정보도 함께 수집하여 정확하게 평가해야 한다.

행동평가 면접의 마무리 단계에서는 내담자에게서 수집한 정보들을 요약해 주고 핵심을 상세히 설명하여 내담자가 이해할 수 있도록 도와야 한다. 또한 가능한 개입방법에 대해서 설명하고 추가 정보를 얻기 위해서 어떤 정보를, 부모 · 교사와 같은 주변사람 중 누구로부터 수집할지에 대해서도 함께 협의해야 한다.

하지만 행동평가 면접은 통계적으로 평가자 간 일치도가 낮은 경향이 있으며 행동평가 면접만을 단독으로 사용할 경우 신뢰도와 타당도가 낮다는 제한점이 있으므로 이를 위한 연구가 필요하다. 아동의 행동평가 면접의 경우 아동에게서 얻는 정보가 제한적이기 때문에 아동의 행동적 특징을 직접 관찰하고, 부모나 교사와 면담을 실시하여 각 장소에서 관찰되었던 행동적 특징에 관한 정보를 수집할 수 있다. 또한 구조화된 면담 스케줄이나 행동평정 체크리스트가 보편적으로 사용되는데, 이는 '척도 및 체크리스트' 절에서 다루어질 것이므로 해당 부분을 참고하기 바란다.

행동관찰

부적응적인 문제는 대개 행동으로 표출되거나 행동에 영향을 준다. 따라서 행동관찰은 중요하고도 직접적인 행동평가 과정이라고 할 수 있다. 광범위하게 사용되는 행동평가 방법 가운데 하나인 행동관찰은 부정확하거나 왜곡 가능성이 있는 면접이나 자기감찰 방법에서의 자기보고식 평가의 한계를 보완하면서 특정 행동과 관련된 환경적 맥락을 밝혀주는 장점이 있다. 뿐만 아니라 관찰된 행동이 일상에서의 행동을 얼마나 잘 대표하는지를 보여주는 생태학적 타당도를 확보할 수 있게 한다. 행동관찰의 유형은 관찰자의 참여 수준에 따라 참여관찰, 비참여관찰, 준참여관찰로 구분한다.

(1) 참여관찰

참여관찰에서는 관찰 대상인 집단 안으로 관찰자가 직접 들어가서 함께 생활하거나 활동에 참여하면서 관찰을 수행한다. 관찰자는 집단의 한 구성원으로서 관찰 대상과 밀접한 관계를 유지할 수 있으며 집단 밖에서 관찰하기 어려운 특정 행동이나 관계 양상, 미묘한 상호작용 등을 포착할 기회를 얻게 된다.

다만 집단 구성원으로 참여하다 보니 관찰자로서의 객관적인 태도를 유지하기가 어려울 수 있고, 관찰자 고유의 주관성이 개입되어 관찰 결과에 영향을 줄 수 있다. 아울러 동일한 대상이라도 관찰자가 누구냐에 따라 관찰 결과가 달라질 수 있는데, 이는 관찰자 간 일치도가 떨어지고 관찰 결과에 대한 객관성 확보가 용이하지 않음을 시사한다. 따라서 이러한 문제를 최소화하려면 아주 구체적이고 체계적인 프로그램을 통해 참여 관찰자들을 사전에 훈련시키고 정기적으로 기록의 정확성을 점검할 필요가 있다.

(2) 비참여관찰

비참여관찰에서 관찰자는 관찰 대상인 집단의 구성원이 아닌 제3자의 입장에서 관찰을 수행한다. 따라서 도박·학교폭력처럼 집단 구성원으로서의 참여가 불가능한 상황에서의 관찰 역시 가능하다. 제3자의 입장에서 관찰을 수행할 뿐 관찰 대상과 다른 형태의 유의미한 접촉을 하지 않기 때문에 관찰의 객관성을 확보할 수 있는 장점이 있다.

그러나 관찰 수행 여부와 그 내용을 사전에 알릴 경우 관찰 대상이 이를 의식하여 부자연스럽게 행동하는 상황이 발생할 수 있다. 또한 집단 구성원 간의 미묘한 정서 반응 등 내현적 행동은 관찰이 어려운 한계가 있다.

(3) 준참여관찰

준참여관찰은 관찰 대상인 집단에 관찰자가 일부만 참여하는 유형이다. 즉, 관찰 대상의 삶 전체가 아닌 일부분에 관찰자가 참여하게 되는데, 이때 관찰 대상은 대개 자신이 관찰되고 있음을 알게 된다. 관찰자가 노출되는 것이 관찰 결과에 영향을 줄 수 있다면 관찰자의 존재를 알리지 않고 관찰을 수행할 수 있다.

준참여관찰은 관찰 대상을 자연스러운 상황에서 관찰하면서도 도박이나 학교폭력 같은 상황에 관찰자가 직접 참여할 경우 발생할 수 있는 윤리적 문제를 배제할 수 있는 이점이 있다. 준참여관찰은 참여관찰과 비참여관찰의 단점을 보완할 수 있지만 관찰 대상을 세세하게 관찰하기에는 한계가 있다.

이 밖에도 관찰되는 행동 특성에 따른 관찰법의 유형에는 자연관찰법, 통제된 관찰법, 자기감찰법이 있다. 자연관찰법과 통제된 관찰법은 3장의 관찰법 부분을, 자기감찰법은 이 장의 자기감찰 부분을 참고하기 바란다.

Box 8.1 자연관찰법과 비참여관찰법이 적용된 사례

긍정적 행동지원(Positive Behavior Support, PBS)

PBS란 기존의 행동수정과 유사하나 학생들의 문제행동에 대해 처벌이나 부정적인 피드백을 주는 대신 문제행동이 일어나게 되는 환경을 조정하고, 문제행동을 대체할 바람직한 행동을 교육하고 격려하는 방법이다. 교사와 학생, 관리자, 직원, 가능하다면 부모도 함께 기대행동(예: 안전한 학교, 존중하는 학교)과 행동규칙(예: 복도에서 걸어 다니기, 친구 의견 잘 듣기)을 정하고, 이를 실행하는 보상 체계를 개발하고 적용함으로써 학생들의 바람직한 행동들을 증가시키도록 한다. 이는 중요한 사회적 성과 달성 및 문제행동 예방을 목적으로 하는 체계적이고 개별화된 광범위한 전략이라고 할 수 있다. PBS는 3단계의 예방 모델로 시행되는데, 전체 학생에게 시행되는 보편적(1차 지원) 단계, 소규모 학생에게 적용되는 선별 및 집중적(2차 지원) 단계, 소수의 개별학생을 대상으로 하는 개별화(3차 지원) 단계로 이루어진다(장은진, 2017).

PBS 국내 연구 사례

PBS가 시작된 미국에서는 일반학교를 대상으로 보편적 차원의 PBS 연구가 활발하게 이루어진 반면, 한국에서는 특수교육, 즉 장애학생에 대한 개별 차원 지원의 PBS 연구가 대부분인데, 최근 일반학교를 대상으로 한 보편적 차원의 PBS 연구가 국내에서도 실시되고 있다. 나현정, 장은진, 한미령, 조광순(2018)은 일반 초등학교 6학년 1개 학급을 대상으로 학급 차원의 보편적 긍정적 행동지원이 초등학생들의 문제행동 감소와 학업수행 증진에 미치는 영향을 조사하였다. 이 연구는 [A1: 기초선]–[B1: 중재]–[A2: 중재 중지]–[B2: 중재]–[A3: 중재 중지]–[B3: 중재]의 설계로 실시되었으며, 적용된 관찰법을 구체적으로 살펴보면 다음과 같다. 직접관찰을 통한 문제행동의 자료는 시간표집 기록방법을 사용하여 수집하였다. 연구초반에는 훈련된 관찰자 2인이 교실 뒤에서 문제행동 발생 여부를 직접 관찰한 후 1분 단위로 기록하여 전체 관찰 시간 중 문제행동이 발생한 비율을 학생별로 측정하는 식으로 자료가 수집되었다. 하지만 현실적으로 전체학급 학생들의 문제행동을 1분 구간별로 측정해야 한다는 어려움과 수업 시간의 직접관찰이 가지는 제한점 때문에 이후에는 동의를 구한 후 수업장면을 녹화하여 촬영한 자료를 보고 행동을 기록하는 비참여 간접관찰 방법을 사용하게 되었다. 이때 관찰자 간 일치도를 알아보기 위해 연구자 2인의 관찰이 일치한 간격수를 전체 간격수로 나누어 백분율을 산출하였으며, 관찰자 간 일치도는 91.1~98.8% 범위로, 평균 95.7%의 일치도를 보였다.

연구 결과(아래 그림 참고) 회기가 거듭될수록 처음 기초선에 비해 문제행동 발생률이 감소하였다. 유지기에도 아동당 평균 문제행동 발생률이 증가하지 않고 첫 번째 중재 기간에 비해 낮게 나타났다. 이는 학급 차원의 보편적인 긍정적 행동지원이 학생들의 문제행동 발생을 감소시키고, 중재가 중지될 경우에도 그 효과가 어느 정도 유지됨을 의미한다고 볼 수 있다.

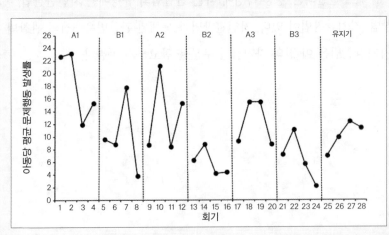

학급 차원의 PBS 실시 후 문제행동의 변화

행동 기록법-측정하는 양

기록되는 행동의 특징에는 행동의 양, 행동의 강도, 행동의 자극통제, 행동의 잠재기간, 행동의 질 등이 있다. 여기서는 행동의 양을 측정하는 일반적인 방법인 빈도/비율, 지속기간, 행동발생 간 거리에 대해서 설명하고자 한다.

(1) 행동의 빈도/비율

행동의 빈도와 비율은 특정 행동이 얼마나 자주 발생하는지를 기록하는 방법이다. 빈도는 특정 시간 동안 행동이 발생한 총횟수를 기록하는 방법으로, 보통 짧은 시간 안에 여러 번 일어나고, 행동이 일어나는 데 걸리는 시간이 비슷한 경우 사용된다. 예를 들어 아동이 하루 동안 교실에서 물건을 집어던진 횟수를 기록하는 것이 빈도이다. 한편 비율은 특정 시간 동안 발생한 행동의 빈도를 시간 단위로 나누어 계산한 값을 말한다. 즉 물건을 집어던지는 행동의 횟수를 관찰한 시간 단위(분)로 나누면, 1분당 물건을 집어던진 행동의 비율을 알 수 있다.

(2) 행동의 지속기간

행동의 지속기간은 어떤 기간 내에 행동이 일어나는 시간의 길이이다. 반응의 빈도보다 반응의 지속기간으로 측정하는 것이 더 적절한 행동에는 교실에서 자기 자리에 앉아 있기, 집중하여 이야기를 듣기, 휴대전화 게임하기 등이 있다. 타이머, 스톱워치를 사용하여 관찰하고 기록한다.

(3) 행동 발생 간 거리

행동 발생 간 거리는 특정 행동이 발생하고 나서 다시 같은 행동이 발생하기까지의 시간을 측정하는 방식이다. 행동 사이의 간격을 파악하는 것에 중점을 두어 행동 발생 패턴을 정교하게 이해하거나, 특정 행동이 일정한 패턴으로 일어나는지 확인하는 데 유용하다.

행동 기록법-기록하는 방법

이러한 행동의 특징을 기록하는 방법에는 정해진 기간 동안의 행동을 관찰하여 기록하는 시간 간격별 기록, 행동의 구체적인 사항을 기록하는 사건 기록, 척도를 이용하여 행동을 평가하는 평정 기록 등이 있다.

(1) 시간 간격별 기록

기간을 구체적으로 정해 두고 특정 행동을 관찰하여 기록하는 방법으로 연속 기록, 간격 기록, 시간표집 기록 등이 있다. 행동의 발생 빈도를 통한 양적 분석이 가능하나, 빈도가 낮은 행동에는 적용이 어렵다.

① 연속 기록

관찰 기간 동안 특정 행동이 발생할 때마다 빠짐없이 기록하는 방법이다. 예를 들어, 수업 중 자리를 벗어나는 행위의 빈도나 짝꿍을 때리는 횟수를 지속적으로 기록하는 경우가 해당된다.

② 간격 기록

30분, 1시간, 2시간 등 관찰 시간을 구체적으로 선택한 뒤 10초, 20초 등의 동

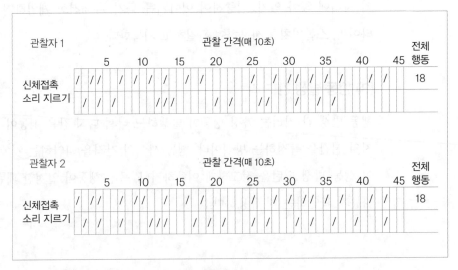

그림 8.1 | 신체접촉 및 소리 지르기의 간격 기록지 예시

일한 간격으로 나누어서 관찰하고자 하는 행동이 해당 간격 동안 나타나는지를 기록하는 방법이다. 기록지의 예시는 그림 8.1과 같다.

③ 시간표집 기록

긴 시간 관찰하는 것이 어려울 경우 활용할 수 있는 방법으로, 아주 짧은 시간 동안 특정 행동을 보이는지의 발생 여부를 기록하되 이 과정을 반복해서 누적하는 방법이다. 이 짧은 시간 동안의 관찰과정을 더 긴 간격을 두고 반복하게 된다. 예를 들어 어떤 아동이 다리를 떠는 행동을 보일 경우 교사나 전문가가 1시간마다 한 번 30초 간격 동안 다리를 얼마나 떠는지를 관찰하고 기록하는 것이다. 이는 관찰자가 행동을 관찰하는 시간을 융통성 있게 조절할 수 있다는 특징이 있다. 기록지의 예시는 그림 8.2와 같다.

날짜		행동			위치			소견
시간		앉기	서기	흔들기	주방	거실	침실	
오전	8:00							
	9:00							
	10:00							
	11:00							
오후	12:00							
	1:00							
	2:00							
	3:00							
	4:00							
	5:00							
	6:00							
	7:00							
	8:00							
	9:00							

그림 8.2 | 앉아서 몸을 흔드는 행동의 시간표집 기록지 예시

(2) 사건 기록

특정 행동이 발생하는 빈도보다 그 행동이 어떤 과정을 통해 발생하는지를 파악할 때 용이한 방법이다. 행동에 대한 구체적인 사항들을 기록하며, 특히 빈도가

낮은 행동을 관찰하기에 좋은 방법이다. 사건기록의 구체적인 방법에는 빈도와 강도, 지속시간, 지연시간이 있다. 예를 들어 음주 문제가 있는 사람이 금주를 위해 한 주 동안 음주 전후의 상황을 기록한다면, 한 주간 술을 마시는 횟수(빈도), 한 번 마실 때 마시는 양과 도수(강도), 술을 마시는 시간(지속시간), 술과 관련된 자극 발생 후 술을 마시기까지 걸리는 시간(지연시간) 등을 기록할 수 있다.

(3) 평정 기록

관찰하고자 하는 행동을 척도를 이용해서 평가하는 방법이다. 적용 범위가 넓다는 장점이 있으나, 평정하는 사람의 주관성이 개입될 여지가 있고 이로 인해 평정자들 간의 평가 결과가 다를 수 있다. 이는 보통 관찰기간 이후에 작성되며, 행동을 직접 관찰하지 않고 행동과 관련된 일반적인 인상을 통해 채점하고자 할 때 사용된다. 예를 들어 평가자가 대상자의 친절한 행동이나 폭력적인 행동의 빈도를 1~5점 척도상에 채점하는 것이라 할 수 있다. 평정 기록은 적용 범위가 넓고 개인 또는 그룹으로 채점이 가능하며 비용이 적게 드는 장점이 있다. 하지만 평정하는 사람의 주관성이 개입될 여지가 있고, 이로 인해 평정자들 간의 평가 결과가 다르다는 단점도 존재한다.

자기감찰

내담자들의 일상 속 일거수일투족 모든 활동을 관찰하는 것은 비현실적이고 너무 많은 비용이 들 수 있다. 따라서 임상가들은 자기감찰self-monitoring을 점점 더 많이 사용하게 되었다(Ciminero, Calhoun, & Adams, 1986; Korotitsch & Nelson-Gray, 1999).

자기감찰이란 내담자가 스스로 자신의 정서, 행동, 사고를 관찰하고 기록하는 방법이다. 주간행동 기록표, 일일 활동일지, 자동적 사고 기록지 등을 작성하는 방법으로 각 행동과 관련된 느낌과 생각, 문제행동 등 중요한 정보들을 기록하는 것이다. 예를 들면, 폭식장애를 가진 내담자는 자신이 일정한 기간 동안 먹은 모든 것을 기록하도록 지시받는다. 음식항목, 양, 섭취한 시간, 섭식 삽화 전후의 사건, 그때의 느낌과 생각 등을 기록하도록 한다.

이름			현재 체중	목표 체중	날짜
시간	먹은 음식	양	칼로리	생각/느낌	행동

그림 8.3 | 체중감량을 위한 자기감찰 양식의 예

    섭식장애 외에도 많은 부적응적인 행동을 긍정적으로 변화시키는 데 자기감찰이 사용되어 왔다. 이에는 알코올중독, 흡연(Pomerleau & Pomerleau, 1977), 수면 문제(Miller & DiPilato, 1983), 범죄행동(Shapiro, 1984), 우울 증상, 불안 증상(Cooper & Clum, 1989) 등이 있다.

    이러한 감찰에 도움이 되는 신체적 활동을 돕는 만보계, 작은 초시계, 계산기 등을 제공 받는다. 최근에는 스마트폰, 컴퓨터 등에서 제공하는 전자일기를 사용해 더욱 정확한 데이터를 수집하는 것이 가능해졌다.

    자기감찰을 실시할 때는 사전에 내담자로 하여금 객관적이고 주의 깊은 관찰을 위한 교육을 실시하는 것이 필요하다. 임상가와 내담자는 정확한 감찰을 할 수 있도록 목표 행동을 명확히 수립하고 내담자가 자기감찰 자료를 수집할 수 있도록 임상가는 주의 깊은 지시와 강화를 제공해야 한다. 이러한 자료들은 많은 이점을 제공한다. 먼저, 문제행동의 발생빈도수를 측정할 수 있다. 바람직하지 않은 행동에 주의 집중함으로써 문제행동에 대한 이해 능력이 증진되어 치료과정이 가속화될 수 있다. 또한 통찰 능력이 향상됨으로써 성공적인 목표를 설정하고, 자기조절 능력이 증진되어 바른 행동이 지속될 수 있다.

    그러나 자기감찰을 사용할 때 몇 가지 주의하여야 할 점이 있다. 어떤 내담자들은 자신을 관찰하고 기록하는 과정을 왜곡할 수 있다. 예를 들어 신경성 식욕부진증 문제를 가지고 있는 내담자는 음식을 거부한다는 비난을 피하기 위해 부정직한 식이요법 기록을 할 수 있다. 어떤 경우에는 자기감찰에 대한 반작용으로 치료에 이득이 되는 경우도 있다. 니코틴중독 내담자가 피운 담배의 수량

을 적어야 할 때 평가받고 있음을 인식하여 흡연 행동을 자제할 수 있다. 또 다른 제한점은 내담자가 지시를 잘 수용하는가가 관건으로 오랫동안 자기감찰 과제를 준수하려는 사람이 많지 않다는 것이다. 단순히 저항하는 내담자도 있다. 이러한 한계들로 자기감찰을 다른 치료적 개입 프로그램과 접목했을 때 더 큰 효과를 얻을 수 있다.

인지행동평가

내담자의 인지와 사고가 행동에 중요한 역할을 한다는 개념을 고려한다면(Brewin, 1988), 인지는 병리적 상황의 발생·유지 및 변화와 관련이 있다고 볼 수 있다. 그러므로 인지행동평가는 개입전략 계획에 중요한 역할을 할 수 있다. 내담자의 사고과정에 대한 기능을 분석하여 어떤 부분이 적절한 수행을 방해하는지 인지 전략에 대한 검사가 이루어져야 한다(Timothy, 2008). 인지기능을 평가할 수 있는 방법과 절차는 다양한데, 인지행동평가를 위한 자기보고식 검사와 인지 기록 방법은 다음과 같다.

표 8.1 │ 인지행동평가에 사용할 수 있는 자기보고식 검사의 예

평가 영역	검사
우울	역기능적태도척도(Dysfunctional Attitude Scale; Weissman & Beck, 1978)
	인지편향질문지(Cognitive Bias Questionnaire; Hammen, 1978)
	자동적사고질문지(Automatic Thoughts Questionnaire; Hollon & Kendall, 1980)
	벡 우울척도 2판(Beck Depression Inventory II; Beck et al., 1979)
	귀인양식질문지(Attributional Styles Questionnaire; Seligman et al., 1979)
	아동역기능적태도척도(Dysfunctional Attitudes Scale for Children, DAS-C; D'Alessandro & Burton, 2006)
	아동용자동적사고척도(Children's Automatic Thoughts Scale, CATS; Schniering & Rapee, 2001)
	부정적자기진술질문지(Negative Affect Self-Statement Questionnaire, NASSQ ; Ronan, Kendall, & Rowe, 1994)
	부정적 자동적사고질문지(Automatic Thoughts Questionnaire-Negative, ATQ-N; Hollon & Kendall, 1980)
	긍정적 자동적사고질문지(Automatic Thoughts Questionnaire-Positive, ATQ-P; Ingram & Wisnicki, 1988)

공포와 불안	사회적회피및고통척도(Social Avoidance and Distress Scale; Watson & Friend, 1969)	
	부정적평가공포척도(Fear of Negative Evaluation Scale; Watson & Friend, 1969)	
	사회적상호작용자기진술검사(Social Interaction Self-Statement Test, SISST; Glass et al., 1982)	
	비합리적신념검사(Irrational Beliefs Test; Jones, 1969)	
	합리적행동척도(Rational Behavior Inventory, RBI; Shorkey, Reyes, & Whiteman, 1977)	
섭식장애	섭식태도검사(Eating Attitude Test, EAT; Garner & Garfinkel, 1979)	
	신경성폭식증검사 개정판(Bulimia Test-Revised; Thelen, Farmer, Wonderlich, & Smith, 1991)	
사회적 기술	래서스 주장성척도(Rathus Assertiveness Inventory; McFall & Lillesand, 1971)	
	월피-라자러스 주장척도(Wolpe-Lazarus Assertion Inventory; Wolpe & Lazarus, 1966)	
	갈등해결척도(Conflict Resolution Inventory; McFall & Lillesand, 1971)	
	스탠포드 수줍음척도(Stanford Shyness Scale; Zimbardo, 1977)	
결혼관계	관계귀인척도(Relationship Attribution Measure; Fincham & Bradbury, 1992)	
	관계신념척도(Relationship Belief Inventory; Eidelson & Epstein, 1982)	
	결혼태도조사질문지(Marital Attribution Survey; Pretzer, Epstein, & Fleming, 1992)	

(1) 인지행동평가를 위한 자기보고식 검사

인지행동평가를 위한 자기보고식 검사는 시간, 비용 면에서도 효과적이다. 대부분 응답자가 직접 자신의 상태를 체크하며, 아동용 검사는 부모나 교사가 표시하도록 되어 있는 것도 있다.

(2) 인지기록

인지를 기록하기 위해 구조화된 방식의 검사나 척도가 아닌 다음의 다양한 방법들도 활용할 수 있다.

① 생각 중얼거리기 think aloud

현재 즉각적으로 떠오르는 생각들을 5~10분 동안 언어로 표현한다. 자유연상과 비슷하나 많은 생각을 언어로 한 번에 표현하는 것이 어려워 충분히 표현하지 못하거나 실제 생각 과정과 다를 수 있으며, 실제 일어나는 생각보다 더 적게 보고할 수도 있다.

② **사적 언어**private speech

아동의 경우 놀이나 활동을 하면서 무심코 하는 말을 통해 인지를 평가할 수 있다.

③ **명확한 사고**articulated thoughts

내담자의 문제를 끌어낼 수 있을 법한 구조화된 상황을 조성하여 그 상황에서 떠오르는 생각을 말하도록 하여 전형적인 사고를 기록하는 방법이다.

④ **산출법**production methods

실제 자기보고in vivo self-report라고 부르기도 하며, 문제를 유발하는 실제 상황(비난, 공포 자극 상황 등)이 발생했을 때 전형적으로 나타나는 사고를 기록하는 방법이다.

⑤ **생각 목록 작성**thought listing

특정 자극이나 문제 영역에 의해 유발되는 생각을 내담자가 목록으로 작성하는 방법으로 지속되는 생각을 나열하여 기술하기보다는 자신의 인지를 요약하여 목록으로 작성하도록 한다.

⑥ **사고 표집법**thought sampling

생각의 샘플을 수집한 후 특정 자극(예: 시계 알람소리)이 제시되었을 때 일어나는 생각을 기록하는 방법이다.

⑦ **사건 기록**event recording

관련이 있는 사건이 일어날 때까지 기다렸다가 사건과 관련된 생각이 들기 시작할 때 관련 상황을 기록하는 방법이다. 적응적인 행동과 관련된 사고의 기록을 통해 적응적인 행동의 지속적 발생 가능성을 높일 때 사용하는 방법이다.

기능적 행동평가

문제행동에 관한 전통적인 접근법은 행동주의 이론에 기반하여 주로 문제행동을 줄이거나 제거하는 데 초점을 두었다. 그러나 이러한 접근은 문제행동의 결과에 따른 처치에 중점을 두기 때문에 수정 후의 효과와 일반화, 유지에 여러 문제점이 제기되었다. 이러한 문제점을 보완하기 위한 방법으로 응용행동분석에 기초한 접근법이 대두되었는데, 이 중의 하나가 기능적 행동평가이다. 응용행동분석이란 행동의 원리에 바탕을 둔 방법을 체계적으로 적용하여 문제행동을 감소시키고 바람직한 행동을 증가시키며, 실험을 통해 사용된 방법이 영향력이 있음을 검증하는 것을 말한다. 기능적 행동평가는 주의 깊게 통제된 실험 분석, 실험실이나 임상 장면에서의 분석, 교실이나 가정에서의 자연적인 기능적 평가 등 다양한 접근으로 이루어지는데, 공통된 목표는 환경과 행동과의 관계를 명확하게 도출하는 것이다. 그중 하나가 문제행동에도 의사소통 기능이 있다는 가정하에 이와 관련된 요소들을 구체적으로 밝히고자 하는 것을 기능분석이라고 한다. 기능적 행동평가에서 바라보는 문제행동은 그 행동이 일어날 때의 구체적 상황, 즉 환경과 관련되어 있고 문제행동에도 전달하고자 하는 의도, 즉 기능이 있으나 이를 직접적으로 표현하는 것은 어렵기에 문제행동으로 그 기능을 달성하고자 한다고 가정한다. 표 8.2는 문헌에서 밝혀진 행동의 주요한 여섯 가지 기능이다.

표 8.2 | 행동의 기능

	사회적	자기 자극	비사회적
정적강화	관심을 얻기 위해 • 사회적 관심	감각 자극을 얻기 위해 • 시각적 • 청각적 • 후각적 • 미각적 • 운동감각적	유형의 무언가를 얻기 위해 • 사물 • 활동 • 사건
부적강화	관심에서 도피하기 위해 • 사회적 상호작용	감각 자극에서 도피하기 위해 • 고통스럽거나 불편한 내적 자극	유형의 무언가에서 도피하기 위해 • 벅찬 혹은 지루한 과제 • 장면, 활동, 사건

(1) ABC 수반성 모델

기능적 행동평가에서는 행동과 환경에 대한 정확하고 주의 깊은 기술이 중요하다. 행동은 관찰과 측정이 가능한 단어로 기술되어야 하며, 행동을 통제하는 조

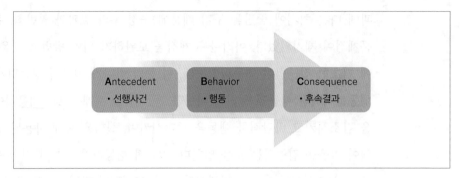

그림 8.4 | ABC 수반성 모델

건들 또한 정확하고 정교하게 기술되어야 한다. 행동이 나타나는 시간, 장소, 사람과 같은 사건들은 행동에 뒤따르는 특정한 결과와 함께 기록되어야 한다. 이렇게 문제행동이 발생하는 현재의 환경을 조사하고 행동 전에 일어나는 변인과 행동 뒤에 따라오는 후속결과를 평가하는 것은 ABC 수반성 모델에 기반하여 이루어진다. ABC 수반성 모델은 특정 행동Behavior이 선행자극Antecedent과 이로 인해 나타나는 결과Consequence로 구성된다는 모형을 말한다(그림 8.4 참고). 이를 바탕으로 한 기능적 행동평가는 환경과 문제행동의 관계에 대한 가설이 설정되는 과정, 즉 문제행동을 이해하고자 하는 과정이며, 이를 통해 문제행동이 언제 왜 발생하는지 그 원인을 알아내고자 한다.

문제행동을 변화시키고자 할 때 가장 먼저 할 일은 문제행동이 일어나기 전 또는 문제행동과 동시에 발생하는 변인을 밝혀내기 위해서 행동이 일어나는 현재 환경을 조사하는 것이다. 행동이 일어나기 전 또는 문제행동과 동시에 발생하는 변인을 선행사건이라고 한다. 선행사건은 행동이 일어날 수 있는 상황을 조성함과 동시에 행동의 발생 가능성에도 영향을 미친다. 문제행동 이전에 일어나는 다른 형태의 변인들을 배경사건 또는 유인력이라고 하는데, 이러한 변인들은 선행사건과 배경사건에 대한 반응에 영향을 미친다. 다음 단계는 행동 뒤에 따라오는 후속결과를 확인하는 것이다.

이후 문제행동을 유발하거나 유지시키지 않도록 하기 위한 중재는 환경적 변인들을 변화시키는 데 초점을 맞추어야 한다. 기능적 행동평가는 문제행동의 기능과 문제행동이 환경과 어떠한 관련을 지니고 있는지를 평가하여, 문제행동과 관련된 환경을 수정하거나 문제행동을 대체할 적절한 새로운 행동을 가르치고 지원할 수 있는 긍정적 중재를 선택하고, 기존의 행동을 조절하는 데에 중점을 둔다. 그리고 문제행동을 바꾸고자 할 때에는 문제행동이 일어나는 환경뿐만 아니라 적절한 행동이 일어나는 환경도 함께 조사해야만 한다. 환경에 대한 조사를 통해 문제행동과 적절한 행동의 선행사건 및 후속결과가 어떻게 다른지를 발견할 수 있다. 예를 들어 수업시간이 시작되었음에도 친구들과 이야기하는 것을 멈추지 않는 아이의 문제행동을 평가하고자 한다면 표 8.3과 같이 ABC 관찰 기록지를 사용하여 작성할 수 있다.

관찰 기록지를 통한 행동기능분석 결과, 아동의 문제행동은 선행사건으로 인

표 8.3 | ABC 관찰 기록지 예시

ABC 관찰 기록지			

아동 이름:　　　　　　　　　　　　　　　　　　　　　　기록자:

날짜/시간	선행사건(A)	문제행동(B)	후속결과(C)
ex) 06/12 11:00 국어시간	쉬는 시간에 친구들과 재미있는 이야기를 하는 도중 수업이 시작되고, 교사가 들어와 이를 제지함.	수업이 시작되었음에도 아이가 친구들과 이야기하는 것을 멈추지 않음.	친구들이 교사의 말이 아닌 아이의 말에 웃으며 동조해 줌.

(중 재)　　　중재 1. 선행사건 중재(환경 통제)

날짜/시간	선행사건(A')	바람직한 행동(B')	후속결과(C')
ex) 06/19 11:00 국어시간	수업을 시작하기 전 수업 내용 및 규칙(예: 수업 시간에는 떠들지 않고 선생님께 집중한다)을 설명함으로써 아이의 주의를 환기시킴.	아이가 수업 규칙에 따라 이야기를 마무리하고 자리를 정돈함.	정돈된 상태에서 수업을 시작할 수 있었음.

(중 재)　　　중재 2. 후속결과 중재

날짜/시간	선행사건(A)	문제행동(B)	후속결과(C")
ex) 06/19 11:00 국어시간	쉬는 시간에 친구들과 재미있는 이야기를 하는 도중 수업이 시작되고, 교사가 들어와 이를 제지함.	수업이 시작되었음에도 아이가 친구들과 이야기하는 것을 멈추지 않음.	교사가 수업 규칙에 따라 아이가 5분 동안 책을 읽도록 지도함.

해 발생되고 후속결과가 문제행동을 강화한다. 이로 인해 중재방법은 2가지로 나뉜다. 첫 번째 중재의 선행사건(A)을 분석하였을 때 수업이 시작되었음에도 아동의 주의가 여전히 친구들과의 대화에 머물러 있어 문제행동(B)이 발생하였다. 따라서 수업 시작 전 수업의 규칙을 설명하여 아이의 주의를 환기시킴으로써(A') 문제행동(B)을 바람직한 행동(B')으로 바꿀 수 있다. 두 번째 중재는 친구들이 교사의 말이 아닌 아동의 말에 집중하며 동조하는 후속결과(C)가 아동의 문제행동(B)을 강화시키는 역할을 하였음을 알 수 있다. 따라서 교사가 아동의 문제행동에 대한 처벌로 수업규칙에 따라 5분 동안 책을 읽도록 한다면 (C") 아동의 문제행동(B)을 바람직한 행동(B')으로 바꿀 수 있다.

(2) SORC 모델

기능적 행동평가는 문제행동을 다루기 위한 상담이나 인지치료와 같은 다양한 방법과 결합할 수도 있고 독립적으로 사용할 수도 있다. 또한 기능분석은 학교 차원의 긍정적 행동지원 프로그램의 일부이기도 하다. 대부분의 행동치료자들은 유기체적 변인들도 포함하도록 기능분석의 방법을 확대해 왔다. 유기체적 변인은 내담자의 문제에 대한 개념화와 수행될 궁극적인 치료 모두에 중요한 개인의 신체적, 생리적 그리고 심리적 특성을 포함한다. 신체적 특성에는 체중·신장 등이, 생리적 특성에는 자극에 대한 과민성·각성수준 등이, 심리적 특성에는 지능·동기·정서와 같은 특징들이 포함된다. 행동적 관점에서 임상적 문제를 개념화하는 데 유용한 모델은 SORC 모델(Kanfer & Phillips, 1970)로 행동임상가들은 문제를 충분히 기술하기 위해 그리고 치료 및 중재계획을 세우기 위해

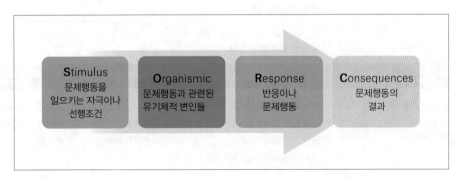

| **S**timulus | **O**rganismic | **R**esponse | **C**onsequences |
| 문제행동을 일으키는 자극이나 선행조건 | 문제행동과 관련된 유기체적 변인들 | 반응이나 문제행동 | 문제행동의 결과 |

그림 8.5 | SORC 모델

이 모델을 사용한다.

　　이러한 행동평가의 모델이 행동적 연구와 임상 현장 간의 격차를 줄여 줄 수 있는 큰 잠재력을 가졌기에 기능적 행동평가는 임상 장면에도 도움이 될 것이다.

정신생리적 평가

인지, 정서, 행동이 생리적 기능과 상호작용하는 방식을 평가하는 방법이다. 최근에는 이론과 기술의 발달로 측정이 더욱 용이해졌다. 정신생리적 평가는 심박수, 혈압, 맥박, 체온, 피부의 전기반사, 근육 긴장, 혈관 확장, 뇌파(예: EEG) 등을 측정하여 그 결과로 생리적 반응과 상호작용하는 심리적 문제를 평가한다. 최근에는 기능적 자기공명영상장치fMRI를 통한 검사와 다양한 연구들도 이루어지고 있다. 이러한 검사들을 통해 산출된 데이터들을 수량화하여 생리학적 문제들을 자세한 생리학적인 지표로 나타낼 수 있다. 정신생리적 평가를 위해서는 심리적 평가뿐 아니라 해부학, 생리학, 전자공학 등의 지식과 더불어 해당 장비를 능숙하게 조작할 수 있는 능력도 필요하다. 그 이유는 기기장치에 문제가 생기는 경우가 생길 수 있기 때문이고 다양한 혼재변수들에 대처하기 위함이다.

척도 및 체크리스트

여기에서는 국내에서 일반적으로 많이 사용하는 척도와 체크리스트들에 대해 설명할 것인데, 설명할 척도들을 표 8.4에 정리해 놓았다.

표 8.4 | 척도와 체크리스트 목록

대상	평가 영역	척도와 체크리스트
성인	우울	벡 우울척도(Beck Depression Inventory, BDI-II)
		벡 절망척도(Beck Hopelessness Scale, BHS)
		벡 자살생각척도 (Beck Scale for Suicide Ideation, BSI)
		역학연구우울척도(Center for Epidemiologic Studies Depression Scale, CES-D)
	불안	벡 불안척도(Beck Anxiety Inventory, BAI)
		리보위츠 사회불안척도 (Liebowitz Social Anxiety Scale, LSAS)
		상태특성불안검사(State-Trait Anxiety Inventory, STAI)
	전반적 심리증상	간이정신진단검사(Symptom Checklist-90-Revision, SCL-90-R)
	외상후 스트레스	외상후스트레스진단척도(Posttraumatic Diagnosis Scale, PDS)
		사건충격척도 수정판(Impact of Event Scale-Revised, IES-R)
노인	인지기능	치매임상평가척도(Clinical Dementia Rating Scale, CDR)
		전반적퇴화척도(Global Deterioration Scale, GDS)
		간이정신상태판별검사(Mini-Mental State Examination, MMSE)
아동	행동 및 증상관련 척도	한국판 아동청소년행동평가척도(Child Behavior Checklist, CBCL)
		취학전아동행동평정척도(Preschool Behavior Checklist, PBCL)
		한국 아동인성평정척도(Korean Personality Rating Scale for Children, K-PRC)
		주의력결핍과잉행동장애평정척도(ADHD Rating Scale, ARS)
		예일 틱증상평정척도(Yale Global Tic Severity Scale)
		아동기자폐증평정척도(Childhood Autism Rating Scale, CARS)
		한국형 인터넷중독자가진단척도(K-척도)
		실행기능행동평가검사 (Behavior Rating Inventory of Executive Function-Parent Form, BRIEF)
	우울	아동용우울척도(Children's Depression Inventory, CDI)
	불안	아동용불안척도(Revised Children's Manifest Anxiety Scale, RCMAS)
	외상후 스트레스	한국판 부모용외상후증상보고(Parent Report of Post-traumatic Symptoms, PROPS)
		한국판 아동용외상후증상보고(the Child Report of Post-traumatic Symptoms, CROPS)
		한국판 아동청소년용외상선별척도(Korean Version of the Child and Adolescent Trauma Screen 2, K-CATS-2)

성인관련척도

(1) 우울정서관련척도

① 벡 우울척도

벡 우울척도(BDI)Beck Depression Inventory는 1961년, BDI-II는 1996년도에 출판되었다. BDI는 우울 증상, 신체 증상 관련, 실패 및 자신에 대한 불안, 자기비난과 죄책감 요인으로 구성된 21개의 항목으로 구성되어 있으며, 각 항목별로 네 개의 문항이 주어진다. 그중 지난 일주일 동안 자신을 가장 잘 나타냈다고 생각하는 문항을 선택하는 자기보고식 검사이다. 문항은 4점척도(0~3점)로 점수는 0점부터 63점까지 나올 수 있다. 절단점cut off은 16점으로 한국판의 규준은 아래와 같다(이영호, 송종용, 1991).

0~9점은 우울하지 않은 상태, 10~15점은 가벼운 우울 상태,
16~23점은 중한 우울 상태, 24~63점은 심한 우울 상태.

17세부터 80세의 성인에게 사용 가능하고 검사 소요시간이 상대적으로 짧으면서 신뢰도와 타당도가 높아 임상 장면에서 빈번하게 사용된다.

BDI-II는 13세 이상의 청소년과 성인을 대상으로 우울 증상의 심각도를 측정하는 자기보고식 검사이다. BDI-II는 21개 항목으로 구성되어 있으며, BDI와 달리 평가 기간이 '지난 1주일'에서 '지난 2주일'로 늘어났다. 문항은 4점척도(0~3점)로 0점부터 63점까지 나올 수 있다. BDI-II의 한국판 규준은 아래와 같다(김지혜, 이은호, 황순택, 홍상황, 2015).

0~13점은 최경도(minimal), 14~19점은 경도(mild),
20~28점은 중등도(moderate), 29~63점은 고도(severe)

BDI-II

이 질문지는 21문항으로 구성되어 있습니다. 각 문항을 주의 깊게 읽고 오늘을 포함해 지난 2주 동안 자신이 느껴 온 것에 가장 적합한 항목에 O표 또는 V 하십시오. 만약 문항에서 여러 항목이 동일하게 자신에게 적용된다면, 가장 높은 점수를 선택하십시오. 16번과 18번 문항을 포함해서 어떤 문항이든지 1 항목만 선택해서 O표 또는 V 하십시오.

1. 슬픔
0) 나는 슬픔을 느끼지 않는다
1) 나는 많은 시간 슬픔을 느낀다
2) 나는 항상 슬프다
3) 나는 견딜 수 없을 정도로 너무 슬프거나 불행하다

6. 벌을 받을 것 같은 느낌
0) 나는 벌을 받고 있다고 느끼지 않는다
1) 나는 벌을 받을 수도 있다고 느낀다
2) 나는 벌을 받게 될 것이라고 예상한다
3) 나는 벌을 받고 있다고 느낀다

그림 8.6 | BDI-II 문항 일부 예

② 벡 절망척도

벡 절망척도(BHS)Beck Hopelessness Scale는 20개의 문항이며 오늘을 포함하여 지난 일주일간 일상에서 경험한 것에 대해 예와 아니요 중 선택한다. BHS는 미래에 대한 부정적이고 비관적인 생각을 측정하는 것으로 자살 충동 정도를 알 수 있다(Beck, Weissman, Lester, & Trexler, 1974). BHS의 실시에는 5~10분가량이 소요되고 총점은 0점에서 20점까지 나올 수 있다. 절단점은 BHS를 적용하는 대상과 목적에 따라 임상가의 판단에 달려 있다. BHS의 한국판 규준은 아래와 같다(김지혜, 이은호, 황순택, 홍상황, 2015).

> 0~3점은 최경도(minimal), 4~8점은 경도(mild),
> 9~14점은 중등도(moderate), 15~20점은 고도(severe)

③ 벡 자살생각척도

벡 자살생각척도(BSI)Beck Scale for Suicide Ideation는 임상 면접을 통해 전문가가 평정하는 자살생각척도(Scale for Suicide Ideation, SSI; Beck, Kovacs, & Weissman, 1979)를 자기보고식 척도로 변형시킨 것이다. 21개의 문항이며 3점척도(0~2

점) 중에 선택할 수 있다(Beck, Steer, & Ranieri, 1988). 총점은 0~38점까지이며 점수가 높을수록 자살생각이 많다고 볼 수 있다.

④ 역학연구우울척도

역학연구우울척도(CES-D)Center for Epidemiologic Studies Depression Scale는 우울 증상의 평가를 위해 개발된 척도로 고위험군 선별이 가능한 척도이다.(Radloff et al., 1977) 정신질환의 진단 및 통계 편람(DSM)의 개정에 따라 이튼 등(Eaton et al., 2004)에 의해 역학연구우울척도 역시 개정되었다(CESD-Revised, CESD-R).
  한국판 역학연구우울척도 개정판(K-CESD-R)은 DSM-IV의 주요우울삽화의 증상 및 기간을 반영하여 국내에 맞게 번안한 것으로 총 20항목으로 구성되어 있으며 리커트척도로 0점에서 80점까지 점수 분포로 평가가 가능하다(이산 외, 2016). K-CESD-R의 최적 절단점은 13점이다.

(2) 불안정서관련척도

① 벡 불안척도

벡 불안척도(BAI)Beck Anxiety Inventory(1990)는 불안 증상의 강도를 평정하는 21개의 문항으로 구성되어 있으며, 오늘을 포함하여 지난 일주일 동안 불안을 경험한 정도를 4점척도(0~3점) 중에 선택하는 자기보고식 검사이다. 총점은 0~63점까지 나올 수 있다. BAI의 한국판 규준은 다음과 같다(김지혜, 이은호, 황순택, 홍상황, 2015).

  0~7점은 정상범위(minimal), 8~15점은 경도(mild),
  16~25점은 중등도(moderate), 26~63점은 고도(severe)

② 리보위츠 사회불안척도

리보위츠 사회불안척도(LSAS)Liebowitz Social Anxiety Scale(1987)는 사회적 상황에서의 불안 및 회피의 정도를 측정하는 도구로 자기보고식 평가가 아닌 비구조화된 면접 상황에서의 임상가 평정도구로 개발되었다. 서로 다른 사회적 상황을 묘사하는 24개의 항목으로 구성되어 있다. 없음(0), 적음(1), 보통(2), 심함(3)의 4점척도를 사용한다. LSAS는 높은 내적일치도를 지니고 있으며 BDI와 비교하였을 때 우울과 사회불안을 변별하는 변별타당도를 지니고 있음이 확인되었다. 국내에는 임상가 평정 버전의 한국판 리보위츠 사회불안척도 타당화 연구가 진행되어 있다(강진화, 이정애, 오강섭, 임세원, 2013).

③ 상태특성불안검사

상태특성불안검사(STAI) State-Trait Anxiety Inventory는 찰스 스필버거 Charles Spielberger에 의해 1970년 STAI-X가 개발되었으며, 이후 심리측정 특성을 개선하고 우울증과 겹치는 항목을 줄이기 위해 1983년 STAI-Y가 출판되었다(Spielberger, 1983). 이를 우리나라에 맞게 발전·표준화시킨 것이 STAI-KYZ(한덕웅, 이장호, 전경구, 1996)이다. STAI는 내담자의 현재의 느낌을 표시하는 상태불안척도(S불안척도)와 일상생활 전반에서 느끼는 특성불안척도(T불안척도)로 구성되어 있으며, 각각 20개의 문항으로 구성되어 있다.

(3) 간이정신진단검사

SCL-90-R(Derogatis, 1977)은 간이정신진단검사 개정판 symptom checklist-90-revision으로 김광일, 김재환, 원호택(1984)이 번안한 척도이다. SCL-90-R은 내용타당도와 요인분석법으로 만들어진 자기보고식 검사로 정신과 환자들이 경험하는 증상에 대한 문항으로 구성되어 있다.

하위증상척도

신체화, 강박증, 대인 예민성, 우울, 불안, 적대감, 공포 불안,
편집증, 정신증의 하위증상척도와 부가적 문항

9개의 하위증상 차원을 포함하는 90개의 문항이며 일주일 동안 경험한 증

상의 정도를 평정하게 되어 있다. 증상의 정도에 따라 '전혀 없다'(0점), '약간 있다'(1점), '보통 있다'(2점), '꽤 심하다'(3점), '아주 심하다'(4점)의 5점척도로 평정한다. 전체 심도지수를 통해 장애의 심각도를 평가하고 정적증상 고통지수를 통해 증상의 강도를 평가한다. 13세부터 성인까지 폭넓게 사용 가능하다. 한국판 SCL-90-R은 2015년에 개정되었다(원호택, 김재환, 오경자, 김청택, 김영아, 김민영, 2015).

(4) 외상후스트레스 관련 척도

① 한국판 외상후스트레스척도

한국판 외상후스트레스진단척도(PDS-K)Posttraumatic Diagnosis Scale는 포어 등이 개발한 것(Foa, Cashman, Jaycox, & Perry, 1997)을 남보라, 권호인, 권정혜(2010)가 국내에서 번안한 것이다. 총 4개의 장으로 구성되어 있으며, 외상사건에 대한 경험 여부와 외상후 스트레스장애 증상의 빈도 등을 4점척도(0~3점)로 측정하며, 절단점은 20점이다.

② IES-R 사건충격척도 수정판

사건충격척도 수정판(IES-R)Impact of Event Scale-Revised은 외상을 경험한 뒤 나타나는 심리적 반응을 살펴보기 위한 자기보고식 측정도구로, 호로비츠 등(Horowitz, Wilner, & Alvarez, 1979)이 개발한 사건충격척도(IES)Impact of Event Scale를 와이스와 마르마르가 기존 문항에서 측정할 수 없었던 과각성 증상을 추가하여 개정한 것이다(Weiss, Marmar, 1997). IES-R은 총 22문항으로 침습증상 8개, 회피증상 8개, 과각성증상 6개를 측정하도록 재구성 되었으며, 5점 척도(0~4점)로 평정된다. 국내에서는 2005년(은헌정, 권태완, 이선미, 김태형, 최말례, 조수진, 2005)에 한국판 사건충격척도 수정판(IES-R-K)Korean version of Impact of Event Scale-Revised 타당화 연구가 진행되었다.

노인관련척도

(1) 치매임상평가척도

한국판 치매임상평가척도(K-CDR)K-Clinical Dementia Rating Scale는 휴즈 등이 개발한 것(Hughes, Berg, Danziger, Cohen, & Martin, 1982)을 최성혜 등(2001)이 번안 및 타당화한 것으로 치매 환자의 인지 및 사회기능 정도를 측정하여 치매의 심각도를 평정한다. 환자의 기억력, 지남력, 판단력과 문제해결 능력, 사회적 활동, 집안 생활과 취미활동, 위생 및 몸치장의 6개 영역을 포함하고 있다. 기억력 점수CDR는 0점부터 3점까지 수치가 높아질수록 심각도가 높아진다.

> CDR 0 = 정상, CDR 0.5= 경도인지장애군, CDR 1= 경도 치매,
> CDR 2 = 중등도 치매, CDR 3= 고도치매

(2) 전반적퇴화척도

전반적퇴화척도(GDS)Global Deterioration Scale는 치매의 심각도를 7단계로 평정하여 질병의 진행과정에 따른 단계적 변화를 추적하는 데 유용한 측정도구이다. 라이스버그가 개발한 GDS(Reisberg, 1982)를 최성혜 등(2002)이 번안 및 타당화한 한국판 GDS가 있다.

> GDS 1= 인지장애 없음,
> GDS 2= 매우 경미한 인지장애
> GDS 3= 경미한 인지장애
> GDS 4= 중등도의 인지장애
> GDS 5= 초기 중증의 인지장애
> GDS 6= 중증의 인지장애
> GDS 7= 후기 중증의 인지장애

(3) 간이정신상태판별검사

한국판 간이정신상태검사(K-MMSE)Korean Version of Mini-Mental State Examination는 폴스타인에 의해 개발된 MMSE(Folstein, 1975)를 권용철과 박종한(Kwon & Park, 1989)이 번안하여 수정·보완한 것이다. K-MMSE는 환자들의 인지 능력을 평가하기 위한 판별검사로 지남력, 회상능력, 주의력, 언어능력, 수리능력과 구성능력을 포함한 12가지 종목으로 구성되어 있다.

이것을 기초로 한국판 간이정신상태검사 2판(K-MMSE~2)이 2019년도에 개정되었다(Kang et al., 2020). K-MMSE~2 표준형에서는 기억등록, 시간지남력, 장소지남력, 기억회상, 주의집중 및 계산, 언어, 그리기를 포함한 7가지 종목으로 총 27문항이 구성되었다.

아동관련척도

아동관련척도는 검사 대상 아동이 직접 보고하는 형식과 아동에 대해 잘 알고 있는 평가자(예: 부모, 교사 등)가 질문지를 작성하는 형식이 있다. 다음에서는 아동관련척도 중 아동 행동 및 증상을 알아볼 수 있는 대표적인 다면적 척도들(CBCL, PBCL, K-PRC)과 ADHD, 틱, 자폐 증상, 인터넷 중독, 실행기능을 알아보는 척도들을 살펴보았으며, 동시에 대표적인 우울척도, 불안척도를 소개하였다.

(1) 아동 행동 및 증상관련 척도

① 아동청소년행동평가척도(CBCL)

1983년 토마스 아켄바흐Thomas Achenbach와 그레이그 에델브로크Graig Edelbrock는 만 4~16세 아동청소년을 대상으로 한 아동문제행동척도(CBCL)Child Behavior Checklist를 제작하고(Achenbach & Edelbrock, 1983), 1991년 실시대상을 만 4~18세로 확장하였다. 국내에서는 오경자, 이혜련, 홍강의와 하은혜(1997)가 1991년 미국판 CBCL을 번역하여 표준화한 한국판 아동청소년행동평가척도(CBCL)가 널리 사용되고 있다. 우리나라에서 18세는 고3이라는 특수상황이 있어 이를 제외하고 4세에서 17세까지의 아동을 대상으로 표준화하였다. 2001년 일부 문항 및 척도를 변경하고 DSM 진단척도가 도입되어 개정된 미국판이 출시되었다. 이것을 기초로 오경자, 김영아, 하은혜, 이혜련, 홍강의(2010)에 의해 한국판 아동청소년행동평가척도 부모용(K-CBCL 6-18)이 출판되었다.

CBCL은 크게 사회능력척도social competence scale와 문제행동척도behavior problem scale로 구성되어 있는데, 2010년 개정판에서 사회능력척도의 이름이 적응척도로 변경되었다. 적응척도는 사회성과 학업수행척도로 구성되며, 사회성척도는 사회적 관계의 질을 평가하는 문항으로 구성되어 있고, 학업수행척도는 교과목 수행 정도, 학업수행상의 문제 여부 등을 평가하는 문항으로 구성되어 있다. 그리고 문제행동척도는 증후군척도, DSM 진단척도, 문제행동 특수척도로 구성되어 있다. 증후군척도는 내재화 · 외현화 · 사회적 미성숙 · 사고 문제 · 주의집중 문제 · 기타 문제로, DSM 진단척도에는 정서 · 불안 · 신체 · ADHD · 반항행동 · 품행 문제로 그리고 문제행동특수척도에는 강박증상 · 외상후 스트레스 문제 · 인지속도 부진으로 구성되어 있다.

CBCL은 아동을 잘 아는 부모나 양육자가 평정하도록 되어 있는데, 아동의 문제는 간혹 부모가 발견하지 못한 측면이 학교상황에서 발견되기도 하므로 아켄바흐는 1991년 개정판에서 교사용 행동평정척도Teacher Report Form, TRF와 청소년용 자기보고식행동평정척도Youth Self Report, YSR도 개발하였다. 그리고 서로 유사한 문항 및 요인구조를 가지고 있어 자기보고용과 평가자에 의한 자료의 횡적인 비교가 가능하다. CBCL은 아동과 청소년의 심리장애 진단에 유용한 도구이며 현재 세계 30여 개국에서 표준화하여 사용하고 있다.

② 취학전아동행동평정척도

1988년 영국에서 재클린 맥과이어Jacqueline McGuire와 나오미 리치먼Naomi Richman은 취학전아동행동평정척도(PBCL)Preschool Behavior Checklist를 개발하였다(McGuire & Richman, 1988). 2~5세를 검사 대상으로 검사 목적은 취학전 아동의 정서 및 행동 문제를 판별하기 위한 것이다. PBCL은 품행 문제, 정서 문제, 공격성, 미성숙/고립, 사회적 위축, 대소변 문제 등 6가지 요인으로 구성되어 있다. 국내에서는 2005년 예비 표준화 연구와 2006~2007년 대규모 표준화 작업을 통해 (주)

휴노에서 2008년 한국판 CBCL 1.5-5유아행동평가척도 부모용가 출시되어 사용되고 있다(오경자, 김영아, 2008). 검사 대상은 만18개월~만5세 영유아로 검사는 영유아의 주 양육자가 실시한다. 문항은 문제행동척도(총100문항, 3점 리커트척도)와 언어발달검사(LDS, 총 310개 단어)로 구성되어 있다. 문제행동척도는 증후군척도와 DSM 진단척도로 구성되며, 언어발달검사는 어휘력과 문장길이로 구성되어 있다. 그리고 증후군척도는 내재화·외현화·수면 문제·기타 문제로, DSM 진단척도는 정서·불안·전반적 발달 문제·ADHD·반항행동으로 구성되어 있다.

③ 한국 아동인성평정척도(K-PRC)

한국 아동인성평정척도(K-PRC)Korean Personality Rating Scale for Children는 아동평가와 관련된 문헌 및 저자들의 임상경험과 소아정신병원에서 아동 환자와 환자의 보호자들을 통해 최근 10년 이상의 기간 동안 수집한 임상자료, DSM-IV, 미국의 아동인성검사Personality Inventory for Children, PIC, 아동문제행동평가척도Child Behavior Checklist, CBCL, 사회성숙도검사, 국제질병분류체계 10판(ICD-10)에서 아동 및 청소년 정신장애와 관련된 내용을 바탕으로 하여 아동의 심리적 장애 상태나 정신과적 문제를 진단하기 위해 개발한 검사이다. 국내에서는 조선미, 박혜연, 김지혜, 홍창희, 황순택(2006)이 표준화하였다. K-PRC는 3개의 타당도척도(검사-재검사척도, L척도, F척도)와 1개의 자아탄력성척도 그리고 10개의 임상척도(언어발달척도, 운동발달척도, 불안척도, 우울척도, 신체화척도, 비행척도, 과잉행동척도, 가족관계척도, 사회관계척도, 정신증척도)로 구성되어 있다. 전체 문항은 177개로 약 40분간 검사가 실시된다. 응답지는 전산으로 채점되며, 인구학적 배경정보와 함께 검사문항의 응답을 입력하면 대상자에 대한 각 척도의 표준 점수(T점수), 백분위 점수 및 프로파일, 각 척도의 해석적 요약이 간략하게 제공된다. 40~60점은 또래 집단의 평균이고, 40점 미만은 또래보다 낮은 집단, 60점 이상은 또래보다 높은 집단이다.

④ 주의력결핍과잉행동장애평정척도

주의력결핍과잉행동장애평정척도ADHD Rating Scale, ARS는 두폴(DuPaul, 1998)이

	한국판 ADHD평가척도, K-ARS				
	내용	전혀 혹은 그렇지 않다	때때로 그렇다	자주 그렇다	매우 자주 그렇다
1	세부적인 면에 대해 꼼꼼하게 주의를 기울이지 못하거나, 학업에서 부주의한 실수를 한다.	0	1	2	3
2	손발을 가만히 두지 못하거나 의자에 앉아서도 몸을 꼼지락거린다.	0	1	2	3
3	일을 하거나 놀이를 할 때 지속적으로 주의를 집중하는 데 어려움이 있다.	0	1	2	3
4	자리에 앉아 있어야 하는 교실이나 다른 상황에서 앉아 있지 못한다.	0	1	2	3
5	다른 사람이 마주보고 이야기할 때 경청하지 않는 것처럼 보인다.	0	1	2	3
6	그렇게 하면 안 되는 상황에서 지나치게 뛰어 다니거나 기어오른다.	0	1	2	3
7	지시에 따라서 학업이나 집안일, 자신이 해야 할 일을 끝마치지 못한다.	0	1	2	3

출처 소유경, 노주선, 김영신, 고선규, 고윤주(2002).

그림 8.7 | 한국판 자기보고식 ADHD평정척도 문항 일부

DSM 진단기준을 근거로 개발하여 6~12세 아동의 부모 765명과 교사 551명을 대상으로 표준화하였다. 부주의성을 반영하는 9개 문항(홀수 문항)과 과잉행동-충동성을 반영하는 9개 문항(짝수 문항) 등 총 18개의 문항으로 구성되었으며 각 문항은 행동의 심각도에 따라 4점척도(0~3점)로 평정된다. K-ARS는 이를 한국어로 번역한 것으로 타당도 연구 및 규준이 마련되어 있다(김영신 외, 2003; 장수진, 서동수, 변의정, 2007). 총점을 산출하는 방식과 부주의, 과잉행동-충동성 문항 각 9개 중 2(자주 그렇다) 혹은 3(매우 자주 그렇다)에 체크된 문항이 6개 이상인지를 확인하는 문항 개수를 세는 방식으로 평가한다. 이때 부모용 19점 이상, 교사용 17점 이상일 경우 ADHD의 가능성을 의심해 볼 수 있다.

⑤ 예일 틱증상평정척도

레크먼 등에 의해 1989년 개발된 예일 틱증상평정척도_{Yale Global Tic Severity Scale}는

평가자와 다양한 정보원과의 반구조화된 면담을 통해 작성한다(Leckman et al., 1989). 평가는 일주일 전에 관찰된 틱증상에 관한 자기평가설문지와 평가자의 관찰을 통해 이루어진다. 증상의 심각도는 운동틱과 음성틱 각각 개수, 빈도 강도, 복합성, 방해의 다섯 가지 차원에서 5점척도로 평가한다. 가장 낮은 0점은 증상이 없거나 단순한 증상을 의미하고 1점에서 5점까지 점수가 높아질수록 틱증상이 복합적이고 심해짐을 의미한다. 국내에서는 1998년에 정선주 등에 의해 표준화된 한국어판이 사용된다.

⑥ 아동기자폐증평정척도

아동기자폐증평정척도(CARS)Childhood Autism Rating Scale는 미국 노스캐롤라이나 대학의 정신의학연구소에서 제작(1988년 개정판)한 자폐아진단검사로 자폐증의 정도를 파악하고, 발달장애아 중 자폐 성향이 없는 아동들을 구별하기 위하여 제작된 행동평정척도이다. 국내에서는 1995년 김태련과 박랑규가 번역하였고, 신민섭과 김융희(1998)가 표준화하였다. CARS는 카너(Kanner, 1943), 크릭(Creak, 1961), 러터(Rutter, 1968)의 정의, 미국자폐아동협회(NSAC, 1978), DSM-III-R(1987)에 사용된 정의와 진단체계를 기초로 제작되었다. 이 척도는 관찰을 한 후 실제 CARS기록지에 평정을 한다. 15개의 각 문항은 1점에서부터 4점까지 평정하는데, 1은 '정상 범위' 내에 있음을 의미하고, 2는 '경증의 비정상', 3은 '중간 정도의 비정상'을 뜻하며, 4는 해당연령에서 '심하게 비정상'적인 행동임을 나타낸다. 각 등급 사이에 중간점(1.5, 2.5, 3.5)도 있어 각 등급의 중간으로 판단될 때는 이 중간점을 이용한다. 점수는 가장 낮은 15점부터 가장 심한 60점까지 있다. 한국 표준화 연구에서 자폐증과 다른 비자폐장애를 구분하는 절단점은 28점으로 제시되고 있다(신민섭, 김융희, 1998).

⑦ 한국형 인터넷중독자가진단척도(K-척도)

K-척도는 한국정보화진흥원에서 초, 중, 고등학생의 인터넷 중독을 자가진단하기 위한 목적으로 2002년 개발한 척도이다(김청택, 김동일, 박중규, 이수진, 2002). K척도는 9세 이상 18세 미만의 청소년을 대상으로 표준화되었으며, 일상생활 장애(1요인), 현실구분장애(2요인), 긍정적 기대(3요인), 금단(4요인), 가상적 대

인관계 지향성(5요인), 일탈행동(6요인), 내성(7요인)과 같은 7개 요인 40문항 4점 리커트척도로 구성되어 있다. 또한 인터넷 중독 성향이 있는 사람들을 고위험 사용자군, 잠재적위험 사용자군, 일반 사용자군의 3개 집단으로 구분한다.

K-척도의 규준은 아래와 같다(김청택, 김동일, 박중규, 이수진, 2002).

[집단1] 고위험 사용자군: 일상생활장애, 금단, 내성의 세 하위요인이 모두 표준화 점수(T점수) 70점 이상이거나 총점의 표준화 점수가 70점 이상인 집단
[집단2] 잠재적위험 사용자군: 아래의 위험 사용자군과 문제 사용자군을 모두 포함함
① 위험 사용자군: 집단1에 속하지 않으면서 일상생활장애, 금단, 내성의 세 하위요인 중 적어도 한 요인에서 표준화 점수 70점 이상이거나 총점의 표준화 점수가 63점 이상인 집단
② 문제 사용자군: 집단1에 속하지 않으면서 일상생활장애, 금단, 내성의 세 하위요인 중 적어도 한 요인에서 표준화 점수 63점 이상(상위 10%)이거나 총점의 표준화 점수가 63점 이상인 집단
[집단3] 일반 사용자군: 위의 집단 중 어디에도 해당되지 않을 경우

⑧ 아동·청소년 실행기능행동평가검사

아동·청소년 실행기능행동평가검사(BRIEF)Behavior Rating Inventory of Executive Function는 아동이 자신의 행동을 통제하거나 억제 및 감찰하는 능력을 측정하는 검사이며 (Gioia, Isquith, Guy & Ken-worth, 2000), 8개의 임상 소척도와 2개의 부적척도 및 불일치척도를 포함하여 총 86문항으로 구성되었다. 2015년에 아동·청소년 실행기능행동평가검사 2판(BRIEF2)으로 개정되었다(Gioia, Isquith, Guy, & Kenworthy, 2015).

BRIEF2 척도는 문항을 간소화하고 핵심 임상 집단의 실행기능 문제의 민감성을 높였다. 또한 비정상적인 응답을 식별하기 위한 저빈도 척도가 추가되었다. 이 검사는 부모보고형(63문항) 및 자기보고형(55문항) 검사로 구성되었으며,

5~18세를 대상으로 실시한다. 5~13세는 부모보고형 검사를, 11~18세는 아동·청소년의 자기보고형 검사를 실시할 수 있다. 부모보고형 문항은 금지Inhibit, 자기 감찰Self-Monitor 등 9개의 실행기능 영역을 측정하는 문항으로, 자기보고형 문항은 시작Initiate, 자기 감찰 등 7개의 실행기능 영역을 측정하는 문항으로 구성되어 있다. 이를 장은진, 신민섭, 정은정, 조영일, 원성두, 조주성이 한국판으로 타당화한 척도가 2025년 출판될 예정이다.

(2) 아동용우울척도

아동용우울척도(CDI)Children's Depression Inventory는 코박스Kovacs와 벡Beck이 아동기 우울증의 인지적, 정서적, 행동적 증상들을 평가하기 위해 1977년 개발한 자기보고형 척도(Kovacs & Beck, 1977)로서 벡의 성인용우울척도(Beck, 1961)를 아동의 연령에 맞게 변형시켰다. 총 27개의 문항으로 5가지 하위영역인 우울정서, 행동장애, 흥미상실, 자기비하, 생리적 증상을 포함한다. 점수의 범위는 0~54점으로 점수가 높을수록 우울정도가 심하고 다양한 우울 증상을 보임을 의미한다. 국내에서는 조수철과 이영식(1990)이 미국판 CDI를 번역·타당화해서 한국형 아동용우울척도를 개발하였다(그림 8.8).

(3) 아동용불안척도

아동용불안척도(RCMAS)Revised Children's Manifest Anxiety Scale는 테일러(Taylor, 1953)의 성인용불안척도(AMAS)Adult Manifest Anxiety Scale의 아동용 버전으로 아동청소년을 대상으로 불안장애를 평가하는 데 가장 널리 알려진 자기보고식 척도이다. 다양한 불안과 관련된 증상을 평가할 수 있도록 고안되었고, 37개의 문항으로 자신에 대하여 어떻게 생각하고 느끼는가에 대해 예, 아니요 중 하나를 선택하는 방식이다. 총 점수를 산출하여 그 점수가 높은 아동일수록 불안 증상이 심함을 나타내며 25점 이하는 정상, 26~33점은 불안감 경도에서 중등도, 34점 이상은 불안장애 의심으로 전문가의 도움이 필요하다고 본다.

1	( )	나는 가끔 슬프다.
	( )	나는 자주 슬프다.
	( )	나는 항상 슬프다.
2	( )	나에겐 모든 일이 제대로 되어 갈 것이다.
	( )	나는 내 일이 제대로 되어 갈지 확신할 수 없다.
	( )	나는 제대로 되어 가는 일이란 없다.
3	( )	나는 대체로 무슨 일이든지 웬만큼은 잘한다.
	( )	나는 잘못하는 일이 많다.
	( )	나는 무슨 일이나 잘못한다.
4	( )	나에겐 재미있는 일들이 많다.
	( )	나에겐 재미있는 일들도 가끔 있다.
	( )	나에겐 어떤 일도 전혀 재미가 없다.
5	( )	나는 가끔 못됐다.
	( )	나는 못됐을 때가 많다.
	( )	나는 언제나 못됐다.
6	( )	나는 가끔씩 나에게 나쁜 일이 일어나지 않을까 생각한다.
	( )	나는 나에게 나쁜 일이 일어날까 자주 걱정한다.
	( )	나는 나에게 무서운 일이 일어나리라는 것을 확신한다.
7	( )	나는 나 자신을 좋아한다.
	( )	나는 나 자신을 좋아하지 않는다.
	( )	나는 나 자신이 싫다.
8	( )	잘못되는 일은 대체로 내 탓이 아니다.
	( )	잘못되는 일 중 내 탓인 것도 많다.
	( )	잘못되는 일은 모두 내 탓이다.

출처 조수철, 이영식(1990). 한국형 소아우울척도의 개발. 신경정신의학 , 29. 943-956

그림 8.8 | 아동용우울척도 문항 일부

(4) 아동용외상후스트레스척도

① 한국판 부모용외상후증상보고

부모용외상후증상보고(PROPS)Parent Report of Post-traumatic Symptoms는 6~18세 아동 및 청소년의 외상 후 증상을 선별하기 위해 리키 그린왈드와 루빈이 개발한 부모보고용 검사이다(Ricky Greenwald, & Rubin, 1999). 이를 한국어판으로 번안한 것이 한국판 부모용외상후증상보고Korean Version of the Parent Report of Post-traumatic Symptoms이며(이홍림, 곽준규, 2004), 이후 이광민 등(2011)이 이를 타당화하여 우수한 내적일치도와 안정적인 검사-재검사 신뢰도를 보이고 있음이 확인되었다. PROPS는 최근 일주일 동안 관찰된 아동의 행동을 3점 척도(0~2점) 중에 선택하는 부모용 검사이며, 총 32문항으로 구성되었다.

② 한국판 아동용외상후증상보고

아동용외상후증상보고(CROPS)the Child Report of Post-traumatic Symptoms는 리키 그린왈드와 루빈(Ricky Greenwald, & Rubin, 1999)이 개발한 자기보고용 검사이며, 이를 한국어판으로 번안한 것이 한국판 아동용외상후증상보고Korean Version of the Child Report of Post-traumatic Symptoms이다(이홍림, 곽준규, 2004). CROPS는 최근 일주일 동안 경험한 외상 관련 증상을 3점 척도(0~2점) 중에 선택하는 아동용 자기보고식 검사이며, 총 26문항으로 구성되었다.

③ 한국판 아동청소년용외상선별척도

한국판 아동청소년용외상선별척도(K-CATS-2)Korean Version of the Child and Adolescent Trauma Screen 2는 세드릭 작서Cedric Sachser(Sachser et.al., 2022) 등이 개발한 것을 김보경 등(2024)이 국내에서 번안하여 타당화한 것이다. K-CATS-2는 외상 사건 목록에 대한 경험 유무를 우선적으로 응답한 후, 가장 괴로운 사건을 떠올리며 지난 4주 동안 경험한 외상후 스트레스 증상 빈도에 대하여 20문항을 4점 척도(0~3점)로 평정한다.

Box 8.2 | 성인 행동평가 사례

환자 A는 대학교 졸업 후 이름 있는 기업에서 일을 하던 28세의 여성으로 2년 전 뇌출혈이 발생하여 회사에서 갑자기 쓰러졌다. 이후 말이 어눌해지고, 멍하게 있는 시간이 늘어났으며, 잘 걷지도 못했다. 또한 방금 들은 말이나 경험했던 일도 자주 잊어버려 새롭게 학습이 잘 되지 않았다. 환자 어머니는 A가 자조능력도 많이 떨어진 것 같다고 보고하였다.

결국 환자는 병원에서 혈관 질환에 의한 중도(major) 신경인지장애를 진단 받고 재활의학과의 협진으로 언어치료와 운동재활치료를 받았다. 또한 환자는 떨어진 인지기능과 관련하여 지적장애 진단을 받고자 정신건강의학과에서 지능평가를 받게 되었다.

평가 과정에서 A는 거부증과 유사한 모습을 보였는데 평가자의 과장된 몸짓과 격려 등 평가에 참여시키려는 다양한 노력에도 불구하고 A는 아무런 반응을 보이지 않았다. 지필검사를 위해 연필을 쥐어 보게도 하고 그 외 다른 물건으로 주의를 끌어보기도 했지만, A는 아주 가끔 얼굴만 들고 평가자를 잠시 바라보다가 다시 고개를 숙이고 조는 듯한 모습만 보였다. 그리고 평가자는 A의 어머니와의 면담에서 사실은 환자가 이 정도까지 기능이 낮지는 않다는 이야기를 들었다. 결국 평가자는 비참여관찰을 시도하기로 하고 어머니의 동의를 받은 후 평가를 보류하였다.

이후 평가자는 환자의 재활치료 등을 옆에서 직접 지켜보고, 병실에서 환자의 의사소통 양상과 자조 기능 정도를 주기적으로 관찰했다. 그 과정에서 환자의 언어이해 능력, 운동 능력, 그 외 작업, 이동, 사회성 등을 관찰만으로 평가하고 환자의 상태에 대한 가설을 설정했다. 약 4일에 걸쳐 환자 A를 자세히 관찰하였고, 그 외 환자의 신체적 상태에 대한 다양한 의학적 검사 결과, 재활치료사 및 언어치료사들과의 면담, 치료회기보고서를 검토하며 환자의 현 상태에 대한 이해를 도모하였다. 이 과정에서 평가자는

환자가 특정 시간대에 신체 기능이 크게 저하되었다가 다시 회복되고, 회복되었을 경우 경계선 수준의 지능 정도까지 기능할 수 있다는 것을 발견하였다. 그리고 이를 바탕으로 지능평가 재실시 시간이 결정되었다.

결과적으로 환자의 증상은 '부정왜곡'이 아닌 것으로 판명되었고, 환자의 기능 상태와 기능이 최대가 되는 조건 등도 확인할 수 있었다.

이러한 사례에 있어 관찰법의 사용은 검사 결과 수치를 좀 더 자세하고 살아 있는 정보로 만들어 줄 수 있다. 다만, 관찰법을 사용하면 상대적으로 평가자의 시간적·심적·체력적 부담이 클 수 있고, 더불어 특정 측정 영역이나 행동을 목표하지 않고 관찰할 경우 시간을 낭비할 수도 있다. 또한 일부 관찰 상황에서는 환자가 평가자를 의식하여 행동 양상이 달라지거나 이차 이득과 관련하여 증상이 부정적으로 더욱 왜곡되어 나타나기도 한다. 따라서 관찰법을 사용할 때는 분명한 목적, 특정한 관찰 행동 및 영역, 빈도, 심각도 등을 정해야 하고, 반드시 다른 검사 결과 및 면담 결과를 함께 고려해야 한다.

Box 8.3 아동 행동평가 사례

만 9세 남자 아동 B는 만성 우울증을 앓고 있는 어머니와 가정 폭력을 일삼는 아버지 밑에서 성장했다. 현재는 지역 주민의 신고로 아동보호전문기관에 구조된 후 아버지와 분리되어 어머니와 함께 살고 있다고 한다.

지역의 아동보호전문기관은 아동의 전반적 정신건강상태가 걱정되어 아동의 현재 심리상태 파악 및 적절한 치료 서비스 제공을 위해 J병원 정신건강의학과에 종합심리평가를 의뢰하였다. 그러나 예상과 달리 검사실에 나타난 B의 전반적인 위생 상태, 눈맞춤, 표정, 말투, 말의 내용 등은 대체로 양호하고

건강한 편이었다. 심지어 심리적으로 힘든 것도 없고 특별히 자주 하는 걱정이나 스트레스도 없으며 학교생활도 재미있고 공부도 잘하고 있다고 이야기하였다. 가정에 대해 이야기를 할 때도 특별히 아버지나 어머니를 원망하는 모습은 보이지 않았다. 가정 폭력이라는 단어가 무색할 정도로 B는 가정에서 일어나는 일들을 일반적인 갈등이나 부부 싸움, 다소 귀찮고 약간 짜증나는 일 정도로 치부하고 있었다.

반면 B의 어머니는 전혀 다른 이야기를 하였다. B가 아버지에게 자주 혼이 나고 울며 힘들어 했다는 것이다. 자신이 보기에는 우울하고 불안하며 뭔가 알

수 없는 애정 결핍이 있을 거라고 이야기하였다. 이에 평가자는 B의 검사 결과들을 살펴보았다. 부모보고식 검사들은 대부분의 내재화 및 외현화 관련 문제가 백분위 90%를 넘고 있었던 반면, B가 스스로 작성한 자기보고식 검사나 투사검사, 지능검사 결과들에서는 흔히 가정 폭력에서 기대되는 부정적 정서들이 발견되지 않았다.

이에 평가자는 B의 어머니 보고와 B의 상태에 대한 불일치 현상에 대해 특정한 이론적 편견을 배제하기 위해 'Not Knowing'의 자세(치료자의 전문가적 견해, 치료자 본인의 가치관 등이 수검자의 이야기를 이해하는 데 영향을 미치지 않도록 노력하는 태도)로 임하고, 검사가 모두 끝난 후 각 검사의 한계검증 과정(지능검사, 투사검사 등에서 검사의 질적 해석을 풍부하게 하기 위해 추가적으로 실시하는 절차)을 추가하였으며, 이를 토대로 면담을 다시 하였다. 이 과정에서 B는 정서적 정보에 둔감하고, 주의의 폭이 좁으며, 정보들의 조직화도 매우 엉성해서 표면적으로 보이는 정보들만 성급하게 일반화하고 추론하는 경향이 높다는 것을 알아냈다. B는 그동안 주어진 상황의 이면이나 비언어적인 정보, 뉘앙스나 분위기 등이 의미하는 것을 과소평가하거나 둔감하게 받아들였던 것으로 추측되었다. 더불어 사람관계에 대한 관심보다는 자신이 좋아하는 특정 흥밋거리나 물건, 게임, 활동과 그 성취에 더 관심이 많은 것으로 나타났다. 이러한 것들은 평가 후 면담을 통해 재검증되었다. 이러한 정보 처리 및 사고 양상을 고려했을 때 B가 부모를 바라보는 시각 그리고 당시에 느꼈을 일시적인 불편감,

상황과 환경이 변함에 따라 빠르게 사라지는 불쾌한 감정, 좋아하는 것을 보고 다시 즐거워하는 양상이 이해되었고, 평가 과정에서 잘 지낸다고 말한 이유가 평가자에게 더 분명하게 와닿았다. 결과적으로 현재 B는 실제적으로 기분이 나쁘지 않고, 어머니와 아버지의 관계 갈등, 다소 험악하게 느낄 수 있는 가정 분위기를 실제로도 별거 아닌 것처럼 지각하고 있는 것으로 확인되었다.

반면 어머니의 MMPI-2 결과에서는 부정왜곡 반응이 발견된다는 점에서 B에 대해 어머니가 과대 보고했을 가능성이 높아 보였다. 이 과정을 통해 심리치료는 B보다 B의 어머니에게 더 필요한 것으로 판단되었다.

이 사례는 행동평가 과정에서 행동면담, 자기보고식 검사 결과로 문제를 인식하고 개입을 하는 것의 한계를 보여주며, 행동관찰에서 얻은 정보와 심리검사 정보들을 어떻게 통합해야 하는지를 알 수 있게 해 준다. 어느 한쪽에만 가치를 크게 두는 경우 각 정보들이 특정 가설에 의해 연역적으로 추리될 수 있다. 각 활동에서 얻은 정보는 가설을 세우는 과정과 모든 정보들을 하나도 빠짐없이 활용하여 가설을 일치시키는 반복적인 연역 및 귀납 추론 과정을 거쳐야 한다. 이 작업은 평가자에게 많은 에너지를 쏟게 한다. 그러나 이 작업을 통해 보다 객관적이고 합리적인 가설을 도출할 수 있게 된다. 어느 한쪽에 치우치지 않은 가설을 형성하고 이를 근거로 치료를 하려면, 우선적으로 환자의 평가 내 행동에 주의를 기울이고 자세히 관찰하는 것이 필요하다.

이 장의 요약

1   행동평가는 행동평가 면접, 행동관찰, 자기감
    찰, 인지행동평가, 기능적 행동평가, 정신생리
    적 평가의 방법을 사용하여 인간의 행동 특성
    을 평가하는 심리평가 기법 중 한 종류이다.

2   행동평가 면접은 선행사건, 행동, 결과로 이루
    어지는 행동의 상호 관련성에 대해 구체적으
    로 기술하거나 설명하는 방법이다. 일반적으로
    특정한 문제행동과 이를 유지하는 요인 및 그
    결과를 파악하는 것이 주 목적이며, 목표 행동
    을 파악하고 추가적인 행동평가 절차를 선택
    하기 위한 목표를 가진다.

3   행동관찰은 주요하고도 직접적인 행동평가 과
    정이다. 행동관찰은 부정확하거나 왜곡 가능성
    이 있는 자기보고의 한계를 보완하고 특정 행
    동과 관련된 환경적 맥락을 밝혀준다. 또한 관
    찰된 행동이 일상에서의 행동을 얼마나 잘 대
    표하는지를 보여주는 생태학적 타당도를 확보
    할 수 있는 이점을 제공한다. 행동관찰 유형은
    관찰자의 참여 수준에 따라 참여관찰, 비참여
    관찰, 준참여관찰로 구분한다.

4   자기감찰이란 내담자가 스스로 자신의 정서,
    행동, 사고를 관찰하고 기록하는 방법이다. 주
    간행동 기록표, 일일 활동일지, 자동적사고 기
    록지 등을 작성하는 방법으로 각 행동과 관련
    된 느낌과 생각, 문제행동 등 중요한 정보들을
    기록한다.

5   인지행동평가는 개입전략 계획에 중요한 역
    할을 해낼 수 있다. 내담자의 사고과정에 대
    한 기능을 분석하여 어떤 부분이 적절한 수행
    을 방해하는지 인지 전략에 대한 검사가 이루
    어져야 한다. 인지행동평가를 위한 자기보고식
    검사와 인지기록의 방법이 있다.

6   기능적 행동평가는 주의 깊게 통제된 실험분
    석, 실험실이나 임상 장면에서의 분석, 교실이
    나 가정에서의 자연적인 기능적 평가 등 다양
    한 접근으로 이루어지는데, 이는 환경과 행동
    과의 관계를 명확하게 도출하기 위한 것으로
    문제행동이 언제, 왜 발생하는지 문제행동의
    원인을 알아내는 것이 목표이다.

7   정신생리적 평가는 인지, 정서, 행동이 생리적
    기능과 상호작용하는 방식을 평가하는 방법으
    로, 심박수, 혈압, 맥박, 체온, 피부의 전기반사,
    근육 긴장, 혈관 확장, 뇌파(예: EEG) 등을 측
    정하여 그 결과로 생리적 반응과 상호작용하
    는 심리적 문제를 평가한다. 최근에는 기능적
    자기공명영상장치(fMRI)를 통해 검사와 다양
    한 연구들도 이루어지고 있다.

8   행동평가 시 관찰하고자 하는 목표 행동이나
    태도를 평가하기 위해 평정척도나 체크리스트
    를 사용할 수 있다. 성인은 우울정서 관련 척
    도(BDI, BHS, BSI, CESD), 불안정서 관련 척
    도[BAI, 리보위츠 사회불안척도(LSAS), 상태
    특성불안검사(STAI)], 간이정신진단검사(SCL-
    90-R), 외상후스트레스진단척도(PDS), 사건
    충격척도 수정판(IES-R)이 많이 사용된다. 노
    인 대상으로는 인지기능을 간단하게 알아볼
    수 있는 도구로 치매임상평가척도(CDR), 전
    반적퇴화척도(GDS), 간이정신상태판별검사
    (MMSE)를 소개하였다. 아동용 행동평가 및
    증상 관련 척도로 아동청소년행동평가척도
    (CBCL), 취학전아동행동평정척도(PBCL), 한
    국 아동인성평정척도(K-PRC), 주의력결핍과
    잉행동장애평정척도(K-ARS), 예일 틱증상평
    정척도, 아동기자폐증평정척도(CARS), 한국형
    인터넷중독자가진단척도(K-척도), 실행기능행

동평가검사(BRIEF)가 자주 사용된다. 대표적인 아동용 정서척도에는 아동용우울척도(CDI), 아동용불안척도(RCMAS), 한국판 부모용외상후증상보고(PROPS), 한국판 아동용외상후증상보고(CROPS), 한국판 아동청소년용외상선별척도(K-CATS-2)가 있다.

더 읽을거리

Trull, T. J., & Prinstein, M. J. (2014). 임상심리학 [*The Science and Practice of Clinical Psychology*]. (권정혜, 강연욱, 이훈진, 김은정, 정경미, 최기홍 역). 서울: 센게이지러닝(원전은 2013에 출판).

Groth-Marnat G, & Wright A. J. (2017). 심리평가 핸드북 제6판[*Handbook of Psychological Assessment 6th edition*]. (신민섭 외 역). 서울: 사회평론아카데미(원전은 2016에 출판).

Martin, G., & Pear, J. (2013). 행동수정[*Behavior Modifcation: What it is and How to do it*]. (임선아, 김종남 역). 서울: 학지사(원전은 2011에 출판).

이선미, 은헌정 (1999). 한국판 사건 충격 척도의 신뢰도 및 타당도에 관한 연구. 신경정신의학 38(3). 501-513.

Pomerantz, A. M. (2019). 임상심리학 제4판[*Clinical Psychology*] (최승원, 박은영, 송원영, 장문선, 장은진 역). 서울: 시그마프레스(원전은 2017에 출판).

홍준표 (2014). 응용행동분석. 서울: 학지사.

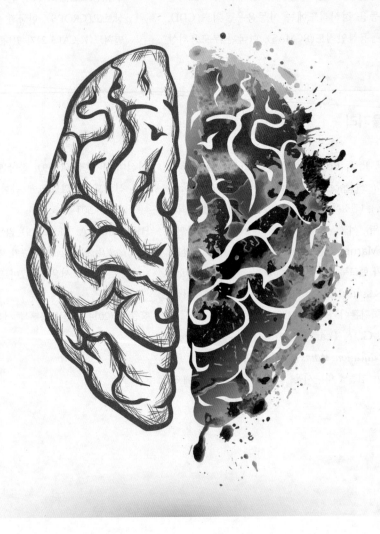

09

신경심리평가

임상

신경심리학은 뇌의 정상 또는 비정상적 기능이 인간의 인지 기능, 정서상태 및 행동에 미치는 영향에 대해 연구하는 응용 과학이다. 임상신경심리학자는 뇌와 인간 행동 사이의 관계에 대한 신경심리학적 지식을 바탕으로 신경심리평가를 시행하고, 이러한 환자들의 문제를 해결하기 위해 치료적 개입을 시행한다. 신경심리평가를 시행하기 위해서는 병력을 청취하고, 환자의 인지장애를 평가하기에 적합한 신경심리검사를 선택하는 것이 중요하다. 또한 신경심리검사를 정확하게 시행하고 검사 결과를 해석할 수 있어야 한다. 이를 위해서는 주의력, 언어 능력, 시공간 능력, 기억력, 집행기능 등 각 인지 영역에서 기능 저하 여부를 확인하는 다양한 신경심리검사들의 시행 방법과 특징들을 숙지하고 있어야 한다. 뿐만 아니라 뇌의 해부학적 기초 지식을 바탕으로 기본적인 기능들을 이해하고 뇌와 행동 사이의 관련성을 알고 있는 것이 필요하다. 인지기능에 영향을 미치는 신경병리 질환들은 매우 다양하여 알츠하이머병과 같은 퇴행성 뇌질환으로 인한 치매뿐만 아니라, 뇌혈관 장애와 뇌졸중·파킨슨병·뇌전증·뇌외상 등이 인지기능의 장애를 야기한다. 최근에는 국내에서도 인지기능의 장애 여부를 확인하기 위한 선별검사들과 여러 인지 영역들을 평가하기 위한 검사 총집들이 다양하게 개발되어 인지기능 저하의 특성을 밝히고 치매를 진단하는 데 사용되고 있다. 이 장에서는 인지 및 행동과 대뇌 피질 영역 사이의 관련성에 대한 기초적인 내용, 인지기능장애와 관련되는 대표적인 신경학적 질환 그리고 인지영역별 대표적인 신경심리검사들을 소개함으로써 신경심리평가에 필요한 기초적인 지식을 제공하고자 하였다. 임상신경심리학의 서비스 대상은 아동청소년, 성인 및 노인으로 다양하지만, 이 장에서는 성인의 대뇌 기능과 신경병리에 대해 간략하게 소개하고 성인과 노인을 대상으로 하는 신경심리평가에 중점을 두었다.

☑ **이 장의 목표**

1 임상신경심리학에서 다루는 질환, 평가 및 활동 분야를 이해할 수 있다.

2 인지기능을 담당하는 대뇌 피질의 구조와 기능을 살펴본다.

3 인지기능장애를 일으키는 대표적인 신경학적 질환들에 대해 살펴본다.

4 인지영역별 주요 신경심리검사들과 인지장애를 평가하는 선별검사도구 및 신경심리검사 총집들을 살펴본다.

임상신경심리학은 인간의 인지기능, 행동 및 정서 상태를 중추신경계의 기능과 관련지어 연구하는 학문으로, 임상신경심리학자는 뇌 손상과 인지, 행동 및 정서의 문제와의 관련성을 살펴볼 목적으로 신경심리평가를 시행한다. 이 절에서는 임상신경심리학의 정의와 신경심리평가에서 중요하게 고려해야 하는 점들 그리고 신경심리평가의 진행 과정을 개괄적으로 설명하였다.

임상신경심리학

임상신경심리학clinical neuropsychology은 뇌의 정상 또는 비정상적 기능이 인간의 인지기능, 정서상태 및 행동에 미치는 영향에 대해 연구하는 응용 과학으로서, 최근 가장 빠르게 성장하고 있는 심리학 분야 중 하나이다(American Academy of Clinical Neuropsychology, 2007; Stringer & Postal, 2015). 임상신경심리학자clinical neuropsychologist는 뇌와 인간 행동 사이의 관계에 대한 신경심리학의 지식을 바탕으로 신경계 질환 환자들이 가진 문제를 확인하기 위한 신경심리평가 neuropsychological assessment를 시행하고, 이러한 환자들의 문제를 해결하기 위한 치료적인 개입을 시행한다. 또한 뇌와 행동 사이의 관련성을 바탕으로 자문과 연구 및 교육의 역할도 담당한다.

신경심리평가

신경심리평가는 뇌의 기능 및 기능 이상에 대한 평가이며, 진단, 환자 돌봄에 대한 계획, 치료 계획, 치료 효과의 판단, 연구 등의 목적으로 시행된다(Lezak, Howieson, Bigler, & Tranel, 2012). 평가의 과정은 객관적인 신경심리검사의 시행과 체계적인 행동 관찰 그리고 신경심리학적 지식을 바탕으로 한 검사 결과의 해석으로 구성된다(American Academy of Clinical Neuropsychology, 2007). 신경심리평가를 위해서는 가장 먼저 의뢰 사유를 파악하는 것이 필요하고, 그에 대한 해답을 얻기 위해서 어떤 검사를 어떤 방식으로 환자에게 시행해야 할지를 결정해야 한다. 그리고 신경심리검사를 시작하기 전후로 환자와 보호자(주로 가족들)로부터 신경심리평가 해석에 필요한 정보들을 얻기 위해 병력을 자세히 청취해야 한다. 일반적으로 신경심리평가에서 병력 청취는 인지기능장애와 이를 야기할 가능성이 있는 신경병리학적 문제와 관련된 정보를 얻는 데 집중된다.

신경심리학자는 의뢰 사유, 평가 목적, 환자의 상태 등을 종합적으로 고려하여 평가해야 하는 인지 영역에 따라 적합한 검사를 선택해야 한다. 검사를 선택하기 위해서는 이 장에서 소개되는 주요 신경심리검사들을 잘 알고 있어야 한다. 환자의 교육수준과 연령은 신경심리검사 수행에 매우 큰 영향을 미치는 변인이기 때문에 교육수준, 연령 및 성별에 따른 규준이 마련되어 있는 검사를 선택해야 한다. 한편 뇌 손상 환자나 고령의 환자들은 오랜 시간 동안 신경심리검사를 수행할 때 신체적·정신적으로 심한 피로감을 느낄 수 있으므로 검사에 소요되는 시간을 고려하여 적합한 검사를 선택하는 것도 필요하다.

신경심리평가는 반드시 표준화된 방식으로 시행되어야 한다. 검사자의 숙련도와 임상적 태도가 환자의 검사 수행에 영향을 미칠 수 있기 때문에 모든 신경심리검사는 검사 실시 요강에 제시된 표준 절차대로 시행되어야 한다. 그러나 표준 절차대로 검사를 실시하고 난 후에 환자의 상태에 대해 좀 더 자세한 정보를 얻기 위해 비표준적 방식으로 검사를 진행하는 것이 허용되는 경우도 있다. 예를 들어 제한 시간이 있는 검사의 경우에 환자가 정해진 시간 동안 과제를 완성하지 못하면 점수를 획득할 수는 없지만, 환자 능력의 한계가 어느 정도인지를 확인하기 위해 제한 시간 이후에도 수행의 기회를 주어 확인해 볼 수 있다(Lezak et al., 2012). 신경심리평가의 검사자는 다른 심리평가와 마찬가지로 적절한 검사 시행 능력을 갖추기 위해 실시 과정에 숙달되기까지 전문가의 지도감독을 받아야 한다.

검사 시행 후 결과를 정확하게 채점하는 것 또한 매우 중요하다. 신경심리평가에서는 검사 결과를 점수로 산출하여 양적으로 보여주는 경우가 많기 때문에 채점에 오류나 실수가 있어서는 안 된다. 검사의 실시 및 채점 요강에서 제시된 채점 방법을 잘 숙지하여 이를 정확하게 시행해야 하며, 특히 채점을 신뢰롭게 할 수 있도록 꾸준히 지도감독 받는 것이 필요하다. 채점 후 신경심리검사 결과에 대한 양적 또는 질적 해석을 위해서는 뇌와 행동 간의 관련성에 대한 신경심리학적 지식이 필수이며, 시행된 여러 신경심리검사들에서 확인된 결과들을 통합하여 해석해야 한다. 신경심리평가의 원활한 해석을 위해서는 충분한 임상적 경험과 전문가의 지도감독을 포함한 임상 훈련을 반드시 받아야 한다. 검사 후 마지막으로 신경심리평가에 대한 결과 보고서를 작성하게 되는데, 이에 포함되어야 하는 내용은 환자의 인적 사항 정보, 의뢰 사유 및 배경 정보, 시행된 검사 목록, 각 인지 영역별 검사 결과들의 해석, 검사 결과의 요약 및 결론, 치료적 제언들이다. 신경심리평가 보고서는 환자의 상태에 대해 전문가와 의사소통하는 수단이므로 정확한 결과 해석을 명확하게 전달할 수 있게 작성해야 한다.

인지기능과 관련된 대뇌 피질의 구조

신경심리평가를 소개하기에 앞서, 인지 기능과 관련되는 주요 대뇌 피질의 구조를 간략하게 살펴보고자 한다. 인간의 뇌에는 두개의 반구, 즉 좌반구left hemisphere와 우반구right hemisphere가 있으며, 두 반구는 가운데에서 뇌량corpus callosum으로 연결되어 있다. 인지기능에 중요한 인간의 대뇌 피질은 전두엽frontal lobe, 측두엽temporal lobe, 두정엽parietal lobe, 후두엽occipital lobe의 4개 엽lobe으로 구분된다. 대뇌 피질의 안쪽에 해당하는 피질하subcortical영역에는 변연계limbic system, 기저핵basal ganglia, 시상thalamus, 시상하부hypothalamus등의 다양한 구조물들과 백질white matter다발이 위치해 있다.

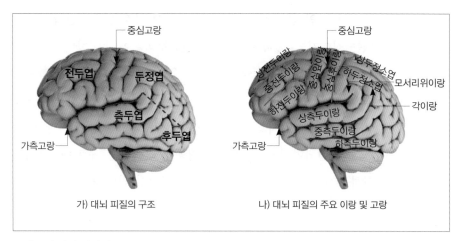

그림 9.1 ｜ 대뇌 피질의 구조

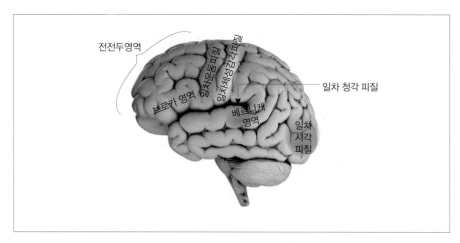

그림 9.2 ｜ 주요 기능과 해당 뇌 영역

① 전두엽

전두엽은 크기가 가장 큰 엽이고, 피질 표면의 1/3 이상을 차지하고 있으며, 운동, 인지 그리고 정서 등 다양한 기능을 담당한다. 또한 전두엽의 가장 분명한 기능 중의 하나는 일차 운동 피질primary motor cortex을 중심으로 이루어지는 운동 능력이다. 운동 피질 앞에 위치한 전전두피질prefrontal cortex은 인간의 고등 인지기능과 관련되는데, 특히 좌반구의 하전두이랑inferior frontal gyrus에 위치한 브로카 영역Broca's area은 언어 산출에 가장 중요한 영역이다. 주의와 기억에서 매우 중요한 역할을 하는 작업기억working memory도 전전두피질의 배외측 영역dorsolateral area과 관련된다. 인간의 효율적인 활동에 있어 가장 필수적인 인지기능이라고 할 수 있는 집행기능executive function에도 전전두피질이 관여한다. 집행기능이란 다양한 인지적 과정 및 기능들을 통칭하는 용어로서 개념형성 능력, 추론 능력, 계획 능력, 억제 및 통제 능력, 인지적 유연성, 목적지향행동 등을 포괄하는 개념이다. 충동을 억제하고 사회적으로 적절한 행동을 하는 능력은 안와전두영역orbitofrontal area과 관련되며, 동기와 자발적 행동에 대해서는 전측 대상회anterior cingulate를 포함하는 내측전두영역medial frontal area이 중요한 역할을 하는 것으로 알려져 있다.

② 측두엽

측두엽의 주된 역할 중 하나는 청각 능력과 언어이해 능력이다. 측두엽의 상측두이랑superior temporal gyrus에는 일차 청각 피질primary auditory cortex이 있으며, 좌반구의 일차 청각 피질 부근인 상측두이랑의 뒤쪽 1/3 지점에는 인간의 음성 정보와 언어이해 기능을 담당하는 베르니케 영역Wernicke's area이 있다. 해마와 편도체는 내측두엽medial temporal lobe에 자리잡고 있는데, 이들은 기억에 중요한 역할을 한다. 특히 해마를 중심으로 한 내측두엽에 손상이 있을 경우, 정보를 학습하여 장기 기억으로 전이·저장하는 능력에 현저한 장애를 갖게 된다. 또한 측두엽의 바닥쪽에 위치한 방추형이랑fusiform gyrus은 얼굴인식에 중요한 역할을 하는 것으로 알려져 있다.

③ 두정엽

두정엽에 있는 일차 체성 감각 피질primary somatosensory cortex은 촉각 정보를 처리하여 해석하는 영역으로 중심후이랑postcentral gyrus에 위치한다. 우반구의 두정엽은 3차원 공간에서 시공간 정보를 처리하고 주의를 할당하는 시공간적 주의집중 능력에 중요한 역할을 한다. 예를 들어 우반구 두정엽에 손상을 입으면, 손상부위의 반대측인 좌측 공간에 제시된 정보를 알아차리지 못하거나 이에 주의를 두지 않는 무시 증후군neglect syndrome을 보일 수 있다. 또한 길찾기와 사물의 위치에 대한 정보를 처리하는 데 필요한 시공간 능력이 우반구 두정엽과 관련된다. 한편 좌반구의 두정엽은 읽기 및 계산에 중요한 역할을 한다. 또한 측두엽과 전두엽을 연결하는 백질 다발인 궁상속arcuate fasciculus이 두정엽의 피질하 영역을 지나는데, 좌반구의 궁상속은 베르니케 영역과 브로카 영역을 연결하므로, 들은 언어적 정보를 그대로 따라말하는 능력의 신경 해부학적 틀을 제공한다. 따라서 궁상속이 지나가는 좌측의 하두정소엽inferior parietal lobule이 손상될 경우 따라말하기만 두드러지게 손상되는 전도실어증conduction aphasia이 나타난다. 또한 좌반구의 하두정소엽이 손상되면, 쓰기, 계산, 손가락 인식 및 좌우지남력이 손상되는 거스트만 증후군Gerstmann's syndrome을 보일 수 있다.

④ 후두엽

후두엽의 가장 뒤쪽 끝에는 일차 시각 피질primary visual cortex이 자리 잡고 있다. 후두엽에 손상이 있을 경우 손상 반대측의 시야가 보이지 않는 시야 결손이 발생한다. 시각 정보들은 두 개의 시각 정보처리 경로를 거치게 되는데, 하나는 후두엽과 측두엽의 바닥 부분을 포함하는 복측 시각 경로ventral visual pathway로서 주로 사물이 무엇인지에 대한 정보를 처리한다(따라서 "what pathway"라고 불린다). 또 다른 하나는 후두엽과 두정엽으로 이어지는 뇌 영역들을 포함하는 배측 시각 경로dorsal visual pathway인데, 이는 사물의 공간 위치 정보를 처리한다(따라서 "where pathway"로 불린다).

최근에는 뇌의 여러 영역들 사이를 연결하는 신경망neural network이 인지기능에 중요한 역할을 한다는 이론이 많은 주목을 받고 있지만, 신경심리평가의 임상적 접근들은 아직까지 뇌의 고등 인지기능들에 대한 국소화 이론(예를 들어, 특정 기능의 저하를 특정 뇌 영역의 손상과 관련지어 설명)에 기초하는 경향이 있다. 따라서 대뇌 피질 영역이 기본적으로 어떤 역할을 맡고 있는지 이해하는 것은 신경심리학에서 임상가에게 매우 중요하다. 신경해부학의 보다 자세한 내용에 대해서는 더 읽을거리에 소개된 문헌들을 참고하기 바란다.

인지기능장애와 관련되는 신경병리

신경심리평가는 다양한 뇌 질환 환자들에게 시행될 수 있다. 조현병, 우울장애, 양극성장애와 같은 정신과적 질환 환자의 인지기능 평가에도 활용될 수 있으며, 자폐증과 주의력결핍 과잉행동장애 등 아동기 장애 환아들에게도 인지기능을 평가하기 위해 시행된다. 그러나 이 장에서는 인지기능의 장애가 질환의 주요 핵심이 되는 성인 및 노년기의 신경학적 장애들 일부에 대해 간략하게 살펴보았다.

표 9.1 | DSM-5-TR의 주요신경인지장애 진단기준[*]

A. 1개 이상의 이상의 인지 영역(복합적 주의, 집행기능, 학습과 기억, 언어, 지각-운동 또는 사회 인지)에서 인지 저하가 이전의 수행 수준에 비해 현저하다는 증거는 다음에 근거한다
    1. 환자, 환자를 잘 아는 정보제공자 또는 임상의가 현저한 인지기능저하를 걱정, 그리고
    2. 인지 수행의 현저한 손상이 가급적이면 표준화된 신경심리검사에 의해, 또는 그것이 없다면 다른 정량적 임상 평가에 의해 입증
B. 인지 결손은 일상 활동에서 독립성을 방해한다(즉, 최소한 계산서 지불이나 치료 약물 관리와 같은 일상생활의 복잡한 도구적 활동에서 도움을 필요로 함).
C. 인지 결손은 오직 섬망이 있는 상황에서만 발생하는 것이 아니다.
D. 인지 결손은 다른 정신질환(예: 주요우울장애, 조현병)으로 더 잘 설명되지 않는다.

[*] DSM-5부터는 치매라는 용어 대신 주요신경인지장애 (major neurocognitive disorder)라는 용어를 사용하였다.

경도인지장애와 치매 – 알츠하이머병

치매는 하나의 질병명이 아니라 특정한 조건에서 복합적인 증상들이 함께 나타나는 증후군을 말한다. DSM-5부터는 치매 대신 주요신경인지장애라는 용어를 사용하고 있다. 일단 치매(또는 주요신경인지장애)로 진단하기 위해서는 표9.1에 제시된 바와 같이 후천적으로 발생한 인지기능의 장애와 더불어 독립적인 일상생활이 불가능해진 상태에 이르러야 한다. 하지만 알츠하이머병Alzheimer's disease과 같은 퇴행성 뇌 질환은 시간을 두고 서서히 진행하기 때문에, 치매에 이르기 전 매우 초기의 상태에 해당되는 환자들이 있다. 이를 경도인지장애(MCI)mild cognitive impairment로 명명하였는데, 정의에 따르면 MCI는 인지기능의 저하를 호소하

며 검사를 통해 객관적인 기억장애가 확인되지만 일상생활 수행능력과 전반적인 인지기능 수준은 아직까지 치매에 이르지 않은 상태를 말한다(Albert et al., 2011; Petersen et al., 1999; Petersen et al., 2014). 종단 연구에 따르면 MCI 환자 중 약 12~15%가 1년 사이에 치매로 진행되는 것으로 알려져 있다(Petersen & Morris, 2003). 또한 연구가 진행되면서 MCI에도 다양한 하위 유형이 있다는 것이 밝혀졌으며(Petersen, 2004), 기억력을 포함해서 다양한 영역의 인지기능이 손상된 MCI가 다른 하위 유형의 MCI에 비해 특히 알츠하이머병에 의한 치매로 진행될 가능성이 높다고 알려져 있다(Ye et al., 2012).

알츠하이머병은 치매를 야기하는 대표적인 퇴행성 뇌 질환으로, 뇌 위축이 점차 진행되면서 인지장애와 행동 변화가 서서히 나타나는 병이다. 뇌에 아밀로이드amyloid와 타우tau 단백질이 침착되는 것이 병의 원인이라고 알려져 있다. 병의 발병 가능성을 높이는 위험인자로는 아포지단백Apolipoprotein E(APOE) 유전자형 검사에서 ε4대립유전자¹를 가진 경우, 낮은 교육수준, 높은 연령 등이 알려져 있으며 남성보다 여성에서 더 많이 나타난다. 알츠하이머병에서 뇌의 변화는 내측두엽에 위치한 해마와 그 주변 영역에서부터 시작되기 때문에 기억장애가 가장 첫 증상으로 나타난다. 특히 일화기억episodic memory의 장애가 가장 두드러지며 최근에 있었던 일을 잘 기억하지 못하는 양상을 띤다. 병이 진행되면서 언어 기능, 특히 이름대기 능력과 이해력이 점차 나빠지고, 방향 감각의 장애로 인해 길을 잃고 헤매거나, 계산을 하는 데 어려움이 생긴다. 병이 진행되어 중기 정도에 이르면 인지장애 외에도 정서 및 행동 장애가 나타나는데, 무감동, 불안, 우울, 불안정성 등이 주로 나타나고, 중기에서 후기로 진행될수록 망상이나 환각, 탈억제 등의 증상이 나타난다. 걷고 움직이는 운동 기능은 다른 기능들에 비해 유지되는 편이며, 말기에 가서는 대소변을 가리지 못하고 심지어 자신의 개인적인 사항들(내가 어떤 일을 했던 누구인가, 누가 내 가족인가)도 기억하지 못하게 된다.

최근에는 각종 의학적 지표를 확인함으로써 알츠하이머병 진단의 정확성을

1 　아포지단백 E 유전자에는 ε2, ε3, ε4의 세 가지 대립유전자 타입이 있으며, 이 중에서 ε4 유전자형을 가진 사람, 특히 동종접합 유전자를 가진 사람은 알츠하이머 치매의 발병이 높은 것으로 알려져 있다.

높일 수 있게 되었다. 뇌컴퓨터단층촬영brain computer tomography, CT이나 뇌자기공명
영상brain magnetic resonance imaging, MRI과 같은 구조적 뇌영상 검사를 시행하여 초기부
터 내측두엽에 위축이 있는지 그리고 점차 측두엽과 두정엽의 위축이 진행되는
지를 확인할 수 있다(그림9.3). 최근에는 뇌 속에 침착된 아밀로이드와 타우 단
백질의 정도를 검사할 수 있는 아밀로이드 PETpositron emission tomography 또는 타우
PET 영상 기법이 개발되어 사용되면서 알츠하이머병 진단에 획기적인 발전을
가져왔다. 이러한 의학적 검사 덕분에 알츠하이머병의 최근 진단기준들은 인
지기능의 장애뿐만 아니라 이러한 검사 결과들을 진단의 확실성을 증가시켜주
는 요인으로 포함하고 있다(Dubois et al., 2014; Jack et al., 2011; McKhann et
al., 2011).

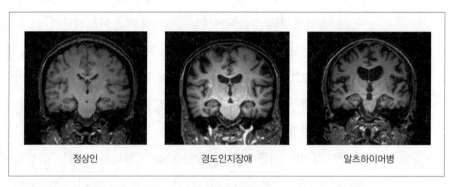

| 정상인 | 경도인지장애 | 알츠하이머병 |

그림 9.3 알츠하이머병 환자 뇌의 점진적인 뇌 위축 변화

파킨슨 증후군

파킨슨 증후군Parkinsonian syndrome이란 떨림tremor, 운동완만bradykinesia, 경직rigidity 그
리고 자세불안정성postural instability과 같은 운동 증상들을 특징으로 하는 임상 증후
군을 말한다. 파킨슨 증후군에는 파킨슨병Parkinson's disease뿐만 아니라 레비소체 치
매dementia with Lewy body, 진행성 핵상 마비progressive supranuclear palsy, 다계통위축증multiple
system atrophy 피질기저핵 증후군corticobasal syndrome 등 다양한 질환들이 포함된다. 이
들은 퇴행성 뇌 질환이므로 병이 진행되면서 인지장애가 동반되고 치매로 진행
될 수 있다. 파킨슨병 치매Parkinson's disease dementia는 처음에 파킨슨병의 전형적인 운
동증상(떨림, 경축, 운동완만, 자세불안정성)으로 시작되지만, 병의 경과 중 치매 증

상이 나타나는 경우이다. 파킨슨병 환자들의 약 78%가 추후 치매 증상을 동반한다는 보고가 있을 만큼, 파킨슨병에서 치매의 유병률은 상당히 높다(Aarsland, Andersen, Larsen, Lolk, & Kragh-Sorensen, 2003). 파킨슨병 환자들이 보이는 인지기능장애는 주로 전두엽기능장애이므로 인출장애 형태의 기억장애와 집행기능의 장애가 두드러지며, 기억력 검사 결과를 보면 자유회상에서는 수행이 저조하지만 보기를 주어 반응하게 하는 재인과제에서는 수행이 향상되는 인출장애 양상을 보이는 경우가 많다. 또한 기억장애보다 시공간기능장애가 병의 초기부터 심할 수 있다. 또한 반응 속도가 느린 것이 특징이며 우울증이 공존하는 경우가 많다. 신경전달물질 도파민과 관련된 흑질substantia nigra의 퇴행적 변화가 파킨슨병 운동 증상의 원인으로 알려져 있다. 또한 알파 시누클레인α-synuclein이라는 단백질로 구성된 레비소체Lewy body가 뇌간brain stem과 후각신경영역에 침착되다가 점차 변연계와 피질로 퍼져 나가는 것이 파킨슨병의 병리적 특징이다.

또 다른 파킨슨 증후군 중 하나인 레비소체 치매는 알파 시누클레인이 뇌간이나 피질하영역보다는 병의 초기부터 피질에 침착되어 나타나는 질환인데, 이는 알츠하이머병 다음으로 흔한 신경 퇴행성 치매이다. 며칠 또는 몇 주 사이에 인지기능이 좋아졌다가 나빠지는 굴곡 현상을 보이고, 환시visual hallucination와 급속눈운동 수면장애REM sleep behavior disorder가 파킨슨 운동증상들과 함께 나타난다(McKeith et al., 2017). 레비소체 치매와 파킨슨병 치매는 병리적인 소견이나 임상 증상이 매우 유사하기 때문에 감별진단이 어렵다. 인지기능장애가 파킨슨 운동증상보다 먼저 나타나거나 파킨슨 운동증상이 나타나고 1년 이내에 치매가 동반되면 레비소체 치매를 의심하며, 파킨슨 운동증상 발병 이후 1년이 지난 뒤에 치매가 나타나기 시작하면 파킨슨병 치매로 보는 것이 일반적이다(McKeith et al., 2005). 레비소체 치매 환자는 알츠하이머병 환자들에 비해 병의 초기부터 더 심한 시공간 능력의 장애를 보이는 것이 특징이며, 주의력의 장애와 더불어 전두엽/집행기능의 장애를 보인다. 기억장애는 알츠하이머병과는 달리 초기에 인출장애 양상을 보인다. 환시를 치료하기 위해 향정신성 약물을 사용할 경우 신경이완제에 대한 민감성neuroleptic sensitivity 때문에 심한 부작용을 보일 수 있으므로 주의해야 한다.

뇌혈관 장애 및 뇌졸중

흔히 중풍이라고 불리는 뇌졸중stroke은 뇌에 혈액을 공급하는 혈관이 막히거나 터져서 뇌에 손상이 오고 그에 따른 장애가 나타나는 뇌혈관 장애를 말한다. 뇌졸중에는 크게 세가지 종류가 있다. 첫째는 뇌혈관이 막히는 뇌경색cerebral infarction으로, 뇌혈관에 혈전이 생기면서 혈관이 좁아져 발생하는 혈전성 뇌경색thrombotic infarction과 심장 또는 큰 혈관에서 혈전이 떨어져 나와 혈류를 타고 흐르다가 뇌 혈관을 막아서 생기는 색전성 뇌경색embolic infarction 그리고 아주 작은 혈관이 막히는 열공성 뇌경색lacunar infarction이 이에 속한다. 두 번째는 뇌혈관이 터져서 뇌 안에 피가 고이는 뇌출혈hemorrhage인데, 지주막하 공간에서 혈관이 터지는 경우를 지주막하출혈subarachnoid hemorrhage, 경막 아래에서 혈관이 터지는 경우는 경막하출혈subdural hemorrhage이라고 부른다.[2] 세 번째는 일과성 뇌허혈 발작transient ischemic attack, TIA인데, 이는 뇌혈관에 흐르던 혈류가 잠시 막혔다가 다시 흐르게 되는 일시적인 뇌졸중으로 수 분에서 수 시간 내에 증상이 생겼다가 다시 좋아진다.

뇌졸중 중에서 일과성 뇌허혈 발작을 제외한 나머지 경우에서는 인지기능의 장애가 발생할 수 있으며, 이렇게 발생된 인지기능장애가 호전되지 않고 계속 지속될 경우를 혈관 치매vascular dementia라고 한다. 혈관 치매는 알츠하이머병 다음으로 흔한 치매의 원인 질환이며, 다발경색 치매multi-infarct dementia, 피질하혈관 치매subcortical vascular dementia, 전략단일뇌경색 치매strategic single infarct dementia가 대표적이다(이재홍, 2000). 다발경색 치매는 뇌졸중이 연속으로 발생하면서 생기는 치매로 뇌졸중이 반복됨에 따라 인지기능이 계단식으로 나빠진다. 전략단일뇌경색 치매는 한 번 발생한 뇌졸중으로 치매가 발생한 경우이다. 다발경색 치매와 전략단일뇌경색 치매에서 나타나는 인지기능장애는 손상되는 뇌 영역이 어디인지에 따라서 달라진다. 예를 들어 좌반구 손상이 있으면 실어증이 나타날 수 있는데, 좌측 전두엽의 브로카 영역에 손상이 있으면 언어표현 능력이 현

....

2 뇌는 연막(pia mater), 지주막(arachnoid membrane) 그리고 경막(dura mater)으로 둘러싸여 보호되고 있으며, 지주막 아래 공간(subarachnoid space)과 경막 아래쪽으로 혈관들이 분포되어 있다.

저하게 저하되는 브로카 실어증을 보이고, 좌측 측두엽의 베르니케 영역이 손상되면 알아듣기장애가 발생하는 베르니케 실어증이 나타날 수 있다. 좌측 두정엽 손상 시에는 거스트만 증후군이 나타날 수 있으며, 운동기능이나 감각의 장애가 없음에도 익숙했던 동작이나 행동을 하지 못하는 실행증apraxia을 보일 수 있다. 반면, 우반구에 병변이 있다면 반대측에 자극을 제시해도 이를 감지하지 못하거나 반응하지 않는 무시 증후군이 있을 수 있고, 시공간 능력이 떨어져서 길을 헤매거나 옷을 잘 입지 못하는 증상을 보일 수 있다.

피질하혈관 치매는 피질하영역에서 작은 혈관들이 많이 막히는 다발성 열공경색lacune이나 심한 백질 변성white matter change이 생기면서 발생한다. 이는 다른 혈관 치매와는 달리 서서히 발생하고 점차 악화되는 경과를 보이기 때문에 알츠하이머병과 같은 퇴행성 뇌질환과 감별이 어려울 수 있다. 피질하혈관 치매에서는 신경 세포의 축색으로 이루어진 백질에 이상이 발생해 피질과의 신호 전달이 원활하지 못해 정보처리 속도가 느려지므로 생각이나 행동이 느려진다. 또한 전전두엽과 피질하영역을 서로 연결하고 있는 전전두-피질하 신경회로prefrontal-subcortical circuit의 이상으로 전전두엽 손상과 마찬가지로 집행기능의 손상이 나타나기 때문에 계획과 조절 능력이 저하되고 인지적 유연성이 저하되며 생산성이 저하된다. 기억력에서도 인출장애 양상을 보이는 것이 전형적이다. 피질하혈관 치매의 심리행동증상으로 가장 대표적인 것은 우울과 무감동 증상이며, 이는 병이 진행됨에 따라서 점점 더 뚜렷해진다(Chin et al., 2012).

혈관 치매의 진단을 위해서는 뇌졸중과 인지기능장애의 발생 사이에 시간적 인과관계를 확인하는 것이 매우 중요하며, 이를 위해서 뇌 영상 검사 결과나 국소신경학적 증상 및 징후를 확인하는 것이 필요하다. 혈관 치매는 조기에 발견하여 치료하면 더 이상 진행하지 않고 상태를 유지할 수 있으므로, 조기 진단과 초기 치료가 중요하다. 따라서 비만, 고혈압, 고지혈증, 당뇨, 흡연, 과거의 뇌졸중 병력, 심장질환과 같은 뇌졸중의 위험 인자를 잘 관리하여 재발되지 않도록 해야 한다.

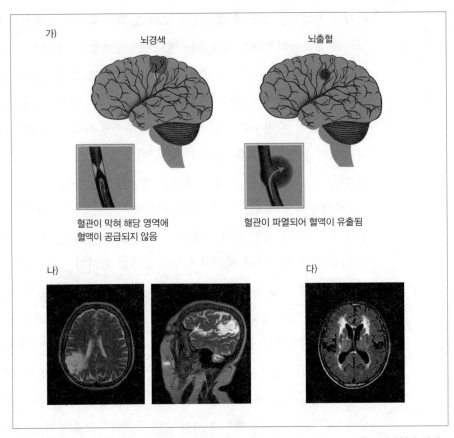

그림 9.4 | 가) 뇌출혈과 뇌경색, 나) 우측 두정엽에 발생한 뇌경색 환자의 MRI, 다) 피질하혈관 치매
환자의 MRI

뇌전증

뇌전증epilepsy이란 뇌신경의 이상 방전에 의해 발생하는 뇌 질환이다. 신경세포
의 일시적이고 불규칙적인 이상흥분현상에 의하여 발생하는 모든 증상을 통틀
어 발작seizure이라고 하는데, 만성적으로 발작을 하는 경우 뇌전증으로 진단한
다. 뇌전증은 원인에 따라 매우 다양하게 나타나는데, 성인에서는 내측두엽 특
히 해마부위의 경화hippocampal sclerosis가 원인이 되는 측두엽 뇌전증이 흔한 것으
로 알려져 있다. 측두엽 뇌전증에서는 발작이 일어나는 초기에 특징적인 전조
증상, 즉 자율신경계 증상이나 정신 증상이 나타난 후 복합부분발작증세가 나
타나며, 이차성 전신발작이 동반되는 경우도 있다. 처음에는 약물치료에 대한

반응이 좋다가 나중에 가서 약물에 반응하지 않는 난치성이 되어 병변 제거 수술이 필요한 경우도 발생한다. 수술을 하면 병세가 호전되거나 완치되는 경우가 전체 환자의 80%에 이른다(참고: 대한뇌전증학회 홈페이지 www.kes.or.kr).

뇌전증에서는 인지기능의 장애가 매우 흔하게 발생한다. 발작을 야기하는 뇌전증의 병변과 발작시작 지점이 뇌의 어디인지에 따라서 다양한 인지기능장애가 나타날 수 있으나, 기억장애와 주의집중력의 저하가 가장 흔하게 보고된다. 언어적 기억장애는 왼쪽 측두엽 뇌전증에서 흔한 반면, 비언어적 또는 시각적 기억장애는 오른쪽 측두엽 뇌전증에서 흔히 예상된다. 전두엽 뇌전증은 집행기능의 장애를 야기할 수 있다. 또한 경우에 따라서는 항뇌전증약(AED)antie-pileptic drug이 인지기능에 영향을 미치기도 한다. 일반적으로 한 가지 약만 AED로 사용한다면 인지기능에 미치는 영향은 크지 않지만, 복합요법, 과량투여 등은 인지기능 저하를 초래할 수 있다(Loring, Marino, & Meador, 2007). 뇌전증 수술 후에 인지기능의 저하가 발생할 수도 있는데, 예를 들어 왼쪽 측두엽 절제술 뒤에 이름대기 능력과 언어적 기억이 감퇴하는 경우가 있다. 특히 수술 전 언어적 기억력이 좋았거나 Wada검사를 통한 뇌기능평가에서 왼쪽 측두엽의 기능이 수술 전에 좋았을수록 왼쪽 측두엽 절제술 후 기능장애가 더 심하다(Chelune, 1995). 오른쪽 측두엽 절제술로 시각적 기억력이 감퇴하는지에 대해서는 결과가 일관되지 않다.

뇌전증 환자를 대상으로 하는 신경심리평가는 뇌전증 환자의 인지 및 심리적 기능들에 대한 포괄적이고 객관적인 정보를 제공한다. 또한 신경심리평가를 통해 밝혀진 인지기능이나 행동의 장애는 뇌전증과 관련된 병변이 어느 쪽 반구인지 혹은 어느 위치인지에 대한 정보를 제공할 수 있기 때문에 진단에도 중요한 역할을 할 수 있다. 이러한 역할의 중요성은 뇌영상 기술의 발달과 함께 많이 축소되기는 했지만, 인지 또는 행동 장애를 직접적으로 탐지하기 위해서는 반드시 신경심리평가를 시행해야 한다. 어느 정도의 제한은 있지만 신경심리평가를 통해서 좌뇌와 우뇌의 차이, 전두엽, 두정엽, 후두엽, 측두엽 또는 내측두엽 구조들과 관련된 인지기능의 문제를 탐지해 내는 것이 가능하다. 또한 신경심리평가는 특정 치료 방법이 환자의 인지기능과 행동에 미치는 영향을 관찰하고 평가하기 위한 목적으로 시행된다. 예를 들어 뇌전증 수술에서 신경심리평가는 뇌전증과 관련된 인지적 손상을 밝혀내는 것뿐만 아니라, 수술 전 평가를 통해 수술 후 인지기능 저하를 예측하고자 하는 목적도 포함한다. 또한 수술 전후의 신경심리평가를 비교함으로써 인지기능 변화에 대한 객관적인 정보를 얻을 수 있고, 인지 재활이 필요한지도 살펴볼 수 있다. 뿐만 아니라 뇌전증 수술로 최고의 효과를 얻기 위해서는 때로 인지적 문제만큼 흔하게 보고되는 우울, 불안 등의 정서적인 문제들을 살펴보는 것도 필요하다.

Box 9.1 기억을 잃은 남자 H. M.

H. M.은 난치성 뇌전증을 치료하기 위해 27세때 해마를 비롯해 양쪽 측두엽을 절제하는 수술을 받았다. 수술 후 지능을 비롯한 다른 인지기능에는 장애가 없었으나 매우 현저한 기억장애가 발생하였는데, 특히 어떤 일을 30초 이상 기억하는 것이 불가능하였다. H. M.은 수술 후 오랜 시간 동안 다양한 기억 실험에 참가하여 기억에 대한 많은 지식을 밝히는 데 크게 기여하였다. 뇌 MRI 촬영과 H. M.의 사후에 시행된 부검을 통해 수술로 인해 절제된 부위를 정확히 확인할 수 있었는데, 내측두엽 구조 중에서 해마, 해마곁이랑 및 후각주위피질의 뒤쪽이 약간 남게 절제되었고, 편도체와 내후각피질의 대부분 및 치상핵이 절제되었음을 확인하였다(Augustinack et al., 2014). 우리는 H. M.의 사례를 통해 단기기억과 장기기억이 구분되는 과정임을 알게 되었으며, 순행성 기억장애에서 일화기억과 의미기억이 모두 손상된다는 것 그리고 서술기억과 비서술기억이 구분되며 내측두엽의 손상으로는 비서술기억이 손상되지 않는다는 것을 알게 되었다. 또한 해마는 어떤 사실을 직접적으로 회고하는 데 매우 중요하지만 친숙성을 바탕으로 어떤 사실을 단순하게 재인할 때에는 크게 관여하지 않는다는 사실도 알게 되었다. 그리고 역행성 기억장애에서 일화기억과 자서전적 기억은 손상되는 반면, 의미기억은 유지될 수 있다는 것도 알 수 있었다. H. M.은 생전에 수많은 기억 실험에 기꺼이 참여하여 기억과 관련된 심리학의 지식을 높이는 데 기여했을 뿐만 아니라, 사후에도 그의 뇌를 기증하여 뇌과학의 발전에 크게 기여하였다(Corkin, 2013).

외상성 뇌손상

외상성 뇌손상(TBI)traumatic brain injury은 두부 손상으로 인해 의식 수준의 저하, 기억력장애, 두개골 골절, 객관적인 신경학적 손상 또는 뇌내 병변 중 적어도 한 가지 이상의 문제가 동반될 때 진단된다(Roebuck-Spencer & Sherer, 2018). 미국의 자료에 따르면 TBI의 원인 중 가장 많은 부분을 차지하는 것은 낙상이었으며, 그다음은 교통 사고, 폭행이 뒤를 이었다. 낙상은 75세 이상 또는 4세 미만에서 가장 많이 나타났고, 교통 사고의 경우는 초기 청년기에서 많이 나타났다(Faul, Xu, Wald & Coronado, 2010). TBI는 경미한 수준mild에서부터 보통의 수준moderate 또는 심각한 수준severe에 이르기까지 심한 정도가 다양할 수 있으며, 치료 방법, 회복 과정, 최종 결과도 TBI의 심한 정도에 따라 크게 달라진다. 또한 TBI 환자들은 일반적으로 혼수상태coma에서 식물인간 상태vegetative state, 약간의 의식만 있는 상태minimally conscious state, 혼란 상태confused state 또는 외상후 기억장애posttraumatic amnesia 상태를 거쳐 회복의 단계로 접어들게 된다. TBI에서 손상의 정도를 분류하는 것은 예후를 예측하는 가장 중요한 방법 중 하나이기 때문에 매우 중요하다. 일반적으로는 혼수상태의 정도, 의식불명상태의 기간, 손상 직후에 나타난 급성 혼란기의 기간 등을 통해 손상의 정도를 결정하며, 이때 가장 많이 사용되는 지표는 글래스고 혼수척도(GCS)Glasgow Coma Scale(Teasdale & Jennett, 1974)이다. 점수 범위는 3에서 15점까지인데, GCS 점수가 3~8점인 경우에는 심각한 수준의 TBI, 9에서 12점인 경우에는 보통 수준, 그 이상인 경우에는 경미한 수준의 TBI로 분류한다(Levin & Eisenberg, 1991). 경미한 수준일 경우 일반적으로 더 좋은 예후를 보일 수 있다.

TBI에는 여러 종류가 있으나, 크게는 접촉 손상(물체에 머리를 직접 가격당하거나 뇌가 두개골에 직접 닿는 손상)과 가속/감속 손상(머리를 심하게 움직여서 뇌 조직에 손상이 오는 것)으로 나눌 수 있다. 접촉 손상은 손상 범위가 대체로 특정 영역에 국한되는 경우가 많고, 두개골 골절, 뇌진탕 그리고 뇌출혈 등을 동반할 수 있다. 가속/감속 손상은 정맥의 찢어짐, 경막하혈종subdural hematoma, 광범위한 축색 손상diffuse axonal injury, DAI, 광범위한 혈관 손상diffuse vascular injury을 야기할 수 있다. 뇌 손상에 따른 직접적인 문제 이외에도 부종edema, 저산소증hypoxia, 뇌 압력의 증가, 뇌수막염, 농양 등과 같은 이차적인 문제가 발생할 수도 있다. TBI에서 가장 흔하게 보고되는 증상인 뇌진탕에서는 주로 전두엽과 측두엽의 앞쪽 또는 전두엽의 아래쪽 면이 두개골과 부딪히는 경우가 많은데 이 부위와 맞닿은 두개골 표면이 매끄럽지 못해 뇌와의 마찰이 크기 때문이다. 또한 머리가 어느 한쪽으로 심하게 부딪혔다면 반동으로 인해 그 반대쪽으로도 뇌진탕이 발생할 수 있으므로 주의가 필요하다. 예를 들어 머리 뒤쪽을 심하게 부딪혔음에도 신경심리평가에서 머리 앞쪽에 있는 전두엽의 문제로 집행기능 및 행동장애가 나타날 가능성이 높다. TBI 후 처음에 괜찮아 보이던 환자가 갑자기 나빠질 때에는 가장 먼저 뇌출혈을 의심해야 한다. TBI 후 발생하는 뇌출혈에는 지주막하출혈, 경막하혈종 등이 있다. 지주막하출혈은 뇌를 덮고 있는 지주막 아래에 위치한 동맥에서 출혈이 발생하는 것으로 증상이 비교적 빠르게 나타난다. 경막하혈종의 경우는 지주막과 경막 사이에 있는 정맥이 외상으로 인해 찢겨서 생기는 출혈이며, 급성으로 생길 수도 있지만 수개월에 걸쳐서 서서히 출혈이 일어나는 경우도 있다(김고운, 노영, 서상원, 나덕렬, 2016). 가속/감속 손상 시에는 뇌가 심하게 흔들려서 백질이 광범위하게 손상될 위험이 있다. 이는 뇌 전체에서 출혈 또는 뇌 조직이 찢어지는 결과를 야기할 수 있다. 특히 양 반구 사이를 연결하거나 피질에서 척수까지 연결하는 백질 신경섬유 다발들이 물리적인 힘으로 인해 잡아당겨지거나 끊어져서 손상을 입을 수 있다.

신경심리학자들은 TBI 환자들의 회복의 수준, 지도감독이나 보호의 필요성, 직장이나 학교로의 복귀 여부, 약물 또는 다른 치료의 효과 판정을 위해 신경심리평가를 시행한다. 신경심리평가의 결과는 TBI 환자들의 손상 정도와 손상된 뇌 영역의 위치에 따라 매우 다양하게 나타날 수 있다.

수두증

뇌 안에는 뇌척수액으로 차 있는 공간, 즉 뇌실ventricle이 있는데, 수두증은 뇌실에 정상 수준보다 더 많은 뇌척수액이 고여 뇌 조직을 밀어내면서 다양한 신경학적 증상을 나타내는 질환이다. 뇌척수액의 흐름이 막힌 곳이 있는 경우는 폐쇄 수두증obstructive hydrocephalus이라고 하고, 뇌척수액의 흐름이 막힌 곳은 없는 경우를 정상압 수두증normal pressure hydrocephalus이라고 한다. 정상압 수두증은 뇌척수액의 생산에 비해 흡수가 따라가지 못해서 발생하는 것으로, 뇌척수액이 고여서 뇌실이 확장되고 뇌가 실질적으로 압박을 받아 증상이 생긴다. 정상압 수두증의 3대 증상은 보행장애, 인지기능 저하와 소변 실수이다. 이 세 가지 증상 중 한 가지만 보일 수도 있고 세 가지를 모두 보일 수도 있는데, 이는 환자마다 다르고 증상의 진행도 환자에 따라서 차이가 있다. 뇌실의 확장은 뇌 영상을 통해 확인할 수 있다(그림 9.5). 정상압 수두증 환자가 보이는 인지기능의 장애는 주로 전두엽/집행기능의 장애이며, 사고가 느려지고 문제해결 능력이 떨어지며, 인출장애 양상의 기억장애를 보인다. 뿐만 아니라 무감동과 무관심 등의 행동 증상도 흔히 관찰된다. 정상압 수두증의 경우에는 뇌실과 복강 사이를 연결하는 관을 삽입하여 뇌척수액이 복강 쪽으로 조금씩 흘러가게 하는 수술을 하면 호전될 수 있다.

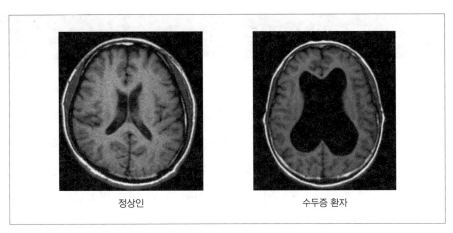

정상인   수두증 환자

그림 9.5 | 수두증 환자의 뇌 MRI

뇌종양

뇌종양은 종양의 위치나 크기, 종양의 성질(악성인지 양성인지)에 따라서 다양한 신경학적 손상을 야기할 수 있다. 흔히 두통이 동반되며, 오심과 구토 증상도 종종 발생한다. 뇌종양의 종류에 따라서 뇌전증처럼 발작을 하는 경우도 있다. 뇌종양 환자는 종양의 위치에 따라서 인지기능의 저하가 동반되는 경우가 많다. 특히 전두엽과 측두엽에 종양이 있는 경우 진단 당시 91%의 환자들에서 인지기능의 저하가 있었던 것으로 보고되었다(Tucha, Smely, Preier, & Lange, 2000). 다른 신경학적 손상이 두드러지지 않으면서 인지기능의 장애만 단독으로 나타나는 경우도 있을 수 있으므로, 천천히 진행하는 인지기능의 저하가 있을 때에는 뇌종양도 감별 진단을 위해 고려하는 것이 필요하다.

인지기능의 장애를 야기하는 질환은 매우 다양하다. 신경심리평가는 인지기능장애의 양상을 파악하여 신경학적 질환의 진단에 중요한 역할을 할 수 있기 때문에 적어도 이 책에 소개한 신경학적 장애들의 기본 정보는 파악하는 것이 중요하다(신경학적 장애에 대한 좀 더 자세한 정보는 더 읽을거리에 소개된 책으로 학습할 수 있다).

인지영역별 신경심리검사

신경심리평가를 시행하기 위해서는 환자의 인지기능장애를 확인할 수 있는 적합한 신경심리검사를 선택하는 것이 필수이며, 이를 위해서 임상가는 다양한 신경심리검사들의 특징을 이해하고 있어야 한다. 이 절에서는 주의력, 언어 능력, 시공간 능력, 기억력, 집행기능 등 각 인지 영역별로 기능 이상을 평가하기 위한 대표적인 신경심리검사들을 소개하였다. 또한 국내 임상 현장에서 가장 많이 사용되는 인지기능장애 선별검사와 다양한 인지 영역을 종합적으로 평가하는 검사 총집들에 대해 간략하게 소개하였다.

주의력

주의력이란 현재 진행되고 있는 인지 과정을 효율적으로 처리하기 위해 특정 정보를 선택하고 다루는 능력으로, 인간의 제한적인 뇌 기능을 조절하기 위해 필요하다. 주의력을 통해 우리는 정보처리 과정을 통제할 수 있으며, 이를 통해 인지 과정들을 강화시키기도 하고 억제할 수도 있다. 주의력을 평가하는 과제들은 대부분 한 가지 또는 그 이상의 다른 인지기능 과제를 수행하는 맥락에서 평가된다. 또한 특정한 인지 과제를 얼마나 일관되게 수행할 수 있는지가 주의력에 대한 중요한 지표가 될 수 있다. 주의력에는 선택적 주의력selective attention, 주의의 용량attentional capacity, 지속적인 주의력sustained attention, 각성 수준vigilance level

등 다양한 측면들이 포함되기 때문에 한 가지 검사만으로는 이러한 다양한 측면을 모두 평가하지 못한다. 또한 하나의 검사가 주의력의 여러 측면을 반영할 수도 있으므로 환자의 수행 양상을 보고 어떤 주의력의 문제인지 해석하는 것이 중요하다. 최근에는 전산화된 검사로 주의력을 평가하는 일이 많아졌으나, 이 절에서는 임상 장면에서 손쉽게 사용할 수 있는 지필검사들을 중심으로 소개하였다.

필요한 정보를 빠르고 정확하게 탐지하는 데 필요한 선택적 주의력을 평가하는 검사에는 시각적 목표 자극을 추적하면서 찾아내야 하는 Visual Search and Attention Test, VSAT(Trenerry, Crosson, DeBoe, & Leber, 1990), Ruff 2 & 7 Selective Attention Test(Ruff & Allen, 1996)등이 있다. 뿐만 아니라 무시 증후군을 평가하는 과제들, 예를 들어 선이등분 검사, 글자 지우기 및 도형 지우기 검사도 선택적 주의력을 평가하는 데 활용될 수 있다.

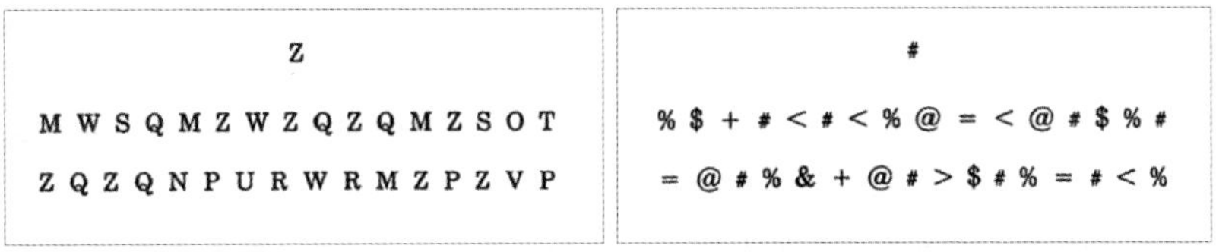
Z
M W S Q M Z W Z Q Z Q M Z S O T
Z Q Z Q N P U R W R M Z P Z V P
#
% $ + # < # < % @ = < @ # $ % #
= @ # % & + @ # > $ # % = # < %

그림 9.6 | Visual Search and Attention Test (VSAT): 상단의 목표자극을 하단의 여러 자극 중에서 빠르게 찾아내야 하는 검사이다.

Repoduced by special permission of the Publisher, Psychological Assessment Resources, Inc. (PAR), 16204 North Florida Avenue, Lutz, Florida 33549, from the Visual Search & Attention Test by Max R. Trenerry, PhD, Bruce Crosson, PhD, James Deboe, PhD, and William R. Leber, PhD. Copyright 1987, 1990 by PAR. Further reproduction is prohibited without permission of PAR.

주의의 용량과 집중력을 평가하는 과제로 가장 널리 사용되는 것은 숫자 따라말하기 검사digit span test이다. 웩슬러 지능검사를 비롯해 여러 검사 총집들에 소검사로 속해 있다(황순택, 김지혜, 박광배, 최진영, 홍상황, 2012). 숫자 따라말하기 검사는 들은 숫자들을 동일한 순서로 즉시 다시 말하게 하는 '바로 따라말하기'와 역순으로 따라말하게 하는 '거꾸로 따라말하기' 두 가지로 구성된다. 거꾸로 따라말하기 검사는 작업기억을 평가하는 과제로 널리 사용되기도 한다. 시

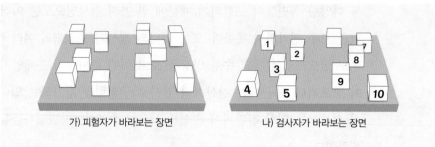

가) 피험자가 바라보는 장면   나) 검사자가 바라보는 장면

그림 9.7 | 시각적 주의폭 검사(visual span test)

각적 주의폭 검사_{spatial span test, visual span test}는 숫자를 하나씩 늘려가는 대신 검사
자가 가리키는 지점의 수를 하나씩 늘리면서 시각적 주의력의 정도를 평가하는
방법이다(Corsi, 1972).

각성 수준과 지속적 주의력을 평가하는 과제로는 연속수행 검사(Continu-
ous Performance Test; Rosvold, Mirsky, Sarason, Bransome Jr, & Beck, 1956)
와 같이 컴퓨터를 이용한 주의력 검사가 많이 사용된다. 일반적으로 이러한 주
의 과제들에서는 일정 시간 동안 시각적 또는 청각적 자극이 연속적으로 제시
되는데, 그중 목표 자극이 발생하였을 때 가능하면 빠르게 반응해야 한다.

언어 능력

실어증_{aphasia}이란 정상적으로 언어가 습득된 후에 후천적인 뇌 손상으로 인해
언어 기능에 장애를 보이는 것을 말한다(서미경, 윤지혜, 김향희, 나덕렬, 2016).
실어증을 진단하기 위해서는 언어 기능 중 스스로 말하기, 알아듣기, 따라말하
기, 이름대기와 읽기 및 쓰기 능력을 평가하는 것이 필요하다. 첫째, 스스로 말
하기 능력은 대화를 통해 자발적으로 말을 하도록 하거나 그림을 보여주며 이
를 묘사하는 방법을 통해 평가한다. 스스로 말하기에서 유창하다고 평가하기
위해서는 일반적으로 평균 발화 길이가 7음절 이상이어야 한다(김향희, 나덕렬,
2012). 말하기 능력이 유창하지 못함은 주로 뇌의 앞쪽 병변에 기인하는데, 대
표적으로 좌뇌의 하전두이랑의 뒷부분(브로카 영역)이 손상되었을 때 나타나는
브로카 실어증은 비유창성이 특징이다. 둘째, 알아듣기 능력, 즉 언어 이해력을

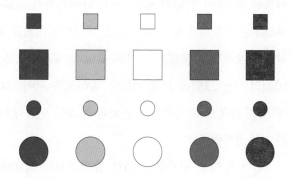

그림 9.8 | 토큰 검사의 예

평가하기 위해서는 '예-아니요'로 답할 수 있는 질문을 들려주거나, 검사자의 지시에 따라 명령을 이행하는 과제를 시행한다. 좌뇌의 상측두이랑 뒤쪽의 손상으로 나타나는 베르니케 실어증 환자들은 언어 이해력에 현저한 장애를 보인다. 토큰검사Token test(Boller & Vignolo, 1966; De Renzi & Vignolo, 1962)는 경미한 언어적 이해력 저하를 탐지하는 데 유용하다. 그림 9.8과 같이 형태, 크기, 색깔이 다른 토큰들을 나열하여 놓은 다음, 언어적 지시를 듣고 그대로 수행하도록 한다(예: 작고 노란 동그라미를 집으시오). 셋째, 따라말하기 능력을 평가하기 위해서는 단음절부터 4~5어절 이상의 길이까지 점진적으로 말의 길이를 늘여가며 듣는 말소리를 따라말하게 한다. 스스로 말하기와 알아듣기에는 큰 이상이 없으나 따라말하기 능력만 유독 저하된 실어증을 전도 실어증conduction aphasia이라고 하는데, 좌측 하두정소엽을 포함하는 궁상속에 손상이 있을 때 이런 언어 장애가 나타난다. 넷째, 이름대기 능력은 사물의 그림이나 실물을 보여주고 이름을 말하게 하는 대면이름대기confrontation naming 검사, 단어의 의미를 들려주고 해당하는 단어를 말하게 하는 설명이름대기naming to description 검사 그리고 특정 조건을 정해 주고 정해진 시간 내에 그 범주에 속한 단어를 가능한 많이 말하게 하는 생성이름대기generative naming 검사를 통해 평가한다. 생성이름대기 검사에는 의미적 범주semantic category를 제시해 주고 그 안에 해당하는 단어를 일정 시간 동안 가능한 한 많이 말하게 하는 의미 단어유창성semantic word fluency 검사(예: 과일을 생각나는 대로 많이 말해 보세요)와 특정 음소를 제시하고 그에 해당하는 단어를 가능한 한 많이 말하게 하는 음소 단어유창성 phonemic word fluency 검사(예: ㄷ으로 시작하는 말은 뭐가 있죠?)가 있다. 대면이름대기를 평가하는 검사로 가장 널리 알려진 보스턴 이름대기 검사 Boston Naming Test, BNT(Goodglass & Kaplan, 2000)는 60개의 사물 그림을 보고 이름을 말하도록 되어 있다. 국내에서도 한국의 상황에 맞는 항목으로 이루어진 한국판 보스턴 이름대기 검사(김향희, 나덕렬, 1997)가 표준화되었다.

언어 능력을 평가하기 위한 종합검사로 국내에서 가장 널리 사용되는 것은 웨스턴 실어증 검사(WAB) Western Aphasia Battery이다. 한국에서도 표준화되어 한국판 웨스턴 실어증 검사 개정판(K-WAB-R; 김향희, 나덕렬, 2012)이 출판되었다. K-WAB은 스스로 말하기, 청각적 언어이해력, 따라말하기, 이름대기 항목으로 구성되어 실어증의 유형을 확인하는 데 유용하다. 또한 이 4가지 언어 영역의 점수를 이용하여 100점 만점의 실어증 지수 aphasia quotient, AQ를 구할 수 있으며, 이 점수로 실어증의 중증도를 확인할 수 있다. 실어증 유무를 간단하게 확인하기 위한 선별 검사에는 실어증–신경언어장애 선별검사 Screening Test for Aphasia & Neurologic-communication Disorders, STAND가 있다(김향희, 허지회, 김덕용, 김정완, 2009).

시공간 능력

시공간 능력을 평가하기 위해서는 기본적으로 시지각 능력과 시공간적 구성 능력을 구분하여 평가하는 것이 필요하다. 일반적으로 지각 능력은 뇌의 뒤쪽 영역과 크게 연관되며, 구성 능력 발휘를 위해서는 뇌의 앞쪽 영역인 전두엽의 기능이 크게 작용하기 때문에 이를 구분하여 평가하는 것은 뇌의 어느 영역에 문제가 있는지를 탐색하는 데 유용한 정보를 제공할 수 있다. 먼저 시지각 능력을 평가하기 위해서는 기본적인 형태와 모양을 구분할 수 있는지 동일한 시각적 자극을 짝짓거나 서로 다른 자극을 구분할 수 있는지를 확인한다. 시공간적 지각 능력을 평가하기 위한 검사 중 널리 사용되는 것 중의 하나가 바로 Judgment of Line Orientation(JOLO) 검사(Benton, Sivan, Hamsher, Varney, & Spreen, 1994)이다. 이는 각도가 다른 2개의 선을 위쪽에 제시하고 아래에는 11개의 각도가 다른 선들을 숫자와 함께 제시하여 위의 선 2개가 아래에 제시

가) JOLO 검사   나) ECFT 짝짓기 검사와 유사한 자극

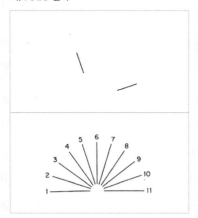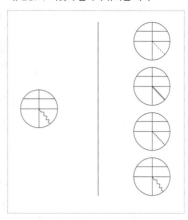

그림 9.9 | 시지각 능력을 평가하는 검사 도구의 예

된 선들 중 어느 것과 같은 각도로 놓여 있는지를 찾아내는 과제이다. 지각 능력을 확인하기 위한 자극으로 얼굴을 사용한 Benton Facial Recognition 검사(Benton, et al., 1994)는 위쪽에 기준이 되는 얼굴을 제시하고, 아래쪽에 6개의 보기를 제시하여 같은 얼굴을 찾도록 하는 과제이다. 이 과제는 우측 뇌의 뒤쪽에 손상이 있을 때 가장 낮은 수행을 보이는 것으로 나타났다(Benton et al., 1994). Visual Form Discrimination Test(Benton et al., 1994)도 4개의 보기 도형들 중에서 기준 도형과 같은 것을 찾는 과제이며, Extended Complex Figure Test(ECFT)의 짝짓기matching 소검사도 같은 원리로 시행된다(Fastenau, 2002).

시공간 구성 능력을 평가하기 위해서는 시각적 정보들을 이차원 또는 삼차원의 공간에서 구성하는 과제들을 시행한다. 레이 복합도형검사Rey Complex Figure Test, RCFT(Rey, 1941)는 뇌 손상 환자들에게 시공간 구성 능력과 시각적 기억력을 평가하기 위해 전 세계적으로 널리 사용하는 검사이다(Lezak et al., 2012). 1941년에 레이Rey가 고안한 도형을 가지고 1944년에 오스테리스Osterrieth가 실시 절차를 표준화하고 아동과 성인의 규준 자료를 제공한 이후 "Rey-Osterrieth Complex Figure"라고도 불린다. 채점을 위해서는 도형을 여러개의 단위

로 나누어 각 단위별로 모양과 위치의 정확성을 평가하여 점수를 구한다(Mey-ers & Meyers, 1995). 국내에는 서울신경심리검사 제2판Seoul Neuropsychological Screen-ing Battery 2nd edition, SNSB-II(강연욱, 장승민, 나덕렬, 2012)에서 45~90세까지의 규준이 제시되어 있다. 시계그리기검사Clock Drawing Test, CDT는 간단하고 실시가 어렵지 않은 시공간 구성 능력 검사이다. 다만, 시계를 그리기 위해서는 시공간 능력뿐만 아니라 언어 이해력, 수에 대한 지식, 운동과 계획 능력을 포함하는 집행기능도 필요하므로(Aprahamian, Martinelli, Neri, & Yassuda, 2009) 결과 해석에 주의가 필요하다. 한국판 웩슬러 성인지능검사 제4판(K-WAIS-IV)Korean Wechsler Adult Intelligence Scale-Fourth Edition의 소검사인 토막짜기 또한 시각적 구성 능력과 공간적 표상 능력을 평가하는 검사이다(황순택 외, 2012). 제시되는 그림의 세부 패턴을 분석하고 내적 관계를 파악하는 것뿐만 아니라 이를 전체적인 모양으로 구성해야 하므로 시공간 분석 능력과 통합 능력이 모두 필요하다.

기억력

일화기억력을 평가하는 방식들은 다양한데, 그중에서 가장 전형적인 방법은 같은 정보를 여러 시행을 통해 반복적으로 제시하고 각각의 시행마다 수검자에게 정보를 회상하도록 요구하거나, 준거 수준criterion level에 도달하는 데까지 몇 회의 시행이 필요한지 그리고 시행이 반복됨에 따라서 회상되는 정보의 양에 어떤 변화가 있는지(학습 곡선) 또는 반복되는 시행들에서 정보가 얼마나 일관적으로 회상되는지를 평가하는 것이다(강연욱, 1996). 임상에서 사용되는 일화기억 검사는 언어적 자극을 사용하는 언어기억 검사와 비언어적 자극을 사용하는 시각기억 검사로 구분될 수 있다. 또한 대부분의 일화기억 검사들은 정보를 학습한 뒤 일정 시간이 지난 뒤에 이를 자유회상하는 과정을 거치고, 이어서 보기를 보여주고 반응하게 하는 재인과제를 진행하는 방식으로 시행된다.

단어목록 기억 검사list recall memory test는 여러 개의 단어들로 구성된 단어목록을 제시하고 그에 대한 기억 능력을 평가한다. 우리나라에서는 Rey-Kim 기억 검사의 단어목록 검사(김홍근, 1999), 한국판 캘리포니아 언어학습검사Kore-an-California Verbal Learning Test, K-CVLT(김정기 & 강연욱, 1999), CERAD-K의 단어목록

검사(우종인 외, 2017), SNSB-II에 포함된 서울언어학습검사Seoul Verbal Learning Test, SVLT(강연욱 외, 2012) 및 노인기억장애 검사Elderly Memory Disorder Scale의 단어목록 검사(최진영, 2007)가 국내에서 표준화되어 사용되고 있다. 이야기회상 검사story recall test는 의미 있는 이야기를 들려주고 그 내용을 기억해 내는 검사로, 일상생활에서 겪는 기억의 문제를 잘 반영할 수 있기 때문에 생태학적 타당도ecological validity가 높은 검사로 알려져 있다(Lezak et al., 2012). 한국판 웩슬러 기억검사 4판Korean Wechsler Memory Scale-Fourth Edition: K-WMS-IV(최진영, 김지혜, 박광배, 홍상황, 2012)에 포함되어 있는 논리기억검사Logical Memory Test가 대표적인 이야기회상 검사이다.

시각 회상 검사visual recall test에서는 주로 수검자에게 짧은 시간 동안 도형을 보게 하거나 그리게 한 후 기억하고 있는 것을 그리거나 보기 중에서 찾아 내도록 한다. 대표적인 검사가 레이 복합도형검사로 우리나라에서는 SNSB-II와 Rey-Kim 기억검사에 포함되어 있다. CERAD-K에는 네 개의 단순 도형을 그리게 한 후 시간 지연 후에 이를 다시 회상해서 그리도록 한다. Benton Visual Retention Test(BVRT)(Sivan & Benton, 1992)도 일련의 시각적 자극들을 기억해야 하는 검사인데, 국내에서 서은현 등(2007)이 일부 검사 자극과 실시 방법을 사용하여 학력과 나이에 따른 정상 규준을 발표한 바 있다.

기억의 다양한 측면을 평가하도록 만들어진 기억 검사 총집들도 있다. 한국판 웩슬러 기억검사 4판(K-WMS-IV)(최진영 외, 2012)은 간이인지상태검사Brief Cognitive State Exam, 논리기억Logical Memory, 단어연합Verbal Paired Associates, 디자인Designs, 시각재생Visual Reproduction, 공간합산Spatial Addition, 기호폭Symbol Span의 소검사들로 구성되어 있으며, 기억의 다양한 측면을 평가한다. 논리기억, 단어연합, 디자인, 시각재생 검사에서는 즉각조건 후 약 15~30분 뒤에 지연조건에서 자유회상과 재인과제를 시행한다. 청각기억, 시각기억, 시각작업기억, 즉각기억 및 지연기억의 5개 지수가 산출된다. K-WMS-IV는 K-WAIS-IV(황순택 외, 2012)와 병행 개발되어 두 검사의 지수들 간 비교분석이 가능하다는 장점이 있다.

집행기능

집행기능은 전두엽에서 수행하는 고등 인지기능을 말하며, 그에 속한 하위 기능들인 개념형성 능력concept formation, 추론 능력reasoning, 계획 능력planning, 생산성productivity, 목적 행동purposive action을 평가하기 위해서는 다양한 신경심리검사들이 필요하다. 먼저, 개념형성 능력과 추론 능력을 평가하기 위해서는 환자가 "어떻게" 생각하는지에 관한 정보를 제공해야 하므로 반응내용보다는 문제에 반응하는 사고 과정의 질적 측면에 초점이 맞춰져야 한다(Lezak et al., 2012). 속담에 대한 해석은 개념형성과 추상적 사고력을 평가하기 위해 손쉽게 사용되는 검사 중 하나이다. 둘 또는 그 이상의 단어들 사이의 공통점을 설명함으로써 추상적인 개념을 비교하도록 하는 공통성similarity 검사도 융통성이 결여된 사고concrete thinking를 평가하는 데 유용하다. 레이븐 매트릭스검사Raven's progressive matrices test는 공간적, 수리적 및 도형의 연관성에 대한 개념형성 능력을 평가하는 검사로서, 부분이 제거된 시각적 패턴을 제시하고 빠진 곳에 알맞은 부분을 6~8개의 보기 중에서 고르도록 한다(6장의 그림 6..7 참고). Standard Progressive Matrices(Raven, 1938), Advanced Progressive Matrices(Raven, 1962), Colored Progressive Matrices(Raven, 1947)의 세 종류가 있다. 위스콘신 카드분류검사 Wisconsin Card Sorting Test, WCST(Heaton, Chelune, Talley, Kay, & Curtiss, 1993)는 가장 대표적인 집행기능 평가 도구로 알려져 있다. 어떤 정해진 규칙에 따라 자료들을 분류하고, 피드백이 주어졌을 때 자신이 갖고 있던 기존의 사고를 전환하

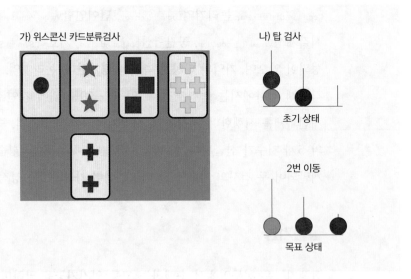

그림 9.10 | 집행기능 검사들

는 능력은 추상적 사고와 개념형성 능력을 평가하기 위해 가장 흔히 사용되는 검사 방법이다. 환자가 완성한 범주의 수, 피드백이 주어져도 같은 오류 반응을 반복하는 보속 오류perseveration errors와 지속 실패failure to maintain set 등의 몇 가지 지표를 산출할 수 있다.

계획 능력을 평가할 수 있는 신경심리검사 도구는 많지 않으나 변화를 미리 예측해 보고 여러 가지 대안적인 문제해결 방법들을 고안해, 그중 하나를 적절하게 선택하며 충동을 효율적으로 통제하는 능력을 평가한다. 이에 해당하는 검사 중 하나가 탑 검사들로서, Tower of London(Shallice, 1982), Tower of Hanoi, Tower of Toronto 등 몇 가지 종류가 있으며, Delis-Kaplan Executive Function System(D-KEFS)에도 포함되어 있다(Delis, Kaplan, & Kramer, 2001). 일반적으로 탑 검사에서는 정해진 규칙(예: 한 번에 하나씩 2번 옮길 수 있음)에 따라 탑의 초기 상태를 목표 상태로 바꾸어야 한다.

집행기능의 하위 기능인 생산성과 목적지향 행동을 평가하기 위해서는 연속적인 복잡한 행동을 실제 시작하는 능력, 유지하는 능력, 변환시키는 능력 그리고 적절한 시기에 그만두는 능력과 더불어 사고의 유연성을 평가하는 것이 필요하다. 음소 또는 의미 단어유창성 검사는 상기 목적을 위해 가장 손쉽게 널리 사용되는 검사이다(Benton, Hamsher, & Sivan, 1994; 강연욱, 진주희, 나덕렬, 이정희, 박재설, 2000). 이는 앞에서 언어 기능 중 이름대기 능력을 평가하는 도구로 소개한 바 있는데, 단어유창성 검사를 잘 수행하기 위해서는 이름대기 능력뿐만 아니라 주어진 단서를 이용하여 단어를 탐색하고 인출하는 효율적인 전략이 필요하며 주어진 시간 동안 수행을 지속하는 추진력이 요구된다. 단어유창성의 손상은 주로 전두엽장애와 관련되며, 특히 좌측 전두엽의 병변을 가진 환자들에서 수행이 저하되는 것으로 보고되었다(Baldo, Shimamura, Delis, Kramer, & Kaplan, 2001). 도형유창성design fluency 검사는 단어유창성 검사와 비슷한 원리로, 단어 대신 가능한 많은 디자인이나 도형을 만들어내야 하는 과제이다. 이는 우반구 전두엽의 기능과 관련되며 다양한 과제들이 개발되어 있으나, 그림 9.11에 나온 Ruff Figural Fluency Test(Ruff, 1987)가 대표적이다.

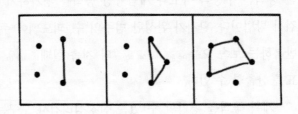

그림 9.11 | Ruff Figural Fluency Test의 예. 정해진 시간 내에 2개 이상의 점을 연결해 서로 다른 도형을 최대한 많이 만들어야 한다.

Repoduced by special permission of the Publisher, Psychological Assessment Resources, Inc. (PAR), 16204 North Florida Avenue, Lutz, Florida 33549, from the Ruff Figural Fluency Test by Ronald M. Ruff, PhD. Copyright 1988, 1996 by PAR. Further reproduction is prohibited without permission of PAR.

보속증은 전환 능력shifting ability에 장애가 있을 때 나타날 수 있는 문제이다. 이를 간단하게 평가하기 위해서는 교대로 나타나는 글자나 패턴을 모사하도록 하는 과제를 시행한다. 예를 들어, 그림 9.12-가와 같이 간단한 도형이 반복적으로 나와 있는 모양을 보고 모사하는 과제나 그림 9.12-나와 같이 연속된 고리들을 모사하는 기법을 많이 사용한다(Luria, 1966).

가) Alternating Square and Triangle

나) Luria multiple loops

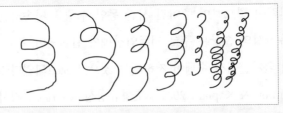

그림 9.12 | 전환 능력 평가 검사 및 연속 손동작 과제 검사의 예

집행기능 중 자기조절 능력self-regulation ability을 평가하기 위해서는 루리아 (Luria, 1966)의 연속 손동작 과제들(hand sequencing tasks, "Fist-Edge-Palm")

을 사용할 수 있다. 이러한 과제들은 운동조절 능력motor regulation을 평가하는 데 유용하며, 전두엽 손상을 민감하게 반영한다고 알려져 있다(Truelle et al., 1995). 검사자가 보내는 신호에 따라 수검자가 반대되는 반응을 보여야 하는 Contrasting program(예: 검사자가 책상을 1번 두드리면 수검자는 2번 두드리고, 검사자가 2번 두드리면 수검자는 1번 두드리기)과제나 반응 억제response inhibition를 평가하는 Go-No go 과제(예: 검사자가 책상을 2번 두드리면 수검자는 두드리지 말기)를 통해서도 자기조절 능력을 평가할 수 있다. 스트룹 검사(Stroop, 1935)는 선택 주의력과 인지적 유연성cognitive flexibility을 평가하며, 서로 상충되는 반응 방식(글자 읽기 vs. 글자색깔 말하기) 사이의 간섭 효과를 배제하면서 반응을 전환하는 능력을 평가한다. 국내에서는 Korean Color-Word Stroop test가 노인을 대상으로 표준화되었다(이정희, 강연욱, 나덕렬, 2000).

파랑	노랑	빨강	검정	초록
초록	빨강	**노랑**	파랑	검정
검정	노랑	초록	파랑	**빨강**
빨강	**초록**	파랑	검정	노랑
노랑	검정	빨강	**파랑**	초록

그림 9.13 | 스트룹 검사의 예

　　Trail Making Test(Reitan & Wolfson, 1993)는 집행기능의 다양한 측면을 평가하는 검사로서, Part A에서는 일련의 숫자들을 순서대로 연결하고 그 수행 시간을 측정하며, Part B에서는 일련의 숫자와 글자를 번갈아 가면서 순서에 따라 연결하고 그 시간을 측정한다. Part A와 B에서 공통적으로 요구되는 기능들은 시지각 탐색 능력, 운동 속도, 복합적 시각 주사 능력complex visual scanning ability, 민첩성 등이다(이한승, 진주희, 이병화, 강연욱, 나덕렬, 2007). 그러나 Part B에서는 Part A와 달리 전환 능력set-shifting ability과 분리 주의 능력divided attention 까지 필요하다. 언어적·문화적 영향을 최소화하기 위해 개발된 Color Trail

Test(D'Elia, Sats, Uchiyama, & White, 1996)도 있으며, 국내에서는 노인들이 손쉽게 이해할 수 있도록 글자의 순서가 아닌 요일의 순서로 Part B를 구성한 노인용 Trail Making Test가 개발되었다(이한승 외, 2007).

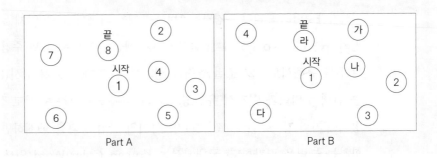

그림 9.14 | Trail Making Test의 예

선별 검사와 신경심리검사 총집

① 간이정신상태검사

간이정신상태검사(MMSE)Mini-Mental State Examination는 전 세계적으로 가장 많이 사용되는 인지기능장애 선별검사이다. Folstein 등(1975)이 개발하였고, 총점은 30점이며, 현재의 시간과 장소를 인지하는 능력인 시간 및 장소 지남력, 기억 등록 및 회상 능력, 주의집중 및 계산 능력, 언어 기능 및 시공간 능력을 평가하는 항목을 포함한다(Folstein, Folstein, & McHugh, 1975). 한국에서는 MMSE-K(권용철, 박종한, 1989), K-MMSE(강연욱, 2006), MMSE-KC(Lee et al., 2002), MMSE-DS(Kim et al., 2010) 등 다양한 버전으로 출간되었다. 각 검사마다 규준이 다르므로 반드시 시행한 검사에 맞는 규준을 참조하여야 한다. MMSE는 실시 방법이 비교적 간편하여 임상 현장에서 쉽게 사용할 수 있다는 장점이 있으나, 교육수준과 연령, 문화와 언어 차이에 따라 많은 영향을 받고 전두엽 기능을 평가하는 항목이 부족하다는 단점이 있다. 또한 문항의 난이도가 낮아서 인지기능에 장애가 있는 환자도 높은 점수를 받을 가능성이 높은 것으로 알려져 있다. 최근에는 단축형과 확장형 그리고 동형검사equivalent, alternate forms를 갖춘 간이정신상태검사 제2판(MMSE-2)도 개발되었고(Folstein & Folstein,

2010), 한국에서도 K-MMSE~2(강연욱 외, 2020)가 규준과 함께 표준화되어 출판되었다.

② 몬트리올 인지 평가

몬트리올 인지 평가(MoCA)Montreal Cognitive Assessment는 최근 들어 전 세계적으로 많이 사용되기 시작한 인지기능장애 선별검사로, MMSE에서 정상 수행을 보이는 경도인지장애의 선별에 보다 유용한 것으로 알려져 있다(Nasreddine et al., 2005). 주의집중 능력, 집행기능, 기억력, 언어 기능, 시공간 기능, 개념형성 능력, 계산 능력, 지남력을 평가하도록 구성되어 있으며, 총점은 30점이다. MMSE 보다 전두엽/집행기능에 대한 평가가 보강된 것이 특징이다. 한국에서는 Mo-CA-K(Lee et al., 2008)와 K-MoCA(강연욱, 박재설, 유경호, 이병철, 2009)가 표준화되어 출간되었다. 영어 원본과 MoCA-K에서는 학력이 6년 이하일 때 총점에 1점을 더하게 되어 있으며, MoCA-K의 경우 23점 이상일 때 정상으로 정의한다(Lee et al., 2008), K-MoCA의 경우 연령과 학력에 따른 규준이 발표되었다(강연욱 외, 2009). 다양한 양식과 언어로 개발되어 있는 MoCA의 검사 용지와 시행 방법은 홈페이지(https://www.mocatest.org)를 통해 확인할 수 있다.

③ 인지선별검사

인지선별검사(CIST)Cognitive Impariment Screening Test는 2021년 국내에서 개발된 선별검사로, 국가 치매검진사업에 활용하기 위한 목적으로 고안되었으며, 현재 전국 치매안심센터에서 선별검사용으로 사용되고 있다. 이는 인지기능저하 변별력이 높은 것으로 알려진 검사들로 구성되어 있으며, 지남력, 기억, 주의력, 언어기능, 시공간기능, 집행기능 등 6가지 인지 영역을 평가한다. 검사 시행은 검사자와 대상자가 1:1 방식으로 진행되며, 소요 시간은 약 10~15분이다. 총점은 30점이고, 연령, 학력, 성별에 따른 규준을 제공한다(고임석 등, 2021). CIST 검사 용지와 자세한 시행 방법은 중앙치매센터 홈페이지(https://www.nid.or.kr)에서 확인할 수 있다.

④ 치매평가척도

치매평가척도(DRS)Dementia Rating Scale는 매티스Mattis에 의해 1988년 개발된 검사로, 현재는 DRS-2가 출시된 상태이다(Jurica, Leitten, & Mattis, 2001). 한국에서는 최진영 등(1998)에 의해 K-DRS로 표준화되었고, 2011년에는 K-DRS-2로 재표준화되었다(최진영, 2011). 주의, 관리 기능, 구성, 개념화 및 기억의 5개 소검사로 구성되어 있으며, 총점은 144점이다.

⑤ 서울신경심리검사 2판

서울신경심리검사(SNSB)Seoul Neuropsychological Screening Battery는 장노년층을 대상으로 하는 종합적인 신경심리검사 총집으로서, 2003년에 제1판인 SNSB가 출간되었고, 2012년에 규준을 새롭게 하여 제2판인 SNSB-II가 출간되었다(강연욱 외, 2012). SNSB-II에서 평가되는 인지 영역은 주의집중 능력, 언어 기능 및 그와 관련된 기능들, 시공간 기능, 기억력 및 전두엽/집행기능이다. 각 영역 평가에 포함되어 있는 검사들은 표 9.2에 제시되었다. SNSB-II는 개별 검사의 원점수와 표준점수(Z점수, 백분위 점수)뿐만 아니라 주의집중 능력, 언어 능력, 시공간 능력, 기억력, 전두엽/집행기능에 대한 인지영역 점수와 이에 대한 표준점수도 제공한다. SNSB-II 검사에 소요되는 전체 시간은 약 1시간 30분 정도이고, 인지 능력을 평가하는 개인검사 실시에 대한 경험이 충분하고 피험자의 특성에 익숙한 검사자가 필요하며, 검사 결과의 해석은 심리평가에 대한 대학원 이상의 전문적 훈련과 경험을 갖춘 심리학 관련 전공자가 담당하도록 검사 매뉴얼에 명시되어 있다. SNSB-II의 단축형인 SNSB-C는 검사 소요시간을 약 40분 정도로 단축하면서도 핵심 인지기능을 평가할 수 있도록 제작되었으며, 총점을 제공한다(강연욱, 장승민, 나덕렬, 2018).

⑥ CERAD-K

CERAD-K는 Consortium to Establish a Registry for Alzheimer's Disease(CERAD)에서 개발한 종합적인 치매 진단 평가 도구이다. CERAD-K 1판은 2003년에 발행되었고, 2판은 2017년에 발행되었다(우종인 외, 2017). 이

표 9.2 | SNSB-II에 포함된 검사들

인지영역	포함된 검사들
주의집중 능력	Vigilance test / Digit span test / Letter cancellation (neglect)
언어 및 관련 기능	Spontaneous speech / comprehension / repetition / K-BNT / reading & writing, Finger naming / Right-left orientation / Body-part identification / Calculation / Praxis: ideomotor / Buccofacial
시공간 기능	Clock Drawing Test / Rey Complex Figure Test (RCFT)
기억력	Seoul Verbal Learning Test (SVLT) / RCFT immediate & delayed recall & recognition
전두엽/집행기능	Motor impersistence / Contrasting Program & Go-No go test / Fist-Edge-Palm / Alternating hand movement / Luria loop / Alternating square & triangle / COWAT - semantic & phonemic / Korean Color Word Stroop Test / Digit Symbol Coding / Korean-TMT-Elderly version

는 임상평가집과 신경심리평가집으로 구성되어 있는데, CERAD 신경심리평가집은 치매와 관련된 인지 영역을 포괄적으로 평가하며 검사 시간은 약 30~40분이다. CERAD-K 신경심리평가집에 포함되는 소검사들에는 언어유창성 검사(동물범주), 보스턴 이름대기 검사(15항목 단축형), MMSE-KC, 단어목록 기억검사(회상 & 재인), 구성행동(회상), 길 만들기 검사 Trail Making Test가 있으며, CERAD-K 제2판에는 스트룹 검사 Stroop test가 새롭게 포함되었다. 제2판에서는 연령 범위를 넓히고 학력 범위를 좀 더 세분화한 규준을 제시하였고 CREAD-K 신경심리검사의 총점(Chandler et al., 2005)에 대한 정상 규준과 길 만들기 검사에 대한 정상 규준도 추가되었다.

⑦ 비문해 노인 특성 반영 인지기능검사

비문해 노인 특성 반영 인지기능검사(LICA)Literacy-Independent Cognitive Assessment는 노인에서 비문해와 저학력의 비율이 높은 국내 상황을 고려하여 비문해와 저학력 노인 환자들을 대상으로 널리 활용될 수 있게 개발된 검사이다(심용수 외, 2016). 신경심리검사들은 수검자가 글을 읽고 쓰는 능력을 갖추어야 신뢰롭게 시행될 수 있는 경우가 많기 때문에 비문해자는 인지기능이 정상임에도 불구하고 검사 성적이 저조하거나 시행 자체가 불가능하여 치매로 잘못 진단될 가능성이 있다. LICA는 60~90세까지의 노인을 평가 대상으로 하며, 이야기회상 검사(기억력), 막대 구성 검사(시공간구성력), 단어회상 검사(기억력), 시공간 주의력 검사(주의력), 숫자 스트룹 검사(수행기능), 계산(계산력), 막대 재인 검사(기억력), 단어유창성 검사—동물 이름(수행기능), 의미 모양—색깔 속성 검사/이름대기 검사(의미/언어)가 포함되어 있다. 단축형인 S-LICA도 개발되어 있으며, 검사에는 20~60분 정도 소요된다.

⑧ 한국판 동형 반복형 신경심리평가 배터리

동형 반복형 신경심리평가 배터리(RBANS)Repeatable Battery for the Assessment of Neuropsychological Status(Randolph, 1998)는 전체 소요 시간이 약 30분 정도여서 장시간 소요되는 신경심리평가가 어려울 때 시행될 수 있는 신경심리검사 총집이며, 노인성 치매를 평가하기 위한 목적으로 제작되었다. 연습 효과를 통제하면서 평가를 반복 시행해야 할 때 사용될 수 있는 4가지 동형 검사를 갖추고 있다. RBANS는 20세부터 89세까지의 성인을 대상으로 개발되었으나, 한국에서는 곽호완 등(2018)에 의해 12세 청소년부터 60세 이상의 성인을 대상으로 표준화되어 규준이 마련되었다. 포함된 개별 소검사들은 치매의 평가에 민감한 것으로 알려진 검사들로서 단어목록 검사, 이야기기억 검사, 도형 그리기, 선지남력 검사, 그림 이름대기 검사, 의미 유창성 검사, 숫자 따라 외우기 검사 및 기호쓰기가 소검사로 포함되어 있다. 단어목록 검사는 즉각회상, 지연회상 및 재인 과제로 구성되며, 이야기회상 검사와 도형 그리기 검사에서는 지연회상이 시행된다. RBANS에서는 각 소검사들의 총점을 합산하여 즉시기억, 시공간 구성 능력, 언어 능력, 주의력, 지연기억의 5가지 영역에서 평균 100, 표준편차 15로 조정된 지표 점수를 산출할 수 있으며, 이 지표 점수들의 합산으로 계산되는 전체 척도 점수를 구할 수 있다. 규준을 통해 각 지표 점수들과 전체 척도 점수에 대한 백분위 점수를 확인할 수 있다. 최근 연구에 따르면 RBANS는 알츠하이머병으로 인한 경도인지장애를 초기에 변별하는 데 유용하다고 알려졌는데(Karantzoulis, Novitski, Gold, & Randolph, 2013), 특히 RBANS의 즉시기억, 지연기억 및 전체 척도 점수는 아밀로이드 PET의 결과와 유의한 상관을 보이는 것으로 보고되었다 (Hammers et al., 2017).

신경심리평가는 면담을 통해 얻은 정보를 바탕으로 뇌 손상 환자의 인지 및 정서 상태에 대한 가설을 세우고, 이를 확인하는 검사를 시행하는 과정으로 이루어진다. 따라서 임상가는 평가과정 동안 환자에 공감하면서도 끊임없는 탐구심을 갖고 검사를 진행해야 한다.

신경심리검사는 평가되는 인지 영역과 기능이 다양한 만큼 현재도 매우 많은 검사가 계속 개발되고 있다. 그중에서 뇌 손상 환자의 상태를 목적에 맞게 가장 잘 평가할 수 있는 검사를 선택하는 것이 중요하며, 여기에 소개된 검사들 외에 다른 검사들에 대한 정보가 필요하다면 더 읽을거리에 소개된 책을 참고하기 바란다.

이 장의 요약

1 임상신경심리학은 뇌의 정상 또는 비정상적 기능이 인간의 인지기능, 정서 상태 및 행동에 미치는 영향에 대해 연구하는 응용 과학의 한 분야이다. 신경심리평가는 환자의 인지, 행동 및 정서 상태를 확인하고 진단하는 데 필요한 정보를 얻기 위해 시행된다. 임상신경심리학자는 다양한 신경심리검사를 정확하게 시행하고, 신경심리학적 지식을 바탕으로 그 결과를 정확하게 해석할 수 있어야 한다. 신경심리평가의 실시와 채점 및 해석을 위해서는 충분한 임상 경험이 필요하며, 반드시 전문가의 지도감독을 포함한 임상 훈련을 받아야 한다.

2 인지기능을 담당하는 대뇌 피질은 전두엽, 측두엽, 두정엽, 후두엽으로 구분된다. 전두엽의 주요 기능으로는 집행기능, 운동 기능 및 언어 산출 능력이 있으며, 측두엽은 언어 이해 및 기억력과 깊이 관련되고, 두정엽은 시공간 능력, 후두엽은 시각 정보의 처리에 중요한 역할을 담당한다. 주요 뇌 영역이 기본적으로 어떤 역할을 맡고 있는지 이해하는 것은 신경심리검사 결과를 해석하기 위해 임상가에게 매우 중요하다.

3 인지기능의 장애를 야기하는 질환은 매우 다양하다. 인지기능장애를 야기하는 주요 신경학적 질환으로는 알츠하이머병, 파킨슨 증후군, 뇌혈관 장애와 혈관 치매, 뇌전증, 외상성 뇌손상, 수두증, 뇌종양 등이 있다.

4 환자의 상태에 따라 인지기능을 평가하는 데 적합한 신경심리검사를 선택하기 위해서는 각 인지 영역을 평가하는 주요 검사들의 특징을 이해하고 있어야 한다. 주의력을 평가하기 위해서는 선택적 주의력검사, 주의의 용량과 집중력을 평가하는 검사, 각성수준과 지속적 주의력을 평가하는 검사를 시행한다. 언어 능력을 평가하기 위해서는 스스로 말하기, 언어 이해력, 따라말하기, 이름대기, 읽기 및 쓰기 능력을 평가하는 것이 중요하며, 웨스턴 실어증 검사는 주요 언어 기능을 평가하여 실어증의 유형을 확인하는 데 유용하다. 시공간 능력을 평가하기 위해서는 시공간 지각 능력과 시공간 구성 능력을 평가하는 검사를 구분하여 시행하는 것이 필요하다. 기억력을 평가하는 신경심리검사에는 단어목록학습검사, 이야기회상 검사와 같은 언어학습검사가 있고, 시각적 자극을 보거나 그린 후 기억하여 다시 그리도록 하는 방법을 통해 시각적 기억력을 평가하기도 한다. 집행기능을 평가하기 위해서는 개념형성 및 추론 능력, 계획 능력, 생산성과 목적 행동을 평가하기 위한 검사들을 시행하여야 한다.

5 환자의 전반적인 인지기능을 평가하기 위해서는 선별 검사 또는 신경심리검사 총집을 시행한다. 선별검사로는 MMSE와 MoCA가 가장 널리 사용되고 있으며, 전국의 치매안심센터에서는 CIST를 선별검사로 사용하고 있다. 인지기능을 종합적으로 평가하기 위해 국내에서 많이 사용되는 검사 총집으로는 SNSB-II, CERAD-K 그리고 LICA가 있다.

더 읽을거리

신경해부학에 대해서는 다음에서 보다 자세한 학습이 가능하다.

Blumenfeld, H. (2010). *Neuroanatomy through Clinical Cases*. Sunderland, MA: Sinauer Associates, Inc.

Carpenter, M. B. (1991). *Core Text of Neuroanatomy* (5th ed.). Baltimore, MD: William & Wilkins.

인지기능 장애를 야기하는 신경병리에 대한 보다 자세한 학습을 위해서는 다음의 자료를 참고하기 바란다.

나덕렬(2016). 임상가를 위한 인지신경학/신경심리학. 서울: 도서출판 뇌미인.

김은주, 서상원, 나덕렬(2016). 치매 증례집. 서울: 도서출판 뇌미인.

신경심리검사에 대한 자세한 학습을 위해서는 다음의 자료를 참고하기 바란다.

Lezak, M. D., Howieson, D. B., Bigler, E. D., & Tranel, D. (2012). *Neuropsychological Assessment* (5th ed.). Oxford University Press.

3부

심리치료

10

정신역동 심리치료

일상 생활에서 우울이나 불안과 같은 심리적인 불편감을 경험할 때 우리는 상담이나 심리치료를 받게 된다. 지금까지 상담이나 심리치료와 관련된 접근이 수없이 전개되고 발전되어 왔지만 정신역동 심리치료를 비롯한 현대 심리치료의 효시는 프로이트Freud(1856~1939)가 창시한 정신분석이라고 할 것이다.

프로이트의 정신분석은 그의 일생에 걸쳐 40년 이상이나 계속해서 수정되고 발전되었는데, 그는 자기분석을 통해 그 깊이를 더하였고, 내담자의 치료 작업을 통해 지속적으로 성찰하였으며, 마침내 독자적인 이론을 창출하고 발전시켰다. 프로이트는 인간의 심리내적인 삶을 움직이는 핵심적인 동기에 대해서 지속적으로 탐구하였으며, 마음에 관한 이론을 끊임없이 수정하였다. 그러므로 어떤 치료자는 프로이트를 공부하려면 후기 저작부터 읽을 것을 권유하기도 하였다(Brocher, 1984). 프로이트 이후로 이론적이고 치료적인 발전이 지속적으로 이루어졌으며, 현대의 정신역동적 임상가들은 추동 이론과 자아심리학뿐만 아니라, 대상관계이론, 자기심리학 등 다양한 관점을 적절히 통합하여 내담자를 이해하고 치료하는 데 활용하고 있다.

이 글에서는 우선 이러한 이론적 입장들이 프로이트 이후 어떻게 전개되어 왔는지를 알아보고, 정신역동 심리치료가 실제로 어떻게 이루어지는지를 간단히 기술할 것이다. 심리치료는 정해진 시간과 공간 안에서 치료자와 내담자의 밀집된 만남이 지속적으로 이루어지는데, 정신역동 심리치료 장면에서 가장 중요한 요소는 자유연상과 잔잔히 떠 있는 주의라고 할 것이다. 치료자는 내담자가 치료 장면에서 상연하는 장면적 정보와 내담자가 치료자에게 유발한 역전이 등을 다각적으로 고려하여 내담자를 적절히 이해하고 치료적인 개입을 하게 된다.

다음으로는 최근 들어 활발히 진행되고 있는 정신역동 이론과 신경과학의 학제 간 연구와 정신역동 심리치료 효과를 입증하려는 다양한 성과 연구들을 알아볼 것이다.

☑ 이 장의 목표

1 정신역동 이론의 발전 과정과 다양한 접근들을 알아본다.

2 정신역동 심리치료가 실제로 어떻게 이루어지고 있는지 알아본다.

3 신경과학 연구와 치료 성과 연구에 대해서 알아본다.

정신역동 이론과 프로이트

프로이트는 실제로 내담자와 치료적인 작업을 하면서 기법을 발전시켰고, 인간의 마음(Seele, soul)[1]에 관한 이론을 수립하였다. 마음에 무의식적인 부분이 있다는 것은 철학자, 시인, 소설가들이 오랫동안 인식해 온 것이다. 그러나 프로이트의 공헌이 이들과 구분되는 것은 그가 '무의식'이라는 용어에 실체적인 지위를 부여했다는 것이다. 어떤 무의식이 있다고 주장하는 것과 무의식의 작용에 대해 윤곽을 그리려는 시도는 다른 것이라고 할 수 있다. 프로이트는 심리 증상 이외에도 꿈, 말실수, 농담 등을 통해 그리고 치료에서는 전이transference 현상을 통해 무의식에 억압된 생각이나 감정을 알 수 있다고 보았다.

프로이트(Freud, 1923)는 우리의 마음에 무의식적인 심리 과정이 있다고 가정하였고, 저항resistance과 억압repression과 관련된 현상을 인식하였으며, 성과 오이디푸스 콤플렉스oedipus complex의 이해가 정신분석의 주요 주제와 이론의 기초를 구성한다고 보았다. 이에 더하여 덧붙일 수 있는 또 하나의 주된 가정은 아동기 체험의 중요성에 관한 것이다.

프로이트의 이론 가운데 가장 중요한 것은 아마도 억압이라고 할 것이다. 이 용어는 일찍이 1844년에 쇼펜하우어Schopenhauer가 사용하였고 또한 1824년에 심리학자 헤르바르트Herbart의 저술에도 나타난다. 프로이트(Freud, 1895)는 의식적으로 수용하는 것이 어렵거나 처리하기 힘든 감정이 의식적인 사고에서 억압되는 현상을 기술하기 위해 이 용어를 사용하였다.

프로이트가 말하는 오이디푸스 콤플렉스는 다양한 수준에서 작용하는 은유적 개념이라고 할 수 있다. 이것은 아이가 성장하면서 성차와 세대차를 받아들이고 극복하게 되는 과정과 관련되고(윤순임, 1995), 특히 가족 관계에서 어머니와의 이자 관계dyadic relationship를 넘어서 아버지가 포함되는 삼자 관계에 관한 기

....

1   이 장에서 두 가지 원어가 병기될 경우 첫 번째는 독일어, 두 번째는 영어이다.

술인데, 세 사람이 반드시 아버지, 어머니, 아이일 필요는 없고 다른 사람이 포함될 수도 있다. 베텔하임(Bettelheim, 1983)은 오이디푸스 콤플렉스가 근친상간과 부모 살해를 피하려는 소망에 대한 신화를 이해한 것이라고 보았다. 우리 마음속에 억압된 적대감과 갈망에 대한 접근과 이해가 가능해질 때, 이런 부분이 더 이상 해로운 영향을 미치지 못하게 될 것이다. 클뤼버(Kluewer, 2005)는 정신분석의 목표가 인생을 즐겁게 살 수 있도록 자기 나름대로 고통을 이겨내는 법을 배우는 데 있다고 보았다. 그러기 위해서는 우리가 부모에게 의존하고 있고, 소외된 제삼자라는 것을 인정해야 한다는 것이다.

프로이트는 세세한 것을 보는 안목이 있었고, 겉보기에 중요해 보이지 않는 것에 대해서도 주목하는 능력이 있었다. 『정신분석 강의』(1916)에서 프로이트는 "… 그러므로 아주 작은 징조라고 하더라도 과소평가하지 마십시오. 어쩌면 그것을 통해 더 큰 어떤 것의 흔적이 나올 수도 있는 것이니까요."라고 하였다. 치료에서의 모든 장벽이 단순히 받아들이거나 무시해야 할 방해 요소가 아니라 잠재적인 지침이라는 사실을 인식한 것은 프로이트의 탁월한 면이었다. 그는 치료에서의 저항과 전이 현상을 단순히 치료 진행을 방해하는 것으로 보기보다는 내담자에게 그리고 내담자와의 관계에서 무엇이 진행되고 있는지를 이해하게 해 주는 필수불가결한 수단으로 확인하였다.

제이콥스(Jacobs, 2003)는 프로이트의 이론과 치료 실제의 거대한 보물 창고에서 다음과 같은 점이 중요하다고 보았다. 우선은 치료 회기 내에서 내담자가 자유연상free association을 통해 자기보고를 하게 한 것이다. 내담자는 자발적으로 떠오르는 생각들을 표현하게 되고, 치료자는 잔잔히 떠 있는 주의evenly suspended attention를 통해 내담자가 전달하는 모든 것에 동등한 주의를 기울이면서 경청을 하게 된다.

다음으로는 치료적 관계의 중심적 역할을 알게 되었다. 이것은 치료 효과에서도 중요한 요인으로 간주되는데, 치료적 관계에서 전이와 역전이countertransference 현상을 통해 내담자의 내재화된 관계를 반영하는 요소들을 이해하게 될 것이다.

심리치료에서 내담자를 이해할 때에는 내담자의 심리구조와 내적 갈등을 인식하는 것이 중요하다. 또한 치료적 관계에서 표현되는 상이한 추동들을 인식해야 하는데, 이는 특히 삶의 추동(Eros)과 죽음의 추동(Thanatos), 리비도 추동과 공격 추동 등으로 표현될 수 있을 것이다.

정신역동 심리치료를 통해 아동기 경험이 중요하다는 것을 알게 되었다. 이것은 아이의 감정과 욕구 그리고 어른의 마음 안에 있는 아이에 대한 자각을 고조시켰으며, 현재에 미치는 과거의 일반적인 영향에 대해서도 주의를 기울이게 하였다. 그리고 치료자도 자기 문제를 인식하고 해결하기 위해 분석이나 심리치료를 받을 수 있을 것이다. 프로이트는 무의식의 중요성을 충분히 부각시켰고, 우리가 생각하는 것이 존재하는 현실과 일치하지 않을 수 있다는 것을 알게 해 주었다.

프로이트의 사고와 정신역동적 개념은 이후 예술과 문학작품을 통해, 영화나 TV와 같은 대중매체를 통해, 심리치료 체계나 학문 분야를 넘어서 훨씬 더 많은 대중에게까지 그 영향을 미치고 있다. 『새로운 정신분석 강의』(1933)에서 프로이트는 자신의 일생에 걸친 연구가 우리의 앎에 중요한 진전을 이루는 어떤 길을 열어 놓았다는 희망을 겸손하게 표현하고 있다.

추동 이론

프로이트는 인간의 마음을 움직이는 추동drive에 관한 이론을 계속해서 수정하였는데, 최종적으로 '삶의 추동'과 '죽음의 추동'이라는 이원 추동 이론을 주장하였다. 삶의 추동은 통합을 향해 나아가는 생리적이고 심리적인 모든 과정에서 표현된다고 할 수 있다. 이것은 또한 인간관계의 모든 긍정적인 측면에 존재하며, 대부분의 인간 활동의 동기에서 건설적인 요소이다(Moore & Fine, 1990).

이렇게 삶의 추동은 포괄적이고 함축적인 의미로 사용되었지만, 좁은 의미에서는 성 추동 혹은 리비도로 사용되기도 하였다. 프로이트는 삶의 추동을 에로스라고 칭하기도 하였는데, 삶의 추동은 종족 보존의 성 추동뿐만 아니라 자기보존 추동까지도 포괄한다고 할 수 있다(윤순임, 1995). 그리고 프로이트는 『새로운 정신분석 강의』(1933)에서 추동 이론의 은유적·신화적 특성에 대해서 언급하기도 하였다.

프로이트 이후에도 정신역동 이론에는 추동 이론을 근간으로 많은 변화와 발전이 있어 왔다. 그런데 영어 표준판 번역에서 독일어 Trieb을 영어 instinct로 번역하면서 많은 개념적 오해와 왜곡이 생겨났다고 할 수 있다(Bettelheim, 1982; 윤순임, 1995). 프로이트는 본능(Instinkt, instinct)이라는 개념을 쓰지 않고 추동(Trieb, drive)이라는 개념을 썼다.

죽음의 추동에 대해서는 현재까지도 논란이 많지만, 멜라니 클라인Melanie Klein은 이러한 프로이트의 이원 추동 이론을 그대로 받아들이고 확장하였다(Klein, 1948). 그녀의 기본 주장 중의 하나는 인간의 모든 갈등이 삶의 추동과 죽음의 추동 간 투쟁에 근거한다는 것이었다. 이러한 갈등은 선천적이고 태어나면서부터 작용한다. 그러나 많은 정신분석가들은 죽음의 추동 개념을 받아들이지 않으며, 이 개념 없이도 소멸이나 파편화와 같은 극도의 원시적이고 원초적인 불안을 이해하고 설명할 수 있다고 보고 있다(Fairbairn, 1952; Guntrip, 1968).

실제로 프로이트는 죽음의 본능에 대해 말한 적이 없고, 단지 공격적이고 자기파괴적인 행동을 하는 무의식적인 추동이나 충동에 대해 말했을 뿐이다(Bettelheim, 1983). 프로이트는 자아가 비관적인 갈등의 측면을 가진다고 보았다. 태어날 때부터 죽을 때까지 삶의 추동과 공격 추동은 우리의 삶을 만드는 데 주도적이려고 투쟁하며, 잠시라도 우리의 삶이 평화롭게 유지되는 것을 어렵게 한다. 정서적으로 풍부하게 만드는 것이 바로 이 투쟁이다. 이것은 인간의 삶의 다양한 본질을 설명하고, 다양한 기분의 변화를 조절하며, 삶에 가장 깊은 의미를 제공한다. 프로이트는 그 밖에 앎의 추동, 숙달의 추동에 대해서도 언급하였다.

자아심리학

프로이트는 초기에 의식이 받아들이기 어려운 여러 가지 체험들이 무의식으로 추방되었다고 보았으며, 1920년대 이후의 삼원구조 이론에서는 원초아Es, id뿐만 아니라 자아Ich, ego와 초자아ber-ich, superego도 무의식적인 면을 가졌다고 보았다. 추동 욕구로 이루어진 원초아는 즉각적인 만족을 추구하는 경향이 있으며, 초자

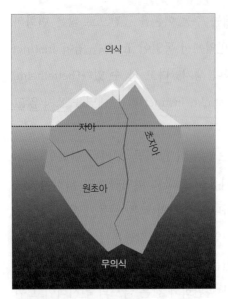

그림 10.1 | 원초아, 자아, 초자아

아는 내재화된 부모의 태도와 가치, 양심 등으로 구성된다. 프로이트는 자아의 기능, 즉 이성과 의지의 능력에 상당히 큰 기대를 걸었고, 치료 목표를 무의식을 의식화하고, 원초아와 자아, 초자아와 자아를 화해하게 하는 데 두었다(윤순임, 1995). 이러한 자아 기능에는 환상과 현실을 구분하는 현실검증력reality testing, 판단, 현실감, 추동 충동 및 정동의 조절과 통제, 대상관계, 사고, 적응적 퇴행, 방어, 자극 차단, 자율 기능 등이 포함된다(Bellak & Meyers, 1975).

프로이트는 여러 방어기제가 있음을 알고 있었지만, 무엇보다 억압에 주목하였다. 프로이트의 딸인 안나 프로이트Anna Freud는 『자아와 방어기제』(1936)에서 여러 가지 방어기제, 예를 들어, 퇴행regression, 반동형성reaction formation, 취소undoing, 동일시identification, 투사projection 및 승화sublimation 등에 대해 기술하였다. 그녀는 추동보다는 우선적으로 방어의 분석과 이해에 주력해야 한다고 주장하였다. 방어기제에 대한 이해와 작업을 하지 않고 유아적 소망 등을 해석하는 것은 오히려 저항을 더 크게 할 수 있다는 것이다. 이후 경계선 성격장애나 자기애성 성격장애 등 심한 성격장애 내담자들을 치료하면서 분열splitting이나 투사적 동일시projective identification와 같은 원시적 방어기제에 대한 연구도 활발히 이루어지고 있다.

파인(Pine, 1990)은 자아심리학적 입장에서 중요한 동기가 부정적 정동을 회피하려는 노력이고, 자신의 심리 구조를 유지하려는 자아의 경향성이라고 보았다. 대표적인 부정적 정동은 불안인데, 프로이트(Freud, 1926)는 모호하고 근거 없는 불안이 구체적인 공포를 억압한 데에서 생겨난 것이라고 보았다. 이러한 억압과 같은 심리 작용은 두려운 정서 상태를 참지 못하는 과정에서 진행된다. 여기에는 이별과 상실로 인한 심리적인 고통, 자기상실감, 수치심과 죄책감 등이 있다(윤순임, 1995).

프로이트는 급성적이고 강렬한 형태의 불안을 외상 불안traumatic anxiety이라고 하였으며, 보다 약한 형태의 불안은 외상 불안의 잠재적인 시작을 신호하는 것으로 보았다. 일종의 예기 불안인 신호 불안signal anxiety은 정상적인 발달 과정을 통해 생겨나며, 자아 기능의 도구로 작동한다. 많은 경우 불안은 현실적이고 외적인 위험에 대한 반응이라기보다는 내적인 것으로, 특히 위험하다고 가정된 무의식적인 소망과 관련된다. 전형적인 위험 상황으로는 사랑하는 대상의 상실, 대상으로부터의 사랑의 상실, 거세 불안, 초자아 불안이나 죄책감 등이 있다. 그 밖에 소멸 불안이나 붕괴 불안, 박해 불안과 같은 아주 원초적인 형태의 불안이 있을 수 있다(Gabbard, 2014).

자아심리학적 접근은 이후에 안나 프로이트에 의해 발전되었는데, 그녀의 자아에 대한 탐색은 방어기제를 중심으로 구체적으로 눈에 띄는 증상으로부터 성격 전체로 확대되어 갔다. 그 밖에 미국으로 건너간 분석가인 크리스Kris나 하르트만Hartmann 등에 의해 이론적인 확장이 있었다.

대상관계 이론

대상관계라는 개념은 프로이트가 이미 썼지만 이것을 일반 이론으로 체계화하지는 않았다. 프로이트는 주로 추동과 관련지어 대상관계를 검토하였으며, 대상을 추동 만족의 수단으로 기술하였다. 하지만 구조 이론을 주장하면서 추동 만족에 이차적인 대상과의 관계를 강조하기보다는, 대상과의 경험을 통해 추동, 자아, 초자아가 상호작용하고 발달해 가는 과정을 강조하였다.

프로이트의 후기 이론에서 정동affect이 차지하는 비중이 점점 커지면서 대상 개념에 대한 초점이 바뀌었으며, 대상관계와 관련되는 중요한 기술을 하였다(Freud, 1926). 초기 유아기에 자아는 쉽게 자극에 압도되지만, "유아는 외부의 지각 가능한 대상이 위험한 상황을 끝낼 수 있다는 것을 경험함으로써… 두려워하는 위험의 내용이 자신을 압도하는 두려움으로부터 그러한 상황을 결정하는 조건, 즉 대상의 상실로 바뀐다는 것을 알게 된다."고 기술하였다. 이와 관련하여 프로이트(Freud, 1926)는 유아의 무기력과 의존성이 이러한 초기의 위험 상황을 만들고, 평생 아이를 따라다니는 사랑받고자 하는 욕구를 만들어 낸다고 기술하였다.

대상관계는 실제 관계와 구분된다. 인간은 환경과의 상호작용 속에서 성장하는데, 주요 관계 대상과의 관계를 통해 심리 구조가 형성된다. 자신의 특성과 체험을 외재화externalization하고, 외부의 정보와 자극을 내재화internalization하는 과정을 통해 주관적인 체험의 현실적·상상적 내용이 심리내적인 표상으로 변화된다. 대상관계 이론은 자기표상과 대상표상 사이의 내재화된 관계를 강조하고, 추동 욕구보다는 관계 욕구가 유아에게 더 일차적이라고 주장한다.

(1) 대상관계 이론의 발전

① 대상관계 이론의 초기 공헌자, 클라인

멜라니 클라인Melanie Klein(1882~1960)은 대상관계 이론의 초기 공헌자 중의 한 사람이다. 그녀는 정신증 상태에 있는 아동들의 분석을 통해 많은 이론들을 끌어내었고, 정신병리의 출현과 발달에 있어 초기 대상관계의 중요성을 제시하였다. 클라인(Klein, 1948)은 프로이트의 이원 추동 이론을 받아들이고 확장하였는데, 그녀의 기본적인 주장들 중의 하나는 모든 갈등이 삶의 추동과 죽음의 추동 간의 투쟁에 근거한다는 것이었다. 이러한 갈등은 선천적이고 태어나면서부터 작용한다.

클라인에 의하면, 유아는 자신의 파괴적인 성향을 분리하여 어머니의 한 가슴에 투사하고 마치 자신이 박해당하는 것으로 지각하여 편집증적 불안을 갖게 된다. 그리하여 유아는 우선 편집-분열 포지션paranoid-schizoid position으로 자신을 방어한다. 편집적paranoid이라는 것은 유아가 외부의 나쁜 대상인 가슴으로부터 박해받는다는 지속적인 두려움을 갖기 때문이고, 분열적schizoid이라는 것은 좋은 것과 나쁜 것을 분리하는 경향성으로부터 나왔다. 그리고 유아는 투사적 동일시와 같은 원시적인 방어기제를 통해 스스로 감당하기 어려운 파괴적이고 부정적인 감정이나 체험들을 다루게 된다(Ogden, 1982).

발달이 순조롭고, 특히 이상적인 가슴과의 동일시가 이루어지면 유아는 죽음의 추동을 견디어 내고 원시적인 방어기제에 덜 의존하게 된다. 즉, 피해 의식이 감소하고 자아 통합이 촉진된다. 대상의 좋은 측면과 나쁜 측면이 통합되고, 유아는 어머니를 좋은 감정과 나쁜 감정 둘 다를 주는 사람이라고 보게 된다.

이제 유아는 우울 포지션depressive position으로 옮겨간다. 편집-분열 포지션의 특징인 피해 불안과는 대조적으로, 우울 포지션의 주된 두려움은 자신이 내부와 외부의 좋은 대상을 해칠지도 모른다는 불안이다. 편집적 불안이 외부로부터 오는 자기파괴에 대한 공포라면, 우울적 불안은 자신의 공격성에 의해 현실 대상과 내적 대상이 파괴되는 것에 대한 공포이다. 이때 아이는 내적인 세계와 현실 세계를 회복하려는 환상과 행동을 통해 사랑하는 대상을 구출하고 복구하려는 시도를 하게 된다. 그렇게 함으로써 그의 우울적 불안과 죄책감이 해소된다.

클라인 이론의 최종 단계에서 확장된 또 다른 중요한 개념은 시기심envy이다. 나쁜 대상들을 향한 증오와는 대조적으로 시기심은 좋은 대상들을 향하는데, 이때 유아는 자신의 통제 밖에 있는 좋은 대상인 젖가슴을 망치고 파괴하고 싶어 한다. 이것은 젖가슴이 나쁘기 때문이 아니라 좋기 때문인데, 시기심이 개입될 경우 아이는 좋은 대상과 나쁜 대상 간의 구분을 허물어 버리고 자신의 통제 밖에 있는 풍요로움과 선함을 파괴하기를 갈망한다. 이러한 시기심은 프로이트가 말한 부정적 치료 반응negative therapeutic response을 잘 설명하는데, 내담자는 치료자가 지닌 잠재적인 선함, 효율성 혹은 사랑을 시기할 수 있다. 더 나은 삶을 살 수 있다는 가능성 자체를 고통스럽게 생각하는 내담자는 시기심으로 모든 희망을 체계적으로 파괴할 수 있다.

클라인은 결국 삶을 사랑과 복구에 의한 통합과, 증오와 시기심에 의한 분열과 해체 사이의 투쟁으로 보았다. 대상의 좋은 측면과 나쁜 측면을 함께 통합하는 것은 고통스럽고도 힘든 작업이다. 그러기 위해서는 우울적 불안과 죄책감에 직면해야 하고, 자신의 사랑이 지닌 한계와 모순을 인정해야만 한다. 클라인이 보기에 유아는 자아의 통합 과정이 가져오는 고통에도 불구하고, 대상을 파편화하는 자신의 파괴성과 시기심에 대항하여 대상을 통합하려고 분투하는 존재이다(Greenberg & Mitchell, 1983).

② 윌프레드 비온

클라인의 이론은 그녀의 후계자들과 페어번Fairbairn, 위니코트Winnicott와 같은 여러 대상관계 이론가들의 이론적 근거를 형성하였으며, 현대 정신역동 이론에 많은 변화와 개혁을 가져왔다. 특히 윌프레드 비온_{Wilfred R. Bion}(1897~1979)은 클라인의 개념들을 이론화하는 데 중요한 기여를 하였으며, 그를 통해 클라인의 개념이 더욱 확장되고 재해석되었다. 비온은 초기에 정신분열증적 사고의 기원과 성질을 연구하였는데, 이를 통해 클라인이 주장했던 시기심과 관련된 공격성과 정신증적 파편화 사이에 어떤 관계가 있다는 것을 알게 되었다. 즉, 시기하는 유아는 대상과의 연결을 참을 수 없을 정도로 고통스러운 것으로 경험하며 젖가슴뿐만 아니라 그 젖가슴에 결부된 자신의 심리적 능력까지도 공격한다는 것이다. 비온은 시기심을 마음이 스스로를 공격하는 일종의 심리적 자가면역 질환으로 간주한다. 이러한 마음은 사물들과 사고, 감정들, 사람들 간의 연결을 모두 끊어버린다(Mitchell & Black, 1995).

치료와 관련하여 비온은 치료자가 치료 장면에서 "아무런 기억이나 욕구를 가지지 않고" 임하는 규칙을 지킴으로써 내담자의 투사를 수용할 수 있도록 스스로를 정화해야 한다고 권유하였다. 가장 적절한 해석이 무엇인지 잘 알지 못하는 치료자는 모르는 것을 더욱 깊이 탐색할 수 있을 때까지 참고, 인내하며, 좌절을 견디어 내야 한다고 하였다. 그는 또한 투사적 동일시 등을 통해 전달되고 체험되는, 내담자 스스로 조직하거나 통제할 수 없는 심리적 내용들에 대해 치료자가 컨테이너_{container}로 기능하고 적절히 다루어 주어야 한다고 보았다.

③ 페어번과 건트립

클라인의 이론이 점점 확장되고 자아심리학이 정교해지고 있을 때, 영국에서는 프로이트의 고전적인 동기 이론과는 다른 입장을 주장한 사람들이 있었다. 그중 로널드 페어번_{Ronald Fairbairn}(1889~1964)은 분열적이라고 진단된 내담자들의 임상 작업을 통해 자신의 이론을 도출하였다. 그는 초기 대상관계의 중요성을 강조하였으며, 프로이트나 클라인과는 다르게, 심리 구조 형성에 있어 추동이 중요하지 않다고 보았다.

페어번(Fairbairn, 1941)은 고전적인 동기 이론을 비판하고 새로운 동기 이론을 제시하였는데, 그는 리비도가 쾌락을 추구하기보다는 대상을 추구한다고 보았다. 그리고 그는 자아의 모든 부분들이 항상 대상들과 연결되어 있고, 모든 정신병리를 내적 대상으로 표현되는 과거의 관계를 계속 유지하려는 자아의 노력으로 이해했다. 그에 의하면 외부 대상들과의 관계가 만족스럽지 못할 경우에 보상적인 내적 대상들이 발생하고, 이러한 내적 대상들의 증가는 자아의 분열을 가져오고, 결국 원래의 자아는 파편화될 수 있다. 정신병리는 파편화된 자아 부분들이 현실의 대상관계를 포기하면서까지 내적 대상들에 집착하는 데서 비롯된다. 페어번의 이론을 수정하고 확장하는 데 관심을 기울였던 해리 건트립Harry Guntrip도 정신병리의 근원을 자아가 모든 대상들로부터 철수하는 것에서 찾았다.

④ 모성적 역할을 강조한 위니코트

도널드 위니코트Donald W. Winnicott(1896~1971)는 클라인에게서 영향을 받았으나 클라인보다는 환경과 모성적 역할에 더 역점을 두었다. 그는 어머니-유아 관계를 언급하면서 어머니와 유아의 이자 관계 그 자체가 각자가 기여한 부분들보다 더 중요하다고 생각하였다. 그는 아이가 태어나자마자 어머니가 아이를 위해 스스로를 기꺼이 헌신하는 것을 일차적 모성 몰입primary maternal preoccupation이라고 불렀고, 또 충분히 좋은 어머니가 제공하는 환경을 통해 아이가 창의적이고 건강한 자기를 형성할 수 있게 된다고 보았다. 충분히 좋은 심리사회적 환경은 아이가 유아적 의존에서 독립으로 발달할 수 있게 돕고, 자신이 전능하다는 생각으로부터 좀 더 현실적인 지각으로 전환하게 한다.

위니코트(Winnnicott, 1965)는 유아는 태어나면서부터 강력하게 대상과 관련되고, 아무리 헌신적인 좋은 어머니라도 불가피하게 아이를 실망시킬 수밖에 없다고 본다. 이러한 결과로 유아는 어머니의 소망에 순응하게 되고, 참자기true self의 잠재력은 희생당할 수 있다. 이상적으로 참자기는 침범받지 않는 환경 안에서 존재의 연속성을 경험하고, 자기 나름의 방식과 속도에 따라 개인적인 심리적 실재와 신체 도식을 획득하는 타고난 잠재력을 발휘하며, 자신의 자발적인 충동과 표현을 나타낼 수 있다. 따라서 참자기는 살아 있음과 관련된 경험들의 집합이라고 할 수 있다.

그는 또한 유아가 자신의 독립적인 기능을 발달시키는 데 중요한 역할을 하는 중간 대상transitional object 개념을 소개하였다. 예를 들어 아이가 좋아하는 담요는 어머니와의 즐거운 상호작용과 관련되어 있기 때문에 아이를 달래 주는 기능을 하는데, 이러한 중간 대상은 '나와 나 아닌' 세계의 연결을 도와주는 상징이라고 볼 수 있다. 부모 입장에서는 중간 대상이 아이의 환상에 의해 창조된 것임을 인정하면서도 동시에 그것이 객관적인 현실적 대상임을 인정할 수 있어야 한다. 중간 대상이 가지는 중요성은 대상 자체에 있는 것이 아니라 아이 자신이 전능하다는 환상으로부터 객관적인 현실 인식으로 발달해 가는 중간 지점이라는 데에 있다. 유아는 점점 자신의 능력의 한계를 인정하고 타인들이 독립된 존재임을 객관적으로 지각하게 된다.

위니코트는 대상의 성질이 초기의 모성적 돌봄에 따라 형성된다고 주장하였으며, 이에 따라 다양한 대상의 모습을 제시하고 있다. 즉, 아이는 대상이 버티어 주는 환경holding environment이 되고, 자신을 반영해 주며, 전능감omnipotence을 현실화해 주고, 대상 사용의 기회를 제공하며, 중간 경험의 모호함을 감내하게 해 주고, 위로해 주기를 바란다. 이러한 모성적 기능은 유아가 타인에 대해 관심concern을 갖는 능력을 발달시키는 데에 필수적이다. 우선 어머니는 유아가 흥분 상태에서 가하는 공격을 견디고 버티어 줄 수 있으며, 유아가 이러한 자신의 공격성을 복구reparation하고 어머니를 위로하고자 할 때 이것을 받아 주는 것이 중요하다. 공격성과 관련된 복구가 가능하면 아이는 파괴적인 것과 관련된 죄책감을 극복하고 관심을 가질 수 있는 능력이 발달하게 된다.

⑤ 그 밖의 영국 학파

그 밖에도 영국 학파는 다양한 대상관계 이론들을 전개하고 있다. 마이클 발린트Michael Balint는 오이디푸스기 이전의 이자 관계의 중요성을 강조하였는데, 그에 의하면 어머니와의 원초적 사랑이 이루어지지 않을 때 아주 심한 심리장애나 심리신체적 질병을 동반하는 장애가 일어날 수 있다고 보았다.

존 볼비John Bowlby는 대상에 대한 애착attachment이 유아에게 일차적이고, 생물학적으로 내재되어 있으며, 진화적인 적응에서 생존에 중요하다고 보았다. 그는 동물 행동학에 기초하여 애착 이론을 발전시켰는데, 그는 인간의 애착 경향이 생물학적으로 기초한 선천적이고 본능적인 반응 체계이고, 이것이 추동 만족

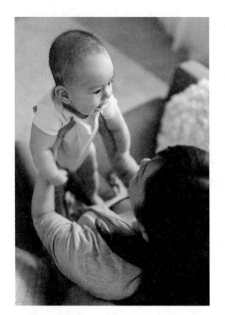

▲ 어머니의 반응 행동은 유아의 애착을
매개하는 특정 행동을 활성화한다.

과 같은 동기만큼 중요하다고 보았다. 유아는 적어도 다섯 가지의 구조화된 반응 체계, 즉 빨기, 울기, 웃기, 매달리기, 따라다니기를 가지고 살아가기 시작한다. 이러한 반응 체계는 어머니의 반응 행동을 활성화하는데, 어머니의 반응 행동은 유아 체계에 피드백을 주며, 애착을 매개하는 특정 행동을 활성화한다(Bowlby, 1969).

유아의 본능적인 반응 체계들이 활성화될 때 어머니가 가용하지 않으면, 분리불안, 반항행동 그리고 슬픔과 애도가 나타난다. 어머니에 대한 애착을 일차적인 추동으로 보는 볼비의 가설은 일종의 대상관계 이론으로 간주될 수 있지만, 행동적이고 실제적인 대인관계 패턴을 강조하였고 심리내적 구조에 관한 개념화는 하지 않았다(Kernberg, 1976).

추동 만족이 먼저인지 아니면 대상 애착이 먼저인지는 그동안 상당한 논쟁거리였지만, 인간의 삶에서 매우 초기부터 이러한 욕구들이 존재하고 서로 상호작용하면서 복합적인 발달적 경로를 밟게 될 것이라는 점은 분명하다. 이렇게 인간은 초기 대상관계에서 경험되고, 상상되었으며, 두렵고, 소망하는 특정 패턴의 행동을 반복하고, 예상하며, 유발하고, 나타내려고 한다. 내적인 대상관계 관점에서 이러한 관계 유형은 일생에 걸쳐 반복되는 경향이 있고, 치료 장면에서 전이 관계를 통해 드러나거나 장면적 정보로 상연enactment된다.

(2) 분리-개별화 이론

마가렛 S. 말러Margaret S. Mahler(1897~1985)의 분리-개별화separation-individuation 이론은 임상적으로 도출된 심리 발달에 관한 개념들과 유아 연구로부터 나온 경험적인 증거들을 통합하려는 체계적인 첫 시도였다(Fonagy, Gergely, Jurist, & Target, 2002; Gergely, 2000). 말러와 그의 동료들은 생후 3년간에 걸쳐 대상관계의 출현을 관찰하면서 자연적인 놀이 상황에서 정상적인 아이와 어머니를 종단적으로 연구하였다(Mahler, Pine, & Bergman, 1975). 말러의 이론에서 유아는 독립적이고 자율적인 존재가 되고자 하는 욕구와 어머니와의 공생적 융합 symbiotic fusion 상태로 되돌아가고자 하는 욕구 사이에서 분투하는 존재로 기술된다(Mentzos, 1982; 이용승, 2002).

분리-개별화 이론에서 분리와 개별화는 두 개의 상호보완적인 발달 경로라고 할 수 있다. 분리는 아이가 어머니와의 공생적 융합으로부터 벗어나는 것(분화, 거리 두기, 경계 형성, 어머니로부터의 분리)이고, 개별화는 아이가 자신의 개인적 특성들(심리내적 자율성, 지각, 기억, 인식, 현실검증 능력 등)을 갖추어 가는 것이다. 여기에서 분리는 자신과 세상이 분리되어 있다는 감각을 성취하는 것으로, 이러한 분리감은 점차로 대상표상과는 구분되는 자기라는 명확한 심리내적 표상으로 발달해 간다. 최적의 상황은 어머니로부터의 분화와 관련된 자각이 아이의 독립적인 자율적 기능의 발달과 나란히 진행되는 것이다.

말러 등(Mahler et al., 1975)은 유아가 자기와 타인 간의 분화에 대한 자각이 없는 원초적인 인지적, 정동적 상태로부터 시작하여 분리와 개별화를 중심으로 심리내적이고, 행동적인 삶의 조직화가 발달한다는 사실을 추론하고 관찰하였다. 우선, 정상적 자폐 단계normal autistic phase에서 신생아들은 자궁 내에서 지배적이었던 상태로 환각적으로 소망을 충족하는 폐쇄적인 단일 체계에 있다고 볼 수 있다. 이때 유아는 자극 장벽에 의해 보호되어 외부 자극에 대한 리비도 점유가 거의 없는 상태이다. 생후 2개월부터 유아는 대상에 대한 희미한 자각을 하게 되는데, 이때 유아는 마치 자신과 어머니가 하나의 이원적 단일체인 것처럼 행동하고 기능하는 공생 단계symbiotic phase로 들어가게 된다. 이 상태는 프로이트와 로맹 롤랑Romain Rolland이 "대양처럼 느껴지는 무경계감the sense of boundlessness of the oceanic feeling"이라고 부른 것으로, 아이는 어머니의 표상과 전능한 융합을 경험한다.

분리-개별화 과정의 첫 단계인 분화 단계(부화기)differentiation subphase는 유아가 선택적 미소 반응 등을 통해 외부 환경을 지각하기 시작하고 외부 세계로 관심이 확장되는 시기이다. 이때 유아는 어머니의 얼굴을 눈으로 보고, 손으로 만지며, 촉감으로 느끼면서 탐구하는 행동이 절정을 이루게 된다. 어머니가 유아를 얼러 주거나 자극을 주는 양식은 중간 대상으로 나타나는데, 유아는 어머니 몸과의 접촉 욕구를 잘 나타내고, 부드러우며, 유연하고, 따뜻한 접촉감을 주는 대상을 찾는다.

분화 단계는 생후 9개월쯤에 끝나게 된다. 이때가 되면 아이는 걸을 수 있을 만큼 자라게 되고 다음의 연습기practising subphase를 준비할 수 있게 된다. 이제 아장아장 걷기 시작한 아이는 자신의 새로운 능력들 때문에 일종의 전능감을 느끼면서 주변 세계를 탐색하기 시작한다. 이때 아이는 어머니를 거의 잊을 정도로 자율적인 기능의 연습, 특히 운동성에 의기양양하게 몰두하게 된다. 점점 아이는 자기 능력의 위대함에 도취되는 것처럼 보이고 나르시시즘이 절정에 다다른다. 하지만 아이는 심리적으로는 아직 어머니와 연결되어 있으며, 어머니를 정서적 재충전을 위해 되돌아와야 할 일종의 홈 베이스로 생각한다.

말러에 의하면 재접근 단계rapprochement subphase는 생후 15~24개월 사이에 해당한다. 아이는 이 시기 동안 중요한 심리적 불균형을 경험하게 되는데, 아이는 이동한다는 것이 어머니와의 공생적 결합으로부터 심리적으로 분리되는 것임을 불안하게 자각하기 시작한다. 그리고 아이는 어머니의 바람이 자신의 바람과 항상 일치하는 것이 아니라는 사실을 인식하게 되고, 연습기의 위대함과 전능함의 느낌에 커다란 도전을 받는다. 이때 아이는 양가감정이 특징적으로 나타나는 재접근 위기rapprochement crisis에 처하게 되는데, 한편으로는 어머니와 분리되어 위대하고 전능한 존재가 되고 싶은 욕구와 다른 한편으로 어머니에게 의존하여 어머니가 자신의 소망을 마술적으로 실현해 주기를 바라는 욕구 사이에서 갈등이 생겨난다. 이제 아이는 어머니에 대한 실망과 자신의 능력의 한계에 대한 상대적인 무력감, 슬픔과 분노의 감정을 다루어야만 한다. 또한 아이는 대상 세계를 '좋기만 한 것'과 '나쁘기만 한 것'으로 분리하는데, 이것은 성인의 경계선 성격장애에서 나타나는 전이의 특징적인 모습이기도 하다(Kernberg, 1995).

마지막 단계는 일생을 통해 지속되는 뚜렷한 개별성을 성취하고, 어느 정도의 대상 항상성을 획득하는 것이다. 정서적 대상 항상성emotional object constancy은 애정 대상이 부재하는 동안에 그 표상을 유지하는 것 외에도 어머니에 대한 '좋기만 한' 대상표상과 '나쁘기만 한' 대상표상을 하나의 전체적인 표상으로 통합시켰음을 나타낸다. 정서적 대상 항상성을 수립하는 데에는 우선 인지적으로 대상 항상성(Piaget, 1937)을 획득하는 것이 선행되어야 하며, 그 밖에 추동 에너지의 중성화, 현실 검증, 좌절과 불안에 대한 내성 등이 관련된다. 이러한 분리-개별화를 통해 유아는 '심리적인 탄생'을 하게 된다.

말러는 자율적인 자아 개념과 자아의 적응 역할에 대한 하르트만의 생각을 수용하였지만, 대상과 공생 상태를 형성하는 최초의 적응 형태는 좀 더 인격적이고 실제의 어머니와 관련된다는 결론에 도달하였다(Greenberg & Mitchell, 1983). 그녀는 기존의 추동 이론을 수용하였고, 오이디푸스 콤플렉스가 신경증을 이해하는 데 중심적이라는 견해를 받아들였지만, 아이가 실제 가족과 가지는 관계 경험이 정서 발달과 정신병리에 크게 영향을 미친다는 점을 강조하였다(Brody, 1982). 그중에서도 특히 중요한 것은 양육자의 적절한 정서적 가용성emotional availability이 아이가 독립적인 정서 기능을 발휘하는 심리구조를 형성하는 데 매우 중요하다는 것이다(Pine, 1985; Tyson & Tyson, 1990). 그녀는 분리-개별화 과정을 개념화함으로써 오이디푸스기 이전의 대상관계와 관련된 통합적인 이론을 제공하였다. 그럼으로써 오이디푸스 콤플렉스에 관한 기존 이론을 보완하고, 추동 이론과 심리구조 발달 이론에 통합되고 병행할 수 있게 구성된 대상관계의 발달적인 궤도를 가능케 하였다(Akhtar & Kramer, 1998).

(3) 컨버그의 자아심리학적 대상관계 이론

오토 컨버그Otto F. Kernberg(1928~)는 다양한 정신역동적인 이론들을 조직하고 통합하는 데에 관심을 두었으며, 소위 자아심리학적 대상관계 이론을 제시하였다. 그는 프로이트 추동 이론의 중요한 특징들과 구조 모델, 클라인과 페어번의 대상관계 이론, 자아심리학, 말러의 분리-개별화 이론 그리고 제이콥슨Jacobson의 초기 동일시의 병리적 형태에 관한 연구 등의 발달적 조망들을 포괄적으로 통합하여 함께 묶으려는 시도를 하였다. 그의 관심사는 심한 장애를 지닌 내담자들의 구체적인 임상적인 문제들에서부터 상위심리학의 가장 추상적인 차원들까지 포괄한다(Greenberg & Mitchell, 1983).

컨버그는 유아의 최초의 발달 과제가 자기와 타인을 심리적으로 구분하는 것, 즉 자기이미지를 대상이미지로부터 분리하는 것이라고 보았다. 만일 이것이 성취되지 않는다면 독립적인 자기감각은 출현하지 않는다. 이 최초의 발달 과제의 실패는 정신증적 상태의 전조가 된다. 두 번째 중요한 발달 과제는 분열 현상을 극복하여 한 대상을 좋기도 하고 나쁘기도 하며, 만족스럽기도 하고 좌절스럽기도 한 '전체 대상'으로 경험하는 것이다. 이러한 통합은 동시에 리비도와 공격성이라는 기본적인 추동을 통합한다. 이 두 번째 과제를 성취하는 데 실패하면, 경계선 성격장애가 발생한다. 신경증은 세 번째 발달 단계에 기원을 갖는다. 신경증은 자기와 대상 사이의 경계가 분명하고 자기이미지들과 대상이미지들이 통합되어 있는, 좀 더 성숙한 성격구조에서 나타나는 병리이다(Mitchell & Black, 1995).

컨버그(Kernberg, 1976, 1995)에 의하면 정동이 유아의 원초적인 동기 체계이며 유쾌하거나 고통스러운 정동들은 각각 좋거나 나쁜 내재화된 대상관계와 관련된다. 그리고 이러한 정동은 위계적으로 상위의 동기 체계인 리비도 추동과 공격 추동으로 점차 통합된다. 그러므로 원초적인 정동들은 추동의 기초 요소라고 할 수 있다. 원초아, 자아, 초자아는 다양한 정동 상태에서 내재화되기 시작한 자기표상과 대상표상들로부터 생겨난다.

컨버그는 추동과 대상관계를 분리하지 않고 통합하려는 데 역점을 두었고, 추동 파생물이 정동으로 연결된 자기표상과 대상표상으로 구성되었다고 보았다. 그리고 제이콥슨처럼 추동들을 초기 대상관계를 중심으로 한 복잡한 발달적 구성물로 이해함으로써 프로이트의 추동 이론을 확장하고 심화하였다. 그는 추동을 생득적이면서도 궁극적으로는 타인들과의 상호작용에서 형성되고 발달적으로 구성되는 것으로 설명하였다.

컨버그의 이론은 전통적인 자아심리학과는 달리 오이디푸스기 이전의 발달에 초점을 두었으며, 특히 심한 정신병리를 탐색할 때 삼원구조가 공고화되기 이전의 자아와 원초아의 구조적 특징에 초점을 두었다. 그리고 그는 성격장애를 심각성 차원에 따라 세 가지 수준(정신증, 경계선, 신경증 성격조직)으로 나누어 각 수준을 현실검증력, 방어기제 수준, 정체감 통합 정도 등으로 비교하였다(Kernberg, 1996).

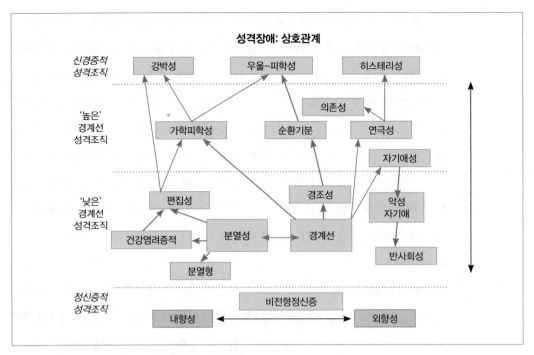

성격장애: 상호관계

신경증적
성격조직

'높은'
경계선
성격조직

'낮은'
경계선
성격조직

정신증적
성격조직

강박성　우울-피학성　히스테리성

의존성

가학피학성　순환기분　연극성

자기애성

편집성　경조성　악성
자기애

건강염려증적　분열성　경계선

반사회성

분열형

비전형정신증

내향성　외향성

그림 10.2 │ 컨버그의 접근에 따른 성격장애 간 관련성(Kernberg et al., 1996)

이는 이상심리에 대한 범주적 접근인 DSM-5(2013)와는 다른 접근을 하고 있는 것인데, DSM-5에서는 편집성, 조현성(분열성), 조현형(분열형), 반사회성, 경계성(경계선), 연극성, 자기애성, 회피성, 의존성, 강박성 성격장애 등 10개의 하위 범주로 나누어서 기술적descriptive이고 현상학적인 분류를 하고 있다. 이에 비해 컨버그 등의 역동적 접근은 성격장애의 심각성 수준에 따라 정신증, 경계선, 신경증 성격조직으로 나누고 있다. 그러므로 컨버그의 경계선 성격조직borderline personality organization, BPO은 경계선 성격장애borderline personality disorder, BPD를 비롯하여 여러 성격장애(예를 들어, 분열성, 편집성, 자기애성, 반사회성 등)를 포함하는 넓은 의미로 사용되고 있다(그림 10.2 참고).

　그는 경계선 장애에서 주로 나타나는 추동인 공격성을 포함하는 친밀한 사랑 관계에 관한 다양한 국면을 밝히려고 시도하였으며(Kernberg, 1995), 최근 들어 경계선 장애 내담자를 위한 전이초점 심리치료transference-focused psychotherapy, TFP 지침서를 발간하는 등 지속적으로 활발한 연구를 하고 있다(2015, 2006). 주로 경계선 장애 내담자를 위해 개발된 치료인 전이초점 심리치료는 정신역동 심리치료의 특별한 변형이라고 할 수 있는데, 이 심리치료의 근간은 대상관계 이론이며 변화를 일으키는 열쇠로서 치료 관계에서 전이를 강조한다. 그리고 경계선장애 내담자를 적절히 다루기 위해 몇 가지 수정 기법을 포함한다. 전이초점 심리치료는 전통적 치료보다 치료 계약을 더 강조하고, 의사소통의 비언어적 및 역전이 경로에 더 많이 의지하며, 더 적극적으로 개입하고, 주당 2회의 치료시간을 가진다. 그 밖에 정신분석 이론에 근거하여 개발된 정신역동 심리치료로는 포나기Fonagy의 심리화 기반 치료mentalization based therapy, MBT 등이 있다.

자기심리학

대상관계 이론이 자기표상과 대상표상들 사이의 내재화된 관계를 강조하는 반면에, 자기심리학self psychology은 자기가치감과 응집성cohesiveness을 유지하는 데 외부 관계가 어떤 방식으로 도움이 되는지를 강조한다(Gabbard, 2014). 인간에게는 추동 욕구 이외에도 자기 욕구(자기응집성, 안녕감, 생동감, 자기가치감 조절 등)가 있다.

하인츠 코후트Heinz Kohut(1923~1981)는 자기애성 성격장애 내담자들을 치료하고 연구하는 과정에서 자기대상selfobject이라는 개념을 발전시켰다(Kohut, 1971, 1977). 신생아는 추동 욕구를 만족시키기 위해서뿐만 아니라 자기조직화를 위해서 관계대상, 즉 부모를 필요로 한다. 아이는 스스로 자기체계를 조절할 수 있을 때까지 만족스러운 자기대상 체험을 하여야 한다. 양육자는 아이가 스스로를 위해서 할 수 없는 기능, 즉 전인적인 자기조절을 공감과 반영을 통해서 가능하게 해 준다. 코후트는 생리적인 생존이 공기, 음식물, 최소한의 온도를 포함하는 물리적인 환경에 의존하듯이, 심리적인 생존이 반응적이고 공감적인 자기대상을 포함하는 심리적인 환경 요소들에 의존한다고 보았다.

초기 관계에서 자기는 원시적인 거대 자기grandiose self와 이상화된 부모상idealized parental imago이라는 두개의 극으로 구성되는데, 양극은 자기대상과의 관계 경험을 통해서 점차로 건강한 야망이나 이상, 가치로 변형된다. 아이는 안전한 환경 안에서 현실적으로 부딪히는 사건들을 직면하고 좌절과 실망을 견디어 냄으로써 자기대상의 기능적 특성들을 내재화할 수 있게 된다. 코후트는 변형적 내재화transmuting internalization라고 부르는 이러한 과정을 아이가 수없이 반복함으로써 자신의 내적 구조를 형성하게 된다고 주장하였다(Mitchell & Black, 1995).

하지만 자기대상의 반영 기능이나 공감이 충분하지 않은 외상적인 경험을 할 경우 자기체계에서 다양한 결함들이 나타날 수 있다. 예를 들어 반영에서의 공감 실패는 유아의 원초적인 만족을 좌절시킬 것이고, 잘못된 부모 이미지를 내사하게 할 것이며, 파편화된 자기를 발달시킬 수 있다. 그리고 상처받은 자기 애는 자기애적 분노narcissistic rage를 일으키고 거대 환상으로 이끌 수 있다.

코후트는 페어번, 위니코트, 설리번 등과 유사하게 좋은 어머니와 나쁜 어머니의 현실적인 측면을 강조하였고, 정상적인 자기구조의 형성에 미치는 만족스러운 초기 모자 관계의 영향을 강조하였다(Kernberg, 1995).

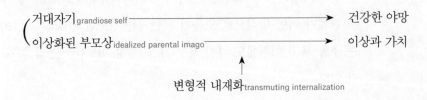

정신역동 심리치료의 실제

프로이트는 1856년에 태어나서 빈에서 주로 활동하였고, 신경학 관련 연구를 몇 편 출판하였으며, 코카인의 진통 효과를 발견하기도 하였다. 심리장애 치료와 관련하여 그는 히스테리가 심리적 기원을 가진 진짜 고통의 호소이고, 꾀병이나 기질적 손상에 의한 것이 아니라는 것을 샤르코Charcot에게서 배웠다. 이후 최면 치료가 불충분하다는 것을 알고는 이를 포기하고 자유연상 기법을 발전시켰는데, 그가 최면을 포기한 주된 이유는 내담자와의 개인적인 관계가 불편해지면 아무리 훌륭한 결과라도 갑자기 사라져 버리기 때문이었다.

프로이트는 내담자를 치료하면서 점차로 치료 기법의 방향을 바꾸었는데, 치료자가 질문하는 것에서 내담자가 선택한 것을 말하도록 격려하는 쪽으로 점차 변하였다. 그는 한 내담자에게 통증과 관련하여 어디에서 비롯된 것인지 물어보고 기억해 보도록 요구하였는데, 내담자는 자신에게 이런저런 것이 어디에서 비롯되었는지를 계속해서 물어볼 것이 아니라 자신이 말하려고 하는 것을 그냥 내버려 두어 달라고 말했다(1895). 그리하여 이후로는 치료자가 적극적 개입을 하는 의학적 모델에서 내담자에게 주의를 두는 관계 모델로 변화하게 되었다.

정신역동 심리치료에서 가장 중요한 요소는 내담자 입장에서는 자유연상이고, 치료자 입장에서는 잔잔히 떠 있는 주의evenly suspended attention라고 할 것이다. 시간이 흐르면서 정신역동 심리치료는 많은 변화를 겪었지만, 이 두 요소의 중심 위치는 지금도 전혀 변함이 없다(Kluewer, 2005)

치료자는 지금 여기의 치료 장면에서 일어나는 여러 가지 정보에 대해 다각적인 주의를 기울여야 할 것이다. 치료자는 초기에 여러 가지 정보를 탐색하면서 의미 있는 부분들에 대한 객관적인 정리를 할 필요가 있다. 내담자와 치료자의 관계가 어떻게 전개되는지도 중요한 정보를 제공할 것이다.

치료자는 내담자가 치료 장면에서 상연하는 정보와 내담자가 치료자에게 유발한 역전이 등을 다각적으로 고려하여 내담자를 적절히 이해하고 치료적으로 개입해야 한다(윤순임, 1990). 그러므로 정신역동 심리치료는 전문적인 지식을 바탕으로 한 과학이면서도 또한 지금 여기에서의 치료적 만남을 의식화·언어화하는 예술이라고 할 수 있을 것이다.

기본 규칙

(1) 자유연상

프로이트는 자유연상과 관련하여 "당신에게 떠오르는 모든 것을 말로 해야 합니다. 예를 들어, 기차의 창가 자리에 앉아서 바깥에 변화하는 장면을 안쪽 자리에 앉아 있는 친구에게 말하는 여행자처럼 그렇게 하십시오(1913)."라고 하였다. 내담자는 치료시간에 마음속에 떠오르는 것이면 무엇이든지, 그것이 엉뚱하고 수치스럽든 기괴하고 하찮은 것이든 말로 표현하게 된다. 이 규칙을 따르기 위해서 내담자는 종종 당황스러움, 두려움, 수치심과 죄책감 같은 의식적인 감정들을 극복해야만 한다.

내담자는 점차 강화된 자아의 힘으로 치료자와 함께하면서 낯선 자신의 내면 세계를 이해하고 통합하는 기회를 갖게 된다. 내담자가 자유롭게 자유연상을 하는 정도는 그 사람이 얼마나 건강하고 탄력 있는 영혼인가에 달려 있으므로 그 자체가 진단적 범주가 된다고 할 수 있다(윤순임, 1995).

(2) 잔잔히 떠 있는 주의

프로이트는 내담자의 자유연상이라는 기본 규칙에 상대되는 개념으로서 치료자에게 판단을 유보하고 관찰하는 모든 것에 대해 치우치지 않는 주의를 기울일 것을 권고하였다. 잔잔히 떠 있는 주의는 치료자가 어떤 특별한 것에 집중하지 않고 지금 들리는 것, 보이는 것, 자기 내부로부터 떠오르는 것 등, 이 모든 것에 골고루 주의를 기울여야 한다는 것이다.

이렇게 치우치지 않은 주의를 내담자가 내놓는 재료에 그리고 치료자 자신의 내적 경험에 적용함으로써 무의식적 의미들이 결국 치료자 의식 속에 나타나게 된다. 그리고 치우치지 않고, 비판단적이며, 고르게 적용되는 주의 상태가 이루어지면 치료자와 내담자 간에는 무의식적으로 어떤 조율이 이루어질 수 있을 것이다.

비온(Bion, 1970)은 치료자는 아무런 기억이나 욕구를 가지지 않고, 그러니까 아무것도 모른 채 치료를 시작하고, 언제나 완전히 새로운 자세로 내담자의 말과 행동을 통해 그 내담자에게 일어나는 일을 접해야 한다고 주장하였다. 이것을 부적 능력negative capability이라고 하는데, 내담자 영혼의 성장을 기하는 데 너무 이른 지식으로 제한하지 않기 위하여 필요하다는 것이다. 치료자가 이 규칙을 지킴으로써 내담자의 투사를 수용할 수 있도록 스스로를 정화해야 하는데, 무지와 무능력을 견디어 내는 이 능력을 통해 아직 아무도 모르는 새로운 것을 창조하는 공간이 커질 수 있다. 가장 적절한 해석을 아직 잘 알지 못하는 치료자는 모르는 것을 더욱 깊이 탐색할 수 있을 때까지 인내해야 한다. 무지-경청-이해-해석은 매번 치료시간마다 새롭게 밟아야 하는 단계이다(Kluewer, 2005).

(3) 절제 규칙

절제abstinence 규칙은 치료자의 익명성이나 중립성과 관련되는데, 초기에는 치료자의 '텅 빈 스크린' 역할을 강조하였다. 프로이트는 치료자가 치료에 개방적으로 관여하는 것에 반대하였는데, 전이를 통해 나타나는 소망이나 욕구를 충족시켜 주는 것을 피함으로써 내담자에게는 좌절과 퇴행이 일어나고, 전이 신경증의 출현, 인식, 이해가 촉진되기 때문이다(Moore & Pine, 1990). 치료자는 자신의 유아적 소망을 유예할 수 있어야 하고, 내담자가 이러한 태도를 내재화할 수 있도록 이끌어야 할 것이다(윤순임, 1995).

분석적 절제의 범위에 대해서는 의견이 분분한데, 실제 사례를 보면 프로이트가 적극적으로 개입하여 내담자를 안심시키거나 설명을 할 때도 있었다(Blanton, 1971). 프로이트는 자신의 관심과 주장을 내담자들에게 숨기지 않았으며, 치료자로서뿐만 아니라 친구로서, 스승으로서, 손님을 접대하는 집주인으로서 관계를 맺기도 하였다. 프로이트에게 분석을 받았던 람플-데 그루트(Lampl-de Groot, 1976)는 프로이트와 작업할 때 전이 관계 외에도 내담자와 치료자 간에 현실적인 관계가 있다는 것을 알았다. 분석 관계에서 프로이트가 엄격한 중립성과 인간적인 관계를 신중하게 선택하며 오가는 것을 보았고 이것이 자신의 개인적인 태도와 행동에 많은 영향을 끼쳤다고 하였다. 건트립(Guntrip, 1975)은 페어번에게 분석을 받았는데, 관계 모델을 강조한 페어번은 분석가가 내담자에게 새로운 대상이 되어야 한다고 주장했음에도 불구하고 임상 현장에서는 주로 내담자의 거부된 욕구를 해석하는 다소 거리감 있고 엄격한 권위적 인물이었다고 말한다. 그러므로 치료자는 무엇보다도 절제 규칙을 기반으로 실제 상호 주관적인 만남의 장에서 내담자에게 가장 적합한 치료적 개입을 하여야 할 것이다.

꿈 분석

꿈을 꾸는 것은 보편적이고 정상적이며, 퇴행적인 심리생리적 현상이다. 그동안의 신경생리학적 연구에 의하면, 수면은 여러 단계를 거치고 약 90분 주기로 반복되는 것으로 알려졌다. 그리고 수면의 여러 단계 중에서도 빠른 안구 운동(REM)rapid eye movement을 할 때 꿈을 꾸는 것으로 알려졌다. 그러므로 우리는 하룻밤에 여러 번 꿈을 꾼다고 할 수 있다. 아동은 성인보다 꿈을 더 많이 꾸고, 유아의 수면에서 최소한 50%는 REM 수면과 꿈으로 채워진다. 하지만 현대의 신경과학이 아무리 발달하였다고 해도 잠을 잘 때 왜 꿈을 꾸는지 그리고 꿈이 어떤 기능을 하는지에 대해서는 여전히 알려진 것이 별로 없다.

꿈이 인간의 성장과 건강에 어떠한 기능을 하고 있는지 그리고 일상생활에서의 갈등이나 심리장애를 해결하고 치유하는 데 어떻게 꿈을 활용할 수 있는지에 대한 과학적인 연구는, 프로이트가 1894년에 처음으로 꿈의 해석에 대하여 언급하고 1895년에 자신의 꿈을 분석하면서 본격적으로 시작되었다고 할 것이다. 1900년에 출판된 『꿈의 해석』은 그동안 이루어진 여러 신경생리학적인 연구들에도 불구하고 오늘날에도 프로이트의 거작으로 인정받고 있다. 꿈 분석은 신중해야 하는데, 무엇보다도 꿈을 꾼 사람의 연상, 저항, 현재의 생활, 전이관계, 치료자의 역전이 등 지금 여기에서의 관계의 장을 고려해야 할 것이다(윤순임, 1995).

프로이트는 꿈을 무의식에 이르는 왕도라고 하였다. 우리는 일상생활에서의 실언이나 실수, 농담, 위트, 백일몽, 환상뿐만 아니라 심리치료에서의 전이현상과 심리장애 증상에서도 꿈과 비슷한 현상들을 발견할 수 있다. 이러한 모든 현상들은 우리가 평소에 자각하지 못하고 지나쳤거나 알고 싶지 않기도 한 내면세계의 속마음이 반영된 것들이라고 할 것이다. 프로이트는 꿈이 잠재적 소망과 무의식적 방어 간의 타협으로 생겨난다고 보았다. 잠재된 생각과 소망은 자아의 무의식적 방어와 초자아의 무의식적 검열을 통해 응축되고, 전치되며, 상징화된다.

사고 과정과 정동은 꿈에서 주로 시각적 형태로 나타난다. 꿈은 심리적으로 외상적인 경험을 극복하려는 시도로 볼 수 있고, 문제해결을 위한 시도일 수도 있으며, 개인이 가지고 있는 정서적 문제들에 대처하기 위한 정보처리 양상이라고 주장하는 사람도 있다.

치료 기법

(1) 저항

저항은 심리치료를 해 나가는 과정에서 부딪히는 역설적인 현상이다. 내담자는 일상생활에서 고통스럽고 심리적 불편감을 주는 증상들을 해소하고 싶어 하고 당면한 여러 문제들을 해결하기 위해 전문적 도움을 원하지만, 역설적으로 변화를 가져오는 치료 과정을 다양한 방식으로 방해하고 거부할 수 있다. 저항은 내담자의 지각, 관념, 기억, 감정 등에 대한 적절한 인식을 가로막음으로써 다양한 경험들 사이의 연관성을 깨닫지 못하게 하고 심리내적인 갈등의 성질을 통찰하지 못하게 한다.

정신역동 심리치료 과정에서 저항은 무의식을 의식화하는 것을 방해하는 내담자의 모든 태도, 행동 및 언어를 총칭한다(윤순임, 1995). 저항은 일종의 방어로 정의될 수도 있는데, 토매와 캐헬레(Thomä & Kächele, 1987)는 저항은 관찰될 수 있는데 비해 방어기제는 추론되어야 한다는 점에서 차이가 있다고 하였다. 일단 내담자의 무의식적 갈등이 밝혀지고 내담자가 어느 정도 통찰력을 얻게 되면, 저항은 치료 과정의 진전을 지연하거나 멈추는 형태로 나타날 수 있다. 이것은 부적절한 아동기 소망과 그 소망의 부적응적이고 왜곡된 표현을 포기하지 않으려고 하는 무의식적인 거부를 반영한다. 내담자는 그의 증상, 성격, 행동 안에서 부적절한 아동기 소망을 부적응적이고 왜곡된 형태로 계속해서 표현하고자 한다. 증상이 가져다주는 안도감과 심리적 평정을 포기하기란 쉽지 않을 것이다.

프로이트는 저항의 동기를 도저히 버틸 수 없을 것이라고 믿는 짐스러운 경험, 수치심이나 죄책감, 상처받을까 두려운 마음 등에서 찾을 수 있다고 하였다. 부딪히기 어렵고 받아들이기 어려운 상상이나 경험 또는 경험에 대한 자신의 의식적·무의식적 해석 등에 대한 방어로서, 무조건 그것에 대해서 알고 싶지 않다는 태도이다(윤순임, 1995). 저항은 자아가 스스로를 방어하고자 하는 노력의 한 예이다. 치료 장면에서 경험될 수 있는 충동은 위협적으로 느껴지기 때문에 자아는 치료 자체를 반대함으로써 위협으로부터 피하려고 한다.

전이에서 나타나는 저항은 특별히 중요할 수 있는데, 이것은 내담자의 유아적 소망, 환상, 사고에 대한 인식을 가로막는 방어의 형태를 취할 수 있다. 이러한 점에서 전이 자체는 심각한 저항으로 간주될 수 있는데, 내담자는 자신의 소망과 태도의 기원을 과거의 대상관계에서 찾기보다는 현재 상황에서 자신의 자기애적, 성적, 공격적 소망을 충족시키려고 하기 때문이다.

(2) 전이

전이라는 개념은 『히스테리에 관한 연구』(1895)에서 프로이트가 기술한 현상으로서 처음에는 심리치료의 가장 큰 방해물로 간주되었다. 프로이트는 '도라의 사례'(1905)에서 처음으로 전이 현상이 치료과정에서 결정적인 역할을 한다는 것을 인정하면서 이러한 현상이 일어날 때마다 그 의미를 내담자에게 전할 수 있을 때 강력한 도움이 된다고 하였다.

전이는 과거의 의미 있는 대상과의 관계에서 일어났던 무의식적 소망과 기대 혹은 좌절 등이 지금 여기의 치료자와의 관계에서 활성화하면서 반복되는 현상을 말한다(윤순임, 1995). 즉, 아동기를 비롯한 과거에 중요한 사람들과의 관계에서 경험했던 느낌, 사고, 행동 유형이 현재 맺고 있는 다른 사람과의 관계로 전치된 것이라고 할 수 있다.

전이는 대상관계의 한 형태이고 치료 상황 바깥에서도 광범위하게 일어난다. 치료에서는 내재화된 대상관계와 자기표상과 대상표상 간 관계의 정동적인 측면에 특별한 관심을 가지게 되는데, 전이를 통해 이러한 내재화된 대상관계가 상연된다고 할 것이다. 치료자는 치료 과정에서 내담자에게 심리내적인 의미가 있는 과거의 관계표상이 반복되는 계기를 만드는데, 이 과정은 대체로 무의식적이며 내담자는 전이에서 나타나는 태도, 환상 그리고 사랑, 미움, 분노와 같은 감정의 다양한 원천들을 잘 지각하지 못하는 경향이 있다.

프로이트는 심리장애를 '반복 강박 repetition compulsion'으로 이해하였다. 내담자는 삶을 살아가면서 괴롭고 고통스러운 과거 상황을 강박적으로 반복할 수 있는데, 이러한 반복 강박은 치료자와 내담자의 관계에서도 나타난다. 치료자는 전이를 책임감 있게 다룸으로써 반복 강박을 해롭지 않게 변화시킬 수 있고 유용한 어떤 것으로 바꾸게 된다.

그러므로 전이 현상을 전이로서 자각하고 통찰하는 과정이 매우 중요하다고 할 것이다. 심한 장애일수록 치료적 이자 관계를 넘어서서 내담자 스스로 문제 의식을 가지는 삼자 관계로 진전되는 것이 어렵기 때문에 이러한 전이 현상으로 인해 치료자와의 관계가 문제시되는 치료적 난국으로 빠지는 경우도 종종 있다.

(3) 역전이

역전이의 고전적인 정의는 내담자의 전이에 대한 치료자의 무의식적 반응을 말한다. 즉, 내담자에 대한 치료자의 감정과 태도에서 나타나는 요소로서 치료자의 과거 경험이 현재 상황으로 전치되는 현상이라고 할 수 있다. 프로이트(Freud, 1912)는 역전이가 치료자 자신의 신경증의 결과로 나타날 수 있다고 보고, 이를 극복해야 하는 현상으로 보았다.

그러나 프로이트의 이러한 입장은 그의 후진들에 의해 점차 수정되었는데, 그들은 치료자의 모든 감정이 내담자의 전이와 연결되어 있을 수 있기 때문에 치료자는 그것을 진지하게 받아들이고 통찰하며 치료에 활용해야 한다고 주장하였다. 치료자가 역전이 감정을 면밀히 검토한다면 내담자의 행동, 감정, 사고의 의미에 대한 단서를 얻을 수 있고, 따라서 내담자의 무의식을 이해하는 데 도움이 될 것이다.

내담자가 자기를 관찰하는 동안에 떠오르는 모든 것을 말하도록 요구받는 것과 마찬가지로 치료자 자신도 그가 듣는 모든 것을 활용해야 할 것이다. 프로이트(Freud, 1912)는 치료자가 자신의 무의식을 내담자의 무의식과 소통하는 일종의 수용 기관으로 지향해야 한다고 하였다.

프로이트(Freud, 1937)는 치료자가 분석을 받아야 한다고 생각했는데, 이러한 대비책을 무시할 경우 치료자는 모호한 자기지각에서 나오는 자료를 객관적이고 타당한 이론으로 잘못 인식하거나 쉽게 투사할 수 있다고 보았다. 그는 치료자로서 진정한 준비는 자기 자신을 분석하는 것이며 주기적으로 분석을 받아야 한다고 주장하기도 하였다.

이후로 치료 관계에 대한 관심이 증가하면서 역전이에 대한 관심도 크게 증가하였다. 아동 치료와 정신증, 경계선, 자기애성과 같은 심한 성격장애 내담자들의 분석은 치료자가 상당히 다루기 힘든 역전이 반응을 불러일으킬 수 있는데, 이러한 내담자들과의 치료 작업과 경험을 통해 역전이에 대한 이해와 관심이 더욱 확장되어 왔다. 클라인은 분열성 내담자를 치료하면서 치료자의 감정적 반응이 치료자 자신의 감정이라기보다는 내담자 스스로 의식하기 어려운 감정이나 체험을 대신 느끼는 현상이라는 점을 발견하였는데, 이를 투사적 동일시라고 명명하였다. 이 개념은 비온, 옥덴Ogden, 컨버그 등에 의해 수정되고 다듬어지면서 심리구조가 취약한 내담자들을 치료하는 중요한 치료 기법으로 활용하게 되었다.

라커(Racker, 1957)는 치료 장면에서 상연되는 역할 동일시에 대한 기술을 하였다. 치료자의 역전이는 전이와 일치하거나 상보적일 수 있는데, 치료자와 내담자는 자아와 대상이라는 두 축을 토대로 내담자의 내적 대상관계를 드러낼 수 있다. 우선 일치 동일시concordant identification는 내담자의 심리장치에 상응하는 부분, 즉 자아에 대해서는 자아, 초자아에 대해서는 초자아에 대한 치료자의 동일시이다. 이때 치료자 자신은 내담자가 경험하는 주된 정서를 동시에 경험한다. 상보 동일시complementary identification는 내담자의 전이 대상에 대한 치료자의 동일시로, 예를 들어 치료자는 완고하고 억제적인 내담자의 부모상과 관련된 초자아 기능과 동일시할 수 있다.

비온은 투사적 동일시를 아이의 마음에서 어머니의 마음으로, 내담자의 마음에서 치료자의 마음으로 이동하는 일종의 심리적 텔레파시로 보았다. 부모와 아이 사이에 존재하는 말 없이 전해지는 정서적 공명은 매우 적응적인 생존 기제라고 할 수 있다. 치료 관계에서 이러한 정서적 조율은 매우 중요하다.

(4) 해석

해석Deutung, interpretation은 무의식적인 의미 종합을 의식화하는 것을 말한다(윤순임, 1995). 해석은 직면confrontation과 명료화clarification가 선행하고, 기본적으로 표면적인 것에서부터 깊은 것으로, 의식적인 것에서 무의식적인 것으로 해석해 들어간다. 그리고 방어나 저항을 무의식적 내용보다 먼저 다루게 된다. 훈습_{work-ing-through}은 분석 과정에서 해석된 것을 통합하고, 해석과 더불어 유발된 저항을 극복하는 과정이다.

그 밖에 심리치료 장면에서 필수적인 치료 기법인 공감, 반영, 경청 등이 있지만, 이에 대해서는 따로 기술하지 않을 것이다. 다만 정신역동 심리치료가 제공하는 독특한 치료적 과정이나 환경과 관련하여 위니코트는 버티어 주는 환경이라는 말을 하였다. 이는 내적 위험으로부터 아이를 보호하고 안정시키는 어머니의 역할에 관한 것인데, 이러한 치료적 환경 속에서 내담자는 존재의 연속성을 경험하고, 타고난 잠재력을 발휘하며, 자신의 자발적인 충동을 표현할 수 있을 것이다. 비온은 정신증과 같이 심한 장애를 가진 내담자들이 의미 있는 요소를 형성할 수 있는 연결을 공격하여 그 생성을 저지하거나 내적인 의미 구조를 파괴하려고 한다고 보았다. 투사적 동일시 등을 통해 전달되고 체험되는, 내담자 스스로 소화하지 못한 감각 자료들이 제대로 의미 있는 요소로 변형되려면 치료자는 컨테이너_{container}로 기능하고 이를 적절히 다룰 수 있어야 할 것이다.

신경과학 연구와 치료 성과 연구

최근 들어 정신역동 이론과 신경과학 사이의 학제 간 연구가 활발히 진행되고 있다. 무의식의 존재에 대한 신경과학적 연구 결과도 계속해서 축적되고 있으며, 인간의 동기 체계에 대한 신경과학적 설명도 다양하게 제시되었는데, 예를 들어 분리된 뇌_{split brain}, 암묵적 기억_{implicit memory}, 작화적 설명_{confabulatory explanation} 등의 연구가 진행되었다.

그리고 심리치료의 한 방법으로서 정신역동 심리치료의 효과를 증명하라는 공적이고 과학적인 압력이 증가하고 있다. 이러한 시대적인 요구에 따라 엄격한 경험적 기준에 따른 많은 연구들이 수행되었으며, 또한 정신역동 심리치료의 특성을 잘 나타내는 정교화된 연구들도 발표되고 있다(Fonagy, 2002; Freedman, 2002; Kernberg, 2002; Leuzinger-Bohleber, Stuhr, Rüger, & Beutel, 2003; Sandell, 2002; Wallerstein, 2002).

신경과학 연구

폴 맥린Paul D. MacLean은 인간의 뇌가 진화 과정에서 세 가지 기본 패턴을 따라 위계적으로 확장되어 왔다고 주장하였다. 가장 기본적으로는 뇌간brainstem과 소뇌cerebellum로 구성되는 원시 뇌reptilian brain이다. 두 번째로 포유류가 나타나면서 변연계limbic system가 발달하는데, 시상과 편도핵, 해마, 시상하부 등이 포함된다. 마지막으로 언어의 발달과 함께 진화하면서 세 번째 뇌인 대뇌 피질로 광범위하게 확장되었다(MacLean, 1979). 셰퍼드(Shepherd, 2005)는 심리치료 과정에서 내담자가 보이는 끈질기게 반복하는 행동 패턴이나 변화가 어려운 것은 이러한 원시 뇌와 관련될 수 있다고 보았다. 강렬한 감정에 지배될 때 제대로 생각하기가 힘들고, 이성을 통해 감정을 변화시키는 것이 어려운 것이 바로 이러한 이유 때문이라는 것이다. 이러한 측면들을 함께 고려해 보면 정신역동 심리치료는 진화 프로젝트를 되풀이해서 반복하는 것으로 볼 수 있는데, 즉 하위의 두 가지 뇌가 유지하고 있는 반복적이고 상동적인 행동으로부터 자유롭게 해줄 수 있는 피질의 지성을 가능한 한 충분히 개인에게 제공하는 것이다.

현대의 신경과학은 포유류에 있어 적어도 네 가지 본능 기제를 확인하였다. 우선은, 추구 체계seeking system이다. 이 체계는 보상, 원하기 혹은 호기심-흥미-기대curiosity-interest-expectancy 체계로 알려졌으며, 이 체계의 하위 요소로 쾌-갈망 체계pleasure-lust system가 있다. 두 번째는 분노-격노 체계anger-rage system인데, 이 체계는 '뜨거운(화난)' 공격성을 지배한다. 하지만 추구 체계가 통제하는 '차가운 (포식)' 공격성은 여기에 포함되지 않는다. 세 번째는 두려움-불안 체계fear-anxiety system로, 이 체계는 극심한 두려움이나 불안과 관련되고 도주flight 반응을 만들어

낸다. 네 번째는 공황 체계panic system인데, 이것은 분리-불편감 체계separation-distress system로 알려졌다. 이것은 모성적 유대와 어머니-유아 애착을 지배하는 것 같은 좀 더 복잡한 사회적 본능과 밀접하게 관련된다. 이 네 가지 기제 중 특히 추구 체계는 프로이트가 말하는 리비도 추동과 밀접한 관련이 있으며, 꿈의 생리학적 기제와도 관계되는 것으로 알려졌다.

치료 성과 연구

많은 정신역동적인 임상가들은 양적인 경험 연구가 정신역동 치료의 질을 관찰하고, 측정하며, 해석하는 데 적절한 수단을 제공하지 않을 수 있다고 주장한다. 정신역동 치료의 특정한 주제인 무의식적 과정과 환상 그 자체는 직접 측정하기가 어렵고, 그 독특한 의미가 관찰되고, 탐색되며, 이해되기 위해서는 특별한 질의 과학적 접근을 요구하기 때문이다. 그리고 정신역동 치료는 경험적인 방법으로 연구하기가 어려운데, 주된 이유로는 임상적 성과 연구의 주요 기준들이 정신역동 치료의 성과 연구에 실제로 실현되기가 불가능하기 때문이다. 이것은 정신역동 치료가 매뉴얼화되기가 어렵다는 사실에 기인한다. 또한 무선화가 요구되는 치료 할당에 대한 통제가 정신역동 치료와 같이 장기간에 걸쳐 이루어지는 치료에는 불가능하다는 것도 사실이다.

정신역동 치료를 경험적으로 연구하는 연구자들은 정신역동적인 주제들을 연구하는 데 적합하지 않은 연구방법론에 압도될 위험이 있다. 로이징거-볼레버 등(Leuzinger-Bohleber et al., 2003)은 정신역동적인 과정과 성과에 대한 경험적인 접근과 관련된 과학적 의문에 대해 끊임없이 토론하고 성찰할 필요가 있다고 하였으며, 이러한 팽팽한 두 줄 사이를 창의적으로 걸어가야 한다고 주장하였다.

이러한 현실적인 어려움에도 불구하고 그동안 정신역동 심리치료의 효과를 입증하려는 많은 경험 연구들이 수행되었으며, 지금도 다양한 방법론을 통해 경험적 연구들이 진행되고 있다. 최근까지 진행된 연구들을 크게 구분해 보면, 우선 엄격한 경험적 연구 준거에 따라 이루어진 단기 정신역동 심리치료나 중간 정도의 지속기간을 가진 정신역동 심리치료에 관한 치료 성과 연구들이 있으며,

정신역동적 치료 실제를 적절히 반영하는 자연적인naturalistic 임상 상황에서 치료 성과를 알아보려는 연구들이 진행되었다. 그리고 최근 들어서 성격장애(특히 경계선 장애)를 치료하는 다양한 접근법들(예를 들어, 전이초점 심리치료, 심리화 기반 치료, 변증법적 행동치료, 심리도식치료 등)의 치료 성과를 서로 비교하는 경험적인 연구들도 이루어졌다(Kernberg, 2016).

Box 10.1 대상관계 이론의 정의

프로이트 이후에도 정신분석은 지속적으로 많은 발전과 변화가 있어 왔으며, 지난 수십 년간 대상관계(object relation)와 관련된 활발한 논쟁과 연구들이 있었다. 대상이라는 말은 프로이트의 초기 사고에도 이미 존재하였는데, 당시에 프로이트는 대상을 추동(drive) 만족의 수단으로 기술하였다. 프로이트는 주로 추동의 표현과 관련지어서 대상관계를 검토하였으며, 추동과 독립적으로 대상관계의 발달적인 전개를 기술하려고 시도하지는 않았다. 그의 주요 공식화는 주로 외디푸스 컴플렉스와 관련되었으며, 외디푸스기 이전의 대상관계에 대해서는 별다른 기술을 하지 않았다(Freud, 1931).

정신분석적 개념에서 대상관계는 실제 관계와는 구별된다. 인간은 각자의 성격 특성을 가지고 태어나서 환경에 영향을 끼치며, 환경과의 상호작용 속에서 성장한다. 그의 가장 중요한 환경은 주요 관계대상이라고 할 수 있다. 이 대상과의 관계를 통해 심리내적인 구조(intrapsychic structure)가 형성되는데, 자신의 특성과 체험을 외재화(externalization)하고 외부의 정보와 자극을 내재화(internalization)하는 과정을 통해 주관적인 체험의 현실적, 상상적 내용이 심리내적인 표상(representation)으로 변화된다. 즉, 자기표상과 대상표상이 형성되고, 이 둘 간의 관계표상 자체도 내재화된다. 이러한 표상들은 심리내적인 조절 작용을 하게 되고, 발달 과정에서 수정되거나 부분적으로 억압되어 무의식적인 소망으로 머물게 된다(윤순임, 1995).

유기체를 하나의 소외된 존재로 보지 않고 환경과의 상호작용 속에서 연구하려는 추세에 따라 정신분석 내에서도 차츰 그에 대한 관심이 높아갔다. 최근까지 전개된 정신분석적인 대상관계 이론들은 매우 다양한 접근들로 이루어져 있다.

우선 가장 광범위한 정의는 정신분석 그 자체가 대상관계 이론이라는 것으로 기술될 수 있다. 모든 정신분석적인 이론은 무의식적 갈등의 생성에 미치는 초기 대상관계의 영향, 심리 구조의 발달, 현재의 전이 발달에서 과거의 병리적이고 내재화된 대상관계의 재활성화 혹은 상연(enactment)을 다룬다. 하지만 이렇게 광범위한 정의는 대상관계 이론과 관련된 개념들의 특정성을 잃게 할 수 있다(Kernberg, 1995).

가장 좁은 두 번째 정의는 대상관계 이론을 소위 말하는 영국 학파(British School)에만 국한시키는 것인데, 여기에는 특히 클라인, 페어번, 위니코트의 연구가 포함된다. 하지만 이렇게 제한적으로 정의하면 에릭슨, 말러, 컨버그 등에 의한 자아심리학적 기여와 설리번, 미첼 등의 대인관계적인 접근들이 배제된다.

대상관계 이론을 구성하는 세 번째 정의는 영국 학파와 위에 열거한 다양한 이론가들의 사고를 포함하는 것이다(Kernberg, 1995). 이럴 경우 정신분석 대상관계 이론은 생후 초기의 대상관계의 내재화, 구조화, 임상적 재활성화를 발생기원적이고 발달적이며 구조적인 공식화의 중심에 두는 것으로 정의된다. 컨버그(1976, 1984)는 정신분석적인 대상관계 이론이 심리내적인 영역, 즉 원초적인 이자 관계를 나타내는 심리내적인 구조들에 관심을 가진다는 사실을 강조할 필요가 있으며, '대상'이라는 용어는 '인간 대상'에 국한해서 사용하는 것이 적절하다고 보았다. 그에 의하면 대상관계 이론은 이자적인 심리내적인 표상의 형성에 미치는 유아-엄마 관계와, 그 관계가 이자적, 삼자적 그리고 다중적인 내적, 외적 대인관계로 발달해가는 과정을 강조한다.

이 장의 요약

1 프로이트 이후로 이론적이고 치료적인 발전이 지속적으로 이루어졌으며, 현대의 정신역동적 임상가들은 추동 이론과 자아심리학뿐만 아니라, 대상관계 이론, 자기심리학 등의 관점을 적절히 통합하여 내담자를 이해하고 치료하는 데 활용하고 있다.

2 정신역동 심리치료에서 가장 중요한 요소는 내담자 입장에서는 자유연상이고, 치료자 입장에서는 잔잔히 떠 있는 주의이다.

치료자는 내담자가 치료 장면에서 상연하는 장면적 정보와 내담자가 치료자에게 유발한 역전이 등을 다각적으로 고려하여 내담자를 적절히 이해하고 치료적인 개입을 하게 된다.

3 최근 들어 정신역동 이론과 신경과학 사이의 학제 간 연구가 활발히 진행되고 있으며, 정신역동 심리치료 성과를 입증하려는 많은 경험 연구들이 다양한 방법론을 통해 진행되고 있다.

더 읽을거리

윤순임(1990). 정신분석치료에서의 초기 단계. 대학생활연구, 제8집. 한양대학교 학생생활연구소.

윤순임(1993). 정신분석학 연구의 현재의 동향. 대학상담연구, 4, 1, 1-15.

윤순임(1995). 정신분석치료. 현대 상담심리치료의 이론과 실제. 중앙적성출판사.

윤순임(2001). 정신분석에서의 자기. 상담 및 심리치료에서의 자기의 문제. 가톨릭대학교 심리상담대학원 심포지움.

이용승(2002). 분리-개별화 이론의 재조망. 임상심리학의 최근 동향. 김중술 교수 정년퇴임 심포지움.

Bettelheim, B. (2013). 프로이트와 인간의 영혼 [*Freud and man's soul*]. (김종주 외 공역). 서울: 하나의학사(원전은 1983에 출간).

Clarkin, J. F., Yeomans, F. E., & Kernberg, O. (2016). 경계선 인성장애의 정신분석 심리치료: 전이초점 지침서[*Psychotherapy for the borderline personallity: Focusing on object relations*]. (윤

순임 외 공역). 서울: 학지사(원전은 2006에 출간).

Gabbard, G. (2016). 역동정신의학[*Psychodynamic psychiatry in clinical practice*]. (이정태 외 공역). 서울: 하나의학사(원전은 2014에 출간).

Greenberg, J., & Mitchell, S. (2013). 정신분석학적 대상관계 이론[*Object relations in psychoanalytic theory*]. (이재훈 역). 서울: 한국심리치료연구소(원전은 1983에 출간).

Jacobs, M. (2007). 지그문트 프로이트. 상담과 심리치료 주요인물 시리즈. (이용승 역). 학지사.

Kernberg, O. (2013). 경계선 장애와 병리적 나르시시즘[*Borderline conditions and pathological narcissism*]. (윤순임 외 공역). 서울: 학지사(원전은 1975에 출간).

Kernberg, O. (2003). 대상관계 이론과 임상적 정신분석[*Object relation theory and clinical psychoanalysis*]. (이재훈 외 공역). 서울: 한국심리치료연구소, 학지사(원전은 1976에 출간).

Kernberg, O. (2013). 남녀관계의 사랑과 공격성

[*Love relations*]. (윤순임 외 공역) 서울: 학지사 (원전은 1995에 출간).

Kernberg, O. (1996). A psychoanalytic theory of personality disorders. In *major theories of personality disorder*. New York & London: The Guilford Press.

Kohut, H. (2013). 자기의 분석[*The analysis of self*]. (이재훈 역). 서울: 한국심리치료연구소(원전은 1971에 출간).

Kohut, H. (1977). *The restoration of the self*. New York: International Universities Press.

Kohut, H. (1984). *How does analysis cure?* Chicago: University of Chicago Press.

Mahler, M., Pine, F., & Bergman, A. (1975). *The psychological birth of the human infant*. New York: Basic Books.

Mitchell S. & Black, M. (1995). *Freud and beyond. A history of modern psychoanalytic thought*. New York: Basic Books.

Tyson, P., & Tyson, R. (1990). *Psychoanalytic theories of development: An integration*. New Haven & London: Yale University Press.

Yeomans, F. E., Clarkin, J. F., & Kernberg, O. (2013). 경계선 내담자를 위한 전이초점 심리치료 입문[*A Primer of Psychotherapy for the Borderline Patient*]. (윤순임 외 공역). 서울: 학지사 (원전은 2002에 출간).

11

인지행동치료

인지

행동치료는 다양한 행동적 접근과 인지적 접근이 역사적으로 서로 합류하면서 형성된 치료적 흐름을 일컫는 이름이다. 인지치료자들이 행동치료 기법의 가치를 존중하고 행동치료자들이 인지의 중요성을 인식하면서 두 접근 간의 통합이 이루어졌다. 두 접근이 모두 임상심리학의 경험적 전통을 중시하였다는 공통점 또한 두 접근이 서로에게 쉽게 접근할 수 있는 가교의 역할을 하였다.

이 장에서는 먼저 인지행동치료가 어떤 역사적 발전과정을 거쳐서 현재의 모습으로 진화해 왔는지를 기술하고자 한다. 다음으로는 현재 임상 장면에서 가장 활발하게 적용되고 있는 치료를 중심으로 그 이론과 기본개념, 치료과정을 소개하되, 전통적인 인지행동치료를 대표하는 치료의 하나인 인지치료와 새로운 흐름의 인지행동치료를 대표하는 치료의 하나인 수용전념치료를 중심으로 기술할 것이다.

☑ 이 장의 목표

1 인지행동치료가 역사적으로 어떻게 발전하고 진화하였는지를 밝히고, 그 속에서 인지행동치료가 어떤 심리치료들을 포괄하는 명칭인지를 이해할 수 있다.

2 전통적인 인지행동치료를 대표하는 인지치료의 이론과 기본개념, 치료과정을 이해할 수 있다.

3 새로운 인지행동치료를 대표하는 수용전념치료의 이론과 기본개념, 치료과정을 이해할 수 있다.

인지행동치료cognitive behavior therapy라는 용어는 1970년대 중반 과학적인 문헌에 처음 등장한다. 마치 남한강과 북한강이 합류하여 한강을 이루듯 인지행동치료는 심리장애를 이해하고 치료하는 데 있어서 서로 다른 두 접근, 즉 행동적 접근과 인지적 접근이 역사적으로 합류하면서 붙여진 이름이다. 행동치료behavior therapy가 1950년대에 먼저 영국과 미국에서 서로 독립적으로 임상 장면에 본격적으로 적용되기 시작하였고, 뒤이어 인지치료cognitive therapy가 1960년대에 주로 미국에서 성장하기 시작하였으며, 1970년대 후반에 이르러 인지행동이라는 이름을 표방한 치료들이 출현하기 시작하였다. 그리고 1980년대에는 두 치료가 본격적인 융합의 과정을 거치면서 다양한 행동적 치료들과 인지적 치료들이 인지행동치료라는 이름의 우산 아래 모이게 되었다(Rachman, 1997). 오늘날 인지행동치료는 대부분의 북미와 유럽 국가에서는 심리치료의 주류가 되었고, 남미와 아시아의 많은 나라에서도 주도적인 심리치료가 되었다(Herbert & Forman, 2011).

인지행동치료는 어떻게 해서 주도적인 심리치료가 될 수 있었을까? 하나의 모범답안은 없을 것이다. 인지행동치료가 발전할 수 있었던 가장 큰 이유는 이 치료접근이 늘 과학과 임상 실천의 긴밀한 연결을 추구하였고, 치료 효과를 객관적으로 입증하려고 노력하였다는 데서 찾을 수 있을 것이다. 대부분의 인지행동치료는 장애의 발달과 유지에 포함되는 인지적, 행동적 요인에 대한 모델에 기초하여 시행되었고, 이러한 모델은 다양한 연구를 통해 검증되었으며, 그 연구 결과에 따라 모델 자체와 그에서 파생되는 치료 절차가 수정되었다. 또한 한 가지 유망한 심리치료가 개발되면, 얼마 지나지 않아 다수의 통제된 연구를 통해 그것의 치료 효과가 평가되었으며, 그 결과에 따라 치료 절차가 수정되거나 점차로 소멸되었다(Clark & Fairburn, 1997).

1950년대 남아프리카 공화국의 조셉 월피Joseph Wolpe와 영국의 한스 아이젱크Hans Eysenck는 임상적인 행동치료가 탄생하는 데 크게 기여한 대표적인 인물이다. 이보다 앞서 왓슨Watson과 레이너Rayner(1920)는 11개월 된 알버트를 대상으로 동물에 대한 공포가 학습될 수 있음을 보여주었고, 메리 커버 존스(Jones, 1924)는 이러한 학습된 공포증이 학습 원리를 이용하여 소거될 수 있음을 보여주었지만, 이들을 임상적인 행동치료의 역사에 포함시키기는 어려울 것이다. 월피는 동물에게서 신경증적 행동을 실험적으로 유도하는 실험실 연구로부터 출발하여 점차로 조건형성 원리를 이용하여 신경증을 치료하는 연구에 관심을 기울였다. 이러한 연구들에 기초하여 그는 공포증과 불안장애에 대한 체계적 둔감법systematic desensitization을 개발하였다. 이는 고전적 조건형성 원리와 제이콥슨Jacobson의 점진적 이완법을 결합한 치료 기법으로서, 단기의 치료기간에 성공적인 치료 성과를 거둔 사례들을 제시함으로써 당시의 심리치료계에 혁신적인 도전장을 내밀었다. 아이젱크는 런던 대학교에서 동료 및 제자들과 함께 행동치료에 대한 연구와 교육을 주도하고, 행동치료를 임상 현장에 활발하게 적용하고자 시도하였다. 그는 특히 당시 정신분석의 이론적이고 사변적인 경향에 불만을 가졌으며, 심리치료의 경험적이고 과학적인 기반을 강조하였다. 그는 당시의 주류 경험과학이었던 학습 이론에 근거하여 인간의 행동과 정서장애를 치료하려는 시도를 행동치료라고 정의하면서, 활발한 연구와 교육 그리고 정신분석과의 이론적 논쟁을 통해서 행동치료의 이론적 기초를 다지는 데 기여하였다.

월피와 아이젱크의 영향으로 영국에서는 주로 신경증을 지닌 외래 환자를 대상으로 고전적 조건형성 절차를 적용하는 행동치료가 발전하였다. 이와 비슷한 시기에 미국에서는 스키너Skinner와 그의 제자들이 실험실 동물을 대상으로 확립된 조작적 조건형성 절차를 임상 현장에 적용하여 환자들의 부적응 행동을 개선하고자 시도하였다. 그는 행동주의 심리학의 관점에서 심리치료를 공식화하려 하였는데, 이러한 절차는 행동수정behavior modification이라 불렸으며, 초기에는 주로 정신분열증, 조울증, 자폐증, 자해 행동 등 심한 문제를 지닌 입원 환자들에게 적용되었다. 1950년대에 영국과 미국에서 각기 다른 모습으로 나타난 행동치료는 한편으로 중요한 공통점을 지니고 있었던 것으로 평가된다. 즉, 당시의 행동치료는 모두 동물에 대한 정교한 실험 연구를 통해 개발된 학습 원리에 기초하였고, 실험실에서의 기초 연구와 임상 현장에서의 응용 기술 간의 긴밀한 연결을 추구하였으며, 주요 초점은 고전적 및 조작적 조건형성 원리에서 도출된 기법을 사용하여 행동을 변화시키는 데 있었다(Hayes, 2004).

1960년대에는 주로 미국에서 심리장애의 발달 및 치료에서 생각의 중요성을 강조하는 인지적인 치료들(Beck, 1963; Ellis, 1962)이 등장하였다. 엘리스 Ellis의 합리적 정서행동치료Rational Emotive Behavior Therapy, REBT와 벡Beck의 인지치료 Cognitive Therapy가 가장 영향력 있는 인지치료일 것이다. 이들은 개인이 세상을 해석하는 방식(인지)이 개인의 경험을 형성하기 때문에 개인이 사건을 어떻게 지각하고 해석하느냐(인지)에 따라서 개인의 감정과 행동이 달라질 수 있으며, 대부분의 심리장애는 잘못된 인지내용 혹은 인지과정에서 비롯된다는 것을 강조하였다. 따라서 이들은 치료과정에서 개인의 이러한 인지적 세계를 탐색하고 변화시키려고 하였다. 또한 이들은 행동치료자들과 마찬가지로 과학적 연구의 중요성을 강조하였는데, 주로 치료 프로그램의 효과성을 평가하는 데 초점을 두었다.

이들은 과학적 연구를 중시하는 측면에서 행동치료의 방법론적 전통과 궤를 같이하였고, 일부 행동치료 기법들을 자신들의 치료에 포함하여 적용함으로써 자신들의 치료 실제에서 행동치료를 포함하는 인지행동치료로서의 통합적인 면모를 보여주었다. 한편으로 행동치료 진영에서도 인지적 요인이 문제 행동을 이해하고 변화시키는 데 중요한 역할을 한다는 입장을 수용하고, 인지적 기법을 행동치료에 통합시키려는 흐름이 나타났다. 반두라Bandura, 라자러스Lazarus, 마호니 Mahoney, 마이켄바움Meichenbaum, 골드프리드Goldfried 등이 이러한 흐름을 대표하는 인물일 것이다. 이렇게 행동치료와 인지치료의 역사 속에서의 만남은 점차 서로에게 다가가고 융합되는 과정을 거치면서, 1980년대에 인지행동치료로 진화하게 된다.

1990년대에는 인지행동치료 내에 심리적 수용과 마음챙김mindfulness의 원리를 강조하는 치료들이 출현하였고, 우리는 지금 지난 20년 동안 이러한 치료들에 대한 임상가와 연구자의 관심이 폭발적으로 증가해 왔음을 목격하고 있다. 이에는 수용전념치료Acceptance and Commitment Therapy, ACT, 변증법적 행동치료Dialectical Behavior Therapy, DBT, 마음챙김에 근거한 스트레스 감소Mindfulness-Based Stress Reduction, MBSR, 마음챙김에 근거한 인지치료Mindfulness-Based Cognitive Therapy, MBCT 등이 포함될 수 있는데, 헤이 즈Hayes는 이러한 치료들을 일컬어 행동치료의 '제3세대', 혹은 '제3의 흐름'이라고 불렀다(Hayes, 2004). 이러한 새로운 흐름의 인지행동치료에서는 공통적으로 개인의 고통스러운 경험(생각, 감정, 신체감각 등)을 변화시키려고 애쓰기보다는 그 경험을 비판단적으로 수용하고 관찰할 것을 강조한다. 즉, 경험 자체를 변화시키는 것이 중요한 것이 아니라 개인이 경험을 대하는 태도가 변화되어야 함을 강조한다.

인지행동치료의 정의

지금까지 인지행동치료의 역사적 전개 과정을 간략히 개관해 보았다. 짧은 역사 기술 속에서도 독자들에게 다음과 같은 질문이 떠올랐을 것이라고 짐작한다. "그렇다면 과연 인지행동치료란 정확히 무엇이라고 정의할 수 있을까?" 가령 ① 고전적 및 조작적 조건형성의 원리를 임상 장면에 적용하고자 했던 초기의 행동치료, ② 행동치료에 인지적 개념과 인지적 기법을 도입한 인지행동치료, ③ 수용과 마음챙김의 원리에 기초한 최근의 인지행동치료는 얼핏 보기에도 서로 다른 듯 보이며, 이들을 아울러서 일관적이고 공통된 정의를 내리기는 쉽지 않아 보인다. 경험과학에 기반을 둔 다른 심리치료들과 마찬가지로, 인지행동치료는 고정된 무엇이 아니고 그 이론과 기법들이 역사 속에서 끊임없이 진화되어 왔기 때문에 인지행동치료에 속하는 다양한 접근들에 공통적으로 적용될 수 있는 정의를 찾기란 쉬운 일이 아님이 분명하다.

(1) 인지행동치료의 초기 정의

1970년대와 1980년대 행동치료와 인지치료가 합류하여 인지행동치료로 융합될 당시의 역사적 배경에서 보자면, 인지적 현상을 인정하지 않거나 인지 변화

없이도 행동 변화가 일어날 수 있다고 주장하는 순수한 입장의 행동치료는 인지행동치료라고 불리기 어려웠다. 또한 그러한 입장의 행동치료자들(주로 조작적 조건형성에 기초한 행동치료자들)도 자신이 인지행동치료자로 불리기를 거부하였다. 달리 말하면, 인지행동치료는 '인지활동이 행동에 영향을 미친다는 것(인지매개가설)과 원하는 행동 변화는 인지 변화를 통해서 이루어질 수 있다는 것을 기본 명제로서 공유하는 치료'라고 정의될 수 있었다(Dobson, 1988). 이는 좁은 의미의 정의라고 할 수 있다.

그러나 당시에도 인지행동치료를 '현존하는 다양한 행동치료들과 인지치료들을 포괄하는 일반적 통칭'으로 이해하는 사람들이 많았고, 이는 넓은 의미의 정의라고 할 수 있을 것이다. 즉, 인간의 경험은 인지, 정서, 행동의 3가지 요소로 이루어져 있고, 이들은 서로 밀접하게 관련되어 있으며, 이 중 한 요소(예: 인지)의 변화는 다른 요소들(예: 정서와 행동)의 변화를 가져온다고 전제할 때, 인지행동치료는 '주로 인지와 행동의 요소를 변화의 직접적인 표적으로 삼고, 이를 변화시키기 위해 주로 인지적, 행동적 기법을 사용하는 치료접근들에 대한 통칭'이라고 정의할 수 있을 것이다.

(2) 인지행동치료의 범위 확장

1980년대 이후에 인지행동치료 내에서 다양하고 새로운 연구와 치료접근들이 출현하면서 인지행동치료의 범위는 점차 더 확장되었다. 행동 변화 과정에서 정서의 역할을 강조하고 인지행동치료의 맥락 내에서 정서초점적 기법 혹은 체험적 기법이 효과적으로 사용될 수 있음을 보여주는 접근이 나타나고(예: Greenberg & Safran, 1987), 치료관계 내에서 이루어지는 경험을 중시하고 이를 다루려는 접근이 등장하였다(예: Kohlenberg & Tsai, 1991; Safran & Segal, 1990). 또한 신경과학에 기초한 개입, 수용과 마음챙김의 원리를 강조하는 개입, 인간의 가치와 영성을 중시하는 접근 등이 나타나면서 인지행동치료가 다루는 인간경험의 범위는 인지와 행동의 요소를 넘어 정서와 신체감각의 요소를 포함하는 인간경험의 전체 영역으로 확장되었다.

이러한 확장 및 발전의 양상은 한편으로 인지행동치료의 개방성과 통합성을 보여주는 예라고 할 수 있지만 다른 한편으로 인지행동치료를 정의하는 데 복잡성과 혼란을 가져온 것 또한 사실이다. 이제 인지행동치료는 다양한 치료이론과 기법을 포괄하는 이름으로서, 이에 대한 명확한 정의가 한층 더 어렵게 되었다. 한때 어느 유명한 논문(Elkin et al., 1985)에서 인지치료를 인지행동치료라고 잘못 기술한 이후, 여전히 인지치료와 인지행동치료를 호환적으로 사용하는 학자들도 있지만(예: Hofmann & Asmundson, 2008), 인지행동치료는 더 이상 특정 학파를 이르는 고유명사가 아니며 하나의 특정한 치료모델을 지칭하는 용어도 아니다. 이제 대부분의 학자와 임상가는 인지행동치료가 전통적인 모델과 수용에 기초한 모델을 포함하여 다양한 치료접근을 포괄하는 일반적 통칭이라는 데 동의하고 있다(Herbert & Forman, 2011). 인지치료(혹은 수용·전념치료)와 인지행동치료를 비교하는 것은 마치 소나무와 나무를 비교하는 것처럼 명백한 범주 오류이다.

인지행동치료와 다른 치료 간의 명확한 경계를 규정하지 않는 듯한 이러한 광범위한 정의는 제반 심리치료 학파들을 명확한 범주로 구획하려는 일부 학자들에게는 매우 곤혹스런 일이겠지만, 다양한 상품들이 교환되는 시장에서라면 다양한 시각들 간에 역동적인 교류가 촉진될 수 있다는 장점을 지닐 수 있다. 인지행동치료의 큰 장점 중 하나는 한 학파적 입장을 넘어선 개방성과 그 결과로 나타나는 통합성에 있다고 생각한다.

통합성이라는 인지행동치료의 장점을 실제 임상 장면에서 실용적으로 활용하려면 어떻게 해야 할까? 인지행동치료 내의 다양한 치료모델은 각각 한 변인을 다른 변인들보다 상대적으로 더 강조한다. 가령 같은 우울증 환자를 치료하면서도 인지치료에서는 우울 반응을 불러일으킨 환자의 지각과 해석(예: '나는 사랑스럽지 않은 사람'이라는 생각)을 더 강조한다. 행동 활성화 치료는 다른 사람들이나 주변 환경에 영향을 미치는 환자의 행동(예: 정적 강화를 가져오지 못하는 환자의 회피반응)을 더 중시한다. 그리고 수용·전념치료는 우울 반응에 대한 메타인지(예: '왜 이렇게 우울하지? 더 이상 우울한 감정을 허용해서는 안 돼.'라는 생각)와 그에 따라 우울 반응을 회피하려는 노력을 상대적으로 더 강조할 수 있다. 이때 한 변인을 다른 변인들보다 더 중시하는 특정이론 모델에 기초하여 치료계획을 세우기보다는 개별화된 사례개념화 내에서 그 환자에게 기능적으로 더 중요한 역할을 하는 변인들을 찾아내고, 그에 입각하여 치료계획을 세울 수 있어야 하는데, 이를 위해서 치료자는 인지행동치료 내의 다양한 치료모델들을 잘 이해하고 있어야 할 것이다.

(3) 인지행동치료들의 공통점

인지행동치료 내에서 다양한 새로운 치료접근들이 출현할 때마다 이들이 강조하는 요인과 기법들은 조금씩 변해 왔지만, 변하지 않고 이어 온 두 가지 공통적인 특성이 발견된다. 그 첫 번째는 인지행동치료에 속하는 대부분의 접근들은 인간의 경험과 경험의 과정을 중시한다는 것이다. 각 접근마다 경험의 어떤 측면을 강조하는지는 서로 다를 수 있지만, 심리치료가 지금 여기서의 실제 경험을 떠나 개념적이거나 사변적으로 흐르는 것을 배격한다는 면에서 다양한 인지행동치료들은 서로 유사하다고 볼 수 있다. 두 번째 공통점은 경험론empiricism의 입장을 견지한다는 것이다. 앞서 언급했듯이, 인지행동치료는 정신병리와 치료 모델 그리고 치료 효과를 검증하기 위하여 과학적이고 객관적인 연구를 강조하는 입장, 즉 방법론적 행동주의(Mahoney, 1974)의 전통을 유지해 왔다. 이러한 전통은 최근의 근거기반 실천evidence based practice 운동과 맥을 같이하는 것으로 볼 수 있다. 미국심리학회 임상심리분과에서는 경험적 증거가 입증된 "경험적으로 지지된 심리치료empirically supported psychotherapies" 목록을 제시하고 있는데, 이 목록에 포함된 심리치료 대다수가 인지행동치료라는 것은 결코 우연만은 아닐 것이다. 인지행동치료의 진흥을 위한 국제적인 다학제 기구인 '행동및인지치료학회 Association for Behavioral and Cognitive Therapies, ABCT'의 웹사이트를 보면, 학회의 임무를 "행동적, 인지적 및 생물학적 근거기반 원리를 적용함으로써 인간 문제에 대한 과학적 이해, 평가, 예방 및 치료를 향상하고자 하는" 것으로 소개하고 있고, 인지행동치료를 "과학적 증거에 기초한 일군의 심리학적 치료를 위해 사용되는 용어"라고 정의하고 있다.

앞서 언급하였듯이, 행동치료는 당시 과학적 연구의 주류를 형성했던 학습 원리에 기초하여 발달하였다. 만일 그 당시에 학습 연구 이외에 다른 연구 결과들(가령, 신경과학)이 존재했다면, 그에 기초한 우리의 치료적 개입이 매우 다른 모습을 띠지는 않았을까? 심지어 그 치료가 '행동치료'가 아닌 다른 이름으로 불리지는 않았을까(Goldfried, 2011). 행동치료의 탄생 이후 우리가 치료적 개입을 위해 끌어올 수 있는 연구 결과들은 인지, 정서, 대인관계, 신경과학 등의 분야로 점차로 확장되었고, 그러한 연구 결과에 기초하여 인지행동치료도 점차로 확장되고 진화되어 왔음을 고려할 때 인지행동치료는 '경험과학 및 과학적 증거에 기초한 일군의 심리치료'와 완전히 동일하지는 않지만 대체로 중첩되는 것으로 이해할 수 있을 것이다.

인지치료

인지치료는 아론 벡Aaron Beck(1921~2021)에 의해 개발된 치료법이다. 인지치료는 1960년대 초반에 엘리스Ellis의 합리적 정서행동치료(REBT)rational emotive behavior therapy와 함께 정서장애에서 인지의 역할을 강조하면서 심리치료 분야에 일대 혁신을 가져온 치료법이다.

벡은 당시의 지배적인 학파들이 정서장애에 대해서 공유하는 기본 가정을 받아들일 수 없었다. 즉 정서적으로 장애를 겪고 있는 사람은 자신이 통제할 수 없는 어떤 감춰진 힘에 의해서 희생되었다는 가정이다. 신경정신의학에서는 정서장애의 원인을 생화학적 이상이나 신경학적 이상과 같은 생물학적 요인에서 찾으려 하였다. 정신분석은 신경증의 원인을 개인이 알 수 없는 무의식적인 심리적 요인에서 찾으려 하였다. 한편 행동치료는 환경의 지배적인 역할을 강조하였다. 이러한 주도적인 세 학파는 정서장애의 근원을 개인이 자각할 수 있는 의식의 범주 바깥에 있다고 보았기 때문에 개인이 의식할 수 있는 생각이나 심상, 환상, 백일몽 등은 무시되거나 액면 그대로 받아들여지지 않았고, 통제할 수 없는 힘의 무력한 희생자로서 개인은 심리치료에서조차도 수동적이고 무력한 위치에 머무는 것에 만족해야 했다. 벡은 개인의 어떤 생각들이 고통스런 감정 반응 및 부적응적인 행동 반응과 연결되어 있음을 발견하였고, 수많은 의미와 심상으로 이루어진 개인의 '내적 현실'이야말로 정서장애를 이해할 수 있는 풍부한 정보의 원천이라고 주장하였다. 인지치료는 정서장애의 원인을 개인이 의식할 수 있는 생각에서 찾으려 하였고, 그 생각을 변화시키는 방법도 인간의 상식적인 문제해결 방식에서 찾으려 하였다는 면에서 심리치료를 상식적인 입장과 일치시키려 노력한 치료법으로 평가할 수 있을 것이다(Beck, 1976).

인지치료는 1980년대 통합된 치료로서의 인지행동치료의 흐름을 형성하는 데 가장 중심적인 역할을 하였고, 인지치료의 선구적인 치료 이론과 연구 성과들은 인지행동치료 전반의 발전에 큰 영향을 미쳤다. 지금도 인지행동치료와 인지치료를 잘못 동일시하는 사람이 있을 정도로 인지치료는 인지행동치료의 대표적인 치료법의 하나이다. 다음에서는 인지치료의 이론 및 기본개념과 더불어 실제 치료과정에서 이루어지는 작업의 일부를 간략히 기술하고자 한다.

인지치료의 기본 개념

간단한 예화를 통해서 인지치료의 기본 개념을 이해해 보자. 여기 40대 후반의 독신 남성이 있다. 그는 자신과 세상에 대해서 눈에 보이지 않는 어떤 믿음belief, 즉 '사람들은 나같이 형편없는 사람을 좋아할 리 없다.'는 믿음을 지니고 있다. 이러한 믿음은 이론적으로 존재한다고 가정될 뿐 실체가 있는 것이 아니어서 육안으로도 방사선 촬영으로도 확인할 수 없는 가설적 구성개념이다. 이러한 믿음은 그의 평소 일상적인 삶 속에서는 좀처럼 그 모습이 드러나지 않다가 그가 취약한 어떤 상황(사건, 자극)에 마주쳤을 때 비로소 활성화되어 생각, 감정, 행동이 동시에 어우러진 자동적 반응automatic reaction을 통해 그 모습을 간접적으로 드러낸다. 예를 들어, 그가 급한 일로 어느 이른 아침 친구에게 전화를 걸었을 때 전화상으로 들려오는 친구의 목소리가 착 가라앉아 있었다고 해 보자(촉발상황). 친구의 목소리가 가라앉은 것은 아직 잠이 덜 깨어서일 수도 있고 전날 과음한 탓일 수도 있는데, 그 순간 그의 머릿속에는 자동적으로 '내가 전화한 게 싫어서'(자동적 사고) 그런 것으로 해석되고, 그러한 생각과 함께 거절의 슬품(감정)을 느끼고, 또한 행동상으로 위축되어 용건을 다 말하지 못했음에도 빨리 전화를 끊으려는 모습을 보이게 된다. 이를 도식적으로 표현해 보면 다음과 같다.

$$믿음 \times 촉발상황 \;\longrightarrow\; 자동적\ 반응$$
$$(자동적\ 사고,\ 감정,\ 행동)$$

인지치료는 특정상황에서 나타나는 자동적 반응의 경험을 들여다보는 것에서 출발한다. 한 개인에게 문제가 되는 감정 반응은 대체로 특정한 상황에 처했을 때 자동적으로 나타나는데, 이러한 자동적 반응은 생각, 감정, 행동의 요소로 이루어진다. 자동적 반응에 포함된 생각이 바로 자동적 사고automatic thought이다. 이는 특정상황에서 자동적으로 떠오르는 생각으로서 후속되는 감정 및 행동에 영향을 미친다. 우리가 자신의 자동적 반응을 이해하기 위해서는 감정 및 행동과 연결되어 있는 자동적 사고를 잘 인식할 수 있어야 한다. 개인의 힘든 감정 반응과 얽혀 있는 의미로서의 자동적 사고를 정확히 파악하는 것은 인지치료에서 가장 중심된 작업이 된다. 믿음과 자동적 사고를 포함한 인지치료의 기본개념에 대해서는 뒤에 더 자세히 기술할 것이다.

인지매개가설

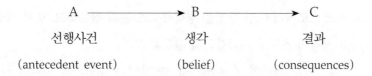

모든 인지적 치료들은 공통적으로 인지매개가설cognitive mediation hypothesis을 가정한다. 인지매개가설이 무엇인지를 위의 그림을 통해서 이해해 보자. 우리는 선행

사건(A)에 따라서 감정과 행동(결과, C)이 결정되는 것처럼 생각한다. 즉 상대방이 약속시간을 어기면(A) 화가 나고(C), 자식이 시험에 낙방하면(A) 우울해진다(C)고 생각한다. 그러나 상대방이 약속시간을 어겼을 때 모든 사람이 동일한 분노 감정을 경험하는 것은 아니다. 개인이 선행사건을 어떻게 지각하고 어떤 의미를 부여하는가(B)에 따라서 개인의 감정과 행동은 얼마든지 달라질 수 있다. 즉 선행사건과 결과(감정과 행동) 사이에는 항상 어떤 생각이 존재하고 이러한 생각은 감정과 행동에 중요한 영향을 미치는데, 이를 인지매개가설이라고 한다.

우리는 어떤 객관적인 사건에 수동적으로 반응하기보다는 우리가 의미를 부여한 주관적인 사건에 반응한다. 각 개인에게 정서적으로 중요한 것은 사건에 대한 객관적인 현실이라기보다는 자신이 그 사건과 관련하여 구축한 의미로서의 주관적, 개인적, 현상학적 진실이라고 할 수 있다.

인지치료의 핵심과제

인지매개가설을 통해서 우리가 알 수 있는 것은 자신의 감정과 행동을 이해하기 위해서는 그 이면에 있는 생각을 이해해야 한다는 것이다. 인지치료의 핵심 메시지는 '감정을 느낄 때 자신의 생각을 들여다보라'는 것이다. 즉 불안할 때, 우울할 때, 화가 날 때, 부끄러울 때, 자신의 감정 경험과 함께 그와 결부되어 있는 생각을 살펴보라는 것이다. 인지치료에서 감정 반응은 자신의 고유한 주관적 내면세계를 들여다보는 창문이요, 자기이해의 출발점이다. 지금 당장 마음속의 감정변화에 주의를 기울여 보자. 자신의 기분이 부정적인 방향으로 변할 때 스스로에게 어떤 감정을 경험하고 있는지 질문하고, 또한 자신의 마음속에 어떤 생각이 스치고 지나갔는지 질문해 보자.

인지치료의 중요한 목표 중 하나는 내담자의 자각을 증진하는 것이다. 내담자가 자신의 이야기를 펼치는 속에서 어떤 감정을 느낄 때 인지치료자는 내담자에게 그 감정 이면의 생각에 주의를 기울이도록 안내한다. 즉, 내담자가 자동적인 감정 반응을 회피하거나 도피하려는 노력을 일시적으로 멈추고 감정에 머물러 감정 이면의 자동적 사고를 들여다보고 자각할 수 있도록 훈련하는 것은 인지치료의 가장 중요한 과제이다. 따라서 인지치료에서 가장 중요한 질문은 내담자가 감정 반응을 보일 때 "어떤 생각이 스치고 지나갔나요?"라고 묻는 것이다.

우리는 때로 자신 속에서 일어나는 불편한 감정 반응이 잘 이해되지 않아서 스스로 당혹스러워 한다. 치료자들은 내담자의 공황 반응, 광장공포증적 반응, 성도착적인 반응, 과도한 분노 반응이 도무지 이해되지 않아서 당혹스러울 때가 있다. 내담자가 보이는 많은 감정 반응들은 명백히 비현실적이거나 상식을 벗어난 듯 보이는데, 이는 우리가 그 감정 반응에 얽혀 있는 주관적인 의미를 이해하지 못하였기 때문이다. 비정상적인 반응에 얽혀 있는 의미를 해명하는 작업은 인간의 감정과 행동에 대해 풍부한 통찰을 제공하는 흥미 있는 일로서 인지치료의 핵심 작업이라고 할 수 있다(Beck, 1976).

우리는 명백히 비현실적이거나 과장된 분노, 불안 또는 슬픔이 사건에 대한 개인의 특유한 평가에 기초한다는 것을 발견한다. 이러한 개인 특유의 평가는 정서장애에서 지배적인 역할을 한다. 많은 내담자들은 사건(A)과 불쾌한 감정 반응(C) 사이에 끼어 있는 생각(B)의 연쇄를 평소에는 잘 인식하지 못하지만, 치료자가 주의를 기울이도록 안내하면 그 생각을 충분히 인식할 수 있다. 한 개인이 선행사건(A)과 정서적, 행동적 반응 결과(C) 사이의 간격을 메울 수 있을 때, 당혹스런 반응은 이해 가능한 반응으로 바뀐다. 내담자들은 어느 정도 훈련을 받으면, 사건(A)과 정서 반응(C) 사이에서 일어나는 빠른 생각이나 심상(B)을 포착할 수 있다. 인지치료는 이렇듯 내담자가 자신의 내성introspection에 초점을 맞추도록 훈련하는 과정으로 이해할 수 있다(Beck, 1976).

인지모델과 주요개념

벡의 인지모델을 그림 11.1과 같이 표현할 수 있을 것이다. 한 개인이 지닌 그의 고유한 믿음 체계는 대부분의 경우 초기 아동기 경험을 통해 구축되기 시작한다. 개인의 유전적 소인에 더하여 생의 초기에 겪은 중요한 인물과의 상호작용 경험, 특히 양육과정에서 겪은 부모와의 상호작용 경험은 자신과 세상에 대한 믿음을 형성하는 데 중요한 역할을 한다. 또한 발달과정에서 겪게 되는 외상

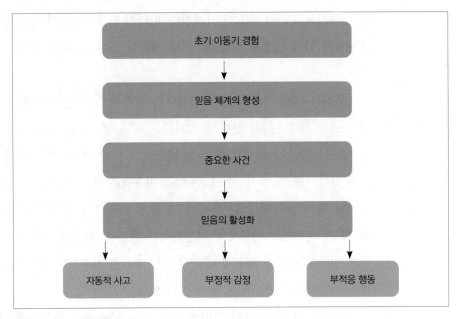

그림 11.1 | 벡의 인지 모델

적인 경험도 믿음의 형성에 지대한 영향을 미친다. 이렇게 형성된 개인의 믿음 체계가 늘 활성화된 상태로 개인의 삶에 영향을 미치는 것은 아니며, 평소 휴화산처럼 잠재되어 있다가 어떤 중요한 사건에 의해서 특정 믿음이 촉발되어 활성화되면 개인의 반응, 즉 개인의 생각·감정·행동에 영향을 미치게 된다. 이러한 인지모델을 더 구체적으로 이해하기 위하여 인지치료의 주요개념을 좀 더 자세히 살펴보자.

(1) 자동적 사고

벡은 자신의 책(1976)에서 몇몇 사례를 들어 자신이 자동적 사고를 발견하게 된 과정을 기술하고 있다. 한 여성 환자는 자유연상을 통해 어떤 예민한 성적 갈등에 대해 기술하면서 치료 회기 중에 지속적으로 불안을 느꼈다. 그녀가 왜 회기마다 불안을 경험하는지가 분명하지 않았기 때문에 벡은 그녀에게 자신이 하고 있는 말에 대한 생각에 주의를 기울여 보도록 요청하였다. 그녀는 자신이 자유연상과 함께 동시에 진행되는 또 다른 어떤 생각의 흐름을 무시하고 있었음을 깨닫고는 다음과 같은 일련의 생각을 보고하였다. "나는 나 자신을 명쾌하게 표현하지 못하고 있어. 치료자는 내 말이 지겨울 거야. 나를 쫓아내고 싶을 거야." 그녀의 불안은 그녀가 기술하고 있는 성적인 갈등과 관련된 것이 아니었다. 오히려 그녀가 인식하지 못하고 있었던 생각, 즉 그녀의 자기평가적인 생각이 그녀의 불안과 맞닿아 있었다. 이렇듯 보고하는 생각의 흐름과 병행하는 또 다른 생각의 흐름이 존재한다는 것은 다른 많은 환자들에게서도 공통적으로 발견되었다. 전형적으로 이러한 생각들은 환자들이 치료 회기 중에 느끼는 감정과 연결되어 있었고, 환자들이 그 생각을 인식하기 위해서는 대부분 치료자가 그 생각에 주의를 기울이도록 안내해야 했다. 벡은 이러한 발견을 통하여 감정경험 직전에 자동적으로 빠르게 스치고 지나간 생각들을 '자동적 사고'라고 불렀다.

자동적 사고는 다양한 생활 사건에 의해서 자동적으로 촉발되는 생각(언어적 형태)이나 심상(시각적 형태)이다. 이는 의도적이거나 의식적인 생각이 아니며 어떤 사건에 대해서 즉각적이고 자동적으로 떠오르는 생각이다. 자동적 사고는 의식적이고 외현적인 사고explicit cognition의 흐름과 공존하면서도 이와는 다른 수준의 사고, 즉 내현적인 사고implicit cognition의 흐름이다. 예를 들어, 커피숍에서 긴 시간 동안 친구와 한담을 나눌 때 그 한담의 내용들은 대부분 외현적인 사고의 예라면, 자신은 인식하지 못한 채 '나는 왜 이렇게 말을 재미없게 하지?', '내 말에 친구의 기분이 상한 것은 아닐까?'라고 생각할 때 이는 내현적인 사고로 자동적 사고의 예가 될 것이다. 그가 커피숍에서 느낀 불안은 자동적 사고와 연결되어 있는데, 이렇듯 자동적 사고는 개인의 감정이나 행동 반응을 유발한다. 개인은 평소 자동적 사고에 주의를 기울이지 않아서 이를 잘 인식하지 못하지만 감정의 변화에 주목하여 조금만 주의를 기울이면 이를 파악할 수 있다.

자동적 사고는 생활사건에 대한 정보처리의 결과로 생성된 인지적 산물cognitive product로서 한편으로는 믿음에서 비롯되고 한편으로는 그 생활사건의 현실을 반영한다. 다시 말하면 자동적 사고는 믿음에서 나온 특정 상황에 대한 기대나 해석으로서 일부 현실을 반영하면서도 일부 믿음에서 기원하기 때문에 현실을 있는 그대로 정확하게 반영할 수만은 없다. 물론 특정 심리장애를 지닌 사람들이 특정 영역에서 더 비현실적인 내용의 자동적 사고를 지니지만 현실적 사고와 비현실적 사고의 구분은 연속선상에서의 양적인 차이에 의한 것일 뿐 질적인 차이에 따른 이분법적 구분은 아닐 것이다.

(2) 도식과 믿음

사람마다 동일한 사건을 달리 해석한다. 즉 동일한 사건에 대해서 서로 다른 자동적 사고를 보인다. 예를 들어 자신의 수업 중에 두 학생이 떠드는 것을 보고, 한 교사는 '내 수업이 재미없나?'라고 생각하고 다른 한 교사는 '저런 건방진 녀석들을 봤나!'라고 생각한다. 왜 그럴까? 사람은 각자 자신의 고유한 인식의 틀, 즉 도식schema을 지니고 있는데 사람마다 서로 다른 도식(혹은 믿음)을 통해 그 사건을 바라보기 때문이다.

일반적으로 도식은 마음속에 있는 인지 구조로, 믿음은 그 구조에 담긴 내용으로 이해된다. 즉, 과거경험을 추상화한 인지적 구조 혹은 틀로서의 도식은 자신과 세상에 대한 믿음으로 구성되어 있다고 말할 수 있을 것이다. 그러나 많은 경우 도식과 믿음은 서로 교환 가능한 용어로 사용된다.

도식은 과거경험을 통해 형성된 일반화되고 추상화된 기억체계로서 개인의 정보처리와 행동의 수행을 안내하는 비교적 안정적인 인지적 틀이다. 개인은 이러한 도식(혹은 믿음)을 통해서 상황 내의 풍부하고 다양한 자극들 중에서 특정 자극에 선택적으로 주의를 더 기울이고, 어떤 자극을 특정한 방향으로 해석하며, 미래의 결과를 특정한 방향으로 예상하고, 그 도식에 일치하는 특정한 행동 패턴을 만들어 낸다. 도식에 의한 정보처리와 도식에 따른 행동 수행은 그 도식의 내용을 확증하고 강화함으로써 도식은 지속적으로 유지된다.

한 개인 내에는 여러 도식(혹은 믿음)이 위계적인 구조를 이루고 조직화되어 있을 수 있다. 어떤 도식은 상위의 핵심적인 위치를 차지하는 반면 어떤 도식은 하위의 주변적인 위치에 머문다. 어떤 도식이 활성화되느냐에 따라서 경험을 구조화하는 방식이 달라진다. 어떤 도식은 많은 시간 동안 활성화되어 있기도 하고, 또 다른 도식은 오랜 기간 동안 활성화되지 않고 있다가 특정한 스트레스 상황에 의해 촉발되어 활성화되기도 한다. 이때 개인이 보이는 정보처리 방식과 행동 패턴은 당시에 활성화된 역기능적 도식에 의해 유도된다.

앞에서도 믿음이란 인지구조 속에 담겨 있는 인지내용의 측면을 더 강조하는 용어라고 언급하였다. 따라서 임상 실제에서는 도식이라는 용어보다는 믿음이라는 용어가 더 실용적인 가치를 지니는 것으로 보인다. 어린 시절부터 각 개인은 고유한 경험을 통해서 자신과 세상에 대한 믿음 혹은 믿음 체계를 형성한다. 이러한 믿음을 통해서 개인은 특정 사건의 의미를 해석하고 미래의 결과를 기대하게 된다는 것은 앞에서 기술한 바와 같다.

믿음은 일반적이고 추상적이어서 그 내용을 파악하기가 쉽지 않다. 한 개인의 기저에 있는 믿음은 특정 상황에서 그의 지각과 해석에 영향을 미친다. 즉 믿음은 구체적인 상황에서의 구체적인 자동적 사고를 통해서 그 모습을 드러낸다. 믿음은 이론적으로 자동적 사고를 낳는 것으로 가정될 뿐 경험적으로는 자동적 사고를 통해서 접근할 수밖에 없다. 많은 경우 믿음은 개별적인 자동적 사고들의 반복적이고 일관적인 주제를 확인함으로써 내담자와 치료자 모두에게 점차로 드러난다. 믿음의 내용을 밝히기 위해서는 이처럼 자동적 사고로부터 추론하는 작업을 거치게 되는데, 이때 심리치료가 관찰 가능한 경험 자료를 벗어나 추상화·개념화될 수 있는 소지가 있다. 믿음을 '더 깊은 수준의 생각'으로 이해하고 믿음을 다루기 위해서는 더 깊은 내성의 과정이 필요한 것으로 이해함으로써 인지치료가 내담자 고유의 경험적 세계를 벗어나 일반적인 개념적 세계에서 진행되지 않도록 유념할 필요가 있다.

(3) 인지적 오류

자동적 사고는 믿음이 구체적인 현실에 적용되어 나타난 산물로서 그 내용 중에는 비현실적인 부분, 즉 현실을 정확하게 반영하기보다는 과장하거나 왜곡한 부분이 있게 마련이다. 사람은 도식에 따라 생활사건을 지각하고 해석하는 과정에서 크든 작든 어떤 유형의 오류를 범한다. 이처럼 도식에 따라 정보를 처리하는 '과정'에서 범하게 되는 체계적인 오류를 인지적 오류cognitive error, 인지적 왜곡cognitive distortion 또는 잘못된 정보처리faulty information processing라고 부른다.

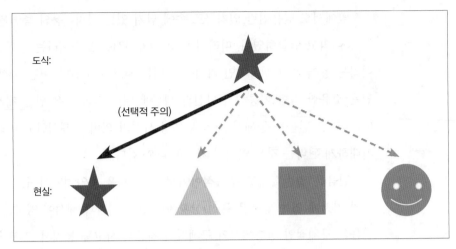

그림 11.2 | 도식에 따른 정보처리과정에서 나타나는 선택적 주의

　　그림 11.2에서 보면 우리가 지닌 도식에 비해서 우리가 접하는 현실은 훨씬 더 풍부하고 다양하고 복잡한 자극들로 구성되어 있음을 알 수 있다. 우리는 복잡한 현실을 있는 그대로 지각하기보다는 당시에 활성화된 도식에 따라 지각하게 되는데, 이때 도식의 내용에 부합하는 현실 정보에는 더 주의를 기울이고 부합하지 않는 정보는 경시하거나 무시하게 된다. 예를 들어, '나는 못났다'는 믿음을 지닌 사람은 자신의 부정적인 측면을 확대하여 지각하고 자신의 긍정적인 측면을 축소하여 지각함으로써 인지적 왜곡을 보이게 된다. 현실을 지각하는 과정에서 도식에 부합하는 정보에만 주의를 기울이게 되면 도식의 내용은 늘 옳은 것으로 확증될 수밖에 없으므로 도식은 유지된다. 과잉일반화, 이분법적 사고, 개인화, 파국화, 확대와 축소, 정신적 여과 등의 다양한 인지적 오류는 결국 도식에 부합하는 정보에 선택적으로 주의를 기울이는 인지과정(선택적 주의selective attention)을 반영한다.

협력적 경험주의

인지치료에서는 치료자와 내담자의 협력적 관계를 강조한다. 심리치료는 내담자의 주관적인 경험이 다뤄지는 작업으로서 내담자의 적극적인 참여가 없다면 의미 있는 심리치료는 불가능할 것이다. 내담자는 자신의 경험의 전문가이다.

마치 치료자가 내담자의 경험에 대해서 더 많이 아는 것마냥 우월한 위치에 선다면 내담자의 풍부한 경험의 세계(예: 자동적 사고)를 탐색하기도 전에 그 문은 닫히고 말 것이다. 인지치료에서는 내담자를 그의 고유한 경험의 전문가로 존중한다. 그리고 치료자는 내담자의 경험을 탐색하고 이해하는 전문가 혹은 인간 행동 및 적응의 일반 원리를 잘 아는 전문가로 인식하도록 하는 치료적 자세로 작업한다. 내담자의 고유한 경험에 일반 지식을 적용하며 치료과정을 계획하고 실천하는 모든 과정에서 치료자와 내담자는 서로 협력할 필요가 있다(Roemer & Orsillo, 2009). 이처럼 인지치료에서는 치료자와 내담자가 마치 공동 프로젝트를 함께 수행하는 공동 연구자처럼 대등한 위치에서 같은 목표를 향하여 협력적으로 작업할 것을 강조하는데, 이를 협력적 경험주의collaborative empiricism라고 한다.

또한 내담자의 부정적인 자동적 사고와 역기능적 믿음을 평가하고 수정할 때에도 협력적이고 경험적인 자세를 일관적으로 견지할 필요가 있다. 내담자의 생각이 치료자가 보기에는 비현실적인 것으로 보일지라도 내담자 본인에게는 현실적인 사고로 받아들여진다는 것을 명심해야 한다. 치료자가 할 일은 내담자의 사고의 비현실성을 지적하거나, 긍정적인 대안적 사고의 타당성을 강의하거나, 치료자 혹은 여타의 권위에 호소하여 내담자를 설득하는 데 있는 것이 아니라 내담자가 스스로의 경험과 이성에 의해 그 생각의 유용성과 타당성을 평가하고 수정할 수 있도록 돕는 데 있다. "나는 무가치하다"는 내담자의 이론을 수용하고 공감하되 그 이론을 아직 검증되지 않은 가설로서 존중하고 과연 그 가설이 현실적인지를 서로 열린 마음으로 검증할 필요가 있다. 치료자가 먼저 열린 마음을 지니지 않는다면 내담자는 치료자가 자신을 이해하지 못한다고 느끼고 자신의 생각에 대해 열린 마음을 지니기 어렵게 된다. 현실성 검증이 단지 내담자의 이론을 배격하고 치료자의 이론을 강요하는 방식으로 이루어진다면 내담자는 더더욱 자신의 이론을 고수할 것이다. 내담자의 생각을 평가하고 검증하는 과정에서 '협력적 경험주의'의 정신은 소크라테스식 대화법(인지적 기법)과 행동 실험(행동적 기법)으로 구현되는데, 이에 대해서는 뒤에 더 자세히 기술할 것이다.

자동적 사고의 파악

인지치료의 구체적인 과정은 내담자가 순간순간 스치고 지나가는 자동적 사고에 주의를 기울이고 이를 파악하는 것에서부터 시작된다고 볼 수 있다. 우리는 그 존재와 내용을 잘 인식하지 못하는 자동적 사고를 옳다고 받아들이고 감정과 행동이 이에 지배를 받는다. 벡의 가장 큰 공헌 중 하나는 우리가 평소 주의를 기울이지 않아서 잘 인식하지 못하는 자동적 사고에 주의를 기울이도록 한 것이다. 우리는 자동적 사고를 통해 우리의 주관적 경험의 세계에 접근할 수 있으며 우리를 힘들게 하는 감정 반응과 행동 반응의 의미를 이해할 수 있게 된다. 자신의 경험에 대한 내성을 통해서 자신의 감정과 행동뿐 아니라 자동적 사고로까지 인식을 확장할 수 있을 때 우리는 자동적 사고의 영향에서 어느 정도 벗어나 감정과 행동을 조절할 수 있게 된다.

자동적 사고에 대해 아는 것은 그 자체로 가장 치료적이다. 모든 심리치료에서 가장 중요한 변화 기제의 하나는 자각이다. 자동적 사고의 파악은 궁극적으로 그것을 수정하고 변화시키기 위한 중간 단계가 아니라 그 자체로 치료 목표로 인식되어야 한다. 자동적 사고는 우리가 그것을 인식하지 못할 때 감정과 행동에 큰 영향을 미치지만 인식하면 그 영향력이 줄어든다. 자신이 지금 생각하고 있다는 것을 인식하지 못한 채 자신이 하고 있는 그 생각을 통해 현실을 바라볼 때 우리는 그 생각의 내용을 현실인 것처럼 믿게 된다. 마치 자신이 지금 노란색 선글라스를 끼고 세상을 보면서 '세상이 온통 노랗다'고 믿는 사람처럼 말이다. 그러나 우리가 자신이 생각하고 있음을 알고 그 생각에서 빠져나와 거리를 두고 그 생각을 바라보며 그 생각이 그저 생각일 뿐 현실이 아님을 알 때 생각의 힘은 약화된다. 또한 생각의 힘이 줄어들면 생각의 열차를 멈추거나 그 궤도를 바꾸는 것이 한층 더 수월해진다.

치료자가 내담자의 자동적 사고를 대하는 태도는 내담자가 그것을 대하는 태도에 큰 영향을 미친다. 자동적 사고는 개인 스스로 통제할 수 없는 자동적 반응의 일부로서 변화와 통제의 대상이기 이전에 먼저 수용과 공감의 대상으로 이해될 필요가 있다. 자동적 사고는 개인의 주관적이고 현상학적인 진실을 담고 있다. 우리는 자동적 사고를 알게 됨으로써 비로소 자신을 힘들게 하는 감정 반응을 이해할 수 있다. 공감은 내담자가 말하기 어려운 경험을 좀 더 분명히 표현할 수 있도록 도움으로써 치료자가 내담자의 내적 세계 안으로 스며드는 과정이다(Safran & Segal, 1990). 이런 측면에서 보자면, 자동적 사고를 탐색하는 과정은 곧 공감 과정으로 이해할 수 있다.

인지치료에서 내담자의 자동적 사고를 파악하는 치료과정이 중요한 만큼 치료 장면에서 자동적 사고를 파악하기 위한 몇 가지 방법을 소개하고자 한다.

(1) 감정 체험의 활성화를 통해 자동적 사고를 파악하기

자동적 사고는 감정 및 행동과 연결된 생각으로서 내담자는 대개의 경우 자동적 사고에 주의를 기울이지 않아서 이를 잘 인식하지 못한다. 따라서 내담자의 자동적 사고를 끌어내기 위해서는 내담자가 이에 주목할 수 있도록 치료자가 적절한 질문을 던져야 한다. 내담자의 생각을 묻는 질문의 내용은 "그때 어떤 생각이 들었습니까?", "그 말이 어떤 의미로 받아들여졌나요?", "그 말을 듣고 왜 그렇게 화가 났나요?", "최악의 경우 어떤 일이 벌어질 거라고 상상했나요?" 등 상황에 따라 다양하게 표현될 수 있을 것이다. 더 중요한 것은 질문의 시점인데 부정적인 감정이나 기분상태, 부적응적인 행동이 언급되었을 때가 그 배후의 자동적 사고를 끌어내기에 좋은 시점이다.

자동적 사고는 감정이 실려 있는 전개념적인preconceptual 사고, 즉 뜨거운 인지hot cognition이지 감정이 배제된 개념적인 사고, 즉 차가운 인지cold cognition가 아니다. 자신과 세상에 대한 숨은 의미로서의 자동적 사고는 감정 체험을 통해 더욱 분명해진다. 감정 체험과 함께 도식이 활성화될 때 우리는 자동적 사고에 더 쉽게 접근할 수 있다. 따라서 내담자가 최근의 정서적 경험을 가급적 더 구체적이고 생생하게 기술할 수 있도록 돕는다든지, 심상 기법을 사용하여 내담자에게 그 상황이 마치 지금 일어나고 있는 것처럼 상상하도록 요청하는 등, '그때 거기'의 경험을 '지금 여기'의 경험인 것처럼 생생하게 되살릴 수 있을 때 내담자의 뜨거운 자동적 사고를 더 쉽게 파악할 수 있다.

(2) 전보식 사고의 명료화를 통해 자동적 사고를 구체화하기

자동적 사고는 일종의 속기록처럼 나타난다. 즉, 전보문에서처럼 핵심 단어들만이 빠르게 머리를 스치고 지나간다. 따라서 내담자들은 자동적 사고를 보고할 때 흔히 전보식으로 생략된 형태의 짧은 단어나 문장으로 자신의 모호한 주관적 느낌을 표현한다. 이때 그 모호한 느낌의 의미가 더 분명해질 수 있도록 치료자는 내담자에게 가급적 완전한 문장의 형태로 표현해 보도록 격려할 수 있다. 예를 들어, 한 내담자는 시험공부를 하려고 책을 펼 때마다(A) 늘 기분이 우울해지면서 자신도 모르게 잠이 온다(C)고 하였다. 치료자가 "책을 펴면 어떤 생각(B)이 드는지" 물어보자, 그는 "어디선가 '넌 안 돼' 같은 소리가 들려오는 느낌이 든다."고 답하였다. 그 느낌을 더 완전한 문장으로 표현해 보도록 격려하자 그는 "공부는 역시 형같이 똑똑한 사람들의 몫이지 나같이 멍청한 사람이 하는 것은 시간 낭비일 뿐이야."라는 더 분명한 형태의 자동적 사고를 표현할 수 있었다. 이어서 그는 "공부를 할 때마다 그러한 느낌이 늘 배후에 깔려 있었는데 잘 모르고 있다가 이제야 그 느낌이 무엇인지 분명히 알게 됐다."는 말을 덧붙였다.

(3) 내담자의 자발적 언어 속에서 자동적 사고를 포착하여 되돌려주기

많은 자동적 사고는 내담자의 자발적인 언어 속에서 자연스럽게 빈번히 나타난다. 그러나 자동적 사고가 자발적으로 표현되었다 해도, 그 생각은 자신과 세상에 대한 견해의 일부분으로서 내담자 자신에게는 너무도 당연한 것이기 때문에 그 생각이 왜곡되었는지를 인식하기 이전에 그것이 생각인지조차 전혀 인식하지 못할 수 있다. 따라서 그것이 왜곡된 생각임을 인식하고 이를 전면으로 부각시키는 것은 전적으로 치료자의 몫인 경우가 많이 있다. 이때 치료자가 사례 개념화에 입각하여 기대되는 자동적 사고의 주제와 각 장애에서 흔히 나타나는 자동적 사고의 주제를 알아 두는 것이 도움이 된다. 다음은 어느 치료적 대화에서 내담자의 말 중 일부를 발췌한 것이다. 찬찬히 읽으며 자동적 사고라고 생각되는 부분에 밑줄을 그어 보자.

"아르바이트는 여전히 하고 있는데요, 이제는 정말 그만둬야 할 것 같아요. 아이한테 미안하기도 하고 돈 받기가 너무 미안해요. 공부를 하고 가르쳐야 하는데 생각나는 대로 말하니까 아이에게 전혀 도움이 안 되는 것 같아요. 걔가 이번에 시험을 쳤는데 별로 성과가 없을 것 같아요. 제가 가르치는 게 도움이 되지 않는다는 걸 잘 알면서도 어쩔 수 없이 가르치려니까 미안하죠. 특히 돈 받을 때는 더 견딜 수 없어요. 이제 제 행복을 위해서라도 아르바이트는 그만둬야겠어요."

'전혀 도움이 안 되는 것 같아요.', '별로 성과가 없을 것 같아요.', '제가 가르치는 게 도움이 되지 않아요.'라는 생각은 짧은 말 속에서도 반복적으로 나타나는 자동적 사고의 예들이다. 이는 아르바이트 성과에 대한 자신의 해석이 담긴 생각임에도 불구하고, 내담자는 이를 마치 사실인 것처럼 믿고 있다. 결과적으로 그는 사례비를 받으면서 미안함을 느끼고(감정) 아르바이트를 그만둘 계획을 세우고 있다(행동). 이때 만일 치료자조차도 그 생각을 사실처럼 받아들인다면, "당신이 가르치는 게 아이에게는 전혀 도움이 안 되는군요."라고 반응하게 될 것이고, 치료자와 내담자는 함께 낙심한 가운데 아르바이트를 그만둔 이후의 대안을 찾게 될 것이다(저런!).

내담자의 자발적 언어의 흐름 속에 중요한 자동적 사고가 흘러가고 있음을 포착한 치료자는 다음과 같은 일련의 치료적 반응을 보일 수 있을 것이다. ① "당신이 가르치는 게 아이에게 전혀 도움이 되지 않는다고 생각하시네요?", ② "그렇게 생각하면 돈 받기가 미안하겠어요."(생각과 감정 혹은 생각과 행동 간의 연결고리를 인식시키기), ③ "아이에게 도움이 안 된다고 생각하는 근거가 무엇이지요?", "아이에게 도움이 되고 있는 부분은 없나요?"(자동적 사고의 지지 증거와 반대 증거를 검토하기)

(4) 자동적 사고 기록지 활용하기

인지치료에서는 자동적 사고의 탐색을 위하여 표 11.1과 같은 자동적 사고 기록지를 활용한다. 내담자가 일상생활 중에 어떤 힘든 감정을 경험하게 되면, 이

기록지에 먼저 그 감정을 느끼게 된 상황을 구체적으로 기술하고 감정을 적은 후에 그 상황과 감정 사이에 어떤 생각이 끼어 있었는지를 관찰하여 기록한다. 이 기록지는 대개 내담자에게 숙제로 부과되는데, 이를 통하여 내담자는 치료회기 안에서뿐 아니라 치료회기 바깥에서도 자동적 사고를 관찰하는 내성 능력을 훈련하게 된다.

인지치료의 중요한 목표 중 하나는 내담자가 자신의 인지치료자가 되도록 하는 것이다. 즉, 인지치료에서는 치료자가 내담자를 위해 물고기를 낚아 주기보다는 내담자가 스스로 물고기를 잘 낚는 사람이 되도록 가르친다. 이러한 심리교육적 접근방법이 더 큰 효과를 거둘 수 있으려면 내담자가 치료에 더 적극적으로 참여하는 것이 중요하다. 이를 위해서 인지치료에서는 내담자가 치료회기 바깥에서 스스로 할 수 있는 다양한 숙제를 함께 고안하여 적극적으로 활용한다.

표 11.1 | 자동적 사고 기록지

상황	감정	자동적 사고
친구에게 카톡을 보냈는데 세 시간이 넘도록 답신이 오지 않음	슬픔	왜 내 문자를 씹지? 나 같은 사람과는 상대하기 싫다는 건가?
	분노	아무리 그렇다고 이렇게 문자를 씹어도 되나?

자동적 사고의 변화: 인지적 기법

자신의 자동적 사고를 파악하는 것을 배운 내담자들 중 일부는 그러한 생각이 적응적이지 않고 현실적으로 타당하지 않다는 것을 자연스럽게 인식한다. 자신의 생각을 반복적으로 관찰하면서 그들은 점점 더 자신의 생각을 객관적으로 바라볼 수 있게 된다. 생각을 객관적으로 간주하게 되는 과정을 거리두기distancing라고 한다. 자신의 자동적 사고를 현실과 동일한 것으로 간주하지 않고 하나의 심리적 현상으로 검토할 수 있는 사람은 거리두기의 역량을 발휘하고 있는 것이다(Beck, 1976). 생각을 현실로 간주하지 않고 그저 생각으로 인식함으로써 그 생각과 거리가 생기면 그 생각을 믿는 정도belie-vability가 약해져서 정서반응의 완화가 나타난다.

자신의 자동적 사고를 객관적으로 인식하는 것에 더하여 내담자는 치료회기가 진행되어 가면서 자동적 사고의 유용성과 현실성을 평가하고 검토하기 시작한다. 치료자는 내담자의 사고를 논박하거나 대안적 사고를 제시하기보다는 일련의 신중한 질문을 통하여 내담자가 스스로 자신의 생각을 객관적으로 검토하고 숙고할 수 있도록 돕는데, 이러한 소크라테스식 대화 과정을 통해서 내담자는 점진적으로 더 적응적이고 현실적인 관점에 도달하게 된다. 치료자와의 대화 과정에서 내담자가 스스로 '자신의 생각에 질문을 던지는 능력'을 배울 수 있다면 이러한 대화는 치료실 바깥에서도 지속될 수 있을 것이다. 자신의 자동적 사고에 질문을 던지고 검증을 하는 과정에서 더 적응적이고 현실적인 대안적 생각들이 생겨나게 되면 처음의 자동적 사고와는 더 거리가 생기고 정서반응은 더욱 완화될 것이다.

(1) 생각의 유용성 검토하기

내담자와 함께 그의 자동적 사고를 평가하고 검토할 때 한편으로 그 생각을 현실성과 합리성의 차원에서 검토할 수 있지만, 다른 한편으로 (치료자가 흔히 간과하기 쉬운 것으로) 그 생각을 적응성 혹은 기능성의 차원에서 검토하는 것이 더 효과적일 때가 많이 있다. 즉, 그 생각을 지니는 것이 삶에서 어떤 결과(예: 감정, 행동, 환경적 변화)를 가져오는지 그 생각이 어떤 측면에서 적응적(기능적)이고 어떤 측면에서 부적응적(역기능적)인 결과를 초래하는지를 검토해 보는 것이다.

일반적으로 내담자들은 자신의 생각에 오랫동안 익숙해져 있기 때문에 그 생각이 현실적이고 합리적이라고 추호도 의심하지 않는 경향이 있다. 좀 더 현실적으로 생각해 보도록 하는 치료자의 질문에 대해 내담자는 거부적인 태도를 보이기도 한다. 이러한 경우에 질문의 방향을 전환하여 그 생각이 실제 삶에 어떤 결과를 초래하는지를 검토하도록 권면하는 것이 더 효과적일 수 있다. 가령 '내 유전자는 쓰레기라서 이 삶을 더 이어갈 가치가 없다'고 믿는 내담자에게 그 생각이 현실적인지를 검토하기 이전에, 먼저 내담자가 긴 반추의 시간 동안 그 생각을 지속적으로 하였다는 것과 그러한 생각이 깊은 절망감과 자살 충동으로 이어졌다는 것을 경험적으로 확인하는 것이 더 효과적인 개입이 될 수 있다.

(2) 생각의 현실성 검토하기

자동적 사고의 현실성을 검토할 때, 자동적 사고는 도식이 현실에 적용되어 나타난 산물, 즉 도식을 통해 현실을 바라본 결과임을 다시 한 번 더 유념할 필요가 있다. 자동적 사고는 현실에 부분적으로 근거한 생각으로서 완전히 비현실적인 경우는 드물며 부분적인 진실을 내포하고 있다. 어떤 자동적 사고를 현실에 비추어 검증할 때 치료자는 '이 생각이 옳은가 그른가?' 혹은 '어느 생각이 옳은가?' 식의 이분법적인 논쟁 자세에서 탈피하여 진실에 대해 열린 마음으로 접근해야 한다. 한편으로는 도식을 잠시 뒤로 접어 두고 현실을 좀 더 있는 그대로 볼 수 있도록 권면하고(예를 들어 "그렇게 생각하는 근거가 무엇인가?"의 질문), 다른 한편으로는 어떤 도식으로 보느냐에 따라 같은 상황이 다르게 보일 수 있음을 깨닫게 함으로써(예를 들어 "그 상황을 다르게 해석할 수는 없겠는지?"의 질문), 자신이 현실을 있는 그대로 보기보다는 도식을 통해서 보고 있음을 깨달아서 자동적 사고의 진실성에 대한 믿음이 완화되고 자동적 사고에 더 거리를 둘 수 있도록 도와줘야 한다.

인지치료의 대화과정에서는 많은 소크라테스식의 질문이 사용되는데, 다음의 가상적인 대화에서 "그렇게 생각하는 근거가 무엇인가?"와 "그 상황을 다르게 해석할 수는 없겠는지?"의 두 가지 대표적인 질문들이 어떻게 사용되고 있는지 살펴보자.

(내담자는 대학교수로서 최근에 와서 부쩍 우울한 감정을 호소하고 있다.)

내담자   요즈음 휴직을 고려하고 있어요. 내 강의가 너무 형편없어요. 내가 교수로서 자질이 있나 하는 생각이 들어요.

치료자   자신의 강의가 형편없다는 생각이 드나 봐요. 그렇게 생각하는 근거가 무엇이지요? ['내 강의가 너무 형편없다'는 자동적 사고의 지지증거를 묻고 있음]

내담자   강의에 집중하지 않고 졸거나 딴짓하는 학생이 너무 많아요.

치료자   그런 학생이 얼마나 되는데요? 그런 학생들을 하나하나 떠올려 볼 수
        있을까요? ['딴짓하는 학생이 너무 많다'는 자동적 사고의 지지증거를 묻고
        있음]

내담자   30명 수업인데 3명의 얼굴이 떠오르네요. 너무 많다는 말은 과장이네
        요. [자동적 사고에 포함된 '과잉일반화' 또는 '의미확대'의 인지적 오류가 자
        연스럽게 드러남]

치료자   나머지 다른 학생들은 수업에서 어떤 반응을 보였는지 회상해 보실
        수 있나요? [자동적 사고의 반대증거를 묻고 있음]

내담자   대부분 수업에 잘 따라와요. 수업이 끝나면 복도에서 진지하게 질문하
        는 학생들도 있어요. [내담자가 평소에는 주목하지 않았던 현실의 다른 측
        면들을 보게 됨]

치료자   세 학생이 수업에 집중하지 못하는 이유가 뭘까요? 다른 이유는 없을
        까요? [대안적 해석을 묻고 있음]

내담자   두 학생은 학과 전반에 대한 흥미를 잃은 것 같아요. 생각해 보니 다른
        한 학생은 평소에는 수업에 집중을 잘 하던 학생인데 그날따라 멍하
        게 창문만 바라봤어요. 갑자기 이유가 궁금해지네요. 무슨 다른 일이
        있나? [자신과 무관한 사건을 자신과 관련된 것으로 잘못 해석하는 '개인화'
        의 오류가 자연스럽게 드러남]

자동적 사고의 변화: 행동실험

내담자의 자동적 사고를 소크라테스식 대화를 통해 검증하는 것 외에도 인지치
료에서는 생각의 현실 검증을 위하여 행동실험behavioral experiment이라는 행동적 기
법을 사용한다. 행동실험은 내담자가 평소의 경직된 부적응적인 행동과는 다른
방향으로 실험적으로 행동의 변화를 꾀해 보도록 하는 것을 말하는데, 이렇듯
새로운 행동을 시도하는 실험의 목적은 그 행동 이면에 있는 자동적 사고의 타
당성을 검증하려는 데 있다. 즉 행동실험은 인지 변화를 목적으로 수행되는 행
동 변화의 실험이다. 예를 들어, '친구가 떠날까 봐' 걱정되어 친구의 부탁을 전

혀 거절하지 못하는 내담자의 경우 친구의 부탁을 한 차례 실험적으로 거절해 보면서 '친구의 부탁을 거절하면 그가 떠날지 모른다'는 생각의 타당성을 검증해 볼 수 있을 것이다. 또한 '있는 그대로의 내 모습을 안다면 나를 사랑하지 않을까 봐' 늘 화려한 모습만을 과장되게 연출하는 내담자라면 자신의 진실한 모습 그대로를 보여주는 실험을 통해서 자신의 생각이 타당한지를 검토해 볼 수 있을 것이다.

내담자의 문제행동에 맞추어 행동실험을 구상할 때는 때로 창의성이 요구되기도 한다. 행동실험은 치료회기 중에 이루어지기도 하지만 더 많은 경우 내담자에게 숙제로 부과된다. 내담자 편에서 볼 때 기존의 습관적인 행동패턴의 변화를 꾀한다는 것은 그가 피하고자 하는 불편한 감정 경험을 직면하는 일이라서 행동실험을 위해서는 내담자의 자발성이 반드시 필요하다. 내담자에게 자발적인 동기를 부여하기 위해서 행동실험의 계획 단계에서부터 내담자가 적극적으로 참여하는 것이 바람직하다.

우리는 자신의 믿음에서 나온 행동을 통해 자신이 뜻하지 않은 환경적 결과를 만들어 냄으로써 자신의 믿음을 확증하고 유지한다. 예를 들어, '세상은 적대적'이라고 믿는 사람은 타인을 멀리하고 경계하며 타인에게 적대적으로 행동하게 되는데 이러한 행동은 그의 주변 세상을 적대적인 세상으로 만듦으로써 그의 믿음을 유지시킨다. '아무도 나를 도와주지 않을 것'이라고 믿는 사람은 어느 누구에게도 도움을 청하지 않는데 이러한 행동이 아무도 돕지 않는 세상을 다시금 만들어 냄으로써 그의 믿음은 유지된다. 이렇듯 믿음은 그 믿음에서 나온 행동을 통해 유지된다. 따라서 내담자의 경직된 행동패턴의 변화를 꾀하고자 할 때에는 ① 한편으로 그 행동패턴 이면의 믿음을 파악하여 이에 공감하고, ② 또 한편으로 행동 변화 시도에 뒤따르는 힘든 감정 경험을 피하고 싶은 마음을 공감하며, ③ 내담자의 자발성에 기초하여 실험적인 자세로 작은 단계의 행동 변화를 시도하는 것이 바람직할 것이다.

행동치료에는 사회기술훈련, 자기주장훈련, 노출, 행동 활성화, 주간활동계획표 등 행동 변화에 효과적인 매우 다양한 행동적 기법들이 있다. 인지치료에서는 그 초기 역사에서부터 행동치료의 이러한 행동적 기법들을 도입하여 적용하되 행동 변화보다는 행동 이면의 인지 변화에 더 우선적인 목표를 두는 행동실험의 형태로 적용하였다.

행동실험의 결과에 대한 경험에 비추어 자신의 생각을 스스로 평가할 수 있는 기회가 주어졌을 때 내담자는 자신이 평소 믿고 있던 생각의 타당성을 의심하기 시작한다. 생각을 바꾸는 데 경험보다 더 좋은 무기는 없다. 자신의 생각에 대한 경험적 반증experiential disconfirmation은 심리치료에서 변화를 촉진하는 중요한 심리기제의 하나이다. 체계적으로 수행된 반복적인 경험을 통해 자신의 생각이 잘못되었음을 인식하게 되면 행동 변화 시도에 동반하여 생각의 변화가 서서히 나타나게 된다.

수용전념치료

수용전념치료Acceptance and Commitment Therapy[1]는 우리가 쉽게 통제할 수 없는 경험들을 수용하고 우리의 삶을 풍요롭게 하는 행동에 전념할 수 있도록 돕는 치료이다. 수용전념치료의 목적은 인생에서 피할 수 없는 고통을 수용하는 가운데 자신이 원하는 가치 있고 의미 있는 삶을 창조하도록 돕는 것이다. 수용전념치료는 한편으로 수용과 마음챙김의 기술을 통하여 고통스런 생각과 감정을 이전과 다른 방식으로 대하고 다룸으로써 그것에 지배를 덜 받도록 도와주고, 다른 한편으로 자신에게 정말로 중요하고 의미 있는 가치가 무엇인지를 분명하게 알고 그 가치에 다가가는 행동을 취하도록 이끌어 준다.

스티븐 헤이즈Steven Hayes(1948~)와 그의 동료들에 의해서 개발된 수용전념치료는 인지행동치료의 '제3의 흐름'이라고 일컫는 치료들 중의 하나로서 이러한 흐름을 잘 대표하면서도 주도하고 있는 치료로 평가된다. 우리는 이 치료를 통해서 인지행동치료의 최근 동향을 잘 이해할 수 있게 될 것이다. 수용전념치

---

1   약자는 ACT이며 '액트'라고 읽는다.

료를 구체적으로 소개하기 전에 먼저 '제3세대' 인지행동치료에 속하는 치료들이 공통적으로 강조하는 치료과정을 간단히 기술하도록 한다.

수용기반 인지행동치료

헤이즈(2004)는 인지행동치료의 역사를 서로 중첩되면서도 구분될 수 있는 3세대로 나눌 수 있다고 보았다. 제1세대는 스키너, 월피, 아이젱크 등의 획기적인 업적에서 시작되어 발전된 행동치료의 세대로서 주로 정교한 학습 이론에 근거하여 행동의 변화를 꾀하려 하였다. 제2세대는 엘리스와 벡의 업적으로 대표될 수 있는 인지치료의 세대로서 정신병리의 발달 및 유지 과정에서 인지적 요인, 즉 개인이 상황을 어떻게 해석하는지를 중시하였고 개인이 겪는 정서적 고통을 완화하기 위하여 행동 변화에 더하여 인지 변화의 중요성을 강조하였다. 제3세대는 1990년대에 시작되었는데, 이에 속하는 다양한 치료들은 공통적으로 수용과 마음챙김의 원리를 강조하였다. 즉 경험(인지, 정서, 행동 등)의 변화를 강조한 이전 세대들과 달리 쉽게 변화시키기 어려운 경험을 있는 그대로 비판단적으로 관찰하고 수용하는 것의 중요성을 강조하였다. 경험을 바꿀 것이 아니라 경험을 대하는 우리의 태도를 바꿔야 한다는 것이다.

제3세대 인지행동치료에는 이 장의 앞부분에서 언급한 수용전념치료, 변증법적 행동치료, 마음챙김에 근거한 스트레스 감소, 마음챙김에 근거한 인지치료 외에도 통합적 부부행동치료Integrative Behavior Couple Therapy, IBCT, 기능분석적 심리치료Functional Analytic Psychotherapy, FAP, 행동활성화 치료Behavioral Activation 등이 포함될 수 있는데 이들이 공통적으로 강조하는 것이 수용이므로 이들을 포괄하여 '수용기반 인지행동치료'라고 부를 수 있을 것이다. 다음에서 수용기반 인지행동치료가 공통적으로 강조하는 수용과 마음챙김에 대해서 좀 더 자세히 기술해 보자.

(1) 수용

인간의 마음은 언어가 지닌 속성 때문에(이에 대해서는 뒤에서 다시 기술할 것이다) 문제에 부딪히면 그 해결방법을 모색하려 한다. 배고픔, 추위, 질병, 홍수 등과 같이 달갑지 않은 사건을 제거하거나 해결할 수 있는 언어적 문제해결 능력 덕분에 인간은 이 지구상에서 만물의 영장이 될 수 있었다.

그러나 인간은 자신의 내면 경험에 대해서도 이러한 문제해결 모드를 확장하여 적용하려 한다. 우리는 외부의 문제 사건을 대하는 것과 똑같은 방식으로 내면의 고통스런 경험을 대함으로써 이러한 경험을 피하거나 없애거나 바꾸려고 애쓴다. 이렇듯 고통스런 내적 경험(생각, 감정, 신체감각, 기억 등)을 회피하거나 통제하려는 시도를 일컬어 경험의 회피experiential avoidance라고 부른다. 원치 않는 고통스런 경험은 이를 회피하거나 통제하려고 애쓸 때 오히려 더 증폭되고, 이를 또 다시 통제하려고 애쓰게 되는 악순환이 나타나게 되는데 그 결과는 다양한 정신병리로 드러날 것이다.

경험의 수용experiential acceptance은 경험의 회피에 대한 대안적 행동이다. 경험을 수용한다는 것은 경험을 피하거나 저항하거나 싸우거나 도망치는 대신에, 경험을 있는 그대로 존재하도록 허용하는 것이다. 마음을 개방하여 고통스런 감정이나 신체감각, 기억 등이 머물 수 있는 공간을 허용하는 것이요, 경험을 통제하려는 모든 시도를 내려놓은 채 있는 그대로의 경험을 겪어 내는 것이다. 구체적인 행동적 용어로 기술하자면, 수용은 고통스런 경험이 나타났을 때 이를 회피하거나 통제하려는 노력을 멈추고 그 경험을 비판단적으로 관찰하는 것이다. 다른 관점에서 보면, 수용은 경험과 새로운 관계를 맺는 것이고 경험에 대해 이전과는 다른 태도를 갖는 것으로 이해될 수 있을 것이다.

(2) 마음챙김

마음챙김은 우리의 경험을 관찰하는 한 가지 방법으로서 동양에서 오래전부터 다양한 형태의 명상을 통해 수행되어 온 것이다. 서양 심리학의 최근 연구는 마음챙김 훈련이 뚜렷한 심리적 유익을 가져다준다는 것을 입증하였고 사실상 마음챙김은 현재 서양의 다양한 심리학적 접근에서 심리치료를 향상시키는 수단으로 채택되고 있다(Hayes & Smith, 2005).

마음챙김은 "특정한 방식으로, 즉 ① 의도적으로, ② 현재의 순간에, ③ 비판단적으로 주의를 기울이는 것"(Kabat-Zinn, 1994)이며, "현재의 순간에 일어나는 내적 및 외적 경험에 의도적으로 온전한 주의를 기울이는 것"(Baer, 2003)이다. 우리가 지금 여기서 일어나는 외적 경험(단풍나무, 하늘, 새소리)이나 내적 경험(호흡, 심장 두근거림, 감정, 생각)에 주의를 기울인 채 이를 있는 그대로 관찰하여 알아차린다면, 이는 마음챙김의 태도로 우리의 경험을 새롭게 대하는 것이다. 이처럼 마음챙김은 주의를 기울이는 새로운 방식이며 우리의 모든 경험과 새롭게 관계를 맺는 방식이다. 사실상 마음챙김은 앞서 기술한 수용과 일부 중첩되는 과정을 일컫는 용어로 이해될 수 있다. 우리는 반복적인 마음챙김 훈련을 통해서 자신의 경험에 빠져 휩쓸리기보다는 그 경험을 알아차릴 수 있고 같은 생각과 감정에 대해 새로운 방식으로 대응할 수 있게 된다.

이처럼 최근의 인지행동치료들은 수용과 마음챙김의 치료과정을 중시하면서 경험의 직접적 변화보다는 경험과의 관계 변화를 강조하고 있다. 또한 많은 연구 결과들은 수용과 마음챙김의 과정이 치료적 변화를 매개하는 핵심요인임을 지지해 주고 있다. 그렇다면 수용기반 인지행동치료는 새로운 제3의 흐름 또는 제3세대라고 불릴 수 있을 만큼 전통적인 인지행동치료와 뚜렷이 구분되는가? 사실상 수용기반 인지행동치료는 전통적인 인지행동치료들과 상당히 많은 부분을 공유하며, 전통적인 치료들 또한 암묵적으로 내적 경험에 대한 수용과 마음챙김을 격려하였다. 수용기반 치료의 공헌이 있다면 기존에는 암묵적으로 격려하던 수용과 마음챙김의 치료과정을 중추적·명시적·일관적으로 강조하고 있다는 데서 찾을 수 있을 것이다(Roemer & Orsillo, 2009).

수용전념치료의 이론적 토대

이 절에서 다루는 주제는 이론적이고 추상적인 것이어서 그 내용을 이해하기가 쉽지 않을 수 있다. 이론적인 주제를 좋아하지 않는 독자라면 이 절을 건너뛰고 다음 절로 넘어가도 무방하다.

우리가 수용전념치료의 뿌리를 찾아 거슬러 올라가다 보면 행동치료의 한 날개로서 행동분석 behavior analysis의 전통을 만나게 된다. 사실상 수용전념치료를 포함하여 많은 3세대 치료들(변증법적 행동치료, 기능분석적 심리치료, 행동활성화

치료 등)은 행동분석 전통에서 유래한 행동치료들이다. 행동분석은 행동을 예측하고 이에 영향을 미치는 것을 목표로 하는 행동에 대한 과학이다. 행동분석은 인간의 행동($B_{behavior}$)을 그것이 발생하는 조건으로서의 선행 맥락($A_{antecedent\ event}$, 선행사건) 및 그것에 뒤따르는 결과로서의 후행 맥락($C_{consequences}$, 결과)과의 관계 속에서 이해하려는 철저히 기능적인 접근이다.

$$A \longrightarrow B \longrightarrow C$$

선행사건	행동	결과
(antecedent event)	(behavior)	(consequences)

가령 한 사람의 음주 행동(B)을 이해하려 할 때, 행동분석에서는 음주 행동 이전에 어떤 맥락(A)이 존재했으며, 음주 행동 이후에 어떤 맥락(C)이 뒤따르는지를 분석하려 한다. 즉, 한 사람의 음주 행동은 한편으로 그의 기질, 과거 역사, 당시의 외적 환경(예: 혼자 있음, 부부 싸움), 당시의 내적 경험(예: 외로움, 불안) 등의 영향을 받으며 다른 한편으로 음주에 뒤따르는 결과(예: 외로움과 불안의 감소)에 영향을 받는다. 행동이 이루어지는 맥락을 떠나 진공 속에서 한 행동을 이해하려 한다면 그 행동에 대해 임상적으로 그다지 유용하지 않은 정보만을 얻게 될 것이다.

행동분석과 수용전념치료는 그것의 철학적 토대가 되는 기능적 맥락주의functional contextualism를 알면 더 쉽게 이해될 것이므로 다음에서 기능적 맥락주의가 무엇인지 함께 살펴보자.

(1) 기능적 맥락주의

행동분석의 기본 철학으로서의 기능적 맥락주의에서는 ① 행동은 반드시 그것이 일어나는 맥락과의 관계에서 이해해야 하며, ② 행동을 이해하기 위해서는 그 기능을 연구해야 한다는 관점을 취한다. 행동과 맥락은 분리하여 연구할 수 없으며 맥락 내 행동action-in-context은 하나의 분석 단위로서의 전체 사건a whole event

이다. 또한 어떤 행동을 이해하기 위해서 그 행동의 형태나 내용보다는 그 행동의 기능을 이해하는 것이 더 중요하며 그 기능은 그 행동이 이루어지는 전체적 맥락 내에서만 파악할 수 있다. 가령 어떤 사람이 오른손을 들었다고 해 보자. 그가 손을 어떤 형태로(예: 똑바로 또는 구부정하게) 들었는가를 아는 것은 그 행동을 이해하는 데 많은 정보를 주지 않는다. 손을 든 행동이 어떤 맥락에서(예: 교실에서 또는 길거리에서) 나타나는가 그리고 어떤 기능(예: 질문을 하려는 또는 택시를 잡으려는 의사 표현)을 하는가를 아는 것이 더 중요할 것이다.

맥락주의와 가장 대비되는 관점은 기계론적 관점이다. 기계론자들은 이 세계가 마치 시계처럼 많은 요소들과 그것들의 관계로 이루어져 있다고 가정한다. 그 요소들은 이미 거기에 존재하고 있고 우리는 그것들을 '올바르게' 발견하고 파악해야 한다. 진실은 실제 존재하고 있는 세계와 일치하는지의 여부에 달려 있다. 그러나 맥락주의자들은 이러한 존재론적 주장에 동의하지 않는다. 이들은 진실에 대해서 실효성workability이라고 하는 매우 실용적인 기준을 취한다. 즉 기능적인 것 혹은 어떤 목표를 성공적으로 이루는 것successful working이 곧 진실이라는 입장이다. 가령 걷기라는 행동이 올바른 형태로 이루어지는 것도 중요하지만 그 행동이 '식료품을 사기 위해 가게로 가려는' 목적을 이루어 준다는 것이 더 중요하다.

지형적으로topographically 동일한 행동이 기능주의적 시각에서 보면 서로 다른 행동일 수 있다. 가령 부모님의 잔소리를 듣지 않기 위한 양치질과 애인의 환심을 사기 위한 양치질은 동일한 양치질이라도 서로 다른 기능을 수행한다. 또한 지형적으로 서로 다른 행동들이 기능적으로는 동일한 것일 수 있다. 가령 폭식과 자해, 음주 행동이 그 형태와 내용은 서로 매우 다르지만 고통스런 절망감에서 벗어나기 위한 경험의 회피의 기능을 한다는 면에서는 기능적으로 동일한 행동일 수 있다.

이처럼 앞서 기술한 경험의 회피는 기능적으로 정의되는 과정이다. 경험의 회피는 매우 다양한 행동을 통해서 이루어지지만 그 다양한 행동들은 고통스런 경험을 회피하거나 통제하려는 목적으로 수행된다는 면에서 기능적으로 동일하다. 경험의 회피는 그 자체로 옳거나 그르지 않다. 경험의 회피가 어떤 맥락에서 어떤 기능을 수행하는지, 즉 어떤 결과를 가져오는지가 중요하다. 경험의 회피는 단기적인 맥락에서는 기능적이지만 장기적인 맥락에서는 회피하려는 경험이 오히려 더 증폭되고 지속된다는 면에서 역기능적이며 가치와의 관계에서는 자신이 원하는 삶으로부터 멀어진다는 면에서 역기능적이라고 말할 수 있다.

전통적인 인지행동치료에서는 생각이나 감정 등의 경험을 바꾸려 한다. 가령 어떤 생각의 내용은 이미 존재하고 있는 객관적 현실의 모습과 달리 '부정적'이며 '비현실적'이기 때문에 좀 더 '긍정적'이고 '현실적'인 (더 옳은) 생각으로 바꾸려 한다. 그러나 수용전념치료를 포함한 새로운 흐름의 인지행동치료에서는 생각의 내용을 바꾸려 하기보다 생각이 제시되는 맥락을 바꿈으로써 생각의 기능이 바뀌도록 유도한다. 어떤 생각은 문자적 진실성을 판단하는 맥락에서는 '그른' 생각이지만, 관찰의 맥락 혹은 마음챙김의 맥락에서 보면 그저 하나의 생각일 뿐이어서 그 내용과 관계없이 감정과 행동에 미치는 기능이 현저히 약화될 수 있다.

기계론적 관점의 심리치료에서는 경험의 내용이나 형태를 직접적으로 변화시키려는 일차적 변화 방식을 취한다. 그러나 일차적 변화가 변화를 위한 유일한 방법은 아니다. 변화가 어려운 경험에 대해서는 또 다른 중요한 변화의 방법이 있다. 기능적 맥락주의 관점의 심리치료에서는 경험이 이루어지는 맥락을 바꿈으로써 그 경험의 기능이 간접적으로 바뀔 수 있는 이차적 변화 방식을 중시한다. 3세대 인지행동치료에서 강조하는 수용과 마음챙김은 이러한 맥락적 변화 전략의 중요한 방법으로 이해될 수 있을 것이다. 불안의 감정이 빨리 변화되지 않아도 불안이 가치추구적인 삶을 더 이상 방해하지 않게끔 그 기능이 변화될 수 있다면 불안이 꼭 변화되어야 할까? 사실상 우리 삶의 골칫거리 문제들은 내용의 수준에서 볼 때 역사적이고 조건화된 것이어서 그 심리적인 내용을 변화시키는 것은 매우 더디게 이루어질 수밖에 없다. 그러나 그러한 문제들의 기능은 항상 맥락의 영향을 받는 것이어서 맥락의 변화를 통하여 기능의 변화를 꾀하는 것은 매우 빠르게 이루어질 수 있다.

(2) 관계구성틀 이론

수용전념치료는 관계구성틀 이론(RFT)Relational Frame Theory에 기초한다. RFT는 인간의 마음이 어떻게 작용하는가에 대한 기초 연구 프로그램으로서 인간의 언어(생각)가 어떻게 행동을 지배할 수 있는지를 행동분석적으로 설명하려는 이론이다. 스키너 시대의 행동분석은 '행동을 지배하는 것은 무엇인가'에 대한 해답을 찾으려 하였고, 행동 이전의 선행사건과 행동 이후의 결과가 행동에 미치는 영향을 설명하는 데 큰 성공을 거두었다. 그러나 당시의 행동분석은 인간의 경우에 언어(생각)가 행동에 더 지대한 영향을 미친다는 것을 인정하면서도, 이를 이론적으로 설명하는 데에는 한계를 보였다. RFT는 이러한 질문에 대하여 현대적인 행동분석이 내놓은 새로운 해답으로 이해될 수 있다.

헤이즈와 그의 동료들이 수용전념치료를 공식적으로 발표한 것은 1999년이다. 그들은 1980년대 중반에 이미 수용전념치료의 전신이라고 할 수 있는 포괄적인 거리두기comprehensive distancing라는 이름의 심리치료 매뉴얼을 완성하였지만 그것의 발표를 유예하고 먼저 인간 사고의 핵심적인 특징을 찾으려 노력하였는데 그 결과물이 곧 RFT이다.

RFT의 기본 전제는 인간의 행동이 관계구성틀이라고 불리는 상호 관계의 망을 통해 주로 지배된다는 것이다. 인간은 모든 사건들을 서로 관련지어 생각한다. 이는 인간 사고의 핵심적인 특징이다. 인간은 환경 내에 있는 대상이나 생각, 감정, 행동(X)을 다른 대상이나 생각, 감정, 행동(Y)과 사실상 모든 가능한 방식으로(예: 같다, 다르다, 더 낫다, 원인이다 등) 임의적으로 관련지을 수 있다(예: X는 Y보다 더 크다, X는 Y의 원인이다 등). 이러한 특징은 인간의 마음이 기능하는 방식의 가장 본질적인 부분이다. 이렇게 관련짓는 방식으로 생각할 수 있는 능력 덕분에 인간은 환경을 분석하고, 도구를 개발하며, 예술을 창조하고, 복잡한 문제를 해결할 수 있게 되었다.

RFT에 따르면 인간이 생각을 한다 함은 관계구성틀을 가지고 한 사건과 또다른 사건을 서로 관련지어 이해한다(관계를 구성한다)는 것을 의미한다. 우리는 생각을 할 때 어떤 사건과 생각을 임의로 연관시킨다. 가령 실제 사과와 사과라는 단어를 동일한 것으로 간주하며, 엄지손가락을 올리는 행동과 "당신 최고야!"

라는 말을 동일한 것으로 이해한다. 또한 우리는 생각을 할 때 어떤 사건과 또 다른 사건을 임의로 관련짓는다. 가령 내가 기침을 한 것과 상대방의 얼굴 찡그림을 인과적으로 연결하고, 나의 영어실력과 상대방의 영어실력을 비교의 틀로 연관시킨다. 그런데 임의적인 관계의 자극들이 어떤 관계구성틀의 맥락 내에 놓이게 되면(즉 생각의 맥락 속에 놓이게 되면) 그 자극은 새로운 자극기능을 지니게 되고 우리는 그 변화된 자극기능에 따라 반응하거나 행동하게 된다. 사과라는 말은 그저 어떤 물리적 음성일 뿐임에도 불구하고 마치 실제 혀에 사과가 닿은 것처럼 입안에 침이 고이게 하고, 엄지손가락을 올리는 행동은 그저 어떤 물리적 동작임에도 불구하고 그 동작을 보고는 우쭐하는 자신을 발견하게 되며, 자신이 기침한 것에 대해서 죄책감을 느끼고, 자신의 영어실력을 부끄러워하게 된다.

우리는 생각을 통해서 실제로는 존재하지 않는 어떤 관계를 지어낸다. 그것은 분명 자신이 지어낸 관계임에도 불구하고 우리는 그 지어낸 관계가 대상들 내에 실제로 존재하는 것처럼 믿고 우리의 행동은 그 지배를 받는다. 우리는 자신이 언어로 구성한 세계 속에서 삶의 대부분을 살아가면서 그 구성과정을 알아차리지 못한다. 자신이 지어낸 생각에 빠져 있거나 그 생각을 통해 세상을 보면서 생각과 생각이 지칭하는 대상을 구분하지 못하고 생각과 실제를 마치 동일한 것처럼 혼동하는데, 이를 인지적 융합cognitive fusion이라고 부른다. 수용전념치료에서는 이러한 인지적 융합이 인간 정신병리의 근간을 이루는 것으로 파악하고 RFT에 기초하여 생각의 지배력을 설명할 뿐 아니라 RFT에서 그것의 해독제를 찾으려 한다.

정신병리 이론: 심리적 경직성

수용전념치료에서는 인간의 모든 정신병리의 핵심을 심리적 경직성으로 이해한다. 다음에서 인간이 심리적 경직성에 이르는 여섯 가지 보편적인 병리 과정을 간단히 살펴보자(그림 11.3). 이 과정들은 각각 별개의 과정이기보다는 서로 연결되는 과정으로서, 하나의 과정이 다른 하나의 과정을 촉진하거나 심화할 수 있다.

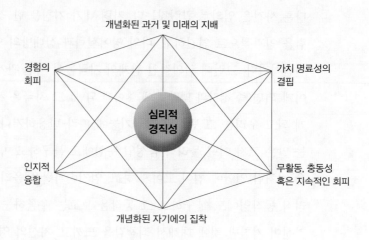

경험의
회피

개념화된 과거 및 미래의 지배

가치 명료성의
결핍

심리적
경직성

인지적
융합

무활동, 충동성
혹은 지속적인 회피

개념화된 자기에의 집착

그림 11.3 | 수용전념치료의 6가지 병리 과정

(1) 인지적 융합

수용전념치료에서는 인간의 정신병리를 인지적 융합에서 비롯되는 것으로 이해한다. 앞서 언급한 것처럼, 인지적 융합이란 생각과 생각이 가리키는 현실을 동일한 것으로 간주하는 것을 말한다. 생각이란 인간이 스스로 구성한 세계에 불과한 것이다. 그럼에도 불구하고 생각이 그저 생각일 뿐임을 인식하지 못하면 우리는 온갖 생각에 둘러싸인 채 현실을 있는 그대로 지각하지 못하고 자신의 생각이 곧 현실인 것처럼 인식하게 된다. 생각에 융합되는 것은 마치 우리가 선글라스를 끼고 있다는 사실을 잊어버리고 마는 것에 비유할 수 있다. 생각(선글라스)은 세상에 대한 우리의 관점을 채색하고 있지만 우리는 세상이 생각(선글라스)으로 채색되어 있다는 것을 인식하지 못한다. 우리는 세상을 마치 직접 경험한 것처럼 대하면서 세상에 대해 생각하고 있다는 사실을 놓친다.

이렇게 생각의 자극기능이 강력해지면 우리의 행동은 주로 생각에 의해 지배되면서 경직성을 띠게 된다. 언어적 기능이 적용되는 맥락이 과도하게 확장되면 언어적 맥락이 (행동에 영향을 미칠 수 있는) 다른 어떤 유용한 맥락들(예: 환경적 단서, 행동의 결과 등)을 압도하면서 우리의 행동을 지배하게 된다. 언어적 규칙에 의해 지배되는 행동(예: '절대 지각하면 안 된다'는 규칙에 따른 행동)은 행동에 수반하는 결과와 직접적으로 접촉하면서 이루어지는 행동(예: 실제로 지각한 결과를 경험하면서 조절되는 행동)에 비해서 더 경직되고 협소하며 생기와 활력이 결여되어 있다.

(2) 경험의 회피

앞서 언급한 것처럼, 경험의 회피란 내적 경험(생각이나 감정, 감각, 기억 등)의 형태, 빈도, 발생 상황을 통제하거나 바꾸려는 시도이다. 우리는 자신을 괴롭혀 온 온갖 경험을 습관적으로 회피하거나 통제하려고 애쓴다. 경험의 회피는 인간이 지닌 언어적 능력의 자연스런 결과로 이해될 수 있다. 우리는 고통스러운 경험을 있는 그대로 하나의 경험으로 보지 않고 나쁜 것, 부끄러운 것으로 평가하며, 더위와 추위를 해결하기 위한 언어적 문제 해결 방식과 동일한 방식으로 나쁜 경험을 없애거나 회피하거나 통제하려 한다. 불행하게도 고통pain에서 벗어나려는 통제 노력은 역설적으로 더 큰 괴로움suffering으로 발전한다.

(3) 개념화된 과거 및 미래의 지배

우리는 많은 시간을 생각에 빠져 살아간다. 생각은 아침부터 저녁까지 쉼 없이 우리 머릿속에 출몰하면서 우리 삶을 지배한다. 생각은 언어적으로 구성된 세계로서 우리의 주의를 현재로부터 개념화된 과거와 미래로 이끈다. 우리의 주의가 생각의 내용에 빠지면 우리는 지금 여기에서 펼쳐지는 현실과 직접적으로 접촉하지 못한다. 또한 생각에 의해 지배되는 행동은 경직성을 띤다.

우리가 생각의 내용에 빠지면, 주의의 초점이 좁아지고 생각이 세상과의 직접적인 접촉을 대체한다. 우리는 그 순간 자신이 실제 세상이 아닌 생각과 상호작용하고 있다는 것을 잊는다. 즉 자신이 현실과의 직접적인 접촉을 상실한 채, 언어적으로 구성된 세계 속에 빠져 있음을 잊는다. 과거와 미래는 지금 여기에서 일어나는 현재처럼 취급되어, 과거와 미래에 초점이 맞춰진 채 현재 순간을 잃게 되고, 그 결과로 행동의 유연성을 상실하게 된다. 특히 우리는 자주 두려운 미래를 걱정하거나 잘못된 과거를 반추하는데, 걱정과 반추의 순간에 우리는 현실과의 접촉 및 자각이 줄어들고 현재 순간과 멀어지게 된다.

(4) 개념화된 자기에의 집착

누구나 살면서 불안을 경험한다. 불안은 우리의 마음을 지나가는 하나의 내면 경험임에도 불구하고, 우리는 이러한 경험을 하는 자신을 소심한 사람이라고 개념적으로 규정한다. "나는 지금 불안을 느끼고 있다."라고 말하는 대신에 "나는 겁쟁이다."라고 말하면서, 자신을 "겁쟁이"라는 개념에 동일시하는 것이다.

이처럼 자기의 경험 혹은 자기의 한 측면을 가지고 자신을 개념화하다 보면, 우리는 소심이, 겁쟁이, 수학 천재, 컴맹, 못난이, 식충이, 자존감이 낮은 사람 등 수많은 이름을 갖게 되는데, 이를 개념화된 자기conceptualized self 또는 개념으로서의 자기self-as-concept라고 부른다. 이는 아마도 우리에게 가장 익숙한 자기일 것이며, 우리는 자기를 바꾸기 위해서 부단히 이러한 자기개념을 바꾸려고 노력한다. 개념화된 자기에 집착하여 자신을 개념과 동일시할수록 새장에 갇힌 새처럼 반응 범위는 협소해지고 행동 패턴은 경직된다. 그러나 개념화된 자기는 그저 언어의 산물임을 기억할 필요가 있다.

(5) 가치 명료성의 결핍

경험의 회피의 더 큰 대가는 우리의 삶이 각자가 진정 원하는 삶에서 멀어진다는 것이다. 고통스러운 삶과 투쟁하는 동안 우리의 삶은 옆으로 밀려나게 된다. 우리는 고통이 줄어들기를 바라면서 자신이 원하는 가치의 삶을 유보한다. 거절의 고통을 회피하고자 친밀한 관계를 맺지 않으려 하거나, 공황 경험이 완전히 사라지기 전까지는 모든 여행을 유보하는 행동을 예로 들 수 있다. 고통을 회피하는 길을 선택함으로써 자신이 원하는 삶에 접근하는 길을 발견하지 못하는데, 이러한 경직된 삶의 모습은 정신병리의 최종적인 결과물일 것이다.

가치value는 지속적인 행동 패턴으로 드러나는, 스스로 선택한 삶의 질이며, 자신의 삶을 통해 실현하고 싶은 삶의 모습이다. 우리는 자신의 가치에 접촉하여 그 가치에 따라 살아가기보다는, 정신없이 그저 주어진 삶을 허덕이며 살아가거나, 어떤 중요치 않은 다른 삶의 목표(예: 옳고 그름, 고통의 회피, 쾌락의 추구, 타인을 기쁘게 함)를 추구하며 살아간다.

(6) 무활동, 충동성 혹은 지속적인 회피

우리의 삶이 경험의 회피, 인지적 융합, 현재 순간과의 접촉 상실, 개념화된 자기 등의 과정에 이끌리면, 우리는 자신이 선택한 가치에 따라 행동하지 못한다. 가치를 향한 유연한 행동 대신에 무활동, 충동성 혹은 지속적인 회피의 경직된 행동이 삶을 지배한다. 심리적인 고통에서 벗어나고 안정을 얻는 것을 우선하다가 자신이 진정 원하는 삶에서 멀어지게 된다. 기분이 좋아짐, 옳고 그름, 개념화된 자기의 방어 등과 같은 단기 목표가 우선이 되고, 장기적으로 원하는 가치의 삶은 뒷전이 되다 보면, 그의 삶은 전반적인 삶의 방향성이 없는 모습으로 나타난다.

변화의 이론: 심리적 유연성

앞서 인간이 심리적 경직성에 이르는 보편적인 병리적 과정을 간략히 살펴보았다. 수용전념치료에서는 치료과정 중에 이에 대한 해독제를 제공하려 한다. 다음에 제시하는 여섯 가지 치료과정은 심리적 유연성에 이르는 보편적 과정이다. 이 과정들은 서로 연결되는 과정으로서 하나의 과정이 촉진될 때 다른 과정들이 아울러 촉진될 수 있다. 치료과정이 여기에 제시되는 순서대로 진행될 필요는 없다. 마치 굳게 닫힌 성에 들어가기 위해서 하나의 열린 문을 찾듯이, 그 내담자에게 열려 있는 하나의 치료과정을 촉진하면 그와 연결된 다른 과정들도 촉진되면서 내담자가 심리적으로 더 유연해진다.

수용전념치료의 최종 목표는 고통스런 증상을 없애는 것이 아니라 심리적 유연성을 증진하는 것이다. 고통스런 경험을 없애려는 노력, 즉 경험의 회피는 심리적 경직성을 초래할 뿐이다. 유연한 삶은 고통스런 경험과 함께 자신이 가치를 두고 있는 삶에 참여할 수 있는 능력을 요구한다. 심리적 유연성은 "사적인 경험의 내용에 융합되지 않고, 사적인 경험을 있는 그대로 수용하며, 현재 순간과의 접촉을 유지하고, 의식의 내용과 그것을 관찰하는 자기를 구별하며, 가치를 둔 삶의 목적에 접촉하고, 그 목적을 추구하기 위한 전념행동의 패턴을 구축하는 능력"(Hayes & Strosahl, 2004)을 뜻한다. 다음에서 6가지 치료과정을 하나씩 살펴보자(그림 11.4).

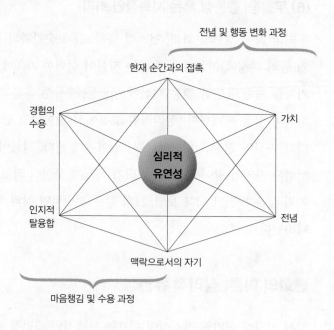

전념 및 행동 변화 과정

현재 순간과의 접촉

경험의
수용

가치

심리적
유연성

인지적
탈융합

전념

맥락으로서의 자기

마음챙김 및 수용 과정

그림 11.4 | 수용전념치료의 6가지 치료과정

(1) 인지적 탈융합

앞서 언급한 것처럼 인지적 융합은 생각을 문자 그대로 현실인 것처럼 받아들이는 것을 말한다. 우리가 생각에 융합되면, 우리의 행동은 주로 생각에 의해 지배되면서 경직성을 띠게 된다. 인지적 탈융합cognitive defusion은 인지적 융합에 반대되는 과정으로, 우리가 생각에서 빠져나와 생각과 약간의 거리를 둠으로써 생각을 있는 그대로 생각으로 볼 수 있는 것을 말한다. 생각의 렌즈를 통해 현실을 보지 않고 생각의 렌즈 자체를 보면 생각은 그저 지금 우리가 하고 있는 하나의 내면경험일 뿐임을 알게 되고, 생각의 자극기능이 약화되어 우리가 생각으로부터 더 자유로워지게 된다. 현재 순간의 경험을 비판단적으로 관찰하는 한 방법으로서의 마음챙김 기술은 우리가 생각에 빠져들거나 낚여 들지 않고 생각을 있는 그대로 볼 수 있게 도와줌으로써 인지적 탈융합 과정을 촉진한다.

(2) 경험의 수용

경험의 회피라는 병리과정과 그 반대과정으로서 경험의 수용이라는 치료과정에 대해서는 앞서 자세히 기술하였으므로 부언하지 않으려 한다. 여기서는 치료 실제에서 경험의 회피에 대한 대안으로서 경험의 수용을 제시하는 단계를 기술해 보자.

치료자는 내담자와 함께 그의 경험 세계를 탐색하는데, 그 과정에서 먼저 그를 지금껏 괴롭혀 온 경험(생각, 감정, 신체감각, 기억 등)이 무엇인지를 밝히고, 또한 이러한 경험을 다루기 위해 그가 습관적으로 사용해 온 통제(회피) 전략이 무엇인지 파악하게 된다. 이렇듯 내담자가 무엇과 어떻게 싸워 왔는지가 분명해지면, 치료자는 "그 전략들은 어떤 결과를 가져왔는가?"라는 질문을 던짐으로써 내담자는 자신이 사용해 온 통제 전략들의 기능 또는 효과를 경험적으로 확인하게 된다. 이때 그는 통제가 더 이상 고통을 완화시킬 수 없다는 창조적 절망감을 자각하게 되는데, 이 시점에서 치료자는 전혀 다른 진정한 대안으로 수용을 제안한다.

또한 강조하고 싶은 것은 경험의 회피는 그 자체로 나쁜 것이 아니며 경험의 수용은 그 자체로 치료목표가 아니라는 사실이다. 경험의 회피는 가치 지향적 삶에 방해가 될 때 문제가 되는 것이며, 경험의 수용은 가치 지향적 삶에 도움이 될 때 권장되는 것이다. 경험의 수용이 좋은 것이기 때문에 무조건적으로 경험을 수용하는 것은(즉, 수용을 위한 수용은) 가능하지도 않지만 바람직하지 않으며 우리는 가치 지향적 행동을 추구하는 과정에서 필요하다면 그 고통스런 경험을 기꺼이 수용하기로 선택할 뿐이다.

(3) 현재 순간과의 접촉

심리적 유연성에 이르는 가장 기본적인 방법은 생각에서 빠져나와 현재로 다시 돌아오는 것이다. 우리가 의식적으로 지금 여기에서의 경험에 주의를 기울일 때, 이는 현재 순간과 접촉하는 것이며 지금 이 순간에 일어나고 있는 일들을 의식적으로 알아차리고 이들에 연결되고 관여하는 것이다. 지금 이 순간과의 만남은 한편으로 인지적 탈융합과 경험의 수용을 가능케 하며 다른 한편으로 가치 있는 삶에의 전념을 가능케 한다. 치료자와 내담자가 치료과정 중에 속도를 늦추어 지금 여기에서의 경험을 관찰하고 기술할 수 있게 되면 융합과 회피는 서서히 증발하기 시작한다.

(4) 맥락으로서의 자기

맥락으로서의 자기self-as-context라는 용어 자체가 매우 생소하게 느껴질 것이므로, 이를 내용으로서의 자기self-as-content라는 용어와 대비하여 설명해 보고자 한다. 한 액자에 다양한 그림들이 담길 때 액자는 맥락이요 그림들은 내용이다. 한 그릇에 여러 음식이 담길 때, 그릇은 맥락이요 음식은 내용이다. 맥락은 변하지 않지만 그것에 담기는 내용물은 수시로 바뀔 수 있다. 내가 무엇인가를 경험하고 의식할 때, 경험하고 의식하는 주체로서의 나(맥락으로서의 자기)는 변하지 않지만 경험하고 의식하는 대상의 내용(내용으로서의 자기)은 수시로 변화한다. 나는 지금 어떤 생각을 의식하고 있으며 어떤 감정을 경험하고 있다고 할 때, 나는 곧 맥락으로서의 자기이며 어떤 생각과 감정은 내용으로서의 자기이다. 이렇게 보면 맥락으로서의 자기는 관찰하는 자기observing self의 또 다른 이름이다.

힘든 경험은 개념화된 자기를 위협한다. 예를 들어, 불안은 침착한 사람이라는 자기개념을 위협하며, 성적인 충동은 도덕적인 사람이라는 자기개념을 위협한다. 우리는 부정적인 자기개념에서 탈피하고 긍정적인 자기개념을 유지하기 위해서 힘든 경험을 통제하려 애쓰게 된다. 그러나 힘든 경험은 관찰하는 자기에게는 위협이 되지 않는다. 그 경험은 그저 수많은 경험들 중의 하나일 뿐이다. 수용전념치료에서는 내담자가 변화하는 경험을 관찰하고 수용하는 자기와 접촉할 수 있도록 도우려 한다. 살아가면서 몸이 바뀌고 생각이 바뀌고 기분이 바뀌고 역할이 바뀌지만, 이를 바라보고 알아차리는 나는 바뀌지 않는다. 이처럼 연속적이고 안정적이며 일관적인 시각으로서의 자기에 접촉할 수 있으면 개념화된 자기와의 과도한 융합에서 벗어나서 지금 여기에서의 경험과 있는 그대로 접촉할 수 있다.

(5) 가치

우리는 고통스런 경험과 투쟁하는 동안 자신이 원하는 삶을 뒤로 제쳐 둔다. 불행하게도 아무리 노력해도 고통스런 경험은 줄어들지 않으므로 우리는 경험의 회피로 점철된 삶을 살다가 생을 마감한다. 곰곰이 생각해 보자. 우리는 불안하지 않기 위해서 태어났는가, 아니면 자신의 가치대로 살아가기 위해서 태어났는가?

수용전념치료에서는 개인에게 가장 중요한 것 또는 개인이 가치를 두고 있는 것과의 접촉을 돕고, 또한 개인이 자신의 가치와 일관된 방식으로 행동(이를 전념이라고 한다)하려 할 때 나타나는 장애물(주로 내적 경험)을 수용할 수 있도록 도우려 한다. 스스로에게 질문해 보자. 나는 어떤 삶을 살아가기를 원하는가? 내 삶을 통해 무엇을 실현하고 싶은가? 내 삶이 어떻게 되기를 바라는가? 내 삶에 활력과 생기, 의미를 주는 활동은 무엇인가? 이러한 질문들에 대한 답이 곧 나의 가치일 것이다. 수용전념치료에서는 내담자가 자신의 가치를 명료하게 자각할 수 있도록 돕고, 나아가서 그 가치의 방향으로 전념할 수 있도록 돕고자 한다.

(6) 전념

앞서 언급했듯이, 전념이란 자신에게 소중한 가치와 목적을 실현하기 위해 그 가치를 구체적인 행동으로 옮기는 것을 말한다. '구슬이 서 말이라도 꿰어야 보배'이듯이, 가치가 아무리 훌륭해도 전념이 뒤따르지 않으면 소용이 없다. 여행으로 비유하자면, 가치는 가야 할 길을 가리키는 지도이고, 전념은 그 지도를 손에 쥐고 실제 여행의 발걸음을 옮기는 것이다. 전념이 없으면 삶의 여행은 이루어지지 않는다.

전념행동은 특정한 순간에 가치 지향적으로 행동하는 것making a commitment 뿐 아니라, 가치 지향적 삶을 가능케 하는 지속적인 행동패턴을 만들어 내는 것 keeping a commitment을 포함한다. 우리가 가치를 실현하기 위해서 전념의 발걸음을 뗄 때 고통스러운 경험은 장애물처럼 우리 앞을 막아선다. 그 경험을 수용하는 과정은 결국 전념의 과정에서 이루어진다. 또한 가치의 삶은 결국 전념행동으로 완성된다. 이는 수용전념치료가 그 약어인 ACT(행동)로 불리는 이유이기도 하다.

수용전념치료는 수용 지향적 접근이면서 동시에 변화 지향적 접근이다. 한 편으로는 가치추구의 과정에서 요구되는 행동변화를 강조하며, 다른 한편으로 그 과정에서 만나는 장애물의 수용을 강조한다. 앞서 그림 11.4에는 수용전념치료의 6가지 치료과정이 제시되어 있다. 이 그림에서 (가운데 두 과정을 포함한) 앞의 네 과정은 수용의 상위과정이고, (가운데 두 과정을 포함한) 뒤의 네 과정은 전념의 상위과정인데, 이 두 상위과정을 합한 이름이 곧 수용전념치료이다. 수용전념치료에서 내담자들은 원치 않는 경험으로부터 물러나는 삶에서 벗어나서 원하는 가치에 다가가는 삶을 배우게 된다.

이 장의 요약

1   인지행동치료는 다양한 행동치료들과 인지치료들이 역사적으로 서로 합류하면서 형성된 흐름이다. 1950년대에 먼저 행동치료가 임상 장면에 본격적으로 적용되기 시작하였고, 뒤이어 1960년대에는 인지치료가 성장하기 시작하였으며, 1980년대에 두 치료가 융합의 과정을 거치면서 다양한 행동적, 인지적 치료들이 인지행동치료라는 우산 아래 모이게 되었다. 1990년대에는 인지행동치료 내에 수용과 마음챙김을 강조하는 치료들이 출현하였는데, 이들은 3세대 인지행동치료 또는 수용기반 인지행동치료라고 불린다.

2   이 장에서는 전통적인 인지행동치료를 대표하는 치료의 하나로서 인지치료를 소개하고 있다. 인지치료는 벡에 의해 개발된 치료법으로서 고통스런 감정 반응 및 부적응적인 행동 반응과 연결되어 있는 생각의 중요성을 강조한

다. 치료과정은 개인이 이러한 생각을 자각할 수 있도록 돕고, 또한 그 생각의 유용성과 현실성을 평가하고 검토할 수 있도록 돕는 것으로 이루어진다.

3   새로운 흐름의 인지행동치료를 대표하는 치료의 하나로서 수용전념치료가 있다. 수용전념치료는 헤이즈와 그 동료들에 의해 개발된 치료법으로 개인이 쉽게 통제할 수 없는 고통을 수용하는 가운데 자신의 가치를 실현하는 행동에 전념할 수 있도록 돕고자 한다. 수용전념치료에서는 인지적 융합과 그에 따른 경험의 회피를 정신병리의 근간으로 이해하고, 인지적 탈융합, 경험의 수용, 현재와의 접촉, 맥락으로서의 자기, 가치 그리고 전념의 6가지 치료과정을 촉진함으로써 그 해독제를 제공하려 한다.

더 읽을거리

인지치료의 창시자 벡의 초기 저작으로서, 인지치료의 탄생 배경과 함께 그 이론, 기본개념, 치료과정이 잘 나타나 있다.

Beck, A. T. (2017). 인지치료와 정서장애[*Cognitive Therapy and the Emotional Disorders*]. (민병배 역). 서울: 학지사(원전은 1976에 출간).

수용전념치료의 창시자 헤이즈가 일반인을 위해 수용전념치료에 대해 쉽게 풀어쓴 책이다.

Hayes, S. C. & Smith, S. (2010). 마음에서 빠져나와 삶속으로 들어가라[*Get Out of Your Mind & Into Your Life*]. (문현미, 민병배 공역). 서울: 학지사(원전은 2005에 출간).

12

현상학적 치료

심리 치료의 영역에서 현상학적 심리치료라고 부를 수 있는 단일한 치료법이 있는 것은 아니다. 또한 정신분석처럼 한 사람의 창시자에 의해 명칭이 부여되어, 명칭을 '현상학적' 치료라고 선언하며 치료의 이론적 기반과 치료 기법을 확립해 온 독립된 치료학파가 처음부터 있었던 것도 아니다. 그 치료법의 기본 전제와 인간관, 치료 목표 등에 특정한 공통점이 있기 때문에 오늘날 현상학적 심리치료라는 큰 범주로 묶어서 지칭하고 있을 뿐이다. 오늘날 이렇게 현상학적이라고 부르는 치료적 접근들이 제각각 다른 상이한 이름으로 불리곤 하는데, 대표적인 것이 실존치료, 게슈탈트치료 그리고 내담자(인간)중심치료이다.

여기에서는 이처럼 심리치료에 있어서 현상학적 접근이라고 아우를 수 있는 대표적인 심리치료 접근들을 살펴보고, 각기 어떤 공통의 철학적 혹은 이론적 기반을 갖고 있고, 또 각기 어떤 점에서 구별되는 특색을 지니고 있는지 살펴볼 것이다. 즉, 각기 다른 이름으로 불리고 있지만 모두 현상학적이라고 묶을 수 있는 공통된 철학적 기반과 중심 개념이 무엇인지를 알아볼 것이다.

그러기 위해서는 먼저 이러한 심리치료적 접근들의 이념적 뿌리가 되는 철학적 배경과 그 주요 개념들을 먼저 이해할 필요가 있다. 현상학적 심리치료들이 본격적으로 심리학의 역사에 등장하기 전에 이러한 관점을 제시했던 일군의 철학자들이 먼저 그 배경을 형성하고 있었고, 이러한 시대적 배경에 의해 영향을 받았기 때문이다.

☑ **이 장의 목표**

1 현상학적 심리치료의 범주에 어떤 치료학파가 포함될 수 있는지 파악한다.
2 현상학 및 실존주의 철학의 인간관과 기본 전제를 이해할 수 있다.
3 실존주의 심리치료인 현존재분석과 의미치료의 공통점과 차이점을 파악한다.
4 게슈탈트치료의 기본 전제들과 치료 기법, 치료 목표를 이해할 수 있다.
5 내담자중심치료의 기본 전제들과 치료 목표를 이해할 수 있다.

현상(現象)phenomenon이란 '보여지고', '나타나는 것'이라는 그리스 어원을 갖는 말로, 19세기 후반 현상학phenomenology이 등장하기 훨씬 이전에 그리스 철학자들이 사용하던 용어였다. 이 말은 빛을 비춤으로써 비로소 어둠 속의 존재가 보이는 것처럼 어떤 대상이나 사건이 이미 존재하고 있더라도 나타나거나 인간이 감지할 수 있는 상태로 드러나야 한다는 의미를 함축한다. 이는 서양철학의 오래된 전통인 이원론적 세계관, 즉 현상과 본질이라는 이분법적 관점으로 세상을 바라보는 것을 반영한다. 플라톤 이래 서양의 철학자들은 이원론적 세계관을 전제하고 진리를 탐구해 왔다. 철학자들은 이성의 빛을 사용하여 어둠에 묻힌 진리를 탐구하는 것이 목표였고, 어떻게 하면 그 이성의 빛을 제대로 사용할 수 있는지에 관해 수많은 철학자들이 각기 자신의 철학을 제시해 왔다.

세상을 바라보는 이러한 이분법적 시각에 변화의 움직임이 나타나기 시작했는데, '현상학'이 그중 하나이다. 이러한 새로운 움직임의 기원을 추적하자면, 철학의 영역에서는 파스칼에서 희미한 흔적이 나타나기 시작하여, 키르케고르와 니체에 이르러 기존 철학에 대한 분명한 저항과 파괴의 시도로 나타났고, 후설에 이르러 '현상'을 통해 진리를 파악하는 방법으로 인식되었으며, 그의 제자인 독일의 하이데거 그리고 프랑스의 사르트르와 카뮈 등에 이르러서는 '실존주의'라는 새로운 이름을 얻게 되었고, 현대에 이르러 포스트모더니즘 계열의 사상적 흐름으로 이어지고 있다.

현상학이란 무엇인가

'현상'이란 말의 근대적 의미는 독일의 철학자 에드문트 후설Edmund Husserl에 의해 확립되었지만, 그의 스승인 심리학자이자 철학자인 프란츠 브렌타노Franz Bren-tano에 의해 영향을 받은 것이었다. 브렌타노는 의식은 항상 지향성intentionality을 지니며, 의식이란 '항상 무언가에 관한 의식이다'라고 주장했다. 후설이 스승으

▲ 프란츠 브렌타노
(1838~1917), 독일의
심리학자·철학자

▲ 에드문트 후설
(1859~1938), 독일의
철학자

로부터 깊은 인상을 받은 것은, 현상은 오직 우리의 의식경험에 의해서만 파악되는 것이며 우리의 의식작용은 그 자체가 애초부터 대상을 지향하는 속성을 지니고 있다는 점이었다. 즉, 대상과 의식은 서로 독립적으로 존재하는 것이 아니라 불가분의 관계로 묶여 있다는 브렌타노의 주장에 의해 이전의 철학적 흐름과는 갈라서는 어떤 새로운 지점을 발견한 것이다. 후설에게 있어 현상은 실재론자들이 바라보듯 주관과 독립된 곳에 존재하는 객관적 대상으로부터 파생되는 것도 아니고, 관념론자들이 바라보듯 독립된 외부세계 자체를 부정하고 오직 주관적 경험만을 인정하는 것도 아닌, 주관적 의식이 객관적 대상과 만나는 지점에서 직접적으로 주어지는 의식적 체험 그 자체를 의미한다. 따라서 의식경험에 현상으로 주어지기 전의 대상이 무엇인지를 논한다는 것은 초기의 후설에게 있어서 공허한 초월론적 담론이며 오히려 진리탐구를 방해하고 오도하게 만드는 것으로서 중지되어야 하는 것으로 받아들여졌다.

그러므로 진리탐구의 출발점은 '사태 그 자체로! zu den Sachen selbst!' 돌아가는 것, 다시 말해 우리의 의식경험에 주어진 현상 그 자체에 주목하는 것으로부터 시작되어야 한다. 그러나 우리는 사태 그 자체를 바라보는 데 있어서 다양한 원천으로부터 방해를 받는다. 이러한 방해를 제거하기 위해 먼저 개인의 편견이나 그가 속한 사회의 영향으로부터 배제된 또는 보편성을 획득하려는 목적으로 자연과학적 분석을 가하기 전의 순수한 경험을 보존해야 한다. 그러기 위해 모든 판단을 멈추고 경험한 현상을 괄호 속에 넣어 두는 작업 과정[1]이 필요하다. 이후 현상학적 환원reduction이란 방법을 통해 이러한 의식경험들의 본질이 무엇인지를 직관함으로써 진리를 되돌려받게 된다는 것이다. 요컨대, 현상학은 가장 확실한 것은 초월적으로 파악되거나 경험되기 이전의(칸트의 용어로 말한다면 '선험

....

1   이 작업을 현상학적 판단중지phenomenological epoché 또는 괄호 치기bracketing라고 한다.

적인') 그 무엇이 아니라 우리의 의식경험에 '드러난' 현상이라고 보았다. 따라서 우리는 의식에 주어진 사태 그 자체에 집중해야 하며 우리의 의식은 항상 무엇인가를 향한 의식이며 이 의식이 지향하는 대상과의 관계를 분리하고서는 경험을 이해할 수 없다고 보았다.

현상학적 심리치료들의 기본 전제와 공통점

오늘날 '현상학적'이라 부를 수 있는 심리치료적 접근들은 각각 명칭이 다르고 그 세부적인 내용이나 치료 기법들에 있어서 차이가 있다 하더라도, 현상학이 담고 있는 위와 같은 진리관과 기본 전제를 따르고 있기 때문에 대개 다음과 같은 몇 가지 점에서 입장을 공유한다.

(1) '있는 그대로'의 경험에 집중한다

'사태 그 자체로!'를 모토로 하는 현상학의 기본 전제에서 예상할 수 있듯이, 현상학의 영향을 받은 심리치료자들은 내담자가 보고하는 심리적 상황과 호소 내용 그 자체에 주목한다. 즉, 치료자의 해석이나 재구조화 작업에 의해 내담자의 호소와 표현이 오염되는 것을 차단하려 한다. 이 점에서 가장 대비되는 치료적 접근이 정신분석적 심리치료와 행동주의 심리치료이다.

정신분석가들 역시 내담자가 보고하는 경험을 잘 듣는 것을 중요시하지만, 최종 목적은 수용과 기술이 아니라 그 경험을 분석하고 해석하는 것이다. 정신분석가들은 무의식적 정신구조를 가정하므로 내담자가 보고하는 의식적 경험의 이면에 잠재하고 있는 보이지 않는 어떤 무의식적 사고내용을 탐지하기 위해 내담자의 관념 내용들 간의 연관성을 추적하고 분석한다. 따라서 치료자는 내담자가 알고 있는 체험 현상의 이중성이 존재한다는 것을 가정한다. 즉, 내담자는 자신의 경험이 무엇을 의미하는지 알지 못하지만 치료자는 그 무의식적 의미에 대해 그림을 그린다. 그 결과 내담자의 경험과 치료자의 경험 사이에 불일치하는 간극이 존재한다.

반면에 행동주의적 접근을 선호하는 치료자들은 이러한 무의식과 같은 심리내적인 존재를 가정하지는 않지만, 내담자가 현재 경험하고 있는 그 경험의 주관적 현실을 무시한다는 점에서 현상학적 치료법과 대비된다. 특히 행동치료자들은 인간의 경험을 연구하는 데 있어서 현상학이 극복하고자 했던 과학주의적 방법을 철저히 따르려 한다. 자연과학자들은 너무나 가변적이고 다양하게 나타나는 현상, 그러한 다양성을 산출하는 자연의 내적인 원리, 즉 불변의 자연법칙을 객관적인 방식으로 탐구하려 한다. 행동주의 심리학은 이러한 자연과학적 연구방법을 인간에게도 똑같이 적용하려는 가운데 탄생하였다. 따라서 행동주의 심리학에 근간을 둔 행동주의 치료자들은 내담자가 현재 어떤 심리적 경험을 하고 있는지가 아닌 누구나 객관적으로 확인 가능한 내담자의 행동과 외적인 환경 요인을 탐색하여, 행동 및 행동과 환경 사이의 인과관계를 파악하고자 한다. 즉, 객관적으로 관찰 가능한 행동의 자연과학적 법칙을 알아내고자 한다. 물론 연속선상에 놓고 보자면, 한 개인의 경험에 내재된 독특한 '의미'를 탐색한다는 점에서 행동치료자들보다는 정신분석가들이 현상학적 심리치료자들에 더 근접해 있기는 하다. 단, 정신분석가들은 그 체험의 의미를 역동적 관점에서 해석하며 내담자보다는 치료자가 가정하는 어떤 정신분석적인 전제들에 의해 내담자의 경험을 해석하려 한다는 점에서 내담자의 경험을 '있는 그대로' 받아들이고 있는 것은 아니라 할 수 있다.

현상학적 심리치료라 부를 수 있는 실존치료, 내담자중심치료, 게슈탈트치료는 정신분석적 치료나 행동치료의 이러한 치료자 중심적인 혹은 객관적 관점을 반대한다. 내담자가 경험하고 있는 그대로의 체험이 무엇인지, 그 체험이 내담자에게 어떤 의미를 지니고 있는지를 내담자의 관점에서 이해하는 것이 중요하다고 생각한다. 따라서 현상학자들이 사용하는 '괄호 치기' 방법처럼 내담자가 보고하는 심리적 체험에 섣불리 손대려 하지 않고, 그가 자신의 체험을 충분히 정확하게 기술하도록 격려하며, 그 체험에 대한 치료자의 주관적 판단은 가급적 배제한 채 내담자의 체험에만 있는 그대로 집중하려고 노력한다.

(2) '지금 여기'에 집중한다

앞서 말한 '있는 그대로'의 체험이란, 항상 '현재'에 존재한다는 점에서 현상학적 전제를 따르는 심리치료자들은 '지금' 그리고 '여기'에서의 경험에 집중한다.

이와 대비되는 것이 정신분석적 접근법이다. 물론 정신분석가들이 현재와 미래를 무시하는 것은 아니지만, 현재 내담자가 경험하는 경험의 의미가 과거의 경험들에 의해 형성된 것이라 생각한다. 그렇기 때문에 현재 경험의 원인이 되는 과거의 경험들을 추적하여 그 의미를 밝히려는 데 초점을 맞춘다.

반면에 현상학적 심리치료자들은 현재 이 자리에서 내담자가 어떤 경험을 하고 있는지에 초점을 맞추는 것이 중요하다고 본다. 과거의 경험이 의미가 없다거나 그것을 무시하는 것은 아니지만, 결국 내담자는 과거의 경험이라 할지라도 현재 이 자리에서 그것을 다시 재해석하며 경험한다. 과거의 기억이 아무리 중요한 것이라 해도 그것은 항상 현재 그가 살고 있는 삶의 상황 속에서 조명되고 있는 것이며, 그렇게 현재의 자리에서 해석되고 체험되는 현실만이 내담자에게 어떤 의미를 주고 그 체험을 하게 만드는 것이기 때문이다. 따라서 현상학적 치료자들은 내담자가 과거의 어떤 경험을 얘기하고 있다고 하더라도, 그것이 지금 여기에서 어떤 의미를 지니고 있는 것으로 내담자에게 경험되고 있는 것인지에 부단히 초점을 맞추려 한다. 즉, 내담자의 지각이 과거의 경험에 의한 정서적 흔적이나 미래의 어떤 예상에 의해 편집되는 방향으로 흘러가려 할 때마다 그 지각의 초점을 끊임없이 현재의 이 자리로 되돌아오게끔 하려고 노력한다.

(3) 체험(경험)의 주관성, 개인의 독특성을 중요시한다

현상학의 관점에서 볼 때 객관적인 체험은 없으며 체험은 항상 그 체험의 주체가 경험하는 주관적인 현상이다. 현상은 대상이 경험 주체의 의식의 장으로 드러난 것이기 때문이다. 10명의 사람들이 지금 자신들이 경험하는 정서를 슬픔이라는 동일한 어휘로 기술한다 하더라도 그 각각의 사람들이 경험하는 슬픔이라는 정서는 동일하지 않으며, 그것을 하나의 슬픔으로 객관화하거나 유형화할 수 없다. 그 슬픔은 오직 각 사람들이 '지금 여기에서' 느끼는 주관적인 어떤 체험이기 때문이다. 과학은 누구나 동의할 수 있는 객관적인 현상과 측정 가능하고 실험적으로 조작 가능한 현상에 주목하지만, 심리적 현상은 오직 그것을 경험하는 그 개인만의 의식 세계에서 일어나는 것이며, 따라서 엄밀히 말하면 그가 경험하는 심리적 경험을 타인은 절대로 이해할 수 없다. 현상학자들이 '있는 그대로의 경험'에 주목한다고 말할 때, 이 말의 정확한 의미는 그 경험을 하고 있는 당사자가 지금 여기서 지각하고, 느끼고, 해석하고 '있는 그대로' 라는 것이다. 이러한 심리적 체험만이 그 체험의 당사자에게 의미가 있는 것이며, 그러한 의미를 지닌 체험만이 바로 그 당사자의 삶에 영향을 미친다. 따라서 심리치료의 영역에서 이러한 현상학적 입장을 따르고 있는 심리치료자들은 내담자의 체험을 상담자가 섣불리 해석하거나 유형화하거나 객관화하지 않으며, 내담자가 스스로 자기 체험을 있는 그대로 자각하고 기술할 수 있도록 촉진하는 데 주력한다는 공통점을 지닌다. 즉, 각 개인의 경험의 본질을 정의하는 것이 아니라 그 경험의 과정을 매 순간 자각하는 그대로 기술하는 것이 그 경험을 이해할 수 있는 방법이라고 생각하는 것이다. 각 개인의 경험은 어느 누구와도 동일하지 않으며 그 개인에게만 독특한 의미를 지니고 있는 것이기 때문에 그러한 경험들을 한데 묶어서 유형화하거나 수치로 표시하여 객관화할 수 있는 성질의 것이 아니라고 보는 것이다.

따라서 행동의 객관적 법칙을 수립하려 하거나 자극-반응-강화 요인들 간의 객관적인 인과관계를 확인하는 것이 주요 목표인 행동주의적 관점을 지닌 심리치료자들과 현상학적 심리치료자들은 서로 가장 뚜렷한 대척점에 서 있다고 할 수 있다. 행동주의 심리학자들은 마치 자연과학자들이 자연현상을 다루듯이 인간의 심리적 현상을 다루고 있는데, 현상학은 이러한 과학주의적 태도에 대한 저항으로부터 시작되었기 때문이다. 또한 경험의 독특한 의미를 강조한다는 점에서 정신분석적 치료자들과 통하는 면은 있지만, 정신분석가들은 경험의 주체인 내담자가 아닌 궁극적으로 분석가가 미리 설정한 역동적 이론의 틀에서 내담자의 경험을 해석한다는 점에서 진정으로 개인의 독특성과 그 체험의 주체를 중심에 두고 있는 치료법은 아니라고 할 수 있다.

표 12.1 | 정신분석·행동주의·현상학적 치료 비교

	정신분석적 치료	행동주의 치료	현상학적 치료
내담자 경청	의식적 경험 이면의 무의식적 사고내용을 탐지하기 위해 경청함	겉으로 드러난 일들에 초점을 맞추고 주관적인 측면은 무시함	내담자가 보고하는 심리적 상황과 호소 내용 그 자체에 주목함
해석의 목적	경험의 이면에 감추어져 있는 무의식적 사고내용을 알아내려 함	객관적으로 확인 가능한 내담자의 행동과 환경 요인을 탐색해 인과관계를 파악하려 함	사람들의 경험과 정서를 객관화하거나 유형화하지 않으며 내담자의 주관적인 해석을 수용함
해석의 초점	과거의 경험을 추적, 그 의미를 규명	자극–반응–강화 요인 간 인과관계의 확인	'지금 여기'의 경험에 집중
관점	치료자 중심	객관적 관점	치료자 중심·객관적 관점에 반대함

주요 현상학적 심리치료

현상학적 전통의 철학적 배경과 근본 전제를 공유하는 몇 가지 심리치료들을 모두 '현상학적'이라고 부를 수 있겠지만, 그 내부의 스펙트럼은 다양하다. 20세기 초부터 나타나기 시작한 이러한 새로운 현상학적 흐름은 기존의 주요 심리치료 접근으로 자리 잡고 있던 정신분석이나 행동주의적 접근에 반발하고, 그 대안적 시각을 제공해 준다는 점에서도 공통점을 갖는다. 현상학적 전통에 서서 이러한 대안을 마련하려 했던 주요 심리치료 학파는 실존치료, 게슈탈트치료 그리고 내담자중심치료이다.

실존주의와 실존치료

실존치료existential psychotherapy는 20세기에 본격적으로 대두하기 시작한 실존주의 철학에 영향을 받아 심리치료의 영역에서 나타나기 시작한 학파를 지칭한다고

할 수 있다. '실존주의'라는 철학 사조는 분명히 그보다 앞서서 나타나기 시작한 현상학적 철학 사조와 연결되어 있기에 넓은 의미로 현상학적 움직임에 포함시킬 수 있지만 역시 어떤 단일한 창시자에 의해 명명된 것이 아니며 중심이 되는 철학적 전제들에 공통점이 있기에 하나로 묶어서 실존주의라고 지칭되고 있을 뿐이다. 따라서 이러한 실존주의 철학의 움직임에 의해 영향을 받아 심리치료 영역에서 인간의 심리적 문제를 기존과는 다른 방식으로 바라보고 해결해 보려는 새로운 심리치료자들이 등장했는데, 그들이 지향하는 심리치료를 지칭하여 오늘날 '실존치료'라고 부른다. 실존치료는 하나의 치료적 기법이나 체계적으로 정립된 단일한 심리치료 이론이라기보다는 철학적 입장 혹은 치료자들의 인간관으로서의 성격이 강하기 때문에, 먼저 그 철학의 내용을 알아보는 것이 중요하다.

(1) 실존주의 철학

실존(實存)은 영어 existence를 번역한 말로서 현상학적 철학에서 사용하는 '현상'과 밀접한 연관을 갖는 용어이다. 단, 현상학에서의 현상은 인간을 포함한 자연 모두를 지칭하는 반면, 실존철학에서의 실존은 주로 세계 내에서 존재하는 인간과 그의 삶을 가리킨다. 현상학에서의 현상이 '본질'에 맞서는 개념인 것처럼 '실존' 역시 인간이라는 존재를 무엇이라고 규정하려는 시도, 즉 인간을 어떠한 초월적(혹은 종교적) 관점에서 규정하거나 개념화하려는 모든 시도를 거부한다는 의미를 담고 있다.

실존철학은 '지금 현재' 한 개인이 살아가는 구체적인 삶의 현장에서 그 개인이 어떻게 존재하고 있는지를 있는 그대로 직시하고자 한다. 즉, 실존철학에서 바라보는 인간은 집합체나 명사로 규정될 수 있는 것이 아니고 구체적이고 독특한 한 개인만이 존재하는 것이며, 그 개인은 '명사$_{noun}$'가 아니라 그 개인만이 처한 독특하고 유형화하기 어려운 삶의 현실 앞에서 자신만의 방식으로 삶을 이끌어 나가고 있는 '동사$_{verb}$'이자 '과정'의 주체인 것이다. 실존철학자들에게 있어서 인간은 무엇$_{what}$이라고 규정해서는 안 되고, 어떻게$_{how}$ 살아가고 있는지에 의해 이해될 수 있는 존재라는 것이다. '실존은 본질에 앞선다'라는 사르트

르의 명제는 이러한 실존주의자들의 관점을 단적으로 명료하게 표현한 말이다.

실존철학자들이 보기에 인간은 초월적인 목적을 지니고 태어난 것이 아닌 아무런 목적 없이 이 세상에 홀로 내던져진 존재이며 이런 인간에게는 결정된 것이 아무것도 없고, 매 순간의 선택과 결정에 의해 현재의 자신을 만들어 간다. 이것은 다른 한편으로 인간이 무한한 자유를 지니고 있다는 것을 의미한다. 그러나 그 자유는 마치 '현기증'(Kierkegaard, 1884)처럼 견디기 어려운 것이다. 이처럼 현기증 나는 선택의 자유와 책임을 지니고 매 순간을 살아가는 것은 매우 힘든 일이다. 그렇기 때문에 인간은 절대자나 보편적 가치, 사회의 권력이나 제도에 순응하여 비본래적인inauthentic 존재로, 쉽게 말해 실존이 아닌 가짜 존재로 살아가는 것을 선택하려는 유혹에 빠진다. 인간의 현존재가 마주한 세계는 그 무한한 자유와 불확실성 때문에 인간에게는 늘 불안과 허무, 무의미로 가득 차 있고, 그러한 무의미를 헤쳐 나가기 위해 매 순간 선택해야 하며 그 선택은 늘 자신의 몫이므로 그는 매우 고독하다. 모든 것이 불확실하지만 오직 확실한 것은 내던져진 이후에 그가 향하는 곳, 곧 죽음뿐이다. 태어난 것과 죽는 것은 인간의 자유와 선택이 다다를 수 없는 한계선이다(Jaspers, 1932). 이러한 실존적 상황에 처한 인간에게 유일하게 가치 있는 질문은 햄릿의 독백처럼 지금 이 순간 존재하느냐 존재하지 않느냐를 묻고 선택하는 것뿐이다. 실존주의 철학에서 바라보는 모든 실존적 문제 그리고 정신적인 문제들은 모두 근본적으로 이러한 자유와 선택, 매 순간의 결단을 회피하려는 데서 초래되는 것이다. 인간의 실존은 매 순간의 선택에 의해 다른 형태의 삶으로 변할 수 있는 가변성과 불확실성을 지니고 있으며 이러한 실존적 불확실성을 회피하고 직면하지 않으려는 가운데 현대인들이 오늘날 겪는 다양한 정신적 문제들이 파생된다.

실존철학의 또 다른 중요한 특징 중 하나는 인간을 세상과 분리된 존재로 바라보지 않는다는 점이다. 실존철학에서 바라보는 인간은 언제나 세상 속 존재being-in-the-world이며, 자아나 의식의 주체는 개인 내부의 어딘가에 세상과 독립적으로 존재하는 것이 아니라 '자신과 세상이 만나는 지점에서 존재하는Dasein'2 그

---

2 독일어 Dasein은 거기there를 뜻하는 da와 존재하다being를 뜻하는 sein의 합성어로서 후설의 제자였던 독일의 철학자 하이데거가 사용한 용어이다. Dasein은 국내에서 '현존재'라는 말로 번역되어 사용되고 있다.

런 존재라 할 수 있다. 기존의 서양철학에는 인간을 세상과 떼어 놓고 규정하려는 혹은 그렇게 분리된 존재로서도 규정이 될 수 있는 대상으로 바라보는 전통이 있다. 이렇게 된 원인 중의 하나는 서양철학이 전통적으로 취하고 있던 주관과 객관의 이분법적 시각과 관련이 있다. 즉, 인식하는 주체는 인식당하는 객체와 분리된 존재로서 규정할 수 있다고 보았던 것이다. 그렇기 때문에 주체는 객체와 분리된 채 어떤 독자적인 정체성을 지닌 것으로 묘사될 수 있었다.

또 다른 원인은 인간을 규정하는 시선이 철학자들의 머릿속에 있는 어떤 추상적이고 초월적인 시점에서 출발하였기 때문이다. 현상학 운동 및 이어지는 실존철학의 흐름은 이러한 기존의 철학적 전통에 반기를 든 지점에서 시작되었다고 할 수 있다. 실존철학자들이 바라보는 인간은 타자와 대립하여 독자적으로 존재하는 것이 아니라 그들과의 관계 사이에 존재한다. 따라서 그러한 관계 속에서 존재하는 개인의 정체성은 초월적 관점에서 독자적으로 규정될 수 있는 것이 아니다. 그가 속한 사회문화적 공간 속에서 '상호주관적인intersubjective' 관계를 맺으며 다양하게 '해석'될 수 있고, 그 해석은 상황에 따라 계속 변할 수 있는 가변적인 존재로 본다는 점이 기존의 철학과 구분된다.

(2) 실존주의 치료

이상에서 본 바와 같이 '실존주의' 자체는 어떤 한 철학자의 철학 사상이 아닌 20세기에 본격화된 하나의 커다란 철학적 움직임을 뭉뚱그려 지칭하는 것이다 (Box 12.1 참고). 이러한 시대적 흐름이 심리학의 영역으로 흘러들어 하나의 심리치료법으로 형성되었고, 다른 심리치료 이론에 비해 매우 추상적이고 철학적인 담론들로 엮여 있기 때문에 이해하기 쉽지 않다. 따라서 심리치료 이론으로서의 어떤 단일한 실존주의 치료법을 제시할 수는 없으며, 몇몇 주요한 실존주의적 치료법이라 하더라도 그 근거가 되는 병리학적 이론을 갖추고 있다거나 체계적인 치료 이론이나 구체적인 치료 기법을 제시하지도 않는다. 실존주의 철학 자체가 그러한 체계화된 혹은 획일화된 이론체계나 기법을 반대하기 때문이다. 이러한 점에서 볼 때, 현재 우리가 실존주의 심리치료라고 부르는 학파들은 특정한 치료 이론을 제시하는 심리치료 이론이라기보다는 인간을 바라보는 하

Box 12.1   주요 실존철학자들

- **쇠렌 키르케고르(Søren Kierkegaard, 1813~1855)** 니체와 함께 실존주의 철학의 태동을 알린 덴마크의 철학자이자 신학자라 할 수 있다. 그의 글에는 기존 철학자들의 체계적인 구성 방식이나 논리적인 형식과는 달리 모순되는 역설적 내용들을 시적인 산문체를 사용하여 변증법적으로 기술하는 독특한 점이 있다. 인간의 삶이 지니고 있는 근원적 불안이 인간실존의 핵심이라고 보았고, 기존의 기독교 공동체에 속한 한 일원이 아닌 실존하는 단독자로서 신 앞에 서서 일대일의 관계를 맺을 때에만 진정한 구원을 얻을 수 있다고 보았던 점에서 '유신론적 실존주의'의 선구자라 할 수 있다.

- **프리드리히 니체(Friedrich Nietzsche, 1844~1900)** 철학의 주제를 형이상학으로부터 인간과 인간의 삶으로 옮겨 놓았으며, 현대철학의 문을 연 사상가로 평가받는 독일의 철학자이다. 키르케고르와 마찬가지로 형식적인 이론구축에 집착하는 기존의 철학적 시도를 배격하였기 때문에 잠언 형식의 시적인 문체로 자신의 사상을 표현하였으며, 이는 『차라투스트라는 이렇게 말하였다』라는 말년의 저서에서 절정에 이르고 있다. 기존의 서양 철학과 그러한 철학의 배후에 놓여 있는 기독교적 세계관을 인간이 겪어 온 하나의 병으로 규정하고 그에 대한 전면전을 선포하였으며, 그것을 해체하여 미래의 새로운 철학을 구축하고자 하였다. 근대와 현대의 분기점을 연 사상가이자 현대 사상, 특히 실존주의 및 포스트모더니즘 계열 철학의 원류라 할 수 있다.

- **카를 야스퍼스(Karl Jaspers, 1883~1969)** 정신병리학 연구에 현상학적 방식을 도입하여 환자의 체험을 그가 체험하고 있는 그대로 정확하게 기술하고 명확한 명칭을 부여하면서 병리적 현상 간의 관계를 밝히고자 하였고, 이는 '정신병리학 총론'이라는 저서로 집대성되었다. 이러한 그의 경력에서 짐작되듯이 그가 후기에 집필한 인간 실존의 문제를 논하는 철학적 저술들은 인간이 겪고 있는 병리적 문제에 대한 현상학적 탐구에서 깊은 영향을 받았다고 할 수 있다. 후기에 시작된 그의 철학적 저술은 죽음, 유한성, 죄책감 등 인간이 지닌 '한계 상황'과 그 상황에 대한 진지한 실존적 자각으로부터 초월적 존재를 향해 나갈 수 있다는 주장을 담고 있다. 하이데거와 함께 현대의 실존주의 철학을 본격화한 쌍두마차라 할 수 있다.

- **마르틴 하이데거(Martin Heidegger, 1889~1976)** 본인은 '실존철학자'라는 명칭을 거부했지만 후대의 학자들은 실존철학의 가장 중요한 인물로 평가한다. 인간의 현존재(Dasein)를 시간성 속에서 과거로부터 내어 던져지고 순간(Augenblick) 속에서 미래의 가능성을 향해 개시되어 가는 세계내 존재(in-der-Welt-sein)로 바라봄으로써 '실존'의 개념을 정립했다. 자신이 고안한 난해한 철학적 용어를 많이 사용했고, 남겨진 저술이 방대하며, 초기 저술과 후기 저술의 내용도 상이한 부분이 많아 그의 사상을 전체적으로 일목요연하게 이해하기란 어렵다. 하지만 그의 사상은 사르트르나 카뮈 등에 큰 영향을 주어 본격적으로 실존주의 철학이 개시되는 선구적 역할을 하였다.

- **장폴 사르트르(Jean-Paul Sartre, 1905~1980)** 카뮈와 함께 프랑스 실존주의 철학을 대표한다. 대중적으로 가장 널리 알려진 실존주의 철학자이자 노벨문학상 수상을 거부했던 소설가이며, 정치적 문제에서도 적극적으로 참여한 사회 활동가였다. 철학적 주저로는 『존재와 무』가, 대표적인 소설로는 『구토』가 있다.

나의 철학적 관점이나 내담자를 대하는 하나의 철학적 태도로 간주하는 것이 나을지도 모른다.

이처럼 실존주의 철학이 매우 추상적인 철학적 담론을 제시하고 있기 때문에 여기서는 철학적 담론에만 머무르기보다는 정신적 문제를 지니고 고통받고 있는 구체적인 개인을 치료하려는, 즉 그나마 심리치료적 접근으로서의 구체성을 갖추었다고 볼 수 있는 몇몇 실존주의 치료학파만을 소개하고자 한다.

실존치료 – 현존재분석

초기에는 프로이트 학파의 일원으로 프로이트와 친교하던 스위스의 정신과의사 루드비히 빈스방거Ludwig Binswanger는 이후 하이데거의 철학에 깊은 영향을 받고 그를 추종하면서 현존재분석Daseinanalysis 학파를 형성하게 되었다. 그러나 심리치료법으로서의 현존재 분석을 보다 더 구체화한 실질적 인물은 메다드 보스Medard Boss였다. 그 역시 정신분석 학파 내에서 카렌 호나이Karen Horney 등으로부터 교육 분석을 받으며 정신분석가의 길을 걷다가 빈스방거를 추종하면서부터는 하이데거 철학의 철저한 신봉자가 되었고, 그 이후부터는 오히려 정신분석을 강력하게 비판하면서 하이데거 철학에 바탕을 둔 현존재분석의 길로 들어서게 되었다. 이러한 이력에서 짐작되듯이 보스는 자신의 치료적 접근이 정신분석치료와 어떻게 다른지를 보여주려는 듯이 자신의 치료법을 정신분석의 기본전제들과 하나씩 비교해 가면서 기술하는 방식을 취하고 있다. 그 결과 그의 현존재분석은 자발적인 자신만의 어떤 철학적 입장에 근거하여 파생된 독립적인 치료접근이 아니라 정신분석의 반대편에 무엇이 있는지를 보여주는 데서 그친 접근이라는 비판을 받을 수도 있다. 어쨌건 현존재분석이라는 이름으로 보스가 말하고자 했던 주요 지향점들이 정신분석치료와 어떻게 다른 것인지를 보여주는 몇 가지 주요한 치료적 가정을 정리하면 다음과 같다(Boss, 1963).

(1) 현존재분석의 치료적 가정

① '현존재'는 세상 속에 존재하고 세상을 향해 열려 있다

현상학에서 말하는 주체나 주체의 의식은 항상 대상을 지향하고 있으며 대상

과의 관계 속에 있는 것이지 대상과 분리된 의식이나 주체는 의미가 없다. 또한 하이데거가 말한 현존재란 세상 속의 존재being-in-the-world이지 정신분석가들이 말하듯 세상과 독립된 개인 내부의 어떤 상자 속에 존재하는 자아처럼 의식경험이 폐쇄되어 있는 것은 아니다. 보스 역시 이러한 하이데거의 철학을 따라 인간 존재는 근본적으로 세상 속에서 존재하는 것이며 세상과의 관계 속에서 무엇인가를 경험하는 그런 존재로 본다. 내담자는 정신분석가들이 말하듯 원초아id나 초자아superego와의 역동적 관계 내에서 지금 무엇을 경험하고 있는 것이 아니다. 내담자는 그가 살고 있는 세계와의 관계 속에서 머물면서 상호작용적 차원 내에서 경험한다고 본다.

② 심리적 건강은 '개방성', '즉시성', '있는 그대로'를 보려는 태도에 있다

실존주의자들은 건강과 병에 대한 이분법적 시각도 거부한다. 건강과 병이 따로 있는 것이 아니라 세계 내의 존재로서 인간이 그 세계와 어떤 관계를 맺고 있느냐에 따라 건강할 수도, 아닐 수도 있다. 건강하지 않은 상태는 세계 내의 존재자들과 협소하고 폐쇄적인 관계를 맺고 있는 것을 말한다. 현존재분석가들에게 심리적 건강은 심리적·신체적으로 개방되어 있는 상태, 즉 어떤 경험이건 있는 그대로 받아들이려는 태도를 지니고 있는 것을 말한다. 다시 말해 그것은 자신뿐 아니라 세계 내의 모든 존재들의 다양성을 있는 그대로 인식하려는 태도, 즉 하이데거가 말한 '있는 그대로 자신을 내어 맡기는 태도Gelassenheit'[3]를 지니고 있는 것을 말하는 것이다. 그것은 마치 비틀즈의 노래 제목 'Let it be'처럼 삶에서 다가오는 어떤 경험이든 두려워서 회피하거나 왜곡시키지 않고 담담하고 초연한 마음으로 자신을 개방하여 맞이할 수 있는 그런 태도를 의미한다. 또한 그것은 현재의 기억으로 남아 있는 과거의 부정적 경험이 현재를 왜곡시키지 않고, 지금 여기서 경험하는 생생한 경험 그 자체에 자신을 즉시적으로 개방할 수 있는 태도를 말한다. 정신병리적인 상태에 이르게 되는 것은 그러한 개방성과 담담한 태도를 상실하고 폐쇄적인 상태로 좁아진 삶의 지평에 갇혀 있기 때문

----

3   독일어 Gelassenheit는 영어의 사역동사 let에 해당하는 독일어 lassen의 과거분사를 명사화한 것으로 보통 침착, 초연 등의 말로 의역되는데 문자 그대로의 뜻은 '내어 맡김'에 가깝다.

이다. 예를 들어, 어떤 내담자가 타인의 다양한 행동 중에서 오직 위협적인 행동에만 개방되어 있고, 타인의 여타 다른 행동양상에는 폐쇄되어 있다면 그는 피해망상에 빠질 수 있다. 따라서 현존재분석은 치료자와 내담자의 치료적 관계 내에서 그러한 삶의 다양한 양상을 개방적으로 경험하고 표현할 수 있도록 도와주는 과정이라고 요약할 수 있다. 현존재분석치료는 치료자와 내담자라는 실험적 관계 내에서 내담자가 자신의 모든 경험을 표현하고 개방할 수 있도록 해 주는 역할을 한다는 점에서, '무조건적 긍정적 존중'의 태도로 내담자의 모든 경험을 허용하는 내담자중심치료와 매우 닮아 있다.

(2) 현존재분석치료의 특징

① 현존재분석은 내담자의 경험을 '해석'하지 않고 정확하게 '기술'할 뿐이다.

정신분석치료의 자유연상처럼 현존재분석치료도 내담자가 자신의 경험에 대해 자유롭게 연상하도록 촉진한다. 차이점은 정신분석가들처럼 내담자의 경험을 해석하려는 것에 반대한다는 점이다. 정신분석가들은 내담자가 내어 놓은 연상의 재료들을 정신분석 이론이 가정하는 정신구조와 역동적 관계 속에서 해석한다. 현존재분석에서는 현상 배후의 어떤 구조를 가정하지 않으며 그런 가정에 이끌려 현상을 해석하는 것을 반대한다.

현존재분석가들도 정신분석가들처럼 내담자의 꿈에 주목하지만 그것을 해석하려고 하지 않는다. 정신분석에서 꿈 해석의 목표는 내담자가 보고하는 표면적인 꿈의 이면에 잠재적인 내용이 숨어 있다는 것을 전제하며, 그 잠재적 사고를 밝혀내는 것이 바로 꿈 해석의 목표이다. 이 목표를 향해 꿈 내용에 대한 자유연상을 진행해 나가는 것이다. 반면에 현존재분석가들은 꿈 역시 내담자의 삶의 한 측면으로 바라본다. 꿈을 그 이면에 어떤 잠재적 사고를 숨기고 있는 상징물로 바라보지 않는다는 점에서 차이가 있다. 현존재분석에서 꿈이란 이처럼 삶의 다른 측면으로 표현되는 삶의 경험이므로 내담자가 보고하면서 표현하는 내용 그대로를 받아들인다. 단, 그가 가급적 그 꿈을 정확하고 명료하게 표현하도록 촉진할 뿐이다. 그럴수록 자신의 경험에 대한 지각의 장이 확장되고, 깨어 있을 때 자각하지 못했던 경험의 또 다른 측면을 꿈을 통해 확장적으로 경험할 수 있기 때문이다. 경험을 해석하고, 배후의 구조를 추론하고, 현상의 배후에 존재한다고 가정하는 본질을 캐내려 하고, 현상을 이론화하려는 것에 반대하여 일어난 사상적 움직임이 현상학이며 실존철학이라는 점을 생각한다면 현존재분석가들이 내담자의 경험에 대해 이러한 태도를 취하는 것은 당연하다.

실존치료 – 로고테라피

▲ 빅토르 프랭클(1905~1997),
오스트리아의 유대인
심리학자·신경학자

실존주의 철학의 서막을 알린 것으로 평가받는 니체는 '힘'을 향한 동기가 인간의 가장 근원적인 동기라고 보았다. 반면에 후대의 실존철학자들, 특히 사르트르나 카뮈는 인생은 근본적으로 무의미하고 부조리한 것이며 이 부조리에 맞서는 것이 인간 실존이라고 보았다. 반면에 로고테라피(의미치료)의 창시자인 빅토르 프랭클Viktor Frankl은 인간의 가장 기본적인 동기는 그것이 무엇이건 삶에서 어떤 의미를 찾고자 하는 것이라고 본다. 그는 "삶의 이유를 갖고 있는 사람은 거의 모든 것을 견디어 낼 수 있다"는 니체의 말을 인용하면서 의미치료뿐 아니라 모든 정신요법이 이 말을 치료의 기본이념으로 삼아야 한다고 말하고 있다(Frankl, 1959). 자신의 삶이 무엇을 목표로 하고 있고 어디를 향하여 나가야 하는지 그 방향성을 알지 못한다면 인간은 삶을 유지해 나갈 동력을 상실하게 된다는 것을 프랭클은 자신이 직접 체험한 나치 수용소 경험으로부터 생생하게 확인할 수 있었다. 언제 죽을지 모르는 불안과 전혀 희망을 가지고 살기 어려울 것처럼 보이는 그런 수용소 환경에서도 어떤 희망을 품고 있는 사람들은 그 상황을 능히 견디어 나간다는 것을 그는 직접 목격했다.

로고테라피logotherapy의 정체성은 그 명칭에 함축되어 있다. 로고테라피는 의미를 뜻하는 logos와 치료를 뜻하는 therapy가 합쳐진 것이다. '로고스logos'는 원래 그리스 철학에서 철학자들이 다양한 의미로 사용하였으나, 공통적으로는 인간이나 우주에 존재하는 질서, 이성, 논리 등을 의미한다. 따라서 프랭클이 실존철학적 맥락에서 자신의 치료법을 의미치료라고 명명했을 때 우리의 삶이 부조리하고 무의미해 보일지라도 인간은 어떻게든 그 속에서 자신의 삶이 지니고 있는 가치, 즉 의미를 찾기 위해 노력한다는 점에 초점을 맞춘 것으로 보인다. 그는 '로고테라피의 기본개념'이라는 제목으로 의미치료가 지니고 있는 핵심 가정들을 다음과 같이 몇 가지로 요약하고 있다(Frankl, 1959).

(1) 로고테라피의 치료적 가정

① '의미'에의 의지

프로이트가 '쾌락'에의 의지를, 니체나 아들러가 '힘'에의 의지를 말하였다면, 프랭클은 '의미'에의 의지will to meaning가 인간의 가장 근원적인 동기라고 생각한다. 의미에의 의지가 좌절될 때 인간은 실존적 욕구불만을 갖게 되고, 이것이 신경증을 유발한다. 즉, 신경증의 핵심에는 인간의 실존적 욕구의 좌절이 내재되어 있는 것이며, 그는 이러한 의미를 담기 위해 기존의 정신의학에서 쓰던 신경증이란 용어 대신 '영적인 신경증noogenic neurosis'이란 용어를 만들어 냈다. 기존의 신경증은 병적인 차원에서만 인간의 문제를 기술하고 있다. 그러나 프랭클은 인간의 실존적 문제들 그리고 인생의 가치나 의미를 발견하고자 하는 욕구나 이러한 욕구의 좌절은 정신병이 아니라 인간 실존의 과정에서 경험하는 고통이나 불만과 같은 정상적인 것이라고 보았다. 따라서 이러한 실존적 문제로 고통 받고 있는 내담자를 다루는 의미치료자는 그가 인생의 의미를 찾도록 도와주어야 한다. 정신분석치료가 인간을 뒤에서 밀고 있는 본능적 요소들이 무엇인지에만 초점을 맞추어 내담자를 분석한다면, 의미치료는 인간의 그런 본능적 측면을 무시하는 것은 아니지만 본능에 더하여 인간을 앞에서 끌어당기고 있는 삶의 목표와 의미를 발견할 수 있도록 해 준다. 이것은 인간의 영적인 측면으로서 정신분석치료에서는 무시되고 있던 것이다. 의미를 발견하지 못하는 상태, 즉 실존적 공허상태는 그 공허감을 채우기 위해 현대인들로 하여금 다양한 보상행동을 추구하게 만든다. 물욕이나 권력욕, 성적인 쾌락에 몰두하는 경우가 대표적인데 정신분석가들이 말하는 성적인 리비도는 사실상 실존적 공허감의 반동적 표현에 불과한 것이라고 보았다.

② 의미는 주관적인 것이고, 인생에 책임을 짐으로써 발견된다

'인생의 의미가 무엇인가?'라고 묻는다면 이 물음에 대한 단일한 혹은 보편적인 답은 있을 수가 없다. 인생의 매 순간마다 그리고 각 인생 상황에 놓인 개인마다 그 의미는 달라진다. 또한 이 의미는 개인이 만들어 내는 것이 아니고 '발견'하는 것이다. 사람은 누구나 다른 누구도 대신할 수 없는 각 개인의 고유한 천직이나 인생의 사명을 지니고 태어나기 때문이다. 따라서 의미치료자는 누구에게나 적용 가능한 추상적이고 보편적인 의미를 탐구하도록 내담자를 돕는 것이 아니다. 각 사람은 각자 자신의 인생에 있어서 그 의미가 무엇인지를 찾아내야 하는 책임을 지고 있는 독립된 존재들이다. 인생의 의미가 무엇인지는 타인에게 물을 수 있는 것이 아니며 그 질문은 삶의 매 순간 자신에게 던져지는 질문임을 깨달아야 한다. 따라서 이 질문은 자신의 인생에 대해 스스로 책임을 지는 사람만이 대답할 수 있다.

③ 의미를 찾는 방법

의미는 세계와 단절된 개인 내부 혹은 반대로 세계를 초월한 어떤 절대적이고 보편적인 지평에서가 아닌 세계 자체에서 찾아야 한다. 로고테라피는 마치 절대자에 의해 부여된 초월적 의미를 찾도록 도와주거나 가치판단을 강요하는 도덕적 설교나 가치교육이 아니다. 의미치료자는 자신이 그린 그림을 환자에게 보여 주는 화가가 아닌 환자 스스로 있는 그대로의 세계를 볼 수 있도록 도와주는 안과의사에 비유할 수 있다. 그의 역할은 이 세계 속에서 발견 가능한 의미의 범위를 스스로 깨달을 수 있도록 환자의 시야를 넓히고 확대함으로써 자신의 가능성을 발견하게 한다는 점에서 분석적 과정을 포함하며, 그런 면에서는 정신분석과 유사하다. 다만 그러한 분석 과정의 초점이 그를 뒤에서 밀고 있는 본능적 추진력에만 맞추어지는 것이 아니고 미래를 향한 의미에의 의지와 같은 영적인 측면을 반드시 다루게 된다는 점에서 정신분석과 차이가 있다. 또한 내담자가 추구하는 의미는 미래에 완성될 자기실현이라는 고정된 지점에 존재하는 것이 아니다. 인생의 의미는 매 순간 변하며 실현되는 순간 사라지는 그런 의미는 결코 존재하지 않는다. 인간은 매 순간 자신을 초월하려고 하기 때문이다. 다시 말해, 자기실현 그 자체는 목적이 될 수 없으며 자기초월을 향한 노력 가운데 얻어지는 부산물로서의 자기실현만이 존재한다.

의미는 자연을 포함한 세상과의 상호작용을 통한 경험뿐 아니라 사랑과 고난을 통해서도 발견된다. 여기서 말하는 사랑이란 성적인 충동만을 의미하지 않는다. 그것은 자신과 타인의 궁극적인 본질을 깨닫게 되는 합치의 경험이며, 성적인 사랑은 그러한 경험을 하게 해 주는 하나의 수단일 뿐이다. 타인이 누구이며 무엇을 원하는지, 그가 도달 가능한 자기실현의 잠재력이 어디인지를 포함하여 타인의 가장 깊은 본질을 이해할 수 있는 유일한 방법은 사랑이다.

의미를 발견할 수 있는 또 다른 기회는 인간이 고난 혹은 죽음에 직면했을 때이다. 별다른 어려움 없이 살고 있을 때는 인생의 의미에 대해 좀처럼 생각해 보지 않지만, 회피할 수 없는 운명처럼 다가온 고난에 처하면 인간은 비로소 자신의 인생에 대해 생각해 보게 된다. 의미치료에서는 그 고난 자체를 해결할 수 있는 방법을 찾는다기보다는 그 고난에 대해 어떤 태도를 취할 수 있는가의 문제, 즉 그 고난의 의미를 찾을 수 있도록 도와주는 데 초점을 맞춘다. 고난이 그 사람에게 고통스러운 이유는 고난 그 자체에 있는 것이 아니라 그 고난의 의미를 찾지 못했기 때문이라고 보기 때문이다. 견디기 어려운 엄청난 고난 앞에서도 영웅적인 자기희생을 하는 몇몇 위인들의 예만 보더라도 그들이 고난에 대한 인내력이 보통 사람들보다 강해서 그런 희생을 감내할 수 있었던 것은 아님

▲ 유대인 수용소 생존자인 프랭클은 고난의 의미를 탐구했다.

을 알 수 있다. 그들은 자신에게 주어진 고난이 어떤 의미를 지니고 있는지 발견했기 때문에 그것을 능히 견딜 수 있었던 것이다. 어떠한 고난 앞에서도 의미를 찾을 수 있는 존재는 인간이 유일하다. 고난, 심지어 죽음도 그 의미를 발견하는 순간 고난과 두려움이 되기를 그친다. 여기서 생각해 보아야 할 것은 로고테라피가 전제하고 있는 인간의 '자유'에 대한

개념이다. 로고테라피는 이러한 고난이나 죽음과 같은 피할 수 없는 상황들로부터 인간이 자유롭다고 주장하는 것이 아니다. 우리는 자신의 힘으로는 어쩔 수 없는 많은 숙명적 불행과 고난 그리고 가장 확실한 가능성, 즉 죽음 앞에 서 있다. 이것은 현실이며 실존이지만, 로고테라피는 인간이 이러한 한계적 상황에 대해 어떤 태도를 취할 수 있는지에 대한 자유는 지니고 있다고 본다. 지금 불치의 병에 걸렸다고 하더라도 그 병을 어떤 방식으로 바라보고 자신이 처한 상황을 어떤 의미로 받아들이느냐 하는 것은 그 개인의 선택이며 자유이다.

(2) 로고테라피의 기법

실존치료는 철학적 성격이 강하기 때문에 심리학적 전통에서 출발한 여타의 다른 심리치료법들이 갖추고 있는 명료한 치료 이론이나 치료 기법들에는 큰 관심을 두지 않을 뿐 아니라, 오히려 그런 인위적인 기법에 대해 부정적인 태도를 취하는 경향이 있다. 또한 실존치료법들은 대체로 치료자가 치료 기법을 동원하여 내담자의 변화를 유도하는 적극적인 역할을 하기보다는 내담자가 스스로 자신의 삶의 문제를 새로운 각도에서 바라보고 자각할 수 있도록 도와주는 역할, 즉 내담자의 역할에 더 큰 비중을 둔다. 그런데 로고테라피는 여타 다른 실존주의적 접근법들과는 다소 차이가 있다. 의미치료는 다른 실존치료법들에 비해 치료자의 역할이 보다 적극적이며, 구체적인 치료 기법까지도 제시하기 때문이다. 그 기법들은 내담자가 자신의 삶의 의미를 발견할 수 있도록 촉진하는 구체적인 방법들이다.

① 역설적 의도

역설적 의도paradoxical intention는 가장 대표적인 기법이다. 이 기법은 실존적인 문제뿐 아니라 공포증이나 불안장애, 성기능장애를 포함한 다양한 신경증적인 문제에도 적용할 수 있다. 예를 들어 파트너를 만족시켜 주거나 자신의 남성성을 보여주는 것에만 주로 관심이 집중되어 있는 남성은 그런 욕구를 충족시키려고 노력하면 할수록 오히려 더욱더 성기능의 저하를 경험하게 된다. 상대방을 만족시켜 주어야 한다는 의지가 강하면 강할수록, 즉 로고테라피의 용어로 '과잉의도hyper-intention' 상태에 있을수록 역설적으로 그 의지를 실현하기가 더 어려워진다. 한 예로 프랭클은 남들 앞에서 땀을 많이 흘릴까 봐 두려워하는 다한증 환자에게 땀을 흘리지 않는 데 신경 쓰지 말고 오히려 남들 앞에서 얼마나 많이 땀을 흘리는지 보여주려고 노력해 보라고 지시하였다(Frankl, 1959). 이 환자는 사람들을 만날 때마다 "이전에는 1리터밖에 땀을 흘리지 못했는데, 이번에는 10리터쯤 땀을 흘려 봐야지."라고 생각했다. 이 환자가 이런 식의 태도 역전을 시도하였더니 4년간 고생하던 땀 공포증이 단 1주일 만에 깨끗하게 사라졌다. 로고테라피는 이처럼 내담자들의 과잉된 태도를 잠시나마 역전시켜 보도록 요구한다. 이외에도 얼굴이 붉어질까 봐 염려하는 내담자에게는 오히려 더 얼굴을 붉게 만들어 보라고 요구한다거나 자신의 얼굴이 아닌 타인에게 더 주의를 집중해 보도록 하고, 말 더듬는 문제 때문에 괴로워하는 환자에게는 오히려 남들 앞에서 더 말을 더듬어 보도록 요구할 수 있으며, 불면증을 겪고 있는 환자에게는 오히려 잠을 자지 않도록 노력해 보라고 요구할 수도 있다.

② 탈숙고

탈숙고dereflection 기법은 역시 역설적 의도와 함께 사용할 수 있다. 많은 신경증적인 문제들은 자신이 살아가는 외부 세상보다는 자신의 어떤 측면에 대해 과도한 관심을 쏟기 때문에 발생한다. 자신과 자신의 내면에서 일어나는 일에 대해서만 과도하게 주의를 쏟고 있는 상태에서는 현실을 살아가는 데 기본적으로 필요한 외부 지향성external-orientation을 상실하게 된다(Frankl, 1946). 예를 들어, 남들 앞에서 얼굴이 빨개지거나 손을 떨까 봐 두려워 대인관계에 지장을 받고 있는 남성은 얼굴이나 손을 포함한 자신의 신체 이미지나 신체적 감각에 지나치게 신경을 쏟고 있기 때문에, 즉 로고테라피의 용어로 '과잉주의hyper-reflection' 상태에 있기 때문에 오히려 더 얼굴이 빨개지거나 손을 떨게 된다. 또한 자신의 여성성에 지나치게 주의를 기울이고 있는 탓에 성적인 불감증을 겪고 있는 어떤 여성에게 자기 자신보다는 남편에게 더 주의를 기울여 보도록 했을 때 자연스럽게 오르가즘을 느낄 수 있었다(Frankl, 1959).

프랭클은 이러한 치료적 기법이 효과를 발휘하는 것은 인간만이 가지고 있는 유머감각, 즉 자기초월 능력에 기반하고 있기 때문이라고 보았다. 다시 말해,

자신의 증상에 대한 심각한 시선을 거두고 그것을 우습게 바라보고 농담의 대상으로 여길 수 있을 때 환자들은 악순환의 고리를 끊게 될 수 있다는 것이다. 프랭클은 또한 로고테라피의 이러한 기법이 병인론적 관점에서 내담자가 겪고 있는 문제의 근원을 제거하려는 목적으로 개발된 것이 아니라는 점에 주목해야 한다고 말한다. 병인론적 관점은 결정론적 세계관에 근거하고 있지만, 로고테라피는 내담자의 자유를 믿고 있기 때문이다. 로고테라피는 정신분석적 작업이 하는 것처럼 병의 기원을 추적하여 그 원인을 해소하려는 것을 목표로 하지 않는다. 내담자의 그 문제가 실제로 그런 원인을 갖고 있다고 하더라도 현재의 문제가 해결될 수 있느냐 없느냐 하는 것은 내담자가 가진 선택의 자유에 달려 있다고 보기 때문이다. 다시 말해, 로고테라피는 그 병이 어떤 특정한 원인에 의해 촉발되었다고 하더라도 그리고 그 병 때문에 심각한 실존적 위기상황에 처해 있다 하더라도 인간은 그러한 상황을 조롱하거나 웃어넘김으로써 자신을 초월할 수 있는 존재라고 믿는다.

게슈탈트치료

(1) 게슈탈트치료의 성립

게슈탈트치료는 독일의 유태인 가정에서 출생한 프리츠 펄스Fritz Perls에 의해 개척된 심리치료적 접근이다. 펄스는 대학에서 의학을 전공하였고, 그의 본격적 학문적 이력은 정신분석가로서의 훈련을 받는 것부터 시작하였으며 실제로 제2차 세계대전 후 미국으로 이주한 이후에는 빌헬름 라이히Wilhelm Reich와 카렌 호나이로부터 다년간 교육분석을 받기도 하였으며, 프로이트에게 받아들여지지는 않았지만, 국제정신분석학회에서 「구강적 저항oral resistances」이란 논문을 발표하기도 하였다. 이러한 그의 이력에서 짐작할 수 있듯이 그의 치료 이론은 상당부분 정신분석학적 색채를 띠고 있다. 하지만 자유분방하고 저항적인 기질 때문인지 이후에는 정신분석에 반발하면서 자신만의 독자적인 치료 이론을 만들어 나가기 시작했다. 그 과정에서 그는 당시 독일에서 유행하던 형태주의 심리학이나 쿠르트 레빈Kurt Lewin의 장 이론field theory, 쿠르트 골드스타인Kurt Goldstein의 유기체적 전체주의 관점 그리고 현상학과 실존주의 철학을 가미한 치료 이론을 완성

▲ 프리츠 펄스(1893~1970),
독일의 정신과의사
게슈탈트 치료의 창시자

할 수 있었는데, 이러한 업적의 상당 부분은 그의 부인이자 학문적 동료인 로라 펄스Laura Perls의 도움에 힘입은 바 크다.

그가 자신만의 독자적인 치료법으로 이름 붙인 독일어 게슈탈트Gestalt라는 용어는 이에 해당하는 동일한 어원을 가진 영어나 한글 번역어를 찾기는 어렵지만, 현상학적 관점에서 볼 때 본질에 대응하는 현상으로서의 형상이라는 의미를 담고 있다. 즉, 개별적으로 흩어져 있던 감각 요소들이 모였을 때 비로소 '드러나는' 또는 '외관을 갖추게 되는' 어떤 '형상' 또는 '형태'를 지칭한다. 형태주의(게슈탈트) 심리학 그 자체는 심리치료 이론은 아니며, 막스 베르트하이머Max Wertheimer에 의해 독일에서 심리학의 한 분파로 자리 잡았던 것이다. 그들이 제시하는 인간의 보편적 형태지각 양상을 보여주는 다양한 예들은 인간의 지각은 있는 그대로의 감각적 재료를 기계적으로 연결하거나 산술적으로 합하여 이루어지는 것이 아니며, 부분 요소들로는 결코 환원할 수 없는 속성들이 지각 요소들의 총합의 결과로 드러난다는 것을 입증하기 위한 것들이다. 형태심리학의 핵심 전제는 인간의 마음은 외부 세계를 단편적인 부분들이 아닌 전체로 지각하는 경향이 있다는 것, 즉 '전체는 부분의 합 이상이다'라는 명제로 요약할 수 있다. 여기서 말하는 '전체'는 항상 '좋은prägnanz' 형태로 구성되려는 인간의 지각 성향의 결과로 나타난 최종 산물을 의미하며, 이러한 좋은 형태를 구성하려는 다양한 지각 구성의 원리들로는 '근접성', '유사성', '폐쇄성'의 원리들이 있다(Box 12.2 참고). 이러한 형태주의 심리학의 영향을 받았으므로 게슈탈트 심리치료 이론이 통합적 지각을 치료목표의 하나로 삼고 있다는 것은 쉽게 예상할 수 있는 일이다.

Box 12.2 형태지각(지각구성)의 원리들

형태 심리학자들은 인간의 마음이 대상을 지각하는 것은 감각 재료들 간의 물리학적인 연결이나 기계적 종합의 과정이 아닌 일종의 해석이나 구성적(constructive) 혹은 창조적 과정이라는 것을 보여주기 위해 다양한 지각적 재료들을 제시하고 있다. 다음은 그 주요한 몇 가지 예이다.

• **유사성의 원리**(similarity) – 형태 a
다른 속성들이 동등하다면 비슷한 지각적 속성을 지닌 것끼리 묶어서 지각하는 경향이 있다.

• **폐쇄성(혹은 완결)의 원리**(closure) – 형태 b
대상의 한 부분이 생략되어 있거나, 불완전하거나, 숨겨져 있을 때에도 인간은 그 부분을 메꾸어 전체로 지각하려는 경향이 있다.

• **연속성의 원리**(continuity) – 형태 c
지각 요소들이 단절되거나 부자연스럽게 배치되지 않고 부드럽게 이어진 선으로 지각하려는 경향이 있다.

• **전경-배경의 원리**(figure-ground)– 형태 d
인간은 전경과 배경을 동시에 지각하지 않으며, 일부분을 전경으로 구성하였다면 나머지는 배경으로 물러난다.

• **구성의 원리**(reification) – 형태 e
지각의 구성물들이 합쳐지면, 원래의 지각요소에는 존재하지 않던 새로운 구성물이 창조된다.

• **근접성의 원리**(proximity) – 형태 f
물리적으로 인접한 거리에 있는 것들끼리는 함께 묶여서 지각되는 경향이 있다.

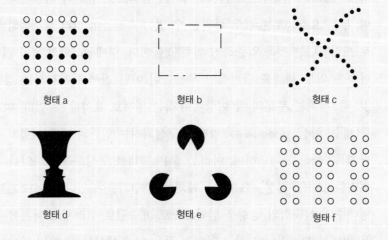

형태 a   형태 b   형태 c

형태 d   형태 e   형태 f

(2) 게슈탈트치료의 특징

게슈탈트치료 이론의 성립과정에 영향을 미친 이러한 주요 사상적 흐름들을 감안하면서 이 치료 이론이 지니고 있는 몇 가지 주요 특징을 다음과 같이 요약할 수 있다. 첫째, 치료 이론과 기법에서 정신분석학의 주요 이론적 전제나 기법들과 연관 지을 수 있는 측면들이 많이 발견된다. 비록 정신분석학의 초심리학적 전제들(본능 이론, 인격의 구조, 역동적 관점 등)을 수용하지는 않지만, 게슈탈트치료 이론과 기법에서 사용하는 주요 용어와 개념들은 정신분석적 개념들과 대응하는 것들이 많다. 예를 들어, 전경-배경은 의식-무의식과, 접촉 및 알아차림은 통찰과, 미해결 과제는 억압된 기억과, 주인topdog 및 하인underdog은 초자아 및 자아와, 접촉경계의 장애는 현실검증력의 손상과 연결될 수 있는 개념들이다. 아울러 게슈탈트치료가 목표로 삼고 있는 지각의 장의 확대와 통합 그리고 환경과의 원활한 접촉을 통한 유기체적 성장 역시 의식지평의 확대와 현실에서의 욕구충족을 목표로 하는 정신분석 치료의 목표와 유사하다. 둘째, 현상학 및 형태심리학, 장(場) 이론으로부터는 개인이 '지금 여기'에 처한 현상적 장 내에서만 개인의 경험이 의미를 갖는다는 것 그리고 그 체험은 객관화될 수 없는 주관적인 것이라는 점을 중시하는 특징을 이어받았다고 할 수 있다. 현상학 이전의 서구 철학들이 주관적 체험보다는 그 체험을 유발하는 더 본질적인 요소들을 중시하였고, 그것이 경험에 선행하며 현상을 분해하고 쪼개면 가장 본질적인 요소가 나타날 것이라 기대했던 반면, 현상학이나 형태심리학은 인간의 지각 경험은 그러한 환원적 분석 방식으로는 절대로 이해할 수 없다는 점을 보여주려고 했기 때문이다. 셋째, 실존철학의 흐름으로부터는 개인의 독자적인 잠재력과 성장, 자율성, 책임 등을 강조하는 전통을 이어받았다고 할 수 있다. 일시적으로는 폐쇄되고 협소화된 상태에서 자신의 역량을 발휘하지 못하고 있지만, 이 세상에 존재하는 모든 유기체는 각자의 잠재적 성장 에너지를 지니고 있다. 게슈탈트치료자는 원활하게 순환하지 못한 채 막혀 있는 그러한 에너지의 흐름과 지각의 장을 확장해 나가는 촉진자로서의 역할만을 충실히 하면 된다고 본다.

이러한 요약적 이해를 바탕으로 하여 구체적으로 게슈탈트 심리치료 이론이 어떤 핵심적인 치료 이론이나 개념을 포함하고 있는지 그리고 현장 치료 이론으로서 어떤 치료 기법들을 사용하는지 살펴보면 다음과 같다.

(3) 게슈탈트치료의 주요 개념과 원리

① 게슈탈트

형태 심리학에서 제시하는 형태구성의 원리(Box 12.2 참고)에서 볼 수 있듯이,

게슈탈트 심리치료에서 말하는 형태Gestalt는 각각의 개별적인 지각 구성 요소들이 아니라 지각된 전체로서의 형태를 의미한다. 이 전체로서의 형태는 그 형태의 개별적 구성 요소들을 따로 떼어 내어 특정을 살핀다고 해서 이해될 수 없다. 즉, 개별 요소들만을 따로 따로 지각할 때는 떠오르지 않던 것이 어느 순간 갑자기 일정한 의미를 지닌 전체로서 창발적으로 지각된다. 인간에게 의미가 있고 인간의 삶에 영향을 미치는 대상은 바로 이처럼 전체로서 경험된 대상인 것이다. 이것은 인간의 외부에 있는 물리적 지각 대상에만 한정되는 것이 아니며, 개인 내부에 기억으로 축적된 과거의 경험물과 지금 현재 지각의 장으로 주어지며 경험되는 감각, 생각, 감정, 욕구와 같은 심리적인 지각 요소들에도 동일하게 적용된다. 다시 말해, 외적인 대상들이 그렇게 지각되듯이 자신의 내적인 자극물도 일순간에 전체로서 하나의 형태처럼 의식의 전경 위로 돌출되듯이 지각된다는 것이다. 그렇다면 각 개인은 왜 그 순간 그런 형태를 지각하게 되는가? 이에 대한 답변은 하나의 유기체로서의 개인은 매 순간 독특한 환경에 처해 있으며, 그 환경에 처한 유기체의 성장에 필요한 하나의 동기(욕구)가 그 순간 필요했기 때문에 그것이 게슈탈트가 되어 지각되는 것이라고 말할 수 있다. 이처럼 게슈탈트치료 이론은 유기체와 그가 속한 환경을 하나의 전체로 보고, 마치 형태 심리학자들이 보여주는 지각구성과정처럼 하나의 형태가 배경에 머물러 있다가 전경으로 형상화하는 과정을 마음이 작동하는 과정으로 본다.

② 전경-배경

게슈탈트 심리치료에서는 정신분석치료처럼 '무의식-의식'이 아닌 '전경-배경'figure-ground이라는 지각적 차원의 용어로 인간의 마음이 작동하는 과정을 설명한다. 무엇이 전경이 되고 무엇이 배경이 될 것인지는 그 개인과 환경이 어떤 접촉상태에 있느냐에 의해 결정된다. Box 12.2의 형태 d에서 보듯 술잔이 전경으로 형성될 수도 있고 마주 보는 두 사람의 얼굴이 전경이 될 수도 있다. 술잔이 전경이 되는 순간 두 사람의 얼굴은 배경으로 밀려난다. 술잔이 전경이 된 이유는 그 순간 술잔이라는 게슈탈트가 강하고 뚜렷하게 형성되었기 때문이다. 이처럼 한 개체의 상태와 그가 처한 환경에 따라 매 순간 특정한 게슈탈트가 형성되어 전경으로 떠오른 후 해소되면, 이제는 그 게슈탈트는 배경으로 밀려나고 또 다른 게슈탈트가 전경으로 형성된다. 이처럼 게슈탈트가 형성되고 밀려나는 일련의 과정은 마치 유기체의 신진대사 과정처럼 끊임없이 되풀이된다. 심리적으로 건강하다는 것은 매 순간 자신에게 진정으로 필요한 게슈탈트를 형성하여 또렷하게 전경으로 떠올리고, 그것이 해소되고 또 다른 게슈탈트가 떠오르는 원활한 과정을 이끌어 갈 수 있다는 것을 의미한다. 반면에 건강하지 못하다는 것은 전경을 배경과 명료하게 구분하지 못한다는 것, 즉 자신이 무엇을 원하고 어떤 감정 상태에 있다는 것을 뚜렷하게 자각하지 못하기 때문에 행동의 지향점이 뚜렷하지 못하고 의사결정도 잘 해내지 못한다는 것을 의미한다.

③ 알아차림과 접촉

한 개인이 자신의 유기체적 욕구에 의해 발동된 게슈탈트를 명료하고 강하게 형성하여 전경으로 떠올리는 행위를 알아차림이라 하며, 전경으로 떠오른 게슈탈트를 해소하기 위해 환경과 상호작용하는 행위를 접촉이라 한다. 게슈탈트가 떠올랐다 하더라도 환경과의 실제적인 접촉을 통해 해소하지 못하면 그 게슈탈트는 배경으로 사라지지 않는다. '주의'의 개념으로 설명하자면, 마치 우리가 일상생활에서는 오직 극히 일부분의 영역에 대해서만 온전히 주의를 기울여 자각하고 있을 수 있는 것처럼, 알아차림은 깨어 있는 의식 상태에서도 지극히 한정된 영역에만 국한되어 있다. 알아차림의 대상이 되는 이 영역은 몸의 감각적 영역에서 일어나는 감각 그리고 지각, 감정, 생각, 행동을 포함한 모든 차원에 걸쳐 있다. 이 알아차림이 이러한 다양한 영역에 걸쳐 뚜렷하게 형성되면 될수록 보다 적극적인 접촉행위가 뒤따르게 될 가능성이 높고, 그러면 그 게슈탈트가 보다 완전하게 해소될 수 있다. 즉, 알아차림-접촉-해소의 과정이 보다 부드럽게 진행될 수 있으며 이러한 상태가 심리적으로 건강한 상태라고 할 수 있다. 반면에 알아차림이 특정한 한두 영역으로 제한되어 있거나 불완전하면 분명한 게슈탈트가 형성되지 못하고 그 이후의 과정도 불완전하게 진행되거나 차단됨으로써 미해결된 과제가 축적될 가능성이 높은데, 이는 심리적으로 건강하지 못한 상태이다.

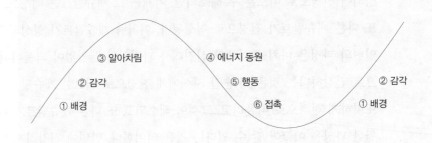

그림 12.1 | 게슈탈트치료에서의 6단계 순환과정

이처럼 게슈탈트가 형성되고 그것을 알아차리고 환경과 접촉하고 게슈탈트가 해소되는 일련의 과정을 '알아차림-접촉주기'라 부른다. 이 주기를 세분화하면, 여섯 단계의 순환과정(배경-감각-알아차림-에너지 동원-행동-접촉)이 반복되는 일종의 사이클로 이해할 수 있다(김정규, 2015). 이 단계들 중 어떤 단계에서 차단이 일어나면 신진대사의 이상이 생긴 것처럼 유기체는 이 사이클을 원활하게 마무리 지을 수 없고, 미해결된 과제들이 쌓여 감으로써 부적응이 심화될 가능성이 높다.

④ 미해결 과제

앞서 말한 대로, '알아차림-접촉주기'는 그 세부 단계의 어딘가에 의해서 방해를 받을 수 있다. 예를 들어, 게슈탈트가 분명하게 형성되지 못한다거나, 형성은 되었으나 접촉이 되지 않아 잘 해소되지 않았으면 게슈탈트가 배경으로 사라지지 않게 된다. 이런 불완전한 과정에 의해 사라지지 않은 게슈탈트는 해소되기를 요구하면서 계속 전경으로 떠오르려고 하는데, 이런 과정 자체가 다른 게슈탈트 형성을 또다시 방해한다. 이렇게 배경으로 밀려나 해소되지 못한 게슈탈트를 미해결된 게슈탈트 또는 '미해결 과제'라 부른다. 이는 Box 12.2의 형태 b에서 보듯 일부가 불완전하게 그려진 미완성의 도형을 접했을 때 우리의 마음이 그 빈틈을 채우고 완벽한 도형으로 지각하려는 경향, 즉 '완결의 원리principle of closure'가 작용하기 때문이다. 미해결된 과제들은 그것이 해소되어 완결될 때까지 계속 우리의 마음을 지배하면서 집중력 저하, 통제할 수 없는 충동, 지나친 신중함이나 우유부단, 에너지 사용의 비효율성, 자기패배적 행동양식 등으로 변형되어서 한 개인의 삶에서 지속되고 이것이 다양한 정신병리를 유발하는 원인이 된다(Polster & Polster, 1974). 게슈탈트치료는 이러한 미해결된 과제를 '지금 여기'에서 알아차리고 해소하는 것을 촉진하는 치료과정이라고 할 수 있다.

⑤ 정신병리의 원인

게슈탈트치료에서는 정신병리 현상을 '접촉경계contact boundary'에 문제가 생긴 것으로 이해한다. 이러한 접촉경계라는 개념은 정신분석에서 말하는 현실검증기능의 맥락에서도 이해될 수 있는데, 유기체와 환경과의 경계선을 말하며 이 경계선에 문제가 생길 때 유기체와 환경 간의 원활한 접촉과 교류에 장애가 발생한다. 이처럼 접촉경계 혼란상태에 빠지면 유기체는 어디까지가 자신이며 어디부터는 환경인지를 분명하게 구분하기 어려워지게 되고, 환경과 효율적으로 상호작용해 나가기 어려워짐으로써 다양한 정신병리가 유발될 수 있다.

'알아차림-접촉주기'를 방해하여 접촉경계의 혼란 상태를 초래하는 다섯 가지 요소는 내사introjection, 투사projection, 반전retroflection, 편향deflection, 융합confluence이다. 내사는 타인과 외부 환경의 요구를 그저 수동적이고 무비판적으로 받아들임으로써 알아차림을 방해하는 요인이 되는 것을 말한다. 이처럼 외부로부터 강압적으로 밀려들어와 그대로 수용된 것은 자신의 것이 아니므로 자신과 환경의 자극 사이의 경계를 흐리게 한다. 투사는 정신분석에서 말하는 투사개념과 유사하며, 자신이 받아들일 수 없는 부정적인 생각, 욕구, 감정을 타인이 갖고 있는 것처럼 지각하는 것을 말한다. 이 투사는 주어가 뒤바뀐 것이므로 게슈탈트치료에서는 '나'를 주어로 바꾸어 말하기 기법을 통해 투사를 알아차릴 수 있도록 해 준다. 반전은 타인이나 환경에게 하고 싶은 행동을 자신을 향해서 되돌리는 것을 말한다. 즉, 타인이나 환경과 접촉하는 대신 자신과 접촉하는 것으로서 타인에 대한 분노를 자해 행동으로 해소하려거나, 타인으로부터 위로나 사랑을 받아야 할 것을 자기애적 자위 행동으로 대체하는 것이 그 예이다. 편향은 환경과의 직접적 접촉을 피하거나 자신의 감각을 둔화시킴으로써 환경과의 접촉을 흐리게 만드는 것을 말한다. 예를 들어, 쉽고 명료하게 말할 수도 있는데 장황하거나 추상적인 말로 요점을 흐리게 한다거나, 상대의 행동에 반응하지 않거나, 대화의 주제를 비껴가는 것 등이 이에 해당한다. 융합은 자신과 타인의 경계가 흐려지고 마치 하나인 것처럼 지각하는 것이다. 이는 내면에 외로움과 공허감이 많은 경계선 성격경향을 지닌 사람이나 의존성이 강한 사람들에게서 잘 나타날 수 있는데 타인과의 분명한 경계가 형성되지 못하여 상대방과 분리되는 것을 참지 못하고 불안해 하거나, 스스로 독자적인 결정에 의해 주체적인 행동을 하지 못하고 의존적인 관계에 머물게 만들 수 있다.

(4) 게슈탈트치료의 목표

게슈탈트치료의 목표는 알아차림과 접촉이 원활하고 지속적으로 이어지도록 하는 것이다. 정신장애나 심리적 문제는 이러한 흐름이 방해받거나 단절된 상태를 말한다. 따라서 '알아차림-접촉주기'를 형성하는 모든 요소들 중 어떤 측면에서 문제가 생긴 것인지 확인하고 내담자의 잠재력을 촉진하고 증진시켜 단절된 흐름을 회복시켜 주어야 한다. 이러한 목표는 실제 치료과정에서 구체적으로 어떤 측면들에 초점을 맞추어야 제대로 이루어질 수 있을까?

① 체험의 장 확장

첫째, 내담자의 체험의 장을 확장하는 것이다. 게슈탈트치료 이론에서 볼 때 체험은 게슈탈트의 뚜렷한 형성과 접촉을 통한 해소가 이루어지는 경험을 말한다. 이를 위해 게슈탈트치료에서는 다양한 기법을 동원하여 알아차림을 증진시키려 한다. 알아차림은 욕구, 감정, 신체, 환경, 언어, 행동 등 유기체의 모든 체험의 차원을 다 포함하므로 이러한 다양한 차원에서 내담자의 폐쇄된 지각의 영역을 확인하고 지각의 장을 확장할 수 있도록 도와줄 수 있다. 예를 들어, 언어적 측면에서 주로 과거시제를 사용한다거나 주어를 생략한 말을 사용하는 습관이 관찰되었다면 게슈탈트치료자는 이를 지적하고 현재시제로 고쳐서 다시 말해 보게 한다거나, 주어가 '나'인 언어로 바꾸어 표현해 보도록 요구함으로써 변경된 언어습관이 어떤 체험을 유발하는지 스스로 경험할 수 있도록 할 수 있다. 또한 "몸의 어느 부분에서 화가 느껴지나요?"와 같은 질문을 함으로써 감정이 집중된 신체 부위를 알아차리게 한다거나, "당신은 지금 주먹을 꽉 쥐고 있는데 손을 더 꽉 쥐어 보세요. 지금 당신은 어떤 기분이 드나요? 그 기분은 어떤 말로 표현할 수 있을까요?"와 같은 질문을 함으로써 신체언어로 폐쇄되어 있는 감정의 흐름이 무엇인지를 알아차리고 표현할 수 있게 할 수 있다. 이러한 방식으로 알아차림을 확대하고 환경과의 접촉을 증진시킴으로써 체험의 장은 확장된다. 이 접촉은 크게 세 가지 영역(자신, 타인, 환경)에서 이루어진다. 현재까지 축적된 미해결된 과제들이 무엇인지 알아차리고 그것을 치료자와의 '지금 여기'의 관계 속에서 새롭게 경험할 수 있도록 도와주는 것은 자신과의 접촉을 확장하는 것이다. 타인과의 접촉경계를 명확하게 하고, 그 관계 속에서 알아차린 자신의 욕구나 감정을 타인에게 자유롭게 표현하는 것은 타인과의 접촉을 강화하는 것이다. 마지막으로 인간 이외에 내담자가 생활하는 공간 속에서 자주 마주치는 식물, 동물이나 무생물을 포함한 자연환경을 있는 그대로 지각하고 알아차리는 것은 환경과의 접촉을 확장하는 것이다.

② 성장 잠재력 발휘

둘째, 게슈탈트치료는 내담자의 성장 잠재력을 발휘할 수 있게 해 준다. 게슈탈트치료에서는 다른 모든 살아 있는 유기체와 마찬가지로 인간은 누구나 성장을 위한 고유한 내적 잠재력을 지니고 있다고 본다. 근본적으로 모든 정신병리는 유기체와 환경 간의 유기적 관계와 에너지 순환과정이 방해받고 있기 때문에 그 잠재력이 제한받고 있는 상태로 본다. 따라서 게슈탈트치료의 궁극적 목적은 그러한 방해물을 스스로 제거하기만 하면 내담자가 이미 지니고 있는 성장잠재력은 자연스레 전개되어 나갈 수 있을 것이라 믿는다. 이는 주로 내담자의 병적인 측면에만 초점을 맞추어 그 상태를 초래한 원인들을 제거하는 데 초점을 맞추는 여타 다른 심리치료적 접근들과 비교되는 측면이다.

③ 자율성과 책임감 증진

셋째, 게슈탈트치료는 내담자의 자율성과 책임감을 증진시킨다. 게슈탈트치료가 현상학이나 실존주의 철학에 영향을 받는 여타 다른 심리치료에 비해 치료자가 적극적으로 다양한 치료 기법을 사용하며 내담자를 자극하는 지시적인 측면이 강하긴 하지만, 이것은 결국 내담자가 지니고 있는 유기체적인 잠재력을 자극하고 촉진하고 끌어내기 위한 수단에 불과한 것이다. 치료 기법이 고정되어 있지 않다고 할 정도로 치료자가 창의적으로 그때그때 다양한 방법을 사용하기를 권장할 정도인데, 이 역시 내담자의 잠재력을 끌어낼 수 있는 것이라면 무엇이건 사용해도 좋다고 생각하기 때문이다. 게슈탈트치료는 스스로의 삶에 책임을 질 수 있는 능력을 누구나 지니고 있으며, 현재 심리적으로 문제를 겪고 있는 것은 다만 그러한 자신의 능력을 불신하고 스스로의 능력을 제한하고 타인에게 의존하려 하기 때문에 발생하는 것이라고 본다. 따라서 게슈탈트치료자는 각 개인이 자율성과 창의력을 발휘하여 스스로의 인생에 대한 책임감을 갖게 된다면, 정신병리적인 문제로부터 벗어날 수 있다고 믿는다.

④ 실존적인 삶 추구

넷째, 게슈탈트치료는 실존적인 삶을 추구한다. 실존적인 삶이란 내담자가 '있는 그대로'의 자신과 환경을 지각하고 체험하면서 유기체-환경이라는 삶의 장 내에서 성장하는 것을 말한다. 먼저 게슈탈트치료는 '있는 그대로의 자신'과 대면하도록 돕는다. 있는 그대로의 자신은 자신만의 고유한 유기체적 욕구를 있는 그대로 '지금 여기'에서 분명하게 지각하는 것을 말한다. 그 욕구는 타인에 의해 강요된 것도 아니고 환경의 압력으로 조성된 것도 아니다. 강제된 것이 아닌 있는 그대로 알아차릴 수 있는 욕구만이 삶을 변화시키고 성장시키는 것이기 때문이다. 동시에 게슈탈트치료는 '있는 그대로의 환경'과 접촉하도록 돕는다. 타인과 환경을 자신의 욕구에 의해 왜곡하지 않으며, 그 타인 역시 자신만의 욕구를 지닌 존재로서 접촉경계 밖에 독립적으로 존재하는 대상으로 지각하는 것을 말한다. 그렇게 있는 그대로 지각된 환경만이 내담자의 성장을 촉진할 수 있는 환경이 되기 때문이다. 이처럼 자신의 삶이 있는 그대로의 자신 및 있는 그대로의 환경과 유기적으로 연결되어 있다는 것, 그러한 삶의 장 내에서 성장이 이루어지는 것이 진정성을 지닌 실존적인 삶이다.

(5) 게슈탈트치료에서 사용되는 기법들

① 알아차리기 기법

자신의 욕구, 감정, 신체감각, 언어, 행위, 환경 등을 '지금 여기'에서 알아차리도록 촉진하는 다양한 질문이나 격려가 동원된다. 예를 들어, "당신이 지금 가장 하고 싶은 것이 무엇인지, '나는 지금 ○○○을 하고 싶다'라는 문장을 세 개만 만들어 보세요"(욕구), "당신의 목소리 톤이 조금 높아졌네요. / 당신의 떨리는 손은 무엇을 말하는 것일까요?"(신체감각), "당신은 말을 할 때 △△△ 말투를 자주 사용하시는군요. / 지금 당신은 어떻게 자신의 감정을 표현하고 있나요?"(언어 및 행동) 등과 같은 질문을 할 수 있다.

Box 12.3   알아차리기 기법의 적용 예

다음의 대화 과정은 감정이 표현되는 여러 통로들 중 언어적 표현과 비언어적 측면 간의 불일치를 스스로 알아차릴 수 있도록 촉진하는 대화과정의 예이다.

치료자: 오늘은 기분이 어떠세요?
내담자: 괜찮아요, 좋습니다.
치료자: 정말 그런가요?
내담자: 예, 왜 그러시죠?
치료자: 앉아 계신 자세가 편해 보이지 않아서요. 한번 당신의 앉아 있는 자세와 몸의 느낌에 집중해 보세요.
내담자: 아, 뭘 말하시는지 알겠어요.
치료자: 그 자세에 대해 한번 얘기해 봅시다. 그 자세가 당신에게 무엇을 말해 주는 것 같나요?
내담자: 등을 기대고 편하게 앉는 것이 쉽지 않아요. 자세가 풀어지는 것이 두려워요. 선생님께 예의바른 사람으로 보이고 싶은 마음도 있고, 저 자신을 완벽하게 보이고 싶어 하는 것 같아요.

---

② 빈 의자 기법

일종의 역할극으로서 갈등관계에 있는 타인이나 자신의 내면의 갈등을 다룰 때 주로 사용하는 기법이다. 이 기법을 통해 직면과 알아차림의 효과를 얻는다. 내담자 앞에 빈 의자 하나를 두고 그 의자에 갈등관계에 있는 가상의 인물이 앉아 있다고 상상을 한 후 내담자는 하고 싶은 말을 한다. 이후 역할을 바꾸어 자신이 그 의자에 앉아 보고 상대방의 입장이 되어 본다. 때로는 내담자 내면에서 갈등을 일으키는 요소들을 분리하여 독립된 인격체인 것처럼 역할 연기를 시도해 볼 수도 있다. 예를 들어, 자신의 내면에 주인 역할을 하는 인격체와 하인 역할을 하는 인격체를 분리하여 빈 의자에 앉혀 놓고 각자의 입장을 뚜렷하게 표현해 보면서 그 입장의 차이를 자각하고 조정할 수 있도록 할 수 있다.

③ 역할연기 또는 실연(實演) 기법

내담자에게 중요한 것으로 여겨지는 과거나 미래의 어떤 장면을 실제 상황처럼 상상하면서 실제로 행동해 보도록 요구한다. 예를 들어, 부모에게 혼나면서 자신의 억울한 감정을 표현하지 못했던 어린 시절의 상황을 지금 여기서 다시 떠올리며 그 상황에서 하고 싶은 말을 지금 해 보도록 한다. 이러한 경험을 통해 내담자는 막연한 예상이나 추상적인 기억으로만 자리 잡고 있던 관념이 실제로 어떻게 다를 수 있는지를 깨닫고, 미처 자신이 자각하지 못했던 감정의 측면을 새롭게 알게 되며, 실제 행동에 옮길 때 어떤 경험을 할 수 있는지 예상할 수 있다.

④ 꿈 작업

게슈탈트 심리치료 역시 정신분석처럼 꿈을 중요시한다. 다만 정신분석처럼 자유연상을 통해 꿈이 해석되어야 할 심리적 부산물로 보는 것이 아니라 꿈 역시 삶의 일부분이자 과정으로 간주한다. 꿈은 현실의 삶과 분리된 영역에서 발생한 것이 아닌 삶의 일부분임에도 사람들은 그것을 자신과 분리하려 드는 것이 오히려 문제라고 본다. 따라서 게슈탈트치료에서는 꿈을 '지금 여기'서 실제의 삶의 체험으로 되돌려 경험하도록 해 준다. 꿈이 삶의 한 부분으로 다시 되돌아올 때 한 개인의 삶은 그만큼 통합될 수 있다고 본다. 이를 위해 게슈탈트치료에서는 꿈 상황을 지금 다시 재현해 볼 수 있도록 다양한 기법을 동원한다. 꿈 속에 등장하는 각 인물들의 역할 연기를 해 본다거나, 그 인물들과 현실에서 대화해 보도록 요구하거나, 꿈 속의 인물들이 보여주는 특별한 행동패턴이나 정서 표현 등이 발견되는지를 면밀하게 관찰하고 내담자가 그것을 실제로 체험할 수 있도록 도와준다.

⑤ 실험

게슈탈트치료에서는 내담자가 현재까지의 삶에서 주로 사용했던 고정된 몇 가지 방식 이외의 다른 방식으로 자신 및 환경을 지각하고 접촉할 수 있도록 다양한 시도를 계획하고 실행해 보도록 내담자에게 권유하며, 그 실행을 지도할 수 있다. 따라서 게슈탈트치료에서 말하는 실험은 어떤 특정한 주제에 한정된 것이 아니고, 특정한 기법을 사용하는 것만을 지칭하는 것도 아니다. 이 실험의 목적은 상황을 지금 여기서 행위를 통해 체험해 봄으로써 새로운 해결책의 실마리를 발견하는 것, 추상적으로만 생각해 왔던 것을 실제 행동으로 옮겨 봄으로써 경험을 보다 명료화하는 것 그리고 두려움 때문에 왜곡된 예측이나 추측의 영역에 남아 있던 것을 '있는 그대로' 경험할 수 있게 해 주는 것이다. 이러한 목적하에 게슈탈트치료자는 얼마든지 창의성을 발휘하여 다양한 기법을 동원할 수 있다.

내담자중심치료

(1) 인본주의적 관점

20세기 중반 정신분석학과 행동주의 심리학이 지배하고 있던 미국에서 심리학에 있어서의 대안적 흐름으로 인본주의적 관점이 나타나기 시작했다. 이러한 흐름을 주도한 대표적인 인물이 칼 로저스Carl Rogers와 에이브러햄 매슬로Abraham Maslow였다. 이들은 본능에 의해 지배되는 수동적인 인간의 모습을 그리는 정신분석학이나, 실험실의 개나 쥐와 같이 외부 자극에 의해 기계적으로 반응하는 인간상을 제시하는 행동주의는 인간 존재의 핵심을 놓치는 것이라 보았다.

　매슬로는 욕구의 위계 이론을 주장하여 인간의 가장 궁극적인 욕구를 자아실현의 욕구라 보았다. 인간에게는 두 가지 동기, 즉 결핍동기와 성장동기가 있는데, 그는 기존의 심리학(특히 정신분석학)이 인간의 기본적인 생물학적인 욕구인 결핍동기에만 근거해 인간을 바라보면서 그러한 결핍동기가 충족되지 못했을 때 나타나는 다양한 병리적 현상에 기반하여 성립된 이론이라고 생각했다

(Maslow, 1968). 결핍동기가 사라지면 결핍동기가 활성화되었을 때와는 질적으로 다른 특성들이 관찰되는데, 이는 결핍동기와는 다른 보다 상위의 동기, 즉 성장동기이다. 그는 인간을 충분히 이해하기 위해서는 결핍동기뿐 아니라 성장동기에 의해 삶이 활성화되고 만족을 느끼는 사람들, 즉 건강한 사람들이나 성장동기를 실현한 사람들의 사례를 연구해야 한다고 생각하여 다양한 사례와 자료를 통해 자아실현자들의 특성이 무엇인지를 연구하였다.

로저스는 정신분석과 행동주의적 접근에 반기를 들고, 인간은 방해받지 않는 한 누구나 자신이 지닌 잠재력을 실현하려는 유기체적 욕구를 지니고 태어난다고 보았다. 그리고 이러한 욕구가 발현될 수 있도록 촉진하는 인본주의적 심리치료 이론을 실제 치료 현장에서 적용하여 새로운 제3의 대안을 제시한 개척자이다. 사실상 '자아실현' 욕구는 로저스가 최초로 주장한 것은 아니며, 가깝게는 신경학자 쿠르트 골드스타인의 유기체적 관점과 나중에 프로이트 그룹에서 이탈한 오토 랑크Otto Rank가 제안한 새로운 치료자-내담자 관계 모형으로부터 그리고 철학적으로는 현상학이나 실존주의 철학의 영향을 받은 것이었다. 그는 임상경험을 통해 자신이 접근하는 치료방식을 초기에는 '비지시적'이나 '내담자중심'으로 그리고 말년에 환자들이 아닌 다양한 집단에 적용하여 실존주의적 색채를 강조하면서 '인간중심'치료라 명명하였다. 이러한 명칭에서 알 수 있듯이 로저스의 인간관이나 그에 바탕을 둔 심리치료 이론은 인본주의적, 실존주의적, 현상학적 관점에서 자율성, 가능성, 주관성, 전체성, 개방성과 같은 긍정

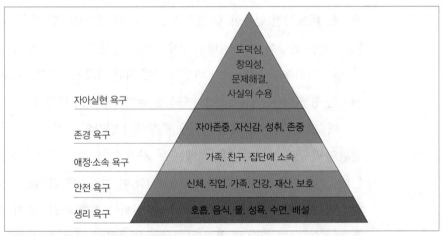

그림 12.2 | 매슬로의 욕구위계 피라미드

적인 핵심 용어로 요약될 수 있는 인간을 묘사하는 내용을 담고 있다. 로저스가 제시하는 인간관 및 정신병리 그리고 치료에 관한 핵심 내용을 요약하면 다음과 같다(Rogers, 1942, 1961).

(2) 내담자중심치료의 주요 개념과 원리

① 궁극적 동기: 자기실현의 경향성

자연에 존재하는 유기체는 모두 어떤 특정한 방향으로의 변화를 나타낸다. 그 방향이란 보다 확장되고, 성장하고, 완성된 형태로의 변화이며, 이러한 변화를 이끄는 어떤 내적인 잠재력을 이미 지니고 있는 것처럼 보인다. 인간 역시 하나의 유기체로서 그러한 동일한 변화의 과정을 나타내고 그러한 변화를 추진하는 내적 잠재력을 가진 것으로 보는데 로저스는 그것을 '실현 경향성'이라 불렀고, 이것을 인간의 가장 기본적이고 강력한 동기이자 잠재력으로 보았다. 이러한 실현 경향성은 살아 있는 유기체가 이미 선천적으로 지니고 있는 것으로서 기본적으로 자신의 유기체를 유지하고, 향상시키고, 잠재된 모든 능력을 발휘하는 방향으로 움직인다.

로저스가 말한 실현 경향성은 매슬로가 결핍동기로 불렀던 배고픔, 성욕 등과는 몇 가지 중요한 점에서 차이를 보인다. 결핍욕구가 유기체를 보존하는 기능에 초점이 맞추어져 있다면, 자기실현의 동기는 유기체적이라는 점은 같더라도 보존을 넘어서서 기능의 분화와 발달, 성장, 재생, 능력의 증진, 경험의 확대, 자율성 증진, 현 상태를 넘어선 창조적 적응을 유발하는 동기로 작용한다는 점에서 질적으로 차이가 있다. 또한 프로이트는 유기체의 욕구가 지향하는 최종 목표는 유기체의 흥분에 의해 초래된 긴장의 감소와 평형상태의 유지라고 보았던 반면 로저스는 자아실현의 경향이 단순히 긴장 감소만을 목표로 하지 않는다고 보았다. 유기체는 단순한 긴장 감소를 목표로 하기보다는 더 확장된 경험을 추구하고 더 완성된 형태로 성장하기 위해 오히려 긴장상태를 스스로 유발하는 등 현재의 주어진 상태를 넘어서서 어떤 궁극적인 이상적 상태를 실현하려는 방향으로 자율적으로 움직여 나간다고 주장했다.

따라서 유기체가 성장하면서 겪는 모든 경험은 궁극적으로 이러한 실현경향성을 기준으로 평가된다. 다시 말해 모든 유기체는 자신을 보다 완성된 형태로 실현하려는 경향성에 의해 동기화되므로 매 순간의 경험을 그러한 기준에 의해 평가하게 되는데, 로저스는 이를 유기체적 가치평가 과정organismic valuing process이라고 하였다. 예를 들어 자신을 향상시키는 데 도움이 된다고 지각하는 경험은 긍정적으로 평가하고 더 추구하며, 반대로 그러한 향상을 방해하거나 자신을 파괴하는 것으로 지각하는 경험은 부정적으로 평가하여 피하게 된다.

② 현상적 경험의 장: 자기와 자기개념

유기체적 평가 과정은 현상적 경험의 장 내에서 이루어진다. 유기체를 벗어난 외부의 객관적인 관찰자에 의해 그 경험이 평가되는 것이 아니며, 만일 그런 평가가 이루어졌다 해도 그 평가는 그 경험을 하고 있는 유기체에게는 아무런 의미가 없다. 객관적으로 관찰될 수 있는 자극과 반응의 관계로 인간을 이해하려 했던 행동주의에 로저스가 반대하는 이유는 이 때문이다. 그러한 객관적인 자극-반응 간의 관계가 아니라 그 관계를 그 개인이 어떻게 해석하고 받아들이고 있는지의 여부만이 유기체적 평가과정에서 의미를 지닌다.

로저스는 프로이트가 사용했던 자아ego 대신 자기self라는 말을 사용하고 있으며 자기와 자기개념을 혼용하고 있는데, 자기는 개인의 현상적 경험의 장의 일부가 분화된 영역이다. 생의 초기의 유아에게는 현상적 경험의 장만이 존재할 뿐 그 현상적 경험 중 어떤 것이 자기의 영역이고 자기가 아닌 것인지를 구분하지 못한다. 이후 환경과의 상호작용을 통해 그의 지각과 사고능력이 발달함에 따라 유기체적 평가과정에 의해 자신이 좋아하는 것과 싫어하는 것, 환경으로 존재하는 중요한 타인들의 평가에 의해 긍정적으로 받아들여지는 것과 아닌 것 사이를 구분해 가면서 자기가 분화되고 자기개념이 구성된다.

자기는 행위의 주체로서의 자신(I)에 대한 지각뿐 아니라 자신 또는 타인에 의해 지각된(혹은 비추어진) 자신(me)까지 포함한다. 또한 자기는 현재 지각되는 자신의 모습뿐 아니라 실현 경향성에 의해 목표화된 자기, 즉 이상적인 자신의 모습(ideal self)까지도 포함한다. 이러한 모든 자기는 객관적인 것이 아닌 주관적인 것, 즉 그 자신이 각자의 삶의 순간에서 평가하고 지각하고 바라는 현상학적인 의미로서의 자기이다. 아울러 이러한 자기는 부분적인 경험 간의 관계를 분석하거나 그 부분을 합치면 이해될 수 있는 것이 아닌 전체로서의 성격을 지니며, 게슈탈트 심리치료에서 말하는 형태처럼 각 개인이 지각하고 경험하는 것이다. 이러한 자기개념에 대한 로저스의 설명을 고려하면 그가 왜 현상학적 철학의 전통 위에 서 있는 사람이라는 평가를 받는지도 이해된다.

③ 자기와 경험의 일치/불일치

인간은 자기개념과 유기체적 경험이 일치하는 방향으로 자신을 실현해 나가려고 하지만, 사회적 존재로서의 인간은 숙명적으로 불일치에 직면하게 된다. 사회적 존재로서 인간은 자신이 의존해야 하는 중요한 타인들이 품고 있는 기대를 자신이 만족시켜 줄 수 있는지를 학습하면서 어떤 행동을 하는 것이 존중받을 만한 가치가 있는지, 즉 '가치의 조건'을 습득해 나가기 때문이다. 그 가치의 조건에 맞는 행동을 하지 못했을 때 인간은 자기개념과 경험 간의 불일치를 경험하며 자기개념의 위협과 불안을 느끼게 된다. 인간은 누구나 자기개념과 경험을 일치시키기 위해 노력하는 가운데 그러한 위협을 느낄 때 행동의 변화를 시도하며 일치를 추구하거나, 그렇지 못할 경우 상황에 대한 지각을 왜곡하거나 방어기제를 동원하여 통합된 자기개념을 유지하려 애쓴다. 그러나 이러한 불일치가 반복되거나 심각한 불일치 경험에 직면하면 심리적 부적응이나 정신병리가 초래된다.

(3) 내담자중심치료의 목표

로저스는 '좋은 삶'이란 유기체가 어떤 방향으로든 자유롭게 움직일 수 있는 내적 자유가 있을 때 그가 선택하는 방향으로 움직이는 과정이며, 심리적으로 자유로운 사람이 좀 더 완전히 기능하는 방향으로 움직이는 삶을 산다고 말한다. 좋은 삶은 특정한 지점에서 정체된 삶이 아닌 항상 자신의 잠재력을 더 잘 발휘하는 방향으로 끊임없이 움직여 나가는 과정이며, 이러한 삶을 살고 있는 사람이 '충분히 기능하는 인간fully functioning person'이라고 보았다. 내담자중심치료의 목표는 각 개인이 이러한 삶을 살아갈 수 있도록 도와주는 것이다. 그는 충분히

기능하는 인간이 지니고 있는 몇 가지 보편적 특징들을 다음과 같이 기술한다
(Rogers, 1961).

① 경험에 대한 개방성openness to experience

이것은 방어적인 것과는 반대방향으로 움직이는 삶을 말한다. 그것이 자기개념
과 불일치하거나 위협이 된다고 하더라도 유기체 내부의 혹은 환경으로부터 오
는 어떤 경험에 대해서도 방어기제로 현실을 왜곡하지 않고 개방적인 태도로
받아들인다.

② 실존적인 삶existential living

새로운 경험에 대해 개방적인 사람의 삶은 매 순간순간이 풍부하다. 타인의 기
대나 미리 가지고 있는 선입견에 의해 짜 맞추어지듯이 경험하는 것이 아니라
매 순간의 경험을 통해 새로운 자기를 경험하고, 이것이 현실과 매 순간 밀착되
는 충실한 느낌을 준다.

③ 유기체적 신뢰organismic trust

유기체적 평가과정에 의해 매 순간 내면에서 자신이 진정으로 원하는 것이 무
엇인지 자각하고, 그 방향을 선택하며 그 선택으로부터 얻은 경험으로 진정한
만족을 누릴 줄 안다.

④ 경험적 자유experiential freedom

만족을 누릴 수 있는 인생을 자신이 선택할 수 있다는 실존적 자유의 감정 그리
고 그 선택에 스스로 책임질 수 있다는 자신감을 포함한다.

⑤ 창조성creativity

타인의 기대나 사회의 요구로부터 완전히 자유로울 수는 없다 하더라도 그 사
회와 문화 속에서 능동적이고 건설적으로 자신의 유기체적 욕구를 만족시킬 수
있다.

(4) 내담자중심치료의 핵심 치료조건

심리적 부적응이나 정신병리는 근본적으로 자기개념과 경험 간의 불일치에서 파생된다. 따라서 내담자중심치료의 목표는 모든 것에 대해 개방적인 태도로 충분히 경험하면서 자기개념을 확장하고 자기와 경험 간의 통합을 이루는 것이다. 이러한 목표를 달성하도록 도와줄 수 있는 치료자는 어떤 사람인가? 내담자중심치료에서 치료자는 특별한 치료 기법을 잘 사용하는 사람이라기보다는 내담자가 그러한 통합적 경험을 할 수 있도록 내담자와 관계를 형성할 수 있는 태도나 인격을 갖춘 사람이다. 즉, 내담자중심치료에서의 성공 여부는 치료 기법보다는 치료자의 태도나 인성에 달려 있다고 본다. 내담자는 이미 성장 잠재력을 지니고 있으며 치료자는 그것을 촉진하기만 하면 된다. 치료자 역시 내담자에 대해 유기체적 신뢰를 지니고 있어야 한다. 내담자가 위협받지 않고 자신의 유기체적 경험을 충분히 자각하고 수용할 수 있도록 촉진하는 치료자의 핵심 조건은 다음의 세 가지이다.

① 무조건적 긍정적 존중 unconditional positive regard

내담자가 자기개념과 불일치하는 경험에 직면했을 때 방어적이 되고 경험을 왜곡하는 이유는 특정한 조건에서만 자신이 존중받고 사랑받을 수 있는 존재라고 생각하기 때문, 즉 가치의 조건이 내면화되었기 때문이다. 내담자중심치료에서는 이러한 가치의 조건과는 반대되는 경험을 할 수 있는 치료적 관계가 형성되어야 한다. 내담자는 판단이나 비판 없이 자신이 경험하는 모든 것이 있는 그대로 치료자에게 수용되고 존중된다는 느낌을 가질 때 자신을 개방하고 자신의 경험을 수용할 수 있게 된다.

② 진솔성 genuineness 혹은 일치성 congruence

정신분석치료에서 치료자는 하나의 배경처럼 존재하며 익명성과 중립성을 유지할 것이 요구된다. 그러나 내담자중심치료에서 치료자는 그러한 중립성과 익명성의 커튼 뒤로 숨지 않고 치료 장면에서 내담자가 보이는 모든 행동에 대해 느끼고 생각한 그대로를 있는 그대로 표현할 수 있는 사람이어야 한다. 치료자 역

Box 12.4　　　내담자중심치료의 사례

다음은 학생상담센터를 방문한 20대 남자 대학생과의 상담과정 중 일부를 발췌한 것이다. 이 내담자는 현재 대학 3학년에 재학 중이며 자신의 전공과 진로에 대한 갈등 그리고 모든 면에서 자신보다 뛰어나다고 생각하는 형과의 비교로 인한 열등감, 우울감과 전반적인 무가치감을 호소하고 있었다.

내담자: 예전부터도 그런 면이 있었지만, 저는 특히 요즈음 더 무력해지고 있는 것 같아요.

치료자: 음.

내담자: 어제도 조별과제를 위해 조원들끼리 함께 모여서 과제에 대해 얘기하다가, 문득 나는 이 과제에 아무 도움도 못 되는 쓸모없는 존재라는 생각이 들었어요.

치료자: 어제의 조별 모임에 대해 더 얘기할 것은 없나요?

내담자: 어제 모임에서 저는 별로 얘기한 것도 없고 주로 앉아서 듣고만 있는 편이었죠. 사실 어제만 그랬던 것은 아니고 늘 그런 편이죠. 그런 자리에서 저는 늘 초라한 모습으로 혼자 주눅 들어 있었던 것 같아요.

치료자: 어제뿐 아니라 그런 모임에서는 늘 자신이 초라하게 느껴지고 주눅이 들어 있었다는 것이군요.

내담자: 그런 편이죠. 그런 모임에 갔다 오면 정말 제 자신이 바보 같고 무능하다는 생각에 며칠 동안 침울한 상태로 지내게 되죠.

치료자: 그런 모임에서 느꼈던 감정들이 며칠 동안 지속되는군요.

내담자: 예, 그런데 그런 특별한 일들이 없었어도 늘 제 자신 속에는 우울한 뭔가가 묵직하게 자리 잡고 있었던 것 같아요. 대학에 들어온 이후에 더 심해진 것도 같지만….

치료자: 음… 이전부터도 늘 우울한 마음이 자리 잡고 있었던 것 같나요?

내담자: 아마도… 아주 어릴 때부터도, 저는 밝은 편이 아니었던 것 같아요. 집에서도 부모님께 칭찬을 받아 본 기억이 없고…. 아마도 형이라는 존재가 제게 너무 크게 부각되어 있어서 자신도 모르게 항상 형과 비교하고 있었던 것인지도 모르죠. 그렇죠. 형은 모든 면에서 저와 비할 바가 아닐 정도로 뭐든 잘했죠. (잠시 말을 멈추고 생각에 잠긴다.)

치료자: 음.

내담자: 그래요. 저는 늘 형 옆에서 작아지는 느낌을 가졌던 것 같아요. 아빠한테 칭찬받고 있는 형을 볼 때면 제가 야단맞고 있는 것도 아닌데, 한없이 쪼그라드는 느낌이 들었던 것 같아요. 어제 모임 때 그리고 집에 왔을 때 느꼈던 위축되고 초라한 느낌과도 비슷하죠.

치료자: 어제 조별 모임 때 느꼈던 초라한 느낌, 주눅 들었던 느낌, 그런 것들이 칭찬받던 형 옆에서 어릴 때 느꼈던 쪼그라드는 느낌과 비슷한 것이군요.

내담자: 예 맞아요. 확실히 그래요. 어제도 한 조원이 저는 생각지도 못했던 의견을 제시하자 다른 조원들이 모두 감탄하는 눈빛으로 쳐다보는 걸 느꼈죠. 걔는 부러울 만큼 능력도 있고, 늘 자신감에 차 있던 친구에요. 저는 그런 친구 옆에서 한없이 작아지고 위축되고…. 아, 그게 어제의 문제만은 아닌 것 같군요. 아마도… 제가 늘 형에게 느끼던 열등감과 부러움… 저는 늘 그런 형 옆에서…. (감정이 북받쳐 오르는 듯 눈가가 붉어진다.)

시 자신의 경험에 대해 개방적이면서 자기개념과 경험을 일치시킬 수 있어야 하기 때문이다. 치료자가 이러한 모습을 보일 때 내담자 역시 진솔하게 자신의 경험을 자각하고 표현할 수 있다.

③ 공감적 이해empathic understanding

치료자가 치료과정에서 '지금 여기'에서 매 순간 느끼는 경험들을 있는 그대로 정확하게 내담자와 함께 느끼는 것 그리고 그것을 내담자에게 표현하는 것을 말한다. 치료자가 이렇게 할 때 내담자 역시 자신의 경험에 대해 있는 그대로 정확하게 수용할 수 있고 더 깊은 탐색을 할 수 있다.

(5) 내담자중심치료의 과정

로저스는 치료과정에서 내담자가 겪게 되는 일반적인 변화의 과정을 7단계로 요약하고 있다(Rogers, 1961).

1단계: 자신을 개방하는 것을 위험한 것으로 여겨 내담자는 자신에 관해 자발적으로 이야기하지 않으며 의사소통은 피상적인 수준에 머물러 있다. 스스로의 경험에 대해서도 폐쇄적이며 적극적이고 개방적인 탐색을 피하려 한다.

2단계: 내담자는 치료자의 진솔하고 허용적인 태도를 접하면서 조금씩 자신을 드러내며 감정을 표현하기 시작한다. 그러나 여전히 자신의 감정을 대상화하는 태도에서 벗어나지 못하고 있으며, 자신에게 문제가 있음을 자각하기 시작하지만 그 원인을 타인의 탓으로 돌리는 수준에 머물러 있다.

3단계: 여전히 자신의 경험과 자신 간에 거리를 두는 대상화된 수준에 머물러 있기는 하지만 표현되는 감정의 내용들이 다양해지고 이따금씩 '지금 여기'에서 감정을 경험함으로써 인지적으로 대상화된 감정과 유기체로서 생생하게 느끼는 감정 간의 불일치를 자각하고 스스로 혼란과 갈등을 느끼기도 한다.

4단계: 자신이 표현하는 감정에 대한 모순과 혼란 속에서도 치료자에 의해 자신이 있는 그대로 수용되고 존중받고 있다고 느끼면서, 내담자는 자신의 경험에 대해 조금씩 더 자유롭고 개방적인 태도를 보이기 시작한다. 이와 함께 이전에는 의식하지 못하거나 부인했던 감정들을 자각하고 그것을 자발적으로 표현하기 시작하며, 자신의 경험과 감정의 주체가 자신임을 인식하면서 주체의식 또는 책임감이 나타나기 시작한다.

5단계: 내담자가 자신의 감정을 현재 시제로 보다 자유롭게 표현하며 이전보다 더욱 강렬한 정서 경험을 하게 되면서 이따금씩 두려움과 혼란을 느끼지만, 경험과 자신 간의 일치감이 증가하고 경험들이 통합되면서 진정한 자신이 되고자 하는 욕구를 경험하게 된다.

6단계: 이전단계와는 뚜렷이 구별되는 변화가 나타난다. 지금까지 부인했던 감정들을 생생한 현재의 감정으로 느끼고 수용함으로써 대상화되었던 자기

표 12.2 | 실존치료, 게슈탈트치료, 내담자중심치료 비교

항목	현존재분석	로고테라피	게슈탈트치료	내담자중심치료
주요 학자	루드비히 빈스방거 메다드 보스	빅토르 프랭클	프리츠 펄스	칼 로저스 에이브러햄 매슬로
인간에 대한 관점	세상 속에 존재하고 세상을 향해 열려 있는 현존재	삶에서 의미를 찾는 존재	외부 세계를 부분이 아닌 전체로 지각하는 존재	성장하는 유기체, 스스로 완성을 향해 나아갈 수 있는 잠재력을 지닌 주체
정신병리의 원인	세계에 대한 개방성과 초연함을 잃고 폐쇄적이 됨	실존적 욕구의 좌절. 하지만 이런 고통이나 불만은 의미를 추구하는 인간으로서 정상적인 반응임	접촉경계의 혼란으로 환경과의 상호작용에 장애 발생	자기개념과 유기체적 경험의 불일치
목표	개방성, 즉시성, 있는 그대로를 보려는 태도를 지니는 것	세계 속에서 발견 가능한 의미의 범위를 스스로 깨달을 수 있도록 환자의 시야를 넓히고 확대하는 것	체험의 장을 확장하여 성장 잠재력을 촉진하고, 자율성과 책임감을 증진하고, 실존적인 삶을 추구하는 것	경험에 대해 어떤 방향으로든 자유롭게 움직일 수 있는 내적 자유를 지닌 사람, 즉 충분히 기능하는 사람이 되는 것
치료 방법	모든 경험의 표현과 개방	역설적 의도 탈숙고	알아차리기 빈 의자 역할 연기 꿈 작업 실험	무조건적 긍정적 존중 진솔성 혹은 일치성 공감적 이해

경험 간의 거리가 사라지고 경험의 일치성과 통합성이 고조되며 진정한 자신이 되는 극적인 경험을 하게 된다. 이와 함께 타인과의 관계에서 생길 수 있는 위험을 기꺼이 감수하려 하고 타인을 신뢰하고 수용할 수 있게 된다.

7단계: 자신과 자신의 경험에 대해 편안해지며 새로운 경험과 감정에 대해 개방적인 태도로 큰 두려움 없이 직면하려 한다. 유기체적 신뢰의 바탕 위에서 자신과 타인의 경험을 있는 그대로 수용하려는 일치의 태도를 보이며 현실 생활 속에서 때때로 불안에 의해 자신과 타인의 경험을 왜곡하더라도 스스로 그것을 교정하고 일치에 이를 수 있는 자신감을 갖게 된다.

이 장의 요약

1 심리치료의 영역을 그 철학적 배경에 의해 크게 나누어 보자면 정신분석적 접근, 행동주의적 접근 그리고 현상학적 접근으로 구분할 수 있다. 현상학적 접근은 철학의 영역에서 나타나기 시작한 현상학 및 실존주의의 흐름과 밀접한 관련을 지니고 있으며, 여러 가지 측면에서 정신분석이나 행동주의적 접근이 묘사하는 인간관과 차이를 보인다.

2 현상학적 전통에 의해 영향을 받아 심리학의 영역에서 개척되어 온 대표적인 치료는 실존주의치료, 게슈탈트치료 그리고 내담자중심치료이다. 이들 치료적 접근은 공통적으로 '지금 여기'에서 내담자가 체험하는 심리적 경험을 현실에서 있는 그대로 경험하면서 내담자가 위협적인 것으로 여겨 경험의 폭을 제한할 수 있는 요인들을 자각하고 이완시켜서 지각의 장을 확장할 수 있도록 하는 것을 치료의 목표로 삼는다. 이들 치료적 접근들은 또한 진단

이나 평가를 하거나 특정한 치료 기법을 동원하는 것보다는 내담자가 그러한 확장된 자각과 경험을 할 수 있도록 촉진하는 치료자의 태도와 인성을 더 중시한다. 그러한 태도를 지니고 내담자와 인격적으로 상호작용할 수 있다면 내담자 스스로 자신의 경험을 확장하고, 되고 싶은 자신이 되어가는 내적인 잠재력이 있다고 믿는다는 점에서 공통점을 지닌다.

3 이러한 치료적 접근은 인간의 본능적인 면에만 치중하여 수동적인 존재로 바라보았던 정신분석적 관점이나 완벽하게 통제 가능한 기계처럼 바라보는 행동주의적 관점이 간과하고 있던 인간의 잠재력과 자율성에 주목할 수 있게 하였다. 그리고 무엇보다 치료자의 태도와 인간관이 심리치료의 효과를 발휘하는 핵심 요인이라는 점에 주목하게 하였다는 데에서 역사적 의의를 찾을 수 있다.

더 읽을거리

후설에서 시작되어 하이데거, 사르트르, 메를로퐁티에 이르기까지 현상학의 흐름을 체계적으로 정리하여 현상학이 무엇인지를 한눈에 알아보고 싶다면 다음의 책을 참고할 수 있다.
- Thévenaz, P. (2011). 현상학이란 무엇인가? [*What is phenomenology?*]. (김동규 역). 서울: 그린비 (원전은 1962에 출판).

죽음, 자유, 소외, 무의미라는 실존주의 심리치료의 4가지 핵심적인 주제를 통해 실존주의 심리치료의 핵심 사상을 살펴보려면 다음의 책을 참고할 수 있다.
- Yalom, I. D. (2007). 실존주의 심리치료 [*Existential psychotherapy*]. (임경수 역). 서울: 학지사 (원전은 1980에 출판).

게슈탈트 심리치료의 창시자로서 펄스의 사상과 게 슈탈트 심리치료의 이론 및 치료 실제를 살펴보려 면 다음의 책을 참고할 수 있다.

- Perls, F. S. (2013). 펄스의 게슈탈트 심리치료[*The Gestalt Approach & Eye Witness to Therapy by Fritz Perls*]. (최한나, 변상조 역). 서울: 학지사 (원전은 1978에 출판).

칼 로저스의 생애를 통해 인간중심치료의 형성 과 정과 핵심 내용을 살펴보고 싶다면 다음의 책을 참 고할 수 있다.

- Thorne & Sanders (2017). 인간중심치료의 창시 자 칼 로저스[*Carl Rogers 2nd Ed.*]. (박외숙, 고 향자 역). 서울: 학지사(원전은 2012에 출판).

13

집단치료

심리 치료는 치료자가 한 번에 상대하는 내담자의 수에 따라서 개인 심리치료와 집단 심리치료로 나누어진다. 개인 심리치료는 치료자가 한 번에 내담자 한 명에 개입하는 방식인 반면, 집단 심리치료는 치료자가 동시에 여러 명의 내담자를 상대로 각 내담자의 증상 완화, 문제해결 및 치료적 변화를 가져오도록 개입하는 심리적 접근방식이다. 심리치료는 처음에는 개인을 대상으로 접근하는 것이 보편적이었으나, 한 번에 여러 명의 내담자에게 접근할 필요성이 증가하면서 경제성과 효율성이 높은 집단치료가 점차 요구되었다.

집단치료는 여러 명의 환자를 모두 관리하기 위한 수단으로 사용되기도 하고, 비슷한 증상을 가지고 있는 환자들에게 공통된 개입을 실시할 때 부가적으로 활용되기도 한다. 심각한 증상을 지닌 환자들뿐 아니라 좀 더 경미한 증상이나 문제를 지닌 내담자들을 효과적으로 상대하고 개입하기 위한 방식으로 집단치료가 활발하게 활용되고 있다.

여기에서는 먼저 집단치료의 역사를 살펴본 다음, 집단치료의 특징을 장단점을 중심으로 알아볼 것이다. 집단치료라는 독특한 형태와 방식이 지니고 있는 주요 윤리적 쟁점들과 그에 대한 지침을 소개하고, 집단치료를 실시하는 치료자가 갖추어야 할 자질을 인간적 자질과 전문적 자질로 나누어 살펴볼 것이다. 또한 집단치료를 계획하고 구성할 때 사전에 준비하고 알아 두어야 할 것이 무엇인지 정리하고, 집단치료가 진행되는 과정을 네 가지 단계로 나누어 짚어볼 것이다. 마지막으로 집단치료를 통한 치료적 효과가 나타나는 데 영향을 미치는 요인들이 무엇인지 얄롬이 제안한 치료적 요인들을 중심으로 살펴볼 것이다(Yalom, 1995).

☑ **이 장의 목표**

1 집단치료의 특징과 장단점을 이해할 수 있다.
2 집단치료 과정에서 발생할 수 있는 윤리적 문제와 그에 대한 지침을 익힌다.
3 집단치료자가 갖추어야 할 인간적 자질과 전문적 자질이 무엇인지 살펴본다.
4 집단치료가 진행되는 과정과 치료적 효과를 발휘하는 요인을 이해할 수 있다.

집단치료의 역사

집단치료의 방식은 20세기 초인 1905년에 미국의 내과의사였던 조지프 프랫 Joseph Hersey Pratt에 의해 처음 실시되었다고 볼 수 있다. 그는 결핵 환자들의 우울함을 완화하기 위해 집단 토론 방식을 활용해서 접근하였다.

이를 바탕으로 미국의 정신분석협회를 창시한 버로우Burrow가 소수를 대상으로 내면을 분석하고 토론하는 집단 형식을 시행하면서 집단분석group analaysis이라는 용어를 사용하였다. 개인 심리치료의 창시자인 아들러Adler는 여러 명을 모아 열등감을 주제로 한 집단치료 활동을 진행하였고, 이를 집합치료collective therapy라고 불렀다.

집단치료가 본격적으로 성장하게 된 것은 제이콥 모레노Jacob L. Moreno에 의해서였다. 정신과의사였던 모레노는 당시의 전통적인 정신분석에 반기를 들며, 환자들을 치료하기 위한 집단 방법을 개발하기 시작하였다. 이 과정에서 집단정신치료group psychotherapy라는 용어를 처음으로 사용하였고, 특히 심리극psychodrama을 개발하여 1925년 미국에 소개하기도 하였다.

이후 제2차 세계대전을 거치면서 집단치료 방식은 급성장하게 되었다. 전쟁 참전용사들의 심리적 문제에 대한 치료적 개입의 요구는 급증하였지만, 이를 담당할 전문요원의 수가 턱없이 부족하였기 때문이다. 전문치료 인력의 부족을 보완할 수 있는 방법으로 집단치료 방식이 주목을 받았고 활발하게 실시되었다.

치료를 목적으로 한 집단치료의 형식이 일반인들을 대상으로 성장에 초점을 맞추어 보급되기 시작한 것은 1947년 훈련 집단(T-group)training group이 시작되면서부터이다. 미국 전국훈련연구소(NTL)에서 10~12명 정도의 일반인을 대상으로 대인관계기술과 의사소통상의 감수성 계발을 목표로 비구조화된 집단 형식을 시작하였다. 다양한 계층의 일반인이 참여하면서, 훈련 집단은 집단을 통해 자신을 탐색하고 성장할 수 있는 교육과정으로 인정받았다.

1960년대에는 감수성 집단sensitivity group과 참만남 집단encounter group 등이 등장하였고, 이는 1970년대까지 많은 사람에게 성장을 위한 집단상담 형식으로 인정받으며 부흥하였다. 이러한 집단들은 특히 로저스Rogers의 인간중심치료 이론으로부터 많은 영향을 받았다. 10명 내외의 사람들이 비구조화된 집단 형식으로 참여하였고, 참여자들은 집단 내에서 인간적 유대를 형성하고 서로가 서로에게 더욱 성장하고 자아를 실현하는 방향으로 나아가는 통로 역할을 하였다. 훈련 집단이 집단역학의 원리를 바탕으로 조직 내 인간관계와 생산적 풍토에 초점을 둔 반면, 감수성 집단 및 참만남 집단은 참여자들로 하여금 정서적 경험을 솔직하게 표현하고 직관적 체험의 확대를 통한 인간적 성장을 독려하는 데 초점을 두었다.

이후 1990년대에 집단 형식의 심리치료 방식에 대한 관심이 부활하였다. 정신역동적 치료, 인지행동치료, 인간중심치료, 인본주의 및 현상학적 치료, 게슈탈트 치료 등 대부분의 심리치료 이론이 집단 형태로 진행되는 집단치료 방식을 만들어 이론화하고 실시·발전시켰다.

집단치료의 특징 및 종류

심리치료 방식으로서 집단치료가 주목받은 대표적 특징은 일대일로 진행되는 개인치료에 비해 경제성, 실용성, 효율성이 빠르게 나타난다는 점이었다. 또한 여러 명이 상호작용하며 진행되는 집단치료 형식은, 개인의 부적응과 심리적 어려움이 대부분 대인관계 갈등에서 비롯되거나 이와 관련된다는 점에서 관심을 받았다. 이처럼 대인관계 문제의 중요성이 강조되면서, 이에 접근하기가 비교적 용이한 집단치료의 특성과 그 치료적 가치가 부각되었다.

집단치료의 특징

집단치료가 개인치료와 다른 점은 치료자가 동시에 여러 명의 내담자들을 상대로 심리치료적 개입을 한다는 것이다. 심리치료에 참여하는 여러 내담자들 사이

▲ 집단치료에서는 다른 집단원에 관심을 갖고 자연스럽게 상호작용한다.

에 필연적으로 상호작용이 발생하는데, 이것이 집단치료의 여러 특징을 만들어 낸다.

첫째, 집단치료는 사회적 기술과 대인관계 능력을 학습하도록 돕는다. 치료를 위해 구성된 집단은 축소된 사회로서의 역할을 한다. 이렇듯 집단치료 과정에서 다양한 집단원과의 상호작용을 통해 타인에게 관심을 갖는 것과 그 관심을 전달하는 방법, 타인에게 도움이 되는 방향으로 반응하는 방법 등을 경험하고 터득할 수 있다.

둘째, 집단치료는 개인치료에 비해 지금 여기here and now에 더 집중한다. 즉, 지금 이 순간에 일어나는 현상 및 과정process에 보다 초점을 맞춘다. 집단치료에 참여하는 집단원들은 함께하는 다른 집단원들에게 관심을 갖게 되고 서로의 말과 행동 등에 반응하며 자연스럽게 상호작용한다. 따라서 내담자들은 지금 여기에서 자신이 느끼는 감정과 떠오르는 사고를 즉각적으로 알아차리고 이를 다른 사람에게 표현하는 것이 중요해진다.

셋째, 내용 면에서는 과거 또는 집단 밖의 사건보다 현재 또는 집단 내의 사건에 보다 관심을 갖는다. 개인 심리치료는 온전히 내담자 자신에게 초점을 맞추기 때문에 자신의 과거와 일상생활 속에서 마음이 불편했던 사건에 초점을 맞추어 이야기한다. 그러나 집단치료는 함께하는 집단원들 간의 상호작용이 존재하고 서로에 대해 관심을 갖기 때문에 과거나 집단 밖의 사건보다 집단원들 간의 현재 존재하는 인간관계에 좀 더 관심을 갖는다.

넷째, 내담자는 자신의 심리적 작업에 얼마나 깊이 관여할 것인지 좀 더 쉽게 조절할 수 있다. 개인치료에서 내담자는 전체 치료 시간 운영의 책임을 지기 때문에 일단 심리치료를 시작한 이상 자신의 심리적 작업에 참여할 수밖에 없다. 반면 집단치료는 여러 명의 내담자들이 동시에 심리적 작업에 참여하므로 한정된 치료 시간 동안 자신의 심리적 문제를 꺼내어 작업을 할지 여부를 조절할 수 있다. 즉, 깊은 심리적 작업을 원치 않는다면 드러내기 원하는 선까지만 이야기를 할 수 있다. 자신이 굳이 하지 않더라도 다른 누군가의 치료적 작업으로 회기를 채울 수 있기 때문이다.

다섯째, 집단치료의 치료자는 개인치료에 비해 좀 더 동등한 위치에서 내담자와 상호작용할 수 있다. 개인치료의 경우 치료자가 내담자의 심리적 문제에 개입하는 다소 권위를 지닌 존재로 인식된다. 반면, 집단치료에서는 참여하는 집단원들 모두가 서로의 심리적 문제에 대한 작업에 개입할 수 있기 때문에 치료자는 집단원들과 비교적 동등한 위치에 있는 것으로 지각된다.

집단치료의 장점

집단치료에 대한 관심이 증가하고 활용도가 커지는 이유는 다음의 여러 가지 장점이 있기 때문이다.

(1) 경제적이다

집단치료는 치료자와 내담자 모두에게 경제적이다. 치료자 입장에서는 개인치료가 한 번에 한 명의 내담자밖에 만날 수 없는 반면, 집단 심리치료는 한 번에 여러 명의 내담자를 만나 영향력을 미칠 수 있다는 점에서 경제적이다. 내담자 입장에서는 개인치료보다 저렴한 치료비를 지불하므로 경제적이고, 치료 시간에 치료자 외에도 다른 집단원들로부터 다양한 방식으로 도움이 되는 정보와 피드백을 제공받고, 사회적 교류 경험 등을 통해 사회적 훈련의 기회를 제공받을 수 있다는 점에서 효율적이다.

(2) 대인관계 능력을 개발한다

집단치료의 가장 큰 특징은 여러 내담자들이 서로 교류할 수 있는 상황이 연출된다는 점이다. 이는 첫째, 다른 사람들과 사회적 교류 경험을 가질 수 있는 기회를 제공하고, 그 관계들을 통해 다른 사람들에 대한 다양한 욕구를 표현하고 소통할 수 있는 관계 경험을 할 수 있다. 둘째, 실제 현실 생활과 유사한 사회적 상황을 제공하면서 내담자로 하여금 안전하고 덜 위협적인 분위기에서 사회적 관계를 맺을 수 있도록 돕는다. 내담자는 일상생활에서와 유사한 방식으로 상호작용하면서 사회적 관계에서 자신이 느끼는 감정, 생각, 행동, 태도와 습관 등을 보여주고 이에 대한 피드백을 받을 수 있다.

우리는 살면서 많은 사람들과 교류하지만 솔직한 피드백을 받을 수 있는 경우는 드물다. 그러나 집단치료라는 특수한 상황에서는 다른 집단원들과 치료자로부터 솔직한 피드백을 받음으로써 이를 확인하고 좀 더 도움이 되는 방식으로 반응하는 방법을 배울 수 있다.

(3) 심리치료적 개입에 대한 수용이 용이하다

내담자는 개인치료에 비해 집단치료에 대한 부담을 덜 느끼기 때문에 집단치료를 통해 내담자에 대한 심리치료적 개입을 실시하는 것이 좀 더 용이하다. 개인치료는 치료가 오직 내담자 한 명에게 집중되는 반면, 집단치료는 여러 명의 내담자들에게 분산된다. 따라서 개인치료에 참여하는 내담자는 자신의 이야기로 채워야 하는 책임과 부담을 크게 느끼는 반면, 집단치료에 참여하는 내담자 한 명이 갖는 부담은 상대적으로 적다. 또한 내담자는 자신의 심리를 노출하는 정도나 집단 내 대화 및 작업에 참여하는 정도를 스스로 결정할 수 있다. 대화에 참여하지 않는다고 하더라도, 다른 집단원 간의 대화를 들으며 간접적으로 학습함으로써 자신의 내적 문제와 갈등을 들여다보고 정리할 수 있다. 따라서 개인치료를 받는 것을 부담스러워하는 내담자의 경우 집단치료에 먼저 참여하게 하는 것이 효과적이다.

(4) 집단원들의 공통된 의견을 받아들일 가능성이 높다

심리적 증상과 문제를 지닌 내담자들에게 필요한 것은 그동안 회피하고 거부해 왔던 대안적인 시각에 대한 수용과 새로운 행동을 시도하는 것이다. 치료자는 심리치료를 통해 내담자로 하여금 기꺼이 위험을 감수하고 새로운 시각과 행동에 접근하도록 안내해야 한다. 그러나 개인치료의 경우 치료자의 제안이 권위적 대상으로부터 나온 이해관계에 따른 행동으로 치부될 수 있는 반면, 다른 집단원들의 조언이나 발언은 자신과 이해관계가 없는 동등한 위치에서 순수하게 하는 것이라 지각한다. 특히, 내담자는 집단 안에서 수용되고 소속되길 원하기 때문에 다른 집단원의 제안을 좀 더 잘 받아들일 가능성이 높다. 이러한 상호작용을 통해 다른 집단원과의 결속력을 높이고, 집단이라는 새로운 사회에 대한 소속감을 느끼게 된다.

(5) 문제해결 행동을 좀 더 구체적으로 실현할 수 있다

작은 사회인 집단 안에서 문제를 해결할 수 있는 행동을 구상·연습하고 시행해 봄으로써 사회에서 자신이 어떻게 행동할지 그리고 그 행동에 대한 결과가 어떠할지 예상할 수 있다. 또한 피드백을 통해 자신의 행동에 대한 다른 사람들의 반응을 예측해 볼 수 있다. 이러한 과정을 통해 점차 문제해결에 도움이 되는 구체적 행동에 접근할 수 있다는 점에서 실용적이다.

집단치료의 단점

(1) 문제에 대한 심리적 작업이 충분히 이루어지지 않을 수 있다

집단치료는 여러 명의 집단원을 대상으로 작업이 이루어지기 때문에 한 내담자의 문제가 깊이 있게 다루어지지 않을 가능성이 크다. 특히, 구조화 집단이나 반구조화 집단의 경우 각 회기의 주제가 있고, 그 주제 활동에 대해 모든 집단원이 어느 정도의 참여와 작업을 해야 하기 때문에 한 내담자에 대해 깊이 있는 심리적 작업을 하기는 어렵다. 비구조화 집단의 경우에도 한 내담자의 문제가 나왔지만 다른 집단원의 이야기로 갑작스럽게 전환이 될 수도 있다. 또한 문제를 꺼내기는 했는데 시간이 충분치 않거나 다른 집단원들이 원하지 않아서 더 이상 다루어지지 않기도 한다.

(2) 심리적 준비가 되기 전에 '자기공개'의 집단 압력을 받기 쉽다

집단치료 과정이 다른 집단원들과의 상호작용으로 진행되다 보니 내담자가 원치 않더라도 다른 집단원의 요구에 의해 자신의 이야기를 하거나 심리적 작업에 참여할 수 있다. 예를 들어, 한 내담자가 무심코 자신의 이야기를 꺼냈는데 궁금해진 여러 집단원이 이야기를 계속할 것을 요구할 수 있다. 이때 내담자는 당황스러울 수 있으며 이야기를 하지 않을 경우 집단분위기가 불편해지는 것에 부담을 느낄 수 있다.

(3) 집단치료가 적합하지 않은 내담자가 있다

모든 내담자가 집단치료를 통해 심리적 도움을 받을 수 있는 것은 아니다. 여러 사람과 함께 상호작용하며 이루어지는 집단치료의 특성상 대인관계 기술이 심하게 결핍된 내담자는 집단치료가 어려울 수 있다.

타인에게 쉽게 심한 공포감이나 수치심을 느끼는 사람 혹은 타인에 대한 의심이나 적대감이 지나친, 즉 편집증 및 반사회성 성격과 같은 심각한 성격적 문제가 있는 사람의 경우 집단치료에 참여하는 것 자체가 심리적 어려움을 유발하며, 이는 다른 집단원에게도 부정적 영향을 미칠 수 있다. 죽음이나 질병, 자살경향성과 같은 심각한 위기상황에 처한 내담자 역시 집단치료보다는 집중적인 개입을 받을 수 있는 개인치료에 의뢰하는 것이 바람직하다.

(4) 지각이나 결석, 중도탈락 등의 참석 문제가 집단치료를 방해할 수 있다

집단치료는 참여하는 모든 집단원이 서로 영향을 주고받으며 목표를 향해 나아가는 작업이다. 따라서 집단원의 결석이나 지각은 다른 집단원들의 사기를 떨어뜨리고 집단원 간의 신뢰감과 응집력을 낮추는 등 부정적 영향을 끼친다. 따라서 치료자는 모든 집단원이 가능한 한 규칙적으로 집단에 참여할 수 있도록 독려하고, 집단치료 중간에 이탈할 가능성이 있는 집단원의 경우 세심한 주의와 관심을 기울이며 꾸준히 참석하도록 독려할 필요가 있다.

(5) 집단원 간의 상호작용을 통해 상처받을 수 있다

개인치료는 전문성을 갖춘 심리치료자가 내담자 한 명을 상대하는 작업인 반면, 집단치료는 전문적 훈련을 받지 않은 집단원 간의 상호작용을 통해 이루어진다. 따라서 함께 참여한 내담자들의 성격적 문제와 정서적 문제는 물론, 각자가 집단 안에서 채우고자 하는 욕구와 각자의 참여 태도 등이 충돌할 수 있다. 이러한 이유로 집단치료 참여자는 개인치료에 비해 집단 안에서 상처받을 가능성이 크다. 또한 집단 안에서 발생한 상처가 충분히 다루어지지 않은 채 집단치료가 마무리될 수 있다. 이 경우 내담자는 심리적 도움을 받기 위해 참여한 집단치료를 통해 추가적인 심리적 어려움을 겪게 되고, 그 결과 치료적 개입에 대해 부정적인 인상(예: 보호받지 못한 느낌)을 받을 수 있다.

집단치료의 종류

임상심리학자의 심리치료 대상은 크게 우울, 불안, 정신신체장애, 성적 장애와 같은 특정한 증상이나 심각한 심리적 문제를 지닌 사람들과 적응 및 대인관계 문제 등을 지닌 비교적 정상 기능을 수행하는 일반인으로 구분된다. 전자의 예를 들면, 우울증의 인지행동치료, 강박증의 인지행동치료, 섭식장애 환자들을 위한 집단치료, 자폐증 아동들의 행동치료 집단 등이 있다. 이 경우 치료의 성격이 강하므로 집단치료라는 말이 좀 더 적합하다. 반면, 후자의 경우 집단치료보다는 집단상담이라는 용어를 주로 사용한다. 집단상담에는 대인관계 능력 향상 프로그램, 의사소통 프로그램 등이 있다. 집단상담에는 치료적 목적뿐 아니라 예방적·교육적 목적이 있다. 내담자들이 처한 상황에서 좀 더 적응적으로 대처할 수 있도록 돕고, 문제를 해결할 수 있는 행동을 학습하고 실천하며, 사회적 상황에서 적절히 행동할 수 있는 대인관계 기술을 증진하도록 돕는다. 두 가지모두 내담자들이 지니고 있는 내적 자원을 발견하도록 돕고, 최적의 성장과 발달을 하는 데 방해가 되는 장애물을 다룸으로써 삶에 잘 적응하고 성장할 수 있도록 돕는다. 이에 여기에서는 두 가지를 특별히 구분하지 않고 모두 집단치료라는 말을 사용해 포괄적으로 다루고자 한다.

(1) 구조화 정도에 따른 구분: 구조화된 집단 대 비구조화된 집단 대 반구조화된 집단

집단치료를 구분하는 대표적인 기준 중 하나는 얼마나 구조화되어 있느냐이다. 구조라는 것은 집단치료를 시행하는 틀을 말하는 것으로 집단 구조화 정도에 따라 구조화된 집단, 비구조화된 집단 그리고 반구조화된 집단으로 나눈다.

구조화된 집단structured group은 집단치료의 목표, 각 회기의 목표, 각 회기 내 내용 등이 구체적으로 프로그램화되어 있는 것이 특징으로 매뉴얼로 잘 짜여 있는 집단 프로그램이 여기에 해당한다. 따라서 치료자는 집단치료에 대한 지식이나 경험이 풍부하지 않더라도 매뉴얼의 지침을 충실히 따르면 큰 무리 없이 집단치료의 과정을 이끌 수 있다. 구조화된 집단치료 형식을 사용할 수 있는 주제로는 주로 강박장애, 섭식장애, 스트레스 관리, 정서조절훈련, 자기주장훈련, 대인관계 기술 습득 등이 있다. 치료적 접근으로는 인지행동치료가 대표적이다. 강박장애 인지행동치료, 사회불안 인지행동치료, 대인관계 능력 향상 프로그램, 스트레스 관리 프로그램, 관계증진을 위한 의사소통기법 훈련 등이 있다.

비구조화된 집단unstructured group은 구조화된 집단과 정반대로 집단의 목표, 매 회기의 목표, 회기 내 활동 등이 구체적으로 프로그램화되어 있지 않은 것이 특징이다. 그렇기 때문에 매 회기, 매 순간마다 집단원들이 무슨 말을 하고 어떻게 반응하느냐에 따라 달라진다. 그야말로 아무것도 예측할 수 없다. 집단치료의 핵심 특성, 즉 집단 자체가 사회의 축소판이라는 점이 가장 영향력을 미치고 부각되는 집단형태이다. 대부분의 집단치료 관련서적은 사실상 비구조화된 집단에 대해 기술하고 있다고 볼 수 있다. 이러한 특성 때문에 비구조화된 집단을 이끌기 위해서는 집단치료에 대한 상당한 훈련과 경험이 있어야 한다.

반구조화된 집단semi-structured group은 구조화된 집단과 비구조화된 집단의 특성을 섞어 놓은 것이다. 구조화된 집단과 같이 집단의 목표, 매 회기의 목표, 회기 내에 할 내용을 정해 놓긴 하지만, 대략적으로 정할 뿐 상황에 따라 유동적으로 진행할 수 있는 집단 형태이다. 예를 들어, 반구조화된 집단으로 진행하는 대인관계 능력 향상 프로그램의 3회기 주제가 가족탐색이라고 가정해 보자. 가족탐색이라는 목표를 달성하기 위한 방식은 유동적으로 이루어지고, 집단원들은 자유롭게 자신의 가족에 대해 탐색하고 표현하며 상호작용을 주고받는다. 치료자는 구조화된 집단과 비구조화된 집단 사이의 중간 수준의 숙련도가 요구된다. 반구조화 집단은 다양한 주제에 대해 활용할 수 있는데, 스트레스 관리, 정서조절, 대인관계기술 등이 대표적이다. 최근 많은 치료자들이 구조화된 집단과 비구조화된 집단의 장점을 모두 얻기 위해 반구조화된 집단을 선택하는 경향이 있다.

(2) 집단 진행 후 개방 여부에 따른 구분: 개방집단 대 폐쇄집단

집단치료 시작 후 새로운 집단원 수용 여부에 따라 개방집단과 폐쇄집단으로 구분된다. 폐쇄집단은 집단치료 시작 후 새로운 집단원을 받지 않고 종결까지 운영된다. 반면 개방집단은 집단치료 진행 과정에서 새로운 집단원을 받아들이며 운영된다.

폐쇄집단의 경우 집단치료를 시작했을 당시의 집단원 구성이 변하지 않으므로, 개방집단에 비해서 집단원 간의 응집력이 높고 안정적이다. 개방집단의 경우 중간에 집단원이 떠나기도 하고 새로운 집단원이 들어오기도 하므로, 집단원 간의 응집력이 폐쇄집단에 비해 낮고 집단 안에서 진행되는 치료적 작업에 일관성이 떨어질 수 있다. 그러나 새로운 집단원이 계속 들어오기 때문에 다양한 사람과 상호작용할 수 있는 기회가 많다. 개방집단 운영 시에는 집단원들의 변동성과 불안정성을 고려하여, 가능하면 한 회기 내에서 마무리 지을 수 있는 문제를 다루는 것이 좋다. 또한 집단원이 새로 들어올 때마다 기존 집단원이 집단 규범과 기본 지침을 설명해 주어야 하고, 집단원이 계속 변하는 만큼 집단 안에서 이루어지는 내용에 대한 비밀보장의 중요성과 한계를 확실히 해 둘 필요가 있다.

(3) 치료자 수에 따른 구분: 공동리더십 모형

집단치료를 이끄는 치료자, 즉 리더의 수에 따라 집단치료의 형태가 달라진다. 집단치료 형태는 한 명의 치료자가 집단 전체를 이끄는 경우와 두 명 이상의 치료자가 함께 집단치료를 진행하는 경우로 나눌 수 있다. 두 명 이상의 치료자가 진행하는 공동리더십 모형에서는 치료자들이 동등한 위치에서 집단을 이끄는 경우도 있지만, 대개 주된 진행을 맡는 리더와 이를 보조하는 코리더가 집단을 운영한다.

공동리더십 모형의 장점은 크게 다섯 가지로 구분하여 설명할 수 있다. 첫째, 두 명 이상이 진행하므로 치료자가 신체적, 정신적으로 소진될 가능성을 줄일 수 있다. 둘째, 한 치료자가 강한 감정을 호소하는 집단원에게 주의를 기울이는 동안, 다른 치료자가 집단원들의 반응을 살피고 이를 집단 안에서 공유하고 참여하도록 안내할 수 있다. 셋째, 한 치료자가 불참할 경우 다른 치료자가 집단을 운영할 수 있다. 넷째, 치료자가 집단 안에서 상처를 받거나 미해결 문제가 불거질 때, 다른 치료자의 도움을 받을 수 있다. 다섯째, 치료자에게서 역전이가 발생했을 때, 다른 치료자가 이를 해결하도록 도울 수 있다.

두 명이 함께 하는 집단치료의 형태가 주는 장점도 많지만, 서로 다른 두 명이 함께 집단을 이끌기 때문에 여러 문제가 발생할 수 있다. 먼저, 집단에 대한 두 치료자의 목표나 태도가 일치하지 않을 때, 리더 간 힘겨루기나 편 가르기가 나타날 수 있다. 또한 서로 경쟁하거나 적대적인 태도를 보이는 등 리더 간 대립이 있을 때, 서로 신뢰하고 존중하지 않을 때, 한 치료자가 다른 치료자에 대항해서 집단원들의 편을 들 때, 집단치료 전체에 부정적인 영향이 미칠 수 있다. 이는 집단원들에게 대인관계에 대한 부정적인 모델을 보여 줄 뿐 아니라, 집단을 분열시켜 생산적인 치료적 작업 분위기를 저해한다. 그 결과 리더 간의 관계 갈등을 처리하기 위해 집단치료 시간이 쓰이면서, 집단원들을 위한 치료적 작업에 어려움이 발생할 것이다.

따라서 공동리더십 모형을 취할 경우, 앞에서 설명한 문제점들을 고려해서 함께 집단을 이끌 치료자 및 보조치료자를 신중하게 선택할 필요가 있다. 또한 집단을 시작하기 전은 물론, 집단을 진행하는 동안에도 치료자들이 자주 만나면서 서로를 더 잘 이해하는 것이 중요하다. 집단에 영향을 줄 수 있는 갈등이나 문제가 있는지 함께 살피고, 해결책을 찾아야 한다. 집단원 간의 역동 및 각 집단원의 문제에 관해서도 치료자들이 꾸준히 협력하며 논의하는 것이 바람직하다.

집단치료의 윤리적 쟁점

집단치료가 개인치료와 다른 가장 큰 차이점은 다수의 집단원들이 함께한다는 것이다. 이는 서로에게 좋은 치료자이자 지지자의 역할을 통해 치료적 효과를 극대화할 수 있는 장점이 있지만, 동시에 서로에게 피해와 상처를 줄 수 있는 측면 또한 있다. 이를 막기 위해 집단치료자의 역할이 중요하고 집단치료 장면에서 발생할 수 있는 윤리적인 이슈가 무엇인지 어떻게 대처해야 하는지 등에 대해 숙지할 필요가 있다.

집단치료의 결과와 질은 그 집단을 이끄는 집단치료자의 개인적 특성, 능력, 숙련도, 기술, 유형 등에 의해 좌우된다. 즉, 집단치료자가 어떠한 사람이냐에 따라 집단의 질이 달라진다. 만약 집단치료자가 비전문적이고 무책임하다면 어떤 일이 발생할까? 집단원은 다음과 같이 얘기할지 모른다. "집단치료에서 제 얘기를 했다가 오히려 너무 큰 상처를 받았어요. 끝나고 몇 주 동안은 집밖으로 나가고 싶지 않았고, 그 생각에서 벗어날 수가 없었어요. 어떻게 그럴 수가 있나요? 다시는 집단치료를 받고 싶지 않아요." 또는 "집단치료에서 전 완전히 문제가 많은 인간이 된 것 같아요. 다들 제게 문제가 있다면서 고치라는 식이었죠. 문제가 해결된 게 아니라 오히려 더 커진 느낌이에요. 누군가 집단치료를 받겠다고 하면 하지 말라고 하겠어요."

따라서 집단치료자는 집단치료에서 나타날 수 있는 윤리적 문제들과 그것에 대한 윤리적 지침과 기준을 숙지할 뿐 아니라 집단치료를 실시하는 데 필요한 심리적 지식과 기술 모두를 잘 갖추고 있어야 한다. 여기에서는 집단치료에서 나타날 수 있는 중요한 윤리적 문제들이 무엇이고, 이에 대해 어떻게 대처해야 할지 윤리적 지침을 안내할 것이다.

비밀보장

승현씨는 집단치료에 참여하면서 처음으로 자신의 이야기를 솔직하게 털어놓았다. 그런데 며칠 뒤 집단치료에 참여하지 않았던 다른 사람이 그 이야기를 알고 있다는 것을 듣게 되어 몹시 당황스럽다.

과연 무엇이 문제였던 것일까? 이런 경우 어디까지 치료자에게 책임이 있을까? 치료자는 이런 문제를 예방하기 위해 어떻게 해야 했을까?

(1) 중요성

여러 명의 내담자들이 함께하는 집단치료의 특수한 형태 때문에 집단치료 동안에 나눈 이야기에 대한 비밀보장 문제가 중요한 이슈가 된다. 비밀보장이 제대로 되지 않는다면, 내담자는 '내 얘기를 하고 싶지만 다른 사람에게 말이 퍼지면 어떡하지? 걱정이 되어서 말을 할 수가 없다.'와 같은 두려움을 가질 것이다. 따라서 집단치료가 제대로 이루어지기 위해서는 먼저 비밀보장이 해결되어야 할 가장 중요하면서도 어려운 문제이다. 특히, 집단치료의 특성상 제한된 시간 안에 내담자의 모든 문제와 감정들을 다루기 어렵기 때문에 각 집단원에게 해결되지 않은 집단경험이 있을 수 있어 다른 곳에서 집단경험에 대해 이야기할 가능성이 높다는 것이 문제이다.

(2) 집단치료자의 역할

치료자는 비밀보장에 대해 모든 집단원들에게 설명한다. 왜 비밀보장이 중요한지, 비밀보장을 지키는 데 따르는 어려움이 무엇인지 구체적으로 설명해야 한다. 그리고 비밀보장이 지켜지지 않을 경우 어떠한 문제가 발생할 수 있고, 그에 대해 어떠한 조치를 취할 수 있는지 안내한다. 필요한 경우 집단원 모두에게 비밀보장을 지키겠다는 동의서를 받는 것도 효과적이다.

그렇다면 비밀보장을 위해 집단경험에 대해 다른 사람에게 어떤 것도 말할 수 없는 것일까? 그건 아니다. 말을 할 수는 있으나 다른 집단원의 비밀을 깨지 않는 범위에서 하도록 주의를 주어야 한다. 집단치료 상황에서 일어난 일에 대해 집단 안에서 모두 해결할 수는 없다. 따라서 집단원은 자신이 어떠한 경험을 했고, 주관적으로 어떻게 느끼고 있으며, 무엇이 마음에 걸리는지 누군가에게 얘기하고 싶어진다. 그러나 이때 주의할 것은 집단에 참여한 사람이 누구인지 이야기해서는 안 되며, 자신의 이야기만을 해야 한다는 점이다.

(3) 비밀보장의 한계

개인 심리치료와 마찬가지로 집단 심리치료에서도 비밀보장이 반드시 지켜지지는 않는다. 지키지 못하는 한계 상황이 존재한다. 이 부분에 대해 치료자는 처음부터 비밀보장의 한계가 무엇인지 명시해야 한다. 집단치료의 비밀보장이 지켜지기 힘든 상황은 다음과 같다.

첫째, 강제 집단의 경우 치료자에게 요구되는 모든 보고절차를 집단원들에게 알려 주어야 한다. 예를 들어, 성폭력 가해자를 대상으로 한 프로그램의 경우 집단원은 자발적으로 참여한 것이 아니라 특정 조직이나 기관의 요구로 강제적으로 참여한 경우이다. 이때 참여하지 않을 때 어떠한 보고절차를 거치게 되는지 그리고 해당 집단원은 어떠한 상황에 처할 수 있는지 미리 알린다.

둘째, 아동 및 청소년과 같은 미성년자를 대상으로 하는 경우에도 비밀보장은 되어야 한다. 그러나 미성년자를 보호하고 있는 학교나 부모가 내담자에 대한 정보를 알고자 할 수 있다. 그러므로 집단치료를 시작하기 전에 내담자에게 학교나 부모에게 알려야 하는 것이 무엇인지 얘기하고, 이때에도 내담자에게 동의를 구하거나 미리 보고할 것이라는 점을 설명해야 한다. 한편 학교나 부모에게는 미리 비밀보장의 중요성을 알리고 협력을 끌어내는 것이 중요하다. 또한 정보를 제공할 때에도 구체적이지 않은 범위에서 가능한 한 내담자와 상의하에 알리도록 한다.

셋째, 집단원이나 타인 또는 사회의 안전을 위협하는 경우에도 비밀보장이 지켜질 수 없다. 예를 들어, 내담자 자신과 타인에게 심각한 위해를 가할 수 있는 상황이나 집단원이 학대를 받고 있다고 의심될 때, 감염성이 있는 질병이 의심될 때가 있다. 치료자는 내담자에게 사전에 이와 같은 비밀보장의 한계 상황을 설명하고, 그런 상황이 발생할 경우 관련 사실을 관계자나 해당 기관에 보고할 것임을 알려야 한다.

그 밖에도 법원에서 집단원에 대한 법적인 정보를 제공하기를 요구하는 경우가 있다. 이런 경우에도 해당 정보에 대해서만 제공해야 하고 사전에 집단원에게 이 사실을 알려야 한다. 내담자가 집단치료에서의 특정 정보를 밖에서 사용하는 것에 대한 허락을 필요로 하거나 녹음이나 촬영을 할 때는 사전에 함께하는 집단원 모두의 동의를 받아야 한다. 마지막으로, 치료자가 지도감독을 받기 위해 집단치료 과정에 대한 정보를 제공할 때에도 집단원들의 동의를 구하고 집단원들의 익명성을 반드시 보장해야 한다.

(4) 윤리적 지침

치료자는 비밀보장의 중요성을 집단치료 시작 전과 중간 등 여러 시기에 강조하고, 비밀보장을 장담할 수 없다는 사실 또한 분명히 언급한다. 하지만 여러 가지 노력에도 불구하고 모든 집단원들이 비밀을 보장할 것이라는 확신을 가질 수 없다. 치료자는 자신의 측면에서만 비밀을 보장할 수 있을 뿐이며 다른 집단원들의 비밀보장 여부에 대해서는 책임질 수 없다. 다만 다른 집단원들이 비밀을 보장할 수 있도록 최선을 다해서 노력할 뿐이다.

비자발적 참여

등교를 거부하는 성훈이는 집단치료에 참여하지 않으면 원하는 것을 해 주지 않겠다는 부모 입장 때문에 집단치료에 억지로 참여하게 되었다. 집단치료에서 성훈이는 다른 집단원들이 말하고 있는 동안 딴짓을 하였고, 자신의 이야기는 전혀 하려 들지 않았다.

치료자는 이런 경우 어떻게 해야 할까? 그냥 내버려 두어야 할까? 아니면 다른 조치를 취해야 할까?

(1) 자발성의 중요성

내담자의 심리치료에 대한 동기가 심리치료 효과에 중요한 영향을 미친다. 내담자가 심리치료를 통해 변화하고자 하는 동기가 높을수록 심리치료의 효과 또한 긍정적이다. 따라서 내담자의 자발성이 중요하다. 특히 집단치료는 집단원들의 상호작용을 통해 이루어지므로 함께하는 집단원들의 자발적 참여와 동기가 다른 집단원들에게도 영향을 미치기 때문에 더욱 그러하다.

(2) 비자발적 참여

만약 자발적으로 참여하지 않는다면 어떤 일이 일어날까? 비자발적인 집단원의 태도는 집단 전체의 사기를 떨어뜨리고 부정적인 태도를 만들 뿐 아니라 상호작용을 억제하고 불편하게 만들 것이다. 예를 들어 소년원이나 교도소에서 진행되는 집단치료의 경우를 들 수 있다. 최근에는 성폭력 가해자와 같은 범죄자들을 대상으로 다양한 집단치료가 진행되고 있다. 병원에서 정신적 문제가 있는 환자들을 대상으로 진행되는 집단치료도 상당한 경우 이에 해당될 수 있다. 자발적으로 참여하는 사람들도 있지만, 비자발적으로 참여하는 내담자들이 상당수 존재하는데 치료자가 집단치료 초반에 이들을 어떻게 대하느냐가 집단치료의 성패를 가를 수 있다.

(3) 윤리적 지침

집단치료에 대해 자발적으로 참여하지 않는 경우 여러 가지 이유가 있겠지만, 그중에서 중요한 한 가지가 집단치료와 그 과정에 대한 잘못된 인식이다. 치료자는 비자발적 집단원으로 하여금 이와 관련한 집단치료 자체와 치료자 혹은 집단원들에 대한 기분이나 생각을 표현할 기회를 주어야 한다. 집단에 대해 어떠한 감정을 느끼는지, 어떻게 생각하는지를 집단원들에게 직접 솔직하게 표현하고, 이에 대한 피드백을 듣는 등 충분히 다루는 기회를 갖도록 해야 한다. 또한 집단치료 과정에 대한 적절한 교육과 안내를 하여야 한다. 이를 위해 필요한 경우 사전에 개별적으로 만나 이러한 과정의 필요성을 이해시키고 집단치료에 대한 올바른 정보를 제공할 수도 있다.

집단원의 중도 탈락

미주씨는 집단 프로그램을 신청하면서 일방적으로 이루어지는 교육을 받을 거라 생각했는데 막상 참여하고 보니 자신의 이야기를 솔직하게 해야 하는 분위기여서 무척 당황스러웠다. 결국 치료자에게 그만두겠다고 이야기하며 환불해 줄 것을 요구하였다.

과연 무엇이 잘못되었던 것일까? 치료자는 이런 경우 어떻게 해야 할까? 또한 이와 같은 상황이 일어나지 않게 하려면 어떻게 해야 할까?

(1) 집단을 떠나는 이유

내담자가 집단을 떠나는 이유는 다양하다. 첫째, 실제로 참여하고 보니 집단 프로그램의 목적이나 형태가 사전에 공지된 것과 다르거나 자신에게 맞지 않기 때문일 수 있다. 둘째, 집단 프로그램의 심리적 작업이 불편하기 때문일 수 있다. 집단치료는 심리적 문제에 대한 치료적 개입이므로 자신을 들여다보는 과정이 필연적이며 이것이 불편하게 느껴질 수밖에 없다. 외면해 왔던 자신의 측면들을 하나씩 마주할 때마다 불편하고 다른 사람들에게 들킨 것 같아 당황스러울 수 있다. 셋째, 치료자나 다른 집단원과의 관계에서 불편을 느끼거나 갈등이 발생할 수 있다.

(2) 집단원의 중도 탈락이 미치는 영향

내담자의 중도 탈락은 자신뿐 아니라 다른 집단원들에게도 분명히 부정적인 영향을 미친다. 먼저, 중도 탈락한 집단원의 입장에서는 미해결된 과제와 감정을 다루지 못한 채 두는 셈이 된다. 또한 집단치료에 대한 부정적인 인식을 수정할 수 있는 기회를 놓친다.

더 큰 문제는 중도 탈락한 집단원으로 인해 남은 집단원들이 여러 부정적인 영향을 받는다는 것이다. 첫째, 중도 탈락의 원인을 자신의 부정적인 말이나 행동에 귀인하여 자기를 비난하고 죄책감을 느낄 수 있다. 둘째, 서운함과 거절감을 느낄 수 있다. 함께할 사람들이라 생각해서 자신의 이야기를 털어놓았는데, 그 얘기만 듣고 가 버린 집단원에 대해 서운하고 거절당했다는 생각을 하기도 한다. 이처럼 집단원의 이탈은 전체의 집단응집력과 신뢰 형성을 저해하는 등 부정적인 영향을 미친다.

(3) 윤리적 지침

치료자는 사전에 중도 탈락이 집단에 미치는 위험한 영향을 알릴 필요가 있다. 그런데도 불구하고 중도 탈락을 하겠다는 집단원이 발생했을 때는 집단원이 끝까지 참여할 수 있도록 다양한 방법으로 노력해야 한다. 즉, 면담을 해서 중도 탈락을 결정한 이유가 무엇인지 구체적으로 듣고, 집단 관련 필수 정보를 정정 또는 제공하거나 이해와 공감을 전달한다. 이러한 과정을 통해 가능한 집단치료에 남아서 미해결된 과제와 감정을 다루어 해결할 수 있도록 돕는다. 그리고 반드시 중도 탈락하는 집단원으로 하여금 집단치료 과정 안에서 다른 사람들에게 중도에 그만두는 이유를 설명하게 해야 한다. 그래서 집단 전체가 중도 탈락의 문제를 함께 고민하고 해결하는 과정을 거쳐야 한다. 이러한 노력에도 불구하고 중도 탈락을 선택했다면 집단치료자와 집단원들은 이를 이해하고 존중하도록 한다.

중도 탈락 후에는 남은 집단원들이 중도 탈락이라는 사건에 어떠한 영향을 받았는지 서로 이야기하도록 돕는다. 서운함, 죄책감 등 불편한 감정들뿐 아니라 자신에게 미친 영향이 무엇인지 솔직하게 이야기하고 충분히 다루도록 한다.

집단 압력

수빈이는 집단치료에서 남자가 불편하다는 이야기를 우연히 하게 되었다. 일부 집단원들이 왜 그런지 궁금해했고, 점차 그 이야기를 해 주었으면 하는 분위기가 형성되었다. 과거 성폭력을 당한 기억 때문에 그런 것이었고, 차마 그 얘기를 집단에서 하고 싶지 않았다. 그러나 하고 싶지 않다고 분명히 밝혔지만, 집단원들은 다양한 이유를 들며 집단 압력을 가하는 상황이 되었다.

과연 무엇이 잘못되었을까? 치료자는 이러한 상황에서 어떻게 해야 할까?

(1) 집단 압력의 두 가지 측면

집단 심리치료를 하면서 나타날 수 있는 위험 중 하나가 집단 압력이다. 그러나 집단 압력이 늘 부정적인 것은 아니다. 사람들이 긍정적인 방향으로 변화하지 못하는 이유 중 하나는 불편하기 때문이다. 관련된 자신의 측면을 들여다보고 지금까지 해 왔던 부정적인 행동을 바꾸는 것이 쉽지 않다. 따라서 문제를 해결하고 긍정적으로 변화하기 위해서는 그 불편함을 마주하고 견디어야 한다.

집단 압력이 자신의 문제를 마주하고 불편함을 견딜 동기와 용기를 줄 수 있다. 이를 치료적 압력이라 한다. 집단원들과의 상호작용은 집단응집력을 형성하고 높이며, 집단에 수용되기 위해 집단 전체가 가고자 하는 방향에 동참하게 한다. 즉, 심리적 작업에 참여하는 불편함을 감수하게 한다. 이처럼 적절한 압력은 치료적으로 긍정적인 영향을 미친다.

　　그러나 내담자가 받아들일 준비가 되어 있지 않은 상황에서 감당하기 힘든 압력은 원치 않은 감정, 생각, 행동의 표현을 유도하며, 그로 인해 오히려 삶의 위기에 빠지고, 상처 받고, 방어적이게 될 수 있다. 치료적 압력인 경우 내담자는 '그래, 사람들이 이렇게 지지해 주는데 용기를 내서 해 보자.' 같은 생각을 하겠지만, 부당한 압력의 경우 '이 사람들은 내 안의 보이고 싶지 않은 취약한 모습을 어떻게든 보고 싶은 거야.'와 같이 생각할 수 있다.

(2) 윤리적 지침

치료자는 사전 만남이나 첫 회기에 집단 압력 등의 위험이 있을 수 있음을 알리고, 적절히 대처하는 방법과 거절하는 방법을 안내해야 한다. 예를 들어, "집단치료가 시작되고 여러분의 문제와 상처를 들여다보기 시작하면 집단치료를 시작하기 전보다 오히려 더 불편하고 힘들 수도 있습니다." 또는 "집단치료가 진행되면서 여러 이야기가 오고갈 텐데, 정말 이야기하길 원하지 않는다면 하지 않으셔도 됩니다. 그때는 분명하게 하고 싶지 않다고 말씀하시기 바랍니다."와 같이 안내할 수 있다. 극도로 위협적이라고 느끼는 활동은 참여를 거부할 수 있는 선택권이 집단원들에게 있음을 알려서 안심을 시키는 것이다. 어떤 경우에는 집단치료 과정에 도취되어 후회할 수 있는 결정을 내리는 경우가 있다. 예를 들어, 남편과의 이혼을 고민하고 있는 혜수 씨에게 집단원들이 이혼하라는 조언을 할 때, 혜수 씨는 신중히 고민하지 않고 갑작스럽게 이혼을 결심할 수도 있다. 이때 치료자는 이러한 과정을 잘 관찰하여 내담자가 충동적으로 행동하지 않도록 경고할 책임이 있다.

　　치료자는 집단 압력을 감시하고 집단에서 발생하는 압력이 치료적 압력인지 부당한 압력인지 구분하여 판단해야 한다. 집단에서 발생하는 물리적 위협, 협박, 강제, 부당한 동료 압력으로부터 집단원을 보호해야 한다. 내담자가 원하지 않는 방향으로 변화하기를 강요하지 않도록 늘 주의를 기울여야 한다. 만약 집단원들이 부당한 압력을 행사하거나 집단원을 설득하여 원치 않는 행동을 하게 하면 치료자는 즉각 개입하여야 한다.

이중 관계

(1) 이중 관계의 문제점

신뢰로운 치료 관계는 치료자가 내담자에게 심리치료적 영향력을 미치기 위한 필수 전제조건이다. 집단치료에서도 마찬가지이다. 치료자는 내담자와 집단치료라는 전문적, 직업적 관계 이외에 영향을 미칠 수 있는 다른 관계를 가져서는 안 된다. 집단치료 과정에 부정적인 영향을 미칠 수 있는 이중 관계는 다음과 같다.

첫째, 가족이나 친척 등 가까운 사적 관계를 집단에 포함시켜서는 안 된다. 사적인 관계가 치료적 관계를 방해하고, 다른 집단원들에게도 영향을 미쳐 치료적 작업을 방해할 수 있다. 예를 들어, 집단원 세희 씨는 현수 씨의 말과 행동이 불편하지만, 그가 치료자와 가까운 관계임을 알고 차마 말을 하지 못한다. 세희 씨는 집단에 있는 동안 긴장되고 불편하며 작업에 솔직하게 임하기가 어렵다. 만약 가족이나 친척은 아니지만 어느 정도 사적인 관계가 있는 사람을 부득이하게 집단에 받아야 하는 상황이라면 치료자는 사적인 관계를 정리하고 이에 대해 집단원에게도 분명하게 알릴 필요가 있다.

둘째, 현재 재학 중인 제자인 경우 제자와 내담자라는 이중 관계가 형성된다. 이 경우 학점이나 졸업, 진로 등에 영향을 미칠 수 있는 치료자에게 내담자가 솔직하게 반응하기 어려울 수 있다. 치료자가 하는 말과 행동에 대해서 불만을 가지고 있지만, 혹시라도 부정적인 반응을 보였다가 자신의 학교생활에 불이익을 받을까 봐 숨기게 된다. 뿐만 아니라 다른 집단원들 또한 교수와 제자라는 관계를 의식하여 치료자에 대한 부정적인 감정이나 생각을 해당 집단원 앞에서 솔직하게 말할 수 없다. 이는 보이지 않는 갈등과 하위 집단을 형성하는 결과로 이어져 집단응집력을 방해한다.

단, 수업의 일환으로 집단치료가 진행될 경우 모든 집단원들이 제자라는 점에서 동등하다. 이때 주의할 점은 학점과 집단 참여를 구분해야 한다는 것이다. 즉, 집단 참여 정도나 질에 따라 학점을 줘서는 안 된다. 집단치료에서 보인 집단원의 행동과는 별개로 학점을 부여함으로써 집단치료 작업의 순수성을 보호해야 한다.

(2) 윤리적 지침

치료자는 집단원과의 이중적 관계를 피해야 한다. 집단치료자는 집단치료가 진행되는 동안 집단원과 개인적·사회적 접촉을 진전시키기 위해 자신의 직업적 역할과 힘을 남용해서는 안 된다. 즉, 집단원과 사적 만남을 갖거나 다른 사회적 공간에서 접촉을 해서는 안 된다. 특히, 집단원과 성적인 관계를 가져서는 결코 안 된다. 또한 집단치료가 진행되는 동안이나 그 이후라도 치료자 자신의 이익을 도모하기 위해 집단원과의 직업적 관계를 이용해서는 안 된다.

치료자와 내담자 간의 이중 관계만 문제가 되는 것이 아니다. 집단원들 간에도 이중 관계가 형성되지 않게 하여야 한다. 집단치료가 시작되면 집단응집력이 증가하면서 집단원들끼리 무리를 짓거나 집단과정 밖에서 만나려는 욕구가 발생한다. 집단 전체가 하는 뒷풀이처럼 사적 모임을 갖는 경우에도 문제는 발생한다. 집단치료 과정에서 발생한 이슈는 집단치료 과정에서 다루어야 집단치료의 연속성이 유지될 수 있다. 그러나 사적 모임을 갖게 되면 집단치료 과정의 연속성이 깨지게 되므로 집단치료에 부정적인 영향을 미칠 수 있다. 일부 집단원들 사이에 갈등이 발생할 수 있고 집단에서 솔직하게 이야기하고 심리적 작업을 하는 것을 방해할 수 있다. 따라서 치료자는 집단 밖에서 집단원끼리 친밀한 관계를 맺는 것이 집단치료 작업에 미칠 수 있는 부정적인 영향에 대해 이야기해야 한다.

정보 제공

(1) 정보 제공의 필요성

지금까지 집단치료 과정에서 발생할 수 있는 다양한 윤리적 이슈들에 대해서 살펴보았다. 이러한 문제들의 발생을 줄이기 위해서는 사전에 집단치료에 대한 정보를 충분히 제공해야 한다. 치료자는 집단원들에게 집단에 대해 자세한 정보를 제공하고, 그것에 입각해 집단 참여에 동의하도록 해야 한다. 예를 들어 비자발적 내담자에 대해 집단치료의 성격과 목표 및 절차, 일부 활동 참여를 거부할 권리, 비밀보장의 중요성과 그 한계, 집단의 적극적 참여가 개인에게 미치는 영향을 분명하게 충분히 알려 주어야 한다. 또한 집단 프로그램에 참여하지 않을 때 일어날 수 있는 일 또한 안내해야 한다. 예를 들어 성범죄자인 내담자가 집단 프로그램에 참여하지 않겠다고 할 경우 이를 상위기관에 보고해야 하며, 그렇게 될 경우 내담자가 불이익을 받을 수 있음을 미리 알려야 한다.

(2) 제공하는 정보

치료자는 사전 면담, 사전 회기나 오리엔테이션 과정에서 최소한 다음의 각 영역과 관련된 정보를 제공해야 한다. 첫째, 집단의 목표를 간단히 언급해야 한다. 예를 들어, 사회불안성향자들을 대상으로 하는 인지행동치료 집단인데 대인관계에 전혀 관심이 없는데도 단지 집단 프로그램에 참여해 보고 싶어서 지원할 수 있다. 사전 면담을 통해 대인관계 양상과 동기를 충분히 탐색해서 동기가 없다면 참여하지 않도록 안내해야 한다. 나아가 좀 더 적절한 대안이 되는 집단 프로그램을 제안하는 것이 바람직하다. 또한 집단 프로그램이 누구를 위한 것인지 밝혀야 한다. 예를 들어, 치료자의 연구를 위한 목적일 수도 있고, 지역사회나 기관을 위한 프로그램일 수도 있다. 둘째, 집단 프로그램의 성격을 밝혀야 한다. 일부 집단 프로그램은 교육과 그에 따른 실습이 주가 될 수 있고, 다른 프로그램은 개인의 심리적 작업이 주가 될 수 있다. 셋째, 치료자가 누구인지 그리고 치료자의 자격과 경력에 대한 정보를 구체적으로 제공해야 한다. 그것이 집단 목표를 달성하는 데 중요한 요인이기 때문이다. 넷째, 집단 프로그램이 실시되는 시간과 장소, 치료비, 지불방법, 신청절차 등을 제시한다. 다섯째, 집단 프로그램이 진행되는 데 있어 치료자와 집단원의 역할, 권리와 의무가 무엇인지 안내한다. 여섯째, 집단 프로그램의 경험을 하는 동안 발생할 수 있는 잠재적인 삶의 변화와 위험 가능성을 집단원들과 함께 탐색하고 준비할 수 있도록 한다. 일곱째, 이전 심리치료 관련 경험을 탐색한다. 개인 심리치료나 집단 심리치료 경험의 구체적 사실과 주관적 경험을 탐색하여 앞으로의 집단치료 진행 과정에 참고한다. 현재 개인치료를 받고 있는 중이라면 집단치료에 참여한다는 사실을 개인 심리치료자가 알고 있는지 확인하여 모르고 있다면 알리게 한다.

집단치료자의 자질

한 명의 인간으로서 치료자는 개인 심리치료와 마찬가지로 집단치료의 치료적 촉진제가 된다. 특히, 집단치료에서는 대인관계적 요소가 매우 중요하기 때문에 집단원들과 관계를 맺는 치료자의 능력은 집단치료 과정을 촉진하는 가장 중요한 수단이 될 수 있다. 집단치료는 대인관계 능력뿐 아니라 집단원 개개인의 성장을 촉진한다. 이때 치료자의 성격 특성, 가치관 및 인생경험이 집단치료 진행에 반영된다. 따라서 치료자는 자신을 잘 파악해야 하고, 늘 삶을 반성하고 성장할 수 있도록 노력해야 한다.

이렇듯 치료자는 집단치료 과정에 긍정적인 영향을 줄 수 있는 인간적 자질을 갖추도록 해야 한다. 그러나 인간적 자질과 열정만으로 집단치료를 이끄는 데는 한계가 있다. 집단치료를 진행하는 데 필요한 심리치료 이론들에 대한 깊이 있는 이해와 치료 기법들에 대한 숙련성을 비롯한 전문성을 갖추고 있어야만 치료적 목표를 효과적으로 달성할 수 있다.

인간적 자질

집단치료를 이끄는 치료자가 어떤 사람이냐가 집단치료의 성패에 중요한 영향을 미친다. 먼저 집단치료자가 갖추어야 하는 인간적 특성에 대해서 살펴보겠다.

(1) 용기

치료자에게는 집단치료를 이끄는 데 나타나는 여러 가지 두려움을 극복하는 용기가 필요하다. 집단치료는 여러 명의 내담자들이 함께 상호작용하면서 진행되는 상당히 예측 불가능한 치료 과정이라 할 수 있다. 따라서 치료자는 매 순간 자신이 실수할지 모른다는 두려움을 이겨내야 할 뿐 아니라, 그럼에도 하게 되는 실수와 불완전함을 스스로 용납할 수 있는 용기가 필요하다. 내담자 입장에서는 치료적 변화를 얻기 위해 평소 외면했던 두려움과 위험을 감수하는 용기를 갖도록 격려해야 한다. 이를 위해서는 치료자가 먼저 두려움을 이겨내고 도전하는 모습을 보여줄 수 있어야 한다. 치료자는 내담자의 갈등을 다루는 작업 과정에서 내담자를 직면시키기도 하고 자신의 판단에 따라 과감하게 안내하기도 해야 한다. 용기는 두려움이 없는 상태를 말하는 것이 아니라 자신의 두려움을 알아차리고 다루는 것을 의미한다.

(2) 보살핌

치료자는 내담자를 보살피는 마음으로 대해야 하고, 내담자는 치료자로부터 진정 어린 보살핌을 받아야 한다. 보살핀다는 것은 내담자가 가치 있는 존재임을 인정하여 존중하고 돌보는 것을 말한다. 따라서 치료자는 가능한 한 모든 내담자들에게 보살피는 마음을 가질 수 있는지 확인해야 하고, 보살피는 마음을 쉽게 가질 수 없는 사람들이 어떠한 내담자들인지 인식하고 있어야 한다.

치료자는 보살피는 마음이 집단원들에게 전달되도록 해야 한다. 예를 들어, 내담자가 하는 말과 행동을 잘 관찰하다가 의미 있는 불일치가 나타날 때는 이를 알아차리고 적절한 순간에 전달한다. 모든 집단원들이 집단과정에 잘 참여하고 있는지 살피면서, 소극적으로 임하거나 잘 참여하지 못하는 집단원이 있는 경우 배려하고 참여할 수 있도록 돕는다. 또한 집단원이 집단 안에서 부당한 압력을 받거나 상처가 될 수 있는 피드백을 받지 않는지 확인하고 보호해야 한다. 이 과정에서 집단원으로 하여금 어느 정도까지 마음을 열지 그리고 얼마나 깊이 작업에 참여할지 스스로 결정하도록 한다.

(3) 집단원과 함께하는 마음

집단치료 과정에서 내담자들은 보고 싶지 않았던 자신의 부정적인 측면을 마주하고 들여다보는 과정에서 슬픔, 분노, 불안, 수치심 등의 불편한 감정과 심리적 고통을 경험한다. 그 고통의 감정들을 느끼고 체험하면서 점차 자신의 경험을 통합하는 과정에 이르게 된다. 이 과정에서 만약 치료자가 자신의 고통과 감정을 함께하지 못하는 인상을 준다면 내담자는 부담감과 불편감 때문에 자신의 갈등과 감정에 대한 심리적 작업을 중단할 것이다. 따라서 치료자는 집단원들의 감정 경험을 함께하고 버티어 주는 능력이 중요하다. 이때 지나친 동일시나 내담자의 감정에 압도당해서는 안 된다. 어느 정도 심리적 거리를 두면서도 내담자의 정서적 경험에 공감해야 한다.

때때로 내담자는 치료자에게 부정적인 감정을 느끼고 표현한다. "제 말을 무시하는 것 같아 화가 납니다.", "다른 집단원 별님에게만 관심을 주고 예뻐하는 것이 싫어요.", "말씀하시는 태도가 지적하는 것 같아 기분이 나쁩니다." 만약 이러한 표현에 대해 치료자가 즉시 "제가 그럴 리가요. 왜 그렇게 느끼시죠?"와 같이 반응한다면, 내담자는 더 이상 치료자를 신뢰할 수 없고, 치료 과정에 솔직하게 임하지 못할 것이다. 치료자는 내담자의 이러한 감정을 허락함으로써 내담자가 안전하게 감정을 경험할 수 있도록 도와야 한다.

(4) 집단과정에 대한 믿음

치료자와 집단원 모두 집단과정에 대한 신뢰가 필요하다. 이는 집단에서 이루어지는 상호작용이 각자에게 치료적이고 서로의 성장을 도울 것이라는 믿음을 말한다. 이러한 믿음이 있을 때 집단치료 과정은 힘을 발휘할 수 있게 된다.

만약 믿지 못한다면 어떻게 될까? 다음의 예들을 살펴보자.

예1) 치료자: 바람님의 말에 다른 집단원들이 지지하는 발언을 하지 않으면 어떡하지? 그럼 상처가 클 텐데. 나라도 얼른 해야겠다.

예2) 치료자: 태풍님과 파도님이 서로 대립하고 있는데 서로의 이야기를 결국 이해하지 못하고 타협점을 찾아내지 못할 거야. 내가 개입해야겠다.

첫 번째 예를 살펴보자. 집단에서는 누군가 힘든 이야기를 하면 그 이야기를 듣고 있던 사람들 중에 한 명이라도 지지하는 피드백을 주게 되어 있다. 다만 집단원 모두 '내가 아니어도 누군가 하겠지.'라는 마음에서 용기를 내지 못할 뿐이다. 치료자는 이를 알고 기다려 주어야 한다. 침묵이 불편하겠지만 누군가는 결국 용기를 내어 바람님에게 필요한 지지의 피드백을 하게 될 것이다. 이는 치료자의 지지 발언보다 훨씬 치유적인 효과를 발휘한다.

두 번째 예는 집단원들 간의 갈등이 발생한 경우이다. 치료자는 제대로 갈등이 해소되지 않을까 봐, 분위기가 불편해져서 집단 전체의 과정이 위협받을까 봐, 걱정되고 불안하다. 대인관계에서 발생하는 갈등 자체가 문제가 되는 것은 아니다. 오히려 사람들이 함께 살아가는 과정에서 갈등이 발생하는 것은 필연적이다. 중요한 것은 그 갈등을 해소하고 해결하는 과정이다. 사람들은 갈등을 해결하는 과정 자체가 불편하고 원만하게 해결될 거라고 믿지 못하기 때문에 갈등을 숨기고 억누른다. 그런데 위의 예에서와 같이 치료자가 너무 빨리 개입하게 되면 집단원들은 갈등을 생산적인 방향으로 풀어 가는 과정을 배우지 못한다.

(5) 개방성

집단 작업은 집단원 각자의 개방을 통해 이루어진다. 따라서 치료자는 집단원들의 개방을 촉진해야 하는데, 치료자가 적절한 순간 자신의 관련된 과거 경험이나 현재 경험하고 있는 바를 노출함으로써 활발한 집단 작업을 촉진할 수 있다. 치료자가 먼저 개방적인 모습을 보이면 내담자들은 치료자의 모습을 모델 삼아 개방적인 태도를 취하게 된다. 단, 적절한 순간에 자발적으로 해야 효과를 발휘한다. 만약 지나치게 자신을 개방한다면, 집단치료의 에너지와 시간이 상당 부분 치료자에게 할당되면서 정작 내담자들의 시간을 빼앗는 셈이 된다. 따라서 치료자는 자신의 개방이 치료 과정에 도움이 된다고 판단될 때만 하는 것이 바람직하다.

(6) 활력

집단치료가 원활하게 이루어지기 위해서는 집단 전체에 활발한 상호작용과 기꺼이 위험과 두려움에 도전하는 분위기가 조성되어야 한다. 만약 치료자가 기분이 안 좋거나 불편한 상태라면 집단원들은 민감하게 눈치를 보고 소극적으로 임할 가능성이 높다. 또한 심리적으로 불편하고 방어적으로 될지 모른다. 따라서 치료자는 집단치료에 들어가기 전에 자신의 활력의 정도를 인식하고 가능한 한 집단치료 시간 동안 활력을 유지하도록 노력할 필요가 있다.

(7) 그 밖의 특성

그 외에도 유머 감각은 집단치료 과정에 긍정적인 효과를 발휘한다. 인간의 약점이나 삶의 문제들에 대해 새로운 관점에서 바라보고 심리적으로 가볍게 만들수 있는 유머 감각은 집단치료자에게 필요한 좋은 자질이다. 또한 지금 여기에서의 상호작용에서 다양한 실험을 고안하여 접근하는 창의성도 집단치료 과정에 긍정적인 영향을 미친다. 치료자는 집단치료 과정에 임하는 내담자들이 보이길 원하는 모습을 스스로 보임으로써 집단원들로 하여금 관찰학습과 모델링을통해 스스로 학습할 수 있도록 도와야 한다. 다른 사람을 수용하고, 자신의 감정에 솔직하며, 가치의 다양성을 존중하고, 적절한 대인관계기술을 갖추는 성숙한태도와 행동을 보이도록 노력해야 한다.

전문적 자질

치료자는 인간적 자질을 갖출 뿐 아니라 집단치료의 이론과 기법들에 숙련되어있어야 한다. 집단치료 이론은 개인 심리치료 이론에서 발전하였기 때문에, 이론적 배경에 따라 정신분석 집단치료, 인간중심 집단치료, 게슈탈트 집단치료, 인지행동 집단치료, 교류분석 집단치료 등 다양하다. 집단치료 과정을 넓고 푸른 바다를 항해하는 선박에 비유할 수 있다. 치료자는 선장이 되고 집단원들은선원이 된다. 집단치료 이론은 집단치료 과정이 가는 방향을 안내하는 나침반과같고, 집단치료 기법은 집단치료 과정을 구체적으로 실행할 수 있도록 하는, 배를 젓는 노와 같다. 선장에게 나침반과 노가 절대적으로 필요하듯이 치료자에게치료 이론과 기법에 대한 숙련성은 필수이다. 집단치료자는 다양한 치료 이론에대한 전문 지식을 갖추고, 효과적인 개입전략을 구사할 수 있어야 한다. 여기에서는 심리치료 이론의 종류와 상관없이 집단치료에 공통적으로 쓰이는 대표적기법들에 대해 정리할 것이다.

(1) 적극적 경청

치료자는 집단에 참여하는 내담자 모두의 말을 경청할 수 있어야 한다. 경청은

주의를 기울여 말의 내용을 이해할 뿐 아니라, 몸짓이나 음성 및 표현의 미묘한 변화 등을 감지하여 기저에 내담자가 전달하고자 하는 메시지가 무엇인지 감지하는 것까지 포함한다. 정신분석에서 말하는 소위 잔잔히 떠 있는 주의 evenly sus-pended attention를 유지하면서 내담자의 말과 행동에 주목하는 것이고, 내담자가 말하는 흐름을 잘 따라가며 듣는 것이다. 이를 통해 내담자는 치료자가 자신에게 관심을 기울이고 있음을 알 수 있고 좀 더 자신을 개방하고 심리적 작업에 임할 수 있다. 이 과정에서 내담자는 평소 해 왔던 방식으로 문제에 접근하는 태도를 보이고, 치료자와 집단원들은 이에 대한 피드백을 주어 문제를 다룰 수 있다.

(2) 반영과 공감

반영은 내담자가 말과 행동에서 표현한 감정, 생각 및 태도를 치료자가 다른 새로운 말로 부연하는 것을 말한다(이장호, 2005). 반영은 내담자의 감정을 명료하게 파악하고 수용하는 과정을 통해 좀 더 깊은 탐색을 시도할 수 있게 하는 것이다. 또한 치료자의 감정 반영은 내담자에게 감정 표현의 모델이 될 수 있다. 또한 감정을 느낄 수 있도록 안내함으로써 카타르시스를 경험하게 하고 이해받는다는 느낌을 주어 신뢰로운 상담관계를 촉진한다.

공감은 내담자의 감정을 내담자의 입장이 되어 이해하고 있음을 전달하는 것이다. 치료자가 공감을 표현하면 내담자는 자신이 이해받고 있음을 느끼고 치료자를 신뢰하면서 자기탐색과 자기이해로 들어서게 된다.

반영과 공감을 표현하는 방법은 다음과 같다. "… 때문에 … (을)를 느끼는군요.", "… 하게 느끼시는 것 같네요.", "… (이)라고 들리는데요.", "달리 말하면 … 하게 느끼고 있다는 말씀인가요?", "… (이)라고 이해가 되는데요.", "정말 … 한가 보네요." 등이 있다.

(3) 명료화

명료화는 내담자의 말 속에 내포되어 있는 생각이나 감정, 내포된 관계나 의미를 보다 분명하게 전달하는 것을 말한다. 집단원이 명확하게 이해하지 못하거나 알지 못하는 부분에 대해서 분명하고 구체적으로 알아차릴 수 있도록 돕는다.

집단원이 이야기하고 있는 내용 중에서 핵심 내용이 무엇인지 인식하도록 돕고 핵심 욕구와 그에 따른 감정이 무엇인지 알게 해 준다.

(4) 요약

요약은 초기 단계에서 집단의 방향을 잡아가는 데 유용하다. 집단원들 간의 대화가 지나치게 산만하거나 논쟁으로 변할 가능성이 보일 때 치료자가 개입하여 현재까지의 대화를 요약하고 대안을 제시할 수도 있다. 이때 "지금 어떤 기분이나 생각이 드나요?", "이 문제에 대해 어떻게 느끼고 있나요?"와 같은 질문을 하는 것이 효과적이다. 집단원이 말을 지나치게 두서없이 할 때도 요약은 유용하다. 각 회기를 마무리할 때 지금까지의 치료적 작업이 어떻게 진행되었는지 정리할 수 있도록 집단원에게 회기를 요약하게 하거나 치료자가 요약할 수도 있다.

(5) 촉진하기

집단원들의 참여를 권하거나 자극을 주는 등 집단 상호작용을 촉진하는 것이 유용하다. 집단치료 초반에 집단원들이 갖는 두려움이나 기대를 솔직하게 표현하도록 하는 것이 집단 과정을 촉진하는 데 효과적이다. 치료자는 안전하고 수용적인 분위기를 조성함으로써 집단원들이 서로를 신뢰하여 생산적인 상호작용에 참여하도록 돕는다. 집단원들이 개인적인 부분에 대해 개방하거나 탐색하려 할 때 이를 장려하고, 새로운 행동을 시도할 때 지지를 보낸다. 치료자는 집단원들이 서로 얼굴을 보고 직접적으로 말하도록 장려함으로써 치료자에 대한 의존성을 줄이고 상호작용을 증진할 수 있다. 집단 안에서 문제나 갈등이 있다면 솔직하게 표현하도록 장려한다. 또한 직접적인 의사소통을 방해하는 장해물이 있다면 이를 확인하여 다루도록 돕는다. 이와 같은 다양한 방법으로 집단 상호작용을 촉진할 수 있다.

(6) 해석하기

집단원이 보이는 행동들 간의 관계와 의미에 대한 가설을 제시하는 것을 해석이라 한다(이장호, 2005). 해석은 정확하고 시기적절해야 한다. 무엇보다 중요한 것은 반드시 집단원을 위해서 해야 한다는 점이다. 또한 집단원 스스로 자신의 행동에 대해 알아차리고 해석할 수 있는 기회를 주는 것이 효과적이다.

(7) 질문하기

좋은 치료자는 질문을 잘해야 한다. 집단 상호작용을 돕는 촉진적 질문은 개방적 질문으로 시기적절한 탐색적 질문이다. 반면, 작업을 방해할 수 있는 질문은 폐쇄적 질문으로 "왜 … 합니까?"와 같은 이유 묻기가 그에 해당된다. 촉진적 질문은 '무엇을', '어떻게'와 같은 측면을 물음으로써 내담자가 자신의 경험을 그대로 표현하도록 돕는다. 예를 들어, "이 이야기를 하는 동안 어떠셨나요?", "○○ 님의 문제를 집단에서 드러낸다면 어떤 일이 일어날 거라고 생각하시나요?" 등이 있다.

(8) 연결 짓기

집단 상호작용을 촉진하는 방법으로 한 집단원이 행동하거나 말한 것을 다른 집단원의 관심과 연결 짓는 방식이다. 이때 치료자는 집단원들 간의 관계에 대한 통찰력을 가질 필요가 있다. 예를 들어, A의 얘기에 B나 C가 감정적으로 반응하고 있거나 유사성이나 대비성 등이 있음을 알고 적절하게 관련지음으로써 상호관계를 증진하고 집단응집력 수준을 높인다. "A님이 자신이 불완전하여 아무도 사랑하지 않을 것이라고 말하는 동안 B님의 얼굴 표정이 많이 어두워 보였습니다. A님의 얘기에 B님이 어떠한 생각이나 느낌이 들었는지 궁금하네요.", "A님이 말하고 있는 동안 B님이 무슨 말인가를 하고 싶어 하는 것처럼 보였습니다. B님, 한번 그 얘기를 A님을 직접 보면서 할 수 있을까요?"와 같이 개입할 수 있다.

(9) 지지하기

치료자는 집단원들을 충분히 지지해야 한다. 그러나 이때 주의할 점은 감정을 충분히 느끼는 작업이 필요할 때는 섣불리 지지하지 않도록 해야 한다. 내담자가 감정을 충분히 느끼기 전에 지지를 받으면 불편한 감정에 대한 반응이 멈출 수 있다. 따라서 불편한 감정을 깊이 있게 탐색하고 느끼고 해소하는 작업을 할 수 있도록 기다려 주어야 한다. 또한 내담자의 심리적 게임을 지지하지 않도록 해야 한다. 예를 들어, 한 여자 내담자가 무기력한 척 연기하면서 주변 사람들에게 돌봄과 지지를 받으며 살아왔다고 가정해 보자. 집단에서도 자신이 얼마나 연약한지를 납득시키려 하므로 치료자의 지지는 오히려 반복해 왔던 의존성과 심리적 게임을 조장할 수 있다. 또한 내담자에 대한 지나친 지지는 그 사람이 스스로 버티어 설 수 없다는 메시지를 줄 수도 있으므로 주의해야 한다.

집단치료의 구성

집단치료의 성과는 집단 구성을 얼마나 제대로 했느냐에 좌우된다. 치료자가 집단치료를 구성하기로 했다면 다음과 같은 사항들을 고려해야 한다. 먼저 집단치료의 목적이 무엇인지 구체적으로 설정해야 한다. 그러한 집단치료의 목표를 달성하기 위해서 어떠한 이론적 접근을 도입할 것인지 이론적 배경을 결정한다. 집단치료의 구조와 형태의 세부 사항들을 결정한다. 집단치료가 진행될 때 치료자의 역할과 기능이 무엇인지, 집단에 참여하는 내담자들의 역할과 태도는 어떠할 것인지 고려한다. 이와 같은 사항이 결정되면 집단치료 계획서를 세부적으로 만든다. 여기에서는 집단치료를 계획할 때 고려해야 할 사항들을 구체적으로 살펴볼 것이다.

집단치료의 목적 및 목표

계획하는 집단치료의 전체적인 목적이 무엇인지 결정한다. 예를 들어, 강박장애 환자들의 강박증상 감소인지, 암환자들을 대상으로 정서조절능력을 향상시키는 것인지 등을 결정한다. 즉, 집단치료에 참여하는 내담자들이 이 집단치료를 통해 무엇을 얻을 수 있는지를 판단해야 한다. 만약 암환자들을 대상으로 한 정서조절 프로그램이라면 정서조절능력을 향상시킴으로써 암의 재발을 예방하도록 돕는 데 목적이 있다. 구체적으로는 부적응적인 정서조절방법의 사용을 줄이고 효과적인 정서조절과정을 학습하여 사용하고, 그 결과 정서적 고통을 줄이는 데 목표가 있을 것이다.

이론적 근거

집단치료의 목적 및 목표를 달성할 수 있는 이론적 근거를 제시할 수 있어야 한다. 집단치료를 통해 치료적 변화가 일어나는 것에 대한 명확하고 신뢰로운 이론적 근거가 있어야 한다. 치료자는 다양한 집단치료 이론들 가운데 달성하고자 하는 목적 및 목표에 적절한 심리치료 이론 및 기법을 선택해야 한다. 선택한 심리치료 이론에 근거해 치료적 변화가 일어나는 기본적인 가정이 무엇인지 제시해야 한다. 예를 들어, 강박증상을 감소시키는 목적을 달성하기 위해 인지행동치료 이론을 선택했다고 하자. 이때 치료적 변화에 대한 이론적 근거는 강박증상을 야기하는 인지적 요소와 행동적 요소에 개입하여 변화시킴으로써 강박증상(강박사고 및 강박행동)을 줄일 수 있다는 것이다.

절차

목표를 달성하기 위한 방법을 명확하게 제시해야 한다. 이때 집단치료를 실시하는 구조 형태를 결정해야 한다. 구조화 집단, 반구조화 집단, 비구조화 집단 중에서 집단치료의 형태를 결정한다. 만약 구조화 집단으로 결정했다면 목표를 달성하기 위한 절차가 구체적인 매뉴얼로 제시되어야 한다. 반면, 반구조화 집단이라면 대략적 절차를 구성한다. 또한 집단치료가 시작된 후에 집단원을 받을 것인지, 즉 집단을 개방집단으로 운영할지 폐쇄집단으로 운영할지 결정한다.

강박증상의 인지행동치료에서 다음과 같은 실례를 제시할 수 있다. 불안을 유발하는 부정적 자동적 사고를 파악하여 대안적 사고로 변화시킨다. 이때 목표는 구체적이고 평가 가능한 것인지 고려해야 한다. 또한 제시한 치료 방법으로 주어진 시간 안에 목표달성이 가능한지 판단해야 한다.

또한 정해진 목표를 달성하기 위해 필요한 구체적인 절차들을 제시할 수 있어야 한다. 예를 들어, 자동적 사고 찾아내기, 자동적 사고에 도전하기, 인지적 오류 찾아내기, 인지적 왜곡에 도전하기, 대안적 사고 찾아내기 등의 세부 절차들이 있다.

평가

집단치료에서 달성하고자 한 목표를 제대로 잘 완수했는지 평가하기 위한 전략을 가지고 있어야 한다. 예를 들어, 대인불안성향자에 대한 인지행동치료 집단을 한다면 대인불안측정치를 집단 전과 후에 재어 봄으로써 대인불안이 감소했는지 확인할 수 있다. 섭식장애환자 집단치료를 실시한다면, 폭식과 하제 사용의 횟수를 측정하고 그 변화를 확인함으로써 섭식장애 증상이 완화되었는지 평가할 수 있다. 이때 평가방법은 객관적이고 실제적이며 적절해야 한다. 보통 평가는 집단치료 실시 전과 후에 일반적으로 이루어지며 중반에 추가로 실시하기도 하고 매 회기마다 측정하기도 한다. 집단치료의 효과가 종결 후에도 지속되는지 추수 회기를 계획함으로써 확인할 수 있다. 보통 집단치료 종결 2주 후나 한 달 후에 동일한 장소 등에서 추수 회기를 갖는다.

실제 사항

(1) 대상

집단치료의 대상이 누구인지 제시해야 한다. 강박증 환자들이 될 수도 있고 사회공포증 환자들이 될 수도 있다. 동질적 집단을 대상으로 할지, 아니면 이질적 집단을 대상으로 할지 결정한다. 특정 목표가 있는 집단일 경우 일반적으로 동질적으로 구성하는 것이 나을 수 있다. 왜냐하면 그 목표에 집중할 수 있기 때문이다. 그러한 문제들에는 우울, 불안, 섭식행위, 대인문제, 재활, 사별, 알코올중독 등이 있다. 집단원들 간의 유사성이 집단응집력을 높이고 사적이고 깊은 개방을 촉진한다. 반면 이질적 구성원들로 이루어진 경우 다양한 사람들을 접할 수 있다. 즉, 집단구성이 사회구조의 축소판이라는 데에서 장점을 찾을 수 있다.

(2) 집단 크기

집단치료에 참여할 집단원의 수는 집단원의 연령, 치료자의 숙련도, 집단 형태, 집단에서 탐색할 문제 등에 따라 달라질 수 있다. 가장 적당한 집단의 크기는 집단원 간의 상호작용을 위한 충분한 기회를 제공하면서 모든 집단원들이 몰입할 수 있는 느낌이 드는 정도의 크기이다. 집단원의 수가 너무 많다면 각 집단원이 발언하거나 반응을 보일 수 있는 기회가 줄어들고 집단에 대한 몰입도가 낮아질 것이다. 반면 수가 너무 적다면 집단원 간의 상호작용이 적어 집단의 치료적 특수성을 경험하기 어려울 것이다. 보통 집단치료의 구성원은 6명에서 10명 사이가 적당하다. 아동이나 청소년의 경우 적정 크기는 더 줄어든다.

(3) 회기 빈도와 기간

한 회기의 시간과 전체 회기 수를 결정해야 한다. 성인의 경우 보통 1회기에 1시간 30분에서 2시간이 적당하다. 아동 및 청소년의 경우 짧은 기간 동안 자주 만나는 것이 집중하는 데 좀 더 유리하다. 또한 지적 능력이나 의사소통 능력 등이 떨어질수록 자주 짧게 만나는 것이 효과적이다. 전체 기간은 4주에서 8~10주를 많이 채택한다.

(4) 집단 실시 장소

집단치료를 진행하기에는 방음장치가 잘 되어 있는 조용하고 안정된 분위기의 장소가 적합하다. 사적인 이야기가 오가기 때문에 사생활을 보호할 수 있는 장소여야 한다. 편하게 둘러앉을 수 있는 곳이 적합하다. 집단원들이 앉는 가장 적합한 구도는 원형 배열이다. 원형으로 앉을 때 모든 집단원을 마주할 수 있기 때문이다.

▲ 집단원들이 원형으로 앉을 때 다른 집단원을 마주할 수 있다.

집단치료의 과정

집단치료는 여러 단계의 과정을 거쳐 진행된다. 치료자가 치료 단계가 어떻게 흘러가는지 전반적인 과정을 알고 있다면 각 시점에서 일어나는 현상을 효과적으로 이해하고 집단원들에게 적절한 안내와 개입을 통해서 집단을 성공적으로 이끌 수 있을 것이다. 여기에서는 집단치료가 전개되는 전형적인 과정을 크게 초기 단계, 과도기 단계, 작업 단계, 종결 단계로 나누어 각 단계에서 나타나는 특징을 간략하게 소개하고자 한다.

초기 단계

집단치료의 초기 단계는 오리엔테이션, 탐색 그리고 구조화가 결정이 되는 시기이다. 집단원들은 낯선 상황에서 집단치료 과정이 어떻게 진행이 되는지, 어떻게 행동하고 반응해야 하는지, 집단이 기능하는 방식 등을 학습한다. 즉, 집단 안에서 지켜야 하는 집단 행동을 지배하는 명시적·암묵적 규범을 형성하고 학습한다. 치료자는 집단원들의 초기 불안과 두려움을 탐색하여 다루어야 한다. 더불어 집단치료에 대한 기대를 명료화하고 집단치료를 통해 얻고자 하는 개인적인 목표를 구체적으로 설정하도록 안내함으로써 희망과 동기를 갖도록 이끈다.

(1) 불안과 두려움

집단 초기의 가장 큰 특징은 불명확함과 모호함에 있다. 집단원들은 집단치료를 통해 나아질 것이라는 희망과 기대를 갖는 동시에 두려워 주저하게 된다. 이러한 불안 수준은 비구조화 집단, 즉 정해진 틀이 없을수록 더욱 심하다. 따라서 불안 수준이 높은 집단원의 경우 틀이 정해져 있고 참여하는 활동이 분명하게 제시되는 구조화된 집단 형태가 효과적이다. 치료자가 이러한 반응을 다루는 방법에 따라 집단에 대한 집단원들의 신뢰감의 정도가 결정된다.

(2) 치료자의 역할

치료자는 집단원들의 불안과 두려움에 귀 기울이고 이것을 충분히 표현하도록 도와야 한다. 숨기고 있는 주제가 있다면 이를 알아차려 가능한 한 말로 구체적으로 표현하도록 도와야 한다. 이때 효과적인 방법으로는 2명씩 짝을 짓거나 4명씩 소그룹을 만들어 부담이 적은 하위집단 안에서 먼저 두려움을 나누도록 한다. 이때 하위집단을 만드는 기준으로 "자신의 이야기를 편하게 할 수 있을 것 같은 사람끼리 짝을 지어 보세요.", "집단에 대한 자신의 마음과 비슷할 것 같은 사람에게 가서 짝을 지어 보세요."와 같은 안내를 할 수도 있다. 소그룹으로 이야기를 나눈 후에는 전체 집단에서 그 내용을 통합하는 방식을 사용하는 것이 효과적이다. 예를 들어, "함께 이야기를 나누면서 어떤 느낌이나 생각이 들었나요?", "함께 이야기 나누면서 무엇을 알게 되었나요?"라고 물을 수 있다.

(3) 목표 설정

집단 초기에 목표를 분명히 설정하도록 안내하는 것이 중요하다. 집단원 각자가 집단치료를 통해 성취하고자 하는 목표를 명확히 세우는 것이 중요한 과제가 된다. 집단 전체의 목표뿐 아니라 각 집단원의 의미 있는 목표를 구체적으로 설정하도록 돕는다. 이때 명찰이나 메모를 활용하는 것이 효과적이다. 목표를 구체적으로 적어 놓음으로써 집단치료에 참여하고 있는 동안 반복적으로 목표를 확인할 수 있다. 그리고 이것이 집단치료 참여의 동기를 높이고 방향을 설정·유지하게 한다.

목표를 설정할 때는 구체적으로 기술할 수 있도록 한다. 막연한 표현보다는 구체적인 표현이 효과적이다. "다른 사람과 더 좋은 관계를 맺는다."라고 한다면 누구와의 관계에서 어떠한 어려움이 있고 무슨 문제를 경험하며 그 문제로부터 어떤 영향을 받는지 파악한다. 또한 그 사람과의 관계가 어떻게 달라지기를 원하는지 명료화한다. 목표는 집단치료 과정 동안 추가하거나 수정할 수 있다.

(4) 집단 규범

치료자는 집단원들에게 집단치료의 목표와 방향, 절차뿐 아니라 치료자와 집단원 각자의 역할, 회기 시간 및 기간, 집단치료에서 지켜야 할 행동 규범 등을 소개함으로써 집단치료의 구조적인 틀을 구축할 수 있도록 돕는다. 집단 규범이란 집단이 효과적으로 기능하는 데 필요한 행동이 무엇인지에 대해 집단원들이 공유하는 신념 체계를 말한다. 집단 규범은 명시된 규범과 암묵적 규범으로 구분된다. 암묵적 규범이란 언급되지 않은 규범을 말하는데, 부정적 영향을 미칠 때는 집단 내에서 명료하게 표현되도록 해야 한다.

집단 규범은 초기에 안내하고 논의함으로써 집단원들이 집단 안에서 어떻게 해야 하는지를 알 수 있도록 돕는다. 대표적인 집단 규범에는 다음과 같은 것이 있다.

첫째, 집단 안에서는 자신에게 초점을 맞추어 이야기한다. 만약 다른 사람에게 초점을 맞추어 이야기할 뿐 자신의 이야기를 하지 않으려 한다면 "그 사람의 행동에 대해 ○○님은 어떻게 느끼나요?", "그러한 행동이나 상황이 자신에게 어떠한 영향을 미치나요?"와 같이 묻는다.

둘째, 지금 여기에 초점을 맞추어 이야기한다. 자꾸만 과거 경험에 대해 이야기한다면 그 경험이나 문제가 집단치료 과정에서의 경험과 어떻게 관련되는지 물을 수 있다.

셋째, 감정에 초점을 맞추어 표현한다. 감정은 자극에 대한 그 사람의 실제 반응이고 태도로서 내담자의 욕구와 평가 등 실제 마음 상태를 알려 준다. 내담자가 감정을 노출하지 않기 위해 생각으로 정리하는 주지화된 방식을 선택할 때 치료자는 가능한 한 내담자가 경험하는 감정에 초점을 맞추어 표현하도록 돕는다.

넷째, 비난이나 평가를 하지 않는다. 다양성을 존중하고 수용하도록 한다.

다섯째, 정기적으로 참여하고 시간을 엄수한다.

여섯째, 서로에 대해 피드백을 주고받는다.

이외에도 집단원들 간의 논의를 통해 지켰으면 하는 사항을 집단 규범으로 정한다.

과도기 단계

과도기 단계는 초기 단계를 지나 작업 단계로 가는 중간 단계를 말한다. 따라서 본격적으로 목표를 달성하기 위해 깊은 작업 수준으로 진행되는 것에 대한 불안과 두려움이 커지고, 이로 인한 방어와 저항이 나타나는 것이 특징이다. 치료자는 집단원들의 방어와 저항을 효과적으로 다룸으로써 작업 단계로 발전할 수 있도록 해야 한다.

(1) 방어와 저항

본격적인 심리치료적 작업은 변화에 대한 두려움과 저항을 유발한다. 정신분석적 관점에서 저항은 그동안 억압하거나 부정했던 위협이 되는 자료들을 의식세계로 끌어 올리지 않으려는 것을 말한다. 집단원들이 무의식적 자료를 다루지 못하도록 방해하는 모든 것을 저항으로 본다. 보다 넓은 관점에서는 개인적 갈등이나 고통스러운 감정을 탐색하지 못하도록 방해하는 행동을 말하는데, 불안으로부터 보호하기 위한 시도로서 저항을 이해할 수 있다.

내담자가 보이는 저항은 변화에 대한 두려움에서 오는 자연스러운 반응이므로 피하기보다는 존중해야 한다. 또한 그 저항의 근원이 무엇인지 탐색하는 것이 중요하다. 망설이는 이유가 무엇인지, 정작 무엇을 두려워하는지 탐색한다. 이러한 탐색과 이해의 과정이 집단치료 단계가 작업 단계로 발달할 수 있도록 돕는다. 과도기 단계에서 나타나는 저항의 이유는 다양하다. 자신을 드러내면 거절당할까 봐, 내면세계가 텅 비어 있다는 점이 드러날까 봐, 깊은 작업으로 인해 자신을 통제하지 못하게 될까 봐 두려워서 망설일 수 있다.

(2) 치료자의 역할

저항을 치료적으로 다루는 가장 좋은 방법은 집단원의 저항적 행동에 대해 치료자가 관찰하는 그대로 기술하고, 그 행동이 치료자에게 어떠한 영향을 미치고 있는지 전달하는 것이다. 치료자는 먼저 내담자의 두려움이 무엇인지 탐색하여 집단 안에서 솔직하게 표현할 수 있도록 도와야 한다. 이러한 과정을 통해 집단원들이 서로의 내적 갈등을 이해하도록 돕고, 피드백을 통해 함께하고 있음을 느끼도록 하여 집단에 대한 신뢰감과 응집력을 높일 수 있다. 또한 잘못된 두려움이라면 이를 교정할 수 있도록 개입한다.

작업 단계

작업 단계는 집단치료 과정 중에 가장 핵심적인 단계로 각 집단원이 집단에서 얻고자 하는 목표를 본격적으로 다루는 시기이다. 각 집단원의 구체적인 문제를 활발히 논의하고 해결방안을 모색하는 생산적인 활동이 이루어지는 시기이다.

(1) 높은 집단응집력과 생산성

집단치료를 실시하는 핵심 목표와 각 집단원이 꺼내는 중요한 문제들이 집중적으로 탐색되는 시기이다. 집단 초기부터 시작된 집단응집력group cohesiveness은 작업 단계에 이르러 최고조가 되어 집단원들은 서로 뭉쳐 집단 상호작용에 자발적으로 참여한다. 집단응집력은 집단원들이 서로 간에 갖는 정서적 유대감을 말하며, 집단원들이 느끼는 집단에 대한 매력을 의미한다. 응집력이 강하면 강할수록 치료적 효과가 좋다.

작업 단계는 서로의 문제에 적극적으로 개입하여 해결할 수 있도록 돕는 등 생산성이 가장 높은 시기이다. 서로에 대한 신뢰감이 증가하고, 의사소통이 분명하고 직접적인 방식으로 이루어진다. 치료자와 집단원들은 집단 내에서 진행되는 발전과정을 인식하고, 집단에서 움직이는 역동이 무엇인지 알게 된다. 집단역동group dynamics은 집단원 간의 다양한 상호작용에 의해 집단 내에서 일어나는 역동적인 변화를 의미한다.

(2) 치료자의 역할

치료자는 먼저 내담자로 하여금 핵심적인 문제를 노출하고 집단 안에서 작업하는 것에 대한 두려움을 다루도록 도와야 한다. 치료자는 집단원이 자신의 문제와 관련해 깊이 탐색하고 이해할 수 있도록 도울 뿐 아니라 그 과정에서 다른 집단원들의 피드백이 활발하게 이루어질 수 있도록 격려한다. 치료자는 집단 목표와 각 개인의 문제들을 해결하기 위해 다양한 치료적 개입을 적용한다. 특히, 내담자가 그동안 해 보지 않았던 새로운 행동을 시도하는 실험이 활발하게 이루어진다. 집단원들 또한 서로에게 새로운 행동 방식을 시도해 볼 것을 제안하고 지지하며 참여한다.

종결 단계

집단치료 과정을 마무리하는 작업은 짧지만 매우 중요하다. 종결 단계의 작업에 따라 집단치료의 성패가 갈리기도 한다. 종결 단계는 집단원들이 그동안 학습한 것을 강화하고, 배운 것을 일상생활에 적용할 수 있는 전략을 발전시키는 시기이다. 집단치료를 통해 얻은 것과 변화된 것이 무엇인지 검토하고 통합하도록 돕는다. 이와 함께 집단치료의 종결로 인해 경험하는 분리에 대한 슬픔과 상실감도 다루어야 한다. 여기에서는 종결 단계에서 다루어야 할 핵심 작업에 대해서 정리하겠다.

(1) 집단치료 학습 정리

치료자는 집단치료 전 과정을 통해 무엇을 얻었는지 정리하는 시간을 갖는다. 집단원들로 하여금 각자 집단 초기에 가졌던 목표가 무엇이었는지 확인하고, 그 목표가 얼마나 달성되었는지 평가하도록 한다. 또한 목표가 어떻게 달성되었고 자신에게 어떠한 변화가 일어났는지 그 과정을 이해하도록 한다. 이러한 학습된 바를 확인하고, 집단 밖의 행동으로 확대하는 과정도 함께 검토한다. 즉, 집단에서 배운 것을 일상생활에 적용할 수 있는 전략을 안내한다.

(2) 미해결문제 다루기

집단치료에서 달성하고자 했던 목표 중에서 이루지 못한 미해결문제가 있는지 확인한다. 또한 집단원들 간의 관계에서 발생한 갈등이 해소되지 못한 채 남아 있는 건 없는지 확인하여 다루도록 한다. 치료자는 각 집단원이 처음에 계획한 목표 중 어느 정도를 성취했는지 파악하고, 미해결과제가 무엇인지 표현하고 앞으로 어떻게 다루어 갈 것인지 계획하도록 한다. 이를 위해 종결시기가 다가올 때, 이를 상기시켜 가능한 목표를 적극적으로 달성하도록 돕는 것이 효과적이다. 그러나 집단치료 과정에서 처음 계획했던 모든 문제를 다 해결할 수는 없다. 치료자는 집단치료 종결 후에도 남은 문제들에 대해 계속 탐색하고 다룰 수 있도록 안내한다. 그래서 필요한 경우에는 개인치료나 다른 집단치료를 권유한다.

(3) 분리감정 다루기

집단치료를 종결할 때 집단원들은 불안과 두려움을 느낄 수 있다. 과연 집단치료 밖에서 여기서 했던 것처럼 할 수 있을까? 집단치료의 도움 없이 혼자 생활할 수 있을까? 집단치료에서와 같이 누군가를 믿고 솔직하고 친밀하게 지낼 수 있을까? 치료자는 그러한 불안과 두려움을 충분히 표현하여 다루고, 집단 밖에서도 신뢰롭고 의미 있는 관계를 형성할 수 있음을 격려한다. 또한 현재의 모습이 자신의 불편한 부분과 내면의 갈등을 회피하지 않고 씨름하고 작업한 결과임을 깨닫도록 돕는다. 집단응집력이 강한 집단일수록 슬픔과 상실감이 크다. 집단원들이 느끼는 슬픔과 상실감에 대해 표현하고 다룰 수 있는 기회를 갖는다. 치료자 또한 종결에 대한 자신의 감정을 알아차리고 집단 안에서 표현할 필요가 있다.

집단치료의 치료적 요인

집단치료의 무엇이 치료적 효과를 만들어 내는 것일까? 그 변화를 이끄는 치료적 요인에 대해 얄롬(Yalom, 1995)은 다음의 11가지를 제안했다. 희망의 고취 instillation of hope, 보편성universality, 정보전달imparting information, 이타심altruism, 대인관계 학습interpersonal learning, 사회화 기술의 발달development of socialization techniques, 모방행동 imitative behavior, 집단응집력group cohesiveness, 원가족의 교정적 반복발달corrective recapitulation of the primary family group, 정화catharsis, 실존적 요인들existential factors이 그것이다.

(1) 희망의 고취

집단치료를 통해 나아질 것이라는 희망 자체가 긍정적인 변화를 이끈다. 희망의 고취는 치료에 대한 동기를 유발하고, 치료과정에 지속적인 참여를 유도하며, 치료자 및 치료방법에 대한 신뢰를 갖게 한다. 치료자는 집단치료 홍보 시, 집단치료 시작 전, 오리엔테이션, 집단치료 전 과정을 통해서 내담자에게 희망을 고취하도록 노력해야 한다. 집단치료에 대한 긍정적 기대를 갖게 하고, 부정적인 선입견을 제거하며, 집단치료가 효과가 있음을 분명하고 강력하게 설명한다. 집단치료 과정에서 긍정적인 변화가 있는 집단원이 있다면 치료자는 이를 놓치지 않고 피드백함으로써 집단원 전체에게 긍정적인 기대를 갖게 할 수 있다. 예를 들어 "수풀님을 집단치료 초기에 뵈었을 때는 얼굴이 많이 어두워 보였는데, 요즘 참 밝아 보이네요. 다른 분들은 어떻게 느끼세요?"라고 말할 수 있다.

(2) 보편성

많은 내담자들이 자신만 유독 비참하고 끔찍한 문제를 가지고 있다는 생각에 외롭다. 이는 사회적 고립감을 증가시키고 내담자의 문제를 노출할 기회를 박탈하여 왜곡된 지각을 검증하고 수정하거나 수용할 기회를 뺏는다. 집단치료 초기에 집단원들은 서로 유사한 불안과 두려움을 느끼고 비슷한 문제들을 지니고 있음을 알게 된다. 또한 집단치료 과정을 통해 다른 사람들에게 이해되고 받아들여지는 느낌을 갖는 치유적 경험을 하게 된다.

(3) 정보전달

고통을 받는 내담자들의 상당수가 몰라서 그런 경우가 많다. 다르게 생각할 수 있음을, 증상이 무엇을 의미하는지, 사회적 관계에서 보통 어떻게 지각하고 행동하는지, 문제를 해결하는 방법 등을 몰라서 고통받는다. 집단치료 과정은 다양한 방법으로 내담자들에게 정보를 전달한다. 집단원들은 자신이 지닌 증상, 그 증상의 의미, 마음의 기능, 문제해결방법, 대인관계에서의 역동, 상호작용 방식 등 많은 것을 배운다. 이들은 말한다. "진작 알았더라면 그렇게 대처하지도, 힘들지도 않았을 텐데."라고 말이다.

정보전달은 다양한 방식으로 이루어질 수 있다. 첫째, 직접적인 교육을 통해서 가능하다. 특히, 구조화된 집단치료에서 치료자는 직접적 교육방식을 자주 활용한다. 예를 들어 강박증의 인지행동치료 집단의 경우 집단 초기에 강박증에 대한 교육과 인지행동치료 교육이 집중적으로 이루어지고 집단치료 전 과정에서 구체적인 절차와 교육이 지속적으로 이루어진다. 집단 초기에 이루어지는 교육은 다른 치료적 요인이 활성화되기 전에 집단원들을 단결시키는 힘으로 작용하기도 한다. 둘째, 집단원들 간의 조언이나 제안, 충고 등 다양한 방법으로 정보전달이 이루어진다. 그러나 섣부른 조언이나 충고는 오히려 저항을 일으켜 연대감을 방해할 수 있다. 따라서 상대에 대한 관심과 배려를 바탕으로 조언과 충고가 조심스럽게 이루어지도록 신경 써야 한다.

(4) 이타심

내담자들은 "나는 무가치하고 부담을 주는 존재야."와 같이 스스로에 대한 부정적인 지각을 갖는 경우가 많다. 집단치료 과정에서 서로에게 관심을 전달하고, 위로와 지지를 보내며, 조언을 하기도 하고, 통찰을 돕기도 하는 등 여러 도움을 주고받는다. 이는 집단원으로 하여금 자신이 누군가에게 도움이 될 수 있음을, 자신에게도 다른 사람에게 줄 수 있는 것이 있음을, 타인에게 긍정적 영향을 미치는 힘이 있음을 깨닫게 한다. 이타심은 자기가치감과 효능감을 유발함으로써 치료적 변화 과정에 긍정적으로 작용한다.

(5) 대인관계 학습

내담자들이 겪는 대부분의 고통과 문제들이 대인관계에서 초래된다. 따라서 대인관계에서 적응적으로 행동하는 방법을 배운다면 고통을 경감하고 예방하여 정신건강을 회복할 수 있을 것이다. 집단은 축소된 사회로서의 역할을 한다. 집단 밖의 사회상황과 유사하게 상호작용할 것이고, 집단원들 앞에서 평소 보이던 부적응적 대인관계 행동 또한 보일 것이다. 이를 통해 부적응적 대인관계 양상을 확인하고 적응적인 대인관계 방법을 학습하도록 도울 수 있다.

알렉산더와 프렌치(Alexander & French, 1946)는 교정적 정서체험corrective emotional experience이라는 개념을 제안하였다. 내담자는 집단치료 장면에서 과거 대인관계에서 겪었지만 처리하지 못했던 정서적 경험과 유사한 경험을 하게 되는데, 안전한 집단치료 환경에서 과거에 겪었던 방식이 아니라 교정적으로 재체험함으로써 과거 처리하지 못했던 정서적 경험을 새롭게 체험하고 소화하는 치료적 변화를 경험한다. 예를 들어 내담자 바다의 어머니는 딸이 불편한 감정을 표현하면 늘 꾸짖고 비난했다. 그래서 바다는 항상 불편한 감정을 억누르는 식으로 반응했다. 하지만 집단원들은 바다의 감정 표현을 비난하지 않고 이해하며 받아 주었다. 바다는 불편한 감정을 솔직히 표현했는데도 수용되는 경험을 하게 되었다. 이를 통해 자신 안에 다양한 불편한 감정들이 있고 그것을 표현해도 괜찮다는 것을 깨달았고, 솔직하게 표현하는 새로운 방식으로 사람들과 관계를 맺을 수 있게 되었다.

(6) 사회화 기술의 발달

집단치료 과정을 통해 기본적인 사회 기술을 습득하고 개발할 수 있다. 예를 들어 도움을 청하는 방법, 거절하는 방법, 상사에게 자신의 주장을 얘기하는 방법, 갈등을 해결하는 방법, 상대방에게 긍정적 인상을 주는 방법 등의 다양한 사회적 기술을 습득할 수 있다. 또한 다른 사람들에게 부정적 영향을 주는 내담자의 행동이나 태도를 발견하고, 여기에 대한 피드백을 통해 긍정적인 방향으로 수정할 수 있다. 예를 들어, 다른 집단원이 얘기할 때 고개를 푹 숙이고 다리를 꼬며 뒤로 물러나 앉는 집단원의 경우 이러한 행동이 상대에게 어떻게 지각될 수 있는지 피드백이 이루어질 수 있다.

(7) 모방행동

집단치료 과정에서 내담자들은 치료자뿐 아니라 다른 집단원들의 여러 측면을 모방하게 된다. 모방은 집단원의 생각, 감정 반응, 행동 및 습관, 의사소통 방식 등에 영향을 미친다. 집단원은 치료자와 집단원들의 행동을 관찰하고 모방함으로써 감정을 적절하게 표현하는 방법, 관심을 전달하는 방법, 문제를 해결하는 방법 등 다양한 학습을 하게 된다.

(8) 집단응집력

집단응집력은 집단의 가장 기본적인 속성으로서 집단원들이 느끼는 집단에 대한 매력 또는 집단원들 간에 끌어당기는 힘으로 집단에 남아 있도록 하는 모든 힘의 합을 말한다. 집단응집력 자체가 강력한 치료적 힘으로 작용할 뿐 아니라 다른 치료적 요인이 작용하는 데 필수적인 선행 조건이 된다. 누군가와 친밀한 관계를 형성하고자 하는 애착에 대한 욕구는 모두가 원하는 기본 욕구라는 점에서 집단응집력을 통한 소속감과 수용 자체가 치료적으로 힘을 발휘한다. 집단 안에서 자신의 내면세계를 표현하고, 이것이 다른 사람에 의해 정서적으로 공유되고 수용되는 경험 자체가 치유적이다. 집단응집력이 높을수록 집단치료에 적극적으로 참여하고, 기꺼이 도전하며, 실험에 참여함으로써 치료적 변화 경험을 하게 된다.

(9) 원가족의 교정적 반복발달

원가족은 내담자의 문제의 형성과 지속에 중요한 영향을 미친다. 집단은 가족과 유사성이 있다. 집단 안에 권위자나 부모, 형제, 경쟁자 등의 존재와 비슷한 느낌을 주는 존재가 있다. 이들과의 상호작용을 통해 원가족 내에 있었던 갈등이나 상처가 다시 떠올라 재경험하게 된다. 그러나 교정적 정서체험과 마찬가지로 집단치료 장면에서 상처가 되었던 방식이 아닌 치유적인 반응을 경험함으로써 내담자에게 부정적인 영향을 미쳤던 원가족의 상처를 극복하고 해결할 수 있게 된다.

(10) 정화

정화catharsis는 청소하다의 그리스 어원에서 비롯되었다. 내면에 억눌려 있던 감정과 충동을 밖으로 꺼내어 표현함으로써 비우는 작업은 억누른 감정이나 충동에 매여 있던 에너지를 해방함으로써 치료적 효과를 발휘한다. 그러나 카타르시스를 통해 무엇이 이루어졌는지 학습하는 인지적 과정을 반드시 밟아 정서와 인지를 통합하는 작업이 필요하다.

(11) 실존적 요인들

우리에게는 인간으로서 부딪힐 수밖에 없는 조건들이 무수히 많다. 여기에는 선택과 책임, 불확실성, 인간의 유한성, 소외, 실존의 급작스러운 변화, 죽을 수밖에 없는 운명, 자유, 삶의 의미 추구 등이 있다. 인간의 갈등은 궁극적으로 실존적으로 타고난 걱정들에서 비롯되는 경우가 많다. 영원히 살기를 바라나, 죽음은 피할 수 없기에 죽을까 봐 불안하다. 실존적 사실을 무시하거나 부인하면 계속 불안하고 고통스러울 수밖에 없다. 따라서 인간일 수밖에 없는 조건들을 직면하고 수용하면서 인간이 인간답게 삶을 살도록 도와야 한다. 집단치료는 이러한 과정을 돕는다. 예를 들어, 다른 사람들에게 받을 수 있는 지지는 한계가 있음을, 내 삶의 궁극적 책임은 나에게 있음을, 아무리 가까워도 함께할 수 없는 지점이 있음을, 나는 부족할 수밖에 없는 존재임을 알게 한다.

이 장의 요약

1 집단치료는 치료자가 다수의 내담자들을 상대로 각 내담자의 증상 완화, 문제해결 및 치료적 변화를 가져오도록 돕는 심리치료적 접근 방식이다. 집단치료는 한정된 시간에 다수의 내담자들에게 치료적 효과를 가져온다는 점에서 경제적이고 효율적이다. 집단치료는 구조화 정도에 따라 구조화된 집단, 비구조화된 집단, 반구조화된 집단으로 구분된다. 또한 개방성의 여부에 따라 개방집단, 폐쇄집단으로 구분된다.

2 다수의 집단원 간의 상호작용으로 이루어지는 집단치료는 비밀보장, 비자발적 참여, 집단원의 중도 탈락, 집단 압력, 이중 관계 등의 윤리적 문제가 발생할 수 있다. 치료자는 초반부터 집단원 모두가 비밀을 보장할 수 있도록 안내하고, 비밀보장의 한계에 대해 설명해야 한다. 비자발적으로 참여한 집단원에게는 관련한 생각과 감정을 솔직하게 표현하고 충분히 다룰 수 있는 기회를 갖게 한다. 중도 탈락하려는 집단원에게는 집단 안에서 이유를 충분히 설명하고 관련 문제를 해결하는 과정을 거치도록 하고, 남은 집단원들이 중도 탈락으로 받은 영향을 충분히 다루어 주어야 한다. 집단 압력이 부당하게 행사될 경우 개입하여 막아야 하고, 치료 과정에 부정적 영향을 미치는 이중 관계는 없어야 한다. 치료자는 이러한 윤리적 문제들에 대한 충분한 정보를 사전에 혹은 초반부터 제공해야 한다.

3 집단치료를 성공적으로 이끌기 위해서는 치료자가 용기, 활력, 개방성, 유머 감각, 창의성, 따뜻하고 진정으로 보살피는 마음, 집단원과 함께하는 능력 등 인간적 자질을 갖추도록 노력

해야 하고, 다양한 집단치료 이론과 기법들에 익숙해 있어야 한다.

4 집단치료 계획안이 구체적일수록 집단치료를 성공적으로 이끌 수 있다. 집단치료의 목표가 무엇인지 정하고, 목표를 달성할 수 있는 이론적 근거를 마련해야 한다. 또한 목표를 달성하는 구체적인 방법과 절차를 제시해야 한다. 그 밖에 집단치료의 대상, 집단의 크기, 전체 회기와 회기당 시간, 치료 장소 등 구체적인 세부 사항들을 사전에 정해야 한다.

5 집단치료가 전개되는 과정은 초기 단계, 과도기 단계, 작업 단계, 종결 단계로 구분된다. 초기 단계에서 치료자는 집단원들의 모호함에 대한 불안과 두려움을 다루고, 집단치료에 대한 신뢰감을 형성하고, 집단 목표를 분명하게 설정하고, 집단 규범 등을 논의함으로써 집단치료에 대한 구조화를 돕는다. 과도기 단계에서 본격적인 작업에 대한 방어와 저항을 다룸으로써 작업 단계로 넘어가게 된다. 치료자는 집단치료 전체 목표와 각 집단원의 목표와 문제들을 해결하기 위해 다양한 치료적 개입을 시도하고 다루어야 한다. 작업 단계는 집단응집력과 생산성 등이 가장 높은 시기이다. 마지막 종결 단계에서 집단치료 과정을 통해 학습한 사항을 정리하고, 미해결문제를 확인하여 앞으로 어떻게 다룰지 계획하며, 종결로 인한 분리에 대한 감정을 충분히 다룬다.

6 집단치료가 효과가 있는 이유에 대해 얄롬은 희망의 고취, 보편성, 정보전달, 이타심, 대인관계 학습, 사회화 기술의 발달, 모방행동, 집단응집력, 원가족의 교정적 반복발달, 정화, 실존

적 요인들 등의 11가지 치료적 요인을 제안하
였다.

더 읽을거리

집단치료의 이론과 실제적 내용에 대해 자세히 설
명하고 있다.

Yalom, I. D., & Leszcz, M. (2008). 최신 집단정신
치료의 이론과 실제. (최해림, 장성숙 역). 서울: 하
나의학사(원전은 2005년에 출판).

집단치료 과정 전반에 대해 자세히 설명하고 있다.

Corey, M. S., Corey, G., & Corey, C.
(2012). 집단상담 과정과 실제. (김진숙, 김
창대, 박애선, 유동수, 전종국, 천성문 역). 서
울: Cengage Learning(원전은 2010년에
출판).

이장호, 최승애(2015). 집단상담: 원리와 실제. 서울:
법문사.

천성문, 함경애, 박명숙, 김미옥(2017). 집단상담-이
론과 실제. 서울: 학지사.

이지영(2015). 집단상담. 서울: 서울디지털대
학교.

구조화된 집단치료 매뉴얼이 궁금하다면 다음을 참
고할 수 있다.

강박증의 인지행동치료. 서울대학교병원 강박증클
리닉.

이지영, 주리애, 설순호(2003). 불안의 집단 인지행
동치료. 미출판.

이지영, 권석만(2007). 정서조절능력 향상 집단치
료 프로그램. 서울대학교 심리학과 대학원. 미
출판.

다음 책의 제2부의 실습 부분은 워크북 형태로 되
어 있어서, 집단치료에서 직접 사용할 수 있는 구체
적인 지시내용과 실습지를 제공하고 있다.

이지영(2024). 정서조절코칭북-내 감정의 주인이 되어
라(제3판). 서울: 박영사.

4부

전문 영역

14

건강심리학 및 긍정심리학

'**건강**'을 잃으면 모든 것을 잃는 것'이라는 말이 있다. 이런 점에서 건강심리학은 세상에서 가장 중요한 가치를 다루는 학문 분야 중 하나이다. 건강심리학은 사람들의 다양한 특성과 생활양식이 건강 및 질환에 미치는 영향을 연구한다.

건강심리학은 전 세계적으로 산업화와 의학의 발전에 힘입어 질환과 죽음의 양상이 변화하고 건강한 삶에 대한 사회적 관심이 비약적으로 증가하게 된 1970년대 후반부터 본격적으로 발전하기 시작했다. 과거에는 사람들이 경험하는 신체적 장애 및 죽음의 주요 원인이 전염병을 비롯한 생물학적인 요인들이었다. 하지만 현대사회에서 사망 및 장애의 주요 원인은 만성질환으로 대체되었다.

현대사회에서 만성질환이 증가함에 따라 의료비용도 증가하였고 더불어 건강에 대한 관점도 변화하였다. 과거에 사람들은 건강을 막연하게 '질환이 없는 상태'라고 생각했지만 건강심리학에서는 건강에서 질환의 유무보다는 '웰빙'이 더 중요하다고 본다. 이러한 건강에 관한 현대적 관점은 세계보건기구의 정관에도 명시되어 있다. "건강은 단순히 질환이 없거나 허약하지 않은 상태를 뜻하는 것이 아니라 완전한 신체적·정신적·사회적 웰빙 상태를 뜻한다."

세계보건기구의 건강에 관한 정의는 건강심리학과 긍정심리학이 근본적으로 동일한 이념을 공유하고 있음을 잘 보여준다. 긍정심리학은 20세기에서 21세기로 전환하는 시점에 전 세계적으로 널리 유포되기 시작한 심리학 내 한 분야로서 인간의 삶에서 정신장애와 약점 같은 부정적인 요소보다는 정신건강과 성격강점 같은 긍정적인 요소에 초점을 맞춘다.

비록 긍정심리학은 21세기 들어서야 각광을 받기 시작했지만 그 용어의 최초 사용은 인본주의 심리학자 매슬로(Maslow, 1954)까지 거슬러 올라간다. 여기에서는 건강심리학과 긍정심리학에 관해 소개하고자 한다.

☑ 이 장의 목표

1 건강심리학이 무엇인지 이해할 수 있다.

2 건강심리학자가 하는 일은 무엇인지 살펴본다.

3 긍정심리학의 정의를 이해할 수 있다.

4 긍정심리 상담 및 치료란 무엇인지 알아본다.

건강심리학의 정의와 발전 배경

건강심리학이란

건강심리학health psychology은 질환, 건강 그리고 건강관리에 영향을 주는 심리적 특성과 행동양식을 연구하는 학문이다(Johnston, 1994). 이러한 건강심리학의 발전은 행동의학behavioral medicine의 태동과 밀접한 관계가 있다.

행동의학은 1977년에 미국의 예일 대학교에서 열린 학술회의에서 생물심리사회 모델biopsychosocial model에 대한 공감대가 형성되면서부터 발전하기 시작했다(Matarazzo, 1980). 슈워츠Schwartz와 와이스Weiss는 이 기념비적인 회의에서 질환의 예방 및 건강 증진을 위해서는 행동과학, 생물학 및 의학 간 다학제적 접근이 중요하다고 강조하였다(Schwartz & Weiss, 1978). 행동의학이 탄생하기 이전에도 심리학 내에서 건강 증진을 위해 심리학자의 역할이 중요하다는 공감대는 어느 정도 형성되어 있었다(Schofield, 1969). 그리고 행동의학의 탄생과 발맞추어 1977년 미국심리학회는 건강심리학을 38번째 분과로 공식 인준하였다.

건강심리학에서의 대표적인 연구 주제는 다음과 같다. 첫째, 질환과 관계된 심리적·행동적·환경적 요인들을 탐구하는 것이다. 둘째, 질환을 예방하는 방법을 연구하는 것이다. 셋째, 질환의 영향력을 조사하는 것이다. 넷째, 건강 정책의 효과를 추적 조사하는 것이다. 다섯째, 건강 분야에서의 의사-환자 간 효과적인 의사소통을 증진하기 위한 기술을 연구하는 것이다. 여섯째, 환자가 의학적 처방을 잘 따르도록 돕는 방법을 개발하는 것이다. 마지막으로, 만성 질환으로 인한 통증을 효과적으로 관리하기 위한 방법을 모색하는 것이다.

주요 사망원인 및 건강에 대한 관점의 변화

행동의학 및 건강심리학의 발전은 전 세계적으로 산업화 및 의학의 발전에 힘입어 질환과 죽음의 양상이 변화하고 건강한 삶에 대한 사회적 인식이 변화하게 된 것과 밀접한 관계가 있다. 그림 14.1은 1900년과 2010년에 미국에서 주요 사망원인에 따른 10만 명당 사망자 수가 변화한 양상을 나타낸 것이다. 1900년에 미국인의 가장 대표적인 사망원인은 감염성질환이었다. 하지만 2010년 미국에서의 가장 대표적인 사망원인은 암이었다. 지난 110년 사이에 감염성질환으로 인한 사망자 수는 1/36 수준으로 급감한 반면 암으로 인한 사망자 수는 3배 이상 증가하였다.

암은 심리적 스트레스와 밀접한 관계가 있는 대표적인 질환 중 하나이다. 비록 심리적 스트레스 자체가 암을 직접적으로 유발한다는 증거가 충분하지 않을지라도 심리적 스트레스는 면역체계 및 암 관련 질환의 경과에 중요한 영향을 미치는 것으로 보고되었다(Lutgendorf, 2005).

건강심리학의 핵심 주제 중 하나는 다양한 의학적 질환 중에서 주로 심리적 요인이 질환의 발병 혹은 경과에 중요한 영향을 주는 질환들이다. 그 대표적인 예로는 위궤양, 류머티스 관절염, 고혈압, 천식, 갑상선 항진증, 궤양성 대장염 등 정신신체질환을 들 수 있다. 물론 건강심리학의 영역이 정신신체질환에만

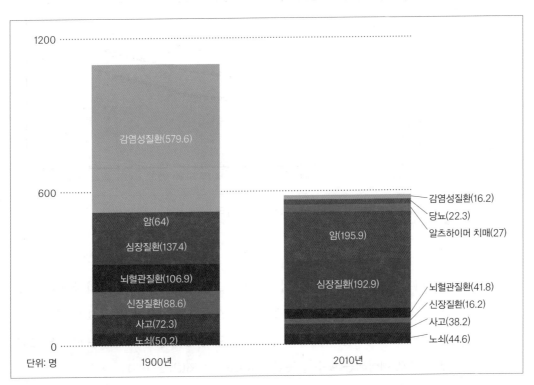

그림 14.1 | 1900년과 2010년 미국에서의 주요 사망원인에 따른 10만 명당 사망자 수 변화
출처 Jones, Podolsky, & Greene (2012).

국한되는 것은 아니다. 예를 들면, 두통, 요통, 암 통증 등 통증관리가 필요한 질환을 비롯해, 함께 살아가는 것이 중요한 이슈가 되는 당뇨와 알츠하이머 치매 등 다양한 만성질환들도 건강심리학의 주요 주제에 해당한다.

기대수명의 변화와 건강수명

과거 전통 사회에 비해 현대사회에서 기대수명life expectancy은 점차 증가 추세에 있다. 기대수명은 특정 해에 태어난 아이가 장차 생존할 것으로 예상되는 평균 수명을 의미한다. 그림 14.2는 1960년에서 2015년까지 OECD 19개 국가들에서 기대수명이 변화한 양상을 나타낸 것이다. 이 그림은 명확히 남녀 모두에서 기대수명이 점진적으로 증가 추세에 있음을 보여준다.

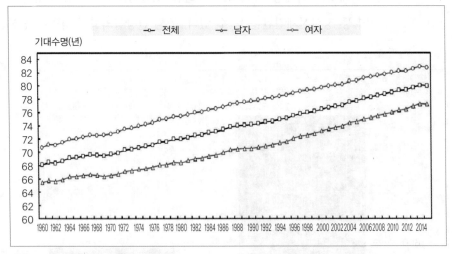

그림 14.2 | 1960년에서 2015년까지 OECD 19개 국가들에서의 기대수명 변화.
출처 OECD (2018a).

하지만 현대사회에서 만성질환으로 고통 받는 사람들이 증가함에 따라 단순히 오래 살아남는 것보다는 건강하게 생활하는 기간이 더 중요한 의미를 갖게 되었다. 건강수명health expectancy은 한 사람이 신체적 장애로 고통 받지 않고 지낼 것으로 예상되는 햇수를 뜻한다(Robine & Ritchie, 1991).

표 14.1에서 2016년을 기준으로 했을 때 한국인의 기대수명은 82.4년으

로 OECD 평균인 80.8년보다 더 길다. 하지만 표 14.2에 따르면 스스로 자신의 건강상태가 양호하다고 생각하는 인구의 비율은 OECD 절반 수준에도 못 미치는 최하위 수준이다. 표 14.3의 통계청 자료에 따르면 한국인의 기대수명은 계속 증가하는 추세인 반면, 건강수명은 조금씩 감소하고 있는 것으로 나타났다. 이러한 자료들은 향후 한국 사회가 기대수명 자체보다는 건강수명을 늘리는 데 더 큰 정책적 관심을 기울일 필요가 있음을 보여준다.

표 14.1 | 한국과 OECD 국가 간 2016년 기대수명　　　　　　　　　　단위: 년

	라트비아	미국	한국	스페인	스위스	일본	OECD평균
기대수명	74.7	78.6	82.4	83.4	83.7	84.1	80.8
남자	69.8	76.1	79.3	80.5	81.7	81.0	78.1
여자	79.6	81.1	85.4	86.3	85.6	87.1	83.4

출처 OECD (2018b).

표 14.2 | 한국과 OECD 국가 간 2016년 양호한 건강 수준　　　　　　단위: %

	한국	일본	라트비아	뉴질랜드	미국	캐나다	OECD평균
양호	32.5	35.5	47.2	87.8	88.0	88.4	68.3

출처 OECD (2018b).

표 14.3 | 한국인의 기대수명 및 건강수명 추이

수명＼연도	2012	2013	2014	2015	2016
기대수명	80.87	81.36	81.8	82.06	82.36
건강수명*	65.7	–	65.2	–	64.9

* 건강수명은 유병기간 제외한 기대수명을 말한다.
출처 통계청 (2017).

생물심리사회 모델

건강심리학의 이론적 핵심 토대는 '생물심리사회 모델'이라고 할 수 있다. 이 이론적 모형의 주창자는 엥겔(Engel, 1977)이다. 그는 질환을 효과적으로 치료하는 동시에 건강을 증진하기 위해서는 유전 등 생물학적 요인과 성격과 스트레스 등 심리적 요인 그리고 가정 환경과 경제적 조건 등 사회적인 요인을 함께 고려해야 한다고 주장하였다.

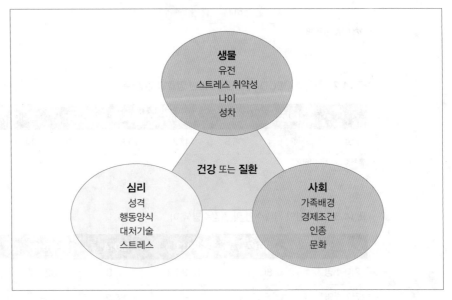

그림 14.3 | 생물심리사회 모델

다만, 건강 및 질환에 직접적인 영향을 주는 것은 생물학적인 요인이며 심리적인 요인과 사회적인 요인은 배후에서 생물학적인 과정에 영향을 줌으로써 결과적으로 건강 및 질환에도 중요한 영향을 주게 된다(그림 14.3 참고). 건강심리학에서의 핵심 목표는 바로 심리·사회적인 요인이 생물학적인 과정에 영향을 주는 메커니즘을 규명함으로써 질환의 치료 및 예방 그리고 건강 증진에 기여하는 것이다.

취약성-스트레스 모델

기본적으로 질환은 다양한 요인에 의해 발생하게 된다. 하지만 건강심리학에서는 스트레스에 특별한 관심을 갖는다. 스트레스와 질환 간 관계는 단순하기보다는 복합적인 양상을 띤다. 지속적인 스트레스를 경험한다고 해서 질환에 걸리는 것은 아니다. 동일한 수준의 스트레스도 어떤 사람에게는 치명적일 수 있지만 또 다른 사람에게는 그렇지 않을 수 있다. 취약성-스트레스 모델vulnerability-stress model 또는 질환소인-스트레스 모델diathesis-stress model은 이러한 의문에 대한 한 가지 답을 제공해 준다(Ingram & Luxton, 2005).

취약성-스트레스 모델에서는 질환이 나타나는 데는 두 가지 필수 요인이 존재한다고 본다. 첫째, 개인이 특정 질환과 관련해서 선천적인 소인을 갖는 것이다. 기본적으로 이러한 소인은 유전되는 것으로 간주된다. 둘째, 취약성을 가진 개인이 심각하거나 만성적인 스트레스를 경험하는 것이다. 특정 질환에 취약한 소인을 가진 사람은 다른 사람들에게는 문제되지 않는 수준의 스트레스에 대해서도 민감하게 반응할 수 있다.

취약성-스트레스 모델에 따르면 특정 질환에 대해 선천적인 취약성을 타고 났다고 해서 반드시 질환에 걸리는 것은 아니다. 선천적인 취약성을 갖고 있더라도 스트레스를 효과적으로 관리할 수 있는 대처기술을 갖추거나 스트레스에 대한 보호 요인 중 하나로 사회적인 지지가 충분히 있으면 질환에 걸리지 않을 수 있다. 또 동일한 수준의 심각한 스트레스 혹은 만성적인 스트레스를 경험한다고 해서 반드시 질환에 걸리는 것도 아니다. 기질적으로 강인한 사람들은 그렇지 않은 사람들보다 상대적으로 질환에 대해 더 잘 견뎌낼 수 있다.

심리신경면역학

1975년 건강심리학에서의 기념비적인 연구가 수행되었다. 에이더Ader와 코헨

Cohen은 이반 파블로프Ivan Pavlov의 고전적 조건형성 과정이 보이지 않는 면역계에서도 일어날 수 있는지 의문을 품었다. 그들은 쥐들이 사카린 용액을 마시는 동안 면역억제제를 투약해 그 둘을 연합시켰다. 그 후 쥐들에게 사카린 용액만 주었을 때도 쥐들은 면역억제반응을 나타냈다. 이러한 결과는 면역계가 다른 행동 시스템과 마찬가지로 연합학습이 가능하다는 점을 시사한다(Ader & Cohen, 1975). 이것이 바로 심리신경면역학의 효시이다.

심리신경면역학은 행동이 면역계 및 질환에 미치는 영향을 연구하는 학문이다(Irwin & Vedhara, 2005). 심리신경면역학에서는 주로 스트레스와 면역 간 관계에 초점을 맞춘다. 80여 년 전에 월터 캐넌Walter B. Cannon이라는 생리학자는 *The Wisdom of the Body*(1932)라는 저서에서 신체의 소화계가 스트레스에 반응해 나타내는 보이지 않는 반응을 정교하게 기술했다. 이러한 작업을 위해 그는 당시로서는 획기적인 발명품이었던 엑스레이 촬영 장비를 활용해 보이지 않는 생리 과정들을 조사하였다. 그는 우리의 교감신경계와 부교감신경계가 신체 내 항상성을 유지하기 위해 견제와 균형을 이루는 생물학적 과정을 생생하게 소개하였다. 그는 신체가 안정된 상태에 있는 것을 기술하기 위해 항상성homeostasis이라는 용어를 차용했다.

스트레스에 대한 생리적인 반응은 우리가 스트레스를 지각하는 것으로부터 출발하게 된다. 기본적으로 스트레스에 대한 신체의 반응은 투쟁 혹은 도피반응fight-or-flight response으로 요약할 수 있다(Cannon, 1932). 외부의 위협이나 스트레스 상황하에서 신체는 둘 중의 하나를 선택하기 위한 준비 단계에 돌입하게 된다. 이때 투쟁을 선택하든 도피를 선택하든 신체는 사실상 동일한 생리적 반응을 나타낸다. 스트레스 상황하에서 일반적으로 동공은 확장되고 심장박동은 빨라지며 위장 및 소화 기능은 억제되며 소변 배출 및 성적인 흥분은 억제된다.

이러한 스트레스 반응의 생리학에서 핵심적인 요소는 바로 시상하부-뇌하수체-부신(HPA) 축hypothalamic-pituitary-adrenal axis이다(그림 14..4 참고). 시상하부는 신진대사 과정과 자율신경계를 관장한다. 시상하부는 외부의 정보와 내부의 신체 정보를 통합하는 동시에 신체가 외부의 스트레스 상황에 적절히 대응할 수

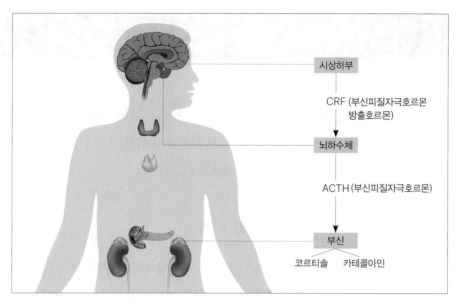

그림 14.4 | 시상하부-뇌하수체-부신(HPA) 축

있도록 각 기관을 통제하는 역할을 한다. 이런 점에서 시상하부는 스트레스 상황하에서 일종의 사령탑 역할을 한다고 할 수 있다.

스트레스 상황하에서 시상하부는 뇌하수체로 부신피질자극호르몬방출호르몬corticotropin-releasing factor, CRF을 분비한다. 그 후 뇌하수체는 부신으로 부신피질자극호르몬adrenocorticotropic hormone, ACTH을 분비한다. 다음 단계에서 부신은 코르티솔cortisol과 카테콜아민catecholamine을 분비하게 되는데 이 두 가지 호르몬 수준이 스트레스 지수로 활용되기도 한다.

만약 이러한 과정을 통해 충분한 양의 코르티솔과 카테콜아민이 시상하부에 도달하게 되면, HPA 축 반응은 멈추게 된다. 하지만 적정 수준의 코르티솔과 카테콜아민이 시상하부에 도달하지 못하게 되면 HPA 축 시스템은 지속적으로 호르몬을 생산하게 되고, 스트레스 반응 역시 장기화된다. 그리고 이처럼 스트레스 반응이 장기화될 경우 신체는 다양한 질환에 취약한 상태가 될 수 있다.

1970년대 말에 창립된 이후 40여 년이 지나는 동안 건강심리학은 다양한 학술적 성과를 통해 학문 분야로서 위치를 굳건히 하게 되었으며, 건강심리학자라는 직업도 고유한 지위를 확립하게 되었다.

건강심리학자의 훈련 과정

건강심리학 교육과정은 모든 심리학자에게 요구되는 기본과목들을 이수한 후 건강심리학에 특화된 분야를 공부하도록 구성된다. 건강심리학자들은 대학원 과정 재학 중 혹은 졸업 후 적어도 2년 이상의 임상 실습 및 훈련 경험을 바탕으로 병원이나 클리닉 등에서 건강심리 전문가로서 활동을 하거나 박사 학위 소지자의 경우 대학이나 보건원 등의 연구기관에 진출하게 된다. 일반적으로 건강심리학자들은 대학원 교육 과정에서 다음의 과목들을 이수하게 된다(Brannon, Feist, & Updegraff, 2014).

① 행동, 건강 및 질환 관련 생물학과 의학적 지식
② 행동, 건강 및 질환 관련 인지 및 정서적 기제
③ 행동, 건강 및 질환 관련 개인차
④ 건강 및 질환 관련 사회적 정책과 환경 그리고 문화
⑤ 실험 설계 및 연구 방법론
⑥ 심리 측정 및 평가
⑦ 학제 간 협력 이슈 및 윤리적 문제

건강심리학 분야의 직업

건강심리학자들은 다른 심리학자들과 마찬가지로 연구하고 가르치며 다양한 대상들에게 심리 서비스를 제공하는 역할을 한다. 건강심리학자들의 대표적인 활동영역은 병원이나 클리닉과 같은 임상건강 영역이다. 임상심리학자들이 주

로 정신과 환자들을 대상으로 심리 서비스를 제공한다면, 임상건강심리학자들은 위궤양, 고혈압 및 천식 등 정신신체질환으로 고통 받는 환자들과 암 통증 등 통증관리가 필요한 환자들 그리고 당뇨와 알츠하이머 치매 등 만성질환자들에게 심리 서비스를 제공한다.

임상건강심리학자들이 제공하는 심리 서비스의 대표적인 예로는 두통 환자에게 약물 대신 바이오피드백 훈련을 시키거나 만성 통증 혹은 소화계통의 질환을 갖고 있는 환자들이 의학적 처방에 잘 따르도록 행동적인 중재 기법을 실시하는 것을 들 수 있다.

박사 학위가 있는 건강심리학자들은 대학교나 질병통제센터 및 국립보건원 등과 같은 정부연구기관에서 일을 하기도 한다. 이들은 건강 및 질환 관련 문제 해결을 위해 주로 다양한 전문가들과의 학제 간 협력 과정에 적극적으로 참여한다.

한국 건강심리학자들의 과제

보건복지부는 2015년에 국민건강증진종합계획(HP2020)을 발표하였다. 이것은 10년 단위로 수립하는 국가의 중장기 종합계획으로서 건강 증진을 통해 건강수명을 연장하고 지역 및 소득수준 간 건강 격차를 줄이는 것을 목표로 한다.

한국건강증진개발원(2017)에서 발간한 보고서에 따르면 보건복지부의 '제4차 국민건강증진종합계획'의 총 19개 지표 중 4개 지표는 개선이 아니라 오히려 악화된 것으로 나타났다. 그 4가지 지표는 고혈압 유병률, 성인 남자 비만 유병률, 성인 여자 비만 유병률 그리고 자살 사망률이었다.

고혈압과 비만 그리고 자살 등의 문제는 건강심리학적인 개입을 통해 충분히 개선이 가능한 영역에 해당한다(Brannon, Feist, & Updegraff, 2014). 미국에 비해 한국 사회에서는 아직까지 건강심리학자들의 수가 크게 부족한 점을 고려해 볼 때 한국건강증진개발원(2017)의 보고서 내용은 향후 한국 사회에서 건강심리학의 역할과 관련해 중요한 시사점을 제공해 준다.

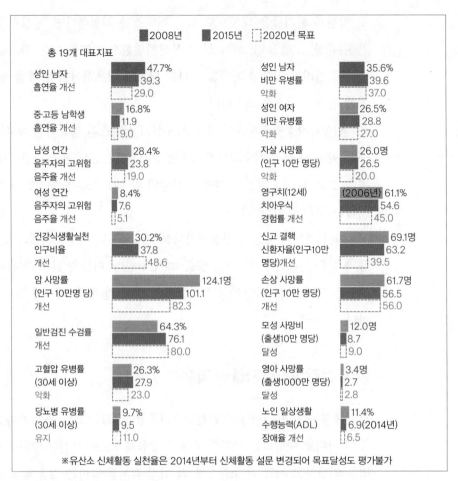

그림 14.5 | 제4차 국민건강증진종합계획 목표 달성도

출처 한국건강증진개발원(2017).

건강심리학적 개입

기본적으로 건강심리학적 개입은 심리상담 기법을 바탕으로 한다. 다만 건강심리학적 개입에서는 객관적인 건강지표상의 변화를 목표로 한다는 점이 핵심적인 특징이다. 일반적으로 심리상담에서 내담자와 관련해 변화의 목표로 삼는 지표들은 주로 자기보고식 검사이거나 임상가의 평정에 해당한다. 예를 들면, 우울증에서는 우울증 척도를 사용하고 불안장애에서는 불안 척도를 사용한다. 이러한 척도들은 내담자가 작성하든 임상가가 작성하든 개인의 주관적인 평가를 바탕으로 한다. 물론 건강심리학적 개입에서도 이러한 자기보고식 검사 혹은 임상가에 의한 평정 척도들을 사용하지만 여타 심리학적 개입에 비해 상대적으로 객관적인 지표를 더 보편적으로 활용한다. 예를 들면, 비만클리닉에서는 체중(Kg)의 변화라는 객관적인 지표를 활용하고, 고혈압 환자들에 대한 심리학적 개입 과정에서는 수축기 및 이완기 혈압(mmHg)이라는 객관적인 지표를 사용하며, 당뇨 관리가 필요한 환자들에 대한 심리학적 개입에서는 혈당(mg/dl)이라는 객관적인 지표를 이용한다.

이러한 건강심리학적 개입의 방향은 크게 두 가지로 구분할 수 있다. 하나는 건강한 사람들이 더욱 더 건강하게 생활할 수 있도록 돕는 것이다. 또 다른 하나는 질환 혹은 질병 증상으로 고통 받는 사람들이 각종 의학적 처방을 준수하고 웰빙 수준을 높일 수 있도록 돕는 것이다.

일반인의 건강 증진을 위한 건강심리학적 개입

사람들은 일반적으로 자신의 건강을 증진하고 질환으로부터 스스로를 보호하는 데 관심을 갖고 있다. 하지만 어떤 사람들은 실제로 건강에 도움이 되는 행동을 실천하는 반면, 어떤 사람들은 사실상 건강에 도움이 되지 않는 행동을 보이기도 한다. 이 두 유형을 구분해 줄 수 있는 대표적인 요인 중 하나는 바로 건강 교양health literacy이다.

일반적으로 건강 교양은 건강 증진을 위해 정보를 습득하고 이해하며 사용하는 능력으로 정의된다(Nutbeam, 2000). 건강 교양이라는 표현은 1974년 미국에서 학생들을 위한 건강교육 지침서를 제작하는 과정에서 처음으로 사용되었다(백혜진, 이혜규, 2013). 이러한 건강 교양의 예로는 다이어트에 대한 지식과 그 실천, 유방자가검사의 실시, 응급처치기술 그리고 건강정보를 검색하는 방법의 습득 등을 들 수 있다.

교육수준이 높다고 해서 반드시 건강 교양 수준도 높은 것은 아니다. 때때로 대학교육을 받은 사람들도 건강 교양의 측면에서는 취약점을 드러내기도 한다. 다음의 문항들은 대학생들조차도 자주 혼선을 경험하는 건강 교양 문제들의 예이다(Brannon, Feist, & Updegraff, 2014).

① 특별한 증상이 없다면 나는 건강한 상태라고 할 수 있다.

② 불치병에 걸리게 된다면 정말 아프게 되기 전까지는 차라리 모르고 지내는 것이 낫다.

③ 나는 병에 걸려도 특별히 생활의 속도를 조정하지 않는다.

④ 병원에서는 질문을 많이 해서 문제를 일으키기보다는 의학적 처방에 순순히 따르는 것이 낫다.

⑤ 스트레스를 유발하는 진료를 받을 때는 진료 과정에 몰두하기보다는 '곧 지나가겠지'라는 기대감을 가지고 넘기는 것이 낫다.

⑥ 사람들이 병에 걸리는 것을 미연에 방지할 수 있는 방법은 사실상 없다.

⑦ 흡연이 일반적으로는 심장질환과 폐암의 발병률을 높일지라도 이러한 사실이 나에게는 해당되지 않는다.

⑧ 수술을 앞둔 환자에게는 위험가능성이 있더라도 괜찮을 것이라고 말하는 편이 더 낫다.

상기한 예들은 모두 바람직하지 못한 형태의 건강 교양 지식에 해당한다. 일반적으로 건강 증진에 도움이 되는 것으로 알려진 대표적인 생활양식은 다음과 같다. 첫째, 금연을 한다. 둘째, 규칙적인 운동을 한다. 셋째, 금주를 하거나 음주에 관한 절제력을 갖춘다. 넷째, 적정 수준의 체중을 유지한다. 마지막으로, 7~8 시간 정도 충분한 수면을 취한다. 이 다섯 가지 생활양식에 반하는 대부분의 건강 관련 상식들은 낮은 수준의 건강 교양과 관계된 것들이다.

이러한 건강 교양은 미국의 경우 '건강인 2020Healthy People 2020' 캠페인(U.S. Department of Health and Human Services, 2010)에서 중요 과제 중 하나로 다루어지고 있다. 하지만 한국의 경우 '제4차 국민건강증진종합계획(2016~2020; 보건복지부, 2015)'에는 누락되어 있다. 이러한 점은 우리 사회에서 여전히 건강 문제에 관한 사회적 이해 및 사회적 투자가 부족한 면을 반영한다.

정보화 시대로 접어들면서 건강 교양 영역에서도 점차 인터넷을 비롯한 뉴미디어의 역할이 증대되고 있다. 이러한 추세에 발맞추어 노먼Norman과 스키너Skinner는 인터넷 또는 뉴미디어에서 소개하는 건강 관련 정보들을 찾아내고 활용할 수 있는 능력을 'e-건강 교양eHealth literacy'이라고 명명하였다.

e-건강 교양은 다음의 6가지 항목으로 구성된다. 첫째, 건강 관련 정보를 읽고 말할 수 있는 교양 능력이다. 둘째, 자신의 건강을 스스로 돌보고 사회 속 건강 관련 시스템을 활용할 줄 아는 건강 교양이다. 셋째, 건강 관련 문제와 연관된 정보들을 탐색할 줄 아는 정보 교양이다. 넷째, 과학 정보를 이해하고 판단할 수 있는 능력을 뜻하는 과학 교양이다. 다섯째, 각종 미디어를 통해 전달되는 정보들을 비판적으로 평가할 줄 아는 미디어 교양이다. 마지막으로, 컴퓨터를 효율적으로 사용할 줄 아는 컴퓨터 교양이다(Norman & Skinner, 2006).

한편, 대중이 바람직한 형태의 건강 교양을 갖춘다고 해서 건강심리학적 개입의 여지가 사라지는 것은 아니다. 건강 증진을 위한 심리학적 개입이 필요한 또 다른 이유 중 하나는 인간의 건강에 대한 태도가 단순하기보다는 복합적이기 때문이다. 다음 표 14.4에서 보는 것처럼 사람들은 건강과 관련된 태도 및 행동에서 비일관성을 보이기도 한다(Grison, Heatherton, & Gazzaniga, 2017). 이런 점에서 건강 증진을 위한 심리학적 개입과정에서는 동기를 강화하는 접근이 필수적이라고 할 수 있다.

표 14.4 | 운동에 대한 태도 및 행동 간 비일관성

		단순 태도(일관성)		복합 태도(비일관성)	
태도	당신은 규칙적인 운동이 당신의 건강에 도움이 된다고 믿습니까?	예	아니요	예	아니요
행동	당신은 규칙적인 운동을 합니까?	예	아니요	아니요	예

출처 Grison, Heatherton, & Gazzaniga(2017).

다양한 질환에 대한 건강심리학적 개입

다양한 질환으로 고통 받는 환자들을 위한 건강심리학적인 개입에서는 질병 증상

illness, 질환disease 그리고 질병sickness 간 차이를 강조한다(Wikman, Marklund, & Alexanderson, 2005). 질병 증상은 건강상의 문제와 관련된 주관적인 불편감을 말한다. 이것은 가벼운 통증에서부터 급격한 고통에 대한 호소에 이르기까지 다양한 형태로 나타날 수 있다.

질환은 질병에 관해 공식적으로 의학적인 진단이 내려진 것을 뜻한다. 이상적으로 질환은 표준화된 의학적 체계에 기초해 문제의 원인과 경과 및 치료 방법에 관한 구체적인 정보를 포함하게 된다. 하지만 현실적으로 질환에 대한 진단 역시 환자들이 호소하는 주관적인 질병 증상에 기초해 이루어지기 때문에 늘 구체적이거나 확진의 형태로 진행되는 것은 아니다.

마지막으로 질병은 질환에 의해 나타나는 사회적인 결과로서, 질환 혹은 질병 증상 경험이 있는 사람이 취하는 사회적인 역할과 관계가 있다. 질환에 의해 나타나는 사회적인 결과는 대단히 복잡한 양상을 띠기 때문에 이것을 단순화해서 경험적으로 포착해 내기는 매우 어렵다. 다만, 연구 장면에서는 일반적으로 질병에 대해 대표성을 갖는 지표로 신체적인 불편감 혹은 병에 의한 결근 정보를 사용한다.

질병 증상, 질환 그리고 질병은 세 가지가 동시에 중첩되어 나타나기도 하지

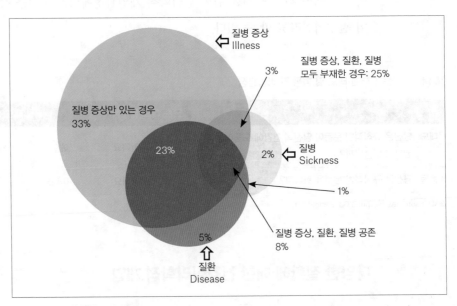

그림 14.6 | 질병 증상, 질환 그리고 질병의 분포
출처 Wikman, Marklund, & Alexanderson(2005).

만, 때로는 상호 간에 독립적으로 나타나기도 한다. 그림 14.6은 스웨덴의 직장인 약 3,500명에게서 이 세 가지 요소가 나타나는 분포를 조사한 결과이다.

이 조사 자료에 따르면 직장인 중 질병 증상, 질환 그리고 질병이 공존하는 사람들의 수는 8%에 불과하다. 기본적으로 건강심리학에서는 이러한 집단과 관련해서 의학적 처방을 준수하고 통증 및 스트레스를 효과적으로 관리하며 정신적 웰빙을 높일 수 있도록 돕는다.

직장인 중 질환 및 질병과는 독립적인 형태의 질병 증상을 보고하는 사람들의 수는 무려 33%에 이른다. 이들이 경험하는 신체적 증상들은 사실상 의학적인 질환과는 독립적인 특성을 갖는다는 점에서 신체화somatization를 반영하는 것일 가능성이 있다. 방어기제로서 신체화는 정신적인 스트레스를 신체적으로 표현하는 것에 해당한다. 이러한 집단에 대한 건강심리학적인 개입 과정에서는 스트레스 대처훈련을 포함해 참여자의 심리적인 성숙을 돕는 형태의 심리상담 기법을 적용하게 된다.

직장인 중 객관적으로 질환이 존재하더라도 질병 증상을 경험하지 않는 동시에 질환으로 인한 사회적인 결과에 해당되는 질병도 경험하지 않는 사람들의 수는 5%에 해당한다. 이러한 비율을 질환자(전체 집단 중 37%: 23%+8%+5%+1%)를 모집단으로 해서 다시 계산할 경우 약 14%(5/37)에 해당한다. 이 집단은 우리가 '아파도(질환이 있음)', '아파하지 않을 수 있다는 것(질병 증상이나 질병을 경험하지 않음)'을 보여준다는 점에서 건강심리학적인 개입과 관련해 매우 중요한 시사점을 준다.

미국의 켄터키 대학에서 진행한 '수녀 연구nun study'는 아파도 아파하지 않는 경우를 잘 보여준다(Snowdon, 1997). 켄터키 대학의 연구진들은 알츠하이머병, 즉 치매의 병인을 살펴보기 위해 대규모 프로젝트를 진행하였다. 이 연구는 뇌의 인지기능이 쇠퇴한다고 해서 반드시 치매가 유발되는 것은 아니라는 점을 일깨워 주었다. 이 연구 참여자 중 메리 수녀는 이러한 사실을 분명하게 보여준다.

메리 수녀는 19살부터 수녀가 되기 위한 교육을 받았다. 그녀는 정규 교육과정은 단지 8년밖에 이수하지 않았지만 수녀생활을 하면서 틈틈이 학업을 병행해 41세에 우수한 성적으로 고등학교 졸업장을 받을 수 있었다. 그녀는 평생에 걸쳐 매우 온정적이고 사교적이며 유머러스한 동시에 열정적인 모습을 보였다. 그녀는 77세까지 일선에서 교사로 일했다. 은퇴 후에도 그녀는 파트 타임 교사 생활을 이어가 무려 84세까지 지속하였다. 특히 그녀는 101세에도 수녀학교에서 나이 어린 수녀들을 돌보는 활동을 계속하였다.

사후에 진행된 메리 수녀의 부검 결과는 놀라운 것이었다. 생전에 치매 증상을 한 번도 보인 적이 없었던 그녀의 뇌는 심각한 알츠하이머 치매 상태였던 것으로 나타났기 때문이다. 하지만 메리 수녀는 치매검사에서 정상 범위의 점수를 나타냈을 뿐만 아니라 다양한 인지기능 검사에서도 정상적인 수행을 나타내었다. 대조적으로 중증 치매 증상을 보이다가 사망한 일부 수녀들의 뇌는 메리 수녀의 뇌보다 훨씬 더 양호한 상태였다. 메리 수녀 사례는 건강심리학적인 개입이 목표로 하고 있는 '아파도 아파하지 않는 것'이 어떤 것인지를 잘 보여준다.

긍정심리학의 정의와 경험적 토대

2018년에 국제연합UN의 자문기구인 지속가능발전해법네트워크Sustainable Development Solutions Network, SDSN는 전 세계 156개국이 참여한 국민행복도조사 결과를 발표하였다(Helliwell, Layard, & Sachs, 2018). '2018 세계행복보고서'에 담긴 행복지수는 국내총생산GDP, 기대수명, 부패에 대한 인식, 사회의 너그러움 등을 바탕으로 산출하였다. 그 보고서에 따르면 한국의 행복도는 10점 만점에 5.875점이었고 순위로는 57위였다. 한국의 경우 2017년에는 55위였는데 1년 사이에 순위가 2계단 더 떨어진 것으로 나타났다.

심리학에서는 행복의 문제를 다루는 대표적인 분야가 바로 긍정심리학이다. 긍정심리학은 정신병리와 스트레스 그리고 열등감 같은 부정적인 특성이 아

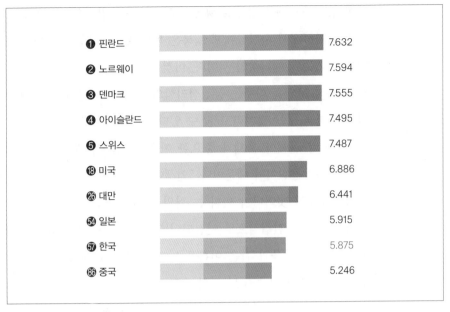

그림 14.7 | 세계 156개국의 행복도
출처 Helliwell, Layard, & Sachs(2018).

니라 행복과 회복탄력성 그리고 자아존중감과 같은 긍정적인 특성을 다루는 심리학 내 한 분야이다.

긍정심리학이란

20세기에서 21세기로 이행하는 시대적 전환기에 미국의 심리학회에서 발행하는 『미국의 심리학자(*American Psychologist*)』라는 저널에서는 향후 심리학이 나아갈 방향을 조망하는 특별호를 발간하였다. 이때 심리학계의 두 거장인 셀리그만과 칙센트미하이는 긍정심리학을 "삶의 질을 높이고 또 질병을 예방하기 위해 개인의 긍정적이고 주관적인 경험, 긍정적인 개인적 특성 그리고 긍정적인 제도적 장치를 연구하는 과학"(p. 5)이라고 소개하였다(Seligman & Csikszent-mihalyi, 2000). 긍정심리학에서는 행복, 긍정적 정신건강, 낙관성, 몰입, 사랑, 창의성, 회복탄력성resilience 등 인간의 미덕(美德)을 주로 연구한다.

긍정심리학에서의 핵심적인 주제 중 하나는 바로 행복의 딜레마 문제이다(고영건, 김진영, 2012). 일반적으로 사람들은 가능하기만 하다면 행복해지기를 원함에도 불구하고 실제로 행복을 경험하는 사람들은 상대적으로 소수이다. 이러한 상황하에서 사람들에게 행복은 목표로 삼기에는 너무나 어렵고 또 포기하기에는 너무나 매력적인 것이다. 이것을 '행복의 딜레마'라고 부른다. 이런 점에서 행복의 문제를 다루는 긍정심리학의 선결 과제 중 하나는 바로 행복의 딜레마 문제를 다루는 것이라고 할 수 있다.

행복의 딜레마 문제가 중요한 이유는 행복에 관한 수많은 오해와 편견이 만들어지는 근원이기 때문이다. "인생에서 행복만 중요한 것은 아니다" 혹은 "행복강박증에서 벗어나야 한다"는 식의 일반 대중의 냉소적인 반응은 행복의 딜레마 문제와 직간접적으로 연결되어 있다. 예를 들면, 극작가 버나드 쇼는 행복과 관련해서 다음과 같은 어록을 남긴 것으로 유명하다. 그는 "행복으로 가득 찬 평생이라니! 그 누구도 그런 고약한 상황을 참아내기 어려울 것이다. 그거야말로 생지옥 아니겠는가?"(Shaw, 1903)라고 말했다.

심리학에서는 삶에서 직면하게 되는 주요 난제들을 주로 사변적인 논쟁이 아니라 경험적인 연구 결과를 통해 해결한다. 행복의 딜레마 문제 역시 마찬가지다. 행복의 딜레마 문제와 관련해서 지혜로운 의사결정을 내리기 위해서는 심리학적인 연구 결과를 참고하는 것이 최선으로 보인다.

하버드 성인발달 연구

긍정심리학과 관계된 대표적인 연구로는 하버드 대학의 성인발달 연구를 들 수 있다(Vaillant, 1997, 2000, 2002). 1937년 하버드 대학의 정신건강 연구진은 인간의 삶을 전 생애에 걸쳐 연구하기 위해 재학생 268명을 선발했다. 그들은 세계적인 명문 대학에 입학한 수재들 중에서도 비교적 삶에 적응을 잘한 건강한 학생들이었다. 어느 하버드 대학의 학장의 표현에 따르면, 이들은 대학 당국이 이들의 입학을 기뻐하고 환영할 만한 2학년생들이었다. 예를 들면, 이들 중에는 훗날 대통령이 된 존 F. 케네디도 있었다. 이 연구는 후원자인 윌리엄 그랜트William T. Grant의 이름을 따서 일명 그랜트 스터디Grant study라고 불린다.

우수한 남학생들로 구성된 하버드생 표본college sample에서 도출된 연구 결과를 여성이나 평범한 일반 사람들의 삶에 적용하기는 어렵다. 이러한 점을 고려해 연구 책임자였던 조지 베일런트George E. Vaillant 박사는 추후에 두 가지 표본을 추가 표집하였다. 그 하나는 스탠퍼드 대학에서 진행되었던 루이스 터먼Lewis Terman 박사의 영재 연구에 참여한 여성 표본이었다. 1920년에 터먼은 IQ가 최소 140 이상인 영재 아동 1,470명을 선발해 그들의 삶을 평생 추적하는 영재 연구에 착수했다. 그리고 1987년에 베일런트 박사는 터먼 표본Terman sample에서 영재 여성 90명을 추출한 후 사망과 질병 등의 이유 때문에 면접이 어려운 사람들을 제외하고 40명을 추적 조사하였다. 이때 연구 참여자들의 평균 연령은 78세였다.

또 다른 하나는 도심 표본core city sample이다. 하버드 법대 교수였던 쉘던 글루엑Sheldon Glueck은 1940년에 청소년 범죄에 영향을 미치는 사회경제적 조건을 탐색하기 위해 장기 종단적인 연구를 진행하였다. 이 도심 표본은 사회경제적으로 매우 불리한 조건에서 생활하고 있던 456명의 청소년들이었다. 이 도심 표본의 대부분은 정부의 생활보조비를 받는 극빈 가정 출신이었다. 또한 보스턴 인구조사에서 가장 높은 청소년 범죄율을 보인 지역에서 선택되었다. 이들이 거주하는 대부분의 주택에는 샤워 시설조차 없었다. 이들의 평균 IQ는 95였고 대다수의 부모가 이민자 출신이었다. 하버드생 표본처럼 도심 표본도 심리학자, 정신과의사, 사회복지 전문가 및 인류학자 등으로 구성된 팀에 의해 연구되었다.

하버드 대학의 성인발달 연구에서 추적 조사한 세 집단은 각각 내부적으로는 동질적이지만, 세 집단 간은 매우 이질적이었다. 만약 세 집단이 성별과 IQ 그리고 사회경제적 환경에서의 차이에도 불구하고 삶에서 비슷한 성과(적응 또는 부적응)를 낸다면, 그러한 데이터는 행복한 삶의 비결과 관련해 중요한 정보를 제공해 줄 수 있다. 또 세 집단이 각각 내부적으로 성별과 IQ 그리고 사회경제적 환경이 동일함에도 불구하고 삶에서 상이한 성과(적응 또는 부적응)를 나타낼 경우 이러한 데이터 역시 행복한 삶의 비결과 관련해 중요한 시사점을 제공해 줄 수 있다. 그리고 세 집단이 살아가면서 유사하게 행동했음에도 불구하고 삶에서 상이한 결과를 산출하게 된다면, 그러한 차이는 성별과 IQ 그리고 사회경제적 환경에 의한 것으로 설명할 수 있을 것이다.

요약하자면 하버드 성인발달 연구의 주목적은 하버드생 표본, 터먼 표본,

도심 표본을 대상으로 '세 집단 간 일치도', '세 집단 내 변별도' 그리고 '세 집단 간 변별도'를 조사함으로써 행복한 삶의 비결을 조사하는 것이라고 할 수 있다. 하버드 성인발달 연구가 갖는 최대의 강점 중 하나는 바로 연구 참여자들의 전 생애 자료를 수집했다는 것이다. 이러한 전향적 연구는 연구 참여자를 특정 시기에만 조사한 자료로는 결코 알아낼 수 없는 행복한 삶의 비결을 실감나게 이해할 수 있도록 해 준다.

하버드 성인발달 연구의 핵심 결론 중 하나는 행복한 삶을 위해서는 방어의 성숙 과정 혹은 성숙한 적응기제의 역할이 중요하다는 점이다. 방어기제de-fense mechanism 혹은 적응기제adaptive mechanism는 심각한 스트레스나 삶의 난제에 직면했을 때 사람들이 무의식적으로 선택하는 심리적 대처기제를 말한다. 표 14.5에 제시된 하버드 대학 성인발달 연구 결과는 방어의 성숙과 삶에서의 성취가 밀접하게 관련되어 있음을 잘 보여준다. 세 표본 모두에서 방어의 성숙은 삶의 만족도 및 직업적 성공 등과 일관되게 유의미한 상관을 보여 주었다. 하버드 성인발달 연구는 행복에 관한 온갖 회의주의적인 시각에도 불구하고 인간이 실제 삶 속에서 행복을 경험할 수 있으며 그러한 행복의 문제를 심리학적으로 의미있게 다루는 것이 가능함을 보여준다.

표 14.5 | 방어의 성숙과 성인기 성취 간 관계

변인	터먼 여성 표본 (n = 37)	하버드생 표본 (n = 186)	도심 표본 (n = 307)
주관적 삶의 만족도	.44	.35	해당 없음
심리사회적 성숙도	.48	.44	.66
정신건강 수준	.64	.57	.77
직업적 성공	.53	.34	.45
결혼 만족도	.31	.37	.33
직무의 향유	.51	.42	.39
취업기간	.37	해당 없음	.39

출처 Vaillant(1997).

긍정심리학 연구의 주요 쟁점

긍정심리학은 긍정적 정신건강을 비롯해 성격강점 등 인간의 다양한 미덕을 연구한다. 그리고 그러한 긍정적 특성은 모두 행복한 삶과 관계되어 있다. 이런 점에서 긍정심리학은 행복을 연구하는 학문이라고 할 수 있다. 긍정심리학에서 추구하는 행복 연구에서의 핵심 쟁점 혹은 행복의 딜레마 문제에서의 주요 논쟁점은 다음의 3가지로 요약할 수 있다. 첫째, 행복을 어떻게 정의할 것인가? 둘째, 개인의 행복에서 유전과 환경의 역할은 무엇인가? 셋째, 개인의 행복도를 증진할 수 있는 방법은 무엇인가?

행복을 어떻게 정의할 것인가

행복을 정의하고 측정하는 한 가지 방법은 행복을 '주관적인 삶의 만족도'로 개념화한 후 그것을 자기보고식 검사로 평가하는 것이다(Diener, Emmons, Larsen, & Griffin, 1985). 이것은 행복을 평가하는 가장 쉬운 방법 중 하나이기 때문에 많은 행복 연구에서는 이러한 관례를 따르는 경향이 있다.

자기보고식 검사는 주관적인 특성을 갖고 있기 때문에 심리학에서는 전통적으로 이러한 약점을 보완하기 위해 통계적인 기법을 활용한다(Gilbert, 2006). 예를 들면, 일반인 1,000명을 대상으로 총점이 10점인 행복도 검사에서 평균점수가 7점이고 표준편차가 1점인 자료를 얻었다고 가정해 보자. 이 검사에서 영희가 9점을 나타내고 철수가 4점을 나타내는 경우 확률적으로 영희가 철수보다 더 행복하다고 주장하는 것은 타당할 수 있다. 이러한 주장이 비록 완벽하지는 않을지라도 심리학적으로 충분히 타당한 주장으로 간주할 수 있다.

물론 실제로는 영희가 정신과에서 치료를 받는 조증 환자일 가능성도 존재한다. 행복 연구에서 오직 한 가지 척도만 활용한다면 이러한 가능성이 심각한 문제를 초래하겠지만, 보통 심리학 연구에서는 다양한 가외변인의 효과를 통제하기 위해 여러 가지 심리 척도를 동시에 활용한다.

아래의 그림에서 당신의 현재 삶의 모습과 가장 가까운 표정은 어느 것인가? 자신의 모습과 가장 유사하다고 생각하는 숫자를 선택해 보기 바란다.

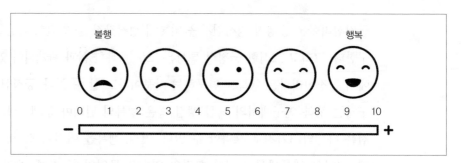

그림 14.8 | 주관적 행복도 검사의 예

흔히 이러한 단일 문항 행복도 척도는 사다리 모양으로 제작해서 활용한다(Cantril, 1965). 그리고 이런 형태의 척도는 개발자의 이름을 따서 '캔트릴 사다리Cantril ladder'라고 불린다. 그림 14.8은 캔트릴 사다리 척도의 한 예에 해당된다. 때로는 동일한 척도를 사다리처럼 수직의 방향으로 세운 형태로 사용하기도 한다. 이러한 도구는 갤럽Gallup과 OECD의 행복도 조사에서 사용된다. OECD 국가들의 평균 점수는 6.5점이다(OECD, 2018c). 많은 심리학 연구들은 이러한 방식으로 조사한 행복도 검사가 수명, 건강, 인간관계, 직업적 성공 등의 영역에서 충분히 신뢰할 만한 결과를 산출한다는 점을 보여준다(Diener & Biswas-Diener, 2008).

비록 이러한 자기보고식 검사 결과가 어느 정도 의미 있는 정보를 제공해 주는 것이 사실일지라도 분명히 약점도 존재한다. 대부분의 사람들은 행복이 스스로 삶에 만족하는 것 이상의 의미를 내포하고 있는 개념이라고 믿기 때문이다.

행복에 관한 한 연구에서는 행복한 삶과 의미 간 관계를 보여주는 흥미로운 실험을 진행하였다(Brockman, 2013). 이 연구에서는 참여자들에게 두 가지 시나리오를 보여주었다. 그 하나는 다음의 시나리오 중 가와 다를 짝지은 것이고 나머지 하나는 시나리오 나와 다를 짝지은 것이었다.

시나리오 가

순희는 유명인이 되고 싶어 한다. 이를 위해 여러 유명인과 데이트를 하기 위해 노력했으며 유명하지 않은 사람과는 만나려 하지 않는다. 순희는 주로 파티에 다니면서 술에 만취하거나 마약을 투약하며 지낸다.

시나리오 나

순희는 세 자녀를 둔 어머니로서 자녀 양육에 헌신한다. 순희의 자녀들은 어머니가 매우 훌륭한 분이라고 생각한다. 순희는 자녀 양육을 하면서도 친구들과의 사교 생활을 즐기며 미래의 계획을 세우면서 의미 있는 시간을 보낸다.

시나리오 다

순희는 하루하루를 즐겁게 보내며 자신의 삶에 대해 만족감을 느낀다. 현재 하는 일 말고 다른 일을 하면서 생활할 계획은 전혀 없으며 자신이 현재 생활하는 방식에 특별한 불만은 없다고 믿는다.

이 중 가와 다를 짝지은 시나리오를 접한 사람들은 "순희는 행복할까요?"라는 질문에 "그렇지 않다"고 응답했다. 대조적으로 나와 다를 짝지은 시나리오를 받은 사람들은 같은 질문에 "그렇다"고 응답했다. 이 두 가지 조건 모두에서 순희는 즐겁게 생활하며 삶에 만족하는 모습을 보인다. 하지만 사람들은 순희가 객관적으로 의미 있는 삶을 사는 조건에서만 행복한 삶을 사는 것으로 평가했다. 이러한 결과는 행복이 주관적인 만족 이상의 모습을 뜻하며 행복과 삶의 의미는 불가분의 관계임을 잘 보여준다.

셀리그만은 즐거움과 삶의 의미를 다 갖춘 정신적 웰빙 상태를 플로리시 flourish라고 명명하였다. 그리고 플로리시한 행복을 설명하기 위해 'PERMA' 모델을 제시하였다. PERMA의 구성요소는 다음의 표에 제시되어 있다(Seligman, 2011).

표 14.6 | PERMA의 구성요소

PERMA의 구성요소	내용
긍정적 정서 (Positive emotion)	기쁨, 희열, 따뜻함, 자신감 및 낙관성
몰입(Engagement)	어떤 활동에 몰두함으로써 자발적으로 자신의 일에 헌신하는 것
관계(Relationship)	소중한 사람과 함께하는 것. 사람들은 타인과 함께한 순간을 가장 행복했던 순간으로 보고함
의미(Meaning)	자신이 중요하다고 믿는 조직에 소속되어 활동하거나 그 조직의 목표를 위해 헌신하는 것
성취(Accomplishment)	승부욕 혹은 경제적 보상 등을 목적으로 하는 것이 아니라 뜻을 이루는 것 그 자체를 목적으로 특정 활동에 매진하는 것

셀리그만(Seligman, 2011)에 따르면 전 세계 인구 중 플로리시를 경험하는 사람은 20% 미만에 해당한다. 그는 긍정심리학의 목표가 플로리시를 경험하는 사람의 수를 전 세계 인구의 과반이 넘도록 만드는 것이라고 주장하였다.

노벨경제학상 수상자인 대니얼 카너먼Daniel Kahneman과 앵거스 디턴Angus Deaton은 공동으로 행복한 삶에 관해 중요한 시사점을 주는 논문을 발표하였다 (Kahneman & Deaton, 2010). 그들은 미국에서 무선적으로 표집된 1,000명의 주민들을 대상으로 전화 인터뷰를 진행하였다. 그 결과가 다음에 제시되어 있다.

이 연구 결과에 따르면 행복과 소득의 관계는 행복을 어떻게 정의하는가에 달려 있다. 만약 행복을 '삶에 대한 주관적인 만족도'로 정의하게 되면 행복은 소득과 정비례한다. 하지만 행복을 스스로 삶에 대해 만족하고, 스트레스로부터 자유로우며, 삶의 난제들 때문에 좌절하거나 우울해하지 않고, 하루하루를 즐겁게 생활하는 것이라고 정의하게 되면 더 이상 소득과 행복은 정비례하지 않는다. 이 경우 소득은 일정 수준까지는 행복을 증진하는 데 도움이 될지라도 일정 수준부터는 아무리 소득이 올라도 더 이상 행복감이 증가하지 않게 된다. 카너먼과 디턴의 연구 결과는 행복을 단순히 삶에 대한 주관적인 만족도로만 평가할 때의 문제점과 더불어 행복한 삶을 위해 필요한 4가지 조건이 무엇인지를 잘 보여준다. 그것은 자신의 삶에 대해 스스로 만족하는 것, 긍정정서, 역경에 대한 회복탄력성 그리고 스트레스에 대한 효과적인 대처이다.

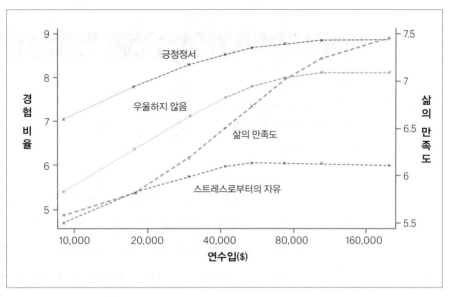

그림 14.9 │ 행복한 삶을 위한 조건

출처 Kahnemann & Deaton(2010).

유전과 환경이 행복에 미치는 영향

1996년에 리켄Lykken과 텔레겐Tellegen은 행복과 유전 간 밀접한 연관성을 보여주는 놀라운 연구 결과를 발표하였다(Lykken & Tellegen, 1996). 그들의 쌍생아 연구에 따르면 함께 자라든지 아니면 떨어져서 자라든지 관계없이 이란성 쌍생아들 간에는 행복도 점수 간 상관이 낮았다. 대조적으로 함께 자라든지 아니면 떨어져서 자라든지 관계없이 일란성 쌍생아들 간에는 행복도 점수 간 상관이 높게 나타났다. 이러한 결과는 행복에 미치는 유전의 영향력이 강력하다는 점을 시사한다.

리켄과 텔레겐(Lykken & Tellegen, 1996)은 이러한 자료를 바탕으로 "행복해지려고 노력하는 것은 키를 키우려고 시도하는 것만큼이나 헛된 짓이다(p. 189)"는 유명한 말을 남겼다. 비록 이들이 나중에 자신들의 저서에서 그러한 주장이 명백히 잘못된 것임을 고백했을지라도(Lykken, 2000), 한 번 잘못 유포된 주장은 저자들의 바람과는 다르게 전 세계적으로 계속해서 확대 재생산되었다.

표 14.7 | 행복과 유전의 관계

쌍생아 유형	쌍의 수	쌍생아의 행복 점수들 간 설명 변량 추정치
함께 양육된 일란성 쌍생아	647	.44
함께 양육된 이란성 쌍생아	733	.08
떨어져서 양육된 일란성 쌍생아	75	.52
떨어져서 양육된 이란성 쌍생아	36	−.02

출처 Lykken & Tellegen(1996).

기본적으로 어떤 특성이 유전적 소인을 갖는다고 해서 그것을 변화시키는 것이 불가능함을 의미하지는 않는다. 앞서 취약성-스트레스 모델에서 소개한 것처럼 유전적 소인의 영향력은 환경과의 상호작용 과정을 통해 얼마든지 변화시키는 것이 가능하다. 이러한 점은 행복의 문제에서도 마찬가지다.

행복에 관한 오래된 논쟁과 관련해서 2018년에 지속가능발전해법네트워크SDSN가 발간한 세계행복보고서는 흥미로운 연구 결과를 보여준다. 이 보고서에서는 캐나다 이민자들의 행복도, 캐나다 이민자들의 출신국(모국)에서 거주하는 국민들의 행복도 그리고 캐나다 국민들의 행복도를 조합해서 비교하는 내용이 담겨 있다(Helliwell, Layard, & Sachs, 2018). 그 보고서에서 캐나다는 국민들이 세계에서 7번째로 행복한 나라인 것으로 나타났다.

만약 개인의 행복도가 환경에 의해 전혀 영향을 받지 않는 것이라면, 캐나다 이민자들의 행복도 분포는 그림 14.10에서 45도 선, 즉 캐나다 이민자들의 출신국(모국)에서 거주하는 국민들의 행복도와 일치해야 한다. 그리고 만약 개인의 행복도가 환경의 영향력에 의해 완전히 바뀔 수 있는 것이라면, 캐나다 이민자들의 행복도 분포는 캐나다 국민들의 행복도 분포(그림에서 X축과 평행한 빨간 선)와 일치해야 할 것이다. 2018년 세계행복보고서는 사실상 후자에 해당한다는 것을 잘 보여준다. 다시 말해 행복은 환경의 영향에 의해 확실히 변화될 수 있다는 것이다.

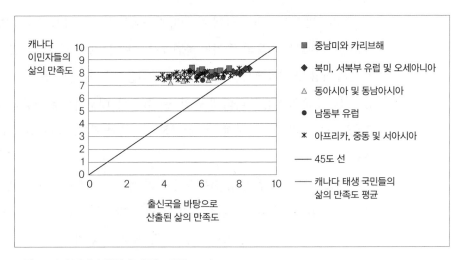

그래프 범례:
- ■ 중남미와 카리브해
- ◆ 북미, 서북부 유럽 및 오세아니아
- △ 동아시아 및 동남아시아
- ● 남동부 유럽
- ✳ 아프리카, 중동 및 서아시아
- ── 45도 선
- ── 캐나다 태생 국민들의 삶의 만족도 평균

y축: 캐나다 이민자들의 삶의 만족도
x축: 출신국을 바탕으로 산출된 삶의 만족도

그림 14.10 | 이민이 행복에 미치는 영향
출처 Helliwell, Layard, & Sachs(2018).

개인의 행복도를 증진할 수 있는 방법은 무엇인가

훌륭한 정신을 뜻하는 '유사이키아Eupsychia'의 세계를 지향했던 인본주의 심리학 (Maslow, 1961)을 비롯해 역사적으로 긍정심리학과 일맥상통하는 다양한 프로그램이 존재한다. 하지만 긍정심리학의 원리에 기초해 개인의 행복도를 변화시키기 위해 개발된 프로그램의 대표적인 예로는 셀리그만과 그의 동료들이 개발한 긍정심리 상담 및 치료 프로그램을 들 수 있다.

긍정심리 상담 및 치료에서는 기본적으로 인간의 긍정적 특성을 강화하고 강점들을 개발함으로써 내담자의 약점을 보완하는 동시에 정신적 웰빙을 증진할 수 있도록 돕고자 한다(Seligman, Rashid, & Parks, 2006). 긍정심리학의 핵심 가정 중 하나는 바로 "강점을 강화하려는 노력이 약점을 약화시킬 수 있다"(Maddux, Snyder, & Lopez, 2004, p. 332)는 것이다. 긍정심리학적인 관점에 따르면 다양한 정신장애들은 부정적인 증상들을 없애기보다는 긍정정서와 성격강점 그리고 삶의 의미를 배우는 기법들을 통해 더 잘 치료될 수 있다. 내담자 혹은 환자들의 심리적인 자원들을 강화시켜 줄 경우 결국에 가서는 그들의 부정적인 증상들도 상쇄할 수 있을 뿐만 아니라 재발 가능성도 낮출 수 있다는 것이다.

셀리그만과 그의 동료들에 따르면, 전통적인 심리 상담 및 치료 기법과 긍정심리 상담 및 치료는 다음의 두 가지 측면에서 다르다. 첫째, 치료의 목표이다. 전통적인 심리 상담 및 치료에서는 내담자들이 부적응 또는 정신장애를 보이는 상태에서 평균적인 수준의 적응을 나타낼 수 있도록 돕는다. 대조적으로 긍정심리 상담 및 치료에서는 내담자들이 정신적으로 건강하고 행복한 형태로 자기실현을 할 수 있도록 돕는다.

둘째, 치료의 초점이다. 전통적인 심리 상담 및 치료에서는 내담자 혹은 환자들이 경험하는 문제증상들을 줄일 수 있는 방법을 찾는 데 중점을 둔다. 대조적으로 긍정심리 상담 및 치료에서는 내담자 혹은 환자들이 정신장애와 무관하게 갖고 있는 강점들이나 정신장애에 의해 손상 받지 않은 기능들을 상대적으로 더 강화할 수 있는 방안들을 찾는 데 주안점을 둔다. 긍정심리 상담 및 치료와 전통적인 심리 상담 및 치료 간 이러한 차이는 다음 그림에 나와 있다.

긍정심리 상담 및 치료에서는 프로그램 참여자가 내담자이든지 아니면 정신과 환자이든지 관계없이 성격강점을 적극적으로 탐색할 수 있는 기회를 제공해 준다. 성격강점은 삶을 '탁월함과 정신적 번영'의 방향으로 이끄는 긍정적 특성을 의미한다. 긍정심리 상담 및 치료에서는 성격강점을 평가하는 동시에 일상생활에서 성격강점에 대한 활용도를 높이는 연습을 위해 '강점 행동 평가에서의 가치들(Values in Action Inventory of Strengths, VIA-IS; Peterson & Seligman, 2004)'이라는 검사를 활용한다.

VIA-IS 검사에서는 성격강점과 관계된 미덕을 다음의 6가지로 분류한다. 첫째, 지혜다. 여기에는 창의성, 호기심, 판단력, 학구열 및 통찰이 포함된다. 둘째, 자애(慈愛)다. 여기에는 사랑, 친절 및 사회지능이 포함된다. 셋째, 용기다. 여기에는 용감함, 인내, 진실성 및 활력이 포함된다. 넷째, 절제다. 여기에는 용서, 겸손, 신중함 및 자기조절이 포함된다. 다섯째, 정의다. 여기에는 팀워크, 지도력, 및 공정성이 포함된다. 마지막으로 초월성이다. 여기에는 심미안, 감사, 희망, 유머 및 영성이 포함된다. VIA-IS를 통해 확인한 성격강점 목록은 긍정적 자기소개, 스트레스 관리훈련, 인생 향유의 기술, 낙관성 훈련 등 긍정심리 상담 및 치료의 다양한 프로그램에서 자아실현을 촉진하는 데 활용된다.

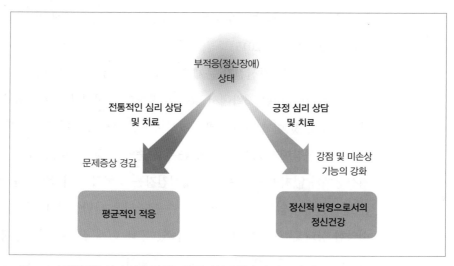

그림 14.11 │ 전통적인 심리 상담 및 치료와 긍정심리 상담 및 치료 간 차

셀리그만과 그의 동료들은 우울증을 호소하는 내담자들을 대상으로 집단 및 개인치료의 형태로 긍정심리 상담 및 치료를 진행한 후 그 효과를 대조군과 비교하였다(Seligman, Rashid, & Parks, 2006). 비록 이들의 연구가 우울증으로 고통 받는 사람들을 중심으로 진행되었지만, 그 연구는 긍정심리 상담 및 치료의 임상적 가치를 입증했다고 할 수 있다.

한국에서도 긍정심리 상담 및 치료 프로그램은 병원, 학교, 사회복지센터 등의 다양한 장면에서 청소년, 노인, 정신과 환자 등 다양한 집단을 대상으로 시행되었다(고영건 외, 2018; 김근향, 2011; 김민순, 김현진, 고영건, 2017; 박찬빈, 고영건, 2014; 이정애, 2012). 그 결과 긍정심리 상담 및 치료 프로그램은 다양한 집단에 대해 우울 증상을 호전시키는 동시에 삶의 만족도를 높이는 데 기여하는 것으로 나타났다.

특히 긍정심리 상담 및 치료 프로그램의 효과를 검증하고자 시도했던 39개의 경험적 연구 결과들을 메타분석한 연구(Bolier et al., 2013)에 따르면 긍정심리 상담 및 치료 프로그램은 주관적인 웰빙을 증진하고 우울감을 줄이는 데 효과적인 것으로 보고되었다. 이러한 점은 한국의 메타분석 연구에서도 마찬가지였다. 한국에서 긍정심리 상담 및 치료 프로그램의 효과를 검증하고자 시도했던 26편의 경험적인 연구 결과들을 분석한 결과에 따르면 행복도, 심리적 안녕감,

긍정정서, 삶의 만족도, 자아존중감 그리고 우울 모두에서 높은 수준의 효과크기를 보였다(박정임, 2015).

키이스Keyes는 정신건강 문제를 단순히 정신장애의 유무로만 판단해서는 안 된다고 보았다. 이런 맥락에서 그는 사람들의 정신건강 유형을 6가지 유형으로 분류하였다. 첫 번째 집단은 플로리시 집단으로서 정신적 번영상태에 해당한다. 이들은 정신장애가 없는 동시에 높은 수준의 웰빙을 경험한다. 두 번째 집단은 정신장애가 없지만 중간 수준의 정신건강을 경험하는 사람들이다. 세 번째 집단은 정신장애가 없지만 심리적 웰빙 수준도 낮은 사람들이다. 이들은 정신적으로 쇠약한 상태languishing에 있다고 할 수 있다. 네 번째 집단은 정신장애가 있음에도 불구하고 높은 수준의 정신적 웰빙을 경험하는 사람들이다. 이들은 분투struggling 집단에 해당한다. 다섯 번째 집단은 정신장애가 있으면서 중간 수준의 정신건강을 경험하는 사람들이다. 마지막 집단은 정신장애가 있으면서 동시에 웰빙 수준도 낮은 사람들이다. 이들은 인생에서 허우적거리는floundering 상태에 있다고 평가되며 전체적으로 심리사회적 기능 수준이 가장 낮은 집단에 해당한다(Keyes, 2007).

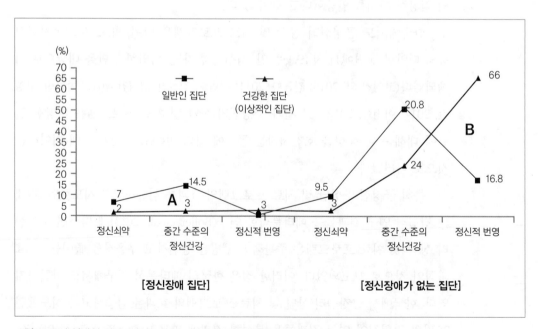

그림 14.12 | 일반인 집단과 정신적으로 건강한 집단 간 정신건강 유형 분포 비교
출처 Keyes(2007).

그림 14.12는 일반인과 정신적으로 건강한 집단 간 정신건강 유형의 분포를 비교한 것이다. 일반인 집단에서는 정신적 번영 집단이 약 17%이다. 반면에 정신적으로 건강한 집단(이상적인 집단)에서는 약 66%에 해당한다. 일반인 집단에서 정신장애가 있는 것으로 분류되는 비율은 약 25%인 반면에 정신적으로 건강한 집단에서는 약 8%에 불과하다. 사실 A의 효과(17%만큼의 효과: 25%를 8%로 낮춤)에 비해 B의 효과(49%만큼의 효과: 17%를 66%로 높임)가 더 큰 것은 분명해 보인다. 하지만 그럼에도 불구하고 전통적으로 심리 상담 및 치료 분야에서는 주로 A영역을 낮추는 데 관심을 기울여 왔다. 하지만 긍정심리학에서는 A의 비율을 낮추려는 노력과 B의 비율을 높이려는 노력을 동시에 기울이는 것을 목표로 삼는다.

Box 14.1 '행복의 심리학'의 두 가지 유형

긍정심리학에서 행복의 문제를 다루는 방식은 기초심리학적인 접근과 응용심리학적인 접근, 두 가지가 있다. 하버드대학의 심리학자인 대니얼 길버트(Daniel Gilbert)는 『행복에 걸려 비틀거리다』라는 저서에서 행복에 대한 기초심리학의 관점을 다음과 같이 소개하였다.

"이 책은 당신을 행복하게 해줄 수 있는 구체적인 방법을 제공하지는 않는다. 그러한 기대를 안고 이 책을 집어 들었다면, 서점에서 흔히 찾을 수 있는 심리지침서를 선택해 그 조언에 따라보라. 그러면 그러한 책에서 얻는 조언들이 왜 별다른 효력이 없는지를 이 책이 알려줄 것이다."(Gilbert, 2006, p. 18)

또 다른 책에서 대니얼 길버트는 기초심리학의 존재 이유를 다음과 같이 설명했다. "나는 사람들이 더 나은 정서 예측가가 되는 방법을 알아내는 데 관심이 있다. 하지만 사람들이 더 나은 정서 예측가가 되어야 한다고 믿기 때문에 그런 것은 아니다. 과학자로서의 내 역할이 사람들이 보이는 이런 유형의 오류와 착각을 찾아내서 설명하는 것이라고 생각하기 때문이다."(Gilbert, 2004).

대조적으로 행복에 대한 응용심리학적 접근에서는 기초심리학이 과학적으로 규명한 지식과 기술을 실제 삶에서 효과적으로 활용할 수 있는 방법들을 다룬다. 기초심리학에서는 행복해지면 어떤 점이 좋은지 그리고 행복에 영향을 주는 요인이 무엇인지 등에 관해 탐구한다. 대조적으로 응용심리학에서는 사람들이 실제로 행복해질 수 있는 구체적인 방법이 무엇인지 그리고 이러한 심리학적인 방법이 다른 상식적인 방법들보다 얼마나 더 효과적인지를 연구한다. 일반적으로 행복에 대한 기초심리학적 접근이 사람들로 하여금 행복에 대해 더 잘 알 수 있도록 돕는다면 행복에 대한 응용심리학적 접근은 사람들이 행복을 실제로 더 잘 느낄 수 있도록 돕는다.

긍정심리학이 행복의 문제를 심리학적으로 탐구한다고 해서 인생의 정답을 알려줄 수 있는 것은 아니다. 왜냐하면 행복에 이르는 길은 무척 다양할 수 있기 때문이다. 예컨대 등산을 하는 경우를 생각해보자. 산의 정상에 이르는 길은 여러 개일 수 있다. 하지만 그렇다고 해서 사람들이 선택하는 모든 길이 정상으로 통하는 것은 아니다. 때때로 일부 등산객들은 등산로와 하산로를 혼동하기도 한다. 또 어떤 길은 등산객을 정상이 아니라 계곡이나 둘레 길로 인도하기도 한다. 그리고 정상에 이르는 등산로들 중에는 지름길도 있고 우회로도 존재할 수 있다.

행복한 삶을 위해 노력해 온 사람이라면 아마도 자신만의 노하우를 가지고 있을 것이다. 긍정심리학의 목적은 사람들이 저마다 가지고 있는 노하우를 긍정심리학적인 기술과 비교해 봄으로써 스스로 행복한 삶을 살아가는 데 더 나은 길을 선택할 수 있도록 돕는 것이다. 여기서 행복한 삶을 위해 노력한다는 것은 '과거의 나'보다는 '지금의 나'가 그리고 '지금의 나'보다는 '미래의 나'가 조금 더 행복해질 수 있는 방향으로 나아가는 것을 말한다.

AI를 활용한 정신건강 증진

국립정신건강센터(2024)에서 15~69세 국민 3,000명을 대상으로 진행한 '국민 정신건강 지식 및 태도 조사'에 따르면, 지난 1년간 정신건강 문제를 경험한 적이 있다고 보고한 응답자의 비율은 전체 응답자의 73.6%에 달했다. 하지만 보건복지부(2021)가 18~79세 성인 5,511명을 대상으로 진행한 '정신건강 실태 조사' 결과에 따르면, 정신장애 진단을 받은 사람 중에서 한 번이라도 정신건강 서비스를 이용한 적이 있는 응답자 비율은 약 12%에 불과하다. 전 세계적으로도 정신장애가 있는 사람 중 약 30%만이 치료를 받는다고 보고되었다(Wang et al., 2007). 정신건강 관리에 대한 수요가 증가한 점과 인공지능(AI)이 비약적으로 발전한 점을 고려해 볼 때, 디지털 정신건강 개입(DMHI)digital mental health interventions은 정신건강서비스의 수요가 증가한 문제를 효과적으로 대처하는 데 중요한 역할을 할 수 있을 것으로 보인다(Boucher et al., 2021).

DMHI에서 AI를 활용하는 전형적인 방법 중 하나는 AI 챗봇, 즉 대화형 에이전트를 활용하는 것이다. 이것은 사용자와 대화를 나누는 컴퓨터 프로그램으로서, 최초의 챗봇은 1966년에 개발된 'ELIZA'다(Weizenbaum, 1966). ELIZA는 인간중심 심리치료 접근 방식을 기반으로 응답하도록 제작되었다. 현재 다운로드할 수 있는 정신건강 관련 애플리케이션이 무려 10,000개 이상 발표되었지만, 그중 약 2%만 실증적인 증거를 갖춘 것으로 보인다(Lau et al., 2020; Torous & Roberts, 2017). 메타 분석 연구 결과(Firth, 2017)에 따르면,

DMHI는 우울증과 불안 증상에 대해 유의미한 효과가 있다. 또한 전체적으로 볼 때, 적어도 정신건강 저해를 예방하는 목적으로는 충분히 활용할 수 있을 것으로 예측된다.

2019년에 미국의 'Happify Health'사는 긍정심리학 기반의 행복 증진 웹사이트(https://www.happify.com)를 제작하였다. 해당 웹사이트에서는 이 웹사이트를 자주 이용하는 사람 중 약 86%가 웹사이트를 이용한 지 두 달 내에 행복도 향상을 보였다고 소개하고 있다. 여기에는 디지털 정신건강 플랫폼용 챗봇으로 'Anna'가 탑재되어 있다.

Boucher 등(2021)에 따르면, Anna의 중요한 특징 중 하나는 공감 커뮤니케이션과 같은 사회적 대화 기능이 통합되어 있다는 점이다. 예비연구에서 203명의 사용자 중 약 90%는 Anna가 유용하다고 평가했다. 또 Anna와 상호작용을 하는 형태로 Happify 프로그램을 이용한 참가자들은 그렇지 않은 Happify 프로그램 이용자들보다 행복 증진 관련 훈련에서 더 상세하게 응답했을 뿐만 아니라, 특히 Happify 프로그램이 요구하는 작업과 직접 관계된 단어들을 더 많이 사용하는 것으로 나타났다.

이처럼 DMHI에서 챗봇의 역할이 중요할 수 있음에도 불구하고, Alattas 등(2021)에 따르면 대규모 DMHI에서 챗봇을 활용하는 수준은 주요 DMHI 회사 중 24%만 대화형 에이전트를 포함할 정도로, 아직까지는 매우 낮은 수준에 머물고 있다. 하지만 2024년 5월 'Open AI'사는 남자 주인공이 AI와 감정을 교류하는 내용의 영화인 《그녀》Her를 떠올릴 수 있을 만큼 탁월한 대화 기능을 탑재한 'GPT-4o'를 발표했다. GPT-4o는 텍스트, 이미지, 오디오, 비디오를 모두 인식하는 '다중 모드 초거대 AI'로

그림 14.13 | 'Happify' Anna와의 대화 예시
출처 Boucher et al.(2021).

서, 여기서 'o'는 모든 것을 의미하는 '옴니omni'에서 따왔을 만큼 인간과 자연스럽게 대화하는 것이 가능하다. 이처럼 급속도로 발전하고 있는 초거대 AI 기술은 향후 DMHI에서도 AI 챗봇의 역할이 더욱 중요해질 것임을 예고한다.

이 장의 요약

1 건강심리학은 질환, 건강 그리고 건강관리에 영향을 주는 심리적 특성과 행동양식을 연구하는 학문이다. 건강심리학의 발전은 전 세계적으로 산업화 및 의학의 발전에 힘입어 질환과 죽음의 양상이 변화하고 건강한 삶에 대한 사회적 인식이 바뀐 것과 밀접한 관계가 있다.

2 건강심리학자들의 주요 활동영역은 병원이나 클리닉과 같은 임상건강 영역이다. 임상심리학자들이 주로 정신과 환자들을 대상으로 심리 서비스를 제공한다면, 임상건강심리학자들은 위궤양과 고혈압 등 정신신체질환으로 고통받는 환자들과 통증관리가 필요한 만성질환자들에게 심리 서비스를 제공한다.

3 건강심리학적 개입의 방향은 크게 두 가지로 구분할 수 있다. 하나는 건강한 사람들이 더욱 더 건강하게 생활할 수 있도록 돕는 것이다. 또 다른 하나는 질환 혹은 질병 증상으로 고통

받는 사람들이 각종 의학적 처방을 준수하고 웰빙 수준을 높일 수 있도록 돕는 것이다.

4 긍정심리학은 삶의 질을 높이고 또 질병을 예방하기 위해 개인의 긍정적이고 주관적인 경험, 긍정적인 개인적 특성 그리고 긍정적인 제도적 장치를 연구하는 학문이다. 긍정심리학에서는 행복, 긍정적 정신건강, 낙관성, 몰입, 사랑, 창의성, 회복탄력성 등 인간의 미덕을 주로 연구한다.

5 긍정심리 상담 및 치료에서는 기본적으로 인간의 긍정적 특성을 강화하고 강점들을 개발함으로써 내담자의 약점을 보완하는 동시에 정신적 웰빙을 증진할 수 있도록 돕고자 한다. 긍정심리학적인 관점에 따르면 다양한 정신장애들은 부정적인 증상들을 없애기보다는 긍정 정서와 성격강점 그리고 삶의 의미를 배우는 기법들을 통해 더 잘 치료될 수 있다.

더 읽을거리

Linda Brannon, Jess Feist, John A. Updegraff (2015). 건강심리학 8판[*Health Psychology*]. (한덕웅 외 공역). 피앤씨미디어.

Christopher Peterson(2010). 긍정심리학 프라이머 [*A primer in positive psychology*]. (김인자 외 공역). 물푸레.

한국건강심리학회 홈페이지
https://www.healthpsy.or.kr:6028

미국건강심리학회 홈페이지
https://societyforhealthpsychology.org

15

아동임상심리학

아동 임상심리학은 용어 그대로 아동을 대상으로 하는 임상심리학을 의미한다. 통상 아동이라고 하면 18~19세까지의 연령을 포함한다. '아동복지법'에서는 아동을 '18세 미만인 자'로 규정하며, '민법'에서는 '사람은 만 19세로 성년에 이르게 된다'는 규정을 통해 만 19세 미만인 자를 미성년자로 간주하고 있다. 또, '소년법'에서는 '소년'을 만 19세 미만인 자로 규정하고 있다. 따라서 아동임상심리학은 영·유아부터 고등학교를 졸업하는 연령에 해당하는 청소년까지를 대상으로 하는 심리평가, 심리치료, 예방과 조기개입과 같은 심리학적 서비스와 관련된 연구를 포함한다.

미국심리학회 정의에 따르면 아동임상심리학clinical child psychology은 최신의 이론과 과학적 발전을 토대로 영아·유아·아동과 청소년에게 그들이 속한 사회적 맥락에서 심리 서비스를 제공하는 전문 심리 분야이다(American Psychological Association, 2018). 아동임상심리학 전문가는 아동과 청소년의 기본적인 심리적 욕구와 가족과 기타 사회적 맥락이 아동과 청소년의 사회 정서적 적응, 인지 발달, 적응적 행동 변화 및 건강 상태에 미치는 영향에 대해 깊이 있는 이해를 해야 한다.

아동임상심리학에서 다루는 주요 주제는 성인대상 임상심리학과 동일하게 크게는 평가와 치료로 구분될 수 있으나 아동이라는 발달적 특성이 근본적으로 포함되므로 내용 면에서 성인과 큰 차이가 있다. 미국심리학회(2018)에서는 생물학적 취약성, 정서와 발달 문제, 주요 정신장애들, 인지적 결함, 외상과 상실, 건강 관련 문제, 스트레스와 대처 관련 발달적 변화와 사회 맥락의 문제 등을 아동임상심리학의 주요 주제로 제시하였다.

☑ 이 장의 목표

1 아동임상심리학의 역사와 주요 주제를 알아본다.

2 아동임상심리학자의 역할과 자격요건을 알아본다.

3 아동임상심리학자의 심리평가와 심리치료적 접근을 알아본다.

4 아동임상심리학의 최신 동향을 알아본다.

5 아동임상심리학에서 예방, 조기진단과 조기개입이 왜 중요한지 이해할 수 있다.

아동임상심리학의 역사와 주요 주제

아동임상심리학의 역사

아동임상심리학은 역사적으로 보면 일반 심리학과 동일한 역사를 공유한다. 그러나 전통 임상심리학이 성인에 초점을 맞추고 아동과 관련된 문제는 간과하거나 성인 문제의 하위 문제 정도로 보는 관점에 대한 비판이 제기되면서 아동임상심리학은 독립적인 전문 분야로 발전하게 되었다.

아동임상심리학 역사를 미국심리학회를 통해 살펴보면, 아동임상심리학은 1962년 미국심리학회의 제12분과인 임상심리학의 제1세부 분야로 시작되었다. 이 당시 앨런 로스Alan O. Ross가 초대 회장이었는데 로스는 1959년 피츠버그 아동지도센터의 심리학자로 일하면서 『아동임상심리학의 실제(*The practice of clinical child psychology*)』라는 책을 저술하였다. 초기부터 제1세부는 임상과 과학이 서로 유기적으로 연결되는 분야로 인식되었으나 그 당시 임상가들, 임상심리학자와 정신과의사들은 모두 정신역동적 관점을 가지고 있었다. 1960년대에 들어서면서 아동 발달 연구, 실험 아동심리와 응용행동분석이 점차적으로 아동임상심리학자의 수련 과정에 변화를 일으켰다. 1960년대 중반에서 1980년대 중반에 이르면서 제12분과의 주요 관심은 경험에 기반한 임상실제에 맞추어졌다. 이 가운데 1980년대에 아동임상심리학자를 양성하는 수련과정의 표준 틀이 없다는 문제가 제기되었다. 이전에는 임상심리학 전공생들과 같이 아동, 청소년과 성인에 대한 평가와 치료를 모두 훈련받았다. 일정 기간 동안은 박사과정에서 아동과 관련된 과목과 실습이 줄어들거나 없어지기도 하였고, 최소한의 훈련 과정도 없이 아동에게 심리학적 서비스를 제공하는 임상가들도 생겨났다. 이에 대한 문제의식이 제기되었고, 1985년 몇 차례 아동임상심리 훈련과정에 대한 논의를 거치면서 아동을 평가하고 치료하는 임상심리학자 전문성을 확보할 수 있는 박사과정 프로그램의 밑그림이 그려지기 시작하였다.

마침내 1998년 미국심리학회에서는 아동임상심리학의 전문성에 대해 공식적으로 인지하게 되었다. 12분과에 소속된 세부 분야로는 임상에서 만나는 아동에게 필요한 서비스를 제공하기 어렵다는 인식 아래 독립 분과로 분리할 필요성이 제기되었다. 제12분과 집행부와 관련된 대표들의 투표에서 79%의 찬성을 얻어 2001년에 근거기반 심리치료 연구의 주요 인물인 존 와이즈John Weisz가 제53분과 임상아동청소년심리 분과의 초대 회장으로 임명되었고 현재까지 임상아동청소년심리 분과는 근거기반 평가와 개입에 주안점을 두고 많은 노력을 기울이고 있다.

국내 아동임상심리학의 역사를 살펴보면 1964년에 한국심리학회 내 임상심리분과회가 설립되었다(한국임상심리학회 50년사, 2017). 일제강점기에는 실험심리학이 지배적이었으나 미 군정기에 미국 심리학이 도입되면서 기능주의 및 행동주의 심리학, 임상심리학이 국내에 소개되었다(염태호, 1996; 한국임상심리학회 50년사, 2017 재인용). 1946년 성백선이 사회사업가 권기주와 함께 문제아동자문기관을 운영하기 시작하였고 1958년부터는 서울아동상담소를 개소하여 문제아동을 위한 임상활동을 시작하였다(한국임상심리학회 50년사, 2017). 이러한 기록으로 볼 때 우리나라도 미국과 유사하게 초기에는 임상심리학과 아동임상심리학이 구분되지 않은 형태로 시작되었다.

국내 독자적 아동임상심리학의 시작은 1990년대 초반부터로 볼 수 있다. 1994년 서울대학교 병원 소아청소년정신과 임상 전임강사로 신민섭이 부임하였고 정신과에 성인과 소아청소년정신과가 구분되어 임상심리전문가 훈련과 서비스가 제공되기 시작하였다. 2006년에 연세대 의과대학 부속 신촌세브란스 병원 내 어린이병원이 개원하면서 정신건강의학과 임상심리실과 어린이병원 소아심리실이 구분되었다. 2012년부터 신촌세브란스 병원의 어린이병원 안에서 소아정신건강의학과와 소아신경과 수련과정이 기능적으로 구분되어 운영되면서 아동임상심리학자들을 훈련하고 있다. 박사학위를 기본 요건으로 하는 미국 심리학자 자격에 비해 국내 임상심리전문가는 석사학위를 기본 요건으로 하고 있다. 일부 병원에서 아동임상심리전문가에 특화된 프로그램으로 수련 과정을 운영하고 있지만 상당수 수련과정에서는 성인임상심리학과 소아임상심리학 수련과정을 별도의 과정으로 구분하지 않고 통합된 형태로 교육이 이루어지고 있다.

아동임상심리학자로서의 정체성은 아동임상심리전문가 수련과정에서 교육을 받은 전문가들이 가장 명확하게 가지고 있는 것으로 보인다. 이외에도 아동임상심리학 관련 주제를 주로 연구하거나 아동대상 심리치료와 심리평가를 주요 업무로 하는 경우 자연스럽게 아동임상심리학자로 자신의 정체성을 가지게 된다.

한국 아동임상심리학의 주요 연구 활동을 한국임상심리학회를 중심으로 살펴보면, 현재 한국임상심리학회 산하에 3개의 아동임상심리학 관련 연구회가 창립되어 각각 독립적인 활동을 하고 있다. 이 중 1990년대 후반에 창립된 아동청소년심리치료연구회가 가장 오랜 역사를 가지고 있으며 영유아임상연구회와 발달정신병리연구회가 창립되어 각기 세부 특성에 맞추어 사례 발표와 특강으로 이루어진 연구회 활동을 하고 있다.

아동임상심리학의 주요 주제들

아동임상심리학의 주요 주제는 성인임상심리학에서 다루고 있는 주요 주제들뿐만 아니라 아동과 관련된 보다 광범위한 영역들을 포괄해야 하는 분야라고 하겠다(그림 15.1). 가장 기본적인 형태로 전통적인 아동 심리평가 및 심리치료, 부모 평가(성격, 양육 등), 부모 치료 및 부모 교육과 가족에 대한 개입이 포함된다. 아동의 발달, 적응과 병리 및 문제행동들은 성인에 비해 매우 밀접하게 환경 변인과 관련되므로 아동임상심리학자들은 환경 속의 아동, 부모와 가족의 상호

그림 15.1 | 아동임상심리학의 주요 영역

작용 주제에 대해 깊이 있게 다루어야 한다. 아동임상심리학자들은 학교와 병원을 비롯한 아동과 관련된 다양한 환경에서 관련 분야 사람들과 적극적인 상호작용을 하면서 전문성을 확장해 가고 있다. 아동임상심리학은 매우 광범위한 주제들을 포괄하고 있지만, 이 중 아동임상심리학자로서 관심을 갖고 접근해야 할 주요 주제는 발달, 환경 그리고 조기개입이다.

아동임상심리학의 첫 번째 주요 주제는 발달이다. 아동임상심리학을 성인임상심리학으로부터 구분하는 가장 중요한 핵심어라고 할 수 있으며, 아동임상심리학의 독특성과 복잡성을 만드는 주요 변인이라고 할 수 있다. 아동기, 청소년기와 성인기로 이어지는 전체 발달 과정은 규칙적이고 연속적인 패턴이기보다는 특정 순간에 극적으로 발달이 일어났다가 일정 기간 정체되기도 하는 불연속적인 패턴이다. 또한 발달 전 과정에 걸쳐 주변 환경과 매우 밀접하게 상호작용하면서 발달 과정이 전개된다. 어떤 발달 단계에서는 매우 중요하게 간주되는 환경 요소가 다른 발달 단계에서는 그다지 중요하지 않게 되기도 한다. 동일 발달 단계일지라도 환경적 특성에 따라 특정 행동이 문제행동으로 낙인 찍히기도 하고 정상 범위의 행동으로 간주되기도 한다. 따라서 아동임상심리학의 핵심 주제들(심리평가, 심리치료, 부모개입, 예방과 조기개입 및 연구 등)은 발달 변인과 밀접하게 관련지어 다루어야 한다.

아동임상심리학의 두 번째 주요 주제는 환경 변인이며 양육을 중심으로 하는 가족과 학교 변인이 대표적이다. 아동임상심리학은 가족과 학교와 매우 밀접하게 관련되어 있어 기존의 가족치료와 학교심리학 분야를 부분적으로 아우르는 접근이 필요하다. 1984년 제이 벨스키 Jay Belsky는 양육과정 모델을 제시하였는데(그림 15.2), 이는 현재까지 4,400회가 넘게 인용이 된 모델(Taraban & Shaw, 2018)로서 자녀 성격, 부모 성격과 부모 자녀 관계를 둘러싸고 있는 광의의 사회적 맥락이 양육에 직접적으로 영향을 미친다는 가정을 전제로 한 포괄적 모델이다. 양육에 대한 개념적 정의와 평가방법은 매우 다양하나 다수의 연구자들은 긍정적 차원과 부정적 차원으로 양분해서 설명한다. 부정적 양육이 사회성 부족, 낮은 성적과 정서 조절 어려움 및 다양한 행동 문제와 정적 상관을 가진다는 점은 이미 많은 연구에서 보고된 바 있다. 특히 출생 이후 초기 발달시기의 양

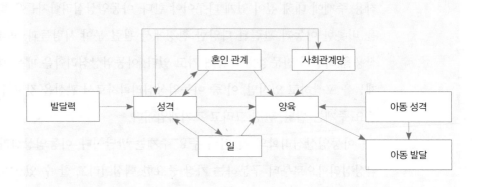

그림 15.2 | 벨스키의 양육과정 모델
출처 Belsky(1984).

육은 전 생애 발달에 거쳐 매우 큰 영향을 미친다. 이와 관련하여 아동 청소년 정신건강 문제에서 심각한 문제 중 하나로 대두된 비자살적 자해와 부모 변인에 관한 최근 연구는 특히 주목할 만하다. Wichstrøm과 Wichstrøm(2024)이 노르웨이 6세 아동 코호트 집단 769명을 대상으로 한 추적 연구에서 12, 14, 16세의 비자살적 자해 발생을 예측한 변인은 아동이 지각한 부모의 부정적/적대적 태도였고, 아동의 까다로운 기질, 정서조절력 및 다른 정서 행동 장애, 또래 괴롭힘 및 심각한 부정적 사건 경험은 유의한 예측 변인이 아니었다.

또한 최근 사회 변화와 더불어 가정 및 양육의 개념이 달라지고 있다. 가장 눈에 띄는 변화 중 하나로 태러밴과 쇼(Taraban & Shaw, 2018)가 주장한 아버지 역할의 확대, 양육 상태의 다양화를 들 수 있겠다. 이들이 고찰한 바에 따르면 미국을 기준으로 전통적인 아버지, 어머니로 구성된 가족에서 성장하는 아동이 전체의 1/4 정도이며 나머지 아동들은 한부모, 재혼가정 및 비혼동거가정 등 다양한 형태의 가족구조 속에서 성장하고 있다. 국내 상황도 크게 다르지 않다. 대한민국 통계청이 발표한 사회조사 결과에 따르면 "결혼을 하지 않더라도 같이 살 수 있다"라는 문항에 그렇다고 응답한 비율이 2022년 67.5%로 2018년 56.4%에 비해 11.1% 증가하였으며, "결혼하지 않고 자녀를 가질 수 있다"라는 문항에 그렇다고 응답한 비율도 2022년 33.6%로 2018년 30.3%에 비해 3.3% 증가하였다. 이러한 최근 사회 변화로 인해 발생한 가정 및 양육 환경 요소가 아동에게 미치는 영향에 관한 연구가 계속 이루어질 필요가 있다.

　세 번째 주요 주제는 사회적 차원에서의 아동 보호와 예방적 개입이다. 최근 저출산 문제로 사회 각층에서 심각한 우려와 여러 대책을 제시하고 있다. 그러나 다른 한편으로는 현재 출생하여 자라고 있는 아동들에 대한 보살핌이 적절하게 이루어지지 않고 있다. 2022년 보건복지부가 발표한 아동학대 주요 통계에 따르면 전체 아동학대 발생 건수의 82.7%가 부모에 의해서 발생하며, 이 중 친부에 의한 학대는 45.7%(2017년 42.8%), 친모에 의한 학대는 34.2(2017년 30.6%)로 확인됐다. 아동학대 유형별로 살펴보면 정서학대 38%, 중복학대 34.9%, 신체학대 17.6%, 방임 7.3%, 성학대 2.2%로 나타났다(2017년 정서학대 21.1%, 중복학대 48.6%, 신체 학대 14.6%, 방임 12.5%. 성학대 3.1%). 총 27,971건의 학대 사례 중 아동학대처벌법으로 조치된 사례는 3,567건(12.8%)에 해당하였다. 피해아동에게 제공한 서비스는 상담서비스가 60.9%로 가장 높았고 가족기능강화 서비스 9.9%, 심리치료지원 서비스 7.9%로 나타났다. 2020년부터 2022년까지 재학대 사례는 11.9%, 14.7%, 16%로 점점 증가하였는데, 부모에 의한 재학대가 95.6%를 차지하며, 학대 유형은 정서학대가 40.4%로 가장 비중이 높았다. 이 통계치들은 기존 아동학대 개입 방안의 재고와 개선 필요성을 시사한다.

　아동 임상심리학에서 가장 중요한 주제 중 하나가 예방이다. 예방은 흔히 1차 예방(보편적 예방), 2차 예방(선별적 예방)과 3차 예방(집중적 예방)으로 구분한다. 구체적으로 살펴보면 보편적 예방은 지역사회나 공동체에서 학교나 기관 중심으로 정신건강 문제를 선별하는 것, 전체 학생을 대상으로 스트레스 관리나 자존감 높이기 프로그램을 실시하는 것 또는 일반적인 부모교육이나 컨설팅 등을 제공하는 것을 말한다. 선별적 예방은 보편적 예방의 일환으로 실시된 선별검사에서 정신건강 위험 가능성이 있다고 분류된 학생들이나 기타 이유로 심리적 어려움을 겪을 가능성이 있는 아동들에 대해 보다 전문적인 평가와 개입을 하는 것이 대표적인 예가 될 수 있으며, 지역사회와 전문기관이 긴밀한 연결망을 형성하여 수행할 때 가장 효과적인 개입이 가능하다. 마지막으로 집중적 예방은 심각한 문제가 발생하거나 다시 발생할 가능성이 매우 높은 대상(고위험군)에게 제공되는 서비스이므로 보편적 예방이나 선별적 예방에 비해 전문기관이나 전문가의 개입 비중이 높다. 하지만 집중적 예방도 특정 전문기관 단독으로 접근하는 것보다 지역사회 속에서 통합적으로 접근할 때 보다 효과적이다. 특히 아동과 가족이 속한 문화와 일치되는 패턴으로 치료가 제공될 때 가장 효과적이다. 이를 통상 문화일치가설cultural compatibility hypothesis이라고 한다.

아동임상심리학자의 역할과 자격제도

아동임상심리학자의 역할

앞서 기술한 바와 같이 아동임상심리학이 별도의 분야로 정체성을 가지게 된 역사는 길지 않다. 미국을 기준으로 볼 때 아동임상심리학자의 핵심 역할에 대한 논의는 1990년대부터 이루어졌는데 1992년 미국정신보건원National Institute of Mental Health, NIMH에서 아동과 청소년 전문가에 대한 임상 훈련 가이드라인을 명확히 정리하기 위한 정신건강 전문가 모임이 이루어졌다. 그러나 이 모임의 결과 보고서를 미국심리학회는 채택하지 않았고 이 내용은 로버트 등(Robert et al., 1998)의 논문에만 실렸다. 로버트 등이 제시한 아동임상심리학자 훈련 모델에는 10가지 항목이 포함되는데, 이에는 아동청소년과 가족 평가, 전 생애 정상발달, 전 생애 발달정신병리, 다양성 주제, 사회적 주제, 개입 책략들, 예방, 가족 지지와 건강 증진, 연구방법론과 시스템 평가, 전문성, 윤리와 법적 주제가 포함되었다. 2003년에 미국심리학회 소아심리pediatric psychology분과에서는 여기에 자문 및 연계와 질병과정과 의학적 관리 두 개의 영역을 추가로 포함시켰다 (Hupp, Jewell, Reitman, & LeBlanc, 2010).

전문가 교육을 위한 기준으로 제시된 모델 중 역량 큐브competency cube(Rodolfa et al., 2005)는 다른 모델에 비해 상대적으로 일반적이고 광범위한 모델이다. 아동임상심리학자 역할 및 역량에 대해 별도로 개념화하지는 않았으나 기초 역량 영역foundational competency domains, 기능 역량 영역functional competency domains과

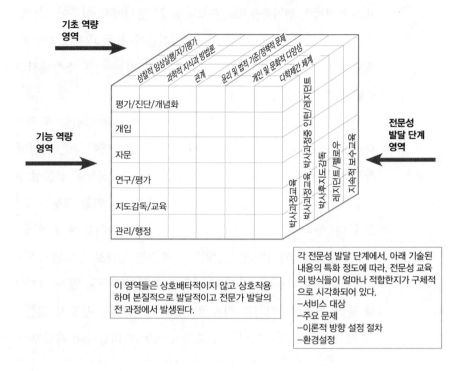

그림 15.3 | 전문심리학자 역량 발달 큐브 모델

출처 Rodolfa et al. (2005).

전문성 발달 단계stages of professional development, 이 3개 축 간의 상호작용을 가정한 모델은 아동임상심리학자 역할에 대한 기초를 제공하고 수련 모델을 구성하고 검토할 때 적용할 가치가 있다고 보인다(그림 15.3).

　국내 연구를 살펴보면 국내에서 아동임상심리학자의 핵심 역할 및 훈련 과정을 구체적으로 다룬 연구논문이나 보고서는 검색되지 않는 상태이다. 2018년도 한국 임상심리전문가들의 활동 보고서(권정혜, 2018)에서는 아동임상심리분야를 별도로 구분하지 않는다. 그러나 실제 국내에서 활동하는 임상심리전문가 상당수가 아동관련 업무를 담당하고 있다. 권정혜(2018)가 조사한 바에 의하면 국내 임상심리학자들의 활동 영역 중 가장 많은 부분을 차지한 것이 병원과 개인치료실이다. 구체적 조사 결과는 없지만 임상심리전문가가 개인병원에서 활동하는 경우 성인대상 서비스보다 아동청소년대상 서비스 비중이 높으며 개인치료실 현황도 이와 유사할 것으로 추정된다. 국내 아동청소년 심리 서비스를 제공하는 임상심리전문가들의 주요 활동은 심리평가, 연구와 심리치료(인지행동치료, 놀이치료, 인지학습치료, 부모교육 등) 영역에서 이루어지는데 활동 범위 확장과 함께 아동청소년 관련 임상심리전문가 활동 내용도 다양해지고 있다. 한 예로 가정법원에서 활동하는 임상심리전문가는 이혼 소송에서 자녀 양육권과 관련된 조사 업무를 담당하고 있다.

한국 임상심리학자의 역할 모델을 구체적으로 설정할 때 앞서 언급한 로돌파 등(Rodolfa et al., 2005)의 역량 발달 큐브 모델이 좋은 지침이 될 것으로 생각된다. 특히 역량 발달 큐브 모델에서 박사과정교육이 전문성 발달 단계의 시작점으로 설정된 것은 한국 아동임상심리학자의 역할 설정에서 중요한 시사점을 준다. 한국 대부분의 임상심리전문가 수련 과정은 일부 병원을 제외하고는 아동임상심리학과 성인임상심리학이 통합된 형태로 운영되고 있다. 아동임상심리학자의 수련과정에서 성인과 아동의 통합 수련에는 많은 이점이 존재한다. 예를 들면, 아동심리평가와 치료 및 개입에서 성인인 부모에 대한 효율적인 평가와 개입은 아동 당사자만큼 중요하며 아동에 대한 심리개입에서 환경 요소 등 제반 주변 요소들에 대한 다차원적 이해가 매우 필요하다. 석사 학위를 최소 학위로 설정하고 있는 한국 임상심리전문가 제도 상황에서 아동임상심리학자의 전문성 발달 단계 시작점을 박사과정교육으로 설정하는 것이 아동임상심리학자의 정체성을 공고히 하고 좀 더 전문적인 서비스를 제공하는 데 기여할 수 있을 것이다.

아동심리평가

아동심리평가는 크게 지능평가, 정서평가와 행동평가로 나눌 수 있다. 세부 평가 내용에 대해서는 지능평가(6장), 행동평가 및 자기보고(8장)와 신경심리평가(9장)에서 상세히 다루었으므로 이 장에서는 별도로 기술하지 않는다. 여기에서는 아동심리평가의 실제 적용과 관련된 부분을 주로 다루고자 한다. 아동심리평가의 가장 큰 특징은 주요 검사대상인 아동이 자신의 생각이나 감정을 구체적이고 정확하게 표현할 능력이 충분히 발달되지 않은 상태라는 점이다. 따라서 아동의 발달 단계에 적절한 질문과 문항을 개발하여 아동의 인지 능력과 스스로 지각하지 못하는 내적 어려움(불안, 우울 등)을 평가할 수 있는 최선의 방법을 찾아내는 것이 매우 중요하다. 또한 평가의 타당성을 높이기 위해서 다차원적 평가가 필요하다. 성인심리평가에 비해 아동심리평가에서는 아동의 행동관찰과 일부 자기보고만으로 심리평가로서의 신뢰도와 타당도를 확보하는 데 많은 제한이 있으므로 양육자, 부모 및 교사에 의한 아동행동 보고가 동시에 이루어지는 것이 요구된다. 아동행동에 대한 평가로서 가장 많이 활용되는 도구는 아동 행동체크목록(CBCL)Child Behavior CheckList이 대표적이며 국내에서 타당화되어 사용되고 있다. 1.5세에서 10세까지는 아동의 부모와 교사의 보고로 아동행동을 평가하며 11세에서 18세까지의 아동청소년은 자기보고, 부모 보고와 교사 보

표 15.1 | 다면적 아동평가의 예

연령 / 평가대상	평가자	부모	교사	본인
1.5세	영유아	CBCL 1.5-5 (1.5-5세) 유아 행동평가척도 부모용	C-TRF (1.5-5세) 유아 행동평가척도 교사용	
2세				
3세				
4세				
5세				
6세	아동	CBCL 6-18 (6-18세) 아동청소년 행동평가척도 부모용	TRF (6-18세) 아동청소년 행동평가척도 교사용	
7세				
8세				
9세				
10세				
11세	청소년			YSR (11-18세) 청소년 행동평가척도 자기보고용
12세				
13세				
14세				
15세				
16세				
17세				
18세				

출처 ㈜휴노 assessement.co.kr

고로 아동행동을 평가한다(표 15.1).

발달적으로 자신의 심리상태에 대한 정확한 보고가 어려운 특성으로 인해 아동심리평가에서 그림을 활용한 투사법 검사를 많이 활용한다. 집-나무-사람 그림 검사와 가족화 검사는 매우 오랜 역사를 가지고 있으며 많은 연구들이 시행되었으나 지능검사와 다면적 인성검사와 같이 엄격한 연령별 규준 점수에 근거한 해석을 사용하지 않는 경우가 많다. 그러나 아동심리평가에서 그림검사는 신뢰롭고 타당한 검사로서 충분한 가치를 가지고 있다. 아덴 등(Arden, Trzas-kowski, Garfield, & Plomin, 2014)은 7,752명의 쌍생아를 대상으로 4세에 그린 '아동 그림'(아동이 그리고 싶은 성별의 아동을 그리도록 하는 과제)과 유전 관련성 그리고 10년 후 지능의 예측 정도를 분석하였다. 이 연구에 따르면 일란성 쌍생아의 그림은 이란성 쌍생아 그림보다 더 유사했고(그림 15.4), 그림 검사와 동일한 시기에 평가한 지능과 유의미한 상관을 나타냈다. 더욱 흥미로운 결과는 4세에 그린 그림 점수가 4세에 평가한 지능을 예측한 것과 유사한 수준으로 10년 후인 14세에 평가한 지능도 유의미하게 예측했다는 것이다.

다양한 검사도구들이 각각의 목적과 대상에 따라 개발되어 있어 대상 아동의 정확한 평가와 치료계획 수립을 위해 가장 효과적인 평가 도구를 선택하고 이를 정확하게 해석하는 데 전문성이 요구된다. 가장 먼저 주 호소 문제를 정확하게 파악해야 하며, 이를 위해서는 아동, 부모, 교사 및 기타 관련된 인물들과의 심층적인 면담이 필요하다. 이를 토대로 필요한 평가 영역을 결정하고, 그 영

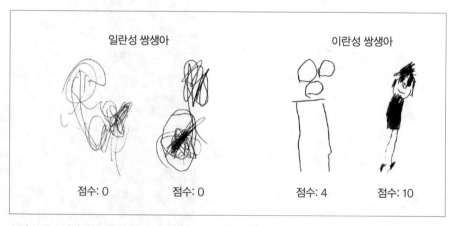

그림 15.4 | 일란성 쌍생아과 이란성 쌍생아의 '아동 그림'의 예
출처 Arden, R., Trzaskowski, M., Garfield, V., & Plomin, R.(2014).

역에서 아동의 진단과 치료계획 수립에 가장 신뢰롭고 타당한 결과를 제공할 검사 도구를 결정해야 한다. 다양한 평가 영역과 평가 방식을 고려하여 최적의 평가 도구를 구성하는 능력은 아동임상심리학자 전문성의 백미라고 할 수 있다. 아동심리평가에 포함된 주요 영역과 평가 방식이 표 15.2에 정리되어 있다. 또한 가상의 사례(Box 15.1)를 통해 주 호소 문제를 바탕으로 심리평가가 이루어지는 과정을 살펴볼 수 있다.

표 15.2 | 아동 심리평가 주요 영역과 주요 평가 방식

평가 영역	일반적인 세부 평가 영역	일반적인 주요 평가 방식
인지영역	지능	구조화된 개인대면평가
	주의력(시각, 청각)	전산화된 평가 설문(자기보고, 부모 및 교사 보고)
	기억력(언어, 비언어)	전산화된 평가 구조화된 개인대면평가
	실행기능(계획 및 조직화, 조절력, 반응억제 및 선택 등)	전산화된 평가 구조화된 개인대면평가 설문(자기보고, 부모 및 교사 보고)
정서영역	우울	개인대면평가(구조화/반구조화된 면담, 투사법 검사) 설문(자기보고, 부모 및 교사 보고)
	불안	개인대면평가(구조화/반구조화된 면담, 투사법 검사) 설문(자기보고, 부모 및 교사 보고)
	공격성 및 분노	개인대면평가(구조화/반구조화된 면담, 투사법 검사) 설문(자기보고, 부모 및 교사 보고)
성격영역		개인대면평가(구조화/반구조화된 면담, 투사법 검사) 설문(자기보고, 부모 및 교사 보고)
부모영역	부모 성격 및 정서	개인대면평가(구조화/반구조화된 면담, 투사법 검사) 설문(자기보고)
	양육 평가	관찰 설문(부모 보고)
학교 및 사회적응	기초학업능력 및 학업성취도	구조화된 개인대면평가. 면담 및 자료
	또래관계	관찰 설문(자기보고, 또래 평정 및 교사 및 부모 평정)

Box 15.1 학습 부진을 주요 문제로 임상심리실을 찾아온 아동의 평가 계획

사례

김부진(가명)은 초등학교 6학년이다. 어머니와 함께 학습 부진 문제로 아동임상심리학자를 방문하였다. 초등학교 3학년부터 학교 담임선생님으로부터 부진이가 학교 적응에 어려움이 있다는 이야기를 지속적으로 들어왔다고 어머니가 보고하였다. 아이들을 때리거나 왕따를 당하기도 하고, 수업시간에 배운 내용을 잘 이해하지 못하는 것 같다고 하였다. 직장일로 바빠서 어머니가 그 당시 어떠한 도움도 주지 못했는데 현재는 학습 부진 문제가 너무 심해 학원에 보내도 학습이 제대로 이루어지지 않는다고 하였다. 초등학교 입학 당시 사설 기관에서 평가한 부진이의 지능은 112라고 어머니는 기억하고 있었다.

평가 계획 수립 과정

학습 부진을 주요 문제로 호소하는 아동의 경우 지능의 문제인지, 우울이나 불안과 같은 정서적 문제인지 또는 부모 자녀 관계 문제인지가 명확하지 않다면 아동임상심리학자는 여러 영역에 걸친 평가를 계획해야 한다. 먼저 아동의 성적 부진의 일차적 원인이 될 수 있는 지능 평가가 필요하며 더불어 주의력 검사와 기초학습능력검사가 실시될 필요가 있다. 6년 전에 실시한 지능검사 결과는 시행한 지 너무 오래 되었기 때문에 시행할 검사 결과와의 비교 자료로만 사용할 수 있다. 또한 현재 학업에 직접적인 영향을 미칠 수 있는 우울과 불안과 같은 정서 평가도 필요하다. 어머니의 자기보고식 평가(성격 및 정서, 양육 평가)도 함께 이루어져야 한다. 아버지의 자기보고식 평가도 가능하다면 포함하는 것이 좋다.

아동임상심리학 활동 영역 확장

과거 임상심리학자들의 주 활동 무대는 병원과 학교였다. 병원과 학교 중심으로 연구와 심리평가 위주의 활동이 이루어졌다. 일부에서는 개인상담센터에서 심리평가와 심리치료 서비스를 제공하는 정도의 활동을 하였다. 그러나 최근 임상심리학자들의 활동 영역과 활동 내용에서 많은 변화가 일어나고 있다. 기존의 아동임상심리학자들이 하던 심리평가 업무가 병원이 아닌 청소년복지센터와 같은 지역사회 기관으로 확대되었다. 아동청소년 심리치료는 아동임상심리학자의 주요 역할이지만 심리평가와 같이 고유 역할로 인정되지는 않는 상황이다. 그러나 정신과적 진단을 받은 아동청소년 심리치료에서는 아동임상심리학자들의 전문성이 보다 잘 발휘되고 있다. 최근 아동임상심리학자 활동에서 가장 큰 변화 중 하나는 국가기관에서 활동하는 임상심리학자들이 점차로 증가하고 있는 점이다. 이 중 가정법원과 소년분류심사원 등은 아동임상심리학자들의 전문성이 분명하게 요구되는 환경이다. 대법원이 2001년 7월 1일 사법발전계획

의 일환으로 '전문조사관제도'를 도입하였고 가정법원이 확대 신설되면서 가정법원 가사조사관으로 임용되어 활동하는 임상심리전문가의 수가 늘고 있다. 이들의 주 업무는 이혼 과정에서 이혼 당사자와 자녀들의 심리적 안정감을 도모하여 효율적인 의사결정이 이루어지도록 하는 것이다. 특히 그 과정에서 아동이 겪을 수 있는 폐해를 최소화하기 위한 전문적 역할이 요구된다. 가족역동과 아동의 심리적 상태에 대한 전문적 지식이 바탕이 된 심층적인 평가와 개입(직접적 개입 혹은 심리상담 자원 연결)이 주요 업무이다.

이외에도 소년분류심사원도 아동임상심리학의 전문성이 효율적으로 활용되는 국가기관 중 하나이다. 소년분류심사원의 분류심사는 보호소년 등 처우에 관한 법률 제3장에 의하여 법률로 업무 내용과 전문 영역이 명확하게 제시되어 있다. 그 내용을 보면 다음과 같다. "제24조(분류심사) 1. 분류심사는 제2조 제2항에 해당하는 소년의 신체, 성격, 소질, 환경, 학력 및 경력 등에 대한 조사를 통하여 비행 또는 범죄의 원인을 규명하여 심사대상인 소년의 처우에 관하여 최선의 지침을 제시함을 목적으로 한다. 2. 분류심사를 할 때에는 심리학, 교육학, 사회학, 사회복지학, 범죄학, 의학 등의 전문적인 지식과 기술에 근거하여 보호소년 등의 신체적·심리적·환경적 측면 등을 조사·판정하여야 한다." 소년분류심사제도는 청소년들의 인권을 보호하고 재범을 방지하여 성공적인 사회복귀를 돕는 목적으로 실시되고 있다. 따라서 아동청소년 심리평가를 전문적으로 훈련받은 아동임상심리학자들의 역량이 무엇보다도 요구되는 제도이다. 보호소년들이 다시 범죄를 저지르지 않고 일반적인 청소년 집단에 재진입하여 건강한 사회 구성원으로 성장하는 계기를 마련하는 단기적이지만 효과적인 심리개입의 필요성이 매우 높은 영역이다.

현재 언급된 내용 이외에도 현대사회는 아동임상심리학이 다양한 영역에서 적극적으로 여러 가지 역할을 담당해 줄 것을 요구하고 있다. 따라서 현대 사회의 필요성에 부응할 수 있는 아동임상심리학자 훈련 커리큘럼의 획기적인 변화가 매우 필요하다. 기존의 임상심리학자의 전문성을 토대로 지역사회 친화적으로 영역을 확장해야 하며, 코딩과 데이터 과학 등 최신 기술에 대한 기초 지식교육 및 관련 분야들과 협력적 관계를 구축하는 훈련 등이 아동임상심리학자 교육과 훈련에 반드시 포함되어야 할 것이다.

아동심리치료

아동 정신건강 영역에서 심리치료적 개입은 매우 중요하다. 발달과정에 있는 어린 아동의 경우, 실제적으로 상당수 부모들은 안전성이 입증되었다는 연구 결과에도 불구하고 약물치료보다는 비약물치료인 심리치료를 포함한 심리개입을 선호한다. 통상 아동을 대상으로 하는 심리치료의 유형은 인지행동치료, 놀이치료, 인지학습치료(인지교정치료)와 부모교육 등이 포함된다. 최근 5, 60년간 근거기반 아동심리치료 연구는 매우 활발하게 이루어지고 있다. 존 와이즈John Weisz와 앨런 카즈딘Alan Kazdin이 근거기반 아동심리치료를 이끄는 대표적인 연구자들이다. 상대적으로 짧은 역사에도 불구하고 아동과 청소년에게 제공되는 심리치료적 개입은 과학적 근거가 뒷받침되어야 한다는 인식이 자리 잡게 되었다. 국내에서도 우울, 불안, 주의력결핍 과잉행동장애, 자폐스펙트럼장애, 외상후 스트레스장애 등 주요 아동심리장애에 대한 근거기반 심리치료 연구들이 발표되었다.

그러나 근거기반 심리치료 연구의 대부분은 인지행동치료에 기반을 두고 있으며, 대표적인 아동심리치료 형태인 놀이치료와 학습치료 및 부모교육에 대한 근거기반 치료 효과 연구는 매우 적은 수준이다. 2022년 2월 기준으로 아동 청소년을 위한 근거기반 정신건강 치료Evidence-based mental health treatment for children and adolescents 웹사이트에 제시된 근거가 입증된 심리치료 기법으로는 응용행동분석, 행동치료, 인지행동치료, 인지치료, 가족치료, 대인관계치료와 조직화훈련이 포함된다. 표 15.3에 각 아동기 장애별 근거가 확실한 심리치료 기법들이 정리되어 있다. 근거기반 심리치료에 대한 연구가 활발하게 이루어지고 있기 때문에 현재 목록에 포함되지 않은 치료 기법들이 지속적으로 추가되고 있다. 한편 전통적으로 당연히 효과가 있다고 간주되었던 치료 기법들의 효과가 과학적으로 검증되지 못하여 점차로 임상 현장에서 사라지는 양상도 나타나고 있다. 표 15.3에서 보는 바와 같이 인지행동치료가 근거기반 심리치료에서 매우 큰 비중을 차지하고 있다. 국내에서도 매우 다양한 기법들이 개발되고 효과검증 연구가 실시되고 있다.

표 15.3 | 아동 정신장애별 근거기반 심리치료

아동 정신장애 유형		치료 효과가 입증된 심리치료 기법들*	출처논문발간연도
주의력결핍 과잉행동장애		부모행동훈련 교실행동관리 또래행동개입 조직화훈련	2014
섭식장애	신경성 식욕부진증 청소년	가족치료-행동 (가족기반치료 혹은 모즐리 가족치료로 알려짐)	2022
	신경성 폭식증 청소년	가족기반치료-신경성 폭식증	
불안장애	8세 미만	가족기반 인지행동치료	2019
	아동·청소년	인지행동치료 노출치료 모델링 인지행동치료+부모교육 인지행동치료+약물치료	2016
자폐스펙트럼장애		개별적 종합응용행동분석 교사가 시행하는 초점화된 응용행동분석+발달적 사회적 화용론	2015
양극성장애	청소년	가족기술훈련+심리교육	2022
파괴적 행동장애		병합치료(행동치료+인지행동치료+가족치료)	2016
우울장애	아동	해당 없음	2017
	청소년	전반적인 인지행동치료 인지행동치료(개인, 집단) 전반적인 대인관계치료 개인 대인관계치료	
비만, 과체중	유아	행동치료(가족기반치료)	in press
	아동	행동치료(가족기반치료, 부모 대상 행동치료)	
	청소년	행동치료(가족기반치료)	
강박장애		가족 초점화 인지행동치료	2018
외상후 스트레스장애		인지행동치료(개인, 집단, 부모와 함께하는 개인 인지행동치료)	2016
조현병		다중체계치료(다양한 정신장애 치료 기법들을 포함) 가족초점치료 정신장애용 인지행동치료	2018
물질남용		인지행동치료(개인, 집단, 가족) 동기강화치료+인지행동치료 가족기반치료-생태학적	2018
자해 사고 및 행동		청소년 변증법적 행동치료	2019

* 근거가 명확하게 입증된 수준1(근거가 매우 잘 확립됨)에 해당하는 심리치료 기법만 제시함

출처 2024년 4월 effectivechildtherapy.org

Box 15.2   인지행동치료 기법의 예

『나는 생각을 바꾸는 문제해결사』는 국내 아동임상심리학자들이 직접 개발한 우울한 아동청소년을 위한 인지행동치료 기법 워크북이다.

슬기는 우울한 기분을 바꾸기 위해서 무엇을 해야 할까요?

슬기는 행동을 바꾸고, 부정적인 생각을 바꾸고, 문제를 해결하는 방법을 배워야 합니다. 여러분은 앞으로 나는 생각을 바꾸는 문제해결사를 배울 것입니다.

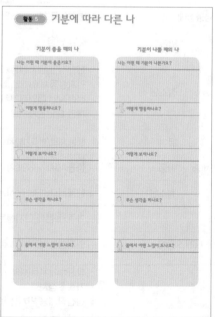

출처 양윤란, 이경희, 고혜정, 이은식, 강지현(2018). 『나는 생각을 바꾸는 문제해결사』. 저자의 허가를 받아 일부를 그대로 수록하며 무단복제를 금합니다.

국내에서 개발된 아동심리치료 기법의 예로 Box 15.2에 국내 아동임상심리학자들이 개발한 아동 인지치료 워크북이 소개되어 있다. 다양한 제반 요소들에 의해 직접적인 영향을 받는 아동의 특성상 서구에서 개발한 인지치료 기법을 그대로 국내 아동에게 적용하는 데는 한계가 있다. 다른 치료 기법도 마찬가지이나 문화와 사회적 영향을 강하게 받는 인지치료 기법에서 국내 아동 대상 기법의 지속적인 개발과 치료 효과 연구는 매우 중요하다.

이 밖에 전통적인 심리치료 기법에 인지심리학과 신경심리학 지식을 융합하여 아동 정신장애를 치료하는 새로운 접근으로 인지교정치료가 Box 15.3에

Box 15.3　인지교정치료 소개

인지교정치료(Cognitive Remediation Therapy, CRT)는 임상심리학과 신경과학을 융합한 치료 기법으로 인지심리학과 신경심리학 지식을 토대로 다양한 뇌과학 관련 기술을 활용하여 아동정신장애를 치료하는 새로운 치료 기법이다. 대상자에 대한 포괄적인 평가를 통해 취약 영역을 찾아내고 이를 토대로 치료 계획을 수립한다. 취약 영역은 주로 인지기능을 다루며 치료 목표가 되는 인지기능을 효과적으로 강화시킬 수 있는 훈련 과제를 구성하는 것이 핵심이다. 반복훈련을 통해 목표가 되는 인지영역을 활성화하여 궁극적으로 취약한 뇌 영역을 활성화하는 것이 목적이다. 따라서 뇌 가소성(plasticity)이 기본 전제가 된다. 또한 인지기능과 정서는 매우 밀접하게 관련되므로 정서 영역 및 부모, 가정을 포함한 환경 영역에 대한 평가를 동시에 하여 필요한

경우, 우울 및 불안장애에 대한 인지행동치료 및 기타 심리치료와 병행 치료를 하기도 한다. 현재까지 주요 대상은 주의력 문제, 학습 문제, 실행기능 장애를 주요 문제로 가진 주의력결핍 과잉행동장애, 자폐스펙트럼장애(Miyajima et al., 2018), 학습장애, 외상성 뇌손상, 거식증(Lock et al., 2018), 초기 치매(Oltra-Cucarella et al., 2018) 및 조현병(Buonocore et al., 2018) 등이며 이에 대한 치료 효과 연구가 지속적으로 업데이트되고 있다. 정상군 기능 향상뿐 아니라 뇌와 관련된 영역의 어떤 질환에도 적용 가능하여 추후 확장 범위는 매우 넓다. 최근 다양한 기술과학 발전으로 스마트폰, 태블릿 PC와 컴퓨터 등을 활용하며 게임방식을 토대로 하기 때문에 훈련과정 모니터링과 동기유지 등에서 많은 이점을 가지고 있다.

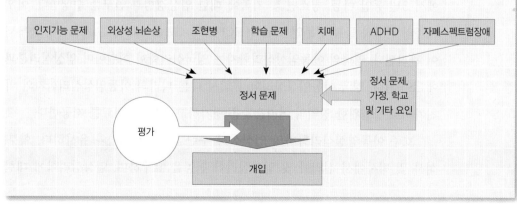

소개되어 있다. 인지교정치료는 뇌손상 환자들에 대한 인지재활치료를 기반으로 고안되었으며, 최근 기술발전과 더불어 아동뿐 아니라 성인과 노인 대상 심리기능 향상 기법으로 다양하게 활용되고 있다.

아동임상심리학 자격제도

우리나라 아동임상심리학 역사가 상대적으로 길지 않으므로 우리보다 먼저 아동임상심리학을 독립 분과로 설립해 운영하고 있는 미국, 영국, 호주 심리학회의 자격제도를 살펴보겠다. 미국심리학회의 아동임상심리학자의 자격제도를 살펴보면 미국 노동통계청Bureau of Labor Statistics 자료에서는 아동임상심리학자는 먼저 임상심리학 박사학위를 소지하여야 하며 해당 주 면허를 가지고 있어야 하는 것으로 명시하고 있다. 이후 미국 아동청소년 임상심리전문가American Board of Clinical Child and Adolescent Psychology 자격을 취득하기 위해서는 임상 아동청소년 전문분야에서 1~2년의 공식적인 박사후 과정을 마치거나 최소 3년 이상의 아동청소년 임상 경험을 가져야 하며, 이 중 1년은 반드시 지도감독을 받아야 한다(아동청소년 분야 검증된 심리학자에게 1주일에 1시간 이상의 면대면 지도감독). 이 요건이 충족되면 서류심사와 면접심사를 통해 자격을 취득하게 된다. 그러나 이러한 아동임상심리전문가 제도는 매우 최근에 만들어진 것으로 이 자격증을 관리하는 ABPPAmerican Board of Professional Psychology는 2013년 처음으로 미국심리학회APA의 공식 인증을 받았다.

영국의 아동임상심리학자 자격기준과 교육을 살펴보면, 영국의 아동임상심리학자는 영국심리학회the British Psychological Society에서 인증한 임상심리 프로그램에서 3년 동안 아동, 청소년 및 가족에 대한 임상경험과 연구를 수행한다. 이후 국가의 건강과 돌봄 전문인 위원회(HCPC)the Health and Care Profession Council에 등록되어 관리된다. 영국의 아동임상심리학자는 영국심리학회 회원이며 임상심리분과에 소속된다. 영국 아동임상심리학자 역시 다른 나라의 아동임상심리학자와 마찬가지로 광범위한 영역의 어려움들을 평가하고 진단 및 치료를 제공한다.

호주 아동임상심리학자의 임상심리 수련 과정 역시 이와 유사하다. 학부, 석사 및 박사에서 심리학 및 임상심리학 전공을 요구하며, 임상심리학에 대한 강의 수강과 임상 현장 수퍼비전이 모두 교육에 포함되어야 한다. 또한 모든 학위를 마친 후 2년간의 수련 과정이 요구된다. 아동 임상심리학자(임상심리학자)는 Australian Health Practitioner Regulation Agency(AHPRA)에 등록하여 심리학자 자격을 얻고 지속적인 전문성 발전과 윤리 규정 준수를 통해 자격이 유지된다.

국내 현황을 보면 별도의 아동임상심리전문가 자격제도가 존재하지 않으며 아동, 청소년과 성인이 모두 포함된 임상심리전문가 수련을 받은 후에 아동청소년 전문가에 의한 지도감독을 받으며 아동임상심리전문가로 활동하는 것이 일반적이다. 일부는 임상심리 전공 석사학위 취득 후 바로 소아정신건강의학과나 어린이병원에서 임상심리전문가 수련을 받고 아동임상심리전문가로 활동한다. 이미 언급한 바와 같이 아동임상심리학자에게 요구되는 주요 능력은 먼저 심리, 지능, 인지와 행동평가 등과 같은 측정평가 능력이다. 또한 아동과 보호자들과 함께 협력하여 행동 문제를 다루는 개입능력(심리치료, 행동관리 등)도 매우 주요한 능력이다. 이외에도 예방 프로그램 개발(왕따, 중독, 십대 임신, 비만 등), 다른 아동 전문가들을 위한 자문 및 연구 설계와 실행 능력 등이 포함된다. 건강 관련 전문가들과 협력하여 아동기 발달과 관련된 주요 주제들을 과학적으로 연구하는 능력과 특정 내담자에 맞는 고유한 치료 계획을 수립하는 능력도 매우 중요한 능력으로 포함된다.

최근 연구 동향

아동임상심리학에서는 다양한 분야와의 적극적인 협력이 매우 중요하다. 특히 평가 역량과 관련하여 아동임상심리학자는 대상의 발달수준과 환경에 적절한 다양한 평가방법에 숙달되어 있어야 한다. 아동과 청소년 특성에 맞는 면담 능력과 아동, 청소년과 가족의 다자 간 면담 능력이 매우 중요하다고 하겠다.

이미 언급한 바와 같이 심리평가는 견고한 이론적 토대를 가진 정교화된 측정방식으로 임상심리학에서 가장 큰 강점을 가진 영역이다. 그러나 최근 근거기반 개입의 영향으로 전통적인 심리평가를 보는 관점에 변화가 나타나고 있다. 미국심리학회 아동청소년 분과 회장을 지낸 영스트롬(Youngstrom, 2013)은 근거기반 의학evidence based medicine에서 지향하는 평가는 임상적 결정과 직접적으로 연결되어 사용되고 있고, 이러한 접근법은 보다 내담자 중심적이며 응용 연구 측면에서 적합하다고 하였다. 쉽게 말하면 진단, 평가와 치료를 긴밀하게 연결해서 체계적으로 손익을 계산해서 치료와 평가를 하자는 입장인 것이다. 적극적인 치료가 필요한 집단에는 적극적인 치료와 이 치료 과정을 중재하는 방식의 평가가 필요하며, 위험요소를 가지고 있으나 진단이 확정되지 않은 집단에는 진단을 확실히 하는 데 도움이 되는 보다 구체적이고 영역 특정적인 평가를 실시해야 한다는 입장이다.

국내 임상심리학계에서도 근거기반 개입을 강조하고 있으며 이에 대한 전문가들의 관심도 매우 높은 상태이다. 그러나 아직 근거기반 평가에 대한 구체적인 연구나 사업이 활발하게 시행되고 있지는 않다. 국내뿐 아니라 전 세계적으로 근거기반 평가evidence based assessment에 대한 관심은 이제 시작 단계에 있다. 근거기반 평가는 의학 분야에서 처음 소개되었으며 임상심리학의 학문적 특성과 맞물려 지속적으로 임상심리학자들이 주체적으로 연구하고 적용해야 하는 분야라고 하겠다. 특히 자신의 감정이나 사고를 구체적이고 명확하게 표현하는 데 제한이 있는 아동과 청소년 대상의 아동임상심리학 분야에서 근거기반 평가 연구와 적용은 매우 중요한 과제이다.

최근 연구 동향으로 가장 주목할 만한 부분은 뇌과학에 기반한 연구들이다. 과거에는 환경 요인과 행동 및 성격 요인의 관련성을 주로 연구하였으나, 최근에는 뇌영상 기술을 활용하여 더욱 구체적이고 상세한 정보를 얻을 수 있게 되었다. 2011년 NBC뉴스 기사에서는 1,099명의 아동을 대상으로 한 연구를 통해 가난한 가정에서 성장한 아동들은 그렇지 않은 아동에 비해 뇌의 물리적인 구조에서 명백한 차이를 보였으며, 이 영역은 지능과 밀접하게 관련된 영역이었다는 결과를 보고하였다. 핸슨 등의 연구에서는 4세에서 18세까지 아동 317명 대상의 MRI자기공명영상 결과를 통해 가족 수입과 아동의 해마 크기가 정적으로 관련되었다는 결과를 보고하였다(Hanson et al., 2011). 2013년 미국 예일대 시스탠Sestan 박사 연구팀은 뇌의 신피질 유전 활동을 분석하여 인간의 뇌가 자궁에서부터 성인기까지 발달하는 과정에서 유전자와 환경 상호작용이 매우 중요함을 보여 주었다. 이들은 인간의 뇌는 서로 구분되는 건물이 아니라, 서로 경계를 맞대고 있는 구조에 비유할 수 있다고 설명하였다.

뇌과학의 발달은 심리평가 패러다임의 변화를 가져올 것이라는 강력한 예측도 이루어지고 있다. 핀 등은 뇌의 연결 프로파일connectivity profile만으로 사람을 구분해 낼 수 있다는 결과를 *Nature Neuroscience*에 보고하였다(Finn et al., 2015). 샨 등(Shan et al., 2022)은 12세에서 15세까지를 대상으로 한 장기 종단 기능성자기공명영상 측정 결과를 통해 개인의 고유한 기능적 커넥톰functional connectome 형성과 심리적 스트레스가 관련됨을 보여 주었다.

뇌과학기술은 치료 영역에서 많은 변화를 이끌고 있다. 가장 대표적인 접근은 애덤 가잘리Adam Gazzaley 박사가 2013년 *Nature*에 발표한 노인에 대한 Neu-roRacer 게임 치료 효과 연구라고 하겠다. 이 연구는 게임이 실제 의학적 치료가 될 수 있음을 명확하게 보여 준 사례이다. 최근 증강현실argumented reality, 가상현실virtual reality과 혼합현실mixed reality 등의 기술 발전이 심리치료와 평가의 근본적인 패러다임 변화를 일으키고 있다. 임상심리학에서 가상현실은 이미 불안장애, 통증 관리, 섭식장애 및 체중 문제 등 다양한 치료 장면에서 활발하게 활용되고 있으며 구체적 효과성을 입증하고 있다(Riva, 2022). 특히 2020년 Adam Gazzley가 주의력결핍 과잉행동장애 치료를 위해 개발한 'EndeavorRx'가 미국 FDA부터 디지털 치료제로 정식 승인을 받은 사실은 아동심리평가와 심리치료의 변곡점이 될 것으로 보인다. 대한민국에서도 식품의약품안전처 가이드라인에 따라 활동성 및 주의력 장애, 섭식장애 개선 디지털 치료기기에 대한 안전성 및 성능 평가가 진행 중이다.

한편, 비디오 게임과 같이 아동청소년 친화적인 기술 발전과 달리 아동임상심리학 분야의 뇌과학 접근은 많은 제한점을 가지고 있다. 아동임상심리학에서 뇌과학 연구를 적용할 때 가장 어려운 점은 아동대상 연구의 어려움이다. 모든 인간 대상 연구는 기관생명윤리위원회Institution Review Board, IRB 심의를 받게 되어 있는데, 취약한 대상인 아동이 연구에 포함되는 경우 매우 엄격한 심의를 받게 된다. 뇌과학 연구에서 사용되는 다양한 기계 등이 아동에게 미치는 영향에 대한 철저한 선행 연구 고찰과 지지가 요구되므로 성인에 비해 연구 설계 자체가 매우 어렵고 기관생명윤리위원회 심의 통과에 많은 제약이 따른다. 발달과정에 있는 아동에게 무해하다는 사실이 입증되는 뇌영상도구들의 개발 여부에 따라 뇌과학 기반 아동임상심리학 및 관련 연구 영역은 많은 영향을 받게 될 것이다.

아동임상심리학의 조기 진단과 개입

아동정신건강에서 예방과 치료 개념은 19세기 후반에 시작되었으나 실제적인 노력은 20세기 초반에도 제대로 이루어지지 않았다(Levine & Levine, 1992; National Advisory Mental Health Council, 2001; Weisz, Sandler, Durlak, & Anton, 2005에서 재인용). 국내에서 아동 정신장애 예방에 대한 논의는 1980년대 전후에 시작된 것으로 보이며, 주로 의학, 간호학, 사회복지학 및 아동학 분야에서 연구가 발표되었다. 2000년대에 들어서면서 아동 예방 주제에 심리학자들이 본격적으로 참여하기 시작하였다. 대부분의 아동 정신건강 예방과 조기 진단 및 개입 연구들은 일관되게 학교, 가정 및 공동체가 모두 포함된 다중 체계적 접근의 중요성을 강조하고 있으며, 그중에서도 부모를 통한 가정 개입은 가장 직접적으로 효과를 얻을 수 있는 방법이다.

부모를 통한 조기개입

인간 뇌발달과 사회경제적 지위 간 관련성을 지속적으로 연구한 대표적 학자 중 하나인 킴벌리 노블Kimberly Noble은 2012년 자신의 논문 'Neural correlates of socioeconomic status in the developing human brain'에서 사회경제적 지위가 뇌발달에 미치는 영향에 대한 모델을 제시하였다. 이 모델에 따르면 부모의 교육수준과 수입은 아동의 언어발달과 스트레스에 영향을 미치며 이로 인해 좌측 측두엽, 측두-후두엽, 하전두엽, 해마, 편도체와 전대상피질에 차이가 생긴다고 한다. 뇌과학 연구 결과뿐 아니라 아동 발달에서 환경의 영향은 여러 연구

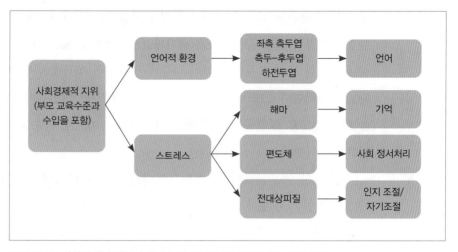

그림 15.5 │ 사회경제적 지위가 인지 능력 발달에 영향을 미치는 기제 가설

들에 걸쳐 다양한 방식으로 입증되었다. 아동임상심리학의 주요 주제인 조기진단과 조기개입에서 환경변인은 가장 핵심변인이라고 하겠다.

아동 심리문제에 대한 조기 진단과 개입에서 가장 중요한 가정을 중심으로 한 환경 요소가 현재 한국 사회에서 어떠한 역할을 하고 있는지 파악하는 것은 한국 아동임상심리학의 미래 방향을 점검하고 설정하는 데 중요하다. 한국 사회는 가족과 혈연에 대한 애착이 매우 강한 사회이다. 그렇기 때문에 가족 간 기대가 크고, 이에 따른 갈등도 매우 크다. 조현(2018)은 급변하는 사회에서 살아남기 위해 부모는 '다 너를 위한 것'이라며 공부를 강요하고 자식은 '해도 안되는데 어쩌라고'라며 반발하는 한국 사회의 모습을 초고속 성장 시대 한국인의 내면에 드리워진 그림으로 묘사하였다. 초고속 성장과 무한 경쟁을 강요받는 환경 속에서 부모와 자녀 세대 간 갈등은 극대화되어 가고 있으며, 이 속에서 아동청소년 발달 과정에서 자연스럽게 나타나는 사춘기의 일시적 방황과 저항이 가정과 사회에 수용되고 성숙하는 과정을 거치지 못한다. 최근 사회적으로 큰 우려를 낳고 있는 아동청소년들에 의한 강력 범죄는 아동임상심리학에서 매우 중요하게 다루어야 할 사안이라고 할 수 있겠다. 판결 당시 만 19세 미만 기준을 적용하는 소년 범죄는 범죄를 저지르는 주체가 아직 발달과정상 자신의 행동을 조절하고 행동의 결과를 충분히 예측하고 고려할 만한 발달이 이루어지지 않은 상태에 있다는 점에서 성인 범죄와 동일하게 처벌되지 않는다. 그러나 십대에 의해 행해진 잔혹 범죄가 사회의 공분을 일으키면서 소년범 처벌에 대해 강경한 입장이 일부에서 강하게 제기되고 있다. 실제 많은 연구들에서 어린 연령에서 반항 문제를 보인 아동이 나중에 반사회적 행동을 나타낼 가능성이 높다고 보고하였다. 그러나 이러한 발달 경로는 다양한 변인들이 중간 과정에 서로 다른 정도로 영향을 미치는 매우 복잡한 과정이므로 단순한 상관관계를 가정하기는 어렵다.

161개의 논문을 고찰한 메타분석에서 아동의 비행에 영향을 주는 가장 강력한 변인은 부모가 지속적으로 자녀에게 관심을 가지고 살펴보는 양육방식과 공격성과 관련된 부모의 성격적 특성으로 보고되었다(Hoeve, Dubas, Eichelsheim, van der Laan, Smeenk, & Gerris, 2009). 그러나 인용된 논문들이 대부분 횡단적인 연구들이어서 다른 요인들의 영향이 포함되었을 가능성을 배제하기 어렵다. 스티븐스(Stevens, 2018)는 비행을 예방하는 데 있어서 부모 양육, 공동체와 사회적 요소의 영향을 장기종단 연구를 통해 살펴보고자 하였다. 5~11세 아동을 대상으로 장기종단 연구를 진행하면서 총 6가지 가설을 제시하였는데, 모든 요소는 어머니 변인과 연관되었다. 어머니의 분노감, 어머니의 정신건강 상태, 주거주변에 대한 어머니의 긍정적 지각 정도, 어머니가 사회적 지지를 받는다고 지각하는 정도, 선택에 의한 전업주부 어머니와 경제적 안정감(월세를 내는 데 어려움이 없는 정도)이 가설에 포함되었다. 결국 아동의 환경은 어머니 변인과 매우 밀접하게 관련된다는 것이다. 아동 심리장애에 대한 환경전략의 조기진단과 조기개입에서 어머니 변인의 중요성을 재확인한 연구 결과라고 하겠다.

또 다른 측면의 최근 연구에서는 가정에서 부모가 자녀에게 미치는 영향과정에서 아버지의 역할의 중요성을 강조하고 있다(Taraban & Shaw, 2018). 부모교육 및 훈련에서 아동기 혹은 청소년기뿐 아니라 임신 직후부터 아버지가 어머니와 함께 부모가 되는 준비를 하는 것이 필요하며, 이러한 입장에서 실제적인 개입 효과가 연구되었다. 어매니티와 동료들(Ammaniti, Trentini, Menozzi & Tambelli, 2014)는 대상 간 상호작용이 부모와 자녀 간 감정과 정서를 공유하고 서로 간에 협력을 이루어가게 하는 주요 과정이라는 연구 결과들(Stern, 1985;

Trevarthen, 2005)을 강조하였다. 이들에 따르면 부모와 자녀 관계에서 서로의 행동이 협응하는 '동시성synchrony'(Gordon & Feldman, 2008)이라는 과정이 반복되면서 점차적으로 유아는 발달을 이루어가고 자신의 정체성을 내면화하게 된다. 어매니티 등(2014)은 부모가 되는 과정에서 자신의 몸 안에 아기를 품고 있는 어머니와 그렇지 않은 아버지는 본질적으로 다른 경험을 하게 되며 부모

Box 15.4   호주 양육 웹사이트에서 제안하는 아버지 준비를 위한 10가지 팁

1. 처음부터 양육에 전적으로 참여하라.
옷 입히기, 잠재우기, 놀아주기, 씻기기, 기저귀 갈기 등에 익숙해져야 아이와 긍정적 관계를 형성할 수 있다.

2. 아기가 보내는 신호를 잘 익혀라.
아기의 행동과 몸짓을 통해 아기가 원하는 것이 무엇인지 잘 알아채도록 해라.

3. 신체 접촉을 통해 소통해라.
신체 접촉은 아기와 신뢰를 형성하는 데 매우 중요하다. 또한 아기의 두뇌 발달에도 긍정적 영향을 미친다. 자주 아기를 안아주도록 하라. 아기를 가슴에 안으면 아기는 아빠의 심장 소리를 들을 수 있다.

4. 가능한 한 아기와 많이 이야기하라.
아기를 안거나 기저귀를 갈아주면서 이야기를 해 주라. "불편했지? 자, 이제 기분 좋지?"라는 등의 이야기를 하는 것은 정서적 관계뿐 아니라 언어발달에도 좋은 영향을 미친다. 책을 읽어주거나 노래를 불러주는 것도 동일한 효과를 가진다.

5. 아내가 젖을 먹이기 시작할 때 도와주라.
아내가 젖 먹이기를 시작할 때 필요한 도움을 제공하고 혹시 아내가 자신 없어 하거나 힘들어 하면 격려해주라.

6. 한 번에 한 가지씩 해라.

아기가 당신을 필요로 하는 순간에 전적으로 아기에게 집중하라. 그러면 견고한 관계가 만들어진다. 예를 들자면 아기 옷을 갈아입히면서 아기와 눈을 맞추고 쳐다보라.

7. 필요한 정보를 수집하라.
첫째 아기건 다섯째 아이건 육아는 항상 새롭다. 필요한 정보들을 다양한 곳에서 얻도록 하라. 그러나 가장 중요한 것은 직접 아기를 돌보면서 체득하는 것이다.

8. 도움을 요청하고 기꺼이 받으라.
누군가 도와준다고 하면 흔쾌히 도움을 받아라. 예를 들면 집에 오는 길에 분유를 사가지고 와 달라고 부탁해라.

9. 관계를 잘 유지해라.
아기가 생기면 부부가 해야 할 새로운 일이 부과되는 것이다. 부부가 서로 양육에 대해 함께 이야기를 나누고 서로 마음을 잘 헤아리도록 해라. 마치 저녁 준비를 하기 위해 이것저것 서로 의견을 나누는 것과 같이 육아에 대해 서로 이야기를 많이 나누라.

10. 스스로를 돌보라.
당신이 좋은 상태일 때 아기도 잘 돌보고 부인과도 좋은 관계를 유지할 수 있다. 건강한 생활 습관을 유지하고 가능한 한 충분한 수면과 휴식을 취하도록 하라.

출처 raisingchildren.net

가 되는 과정은 서로 다를 수밖에 없음을 강조하였다. 이러한 주장을 지지하는 이들의 흥미로운 연구에서는 4D 초음파를 사용하여 태아의 움직임을 부모가 모방하도록 하였다. 이는 자녀와 정서적으로 공유하는 부모화 과정을 촉진하는 목적의 예비 연구로 진행된 것이었다. 아버지와 어머니는 태아를 향해 미소를 짓는 행동 빈도에서 유의미한 차이를 나타냈고, 어머니는 아버지에 비해 태아를 향해 유의미하게 더 많은 미소를 보였다.

임신과 양육에서 아버지는 어머니와 근본적인 차이를 가지고 있으나 아버지 양육참여는 어머니 양육참여와 함께 아동 인지 및 정서 발달에 큰 영향을 미친다는 점은 매우 분명하다. 특히 핵가족화, 여성 취업과 맞벌이 부부 증가와 같은 최근 사회 변화 속에서 아버지 양육은 매우 중요하다. 아버지 양육이 미치는 영향에 대한 연구들은 많이 이루어졌으며, 아버지 부모교육 프로그램 개발 및 효과 연구는 주로 영유아 자녀를 중심으로 이루어지고 있다.

기술 전략과 조기 진단 및 개입 그리고 미래 방향

아동의 조기 진단과 개입에서 과학기술은 매우 유용한 도구가 되고 있다. 쿠이퍼스 등(Cuijpers, Ebert, Reijnders, & Stikkelbroek, 2017)은 근거기반 아동심리치료의 일환으로 기술지원 치료를 제안하였다. 정신건강 문제에 대한 기술지원은 1990년대 후반부터 2000년대 초반까지 인터넷을 통해 제공되는 개입방식으로 개발되었고, 대부분의 초기 테크놀로지 지원 개입은 성인을 대상으로 이루어졌었다. 그러나 최근에는 아동과 청소년을 대상으로 한 더 많은 개입이 개발되고 무선할당된 연구에서도 효과가 검증되었다.

국내에서도 정보통신 기술은 현재 급속도로 발전하고 있으며, 20년 전만 해도 상상할 수 없었던 수준으로 아동 및 청소년의 사생활 및 사회적 삶에 영향을 미치고 있다. 현재 모바일을 중심으로 한 기술은 2D 기반뿐 아니라 가상현실과 증강현실 등으로 놀랍게 발달하고 있다. 이러한 엄청난 발전의 한 축에는 게임산업이라는 거대 자본이 자리잡고 있으며, 거대 자본과 결합된 게임 산업은 더욱 더 빠르게 다양한 영역으로 확대되어 갈 것이다. 과거 컴퓨터, 인터넷과 모바일은 아동임상심리학에서 중독을 유발하는 플랫폼으로 간주되었고, 심리적 문제가 치환되어 나타나는 양상의 하나로 보는 관점도 많았다.

현 시점에서 심리학적 개입에 최신 기술을 적용하고 통합하는 작업은 매우 중요한 접근이다. 가장 최근에 발표된 연구의 예를 보면 프라마나 등(Pramana, Parmanto, Lomas, Lindheim, Kendall, & Silk, 2018)이 보고한 아동 불안장애 치료를 위한 인지행동치료 기술을 향상시키는 데 모바일 게임(Smart CAT app)을 사용한 공개 임상시행 연구 효과가 있다. 아동은 성인과 다르게 자발적으로 치료를 원하는 정도가 낮기 때문에 아동들이 실생활에서 기술을 훈련하도록 동기화하는 것은 치료 성패에 매우 중요한 요소이다. 이러한 맥락에서 항상 소지하고 있는 스마트폰의 게임을 활용하는 생태학적 실시간 개입ecological momentary intervention, EMI 방법은 매우 효과적이라고 하겠다. 또 다른 예로 우울증 치료 판타지 게임인 SPARX(Merry et al., 2012)를 들 수 있다. 사용자가 아바타를 선택하고 GNATs(우울한 부정적인 자동 사고)가 지배하는 판타지 세계에서 벗어나기 위해 일련의 도전을 수행하는 게임을 한다. 이 게임은 7단계(치료 모듈)로 구성되어 있으며, 각 단계는 30~40분이 소요된다. 사용자는 매 주, 총 3~7주 동안 게임에서 한두 단계를 완료해야 한다. SPARX로 치료한 집단을 기존 치료(심리상담)를 한 집단과 비교한 결과에서 의미 있는 치료 효과가 있다고 보고되었다.

미래의 아동임상심리학의 조기 진단과 개입을 위한 전략으로 기술기반 개입은 게임화gamification와 더불어 아동청소년 집단에 매우 중요하며 필수적인 접근이 될 것으로 보인다. 현재 모바일과 게임화를 통한 접근은 주로 우울과 불안에 대한 인지행동치료 기법에 활용되고 있다. 인터넷, 모바일, 인공지능과 같은 4차 산업혁명의 많은 혁신적인 변화들은 광범위한 아동청소년기 심리장애 조기 진단과 개입에 활용될 수 있는 잠재력이 매우 크다.

이 장의 요약

1 임상심리학은 전통적으로 성인에 초점을 맞추고 아동과 관련된 문제는 간과하거나 성인 문제의 하부 구조 정도로 간주하여 다루어 왔다. 그러나 이것이 합리적이지 않다는 문제의식에서 아동임상심리학이 하나의 전문 분야로 간주되기 시작하였다.

2 아동임상심리학의 주요 주제에는 기본적으로 전통적인 아동 심리평가 및 심리치료, 부모 평가(성격, 양육 등), 부모 치료 및 부모 교육과 가족에 대한 개입이 포함된다. 성인에 비해 아동의 발달, 적응과 병리 및 문제행동들은 매우 밀접하게 환경변인과 관련되므로 아동임상심리학자들은 환경 속의 아동, 부모와 가족의 상호작용 주제에 대해 깊이 있게 다루어야 한다.

3 아동임상심리학자 훈련 모델에는 아동청소년과 가족 평가, 전 생애 정상발달, 전 생애 발달 정신병리, 다양성 주제, 사회적 주제, 개입 책략들, 예방, 가족 지지와 건강 증진, 연구방법론과 시스템 평가, 전문성, 윤리와 법적 주제가 포함되며 그 외 자문 및 연계와 질병 과정과 의학적 관리 영역까지 포함된다.

4 아동임상심리전문가 제도는 2013년 처음으로 미국심리학회의 공식 인증을 받았다. 국내 아동임상심리전문가 자격제도는 별도로 존재하지 않으며 아동임상심리학자(전문가)에 의한 지도감독을 받으며 아동임상심리전문가로 활동하는 것이 일반적이다.

5 최근 아동임상심리학의 주요 동향은 근거기반 평가와 치료이며 최근 뇌영상 기술과 관련된 뇌과학적 접근이 주요 특징이다.

6 최근 아동임상심리학자들의 활동 영역과 활동 내용에서 많은 변화가 일어나고 있다. 기존의 아동임상심리학자들의 전문성이 다양한 기관에서 발휘되고 있다. 아동청소년 심리치료는 아동임상심리학자의 주요 역할이나 심리평가와 같이 전문성을 가진 고유 역할로 인정되지는 않고 있다. 그러나 정신과적 진단을 가진 아동청소년 심리치료에서는 아동임상심리학자들이 전문성을 발휘하고 있다.

7 대부분의 아동 정신건강 예방과 조기 진단 및 개입 연구들은 일관되게 학교, 가정 및 공동체가 모두 포함된 다중 체계적 접근의 중요성을 강조하고 있으며, 그중에서도 부모를 통한 가정 개입은 가장 직접적으로 효과를 얻을 수 있는 방법이다. 또한 인공지능, 인터넷과 가상현실, 증강현실 같은 기술발전이 아동임상심리학 분야의 조기 진단과 개입에 많은 영향력을 발휘할 것으로 기대되고 있다.

더 읽을거리

미국심리학회 홈페이지
https://APA.org/
미국심리학회 아동청소년 심리분과(53분과) 홈페
   이지
https://sccap53.org/
미국정신의학회 홈페이지
https://psych.org/
아동청소년 근거기반 정신건강 문제 치료 기법과
   기준 등을 정리한 홈페이지
https://effectivechildtherapy.org/
한국임상심리학회 홈페이지
https://kcp.or.kr/

양윤란, 이경희, 고혜정, 이은식, 강지현(2018). 나는
   생각을 바꾸는 문제해결사: 우울한 십대를 위한 인
   지행동치료 프로그램. 서울: 사회평론아카데미.

APA (2015). 정신질환의 진단 및 통계 편람 제5판
   [*Diagnostic and Statistical Manual of Mental
   Disorders* 5th. Ed.]. (권준수 외 역). 서울: 학
   지 사(원전은 2013에 출판).
APA (2023). 정신질환의 진단 및 통계편람 제5판 수
   정판[*Diagnostic and Statistical Manual of
   Mental Disorders* 5th Ed. TR.]. (권준수 외
   역). 서울: 학지사. (원전은 2022에 출판).
Weisz, J., & Kazdin, A. (2019). Evidence-based
   Psychotherapies for Children and Ado-
   lescents 3rd Ed. (오경자 등 역). 서울: 시그마
   프레스.(원전은 2017에 출판).

16

기타 전문 영역

임상

심리학의 지식과 실무적 경험은 다양한 인접 영역의 연구 및 서비스에 적용될 수 있다. 법정심리학, 지역사회심리학, 기업상담, 코칭, 디지털 헬스케어 분야에 임상심리학자들이 진출하고 있다.

법정심리학은 형사사건이나 민사사건 등의 법적 분쟁에서 인간 행동에 대한 이해를 돕는 분야이다. 실제로 전문 지식을 바탕으로 한 전문가 증인으로 법정에 서기도 하며, 강제입원, 이혼, 아동양육권 분쟁, 폭력사건에서의 증언 및 심리치료 등에서 전문가로서 역할을 하고 있다. 지역사회심리학은 지역사회의 정신건강 문제를 생태학적 차원으로 분석하고, 정신건강 문제를 예방하기 위한 분야이다. 임상심리학자는 전문가로서 지역사회의 다양성을 고려하여 병원, 학교, 정부기관 등 공동체를 위해 자문하거나 교육을 한다. 기업상담은 직장인의 정신건강 문제에 대한 법률개정과 함께 발전한 분야로 직장인을 대상으로 심리분야 서비스를 기획하고 평가하며 프로그램을 진행한다. 코칭은 코칭의 대상자가 되는 피코치의 긍정적 삶을 함께 도모하는 분야로 임상심리학자는 전문 지식을 바탕으로 피코치의 특성을 이해하여 라이프 코칭, 커리어 코칭, 기업 코칭, 건강 코칭, 학습 코칭 분야에서 활동할 수 있다. 디지털 헬스케어는 최근 디지털 기술의 발달로 급격히 발전한 분야이다. 임상심리학자는 디지털 헬스케어 서비스 개발하고, 이와 관련한 윤리적 문제를 해결하는 데 중요한 역할을 수행할 수 있다.

이 장에서는 법정심리학, 지역사회심리학, 기업상담, 코칭, 디지털 헬스케어 분야의 발전 역사와 함께 주요 개념을 기술하고, 각 분야에서 임상심리학자의 역할을 중심으로 소개할 것이다.

☑ 이 장의 목표

1 임상심리학의 전문 영역이기도 한 법정심리학, 지역사회심리학, 기업상담, 코칭, 디지털 헬스케어 분야에 대해 이해할 수 있다.

2 임상심리학적 지식과 경험이 각 분야에 어떻게 접목되고 활용될 수 있는지 살펴본다.

3 현장 전문가 인터뷰나 프로그램 사례를 통해 전문 영역의 실제를 구체적으로 이해할 수 있다.

법정심리학

법정심리학은 임상심리학에서 성장하고 있는 하위 전문 영역으로 임상심리학자들은 가정법원, 경찰청, 보호관찰소, 교도소 등의 국가기관에서 각종 법률적 쟁점이 되는 문제들을 다루며 전문적 역량을 인정받고 있다. 법정심리학은 바로 이런 전문 분야를 일컫는 영역이다. 이 절에서는 법정심리학의 역사를 살펴본 후 법정심리학이 무엇인지 정의하고, 법정심리학에서 임상심리학자의 역할에 대해 살펴보고자 한다.

법정심리학의 역사

미국 연방대법원에서는 1900년대 초부터 사회과학 연구 결과를 적극적으로 활용하였다. 여성 근로자의 적정 노동시간을 정하기 위한 재판에서 여러 근로 조건하에 근무하는 여성 근로자들의 사망률에 대한 연구를 참고하여 법정 판결을 내린 것이 그 시작이었다. 그러나 심리학자의 역할은 법정에서 좀처럼 주목받지 못하다가, 1954년 오하이오주 백인과 흑인 아동의 분리교육에 관한 재판에서 분리교육이 흑인 아동의 자기개념에 악영향을 끼친다는 연구가 판결에 결정적 역할을 하면서 다시 주목받기 시작하였다. 이후 심리학자들은 정신장애에 대한 전문가로서 법정에서 증언하게 되었다.

우리나라에서는 박광배(1998)가 '법심리학의 영역: 요약'이라는 논문을 통해 법심리학 연구가 (1) 수사 및 조사절차(목격 진술의 정확성, 면접 기술, 자백의 신빙성, 거짓말 탐지기와 최면의 활용, 프로파일링 등), (2) 형사사건(책임능력 판단, 범죄행위의 동기 평가, 처벌의 형평성 등), (3) 민사사건(보상 및 배상의 범위, 조직과 개인의 책임, 양육권 판단, 고용차별 등), (4) 재판절차 및 사법판단(배심원, 아동에 증인 심문, 범죄 예측 등) 등 4가지 영역에서 이루어진다고 소개하였다. 2000년 프로파일링이 공식적인 경찰 수사 기법으로 채택되었고, 2009년 인지면담 진술분석 결과가 법정 증거로 채택되었으며, 2008년 한국심리학회 산하에 법정심리학회가 창립되었다. 우리나라의 법정심리학은 그 역사가 아직 짧지만, 법조계를 위해 자문하고 법률 정책을 검토, 제안하는 전문 분야로 빠르게 성장하고 있다.

법정심리학의 명칭과 정의

미국심리학과법학회American Psychology and Law Society, APLS는 "과학적, 기술적 또는 특정한 심리학 지식을 법에 적용하여 법적, 계약적, 행정적인 문제들을 해결하는 데 도움을 주기 위해 심리학의 하위 분야에 종사하는 심리학자들의 전문가적인 활동"으로(APLS, 2013) 법정심리학을 정의하였다. 미국법심리학위원회American Board of Forensic Psychology는 "법과 법체계와 관련된 질문과 문제들에 심리과학을 적용하는 심리학자들의 임상적, 비임상적 활동을 포괄하는 분야"로 법정심리학을 정의한다(ABFP, 2009). 명칭으로는 '법심리학forensic psychology'이 일반적으로 사용되고 있다.

한국심리학회지: 법정 4권 3호에 실린 연구(김민지, 2013)에 따르면 법심리학은 "심리학과 법학의 융합 학문으로 법체계나 법률과 관련된 문제들에 심리학의 이론, 연구, 또는 실제를 적용하는 분야"이다. 한국법심리학회는 "법과 심리학 분야에서 공익에 기여하는 학문의 발전과 실무적 전문성을 향상하기 위해 조직된 학제 간 단체"라고 설립 목적을 밝히고 있다.

법정에서 임상심리학자의 역할

임상심리학자가 법정에서 일하기 위해서는 임상심리 교육과 수련, 다양한 임상 경험을 통해 전문성을 보유해야 하며, 교육이나 연수에 꾸준히 참가하여 최신 과학적 정보와 지식을 습득해야 한다. 여기에 법과 제도에 대한 이해가 더해지면 비로소 법정심리학자로서 전문성을 갖추게 된다.

(1) 전문가 증인

법정에 사실 증인fact witness으로 서는 것과 전문가 증인expert witness으로 서는 것은 차이가 있다. 사실 증인은 자신이 목격한 것과 관련한 사실만을 진술할 수 있지만, 전문가 증인은 판사가 증거를 이해하고 평가하고 사건과 관련하여 결정을 내릴 수 있도록 자신의 견해와 추론을 증언할 수 있다. 범행 동기, 목격 진술의 정확성 등 전문적인 설명이 필요하거나 특정 전문 분야에 대한 설명이 필요할 때, 판사는 전문가 증인에게 증언을 요청한다.

임상심리학자가 전문가 증인으로 법정에 서게 되면 피고와 원고 양측에 의해 신문을 당하기 때문에 공판 전 충분한 준비가 필요하다. 전문가 증인으로서 유의할 점은 의견 진술이 허락되지 않는다는 점이다. 예를 들어 피고인의 심리 상태나 행동과 인지에 영향을 미칠 수 있는 것들에 대해서는 의견을 제시할 수 있지만, 피고인이 정상인지 정신이상자인지에 관한 결정적인 의견을 진술할 수는 없다. 이에 관한 판단은 판사에게 달려 있으며, 전문가 증인은 판사의 이해를 돕는 역할만 할 수 있다.

(2) 형사사건

① 정신이상 변론

피고인이 범죄 추정 시점에 정신적으로 정상이었는지 이상이었는지는 판사의

Box 16.1 임상심리학자의 전문가 증인 증언 영역

- 정신병원 입원 관련 아동 보호 문제들
- 다른 사람의 과실로 인해 입은 심리적 손상
- 비자발적 감금으로부터의 해방
- 무능력으로 인해 후견인이 필요한지 결정
- 위험 예측
- 교육에서 정신장애를 가진 사람의 권리
- 법정에 설 능력
- 범죄의 책임(정신이상 항변)
- 장애에 대한 사회 보장 요구 결정
- 고용인의 보상 요구
- 목격자 증언의 정확성에 영향을 미치는 조건들

- 배심원들의 행동에 영향을 미칠 관련 요인들에 대해 변호사에게 조언
- 알려진 주장이 잘못 유도된 것일 수 있는 범위
- 매맞는 여성 증후군
- 강간 외상 증후군
- 목격자의 범인 식별의 정확성
- 성희롱
- 경찰심리학
- 배심원 선택
- 범죄자 치료 프로그램
- 범죄자 프로파일링

유무죄 판결에 영향을 미친다. 피고인이 범죄를 저질렀을 때 정신이상이었다고 주장하는 변론을 정신이상 변론insanity defence이라 한다. 이때, 검사가 피고인의 정상을 증명하는 것이 아니라, 피고인이 직접 변호사를 통해 자신의 정신이상을 입증해야 한다.

미국에서는 피고인의 정신이상 여부를 결정하는 데 대개 세 가지 기준이 사용된다. 첫째, 1843년 Daniel M'Naghten의 이름을 따서 만들어진 M'Naghten 법칙이다. 이 법칙은 피고인이 자신의 행위가 잘못일 수도 있다는 점을 알지 못하거나, 피고인이 자신의 행위의 본질을 이해하지 못하는 경우 무죄판결을 받을 자격이 있다고 고지한다. M'Naghten은 정부가 자신을 박해한다고 생각하여 영국 수상을 죽이려 시도했다가 실수로 수상의 비서를 죽였는데, 그의 정신상태가 DSM-IV의 편집형 정신분열증 증상과 일치한다는 이유로 무죄판결을 받았다. 둘째, 1954년의 Durham 법칙이다. 이 법칙은 정신이상의 증거에 의학적 질병 또는 결함을 추가하고, 불법 행위가 정신질환이나 정신적 결함의 산물이라면 피고에게 법적 책임이 없다고 고시하고 있다. 셋째, 1962년 ALI 법칙이다. 미국법률가협회(ALI)American Law Institute에서 만든 이 법칙에 따르면, 피고인이 정신적 질병이나 결함에 의해 자신의 행위의 범죄성을 이해하거나 자신의 행위를 법의 요구에 일치시키는 능력을 상실한 경우 무죄 판결을 받을 수 있다. 그러나 1981년 레이건 대통령 암살을 시도한 힝클리Hinckley가 정신이상을 이유로 처벌을 면하면서 많은 사람이 정신이상으로 인한 무죄판결과 감형에 대해 분노했고, 결국 정신이상에 관한 법적 기준이 재검토되었다.

현재 미국의 일부 주에서는 정신이상이라도 유죄평결이 허용되며, 치료를 위해 정신과 시설로 보내졌다가 정상이 되면 교도소로 옮겨져 남은 형량을 채운다. 국내에서는 심신장애로 인한 형사 책임 감경 또는 면제를 규정하고 있는데, 2018년 형법 개정을 통해 주취로 인한 심신미약의 형 감경을 임의적 감경으로 변경하였다.

임상심리학자는 임상면접 및 심리평가를 통해 피고인의 개인사, 가족 관계, 인지기능, 신경심리학적 요인, 지적 능력, 성격, 왜곡이나 꾀병의 가능성, 법정에설 능력 등을 종합하여 범행 당시 피고인의 정신 상태에 관한 전문적 견해를 법정에 제공한다.

범행 당시에 피고인의 정신이상 평가도 중요하지만, 현재 피고인의 정신이 재판을 받기 위해 법정에 설 만한 상태인지 평가하는 것도 중요하다. 피고인이 자신이 처한 상황에 대한 합리적인 이해가 가능한지, 변호사에게 자문을 구하고 협조할 수 있는지 등을 확인하는 것이다. 임상심리학자는 임상면접과 심리평가를 실시하여 피고인이 법정에 설 능력이 있는지 평가한다.

② 폭력사건에서의 증언 및 심리치료

한국여성의전화 가정폭력·성폭력상담소에 의하면 2016년 1월부터 12월까지 가정폭력은 전 배우자 또는 현 배우자에 의한 폭력이 월등히 많았으며 성폭력은 피해자와 가해자가 서로 아는 관계인 경우가 매우 많은 것으로 나타났다. 폭력은 신체적 상해뿐 아니라 정서적 위협 역시 동반하기 때문에 피해자 대다수가 외상후 스트레스장애PTSD를 비롯한 여러 심리적 어려움을 경험한다.

임상심리학자는 학대의 피해자 및 가해자 평가를 요청받는다. 가해자에 대해서 폭력 행위에 대한 의지, 폭력의 동기와 원인, 고의성, 폭력에 대한 책임 능력을 판단하기 위하여 가해자의 개인사, 가족사, 유전적 요소, 지능, 성격 등을 평가한다. 또한 자신의 전문가 수련과 임상 경험 내에서 피해자가 입은 정신적 피해에 대한 전문적 견해를 소송 과정에서 증언할 수 있으며, 가해자와 피해자의 심리치료를 할 수도 있다. 또한 가해자의 재범을 예방하기 위해 교정 프로그램을 개발, 진행하고 갱생 효과를 검증하는 한편, 피해자가 신체적, 정서적 안정을 느낄 수 있게 함으로써, 피해자가 일상으로 복귀하도록 돕는다.

(3) 민사사건

① 강제입원

자신의 의지에 반하여 입원하는 상황을 강제입원이라 하는데, 대부분의 사회에서 강제입원을 통한 치료가 허용된다. 이는 자기도 모르게 자신이나 타인을 해칠 위험성이 높은 정신질환을 겪는 이들이 자신의 행위로 인해 처벌 받지 않도록 보호하고, 치료 받을 기회를 제공하기 위해서이다.

강제입원은 가족, 친구 또는 경찰이나 복지 기관이 입원이 필요한 사람이라고 생각하여 법원에 청원을 하고 법원이 동의하면 명령이 발효되어 전문적인 조사가 이루어진다. 이때 임상심리학자는 전문적 관찰에 근거하여 외모, 사고의 명료성, 망상이나 환각 여부, 병식 유무, 알코올 및 약물 사용, 지능, 정신과 이력, 법적 문제 이력, 가족관계 등을 보고한다.

대부분 국가는 다음과 같은 기준에 따라 강제입원 필요성을 평가한다. (1) 국제적으로 공인된 의학적 진단기준(ICD-11, DSM-5)에 근거한 정신질환이 있어야 하며, (2) 공공의 안전을 위협하거나 신체적 위해를 가할 가능성이 있는지, (3) 자기관리나 입원에 대한 책임 있는 결정을 내릴 수 없을 만큼 장해가 심하거나 능력이 없는지, (4) 병원에서의 치료나 관리가 필요한지, (5) 부가적으로 입원 외의 덜 구속적인 대안이 가용한지를 평가하여 결정한다. 우리나라는 (1) 망상, 환각, 사고, 기분의 장애 등으로 인하여 독립적으로 일상생활을 영위하는 데 중대한 제약이 있는 사람, (2) 자신의 건강 또는 안전이나 타인의 안전을 위해 입원할 필요가 있는 경우, (3) 정신의료기관 등에서 입원치료나 요양을 받을 만한 정신질환에 걸려 있는지 평가한다.

근본적으로 개인의 자유를 침해하게 되는 강제입원의 특성상 강제입원의 사회적·윤리적·법적 정당성에 대한 논쟁이 늘 있었으며, 특히 최근 높은 인권에 대한 관심과 탈원화 흐름에 따라 강제입원에 대한 문제 제기 및 그 대안에 관한 논의가 활발하게 이루어지고 있다(김혜수, 안용민, 박종익, 2018).

② 가정문제

이혼이 증가하면서 우리나라의 법률에서는 협의 이혼이나 재판상 이혼 등의 절차에서 가정법원이 상담을 권고할 수 있다고 명시하고 있다. 가정법원은 전문지식과 경험을 갖춘 심리치료자의 상담을 받을 것을 권고하며, 그 비용은 국가에서 지원하고 있다. 가사재판 과정에서 상담의 효과가 입증되면서 가사상담 제도 이용 사례가 급격히 증가하고 있으며 법조계 내 인식도 변화되었다.

가사재판 과정에서 상담이 이루어지는 절차는 다음과 같다. 판사는 이혼 당

표 16.1 | 가사상담의 영역

구분	추출된 변인들				
아동 상담	정서 개입	이혼상황에 대한 지각과 이해	문제해결 및 대처 능력	양육권 관련 평가	면접교섭 능력 평가 및 역량강화	부모교육
부부 상담	정서 개입	이혼상황에 대한 지각과 이해	문제해결 및 대처 능력 함양	이혼의사 결정의 원조 및 이혼준비		
가족 상담	정서 개입	이혼상황에 대한 지각과 이해 증진	문제해결 및 대처 능력 함양	양육권 관련 평가	면접교섭 능력 평가 및 역량강화	이혼 후 가족의 재구성

출처 법원행정처(2017).

사자들이 극도로 격앙되어 부정적 감정을 완화할 필요가 있는 경우나 미성년 자녀의 면접교섭(방문권), 양육권, 양육비 조정이 필요한 경우 등 당사자들에게 상담이 필요하다고 판단하면 상담을 명령한다. 상담을 명령 받은 가사조사관은 당사자들에게 상담 절차를 설명하고 상담에 대한 동기를 부여하고 상담목표를 설정한다. 그런 다음 상담위원에게 상담을 의뢰하여 국가에서 정한 횟수만큼 상담을 진행하고 결과보고서를 제출해야 한다. 임상심리학자는 가사조사관 또는 상담위원으로 활동하며 심리치료에 개입할 수 있다.

(4) 자문

① 배심원 선정 및 설득

국민참여재판이 결정되면 법원은 지역 주민 중 배심원 후보자를 무작위 추출하여 법원에 출석하도록 통지한다. 검사와 변호인은 배심원 후보자를 각 5회까지 기피 신청할 수 있는데, 재판에 참여하는 검사, 변호사, 피고인, 원고인과 아는 사람이거나 사건에 대한 이해 능력이 낮은 지적 능력을 보유한 경우 등이 기피 사유가 된다. 심리학자는 배심원 선발 혹은 탈락 과정에서 변호사를 돕고, 선정된 배심원과 성향이 유사한 사람들을 모아 모의 배심제를 실시하며 자문한다. 또한 효과적 법정 전략에 관해 변호사에게 조언한다.

Box 16.3　　　　존속살해의 혐의를 받은 피고인, 국민참여재판에서 무죄 판결을 받다

2008년 12월 22일, 서울중앙지방법원에서 국민참여 재판이 열렸다. 피고인 조모 씨(24세)는 존속살해와 방화 혐의로 기소되었으나, 이를 전면 부인하며 무죄를 주장했다. 그는 평소 알코올과 약물 중독 증세가 있는 어머니가 수면제를 복용하려 하자, 이를 말리며 어머니와 다투다 수면제를 빼앗아 자신이 먹고 잠이 들었을 뿐, 흉기를 휘두르거나 방화를 저지른 적이 없다고 주장했다. 국민참여재판에서 피고인이 혐의를 전적으로 부인한 사례는 처음이었다.

배심원 선정 과정에서 기피신청권을 검사는 5회, 변호인은 4회를 행사하는 등 치열한 논의 끝에 9명의 배심원이 확정되었다. 재판 중 경찰관, 소방관, 이웃 주민 등 14명의 증인이 출석해 진술했으며, 배심원들도 재판장을 통해 증인들에게 여러 차례 질문했다.

4시간 가까운 논의 끝에 배심원들은 존속살해와 방화 혐의에 대해 무죄로 평결했다. 화재로 피해자가 사망했지만, 화재 원인이 피고인이라고 단정할 증거가 부족하다는 이유였다. 다른 화재 가능성(피해자의 방화, 담뱃불, 누전 등)도 배제할 수 없다는 판단이었다. 그러나 피고인이 어머니와 다투다 흉기를 휘둘러 다치게 한 존속상해 혐의는 유죄로 인정되었다. 이는 흉기 사진, 이웃의 증언, 흐트러진 집안 상태 등의 증거를 근거로 한 것이었다. 재판부는 배심원의 평결을 그대로 받아들여 존속상해에 대해 징역 3년을 선고했다.

출처 한인섭(2009).

지역사회심리학

임상심리학자들은 치료 과정을 통해 정신건강과 관련된 문제들을 해결하고자 하였다. 이들은 주로 일대일 치료 장면에 직접 개입하여 문제행동상의 변화를 끌어내기 위해 노력하였다. 하지만 오늘날 정신건강 문제를 더 이상 개인이 아닌 지역사회의 문제로 인식하면서 임상심리학자들은 정신건강 문제를 개인과 조직, 개인과 사회 체계 간의 오랜 상호작용에서 발생한 문제로 보기 시작하였다. 이는 지역사회가 사회적인 관점에서 정신건강 문제에 개입하여 이를 미리 예방하는 것이 중요하다는 목소리로 이어졌다. 이러한 문제의식에서 탄생한 것이 바로 지역사회심리학community psychology이다. 여기에서는 지역사회심리학의 역사를 살펴본 후 지역사회심리학에서 다루는 주요 개념들과 임상심리학자들이

지역사회에 기여하는 역할과 책임에 대해 살펴보고자 한다.

지역사회심리학의 역사

1955년 미국 의회가 정신건강및질환공동위원회 설립 법안을 통과시키면서 지역사회 차원에서 정신건강 문제에 대해 관심을 가지기 시작하였다. 이 법안은 지역사회의 관점에서 '정신건강'의 개념을 정립하였고, 정신병원 입원 감소를 추진하는 데 긍정적인 역할을 하였다. 더 나아가 1963년에 제정된 케네디Kennedy 법안은 지역 내 정신건강센터 건립 기금을 마련하는 데 기여하는 바가 컸다. 해당 법안은 지역 내 정신건강센터를 건립하여 정신건강 문제를 조기에 파악하고, 급성장애를 치료하며, 특히 정신병원의 만성 환자들을 위한 종합퇴원체계를 마련하는 것이 주요 내용이었다. 이 과정에서 미국심리학회는 해당 지역사회의 거주민들이 이러한 의사결정 과정에 적극적으로 참여하는 것이 중요하다고 말하였다.

1965년 미국심리학회가 개최된 이후로 지역사회심리학은 하나의 심리학 분과로 인정받게 되었다. 지역사회심리학은 정부 정책의 영향을 받으며 발전해 왔다. 예를 들어 버락 오바마Barack Obama 대통령이 '오바마 케어'라 불리는 건강보험 개혁 정책을 펼치면서, 지역사회 차원에서 정신건강 문제를 관리하고, 이를 위해 '학교-가정-사법기관-건강관리 시스템'의 통합된 시스템이 필요하다는 점이 주목 받았다. 우리나라 역시 시기적으로 정부의 복지에 대한 비중과 강조점의 차이는 있어 왔다. 그러나 전반적인 지역 복지 확대의 추세에 따라 지역사회 접근의 정신건강 서비스는 꾸준히 확대되고 있다.

지역사회심리학의 주요 개념들

지역사회심리학을 이해하는 데 있어 정신건강 현상을 바라보는 관점은 중요한 요소이다. 이는 지역사회심리학의 정신건강 현상의 원인에 대한 이해 및 예방 접근의 근간을 이룬다.

(1) 지역사회심리학의 관점: 생태학적 접근

지역사회심리학은 유전적 요소, 가정의 역사, 사회경제적 수준, 가정 생활의 질, 문화적인 배경과 같은 요인들이 개인의 발달과 관련된다고 보는 생태학적 이론에 기반한다(Bronfenbrenner, 1979). 지역사회심리학은 기존 심리치료 모델에 비해 정신건강 문제의 발생 및 완화에서 환경의 힘과 역할을 보다 강조하는 접근이라 할 수 있다. 지역사회심리학에서는 개인에게서 나타나는 정신건강 문제가 개인이 속한 특정한 상황에서만 나타나는 것인지 혹은 비슷한 상황에 처하는 또 다른 개인에게서도 나타날 수 있는지 그리고 개인 자체의 문제인지, 개인이 속한 사회집단, 국가와의 상호작용 속에서 나타나는 것인지 등을 검토하여 정신건강 문제를 이해하려고 한다. 이를 '생태학적 분석 수준ecological level of analysis'이라고 한다.

일반적으로 지역사회심리학은 다음과 같이 세 가지 수준에서 정신건강 문제를 분석한다. 첫 번째는 개인 수준이다. 개인과 그들이 속한 지역사회 환경과의 일대일 관계에 초점을 맞춘다. 즉, 개인의 정신건강은 그들이 살아가고 있는 환경의 영향을 받고, 또한 자신이 속한 환경에 영향을 준다는 것이다. 두 번째는 개인과 미시체계microsystems에 초점을 두고 분석하는 것이다. 미시체계는 개인이 가족, 친구와 같이 타인과 함께 교류하는 환경을 의미하며 학교나 회사 같은 조직이 미시체계에 포함될 수 있다. 이뿐만 아니라 지리적인 지역 개념도 이러한 분석 수준에 포함된다. 마지막으로는 개인이 속한 거시체계macrosystems에 초점을 두어 정신건강 문제를 분석하는 것이다. 거시체계는 개인이 속한 국가의 정부, 사회, 문화 등의 개념들을 말한다.

이처럼 지역사회심리학에서는 개인과 지역사회를 포괄적으로 고려하는 관점을 추구하는 과정에서 다음의 사실을 파악할 수 있다. 먼저, 개인과 지역사회 간의 상호의존적인 관계 속에서 지역사회의 정신건강 문제를 해결할 수 있는 자원을 파악하고 이해할 수 있다. 어떠한 자원을 가용할 수 있는지, 어떤 부분에서 보강되어야 하는지를 확인하는 것이다. 그다음으로 개인이 미시 혹은 거시 체계의 요구에 대응하면서 환경에 점차 적응하는 과정을 파악할 수 있다. 마지막으로 개개인이 속한 지역사회는 역동적으로 움직이기 때문에 시간의 흐름에 따라 지역사회와 개인의 상호의존적 관계에서 나타나는 일련의 행동 패턴이나 환경 적응 과정에서 사용된 자원의 특성에 따른 적응 형태를 발견할 수 있다.

(2) 예방의 개념

지역사회심리학은 개인의 정신건강 문제 증상 그 자체나 치료 모형을 밝히는 학문이기보다는(Iscoe, 1982), 정신건강 문제가 발생하는 것을 '예방'하는 데 목적을 둔 학문이다. 정신건강에 대한 예방 개념은 세 가지 차원에서 볼 수 있다. 우선 일차예방primary prevention이다. 이는 질병을 야기하는 해로운 환경을 제거하는 것(Caplan, 1964)이다. 이를 지역사회 문제에 대입하면 사회적 변화나 권력의 재분배 등의 방식을 통해 사회적 약자가 처할 수 있는 위험 요소를 예방하는 것으로 볼 수 있다(Albee, 1986). 예를 들면, 사회적 계층이 낮은 학령전 아동들이 학교 입학 후에 원활하게 적응할 수 있도록 초등학교 과정을 준비시키는 헤드 스타트Head Start 프로그램, 미혼모 돌봄 서비스, 차상위층 아동 급식 보조 서비스 등이 있다.

다음으로 이차예방secondary prevention이 있다. 이는 정신건강 문제를 조기에 확인하여 초기 단계에서 치료하는 것이다. 즉, 초기 관리가 가능한 시점에서 정신건강 이상 원인을 빠르게 치료하는 것이다(Caplan, 1961). 따라서 이 단계에서는 정신건강 문제를 유발할 수 있는 요인을 가진 사람들을 선별하는 과정이 동반된다. 그리고 의사, 교사, 경찰 등 여러 지역사회 인력이 해당 과정에 참여하기도 한다. 예를 들어 학교부적응 위험이 있는 초등학교 아동들을 선별하기 위하여 해당 학교의 교사에게 아동의 적응 상황, 교우 관계, 학업 성적 등의 정보를 요청하는 것이다.

마지막으로 삼차예방tertiary prevention이 있다. 삼차예방은 정신건강 문제 발생 후 해당 문제의 지속 기간과 이로 인한 부정적인 영향을 줄이는 것을 목표로 한다. 여기서 이미 발생한 문제의 영향력을 점차 줄이는 것이 일차예방 및 이차예방과의 차이점이다. 다수의 삼차예방 프로그램은 상담, 직업훈련 등의 방법을 사용하여 개인의 안전한 사회복귀를 목적으로 하고 있다. 실직한 성인들을 대상으로 하는 'JOBS 프로그램'을 대표적인 해당 사례로 볼 수 있다.

지역사회 프로그램 사례

많은 지역사회 프로그램들이 시행되고 있다. 프로그램의 구체적인 사례를 살펴보는 것이 지역사회심리학을 이해하는 데 도움을 줄 것이다.

(1) 드림스타트 프로그램

일차예방에 초점을 둔 프로그램으로 미국의 '헤드 스타트 프로그램'을 참고한 것이 우리나라의 '드림스타트' 지원 사업이다. 드림스타트 프로그램은 국가와 지방자치단체가 아동의 건강한 성장과 발달을 도모하기 위하여 대통령령으로 정해진 바에 따라 아동의 성장 및 복지 여건이 취약한 계층 가정을 선정하고, 선정된 가정에 보건, 복지, 보호, 교육, 치료 등을 종합적으로 지원하는 통합서비스를 제공하는 프로그램이다. 아동복지법을 기초로 보건복지부에서 2006년 시범사업을 시작하여 근래까지 운영하고 있다. 다시 말해 드림스타트 프로그램은 이혼과 같이 가족 해체로 가족의 사회적 기능이 약화되고, 양극화 심화로 빈곤에 노출되는 아이들이 많아지면서 취약계층 아동에게 맞춤형 통합서비스를 제공하여 아동의 건강한 성장과 발달을 도모하고 공평한 출발기회를 보장하기 위해 시행하는 지원 사업이다. 정부는 이를 통해 빈곤 가정 아동의 건강하고 행복한 사회 구성원으로의 성장, 빈곤의 대물림 근절, 미래 인적자본 축적, 빈곤 가정의 사회 통합 등의 효과를 기대하고 있다. 현재 전국에서 229개의 드림스타트 프로그램이 운영되고 있다. 2018년도부터는 시·군·구별 드림스타트 전담팀 구성을 확대하고 사업 수행 인력을 확충하여 사전적 예방 서비스 체계를 더욱 강화해 왔다.

드림스타트 사업의 지원 대상은 0세(임산부)부터 만 12세(초등학생 이하)의 아동과 그 가족이다. 초등학교 재학 중이면 만 12세 이상 아동도 포함되고 수급자 및 차상위계층 가정, 보호대상 한부모가정(조손가정 포함), 학대 및 성폭력 피해아동 등을 우선적으로 지원한다. 드림스타트 대상 아동을 선정하기 위한 기준을 마련하고 선별 도구를 개발하며, 이를 현장에서 활용하기 위한 가이드를 제시하는 연구가 임상심리학자들에 의해 진행되기도 하였다(오경자 외, 2009).

표 16.2 | 드림스타트 프로그램 운영내용

서비스 구분	서비스 내용	프로그램 (예시)
신체·건강	– 아동의 건강한 성장과 신체발달 증진 – 건강한 생활을 위한 건강검진 및 예방, 치료 – 아동 발달에 필요한 신체/건강 정보 제공	– 건강검진, 예방접종, 건강교육, 영양교육 등
인지·언어	– 아동의 의사소통 및 기초학습 능력 강화 – 맞춤형 인지/언어 서비스를 통한 아동의 강점 개발	– 기초학력검사, 기초학력 배양, 경제교육, 독서지도 등
정서·행동	– 자아존중감 및 긍정적 성격 형성을 위한 정서발달 서비스 제공 – 사회성 발달 및 아동 권리 신장을 위한 교육	– 사회성발달 프로그램, 아동학대 예방, 심리상담 및 치료, 돌봄기관 연계 등
부모·가족	– 부모자녀 상호작용 및 적합한 교육환경을 위한 부모 역량 강화 – 부모의 유능감 및 자존감 강화 – 부모의 양육기술 지원 – 임산부의 건강한 출산 및 양육 지원	– 부모교육, 가족상담 및 치료, 부모취업 지원, 산전산후 관리 등

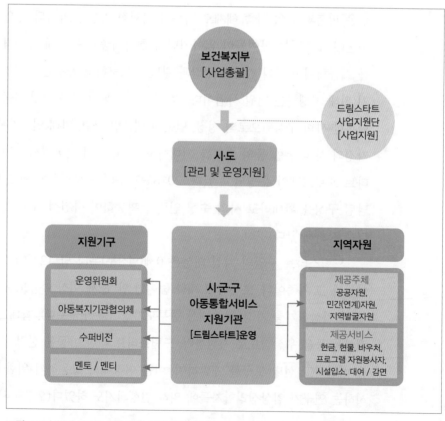

그림 16.1 | 드림스타트 프로그램 사업 추진 체계

(2) 기타 프로그램

이 외에도 국민의 정신건강 증진, 심리적 문제 예방, 조기 개입 및 치료를 목표로 하며, 정부와 지방자치단체가 중심이 되어 운영되는 프로그램이 증가하고 있다. 해당 프로그램에서는 정신건강 서비스의 접근성을 높이고, 지역사회의 특성과 필요에 맞는 맞춤형 서비스를 제공하는 데 초점을 둔다. 전국적으로 설치된 정신건강복지센터에서는 지역 주민에게 정신건강 상담, 정신질환 예방 및 조기발견, 치료 연계, 재활 지원 서비스를 제공하며, 생명존중 및 자살 예방 센터를 중심으로 자살 고위험군을 발굴하고, 위기 상담 심리치료 연계를 지원한다. 코로나19 이후 코로나 블루 극복을 위한 마음건강 지원 사업이 활성화되었으며, 2023년에는 보건복지부에서 청년들의 심리정서를 지원하기 위한 바우처 사업이, 2024년에는 전 국민 마음돌봄 사업 등이 시행되었다.

지역사회심리학에서 임상심리학자의 역할과 책임: 사회적 개입

임상심리학자들은 연구, 평가 및 심리치료 이외에도 지식과 경험을 바탕으로 전문적인 서비스를 제공하고 있다. 자문, 교육 및 행정은 그 대표적인 예이다. 최근 미국심리학회의 연구 결과 14,000명 이상의 임상가들은 업무시간의 11%는 교육에, 9%는 행정에 그리고 6%는 자문서비스에 사용한다고 하였다(Phelps, 1998). 여기에서는 임상심리학자들이 전문가로서 지역사회의 정신건강 문제에 기여하는 방식과 역할 및 이와 관련한 책임에 대해 알아보고자 한다.

(1) 예방 프로그램 개발 및 자문

예방 프로그램은 다양한 차원에서 개발되고 실행될 수 있다. 예를 들면 학교 폭력, 자살 예방, 정신건강 증진 프로그램을 개발할 때, 임상심리학적 지식을 기반으로 접근으로 프로그램을 설계할 수 있다. 이는 작게는 구체적인 집단 프로그램 세션 개발부터, 크게는 전체 사업의 대상과 기간, 진행 프로그램 선정에 이르는 기획을 포함한다. 임상심리학자는 이에 직접 참여하거나 자문을 제공할 수 있다. 임상심리학에서 자문이란 병원, 학교, 정부기관이 직면한 문제들에 대해 인간 행동의 지식과 이론을 응용하는 것을 말한다. 월러스와 홀(Wallace &

Hall, 1996)은 자문에 대해 다음과 같이 정의하고 있다.

> "자격 있는 심리학자들이 피자문자들에게 (1) 그들이 책임을 진 개인들, 내담자
> 들 혹은 프로그램에 내포되어 있는 업무 관련 쟁점을 해결하고, (2) 문제를 해
> 결하는 데 능동적인 주체가 되게 하거나, (3) 미래에 유사한 쟁점을 다룰 수 있
> 도록 피자문자들의 업무 관련 능력을 강화하도록 광범위하게 도움을 주는 접
> 근이다."

임상심리학자의 자문 역할은 지역사회심리학에 국한된 것은 아니다. 다만
여러 분야의 인력이 협업하며 큰 사업이 진행되는 지역사회심리학에서 특히 비
중이 크다.

자문은 주로 다음 4가지 유형으로 나뉜다.
(1) **내담자중심 사례 자문**: 특정 환자의 치료나 보호를 위해서 다른 심리학
자에게 자문을 받거나 임상심리학자 자신이 자문을 하는 것을 말한다. 이때 피
자문자와 자문가는 모두 환자의 치료에 어느 정도 책임이 있다.
(2) **피자문자중심 사례 자문**: 피자문자의 역량 향상을 위해 실시하는 자문이
다. 주로 피자문자의 경험 부족, 정보 부족 및 실수 등에 대해서 다룬다. 예를 들
어 상담과정에서 수퍼비전을 받는 것이 있다.
(3) **프로그램중심 운영 자문**: 실무 프로그램이나 연구 프로그램 관리를 위해
전체적인 구성이나 기능에 대한 자문을 구하는 것을 말한다. 예를 들어 학교에
서 부적응으로 인한 중도탈락학생의 비율을 최소화하기 위해 심리학자를 자문
가로 고용하는 것이다.
(4) **피자문자중심 운영 자문**: 기관 내 행정 혹은 인사 관련 쟁점과 관련되어
있다. 운영자가 해당 기관을 더 잘 운영할 수 있도록 기술을 터득하게 한다. 예
를 들어 회사 내 팀장급 이상 직원들의 리더십 기술 향상을 위해 심리학자에게
대인관계 기술이나 리더십 관련 자문을 구하는 것이다.

(2) 교육

대부분의 임상심리학자들은 교육활동에 참여하고 있다. 대학에서 임상심리학과 관련된 과목을 가르치고 연구를 진행하거나 의과대학이나 병원에서 수련생들을 대상으로 세미나를 진행하거나 사례 회의 강연 진행, 심리검사 및 심리치료 장면 개입 과정에 대한 지도감독도 한다. 이뿐만 아니라 지역사회 정신건강 제공 기관에서 세미나나 사례 발표 등 많은 교육이 필요하다. 대표적인 정신건강 문제를 가진 환자들을 평가하고, 관리 기법, 면접 및 의사소통 향상 기술에 대해서 강의를 하거나 워크숍을 진행하기도 한다.

(3) 정책 제안 및 행정 관리

임상심리학자의 7%는 그들의 주요 업무가 행정이라고 한다(Norcross et al., 2005). 주로 지역사회의 특정 기관이나 진료소에 재직하는 경우 사람들을 관리하고, 프로그램 서비스의 설계와 실행, 예산 집행 등의 업무가 많은 비중을 차지하기도 한다. 행정은 단순한 사무 업무부터 법안 개정 및 국가 사업 기획·관리까지 폭넓은 범위에 걸쳐 있다. 우리나라에서도 2017년 정신질환자의 인권 보호를 강화하고 행정 입원 및 외래치료 명령 등의 제도를 개선하는 정신건강복지법을 개정하는 업무에 임상심리학자가 참여하였다.

기업상담 및 EAP

근로자지원프로그램(EAP)employee assistance program은 기업 내에서 직원의 정신건강, 스트레스 관리, 업무 성과 향상을 위해 심리적, 정서적, 법률적, 재정적 지원을 제공하는 제도이다. 한국에 EAP가 도입된 지는 얼마 되지 않았으나, 최근 빠르게 확산되고 있다. 직원을 위한 고용주의 적극적인 직장 스트레스 예방 활동의 필요성이 대두되면서 확산되고 있는 것이다. 이 절에서는 이러한 기업상담의 역사, 기업상담과 EAP 그리고 임상심리학자의 역할은 무엇인지 살펴보고자한다.

기업상담의 역사

기업상담은 1914년 초에 미국 포드Ford사에서 첫 상담 프로그램을 시행하면서 시작되었다. 1940년대에는 직장인알코올중독프로그램Occupational Alcoholism Program, OAP이 도입되면서 점차 알코올 문제 외에 직장인을 위한 개인상담, 가족치료, 법률 및 재정 상담, 스트레스 관리 등을 포함하여 다양한 문제를 포괄적으로 다루게 되었으며, 이것이 EAP의 시초가 되었다. 나아가 최근의 기업상담은 부부관계, 스트레스 상담 서비스, 융자나 재테크와 같은 금융상담, 이혼이나 각종 계약관련한 법률상담, 자녀양육이나 노부모 부양과 관련된 서비스 등 직장과 일상생활을 아우르는 다양한 영역으로 확대되고 있다. 또한 직무 성과, 리더십 스타일, 감독자 훈련, 경영자문, 조직문화 등도 다루며 개인 및 조직의 변화를 돕는 종합적인 근로자지원 서비스로 나아가고 있다(김수임, 2012).

국내 기업상담의 역사는 다음과 같이 네 단계로 나눠서 살펴볼 수 있다.

● 초기 도입기(1990년대 중반): 포항제철(현 포스코)과 삼성에서 임직원 및 가족 복리후생시설로 기업 내에 생활문화센터 상담실을 시작하였다. 프로그램이 먼저 도입된 외국계 회사의 한국 지사에서 유사한 프로그램을 제공하기 시작하였다.

● 2000년 초반 대기업 중심 확산: 대기업들이 복리후생 제도를 확장하면서 외부 전문기관에 프로그램을 위탁하거나 사내 상담센터를 운영하며, 스트레스 관리, 직장 내 갈등 조정 등을 주요 내용으로 다뤘다.

● 2010년대 공공부문과 중소기업 확산: EAP가 본격 확대되기 시작하였다. 인사혁신처 주도로 공무원 대상 EAP가 전 권역으로 확대되었으며, 근로복지공단,

교통안전공단, 외교부, 경찰청 등 공공기관이 잇따라 EAP를 도입하며 다양한 프로그램을 운영하였고, 이를 뒤따르는 민간 기업도 늘어나고 있다.

● 2020년대 디지털 기술과 EAP의 융합 시기: 코로나19 팬데믹으로 원격 근무가 확산되면서 비대면 상담서비스가 발전하였고, 디지털 기술의 발전으로 기존의 오프라인 상담 외에도, 전 직원이 활용할 수 있는 상담 앱을 제공하는 등 프로그램이 다양해지고 있다.

2003년 7월, 사업주에게 근로자의 스트레스를 돌볼 의무가 있음이 법률상 명시되었고(산업안전보건법 제5조), 2010년 6월 전면개정된 근로복지기본법에서는 EAP에 관한 사업주의 의무 기준을 제시하였다. 이에 따라 심리학자의 역할이 더욱 커지고 있다.

산업안전보건법
· 근로자의 신체적 피로와 정신적 스트레스 등을 줄일 수 있는 쾌적한 작업환경을 조성하고 근로조건을 개선할 것(제5조제1항제2호)

근로복지기본법 (2010.06 전면개정)
· 사업주는 근로자의 업무수행 또는 일상생활에서 발생하는 스트레스, 개인의 고충 등 업무저해요인의 해결을 지원하여 근로자를 보호하고, 생산성 향상을 위한 전문가 상담 등 일련의 서비스를 제공하는 근로자지원프로그램을 시행하도록 노력하여야 한다(제83조제1항).
· 사업주와 근로자지원프로그램 참여자는 제1항에 따른 조치를 시행하는 과정에서 대통령령이 정하는 경우를 제외하고는 근로자의 비밀이 침해받지 않도록 익명성을 보장하여야 한다(제83조제2항).

기업상담과 EAP의 정의

일반적으로 상담은 상담자와 내담자의 2자 관계에서 출발하지만, 기업상담은 상담자(전문가)와 내담자(직원) 그리고 고용주의 3자 관계에서 출발한다. 고용주는 법적 기준을 준수하고 직원복지 차원에서 기업상담 또는 EAP를 도입하고 비용을 지불하게 된다. 전문가는 고용주의 필요에 따라 프로그램을 기획하여 직원들의 정신건강을 지원하며, 직원은 고용주가 제공하는 프로그램으로 무료로 해당 서비스를 받게 된다.

한편 세계EAP협회Employee Assistance Professional Association, EAPA에서는 생산성에 문제가 있는 조직을 돕고 건강, 부부 및 가족 생활, 법·재정, 알코올·약물, 정서, 스트레스 문제 등 근로자의 직무 성과에 영향을 줄 수 있는 문제들을 해결하기 위해 개발된 프로그램을 EAP라 하였다. 이러한 정의를 바탕으로 국내에서는 EAP를 직무 성과에 영향을 미칠 수 있는 개인적 문제를 완화하기 위해 조직 내부나 외부의 자원을 이용해서 제공하는 사회심리적 서비스로, 개입 대상은 문제를 가진 근로자와 가족, 친지, 직무조직, 지역사회 전체를 포괄한다고 정의하고 있다(우종민, 최수찬, 2009; 한국EAP협회, 2009 재인용).

표 16.3 | 기업상담과 일반상담의 차이

구분	일반상담	기업상담
의뢰대상	개인	임직원, 가족, 팀·조직
의뢰내용	심리적 문제	심리적 문제, 직무 적응, 갈등 해소, 직원 관리 등
주요업무	상담(개인/집단), 교육	상담, 교육, 자문
이용방법	대면, 메일, 전화, 홈페이지	대면, 인트라넷, 전화, 메신저
개입시점	사후 개입	사후 개입, 사전 예방
명칭	(심리)상담	상담, 코칭, 자문
홍보	입소문, 홈페이지 등	사내 게시판, 인트라넷

출처 김진희(2015).

기업상담의 모형

기업상담은 크게 내부모형internal model과 외부모형external model으로 나눌 수 있다. 내부모형은 기업이 상담자를 직접 고용하여 기업 내부에 상담실을 설치하여 운영하는 경우이며, 외부모형은 외부업체의 상담연계서비스를 이용하는 형태라 할 수 있다. 이를 결정하는 요인은 기업의 규모와 직원들의 지역 내 밀집 정도이다.

    기업의 규모가 크고 종사하는 직원들이 지역 내에 밀집하여 있다면 사내 상담실을 상시 상주형full-time으로 운영하는 것이 적절하다. 하지만 기업의 규모가 작고 종사하는 직원의 수가 적거나 상담실 이용 빈도가 적은 편이라면 사내

표 16.4 | 기업상담의 모형

구분	내부모형	외부모형
형태	· 상시 상주형(full-time) · 기간제 근무형(part-time)	· 사내 상담실 위탁운영 · 외부 상담 서비스 이용 · 단위프로그램 운영
장점	· 안정감 있는 기업상담실을 운영할 수 있으며 자신의 회사에 집중·전념할 수 있는 심리상담자(심리상담실)를 얻게 된다. · 장기간 운영하게 되면 직원들이 겪는 공통적인 조직적 이슈나 스트레스에 대한 시사점을 얻게 되기도 한다. · 사내에 상담실이 설치되므로 이용자 입장에서 접근이 편리하다.	· 기업상담실이 회사와 운영 및 관리 모두에서 분리되어 있다는 이미지를 직원들에게 주므로 비밀보장과 신뢰 부분에서 안정감을 제공하는 데 유리하다. · 기업입장에서도 상담실 운영 관리에 대한 경험과 노하우가 축적된 업체에 맡길 수 있으므로 보다 편리하게 프로그램을 제공받을 수 있다. · 또한 업체에서는 다양한 분야와 지역에 걸쳐 상담인력을 확보하고 있으므로 이를 적절히 활용할 수 있다.
단점	· 기업상담에 대한 지식과 정보가 없는 조직의 입장에서는 도입 초기에는 부담스러울 수 있고 운영의 노하우가 없어 채용된 전문가에게만 의지하게 되어 상담자라는 '사람 요인'에 따라 운영의 질이 결정될 수 있다.	· 상담실이 기업 외부에 존재하므로 접근이 쉽지 않아서 업무 시간 내에 간편하게 심리상담을 받기 원하는 직원들에게 불편을 줄 수 있다. · 위기상황 발생 시에 즉각적인 개입이 어려울 수 있으며 계약상 명시된 내용 외의 상담 서비스는 제공받기 어렵다. · 외부 상담기관은 특정 회사만을 위해 운영되는 것이 아니기 때문에 상담자의 임직원에 대한 이해 및 책임감, 몰입도 등이 제한적일 수밖에 없다.

출처 한국상담심리학회(2013), 기업상담 매뉴얼. http://www.krcpa.or.kr/sub06_6.asp?menuCategory=6

상담실을 기간제 근무형part-time으로 주 1~2회 정도 운영하는 방법도 있다. 기업상담의 효과와 운영에 대한 확신이 없을 때, 시범적으로 기간제 근무형으로 운영하며 효과와 상담 서비스 제공방식에 대해 고민해 볼 기회를 갖고 점차 상시 상주형으로 확대하는 경우도 많다.

한편 직원들이 지역에 고르게 분포되어 있다면 외부업체에 의뢰하여 상담실을 위탁운영하는 방법이 좋다. 위탁운영을 할 경우 업체에서 직접 상담실을 설치하고, 상담자를 고용하고 운영 관리 등을 모두 담당하며, 기업이 상담 서비스에 대해 잘 알지 못해도 전문 기관으로부터 폭넓게 지원받을 수 있다는 장점이 있다. 만약 사내에 상담실 설치가 곤란한 경우라면 외부업체가 제공하는 외부 상담실에서 상담 서비스를 지원 받는 모형도 있다. 이는 기업상담이 회사와 분리되어 있다는 이미지를 주기 때문에 직원들이 좀 더 비밀보장에 대해 신뢰를 가질 수 있다는 장점이 있다. 그 외에는 단일 프로그램을 제공 받는 모형이 있다. 희망하는 프로그램을 기업 사정에 맞게 단회성으로 제공 받는 것으로, 예를 들어 기업 내 자살 등과 같은 위기 사건 발생 후에 한시적으로 관련자들에 대한 심리상담 서비스를 제공 받는 것이다.

기업상담과 EAP에서 임상심리학자의 역할

(1) 상담 과정별 임상심리학자의 역할

기업상담의 과정에서 임상심리학자는 기본적으로 직원들을 위해 심리평가, 해석상담, 심리상담 및 집단심리 프로그램 등을 제공하며, 그 외에도 각 과정별로 다양한 역할을 한다. 먼저 기업상담이 도입되면 직원(내담자)이 방문했을 때 편안한 느낌을 받을 수 있도록 상담 환경을 조성하는 것부터 시작하여 심리 프로그램을 기획·홍보하고 직접 운영하며, 기업에서 요청 받은 주제로 집단 교육(예: 중간관리자급 리더십 교육)을 하기도 한다. 또한 각 프로그램과 교육을 마치고 난 후 운영 보고를 하며, 상담에 대한 회기 보고서와 함께 개인상담 운영 실적 보고도 하게 된다. 연차별로 상담 서비스의 효과를 검증하는 연구도 할 수 있고, 요청이 있을 경우 관리자 또는 회사에 직접 심리적인 자문을 수행할 수도 있다. 임상심리학자의 다양한 역할을 단계별로 나눠서 보면 다음과 같다.

● 기획 단계: 개인이 심리 서비스를 찾아가는 것과 달리 많은 사람을 대상으로 하는 기업상담 및 EAP 서비스에 있어서는 전체적인 기획이 중요하다. 누구에게 무엇을 어떻게 제공할 것인가를 결정해야 한다. 효과적인 기획을 하려면 일반적인 정신병리의 유병률, 치료 효과 및 기간, 해당 문제를 다룰 수 있는 상담자의 자격 등의 지식이 필요하다. 임상심리학적 지식을 가진 사람들이 기여할 수 있는 부분이다.

● 평가 단계: 상담이 필요한 사람들을 찾아 연결하려면 평가가 필요하다. 해당 기업 근로자들의 정신건강 측면에서의 현황이 어떠한지를 파악하고 장기적인 계획을 세우기 위해서도 각종 도구를 활용한 평가 및 이를 분석한 보고서가 필요하다. 본인이 직접 심리상담 서비스를 신청한 경우에도 문제파악 및 상담자 배정을 위해 심리검사를 시행하게 된다. 임상심리학의 평가 도구 및 통계적 접근에 대한 지식과 경험이 잘 활용될 수 있는 영역이다.

● 상담 및 치료 프로그램: 심리상담을 희망하는 경우는 상담의 동기와 목표를

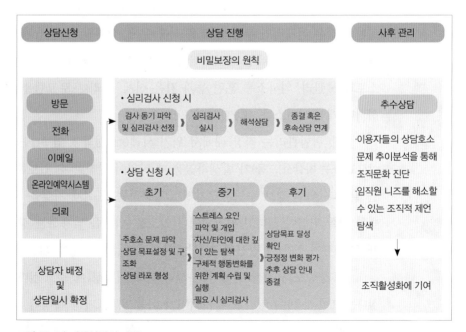

그림 16.2 | 기업상담의 과정

출처 한국상담심리학회(2013). http://www.krcpa.or.kr/sub06_6.asp?menuCategory=6

확인하고 그에 따라 상담이 진행되며, 상담의 주제와 필요에 따라 상담자의 판단하에 회기 수가 늘어날 수 있고 심리검사를 추가로 진행할 수도 있다.

(2) 서비스 영역별 임상심리학자의 역할

기업상담 및 EAP 서비스의 영역은 크게 생활지원 서비스work life service, 웰니스(건강 증진) 프로그램health promotion/wellness program, 위험관리risk management로 나눌 수 있다(한국EAP협회, 2009).

첫째, 생활지원 서비스는 기업 임직원이 가정과 직장에서 성공적으로 적응할 수 있게 지원하는 서비스를 말한다. 부부 관계, 자녀와의 관계, 양육 또는 교육, 노부모 요양, 이성 관계와 결혼, 우울·불안 같은 업무에 영향을 줄 수 있는 정서적 문제를 포함한 사적인 영역을 지원한다. 따라서 임상심리학자는 본래 전공 분야의 전문성을 발휘하여 임직원의 심리적인 어려움을 평가하고 지원하는 일을 하게 된다.

둘째, 웰니스(건강 증진) 프로그램은 오래 전 기업상담 서비스가 산업재해와 질환 위주의 접근을 가졌던 데 비해 좀 더 예방적인 차원으로 신체와 정신의 건강을 잘 유지할 수 있도록 지원하는 것이다. 예를 들어 비만, 고혈압, 근골격계 질환과 같은 신체적인 부담, 알코올 사용 문제, 식생활, 수면 습관 등의 생활 습관을 관리하는 것이 예방 프로그램에 포함된다. 임상심리학자는 명상훈련, 직무 스트레스 관리, 의사소통 훈련 등과 같은 신체·심리 프로그램을 기획 및 운영하거나 개인 서비스를 제공한다.

셋째, 위험관리는 직장 내에서 위기 사례(예: 성희롱, 업무관련 외상trauma, 자살사고 또는 자살시도 등)가 발생하였을 때 직원이 안전할 수 있도록 개입하는 것을 말한다. 위험 경보 수준은 2가지로 구분하는데, 실제 자살을 시도하거나 임박한 자살 위험이 있다고 평가되거나 알코올·약물을 남용하는 경우, 심각한 타해 위험(흉기 소지)이 발견될 경우는 적색경보red-flag수준에 해당한다. 경계경보pink-flag는 중증도의 자살 위험성, 자해나 타해 위험성(예: 죽고 싶다, 한 방 먹이고 싶다는 표현 사용)이 있다고 평가되거나 아동 학대, 가정 폭력이 의심될 경우에 해당한다.

근래에 근로자의 복지와 정서노동에 대한 관심의 부각으로 기업상담 및 EAP는 확대되고 있다. 단순히 개인이 이용하던 정신건강 서비스를 기관에 단체로 제공하는 것에 그치지 않고, 기관별 업무 특성에 따른 문제 파악 및 대상자 선별을 위한 평가 설계 및 분석, 효과성 관리, 근거기반 치료 프로그램의 적용 등을 통해 보다 체계적인 분야로 발전시킬 수 있을 것이다.

코칭심리학

사람들은 지금보다 더 나은 모습으로 발전하고 성장하길 바란다. 코칭coaching은 코칭의 대상이 되는 피코치의 성장 동기에 초점을 두어 보다 긍정적이고 바람직한 모습으로 나아갈 수 있도록 구체적인 방향과 목표를 설계하여 그 과정이 원활하게 이루어지도록 돕는 것이다. 여기에서는 전반적인 코칭의 개념을 살펴본 후 코칭에서 심리학의 내용들을 접목할 때 나타나는 전문적인 근거와 심리학 기반의 코칭 모델 및 임상심리학의 관련성도 살펴보고자 한다.

코칭의 이해

(1) 코칭의 역사와 현주소

2000년대 호주 시드니 대학교 교수 앤서니 그랜트Anthany Grant가 심리학계에 코칭이란 개념을 처음으로 도입하였다. 그는 코칭에 대해서 다음과 같이 정의하고 있다.

"전문적인 코칭professional coaching의 핵심 요소는 코치와 피코치 간의 권위주의적인 관계가 아닌 도움을 주는 협력적이면서 평등한 관계이다. 이는 문제를 분석하기보다는 해결책을 찾는 데 초점을 두고 피코치가 심각한 정신병리나 정서적인 고통이 없다는 가정하에 이루어지며, 함께 협력하여 목표를 설정하고 피코치의 학습을 촉진하는 것이다."

즉, 코칭이란 코치와 피코치 사이의 협력적인 관계 속에서 피코치 개인의 문제 상황에 초점을 맞추어, 이를 해결하는 일련의 체계적이고 도전적인 과정을 의미한다.

이후 영국과 호주 그리고 미국을 중심으로 코칭심리학 연구가 활성화되면서 특히 심리학을 바탕으로 코칭에 대해 연구하는 활동이 본격적으로 시작되었다. 2011년 국내에서도 한국심리학회 산하 코칭심리학회가 창립되면서 코칭 과정에 심리학 이론과 지식을 활용하는 것과 더불어 심리학의 관점에서 코칭 현상과 과정을 연구하는 활동을 활발하게 진행하고 있다.

비교적 신생 학문으로 볼 수 있는 코칭심리학은 실무를 중심으로 발전해온 분야로, 이미 확립된 이론을 토대로 구축된 것이라기보다는 실무에서 경험적으로 그 효과를 확인한 방법과 기술들을 활용하고 계승하는 전문 분야이다. 특히 초기에는 개인을 대상으로 하는 코칭이 주였지만 점점 조직 장면과 맞물린 기업 코칭 분야로 코칭산업의 영역이 확장되면서 그 수요가 증가하고 있다. 그러나 코칭에 대한 명확한 정의와 이를 뒷받침하는 이론적인 근거들도 제한적이다. 코칭 학계에서도 실무경험을 타당화하는 학문적 근거를 만들고 다수의 코칭 사례를 분석하는 분석틀을 정립하는 작업의 필요성이 대두되고 있다.

또한, 코칭은 다양한 학문 분야와 연계되어 있다. 현재 코치로 활동하고 있는 사람들은 컨설턴트, 매니저, 기업 임원, 교사, 영업 직원 등 커리어 차원에서 다양한 배경을 가지고 있는 것으로 나타나고 있다(Grant, 2004). 이는 광범위한 학문 영역에서 코칭에 접목할 수 있는 방법론과 접근 방식들을 찾을 수 있다는 것을 의미한다. 그러므로 코칭을 제공하는 코치들의 전문성에 대한 기준을 정하기 어렵고 윤리 기준이나 실무 요건을 명확하게 정하기 어렵다는 문제 또한 있다. 따라서 코칭심리학계는 주도적으로 전문 코칭 교육과 훈련 과정을 실시하여 개별 코치 능력을 질적으로 제고하고 있다.

(2) 코칭의 개념

코칭에 대한 합의된 정의는 코치로서의 역량 개발이 필요한 분야를 파악할 수 있는 준거 역할을 한다는 점에서도 필요한데, 김은정(2016)은 코칭에 대해 다음과 같이 정의하고 있다.

"코칭은 코치와 피코치 간 협력관계를 기초로 피코치의 자원과 잠재력을 최대한 활용하여 피코치가 원하는 방향으로의 변화와 성장을 이룰 수 있도록 지원하는 전문적 과정이다. 이는 기존의 코칭 개념에서 코치의 전문성을 강조하였는데, 여기서 코치의 전문성은 코칭 이슈나 목표에 대한 전문 지식 보유 여부가 아니라 효과적인 코칭 운영에 필요한 전문 기술과 지식을 갖추었는지에 관한 것이다."

Box 16.4 **코칭의 분류**

코칭의 특징은 접근성과 확장성이다. 접근성은 상담이나 심리치료에 비해서 대상자들의 심리적인 부담감이 덜하다는 것을 의미하고, 확장성은 다양한 이슈에 공통적으로 활용 가능한 접근과 기본 기법을 사용한다는 것을 의미한다. 이런 점에서 주요 주제와 초점 그리고 맥락에 따라 코칭을 다음과 같이 분류할 수 있다.

코칭 종류	특징
라이프 코칭	개인의 인생 전반에 걸친 변화와 적응 과정을 돕기 위해 새로운 역할과 발달 과업, 스트레스 대처, 삶의 방향성 및 의미 찾기 등을 목표로 진행됨. 개인 삶의 광범위한 이슈를 코칭 주제로 다룸.
커리어 코칭	직업 선택과 경력 관리 및 개발에 초점. 개인의 전 생애에 걸친 진로 발달과 일과 관련된 경험을 다룸.
기업 코칭	조직에 소속된 구성원으로서 조직의 목표 달성과 방향성에 부합되는 역량을 효과적으로 발휘하는 것에 초점을 맞춤. 주로 리더십 개발 코칭, 경력 개발 코칭, 업무 현장 코칭 등으로 나뉨.
건강 코칭	국내에서 건강 관리와 건강 증진에 대한 관심이 높아지는 만큼 발전 속도가 빠를 것으로 예상됨.
학습 코칭	학습 과정을 관리하고 피드백을 주는 것을 넘어서서 학생들의 잠재능력을 보다 적극적으로 개발하고 체계적인 자기주도학습을 지원함.

출처 김은정(2016). pp. 19-21.

코칭은 주요 주제와 초점에 따라 라이프 코칭, 커리어 코칭, 기업 코칭 등으로 구분될 수 있다. 라이프 코칭은 삶의 영역에서 가장 광범위한 이슈들이 주제가 되며 진로발달을 다루는 커리어 코칭과 겹칠 수 있다. 기업 코칭은 주로 개인을 대상으로 진행되기는 하지만 조직의 목표와 부합되는 역량 개발에 우선적인 관심을 둔다. 그 외에 건강 코칭이나 학습 코칭 분야도 성장 중이다.

코칭과 심리학의 만남

다양한 코칭 분야에서 코칭의 근거를 제공하는 학문들 중 단연 지식의 보고는 심리학이다. 인간에 대한 과학적인 이해가 코칭과 관련된 다양한 기법을 활용하고 어떤 상황에 적용해야 하는지에 대해 기본적인 틀을 제공해 줄 수 있기 때문이다. 피코치의 코칭 이슈, 성향, 감정, 사고 및 행동은 분리된 것이 아니기 때문에 개인을 하나의 유기체적인 관점으로 바라보는 심리학적인 관점은 코칭에 적합하다.

(1) 심리학 기반의 코칭 모델

김은정(2016)은 심리학을 기반으로 코칭 모델을 구성하였다(Box 16.5 참고). 심리학 기반 코칭 모델은 총 다섯 가지 단계로 구성되어 있다. 주요 내용들을 설명하면 다음과 같다.

첫째, 성장지향적 관점으로 피코치를 바라보는 것이다. 이는 누구나 성장 욕구를 가지고 있으며 변화와 도전에 필요한 잠재적인 자원을 가지고 있다는 가정에 기반한다.

둘째, 전체론적 관점으로 피코치를 이해하는 것이다. 코칭은 피코치의 코칭 이슈를 탐색하는 과정으로부터 출발하지만 코칭 이슈에만 초점을 맞추어서는 안 된다. 기본적으로 코칭은 이슈의 변화나 상황 해결보다는 피코치가 생각하는 바람직한 방향으로 스스로 변화하는 과정을 유도하는 일이다.

셋째, 코칭은 피코치의 주도성을 증진하는 과정이다. 코칭은 기본적으로 동기와 관련된 활동이다. 따라서 코치는 피코치의 목표를 떠올리며 변화를 지속적으로 실행할 수 있도록 동기를 유발하는 것이 중요하다. 목표 설정과 실행 계획

Box 16.5

심리학 기반 코칭 모델

심리학 기반의 코칭 모델은 코칭 과정에서 나타나는 주요 변화 단계와 각 과정에 내포되어 있는 피코치의 심리적 경험들을 체계적으로 정리한 것이다.

1	성장지향적 관점	성장 욕구를 자극하고 수용하라
2	전체론적 관점	이슈가 아닌 사람에 초점을 맞춰라
3	주도성 증진	자율적 선택과 결정의 권한을 부여하라
4	변화 촉진	변화의 핵심요소를 활용하여 변화를 촉진하라 동기관리: 변화 준비도를 점검하고 전략을 수립하라 목표관리: 목표를 향한 자기조절 과정을 도와라 실행관리: 변화를 가로막는 저항요인을 확인하라
5	성장 잠재력 구축	변화를 넘어 지속 성장의 토대를 구축하라

출처 김은정(2016). p. 59.

수립 시에는 최대한 피코치의 선택권이 부여되어야 한다.

넷째, 피코치의 변화를 촉진하는 과정이다. 변화를 원하는 피코치라 하더라도 현재는 막연히 기대만 하고 변화에 대한 양가감정을 가진 경우, 변화의 필요성과 긍정적인 기대감이 명확한 경우, 변화에 대한 강한 의지가 있는 경우와 같이 피코치의 현재 변화 준비도는 다양하다. 이에 따라서 코칭의 출발점이 달라지므로 전략적 코칭 접근이 필요하다.

마지막 단계인 피코치의 성장잠재력을 구축하는 과정은 코칭에 발달적인 요소가 포함되었음을 시사한다. 코칭은 변화를 넘어 지속적인 성장을 지향한다. 즉, 당면 문제 해결에 초점을 두는 것이 아니라 피코치 스스로 변화에 대한 잠재능력을 확보할 수 있도록 지원하는 과정이다. 이 과정에 필수적으로 포함되는 것이 바로 성찰학습이다. 코치는 코칭과정에서 경험한 피코치의 성공 및 실패 경험을 통해 피코치 스스로의 모습을 들여다 볼 수 있도록 돕고, 새로운 변화의 방향과 자신만의 성장 자원을 발견할 수 있도록 지원할 수 있다. 성찰을 통해 확인한 자원은 피코치의 지속적인 성장의 동력이 될 수 있다.

표 16.5 | 주도성 증진 코칭 스킬

주요 목적	관련 욕구	코칭 기법
주도성 발휘의 토대 구축	관계성 욕구	수용하기
탐색과 선택의 권한 부여	자율성 욕구	질문하기
가치 내면화	자율성 욕구	개인의 가치와 연결하기

출처 김은정(2016). p.122

표 16.6 | 변화촉진을 위한 주요 코칭 과제 및 기법

목적	주요 과제	관련 기법
동기 관리	변화 필요성 인식 돕기	정서경험 활용하여 동기유발하기
	준비도 점검하기	준비도에 따른 전략 수립하기
목표 관리	목표 정교화하기	목표의 개별화, 맥락화, 구체화 작업하기
	실행 계획 수립하기	SMART 원칙 활용하기
실행 관리	내적 저항요인 다루기	양가감정 다루기
		암묵적 가정 점검하기
	외적 통제요인 다루기	행동에 대한 기능적 분석하기
		행동 변화 모니터링 및 피드백하기

출처 김은정(2016), p.135.

코칭과 임상심리학

해외에서 코칭은 점점 더 대중화되고 있으며 미국에서 라이프 코칭은 경영 컨설팅에 이어 두 번째로 큰 컨설팅 산업으로 보기도 한다(Williams & Davis, 2002). 임상심리학자들의 학문적 준비와 훈련은 코칭 전문가로서 적합하고 관련성이 높다고 평가되고 있다(Jarden & Anticich, 2005). 코칭과 임상심리학의 차이와 공통점은 다음과 같다.

코칭과 임상심리학은 의뢰인을 바라보는 기본적인 시각에서 차이점이 있다. 코칭은 현대심리학과 상담 이론에 뿌리를 두고 있는데, 로저스의 내담자중심치료 및 성인 발달에 대한 이론 등 기본적으로 병리 패러다임을 거부하는 이론에 근거한다. 특정 문제보다는 개인의 성장에 초점을 둔 전체적인 관점에 강

조점을 둔다는 점에서 임상심리학의 전통적인 치료모델과는 다소 차이가 있다. 다만 근래 긍정심리학 등 임상심리학의 다양한 하위 영역으로 인해 시각의 차이가 줄어든 측면이 있다고 볼 수 있다.

내담자의 특성에서도 차이를 보이는데, 코칭 의뢰인은 대개 변화에 대한 뚜렷한 욕구가 있는 반면, 임상심리치료 의뢰인은 항상 그렇지는 않다. 사람들은 변화를 원하기 때문에 코치를 찾는다. 또한 대부분의 임상심리치료에서는 변화가 일정 기간 동안 일어나는 것으로 보는 반면, 코칭에서는 빠른 변화에 기반한 결과를 기대한다. 코칭의 변화는 대개 더 방대하고 '인간적인 변화'를 지향하며 코칭의 의뢰인은 자신의 행동에 대해 더 책임이 있는 것으로 간주된다.

코칭을 임상심리학자들의 역할 및 업무와 실무적으로 비교해 볼 때 차이점은 다음과 같다. 개업 임상심리학자들은 개별 의뢰인을 만나고 이들로부터 비용을 받으며, 조직이나 기관에 소속되어 있는 임상심리학자들은 주로 내부 구성원들을 만나 전문적인 서비스를 제공하고 일정 보수를 받는다. 이에 비해 코칭의 경우, 기업 및 조직의 코칭 프로젝트 특성상 고객은 조직 구성원이지만 프로젝트 단위로 사업이 진행되기 때문에 프로젝트 수주, 진행 및 관리 그리고 보고서 공유에 이르기까지 HR 혹은 그 외 관련 부서의 담당자들과 파트너십을 토대로 한 프로젝트 관리 업무의 비중도 적지 않다. 따라서 관련 전문 분야의 지식과 조직 맥락에 대한 이해를 위해 조직 역동, 리더십, 조직 관리, 경력 개발 등 경영학 및 조직심리학에 대해서도 지속적인 학습이 필요하다.

코칭과 임상심리학적 심리치료의 접근 방식은 이와 같이 차이가 있다. 그러나 코치와 임상심리학자 모두 전문적인 도움을 주며 지속적이고 긴밀한 관계를 포함한다. 정기적 회기를 예약하고 고객과 협력하여 긍정적인 변화를 유도한다는 점에서는 유사한 과정이다. 또한 실무에서 사용되는 기법들은 공통된 요소들이 많다.

코칭은 여러 다양한 분야에서 접근할 수 있는 전문 영역이다. 임상심리학적 지식과 경험을 갖춘 임상가가 코칭에서 지향하는 기본적인 접근 철학에 충실할 때 훌륭한 코칭 심리 전문가가 될 수 있을 것이다.

인공지능, 사물인터넷, 빅데이터 등 디지털 기술의 혁신은 사회 전 영역에 변화를 가져왔고, 학문의 경계에도 영향을 주고 있다. 정신건강 영역에서도 새로운 기술을 기존의 연구에 접목하는 데 적극적인 전문가들에 의해 새로운 패러다임과 전문 분야가 발전하고 있다. 이 절에서는 디지털 헬스케어 분야에서 임상심리학적 지식을 기반으로 접근할 수 있는 영역에 대해 살펴보고자 한다.

디지털 헬스케어와 정신건강

(1) 디지털 헬스케어

디지털 헬스케어digital healthcare[1]는 디지털 기술을 활용하여 개인의 건강을 관리하고, 의료 서비스를 제공하는 다양한 솔루션을 의미한다. 즉 인공지능, 빅데이터, 사물인터넷, 모바일 기술 등 다양한 기술이 결합하여 건강관리를 제공하는 보건의료와 융합된 기술을 통칭한다(World Health Organization, 2019). 디지털 헬스케어는 보건의료 전반에 걸쳐 있는 영역이며, 코로나19 팬데믹으로 원격 의료와 디지털 상담의 중요성이 부각되고 그 수요가 증가하면서, 우울, 불안 등의 정신건강 영역에 대한 디지털 헬스도 더욱 주목받게 되었다.

이러한 흐름과 더불어 전 세계 정신건강 산업도 성장세를 보인다. 전 세계 정신건강 시장은 2020년 약 3,822억 달러(약 512조 8,900억 원)에서 2030년 약 5,379억 달러(약 719조 8,700억 원)로 연평균 3.5%씩 성장할 것이라는 전망이 보고되었으며, 특히 한·중·일, 호주 등 아시아·태평양 지역의 성장률 전망치는 4.4%로 더 높았다(Allied Market Research, 2021). 디지털 헬스케어는 보건의료 전 영역에 적용할 수 있으며, 이 중 디지털 멘탈 헬스케어 영역은 임상심리학과 접점이 있다고 볼 수 있다. 디지털 멘탈 헬스케어는 개인의 정신건

---

1   사전적 의미에서는 '디지털 헬스케어'가 적합한 표현이나, WHO, OECD 등 여러 기구와 해외 정부 부처는 공식적인 용어로 '디지털 헬스'를 사용하고 있다(김용균, 2020).

강을 돌보고 관리하거나 향상하는 서비스를 제공하기 위해 다양한 디지털 기술을 활용, 통합한다. 모바일, AI, 빅데이터 기반 기술을 활용한 서비스가 개발되고 있다.

(2) 디지털 멘탈 헬스케어의 세부 분야

디지털 멘탈 헬스케어는 디지털 기술 수준의 변혁과 더불어 점점 발전하고 있는 영역이므로 세부 분야가 명확히 구분되어 있지는 않다. 그러나 디지털 멘탈 헬스케어에 활용되는 기술의 유형과 기능을 중심으로 몇 가지 세부 분야로 나눌 수 있다.

모바일 헬스케어mHealth는 모바일 기기와 무선 통신 기술을 활용하여 의료 서비스와 공중보건을 지원하는 분야이다. 모바일 기기의 보급으로 기존 웹 기반 서비스 중 상당 부분이 모바일로 이용되면서, 심리적 적응에 도움이 되는 서비스들 역시 모바일 앱 형태로 개발되고 있다. 모바일 헬스케어는 마음챙김 명상, 수면, 정서 관리 등 다양하고 폭넓은 정신건강 관리 콘텐츠를 제공한다.

디지털 기술이 정신건강 영역에 도입되고 수많은 앱이 출시되는 흐름 가운데 효과가 검증된 서비스를 규정할 필요성이 대두되며 디지털 치료제Digital Therapeutics, DTx라는 용어가 등장하였다. 2017년 미국 FDA가 디지털 치료제에 대한 규제를 발표하면서 본격적으로 디지털 치료제의 정의가 정립되었고 한국도 2020년 식약처에서 디지털 치료기기 가이드라인을 발표하였다. 디지털 치료제는 질병이나 의료적 장애를 예방, 관리 또는 치료하기 위하여 환자에게 행해지는 근거기반 치료 중재로, 소프트웨어를 핵심 구성 요소로 한다. 정신건강 관련 디지털 치료제들은 내용과 기술적 적용에 있어 여타 모바일 정신건강 관련 앱들과 유사하나, 국가별 인증 기준에 따른 임상적 검증을 거쳐 품목 허가를 받은 프로그램이라 볼 수 있다.

평가 진단 영역에 있어서도 빅데이터 및 머신러닝 기술에 기반한, 기존의 심리 검사와는 다른 차원의 평가 진단 방식이 시도되고 있다. 디지털 피노타이핑은 개인의 행동, 심리적 상태, 건강 상태 등을 파악하기 위해 디지털 데이터를 수집, 분석, 해석하는 과정을 의미한다. 스마트폰, 웨어러블 기기, 소셜 미디어 등 다양한 디지털 기술을 통해 실시간으로 데이터가 수집되며, 이렇게 수집된 개인화된 건강 정보는 질병의 예측, 진단, 치료에 활용된다.

또한 인공지능 기술을 통해 심리치료를 제공하는 서비스도 개발되고 있다. AI 기반 심리상담 챗봇이 그 예다. 기존에는 규칙 기반 알고리즘 혹은 NLP 기반 머신러닝 기법을 활용한 서비스가 주를 이루었다면, 근래에는 생성형 모델(LLM)을 활용한 심리치료 서비스 개발이 시도되고 있다.

이러한 구분이 배타적인 것은 아니다. 예를 들어 AI 심리상담은 정신건강 모바일 앱이지만, 인증 기준을 충족하면 디지털 치료제로 인정받을 수 있다. 또한 디지털 피노타이핑 분석과 치료 개입이 포함된 모바일 앱도 이미 개발되어 있다.

기존의 심리상담 서비스 이용에 대한 접근성을 높이기 위해 개발된 상담 플랫폼이나, 온라인 심리검사 데이터를 활용한 솔루션도 넓은 의미의 기술 기반 정신건강 서비스라 볼 수 있으나, 이 절에서는 이보다는 최근에 발전한 영역을 집중적으로 살펴보고자 한다.

디지털(멘탈) 헬스케어의 종류

(1) 모바일 기술을 활용한 심리 개입: mHealth

치료자와 직접 대면하지 않는 환경에서 환자 혹은 내담자에게 다양한 심리적 개입을 제공하려는 시도는 디지털 멘탈 헬스케어 산업이 주목을 받아 폭발적으로 성장하기 이전부터 꾸준히 있었다. 대표적으로, 온라인 플랫폼, 이메일, 웹사이트를 활용한 인터넷기반internet-based, internet-delivered 심리치료는 1990년대 후반부터 존재했다(Andersson, 2024). 특히 인터넷기반 인지행동치료(i-CBT)는 일부 효과성 연구에서 작은 혹은 중간 수준의 효과 크기를 보였고, 전통적인 CBT의 실시가 어려운 상황에서 대안으로 여겨졌다(Lan et al., 2018).

이후 정신건강 개입의 전달 방식이 전환됨에 따라 모바일기반 심리적 개입을 목표로 mHealth 앱이 등장했다(Lan et al., 2018). mHealth는 모바일 기기와 통신 기술을 활용하여 의료 서비스와 공중보건을 지원하는 분야이다. 스마트폰, 태블릿, 웨어러블 기기 등을 통해 건강 정보를 수집하고, 환자 모니터링, 진단 지원, 건강 교육 등을 제공한다.

인터넷기반의 심리적 개입이 치료자의 감독 혹은 지원하에 진행되었던 점과 달리, 이러한 앱들은 대부분 자기주도형이라는 차이점이 있다. 아직 mHealth 앱에 대한 연구와 평가는 부족하지만, 다수의 사용자가 정신건강을 스스로 관리하려는 목적으로, 접근성이 좋은 mHealth 앱을 활용한다(Lattie, Stiles-Shields, & Graham, 2022). 이러한 앱에 적용되는 심리치료 이론은 대부분 인지행동치료 혹은 인지행동치료의 제3동향에 해당하는 수용-전념치료, 변증법적행동치료, 심리도식치료이며, 모바일 환경에서 구현하기 용이한 기분 추적, 자동적 사고 기록, 마음챙김 등의 기법을 활용한다(Lattie, Stiles-Shields, & Graham, 2022).

① 국내외 사례

미국에서 개발된 Headspace 앱(Headspace Inc.)은 명상과 마음챙김을 주제로 한다. 식사, 운동, 수면 등의 일상 영역에서 명상과 마음챙김을 실시할 수 있도록 돕는 푸시 알림 및 맞춤형 명상 세션 영상, 스트레스 및 수면 관리를 위한 읽을거리와 짧은 동영상 세션을 제공한다. 호흡 이완 등 곧바로 할 수 있는 활동을 보조하기도 한다. Headspace 외에도 여러 mHealth 앱이 개발되어 있다. 예를 들어 국내에서도 사용자가 매일 자신의 현재 감정 상태를 기록하면, 장기적으로 감정의 변화를 추적·분석하여 이에 대한 통계를 제공하거나, 물 마시기 등 (정신)건강에 도움이 되는 활동을 촉구하는 알람 기능이 탑재된 mHealth 앱을 어렵지 않게 찾을 수 있다. 다음은 정신건강 관련 mHealth 앱의 예시다(표 16.7, 표 16.8).

표 16.7 | 정신건강 관련 mHealth 앱 예시(국내)

이름	설명
닥터리슨	· 정신건강 자가평가를 통해 사용자가 자신의 정신건강 상태를 간편하게 확인하고 꾸준히 관리할 수 있게 도움
무디	· 사용자가 자신의 감정을 기록하고 분석함으로써 감정의 이름을 정확히 파악할 수 있도록 도움 · 맞춤형 활동을 추천하여 사용자의 감정 조절과 자기 이해를 도움

이름	설명
마이유니버스	· 센서 데이터 활용 · 디지털피노타이핑 기반 정서 상태 측정 및 증상 완화 프로그램을 탑재하여, 사용자가 자신의 감정을 기록하고 활동량, 수면 상태를 모니터링할 수 있게 도움 · 우울, 불안, 스트레스 등에 대한 셀프 케어 컨텐츠로 5가지 마음훈련 프로그램을 제공 · 효과성이 검증되어 '2023 청년 마음돌봄 사업' 등에 활용됨
마인들링	· 완벽주의, 낮은 자존감, 불안, 사회적 고립감, 분노를 캐릭터로 시각화 · 인지행동치료, 심리도식치료 등의 기법을 활용한 심리 프로그램 제공 · 스트레스 원인을 파악, 하루 계획 세우기, 마음챙김 명상 등을 통한 일상생활 실천 활동 제공
마보	· 사용자의 일상 속 마음챙김 명상 지원 · 수면, 불안, 우울 등 다양한 상황과 감정에 맞는 명상 콘텐츠 및 명상 습관화를 위한 명상 챌린지 제공

표 16.8 | 정신건강 관련 mHealth 앱 예시(해외)

이름	설명
Calm	· 명상을 보조 및 수면의 질 향상을 목적으로 하는 서비스 · 다양한 가이드 명상 세션, 매일 새로운 주제의 10분 명상 콘텐츠, 호흡 운동 프로그램 제공 · 편안한 잠자리를 돕기 위한 100여 개의 수면 스토리, 수면 음악, 자연의 소리 제공
Headspace	· 명상과 마음챙김 훈련 제공을 목적으로 하는 서비스 · 스트레스, 불안, 집중력, 수면 등 다양한 주제에 대한 가이드 명상 세션 제공 · 요가, 스트레칭, 마음챙김 유산소 운동 등 신체 활동을 통해 정신과 신체의 균형을 유지할 수 있는 프로그램 제공
Sanvello	· 스트레스, 불안, 우울증 관리를 지원하기 위해 인지행동치료와 마음챙김 기법에 기반한 프로그램 제공 · 기분 추적, 목표 설정, 일기 작성 등 사용자가 자신의 감정 상태를 모니터링할 수 있는 자가 관리 도구 제공
Happy not perfect	· 감정 기록, 호흡 운동, 걱정 내려놓기, 감사 표현, 마음챙김 게임, 자기 도전 활동, 긍정 메시지 전송 활동 등으로 이루어진 7단계 루틴을 통해 사용자의 정신건강 관리를 도움
Moody	· 사용자의 필요와 선호도를 분석하여 공인된 심리치료사와 연결 · 상담 일정 관리 지원 · 문자메시지, 채팅, 전화, 영상 등 사용자 편의에 따라 다양한 방법으로 상담을 받을 수 있도록 지원

(2) 디지털 치료제

디지털 치료제는 질병 또는 장애의 예방, 관리 및 치료를 위해 환자에게 근거기반evidence-based 치료적 개입을 제공하는 소프트웨어로 정의된다(Digital Therapeutics Alliance, n.d.). 디지털 교육이나 관리보다는 증상 호전과 같은 명확한 결과를 서비스의 목적으로 삼고, 특정한 질환으로 진단받은 집단(예: 주요우울장애 환자)을 대상으로 한정된 의료 영역에 서비스를 제공한다는 점에서 다른 디지털 솔루션과 구분된다.

우리나라에서는 '디지털 치료제' 대신 '디지털 치료기기'라는 용어를 사용할 것을 권고하고 있다(식품의약품안전처, 2020). 디지털 치료제가 의사 처방에 의해 사용된다는 점을 강조하기 위해 '처방 디지털 치료제Prescription digital therapeutics'라는 용어를 사용하기도 한다. 그러나 디지털 치료제라는 용어가 가장 일반적으로 사용되고 있으므로 이 장에서는 용어를 '디지털 치료제'로 통일하여 사용한다.

디지털 치료제가 '근거기반의 치료적 개입'을 제공한다는 것은 일반 의약품과 마찬가지로 치료 효과를 검증하는 과정이 필요함을 의미한다. 식약처의 심사 과정을 통과하고, 엄격하게 치료 효과를 검증해야 비로소 '치료제'로서 승인을 받을 수 있다. 또한 의사의 처방이 필요하다는 점도 디지털 치료제와 일반 의약품의 공통점이다.

반면 디지털 치료제는 약이나 주사처럼 침습적 의료 행위가 아니고, 게임이나 앱, 인공지능과 같은 디지털 기술이 접목된 소프트웨어로서 디지털 기기를 통해 제공될 수 있다는 점에서 기존의 전통적 치료제들과 구분된다. 디지털 치료제는 소프트웨어를 활용하기에, 체내에 직접 작용하는 약물보다 부작용이 적고, 시공간에 구애받지 않고 자유롭게 사용할 수 있다. 또한 약물에 비해 상대적으로 개발 비용이 적고 복약 관리 혹은 치료 효과를 실시간으로 관리할 수 있으며, 환자의 데이터를 수집하고 분석하여 개입을 수정 및 보완하는 것이 가능하다(권서영 외, 2021).

디지털 치료제는 모바일 앱, 웨어러블 기기, 원격 의료 플랫폼 등 다양한 형태로 제공된다. 모바일 앱의 경우 mHealth 앱과 내용상 다를 것이 없어 보이기도 하지만, 의사 처방이 가능하도록 인증 과정을 거쳤다는 차이가 있다.

표 16.9 | 디지털 치료제 유형

	독립형	증강형	보완형
내용	단독으로 질병을 치료하도록 설계된 제품	기존 치료제에 부착하거나 함께 사용하여 치료 효과를 증강하는 제품	기존 치료에 보완적으로 생활 습관 및 자가 관리를 지원하도록 설계된 제품
특징	다른 치료제와 함께 사용될 수는 있지만, 기존 치료법을 대체할 수 있음	기존 치료제의 효과를 강화하거나, 기존 치료 방식의 관리를 지원	비만, 고혈압 등 생활 습관 및 행동 요인이 중요한 질병에서 많이 사용
예시	CBT를 디지털 방식으로 전달하여 다양한 상태를 치료하는 제품	기존 치료제에 약물복용을 정확히 할 수 있도록 센서를 부착한 디지털 치료제	식이나 혈당을 기록하여 자가 관리를 돕는 앱

출처 이상원(2021), Lee(2018)을 재구성.

각 치료제가 목적으로 하는 치료 효과의 강도를 기준으로 독립형, 증강형, 보완형으로 구분하기도 한다(표 16.9). 독립형stand alone type은 다른 치료제 없이 디지털 치료제 단독으로 질병을 치료하도록 설계된 반면, 증강형augment type은 기존 치료제와 함께 사용하여 치료 효과를 증강하는 제품이다. 보완형complement은 기존 치료에 보완적으로 생활 습관과 자가 관리를 보조할 수 있도록 설계되었다.

① 국내외 사례

최초의 디지털 치료제는 reSET(Pear Therapeutics Inc.)으로 2017년 9월에 미국 FDA의 승인을 받았다. 이를 기점으로 디지털 치료제는 국내외에서 상당한 규모의 산업군을 형성하고 있다. 특히 정신질환, 만성질환 등 '행동 변화behavior change'를 통해 질병의 치료 효과가 큰 분야에 주로 적용된다(김주원, 장기정, 황은혜, 2020). 기존 치료제를 통해 치료나 관리가 어려웠던 행동 교정 부문을 디지털 기술이 효과적으로 보완할 수 있을 것으로 기대되기 때문이다.

국내에서는 수면 장애 관련 앱이 2023년 식약처 품목 허가를 받았다. 승인 과정에 비교적 긴 시간이 소요되기에 아직 품목 허가를 받은 제품이 많지 않다. 2022년 식약처에서는 품목 분류 체계 정비 등 디지털 헬스기기의 특성을 반영하여 규제 기준을 완화 조정하였다. 이에 따라 식약처의 허가를 받은 디지털 치료제가 점점 증가할 것으로 예측된다.

정신건강 분야의 치료 영역별 국내외 디지털 치료제의 목록을 표 16.10과
표 16.11에 제시했다.

표 16.10 | 디지털 치료제 예시(국내)

치료 영역	이름	설명
수면장애	솜즈	· 2023년 2월, 국내에서 첫 번째로 디지털 치료기기 품목 허가를 받은 앱 · 불면증 인지행동치료법(CBT-I)을 구현하여 6~9주간 실시간 피드백, 행동 중재, 수면 습관 교육 프로그램 제공
	슬립큐	· 2023년 4월, 국내에서 두 번째로 디지털 치료기기기 품목 허가를 받은 앱 · 환자의 수면 패턴 분석, 맞춤형 불면증 인지행동치료법(CBT-I)을 구현
범불안장애	엥자이랙스	· 2024년 7월 확증 임상 시험 종료 후 식약처에 품목 허가 신청; 2024년 기준 승인 전 단계 · 자기조절이론 및 수용전념치료 기반 · 자신의 정서에 맞는 긍정적인 말을 읽고, 녹음된 자기 목소리를 듣는 것을 매일 반복하여, 불안장애의 특징인 융합적 사고로부터 거리를 둘 수 있게 도움 · 약만 제공한 집단에 비해 해당 디지털 치료제 사용 집단의 증상 완화 속도가 빠른 것으로 나타남 · 비의료용 버전으로 '마음정원'이 있음

표 16.11 | 디지털 치료제 예시(해외)

치료 영역	이름	설명
수면장애	SleepioRx	· 2024년 8월, 미국 FDA 승인 · 성인 만성 불면증 치료를 위한 디지털 치료제로 의사 처방을 통해 접근 가능 · 인지행동치료(CBT-I) 기반 · 수면 문제 관리 및 개선 지원 · 비의료용 버전으로 'Sleepio'가 있음
악몽장애/PTSD	NightWare	· 2020년 11월, 미국 FDA 승인 · 악몽장애나 PTSD로 인한 수면 장애를 일시적으로 완화하는 용도로 사용 · 애플워치와 아이폰을 활용하여 사용자의 수면 중 생체신호 모니터링 · 수집된 데이터를 통해 악몽을 감지하면, 애플워치가 진동하여 사용자를 깨우지 않으면서 악몽을 완화

치료 영역	이름	설명
물질사용장애	reSET, reSET-O	· 2017년 9월, 미국 FDA 승인; 최초의 디지털 치료제 · 이후 오피오이드 사용장애에 대한 디지털 치료제 리셋-O가 개발 및 승인됨 · 약물중독 치료 모바일 앱으로 의사 처방을 통해 접근 가능 · 충동 억제 관련 인지행동치료 훈련 제공
ADHD	EndeavorRx	· 2020년 6월, ADHD 중 부주의한 유형과 복합형으로 진단받은 8~17세 아동의 주의력 개선 용도로 미국 FDA 승인 · 의사 처방을 통해 접근 가능 · 일종의 레이싱 게임을 통한 다양한 인지 기능 과제 제공 · 아동의 성과에 따라 게임의 난이도가 실시간으로 조정됨
주요우울장애	Rejoyn	· 2024년 3월, 주요우울장애 치료에 대해 최초로 미국 FDA의 마케팅 승인 · 항우울제 복용 중인 22세 이상 성인의 우울증 치료를 보조하는 용도로, 항우울제와 함께 사용하며 의사 처방이 필요함 · 인지행동치료 및 인지기능 훈련을 기반 6주 과정의 프로그램 제공
공황장애/PTSD	Freespira	· 2018년 8월, 공황장애와 PTSD 증상 치료를 위한 보조 수단으로 미국 FDA의 마케팅 승인 · 의사 처방을 통해 접근 가능 · 호흡 센서 기기를 통해 사용자의 호흡 속도와 패턴을 실시간으로 측정; 사용자는 앱을 통해 자신의 호흡 상태 확인 가능 · 호흡 센서와 앱이 함께 작동하여 사용자가 지정된 훈련 범위 내에서 호흡을 유지하도록 안내하는 4주간의 프로그램 제공

(3) 빅데이터 및 머신러닝 기술을 활용한 정서 및 인지상태 분석

빅데이터 처리 기술의 발전으로 방대한 데이터를 처리할 수 있게 되었으며, 스마트폰과 웨어러블 기기를 통해 수집한 생체신호 데이터, 활동 데이터 등 수집 및 분석이 가능한 데이터의 종류도 다양해졌다. 이러한 기술로 인해 심리적 개입뿐 아니라 정서 및 인지 상태를 모니터링하고 평가하는 방식에도 변화가 나타나고 있다.

① 디지털 피노타이핑

스마트폰, 웨어러블 기기 등 다양한 디지털 기술을 활용하면 생체신호 데이터, 즉 개인화된 건강 정보를 실시간으로 수집할 수 있으며, 이는 질병을 예측, 진단, 치료하는 데 사용될 수 있다. 생체신호 데이터는 신체의 생리적 상태를 나타내는 자료로, 여기에는 사용자의 심박수, 수면 패턴, 피부 전도도, 뇌파, 체온 등이 포함된다.

특히 스마트폰 사용이 보편화됨에 따라 스마트폰을 통해 개인의 활동을 추론하는 데 충분한 정보를 얻을 수 있게 되었다. 걸음 수, 소모 칼로리, 수면 패턴 등이 이러한 정보에 해당하며, 이 외에도 앱 사용 시간 및 빈도, 화면 활성화 빈도, 키보드 입력 패턴, 통화 및 메시지 빈도 등 디지털 활동 수준 역시 스마트폰에 저장된다. 디지털 피노타이핑digital phenotyping이란 '디지털 표현형화'라고 번역될 수 있는 용어로, 이처럼 개인의 행동, 심리 및 건강 상태 등에 관한 정보가 담겨 있는 디지털 데이터를 수집, 분석, 해석하는 과정을 의미한다(Bufano et al., 2023).

② 관련 연구 및 사례

디지털 기기를 통해 방대한 데이터, 즉 빅데이터가 축적된다. 머신러닝 기술은 이렇게 수집된 빅데이터를 처리하는 데 핵심적인 역할을 수행한다. 머신러닝 알고리즘을 통해 생체신호와 행동 데이터에서 패턴을 학습하여 사용자 개개인의 정서와 인지 상태를 예측하고 변화를 감지할 수 있다(Kang & Chai, 2022, Sajno et al., 2023). 예를 들어 심박수나 피부 전도도의 변화를 토대로 스트레스나 불안 상태를 예측하거나, 수면 패턴을 분석하여 피로도와 기분 변화를 예측한다.

스마트폰 사용 시 키보드 입력 속도나 화면 터치 패턴을 통해 우울증이나 불안, 스트레스 수준을 평가하기도 하고(Choi, Ooi, & Lottridge, 2024), 또한 머신러닝 기술로 음성 및 발화, 표정 등 기존에 분석하기 어려웠던 비정형 데이터의 패턴을 학습하고 분석하여, 이를 정서 및 인지 상태 평가에 활용하기도 한다(Mellouk & Handouzi, 2020). 구체적으로 살펴보면, 비임상군 집단에서 발화의 변화를 통해 우울 징후를 파악한다거나(König et al., 2022), 표정을 분석해서 학습 중 나타나는 감정 반응과 수업 관여도를 실시간으로 추적하여 학업 성취

도와의 관련성을 살펴본 연구가 있다(Tang et al., 2024). 국내에서도 모바일로 추출한 20여 종의 센서 데이터 분석을 통해 우울 증상을 예측한 연구가 시행된 바 있다(Sabina et al., 2023).

실시간 측정 분석을 통해 관련 증상에 대한 개입 서비스를 추천하는 서비스도 개발되고 있다. Feel(Feel Therapeutics Inc., 2023)은 생체신호 분석 기술을 활용한 디지털 멘탈 헬스케어 서비스다. 웨어러블 기기를 통해 심박변이도heart rate variability, 피부 전도도, 체온과 같은 생체신호를 지속적으로 수집하여 사용자의 스트레스 수준과 불안 상태를 평가한다. 스트레스 수준이 급격히 높아질 때 경고 알림을 울리며, 정서적 변화가 감지되면 앱에서 이완 훈련, 호흡 운동 등 스트레스를 낮추는 데 도움을 주는 맞춤형 개입을 제공한다. Kintsugi(Kintsugi Mindful Wellness Inc., 2018) 앱은 사용자가 자신의 감정과 경험을 기록한 음성 일기를 분석하여 사용자의 우울이나 불안 등 정신건강 상태를 평가하며, 사용자가 음성으로 감사 연습gratitude practice과 마음챙김 기법을 실시할 수 있는 모듈을 제공한다. 아직까지는 상용화 단계에 있는 디지털 피노타이핑 기반 측정 프로그램이 적으나, 이와 관련한 많은 연구가 진행되고 있다.

(4) 인공지능 기술을 활용한 상담 서비스

인공지능(AI)artificial intelligence 기술이 심리상담도 제공할 수 있을지를 두고 오랫동안 논의가 이어졌다. AI 기술 개발 초기에는 회의론이 대세였으나, 2023년 GPT-4와 같이 딥러닝을 기반으로 대규모 (텍스트)데이터를 학습하여, 자연어 처리(NLP)natural language processing 작업 및 생성형 AI 작업을 수행하는 대규모 언어 모델(LLM)large language model의 급속한 발전으로 새로운 가능성이 열렸다. 그럼에도 상담 및 심리치료는 여전히 AI로는 구현하기 어렵고, 개발에 많은 시간이 필요한 분야로 평가된다.

워봇Woebot은 2017년 심리학자와 AI 전문가가 협업하여 개발한 초기 인공지능 챗봇으로, 우울, 불안, 중독, 외로움 등의 정신건강 문제를 관리하는 데 도움을 주기 위해 설계되었다. 인지행동치료 이론을 기반으로 사용자의 대화 데이터를 분석해서 개인화된 응답을 제공하고, 사용자의 감정을 모니터링하여 맞춤형 조언이나 격려, 지지 등의 반응을 보인다. 워봇과 대화한 실험군의 경우 전통적인 심리 관련 자료(책이나 인터넷 자료)만 제공받은 대조군에 비해 불안, 우울, 중독 등의 증상이 더 큰 폭으로 완화된 것으로 나타났다(Fitzpatrick et al., 2017).

워봇은 기계 학습을 어느 정도 활용하지만, 본질적으로는 미리 정의된 대화 흐름과 스크립트를 따라 작동하는 규칙 기반rule-based 접근법으로 개발되었다. 즉 대화 시 워봇의 반응은 특정 조건에 따라 몇 가지 경로로 진행되는 트리 구조를 따른다. 주로 특정 키워드, 패턴 또는 인지행동치료 기법을 중심으로 사전에 구성된 대사를 통해 사용자와 상호작용하는 방식이다. 따라서 안정적이고 예측 가능한 대화를 이끌 수 있지만, 복잡한 상황에 대한 유연성은 부족하다.

와이자Wysa역시 AI를 기반으로 한 심리상담 챗봇이다. 정밀성과 안전성을 위해 규칙 기반 접근법을 유지하면서 LLM을 보완적으로 사용한다. 즉 사용자에게 자유로이 표현할 기회를 주는 방식과, 대화 방향을 제어하는 선택형 응답 방식을 섞어 사용한다. 인지행동치료뿐 아니라 마음챙김 기법과 변증법적행동치료, 긍정심리학 등 다양한 심리치료 기법을 적용한다. 또한 다양한 심리상담이론에 기초한 70개의 자조 도구를 제공하는데, 이는 우울증 수치를 낮추는 데 유의미한 효과를 보였다(Inkster, Sarda, & Subramanian, 2018).

표 16.12 | LLM 기반 상담 서비스와 규칙 기반 상담 서비스 비교

구분	LLM 기반 상담 서비스	규칙 기반 상담 서비스
상용화된 모델	GPT-4 등	워봇 등
응답 생성 방식	실시간 문장 생성	미리 정의된 답변 제공
유연성	매우 유연하고 창의적	비교적 제한적
데이터 활용	대화의 맥락을 광범위하게 이해	대화를 미리 정의된 범위 내에서 분석
심리학적 기법 통합	심리학적 기법을 포함한 맞춤화 가능	인지행동치료 스크립트에 기반한 제한적 통합
장점	자연스럽고 맥락에 맞는 대화 가능	안정적이고 예측 가능한 응답
단점	심리학적 정확성이 보장되지 않을 수 있음	복잡한 상황에 대한 유연성 부족

AI 기반 챗봇 관련 여러 문헌을 리뷰한 결과, 현재까지 상용화된 심리상담 관련 챗봇은 대부분 규칙 기반 챗봇으로 나타났다(Omarov, Narynov, & Zhumanov, 2023). 이러한 챗봇은 우울증, 불안, 스트레스 완화에 긍정적인 효과를 보였으며, 초기 단계 심리적 도움을 제공하는 데 유용한 것으로 나타났다. 그러나 이러한 규칙 기반 챗봇은 제한된 방식으로 대화가 진행되고, 예상치 못한 질문에 대응이 어렵다는 한계가 있다. 반면 GPT와 같은 LLM은 방대한 텍스트 데이터를 기반으로 맥락에 맞는 응답을 생성할 수 있으므로, 이에 기반하여 개발되는 챗봇은 점점 더 정교한 대화를 가능하게 할 것으로 보인다.

레플리카Replika는 2017년 출시 이후, 2020년 무렵 LLM을 도입하여 대화 능력을 대폭 개선하였다. 정서적 유대감을 중심으로 LLM을 활용해 개인화된 대화 경험을 제공하며, 사용자가 정서적 지원을 받을 수 있도록 설계되었다. 감정과 상황에 맞춘 개인화된 응답을 생성하지만, 전문적인 심리상담 기법을 반영했다고 보기는 어렵다.

아직까지는 사용자가 자유로이 표현한 내용에 자연스럽게 반응하며 심리상담 요소가 반영된 대화를 이끌어갈 수 있는 AI 상담 프로그램은 발견하기 어렵다. 이러한 한계 때문에 AI 상담은 위기 대응 등의 상황에서는 권장되지 않는다. 다만 방대한 데이터를 학습시키며 정교화하는 연구들이 진행되고 있어 점차 성능이 향상될 것으로 기대된다.

AI 상담 개발에서 임상심리학자는 다양한 역할을 수행할 수 있다. 규칙 기반 상담 챗봇의 경우, 상담의 전체 흐름과 세부 트리 구조 설계, 포함되는 질문과 답변 등에 참여할 수 있다. 또한 프로그램 개발 시 임상적 판단이 필수적이므로, 기획 단계에서 임상심리학자의 역할이 매우 중요하다. LLM 기반 AI 상담 챗봇 개발에서 임상심리학자는 LLM이 이해할 수 있도록 기존 상담 데이터를 구조화하고 변환하는 작업에 참여할 수 있다. 특히 상담 데이터에서 상담자의 발화를 문제 탐색, 재진술, 공감 등의 요소로 레이블링하고, AI가 학습할 핵심 요소를 정의하는 일은 기술적인 영역이라기보다는 임상가의 전문적 판단이 필요한 작업이다.

디지털 헬스케어의 미래: 윤리적 문제 및 임상심리학자의 역할

(1) 윤리적 문제 및 도전 과제

디지털 헬스케어는 의료 서비스를 기존의 대면 중심 방식에서 원격 진료, 모바일 앱, AI 기반 모니터링 등으로 확대하며 의료 패러다임의 전환을 주도하고 있다. 치료뿐 아니라 예방, 진단, 관리 전반에서 개인화와 데이터 중심 접근을 가능하게 하며, 의료 제공자와 사용자 모두가 더욱 능동적이고 효율적으로 건강을 관리할 수 있도록 돕는다. 앞으로 디지털 헬스케어 분야는 더욱 확장될 것으로 예상된다. 이에 따라 발생하는 윤리적 문제와 한계를 충분히 인식하고 대비하는 것이 중요하다.

민감한 건강 정보를 다루는 디지털 헬스케어 솔루션은 환자 정보 유출과 같은 위험을 항상 내포하고 있다(Filkins et al., 2016). 이를 방지하기 위해 강력한 보안 프로토콜과 개인정보 보호정책이 필수적이며, 지속적인 시스템 점검이 요구된다. 사용자의 건강 정보를 안전하게 보호하는 것은 디지털 헬스케어의 신뢰도와 지속 가능성을 보장하는 핵심 요소이다(Mittelstadt, 2017).

또한 AI 서비스의 특성상 발생 가능한 부작용에 대한 책임 소재 문제도 대두된다. 상담 챗봇은 심리적 지원의 접근성을 확대하는 중요한 도구이지만, 상담 챗봇이 부적절하게 반응할 가능성을 통제할 수 없다. 따라서 이로 인한 문제가 발생할 가능성(예: 자살 등)이 있다. 또한 긴급 상황 대처 능력, 윤리적 책임 등 중요한 과제도 남아 있다. 이는 기술 개발자, 임상 전문가, 정책 입안자가 협력하여 장기적으로 논의하고 해결해 가야 하는 문제이다.

디지털 헬스케어는 최신 기술에 접근하기 어려운 계층이 디지털 헬스케어의 혜택에서 소외될 수 있다는 점에서 의료 형평성 문제를 야기할 수 있다(Brewer et al., 2020). 고령자 등 디지털 기술에 익숙하지 않은 사람들이나, 스마트폰이나 인터넷에 대한 접근성이 낮은 사람들은 디지털 헬스케어의 혜택을 충분히 누리지 못할 가능성이 있다. 이렇듯 디지털 문해력과 사회적 자원의 격차는 기술적 접근성뿐 아니라 건강 격차로 이어질 수 있다.

많은 디지털 헬스케어 솔루션과 기기가 시장에 등장하고 있지만, 이들 중 상당수는 과학적으로 임상적 효능이 입증되지 않았다. 이러한 혁신이 실질적인 임상적 가치를 가지기 위해서는 신뢰할 수 있는 효과성 검증 연구가 뒷받침되어야 할 것이다(Wykes & Schueller, 2019).

일부 전문가들은 디지털 헬스케어 기술의 효과성을 검증하기 위한 새로운 접근 방식을 논의할 필요가 있다고 주장한다. 이들은 디지털 헬스케어 기술은 업데이트가 빠르고 사용자 환경도 매우 다양하기 때문에, 전통적 무작위 대조시험(RCT)과 같이 고정된 환경과 긴 시간에 의존하는 기존 연구 방식이 적합하지 않은 경우도 있음을 지적하고 있다(Mohr et al., 2015). 또한 실사용 환경real-world setting에서의 데이터 기반 연구나 적응형 연구 설계adaptive trial design와 같은 새로운 패러다임에 적합한 방법론을 개발하기 위한 논의도 병행되어야 할 것이다(Makady et al, 2017)

디지털 헬스케어가 발전하기 위해 해결해야 할 또 다른 문제는 사용자 이탈률이다. 디지털 헬스케어는 사용자 중심의 자발적 참여에 기반하기 때문에, 사용자 이탈drop-out은 서비스의 효과성에도 직접적인 영향을 미친다. 사용자는 초기에는 높은 관심을 보이지만, 시간이 지날수록 관심이 줄어 결국 사용을 중단하는 경우가 많아 장기적인 효과를 유지하기 어렵다(Murray et al., 2018). 예를 들어 정신건강 중재를 위한 챗봇 서비스에서 평균 이탈률은 21.48%로 보고되었으며, 인간의 지원이 없는 독립형 챗봇 중재에서는 이탈률이 더 높게 나타났다(Jabir et al., 2024). 이러한 문제를 해결하기 위해 서비스 내에서 개인 맞춤형 피드백, 성과 시각화 그리고 사용자에게 실질적인 성취감을 제공하는 강화 등 다양한 시도가 이어지고 있다(Yardley et al., 2016).

디지털 헬스케어는 기존의 치료법을 대치하기보다는 보완적으로 활용되는 경우가 많으므로, 적절한 활용이 중요하다. 디지털 헬스케어와 전통적인 심리치료는 상호 보완적인 관계를 형성할 수 있고, 디지털 중재가 특정 상황에서는 전통적인 심리치료로의 접근이나 치료의 효율성을 향상할 수 있다(Kazdin & Rabbitt, 2013). 서비스 활용 방법은 유용성 평가와 검증 기준에도 영향을 줄 수 있다. 디지털 헬스케어는 전통 치료를 대치하는 프로그램으로, 혹은 치료자의 기능을 보조하거나 비임상군의 가벼운 문제들을 관리·예방하기 위해 사용되곤 한다. 또한 전통적 서비스를 제공할 수 없는 상황에서 더 많은 취약 계층에게 지속 가능한 서비스를 제공하기 위해 사용될 수도 있다. 개발된 내용의 기능과 잠재적 부작용 유지 비용 등을 포괄적으로 고려한 적절한 활용이 자리 잡을 때 디지털 헬스케어는 더욱 발전할 수 있을 것이다.

(2) 임상심리학자의 역할 및 방향성

임상심리학자들은 디지털 헬스케어의 설계와 구현 과정에서 핵심적인 역할을 수행할 수 있다. 예를 들어 디지털 멘탈 헬스케어 솔루션의 설계 과정에 참여하여 사용자에게 적합한 개입 방법을 고안하고, 심리적 요구를 반영한 맞춤형 콘텐츠를 개발한다. 또한 기술 전문가와 협력하여 사용자 중심적인 설계와 콘텐츠 개발을 이끌고, 디지털 헬스케어 솔루션의 효과성을 평가하기 위한 과학적 연구를 설계하며, 데이터를 기반으로 중재의 실효성을 검증하는 역할도 맡을 수 있다.

이 외에도 의료진과 사용자에게 디지털 헬스케어의 효과적인 사용을 위한 교육 및 훈련을 제공하고, 사용자 경험을 최적화하기 위한 인터페이스 설계와 피드백 시스템 개선에도 기여할 수 있다. 이는 사용자가 디지털 헬스케어 솔루션에 장기적으로 참여하도록 유도하고, 중재의 지속 가능성을 높이는 데 중요한 역할을 한다. 이처럼 임상심리학자는 디지털 헬스케어 솔루션이 사용자 중심적이고 효과적인 정신건강 서비스로 자리 잡을 수 있도록 다양한 측면에서 지원할 수 있다.

임상심리학자는 디지털 헬스케어 솔루션의 설계와 평가뿐 아니라, 개인정보 보호, 알고리즘의 공정성, 접근성 문제와 같은 윤리적 이슈 해결에도 중요한 역할을 할 수 있다. 예를 들면 디지털 헬스케어의 윤리적 사용과 정책 및 규제 개발 과정에 참여하여 디지털 정신건강 서비스의 안전성과 효과성을 보장할 수 있다.

디지털 헬스케어는 기술의 발전과 함께 정신건강 서비스의 패러다임을 바꾸고 있다. 원격 상담, 모바일 앱, AI 기반 진단 및 치료는 기존의 대면 중심 서비스의 틀을 넘어 개인화되고 데이터 중심적인 접근을 가능하게 한다. 이러한 변화는 기술적 진보를 넘어 새로운 서비스를 창출하며 기존 정신건강 시스템의 경계를 확장하지만, 새로운 변화는 혼란을 야기할 수도 있다.

이러한 상황에서 임상심리학의 정의와 목적을 환기하는 것이 임상심리학자에게 나침판이 될 수 있을 것이다. 임상심리학은 인간이 겪는 심리적 고통과 장애의 원인을 과학적으로 탐구하고, 심리평가와 심리치료를 통해 심리적 고통을 겪는 이를 돕는 학문이다. 임상심리학의 궁극적인 목표는 인간의 행복과 성장을 촉진하는 것이므로, 기술적 발전 자체는 임상심리학의 목적과 충돌하지 않는다. 이러한 변화는 심리적 고통을 겪는 사람들에게 새로운 방식의 도움을 제공할 기회를 열어 줄 수 있다.

디지털 헬스케어라는 새로운 패러다임은 기존 방법론을 대체하는 것이 아니라 그 위에 새로운 층위를 쌓아 가는 과정으로 이해해야 한다. 인간의 심리적 고통을 줄이고 행복과 성장을 촉진하는 임상심리학의 목표를 상기한다면, 변화 속에서도 방향을 잃지 않고 꾸준히 발전해 나갈 수 있을 것이다.

1 법정심리학은 임상심리학에서 성장하고 있는 하위 전문 영역으로, 임상심리학자들은 가정 법원, 경찰청, 보호관찰소, 교도소 등의 국가기 관에서 일하며 전문가로서 인정받고 있다. 임상심리학자는 법정에서 전문가로서 증인의 역할을 할 수 있으며, 피고인의 정신이상 여부에 대한 의견을 제시하고 법정에 설 능력이 있는 지에 대해서도 평가한다. 폭력사건에서의 증언과 피해자 및 가해자에 대한 심리치료, 교정프로그램의 개발 및 실행에도 참여하며 배심원의 선정 및 설득에도 관여하는 등 임상심리학적 지식을 기반으로 많은 활동을 하고 있다.

2 지역사회심리학은 개인뿐 아니라 개인이 속한 환경적 차원에서 정신건강 문제를 바라본다. 생태학적 시각과 예방은 지역사회심리학에서 중요한 개념이다. 지역사회심리학은 정신건강 문제에 지역사회가 개입하여 예방하는 것이 효과적이라는 인식에서 발전하였다. 국내에서도 많은 지역사회 예방 사업들이 정부나 지역 단체 차원에서 진행되고 있으며 임상심리학자들이 참여하고 있다. 임상심리학적 지식과 경험을 갖춘 전문가가 지역사회심리학에서 정신건강 문제를 바라보는 관점에 대한 깊이 있는 이해를 갖출 때 지역사회심리학 분야에서 더욱 깊이 뿌리 내리고 기여할 수 있을 것이다.

3 기업상담이란 고용주가 자신이 고용한 직원을 위해 비용을 부담하여 제공하는 일련의 심리·상담 프로그램들을 일컫는다. 직원을 위한 직장 스트레스 예방 활동의 필요성이 법적으로 대두되면서 많은 심리학자들이 기업체와 함께 직장인들의 정신건강을 돕고 있다. 기업에서의 상담은 상담자를 직접 고용하여 기업 내부에 상담실을 설치하여 운영하는 내부모형 형태로 운영되기도 하고, 외부의 상담소를 연계하는 외부모형으로 운영되기도 한다. EAP는 근로자를 지원하는 서비스의 통칭으로 직무 성과에 영향을 미칠 수 있는 다양한 영역에 대한 서비스를 포괄하며, 대상도 근로자에 국한되지 않고 가족, 직무조직, 지역사회 전체를 포함한다. 심리상담은 EAP의 핵심적 영역으로 기업에서 제공하는 심리·상담 서비스에 대한 수요는 지속적으로 늘고 있다.

4 코칭은 코치와 피코치 간의 협력관계를 기초로 피코치의 자원과 잠재력을 최대한 활용하여 피코치가 원하는 방향으로 변화와 성장을 이룰 수 있도록 지원하는 과정이다. 코칭의 주요 주제와 초점에 따라 라이프 코칭, 커리어 코칭, 기업 코칭 등으로 구분될 수 있고 건강 코칭이나 학습 코칭 분야도 성장 중이다. 전통적인 임상심리학과 비교할 때 코칭심리학은 특정 문제보다는 한 개인의 성장에 초점을 두고 있으며, 병리 모델을 거부하고 더 방대하고 전체적인 인간적 변화와 성장을 지향한다는 점에서 차이를 보인다. 코칭의 의뢰인은 일반적으로 임상심리학의 의뢰인에 비해 성장 동기가 높은 것으로 간주된다. 임상심리학자들의 학문적 준비와 훈련은 코칭 전문가로서 적합하고 도움이 된다고 평가된다. 임상심리학자들은 코칭의 특성에 대한 이해를 바탕으로 여러 코칭 분야에 진출할 수 있다.

5 인공지능, 사물 인터넷, 빅데이터 등 첨단 정보통신기술이 사회 전반에 걸친 변화를 가져오면서 임상심리학에도 새로운 전문 영역이 생겨나기 시작하였다. 컴퓨터를 기반으로 하는 다양한 심리치료 관련 웹 프로그램들이 상용화되었으며, 스마트폰의 사용 비중이 높아

짐에 따라 앱 기반 프로그램의 비중도 높아지고 있다. 가상현실은 특히 노출치료를 상대적으로 저렴한 비용으로 실행할 수 있다는 장점이 있어 공포증에 많이 활용되고 있다. 신경심리 평가 및 인지기능 연구 분야에서도 전통적인 방법으로는 불가능했던 영역에서 가상현실을 활용한 연구들이 증가하고 있다. 인공지능은 많은 분야에서 인간이 하던 일을 대체하려는 시도와 논쟁을 촉발시키고 있고, 심리치료 분야 역시 예외가 아니다. 향후 임상심리학 분야에 많은 새로운 시도가 이어질 것으로 전망되며, 임상심리학자는 이러한 분야의 기획, 운영, 효과성 연구에 다양하게 참여하고 기여할 수 있다.

6 사회적 환경의 변화로 심리 서비스에 대한 사회적 요구가 다양해지고 저변이 넓어지고 있다. 심리, 교육, 사회복지, 공학 등 다양한 영역의 전문가들이 심리 서비스 분야에 진출하고 발전에 기여하고 있다. 임상심리학적 지식과 훈련은 특히 이 분야를 발전시킬 수 있는 탄탄한 기반이 될 수 있다. 발전하고 있는 여러 전문 영역의 특성을 이해하고 열린 시각으로 접근할 때 임상심리학의 영역도 넓어지고 사회적 기여도 할 수 있을 것이다.

더 읽을거리

법정심리학과 관련해서는 다음 문헌을 추천한다.
박광배(2002). 법심리학. 학지사.
박재현(2010). 배심제와 법심리학. 서울: 오래.
Bartol, C. R. (2013). 법정 및 범죄 심리학 입문. (이장한 역). 서울: 학지사.

지역사회심리학과 관련해서는 다음 문헌을 추천한다.
박한선, 최정원, 이재병. (2018). 토닥토닥 정신과 사용설명서: 개정 정신건강복지법을 반영한 전면 개정 증보판. 에이도스.
전진아 등(2017). 지역사회 정신건강서비스 연계 현황과 개선 과제. 한국보건사회연구원
지역사회심리학학회(Society for Community Research and Action, SCRA).

기업상담 및 EAP와 관련해서는 다음 문헌을 추천한다.
Carroll, M. (2010). 기업상담. (전종국 역). 학지사.
채준안, 이준우(2012). 한국 EAP의 이해와 실천. 서현사.

코칭심리학과 관련해서는 다음 문헌을 추천한다.
김은정(2016). 코칭의 심리학. 학지사.
김정근, 김귀원, 박응호, 배진실, 이상욱(2017). 경영자 코칭 심리학: 리더를 성공으로 움직이는 힘. 학지사.
김윤주, 노혜련, 최인숙(2011). 해결중심 단기코칭. 시그마프레스.
Carson, R.(2003). *Taming Your Gremlin: A Surprisingly Simple Method for Getting Out of Your Own Way*(Revised edition). Quill.

1장

권석만 (2008). 긍정심리학: 행복의 과학적 탐구. 서울: 학지사.

권석만 (2013). 현대 이상심리학(제2판). 서울: 학지사.

권석만 (2014). 이상심리학의 기초. 서울: 학지사.

권석만 (2011). 현대 심리치료와 상담 이론. 서울: 학지사.

한국심리학회 (2017). 임상심리전문가 자격규정.

한국심리학회 (2017). 임상심리전문가 수련과정 시행세칙.

보건복지부 (2016). 정신건강증진 및 정신질환자 복지서비스 지원에 관한 법률.

American Psychiatric Association (2013). *Diagnostic and Statistical Manual of Mental Disorders-5th edition (DSM-5)*. Washington, DC: Author.

Garfield, S. L. (1983). *Clinical psychology: The study of personality and behavior* (2nd ed.). New York: Aldine Publishing Company. [김중술, 원호택 역, 임상심리학. 서울: 법문사, 1988].

Korchin, S. J. (1976). *Modern clinical psychology*. New York: Basic Books.

Plante, T. (2005). *Contemporary clinical psychology*. New York: Wiley. [손정락 역, 현대 임상심리학. 서울: 시그마프레스, 2000].

Seligman, M. E. P., & Peterson, C. (2003). Positive clinical psychology. In L. G. Aspinwall, & U. M. Staudinger (Eds), *A psychology of human strengths: Fundamental questions and future directions for a positive psychology* (pp. 305-317). Washington, DC: American Psychological Association.

Staudinger, U. M., Smith, J., & Baltes, P. B. (1992). Wisdom-related knowledge in a life review task: Age differences and the role of professional specialization. *Psychology and Aging, 7,* 271-281.

Trull, T. J., & Prinstein, M. J. (2013). *The science and practice of clinical psychology* (8th ed.) [권정혜 등 역, 임상심리학. 서울: 센게이지러닝코리아, 2014].

Wink, P., & Helson, R. (1997). Practical and transcendent wisdom: Their nature and some longitudinal findings. *Journal of Adult Development, 4,* 1-15.

2장

Benjamin Jr, L. T. (1997). The origin of psychological species: History of the beginnings of American Psychological Association divisions. *American Psychologist, 52*(7), 725-732.

Benjamin, L. T. (1986). Why don't they understand us? A history of psychology's public image. *American Psychologist, 41*(9), 941-946.

Boring, E. G. (1938). The Society of Experimental Psychologists: 1904-1938. *American Journal of Psychology, 51,* 410-423.

Boring, E. G. (1967). Titchener's experimentalists. *Journal of the History of the Behavioral Sciences, 3,* 315-325.

Buchanan, R. D. (1997). Ink blots or profile plots: The Rorschach versus the MMPI as the right tool for a science based professions. *Science, Technology and Human Values, 21,* 168-206.

Calpan, E. (1998). *Mind games: American culture and the birth of psychotherapy*. Berkeley, CA: University of California Press.

Camfield, T. M. (1992). The American Psychological Association and World War I: 1914 to 1919. In R. B. Evans, V. S. Sexton & T. C. Cadwallader (Eds.), *100 years: The American Psychological Association*. A historical perspective (pp. 91-118). Washington, DC: American Psychological Association.

Cautin, R. L. (2009a). The founding of the

Association for Psychological Science: Part 1, Dialectical tensions within organized psychology. *Perspectives on Psychological Science*, 4, 211-223.

Goodwin, C. J. (1985). On the origins of Titchener's experimentalists. *Journal of the History of the Behavioral Sciences*, 21, 383-389.

Goodwin, C. J. (1995). *A history of modern psychology*. John Wiley & Sons. [박소현, 문양호, 김문수 역, 현대심리학사, 서울: 시그마프레스, 2004].

Green, C. D., & Cautin, R. L. (2017). 125 years of the American Psychological Association. *American Psychologist*, 72(8), 722.

Hilgard, E. R. (1987). *American psychology in historical perspectiv*e. Washington, DC: American Psychological Association.

Kemp, S. (1990). *Medieval psychology*. New York: Greenwood Press.

Kendall, P. C., & Norton-Ford, J. D. (1982). *Clinical psychology: Scientific and professional dimensions*. Wiley.

Kirsch, I., & Winter, C. (1983). A history of clinical psychology. In C. E. Walker, *The handbook of clinical psychology: Theory, research, and practice* (Vol. 1, pp. 3-30). Homewood, IL: Dowjones-Irwin.

Krasner & Ulmann, L. P. (Eds.). (1965). *Research in behavior modification: New developments and implications*. New York: Holt, Rinehart & Winston.

Levine, M., & Levine, A. (1992). *Helping children: A social history*. New York, NY: Oxford University Press.

McReynolds, P. (1987). Lightner Witmer: Little-Known founder of clinical psychology. *American Psychologists*, 42, 849-858.

Napoli, D. S. (1981). *Architects of adjustment: The history of the psychological profession in the United States* (p. 3740). Port Washington, NY: Kennikat Press.

Peck, C. P., & Ash, E. (1964). Training in the Veterans Administration. In L. Blank & H. P. David (Eds.), *Sourcebook for training in clinical psychology* (pp.

61-81). New York: Springer.

Plante, T. G. (2011). *Contemporary Clinical Psychology*, 3rd Ed. John Wiley & Sons. [손정락 역, 현대심리학사. 서울: 시그마프레스, 2012].

Popplestone, J. A., & McPherson, M. W. (1984). Pioneer psychology laboratories in clinical settings. *Explorations in the history of psychology in the United States*, 196-272.

Reisman, J. M. (1976). *A history of clinical psychology* (revised ed). New York: Irvington-Halsted.

Reisman, J. M. (1991). *A history of clinical psychology* (2nd ed.). New York: Hemisphere.

Routh, D. K. (1996). Lightner Witmer and the first 100 year of clinical psychology. *American Psychologist*, 51, 244-247.

Shakow, D. (1947). Recommended graduate training program in clinical psychology. *American Psychologist*, 2, 539-558.

Skinner, B. F. (1953). *Science and human behavior*. New York: Macmillan.

Trull, T. J. & Prinstein, M. J. (2013). *Clinical psychology*. Belmont: Wadsworth, Cengage Learning. [권정혜, 강연욱, 이훈진, 김은정, 정경미, 최기홍 역, 임상심리학 8판. 서울: 센게이지러닝, 2015].

Wolpe, J., & Lazarus, A. A.(1966). *Behavior therapy techniques: A guide to treatment of neuroses*. New York: Pergamon Press.

3장

임민경, 이지혜, 이한나, 김태동, 최기홍 (2013). 근거기반실천과 심리치료. 한국심리학회지: 일반, 32(1), 251-270.

제갈은주, 장선경, 이가영, 최기홍 (2015). 지난 50년간 국내 심리치료 무선통제연구에 대한 체계적 평가. 한국심리학회지: 임상, 33(4), 943-958.

APA Presidential Task Force on Evidence-based Practice (2006). Evidence-based practice in psychology. *American Psychologist*, 61(4), 271-285.

Dimidjian, S., Hollon, S. D., Dobson, K. S., Schmaling, K. B., Kohlenberg, R. J., Addis, M. E., ... & Jacobson, N. S. (2006). Randomized trial of behavioral activation, cognitive therapy, and antidepressant medication in the acute treatment of adults with major depression. *Journal of Consulting and Clinical Psychology*, 74, 658-670.

Gerber, A. J., Kocsis, J. H., Milrod, B. L., Roose, S. P., Barber, J. P., Thase. M. E., Perkins, P., & Leon, A. C. (2011). A quality-based review of randomized controlled trials of psychodynamic psychotherapy. *American Journal of Psychiatry*, 168, 19-28.

Gibbons, R.D., Weiss, D.J., Frank, E., & Kupher, D. (2016). Computerized adaptive diagnosis and testing of mental health disorders. *Annual Review of Clinical Psychology*, 12, 83-104.

Kim, S-H., Jung, S.Y., Park, K., Jaekal, E., Lee, S-H., Choi, Y., Lee, W-H., & Choi, K-H. (2016). Development of the Korean screening tool for anxiety disorders: review of current anxiety scales and development of preliminary item pools. *Korean Journal of Clinical Psychology*, 35(3), 630-644.

Trull, T. J., & Prinstein, M. J. (2013). *The science and practice of clinical psychology* (8th ed.). California: Wadsworth Cengage Learning [권정혜 등 역, 임상심리학 제8판, 서울: 센게이지, 2015).

Popper, K. (1959). *The logic of scientific discovery*. London: Hutchinson.

4장

권석만 (2013). 현대 이상심리학. 서울: 학지사.

권석만 (2014). 이상심리학의 기초: 이상행동과 정신장애의 이해. 서울: 학지사.

권정혜 등 (2014). 임상심리학. 서울: 박영story.

권준수 등 (2015). 정신질환의 진단 및 통계편람 (제5판). 서울: 학지사.

권준수 등 (2023). 정신질환의 진단 및 통계편람 (제5판 수정판). 서울: 학지사.

박원명 등 (2014). 정신의학적 진단의 핵심. 서울: 시그마프레스.

신민섭 등 (2017). 심리평가 핸드북. 서울: 사회평론아카데미.

신민섭 등 (2015). 한결 쉬워진 정신장애 진단 (제2판). 서울: 시그마프레스.

신민섭 등 (2016). 쉽게 배우는 DSM-5 임상가를 위한 진단지침. 서울: 시그마프레스.

안동현, 김태호 (2014). 아동기 정신장애의 진단분류. In 홍강의 등. DSM-5에 준하여 새롭게 쓴 소아정신의학. 서울: 학지사.

이부영 (1992). 국제질병분류 제10판: ICD-10 정신 및 행태 장애. 서울: 일조각.

조수철, 신민섭 (2006). 소아정신병리의 진단과 평가. 서울: 학지사.

조수철 외 (2014). 생물소아정신의학. 서울: 시그마프레스.

Achenbach, T. M., & Rescorlqa, L. A. (2001). *Manual for the ASEBA School-Age Forms & Profiles*. Burlington, VT: University of Vermont, Research Center for Children, Youth, & Families.

American Psychiatric Association. (1952). *Diagnostic and statistical manual of mental disorders* (1st ed.). Washington, DC: Author.

American Psychiatric Association. (1968). *Diagnostic and statistical manual of mental disorders* (2nd ed.). Washington, DC: Author.

American Psychiatric Association. (1980). *Diagnostic and statistical manual of mental disorders* (3rd ed.). Washington, DC: Author.

American Psychiatric Association. (1987). *Diagnostic and statistical manual of mental disorders* (3rd ed., rev). Washington, DC: Author.

American Psychiatric Association. (1994). *Diagnostic and statistical manual of mental disorders* (4th ed.). Washington, DC: Author.

American Psychiatric Association. (2000). *Diagnostic and statistical manual of mental disorders* (4th ed., text rev). Washington, DC: Author.

American Psychiatric Association. (2013). *Diagnostic and statistical manual of mental disorders* (5th ed.). Washington, DC: Author.

Blashfield, R. K., Keelye, J. W., Flanagan, E. H., & Miles, S. R. (2014). The Cycle of Classification: DSM-I through DSM-5. *Annual Review of Clinical*

Psychology, 10(1), 25-51.

Clark, L. A., Cuthbert, B., Lewis-Fernández, R.,
Narrow, W. E., & Reed, G. M. (2017). Three
Approaches to Understanding and Classifying
Mental Disorder: ICD-11, DSM-5, and the
National Institute of Mental Health's Research
Domain Criteria (RDoC). *Psychological Science in
the Public Interest, 18*(2), 72-145.

Evans, S. C., & Roberts, M. C. International
Classification of Diseases (ICD), Mental and
Behavioural Disorders Section. *The Encyclopedia
of Clinical Psychology.*

Frances, A. (2013). *Essentials of psychiatric diagnosis:
Responding to the challenge of DSM-5*. New York,
NY: Guilford Press.

Link, B. G., Cullen., F. T., Struening. E., Shrout.,
P. E., & Dohrenwend, B. P. (1989). A modified
labeling theory approach to mental disorders:
An empirical assessment. American *Sociological
Review, 54*, 400-423.

Robins, E., & Guze, S.B.(1970). Establishment of
diagnostic validity in psychiatric illness: its
application to schizophrenia. *American Journal of
Psychiatry, 126*, 983-987.

Rosenhan, D. L. (1973). On Being Sane in Insane
Places. *Science, 179*(4070), 250-258.

Szasz, T. (1961). *The myth of mental illness*. New York:
Hoeber-Harper.

Wicks-Nelson, R, Israel, A. C. (2006). *Behavior
Disorders of Childhoo* (6th ed.). New Jersey:
Pearson Education, Inc.

Wicks-Nelson, R, Israel, A. C. (2009). *Abnormal Child
and Adolescent Psychology* (7th ed.). New Jersey:
Pearson Education, Inc.

Widiger, T. A., & Samuel, D. B. (2005). Diagnostic
Categories or Dimensions? A Question for the
Diagnostic and Statistical Manual of Mental
Disorders-Fifth Edition. *Journal of Abnormal
Psychology, 114*(4), 494-504.

Zubin, J., & Spring, B. (1977). Vulnerability: A new
review of schizophrenia. *Journal of Abnormal
Psychology, 86*, 103-126.

5장

강진령 (2018). 상담연습, 치료적 의사소통 기술. 서울:
학지사.

민성길 (2006). 최신정신의학. 서울: 일조각.

박민수 (2017) 마음을 움직이는 커뮤니케이션 기법. 서울:
시그마북스.

조성근, 양재원, 김현수, 임숙희 (2020). *Clinical
Interviewing*. (John Sommers-Flanagan, Rita
Sommers-Flanagan 저, 조성근, 양재원, 김현수,
임숙희 역)

주은선 (2007). *Person-Centered Counselling in Action.*
(Dave Mearns. Brian Thorne 저, 주은선 역.)

American Psychiatric Association. (2013). *Diagnostic
and statistical manual of mental disorders (DSM-5)*.
American Psychiatric Pub.

Fowler, J. C. (2012). Suicide risk assessment in clinical
practice: Pragmatic guidelines for imperfect
assessments. *Psychotherapy, 49*(1), 81-90.

Grahe, J. E., & Bernieri, F. J. (1999). The importance
of nonverbal cues in judging rapport. *Journal of
Nonverbal Behavior, 23*(4), 253-269.

Gilbert, P. (2013). *Mindful Compassion*. London:
Constable and Robinson.

Hill, C. E., & O'Brien, K. M. (1999). *Helping skills.*
Washington, DC: American Psychological
Association.

Hubble, M. A. & Gelso, C. J. (1978). Effect of
counselor attire in an initial interview. *Journal of
Counseling Psychology, 25*(6), 581.

Morrison, J. (2014). *The first interview* (4th ed.).
Guilford Publications.

Norcross, J. C. (2002). *Psychotherapy relationships that
work: Therapist contributions and responsiveness to
patients*. Oxford University Press.

Sommers-Flanagan, J., & Sommers-Flanagan, R.
(2017). *Clinical Interviewing*. (6th ed.). John
Wiley & Sons.

Shea, S. C. (1998). *Psychiatric interviewing: The art of
understanding* (2nd ed.). PA: Saunders.

World Health Organization. (2004). *International
statistical classification of diseases and related health
problems* (Vol. 1). World Health Organization.

Wollburg, E., & Braukhaus, C. (2010). Goal setting in psychotherapy: The relevance of approach and avoidance goals for treatment outcome. *Psychotherapy Research*, 20(4), 488-494.

Zuckerman, E. L. (2010). *The Clinician's thesaurus: The guide to conducting interviews and writing psychological reports* (7th ed.). NY: Guilford Press.

6장

곽금주, 박혜원, 김청택 (2001). K-WISC-III(한국 웩슬러 아동지능검사) 지침서. 서울: 도서출판 특수교육.

곽금주, 오상우, 김청택 (2011). K-WISC-IV(한국 웩슬러 아동지능검사) 전문가 지침서. 서울: 학지사.

김승국, 김옥기 (1995). 사회성숙도 검사. 서울: 중앙 적성 출판사.

문수백 (2014). 한국판 KABC-II 전문가 지침서. 서울: 학지사 심리검사연구소.

박혜원, 곽금주, 박광배 (1996). 한국 웩슬러 유아지능검사(K-WPPSI) 지침서. 서울: 도서출판 특수교육.

박혜원, 이경옥, 안동현 (2015). 한국 웩슬러 유아지능검사(K-WPPSI-IV) 실시지침서. 서울: 학지사심리검사연구소.

박혜원 (2014). 한국 비언어지능검사 2판(K-CTONI-2). 서울: 마인드프레스.

상백선, 전용신 (1970). 고대-비네(Kodea-Binet) 검사 작성. 행동과학연구, 1(단일호), 31-42.

염태호, 박영숙, 오경자, 김정규, 이영호 (1992). K-WAIS 실시요강. 서울: 한국 가이던스.

윤점룡, 박경숙, 박효정, 박혜정, 권기욱 (1986). 아동용 개인지능(KEDI-WISC) 개발연구. 서울: 한국교육개발원.

이우경, 이원혜 (2012). 심리평가의 최신 흐름. 서울: 학지사.

이진숙, 권순덕 (1953). 웩슬러-벨뷰우 지능검사의 개정판. 서울: 중앙교육연구소.

이창우, 서봉연 (1947). 한국판 웩슬러 아동용 지능검사 실시요강. 서울: 배영사.

이창우, 서봉연 (1947). K-WISC 실시요강. 서울: 교육과학사.

상백선, 전용신 (1970). 고대-비네(Kodea-Binet) 검사 작성. 행동과학연구, 1(단일호), 31-42.

전용신, 서봉연, 이창우 (1963). KWIS 실시요강. 서울: 한국가이던스.

전용신 (1970). 고대-비네 검사. 고려대학교 행동과학연구소. 서울: 고려대학교 출판부.

전용신 (1971). 한국 아동 개인지능검사법/고대-비네검사 요강 (1971년도판). 고대-비네 검사 요강, (단일호). 1-184.

황순택, 김지혜, 박광배, 최진영, 홍상황 (2012a). 한국판 웩슬러 성인용 지능검사 4판(K-WAIS-IV). 한국심리주식회사.

황순택, 김지혜, 박광배, 최진영, 홍상황 (2012b). 한국판 웩슬러 성인용 지능검사 4판 (K-WAIS-IV): 기술 및 해석요강. 한국심리주식회사.

Bouchard, T. J, Jr., & McGue, M. (1981). Familial studies od intelligence: A review. *Science*, 212, 1055-1059.

Bouchard, T. J, Jr. (2013). The Wilson effect: The increase in heritability of IQ with age. *Twin Research and Human Genetics*, 16, 923-930.

Brown, W. (1910). Some experimental results in the correlation of mental avilities. *British Journal of Psychology*, 3(3), 296-322.

Binet. A., & Simon, T. (1905). Méthodes nouvelles pour le diagnostic du niveau intellectuel des anormaux. *L'Annee Psycholique*, 11, 191-244.

Binet, A., & Simon, T. (1916). *The development of intelligence in children*. Baltimore: Williams & Wikins.

Bracken, B. A., & McCallum, R. S. (2015). *Universal Nonverbal Intelligence Test* (2nd ed.). Itasca, IL: Riverside Publishers.

Cattell, J. Mck. (1890). Mental tests and measurements. *Mind*, 15, 373-380.

Cattell, R. B. (1963). Theory of fluid and crystallized intelligence: A critical experiment. *Jounral of Educational Psychology*, 54, 1-22.

Cattell, R. B., & Cattell, A. K. (1963). *Test of g: Culture Fair, Scale 3. Champaign*. IL: Institute for Personality and Ability Testing.

Carroll, J. B. (1993). *Human cognitive abilities: A survey of factor analytic studies.* New York: Cambridge University Press.

Carroll, J. B. (1997). The three-stratum theory of cognitive abilities. In D. P. Flanagan, J. L. Genshaft, & P. L. Harrison (Eds.), *Contemporary intellectual assessment: Theories, tests, and issues* (pp. 122-130). New York: Guilford Press.

Flanagan, D. P., Ortiz, S. O., & Alfonso, V. C. (2013). *Essentials of cross-battery assessment* (3rd ed.). Hoboken, NJ: Wiley.

Flynn, J. R. (1984). The mean IQ of Americans: Massive gains 1932 to 1978. *Psychological Bulletin, 95,* 29-51.

Flynn, J. R. (2009). *What is intelligence? Beyond the Flynn Effect* [Enlarged Paperback Edition]. New York: Cambridge University Press.

Gardner, H. (1983). *Frames of mind: The theory of multiple intelligence,* New York: Basic Books.

Guilford, J. P. (1956). The structure of intellect. *Psychological Bulletin, 53*(4), 267-293.

Guilford, J. P. (1967). *The nature of human intelligence.* New York: McGraw-Hill.

Horn, J. L., & Noll, J.(1997). Human cognitive capabilities: Gf-Gc theory. In D. P. Flanagan &J. L. Genshaft (Eds.). *Contemporary intellectual assessment: Theories, tests, and issues,* (pp. 53-91) NY: Guilford. Individuals with Disabilities Education Act Amendments of 1997, 20 USC 1400 et seq. (Fed Reg 64, 1999)

Kline. P. (1993). *The Handbook of Psychological Testing.* London: Routledge.

Lynn, R., & Hampson, S. (1986). Intellectual abilities of Japanese children: An assessment of 2 1/2-8 1/2-year-olds derived from the McCarthy Scales of Children's Abilities. *Intelligence, 10,* 41-58.

Maher, B.A., & Maher, W. B. (1985a). Psychopathology: I. Form ancient times to the eighteenth century. In G. a. Kimble & K. Schlesinger (Eds.), *Topics in the history of psychology*(pp. 251-294). Hillsdale, NJ: Erlbaum.

Maher, B.A., & Maher, W. B. (1985b). Psychopathology: II. Form eighteenth century

to the modern times. In G. a. Kimble & K. Schlesinger (Eds.), *Topics in the history of psychology* (pp. 295-329). Hillsdale, NJ: Erlbaum.

McGrew, K. S., Flanagan, D. R, Keith, T. Z., & Vanderwood, M. (1997). Beyond g: The impact of Gf-Gc specific cognitive abilities research on the future use and interpretation of intelligence tests in the schools. *School Psychology Review, 26,* 177-189.

McGrew, K.S., LaForte, E.M., & Schrank, F.A. (2014). *Technical Manual. Woodcock-Johnson IV.* Rolling Meadows, IL: Riverside.

Neisser, U., Boodoo, G,. Bouchard, T. J., Jr., Boykin, A. W., Brody, N., Ceci, S. J., Halpern, D. F., Loehlin, J.c. Perloff, R., Sternberg, R. J., & Urbina, S. (1996). Intelligence: Knowns and unknows. *American Psychologist, 51,* 77-101.

Raven, J. C. (1938). *Progressive matrices.* London: Lewis.

Roid, G. H., & Miller, L. J. (1997). *Leiter international performance scale-Revised.* Wood Dale, IL: Stoelting.

Roid, G. (2003). *Stanford-Binet Intelligence Scales* (Fifth Edition). Itasca, IL: Riverside.

Spearman, C. (1910). Correlation calculated from faulty data. *British Journal of Psychology, 3*(3), 271-295.

Spearman, C. (1927). *The abilities of man.* New York: Macmillan.

Sternberg. R. j., & Detterman, D. K. (1986). *What is intelligence? Contemporary viewpoints on its nature and definition.* Norwood, NJ: Ablex.

Sternberg, R. J. (2000). *Handbook of intelligence.* New York: Cambridge University Press.

Terman, L. M., & Merrill, M.A. (1937). *Measuring intelligence.* Boston: Houghton Mifflin.

Terman, L. M., & Merrill, M.A. (1960). *Stanford-Binet Intelligence Scale.* Boston: Houghton Mifflin.

Terman, L. M., & Merrill, M.A. (1973). *Stanford-Binet Intelligence Scale: Norms editions.* Boston: Houghton Mifflin.

Thorndike, R.L., Hagen, E. P., & Sattler, J. M. (1986).

The Stanford-Binet Intelligence Scale (4th ed.). Chicago: Riverside Press.

Thurstone, L. L. (1916). Character and temperament. *Psychological Bulletin, 13*, 384-388.

Thurstone, L. L. (1938). *Primary mental abilities.* Chicago: University of Chicago Press.

Walter, J., & Gardner, H. (1985). The development and education of intelligences. In F. Link (Ed.), *Essays on the intellect* (pp. 1-21). Washington, DC: Curiculum Development Associates.

Wechsler, D. (1939). *Measurement of adult intelligence.* Baltimore, MD: Williams & Wilkins.

Wechsler, D. (1944). *The measurement of adult intelligence* (3rd ed.). Baltimore, MD: Williams & Wilkins.

Wechsler, D. (1946). *Wechsler-Bellevue intelligence Scale, Form II.* New York: The Psychological Corporation.

Wechsler, D. (1949). *Wechsler Intelligence Scale for Children.* New York: The Psychological Corporation.

Wechsler, D. (1955). *Manual for the Wechsler Adult Intelligence Scale* (WAIS). San Antonio, TX: Psychological Corporation.

Wechsler, D. (1958). *Measurement and appraisal of adult intelligence* (4th ed.). Baltimore, MD: Williams & Wilkins.

Wechsler, D. (1967). *Manual for the Wechsler Preschool and Primary Scale of Intelligence.* New York: The Psychological Corporation.

Wechsler, D. (1974). *Wechsler Intelligence Scale for Children-Revised.* New York: The Psychological Corporation.

Wechsler, D. (1981). *Wechsler Adult Intelligence Scale* (3rd ed.). San Antonio, TX: Psychological Corporation.

Wechsler, D. (1989). *WPPSI-R: Preschool and Primary Scale of Intelligence.* San Diego: Psychological Corporation Harcourt Brace Jovanovich.

Wechsler, D. (1991). *Wechsler Intelligence Scale for children-Third edition.* San Antonio, TX: Psychological Corporation.

Wechsler, D. (1997). *Manual for the Wechsler Adult Intelligence Scale-Third Edition (WAIS-III) administration and scoring manual.* San Antonio: The Psychological Corporation.

Wechsler, D. (2002). *Manual for the Wechsler Preschool and Primary Scale of Intelligence-3rd edition.* New York: The Psychological Corporation.

Wechsler, D. (2003). *Wechsler Intelligence Scale for Children-Fourth Edition.* San Antonio, TX: Harcourt Assessment, Inc.

Wechsler, D. (2008). *Wechsler Adult Intelligence Scale* (4rd ed.). Administration and scoring manual. San Antonio, Hoboken, TX: Psychological Corporation.

Wechsler, D. (2012). *Technical and interpretative manual: WPPSI-IV.* NY: Pearson Inc.

Wechsler, D. (2014). *Wechsler Intelligence Scale for Children-Fifth Edition.* Bloomington, MN: Pearson.

Weiss, L., & Gabel, A. D. (2008). *WISC-IV technical report #6: Using the Cognitive Proficiency Index in psychoeducational assessment.* Upper Saddle River, NJ: Pearson Education, Inc.

7장

김빛나, 김지혜 (2015). 근거기반 심리평가의 기본개념과 국내 적용에 대한 논의: 공황장애와 우울장애의 예시와 함께. 한국심리학회지: 임상, 34(3), 579-605.

김영환, 권해수, 김지혜, 박은영, 박중규, 오상우, 이수정, 이은호, 조은경, 황순택, 홍상황 (2019). 성격평가 질문지 증보판. 서울; 학지사.

김영환, 김지혜, 오상우, 임영란, 홍상황 (2001). PAI 표준화연구: 신뢰도와 타당도. 한국심리학회지: 임상, 20, 311-329.

김중술, 한경희, 임지영, 이정흠, 민병배, 문경주 (2005). 다면적 인성검사 II 매뉴얼. 서울: 마음사랑.

김중술 (1996). 다면적 인성검사: MMPI의 임상적 해석. 서울: 서울대학교 출판부.

문혜신, 박현진, 유성진, 김지영 (2023). MMPI 검사: 성격 및 정신병리 평가. 서울: 시그마프레스.

민병배, 오현숙, 이주영 (2007). 기질 및 성격검사 매뉴얼, TCI-Family Manual. 서울: 마음사랑.

박영숙, 박기환, 오현숙, 하은혜, 최윤경, 이순묵, 김은주 (2013). 최신심리평가 수정판. 서울: 하나의학사.

박영숙, 박기환, 오현숙, 하은혜, 최윤경, 이순묵, 김은주 (2019). 현대 심리평가의 이해와 활용. 서울: 학지사.

안창규, 채준호 (1997). NEO-PI-R의 한국표준화를 위한 연구. 한국심리학회지: 상담 및 심리치료, 9, 443-472.

안현희, 김동일, 안창규 (2007). NEO 성격검사 실시요강. 서울: 한국가이던스.

염태호, 김정규 (1990). 성격요인검사: 실시요강과 해석방법. 한국심리적성연구소.

염태호 (2003). 16PF의 이해와 활용. 서울: 한국가이던스.

오현숙, 민병배 (2004). 기질 및 성격검사 매뉴얼, 청소년용. 서울: 마음사랑.

우상우 (2024). 개념으로 배우는 로르샤하. 서울: 학지사.

이승은 (1993). NEO-PI-R 성격검사의 신뢰도 및 타당도 예비연구. 연세대학교 석사학위논문.

이인혜 (1997). NEO-PI-R의 타당성 연구. 성격 및 개인차 연구, 6, 57-69.

이훈진, 문혜신, 박현진, 유성진, 김지영 (2007). MMPI-2: 성격 및 정신병리 평가 제4판. 서울: 시그마프레스.

한경희, 김중술, 임지영, 이정흠, 민병배, 문경주 (2011). 다면적 인성검사 II 매뉴얼 개정판. 서울: 마음사랑.

한경희, 문경주, 이주영, 김지혜 (2011). 다면적 인성검사 II 재구성판 매뉴얼. 서울: 마음사랑.

황순택, 김영환, 권해수, 김지혜, 박은영, 박중규, 오상우, 이수정, 이은호, 조은경, 홍상황 (2019). 청소년 성격평가 질문지 증보판. 서울; 학지사.

Anastasi, A. (1988). *Psychological testing* (5th ed). New York: Macmillan.

Archer, R. P, Handel, R. W, Ben-Porath, Y. S., & Tellegen, A. (2016). *Minnesota Multiphasic Personality Inventory-Adolescent-Restructured Form (MMPI-A-RF): Manual for administration, scoring, interpretation, and technical manual.* University of Minnesota Press.

Ben-Porath, Y. S., & Tellegen, A. (2011). *The Minnesota Multiphasic Personality Inventory-2-Restructured Form (MMPI-2-RF): Manual for administration, scoring, and interpretation.* University of Minnesota Press. Original work published in 2008.

Ben-Porath, Y. S., & Tellegen, A. (2020a). *Minnesota Multiphasic Personality Inventory-3 (MMPI-3): Manual for administration, scoring, and interpretation.* University of Minnesota Press.

Ben-Porath, Y. S., & Tellegen, A. (2020b). *Minnesota Multiphasic Personality Inventory-3 (MMPI-3): Technical manual.* University of Minnesota Press.

Buck, J.N. (1948). The H-T-P Test. *Journal of Clinical Psychology, 4,* 151-159.

Buck, J.N. (1964). *The House Tree Person(H-T-P) manual supplement.* Los Angeles: Western Psychological Services.

Buck, J.N., & Hammer, E.F. (1969). *Advances in the house-tree-person technique: Variations and applications.* Los Angeles: Western Psychological Services.

Burns, R.C., & Kaufman, S.H. (1970). *Kinetic Family Drawing(K-F-D): An introduction to understanding children through kinetic drawing.* New York: Brunner/Mazel.

Cattell, R.B. (1957). *Personality and motivation: Structure and measurement.* New York: Harcourt Brace Jovanovich.

Cloninger, C.R. (1986). A unified biosocial theory of personality and its role in the development of anxiety state. *Psychiatric Development, 3,* 167-226.

Cloninger, C.R. (1987). A systematic method of clinical description and classification of personality variants. *Archives of General Psychiatry, 44,* 573-588.

Costa, P. T. Jr., & McCrae, R. R. (1992). *Revised NEO Personality Inventory (NEO-PI-R) and NEO Five-Factor Inventory (NEO-FFI) professional manual.* Odessa, FL: Psychological Assessment Resources.

Goldberg, L. R. (1993). The structure of phenotypic personality traits. *American Psychologist, 48,* 26-

34.

Goodenough, F. L. (1926). *Measurement of intelligence by drawings*. New York: Harcourt, Brace & World.

Machover, K. (1949). *Personality projection in the drawing of the human figure: A method of personality investigation*. Springfield, IL: Charles C Thomas.

Meyer, G. J., Viglione, D. J., Mihura, J. L., Erard, R. E., & Erdberg, P. (2011). *Rorschach Performance Assessment System: Administration, coding, interpretation, and technical manual*. Toledo, OH: Rorschach Performance Assessment System.

Morey, L. C. (1991). *Personality Assessment Inventory manual*. Odessa, FL: Psychological Assessment Resources.

Payne, A. F. (1928). *Sentence Completion*. NY: New York Guidance Clinic.

Sjöbring, H. (1973). Personality structure and development: A model and its application. *Acta Psychiatrica Scandinavica, Suppl, 244*, 1-20.

Trull, T. J., & Prinstein, M. J. (2013). *The science and practice of clinical psychology* (8th ed). Cengage Learning.

8장

강진화, 이정애, 오강섭, 임세원 (2013). 한국판 Liebowitz 사회불안 척도: 임상가 평정(Liebowitz Social Anxiety Scale: Clinician Administered)의 타당도 연구. *Korean Journal of Clinical Psychology. 32*(2), 291-312.

김광일, 김재환, 원호택 (1984). 간이정신진단검사 실시요강. 서울: 중앙적성출판부.

김보경, 심기선, 이나빈, 김도희, 주혜선 (2024). 아동 청소년을 위한 외상 후 스트레스 평가 도구: K-CATS-2 타당화 연구. 상담심리교육복지 11(3), 111-137.

김영신, 소유경, 노주선, 최낙경, 김세주, 고윤주 (2003). 한국어판 부모 및 교사용 ADHD 평가 척도(K-ARS)의 규준연구. 신경정신의학, 42(3), 352-359.

김지혜, 이은호, 황순택, 홍상황 (2015). 한국판 벡 불안척도 매뉴얼. 대구: 한국심리주식회사.

김지혜, 이은호, 황순택, 홍상황 (2015). 한국판 벡 우울척도 2판 매뉴얼. 대구: 한국심리주식회사.

김지혜, 이은호, 황순택, 홍상황 (2015). 한국판 벡 절망척도 매뉴얼. 대구: 한국심리주식회사.

김태련, 박량규 역 (1995). 아동기 자폐증 평정척도 지침서. 서울: 특수교육.

김청택, 김동일, 박중규, 이수진 (2002). 인터넷중독예방상담및예방프로그램개발연구. 한국정보문화진흥원, 정보통신부.

나현정, 장은진, 한미령, 조광순 (2018). 학급차원의 보편적 긍정적 행동지원이 초등학생들의 문제행동 감소와 학업수행 증진에 미치는 영향. 한국심리학회지: 학교, 15(1), 91-109.

남보라, 권호인, 권정혜 (2010). 한국판 외상 후 스트레스 진단 척도의 신뢰도 및 타당도 연구. *Korean Journal of Clinical Psychology, 29*(1), 147-16.

신민섭, 김용희 (1998). 한국형 아동기 자폐증 평정척도의 표준화연구. *Korean Journal of Clinical Psychology. 17*(1), 1-15.

오경자, 김영아 (2008). 유아 행동평가척도 부모용 (CBCL1.5-5). 서울: (주)휴노.

오경자, 김영아, 하은혜, 이혜련, 홍강의 (2010). 아동 청소년 행동평가척도 부모용 (CBCL6-18). 서울: (주)휴노.

오경자, 이혜련, 홍강의, 하은혜 (1997). K-CBCL 아동 청소년 행동평가 척도. 서울: 중앙 적성 출판사.

원호택, 김재환, 오경자, 김청택, 김영아, 김민영 (2015). 간이정신진단검사(SCL-90-R). 서울: (주)휴노.

이광민, 정성훈, 이원기, 정운선 (2011). 한국판 아동용 외상 후 증상 보고와 부모용 외상 후 증상 보고에 대한 신뢰도 및 타당도 연구. 소아청소년정신의학 22(3), 169-181.

이산, 오승택, 류소연, 전진용, 이건석, 이은, 박진영, 이상욱, 최원정 (2016). 한국판 역학연구 우울척도 개정판(K-CESD-R)의 표준화 연구. 정신신체의학. 24(1), 83-93.

이영호, 송종용 (1991). BDI, SDS, MMPI-D 신뢰도 및 타당도에 대한 연구. *Korean Journal of Clinical Psychology. 15*(1), 98-113.

이혜선, 권정혜 (2009). 한국판 자살생각척도(K-BSI)의 타당화 연구. *Korean Journal of Clinical Psychology,*

28(4), 1155-1172.

장수진, 서동수, 변희정 (2007). 한국어판 주의력결핍 과잉행동장애 평가척도의 부모용 규준연구. 소아청소년정신의학 18(1), 38-48.

장은진 (2017). 초등학교 학급차원의 보편적 긍정적 행동지원 모형개발. 사회과학연구, 28(1), 175-191.

정선주, 이정섭, 유태익, 구영진, 전성일, 김봉석, 홍강의 (1998). 한국어판 예일 틱 증상 평가척도: 신뢰도 및 타당도 연구. 신경정신의학, 37(5), 942-951.

조선미, 박혜연, 김지혜, 홍창희, 황순택 (2006). 한국 아동 인성 평정 척도(Korean Personality Rating Scale for Children; KPRC)의 표준화 연구. *Korean Journal of Clinical Psychology*, 25(3), 825-848.

조수철, 이영식 (1990). 한국형 소아 우울 척도의 개발. 신경정신의학, 29(4), 943-955.

최성혜, 나덕렬, 이병화, 함동석, 정지향, 윤수진, 유경희, 하충건, 한일우, 치매연구회 (2001). 한국판 Expanded Clinical Dementia Rating (CDR)척도의 타당도. 대한신경과학회지. 19(6), 585-591.최성혜, 나덕렬, 이병화, 함동석, 정지향, 정용, 구은정, 하충건, 안성신 (2002). 한국판 Global Deterioration Scale의 타당도. *Journal of the Korean Neurological Association.* 20(6), 612-617.

최진숙, 조수철 (1990). 소아불안의 측정: RCMAS의 신뢰도와 타당도 검사. 신경정신의학, 29(3), 691-702.

한덕웅, 이장호, 전겸구 (1996). Spielberger의 상태-특성 불안검사 Y형의 개발. 한국심리학회지: 건강. 1(1), 1-14.

Achenbach, T. M. (1991). *Integrative Guide for the 1991 CBCL/4-18, YSR, and TRF Profiles.* Burlington, VT: University of Vermont, Department of Psychiatry.

Achenbach, T.M., & Edelbrock, C. S. (1983). *Manual for the child behavior checklist and revised behavior profile.* Burlington: University of Vermont Department of Psychiatry.

American Psychiatric Association(1987). *Diagnostic and Statistical Manual of Mental Disorders* (3rd ed. revised). Washington, DC: American Psychiatric Association.

Beck, A. T., Ward, C. H., Mendelson, M., Mock, J., & Erbaugh, J. (1961). An inventory for measuring depression. *Archives of General Psychology, 4,* 561-571.

Beck, A. T., Steer, R. A., & Brown, G. K. (1996). *Manual for the beck Depression Inventory-II.* San Antonio, TX: Psychological Corporation.

Beck, A. T. (1990). *Manual for the Beck Anxiety Inventory.* San Antonio, TX: Psychological Corporation.

Beck, A T., Steer, R. A., & Ranieri, W. F. (1988). Scale for Suicide Ideation: psychometric properties of a self-report version. *Journal of Clinical Psychology, 44,* 499-505.

Beck, A. T., Kovacs, M., & Weissman, A. (1979). Assessment of suicidal intentio The scale for suicide ideation. *Journal of Consulting and Clinical Psychology, 47*(2), 343-352.

Beck, A. T., Weissman, A., Lester, D., & Trexler, L. (1974). The measurement of pessimism: the hopelessness scale. *Journal of Consulting and Clinical Psychology, 42*(6), 861-865.

Brewin, C. R. (1988). *Cognitive foundations of clinical psychology.* London: Erlbaum.

Ciminero, A. R., Calhoun, K. S., & Adams, H. E. (Eds.) (1986). *Handbook of behavioral assessment* (2nd ed.). New York: Wiley.

Cooper, N. A., & Clum, G. A. (1989). Imaginal flooding as a supplementary treatment for PTSD in combat veterans: A controlled study. *Behavior therapy, 20*(3), 381-391.

Creak M. (1961). Schizophrenia syndrome in childhood: Progress report of a working party. *Cerebral Palsy Bulletin, 3,* 501-504.

D'Alessandro, D. U., & Burton, K. D. (2006). Development and validation of the dysfunctional attitudes scale for children: tests of Beck's cognitive diathesis-stress theory of depression, of its causal mediation component, and of developmental effects. *Cognitive Therapy and Research, 30,* 335-353.

Derogatis, L. R. (1977). *SCL-90 administration, scoring*

and procedures manual-I. Baltimore: Johns Hopkins.

DuPaul, G. J., Power, T. J., Anastopoulos, A. D., & Reid, R. (1998). *ADHD Rating Scale-IV: Checklists, norms, and clinical interpretation.* NewYork, NY: The Guilford Press.

Eidelson, R. J., & Epstein, N. (1982). Cognitive and relationship adjustment: Development of a measure of dysfunctional relationship beliefs. *Journal of Consulting and Clinical Psychology, 50,* 715-720.

Fincham, F. D., & Bradbury, T. N. (1992). Assessing attributions in marriage: The Relationship Attribution Measure. *Journal of Personality and Social Psychology, 62,* 457-468.

Foa, E. B., Cashman, L., Jaycox, L., & Perry, K. (1997). The Validation of a Self-Report Measure of Posttraumatic Stress Disorder: The Posttraumatic Diagnostic Scale. *Psychological Assessment. 9,* 445-451.

Folstein M. F., Folstein S. E., McHugh P. R. (1975). Mini-Mental state: A practical method for grading the cognitive state patients for the clinician. *Journal of Psychiatric Research. 12,* 189-198.

Garner, D. M., & Garfinkel, P. E. (1979). The Eating Attitudes Test: An index of the symptoms of anorexia nervosa. *Psychological Medicine, 9,* 273-279.

Gioia, G. A., Isquith, P. K., Guy, S. C., & Kenworth, L. (2000). *Behavior Rating Inventory of Executive Function.* Odessa. FL: Psychological Assessment Resources.

Glass, C. R., Merluzzi, T. V., Biever, J. L., & Larsen, K. H. (1982). Cognitive assessment of social anxiety: Development and validation of a self-statement questionnaire. *Cognitive Therapy and Research, 6,* 37-55.

Groth-Marnat G. (2009). *Handbook of psychological Assessmen* (5th ed.). Hoboken, NJ: John Wiley & Sons.

Hammen, C. L. (1978). Depression, distortion, and life stress in college students. *Cognitive Therapy and Research, 2,* 189-192.

Hollon, S. D., & Kendall, P. C. (1980). Cognitive self-statements in depression: Development of an automatic thoughts questionnaire. *Cognitive Therapy and Research, 4,* 383-395.

Hughes, C. P., Berg, L., Danziger, W. L., Coben, L. A., & Martin, R. (1982). A new clinical scale for the staging of dementia. *The British Journal of Psychiatry, 140,* 566-572.

Ingram, R. E., & Wisnicki, K. S. (1988). Assessment of positive automatic cognition. *Journal of Consulting and Clinical Psychology, 56,* 898-902.

Jones, R. G. (1969). A factored measure of Ellis's Irrational Belief System. *Dissertation Abstracts International, 29*(43), 4379B-4380B.

Kanfer, F. H. (1970). *Learning foundations of behavior therapy.* New York, Wiley.

Kanner, L.(1943). Autistic disturbance of affective contact. *The Nervous Child, 2,* 217-250.

Korotitsch, W. J., & Nelson-Gray, R. O. (1999). An overview of self-monitoring research in assessment and treatment. *Psychological Assessment, 11,* 415-425.

Kovacs, M. (1985). The Children's Depression Inventory. *Psychopharmacology Bulletin, 21,* 955-988.

Kwon, Y. C. & Park, J. H. (1989). Korean version of Mini-Mental State Examination(MMSE-K) Part Ⅰ: Development of the Test for the elderly. *Journal Of the Korean Neuropsychiatric Association. 28*(1), 125-135.

Leckman, J. F., Riddle, M. A., Hardin, M. T. (1989). The Yale Global Tic Severity Scale: initial testing of a clinician-rated scale of tic severity. *J AM Acad Child Psychiatry, 28,* 566-573.

Liebowitz, M. R. (1987). Social phobia. *Modern problems of pharmacopsychiatry, 22,* 141-173.

McFall, R. M., & Lillesand, D. V. (1971). Behavior rehearsal with modeling and coaching in assertive training. *Journal of Abnormal Psychology, 77,* 313-323.

McGuire, J., & Richman, N. (1988). *The preschool behavior checklist handbook*. UK: NFER-NELSON.

Miller, W. R., & DiPilato, M. (1983). Treatment of nightmares via relaxation and desensitization: a controlled evaluation. *Journal of Consulting and Clinical Psychology, 51*(6), 870.

National Society for Autistic Children. (1978). National Society for Autistic Children definition of the syndrome of autism. *Journal of Autism and Childhood Schizophrenia, 8*, 162-167.

Pomerleau, O. F., & Pomerleau, C. S. (1977). *Break the smoking habit*. Champaign, IL: Research Press Company.

Pretzer, J. L., Epstein, N., & Fleming, B. (1992). The Marital Attitude Survey: A measure of dysfunctional attitudes and expectancies. *Journal of Cognitive Psychotherapy, 5*, 131-148.

Reisgerg B, Ferris S. H, de Leon M. J, Crook T. (1982). The Global Deterioration Scale for assessment of primary degenerative dementia. *Am J Psychiatry, 139*(9), 1136-9.

Reynolds, C. R., & Richmond, B. O. (1978). What I think and feel: A revised Measure of Children's Manifest Anxiety. *Journal of Abnormal Child Psychology, 6*(2), 271-280.

Ronan, K. R., Kendall, P. C., & Rowe, M. (1994). Negative affectivity in children: Development and validation of a self-statement questionnaire. *Cognitive Therapy and Research, 18*, 509-528.

Rutter, M.(1968). Concepts of autism: A review of research. *Journal of Child Psychology & Psychiatry, 9*, 1-25.

Schniering, C. A., & Rapee, R. M. (2001). *Development and validation of a Measure of children's automatic thought: The children's automatic scale*. Unpublished manuscript.

Seligman, M. E. P., Abramson, L. Y., Semmel, A., & von Baeyer, C. (1979). Depressive attributional style. *Journal of Abnormal Psychology, 88*, 242-247.

Shorkey, C. L., Reyes, E., & Whiteman, V. L. (1977). Development of the rational behavior inventory: Initial validity and reliability. *Educational and Psychological Measurement, 37*, 527-534.

Spielberger, C. D., Gorsuch, R. L., & Lushene, R. E. (1970). *Manual for the State-Trait Anxiety Invenrory*. Palo Alto, C.A.: Consulting Psychologists Press, Inc.

Spielberger, C. D. (1983). *Manual for the State-Trait Anxiety Inventory: STAI (From Y)*. Palo Alto, CA: Counsulting Psychologists Press.

Thelen, M. H., Farmer, J., Wonderlich, S., & Smith, M. (1991). A revision of the Bulimia Test: The BULIT—R. *Psychological Assessment: A Journal of Consulting and Clinical Psychology, 3*(1), 119.

Watson, D., & Friend, R. (1969). Measurement of social-evaluative anxiety. *Journal of Consulting and Clinical Psychology, 33*, 448-457.

Weissman, A., & Beck, A. T. (1978). *Development and validation of the Dysfunctional Attitude Scale (DAS)*. Paper presented at the 12th annual meeting of the Association for the Advancement of Behavior Therapy, Chicago, IL.

Wolpe, J., & Lazarus, A. (1966). *Behavior therapy techniques*. New York, NY: Pergamon Press.

Zimbardo, P. G. (1977). *Shyness: What it is and what to do about it*. Reading, MA: Addison-Wesley.

9장

강연욱 (1996). 기억의 신경심리학적 평가. 대한신경과학회춘계학술대회, 14(suppl), 105-118.

강연욱 (2006). K-MMSE(Korean-Mini Mental State Examination)의 노인규준연구. 한국심리학회지: 일반, 25, 1-12.

강연욱, 박재설, 유경호, 이병철 (2009). 혈관성 인지장애 선별검사로서 Korean-Montreal Cognitive Assessment (K-MoCA)의 신뢰도, 타당도 및 규준 연구. 한국심리학회지: 임상, 28, 549-562.

강연욱, 장승민, 김상윤, 대한치매학회 (2020). 한국판 간이인지검사 제2판 (K-MMSE~2) 사용자 매뉴얼, 인싸이트.

강연욱, 장승민, 나덕렬 (2012). 서울신경심리검사-2판

매뉴얼. 서울: 휴브알앤씨.

강연욱, 장승민, 나덕렬 (2018). 서울신경심리검사단축형
(SNSB-C). 서울: 휴브알앤씨.

강연욱, 진주희, 나덕렬, 이정희, 박재설 (2000).
통제단어연상검사의 노인 규준 연구.
한국심리학회지: 임상, 19, 385-392.

고임석, 서지원, 진주희, 유희진, 박재설, 염지영,
원다흰, 한수경, 김아름 (2021). 인지선별검사 시행
매뉴얼. 보건복지부 중앙치매센터.

곽호완, 김지연, 박종옥, 박형규, 배대석, 임종민, 장문선
(2018). 한국형동형반복형신경심리평가배터리개정판
(K-RBANS) 실시 및 채점 요강. 대구:
한국심리주식회사.

권용철, 박종한 (1989). 노인용 한국판 Mini-Mental State
Examination (MMSE-K)의 표준화 연구 제1편:
MMSE-K의 개발. 신경정신의학, 28, 125-135.

김고운, 노영, 서상원, 나덕렬 (2016). 경막하혈종: 말이
어눌해진 증상으로 온 79세 남자 환자. In 김은주,
서상원, 나덕렬 (Eds.), 치매증례집 (pp. 246-251.).
서울: 도서출판 뇌미인.

김정기, 강연욱 (1999). Korean-California Verbal
Learning Test(K-CVLT). 서울: 도서출판 특수교육.

김향희, 나덕렬 (1997). 한국판보스턴이름대기검사
(K-BNT). 서울: 학지사.

김향희, 나덕렬 (2012).
파라다이스한국판웨스턴실어증검사개정판(PK-
WAB-R). 서울: 파라다이스복지재단.

김향희, 허지회, 김덕용, 김정완 (2009). 실어증-
신경언어장애 선별검사 (STAND). 서울: 학지사.

김홍근 (1999). Rey-Kim기억검사 해설서. 대구: 도서출판
신경심리.

서미경, 윤지혜, 김향희, 나덕렬 (2016). 실어증.
In 임상가를 위한 인지신경학 신경심리학. 서울:
도서출판 뇌미인.

서은현, 이동영, 추일한, 윤종필, 김기웅, 우종연
(2007). 벤톤 시각 기억 검사(Benton Visual
Retention Test)의 한국 노인 정상규준 연구.
한국심리학회지임상, 26, 745-763.

심용수, 유승호, 유희진, 이동우, 이준영, 정지향, …
한설희 (2016). LICA노인인지기능검사전문가지침서
서울: 인싸이트 심리검사연구소.

우종인, 이동영, 김기웅, 김성윤, 김주한, 우성일, …

한설희 (2017). CERAD-K신경심리평가집(제2판).
서울: 서울대학교출판문화원.

이재홍 (2000). 혈관성 치매의 임상 특성과 유형.
대한뇌졸중학회지, 2, 121-125.

이정희, 강연욱, 나덕렬 (2000). Stroop 간섭 지표들의
효율성 비교: 정상노인집단과 치매집단을
대상으로. 한국심리학회지: 임상, 19, 807-818.

이한승, 진주희, 이병화, 강연욱, 나덕렬 (2007). 한국판
노인형 기호잇기검사의 개발과 타당화 연구.
대한치매학회지, 6, 54-66.

최진영 (2011). KDRS-2한국판치매평가검사개정판. 서울:
학지사.

최진영, 김지혜, 박광배, 황순택, 홍상황 (2012).
한국판웩슬러기억검사 4판(K-WMS-IV) 실시 및 채점
요강. 대구: 한국심리주식회사.

황순택, 김지혜, 박광배, 최진영, 홍상황 (2012).
한국판웩슬러성인지능검사(K-WAIS-IV) 실시 및 채점
메뉴얼. 대구: 한국심리주식회사.

Aarsland, D., Andersen, K., Larsen, J. P., Lolk, A.,
& Kragh-Sorensen, P. (2003). Prevalence and
characteristics of dementia in Parkinson disease:
an 8-year prospective study. *Arch Neurol*, *60*(3),
387-392.

Albert, M. S., DeKosky, S. T., Dickson, D., Dubois,
B., Feldman, H. H., Fox, N. C., … Phelps,
C. H. (2011). The diagnosis of mild cognitive
impairment due to Alzheimer's disease:
recommendations from the National Institute
on Aging-Alzheimer's Association workgroups
on diagnostic guidelines for Alzheimer's disease.
Alzheimers Dement, *7*(3), 270-279. doi:10.1016/j.
jalz.2011.03.008

American Academy of Clinical Neuropsychology.
(2007). American Academy of Clinical
Neuropsychology (AACN) practice guidelines
for neuropsychological assessment and
consultation. *Clin Neuropsychol*, *21*(2), 209-231.
doi:10.1080/13825580601025932

Aprahamian, I., Martinelli, J. E., Neri, A. L., &
Yassuda, M. S. (2009). The Clock Drawing
Test: A review of its accuracy in screening for
dementia. *Dement Neuropsychol*, *3*(2), 74-81.

doi:10.1590/s1980-57642009dn30200002

Augustinack, J. C., van der Kouwe, A. J., Salat, D. H., Benner, T., Stevens, A. A., Annese, J., … Corkin, S. (2014). H.M.'s contributions to neuroscience: a review and autopsy studies. *Hippocampus, 24*(11), 1267-1286. doi:10.1002/hipo.22354

Baldo, J. V., Shimamura, A. P., Delis, D. C., Kramer, J., & Kaplan, E. (2001). Verbal and design fluency in patinets with frontal lobe lesions. *Journal of the International Neuropsychological Society, 7*, 586-596.

Benton, A. L., Hamsher, K., & Sivan, A. B. (1994). *Multilingual Aphasia Examination* (3rd ed.). Iowa City: AJA Associates, Inc.

Benton, A. L., Hamsher, K., & Sivan, A. B. (1994). *Multilingual Aphasia Examination* (3rd ed.). Iowa City: AJA Associates, Inc.

Benton, A. L., Sivan, A. B., Hamsher, K., Varney, N. R., & Spreen, O. (1994). *Contributions to neuropsychological assessment: A Clinical manual* (2nd ed.). New York: Oxford University Press.

Boller, F., & Vignolo, L. A. (1966). Latent sensory aphasia in hemisphere-damaged patients: an experimental study with the Token Test. *Brain, 89*(4), 815-830.

Chandler, M. J., Lacritz, L. H., Hynan, L. S., Barnard, H. D., Allen, G., Deschner, M., … Cullum, C. M. (2005). A total score for the CERAD neuropsychological battery. *Neurology, 65*(1), 102-106. doi:10.1212/01.wnl.0000167607.63000.38

Chelune, G. J. (1995). Hippocampal adequacy versus functional reserve: predicting memory functions following temporal lobectomy. *Arch Clin Neuropsychol, 10*(5), 413-432.

Chin, J., Seo, S. W., Kim, S. H., Park, A., Ahn, H. J., Lee, B. H., … Na, D. L. (2012). Neurobehavioral dysfunction in patients with subcortical vascular mild cognitive impairment and subcortical vascular dementia. *Clin Neuropsychol, 26*(2), 224-238. doi:10.1080/13854046.2012.658865

Corkin, S. (2013). *Permanent Present Tense: The Unforgettable Life of the Amnesic Patient, H. M.* New York: Basic Books.

Corsi, P. M. (1972). *Human memory and the medial temporal region of the brain.* (Ph.D), Mc Gill University.

D'Elia, L. F., Sats, P., Uchiyama, C. L., & White, T. (1996). *Color Trails Test.* Odessa, FL: Psychological Assessment Resources.

De Renzi, E., & Vignolo, L. A. (1962). The token test: A sensitive test to detect receptive disturbances in aphasics. *Brain, 85*, 665-678.

Delis, D. C., Kaplan, E., & Kramer, J. H. (2001). *Delis-Kaplan Executive Function System.* San Antonio, TX: The Psychological Corporation.

Dubois, B., Feldman, H. H., Jacova, C., Hampel, H., Molinuevo, J. L., Blennow, K., … Cummings, J. L. (2014). Advancing research diagnostic criteria for Alzheimer's disease: the IWG-2 criteria. *Lancet Neurol, 13*(6), 614-629. doi:10.1016/S1474-4422(14)70090-0

Fastenau, P. S. (2002). *Extended Complex Figure Test Manual.* Los Angeles: Western Psychological Services.

Folstein, M. F., Folstein, S. E., & McHugh, P. R. (1975). "Mini-mental state". A practical method for grading the cognitive state of patients for the clinician. *J Psychiatr Res, 12*(3), 189-198.

Folstein, M. F., & Folstein, S. E. (2010). *Mini-Mental State Examination, 2nd Edition.* Lutz, FL: Psychological Assessment Resources, Inc.

Goodglass, H., & Kaplan, E. (2000). *Boston Naming Test.* Philadelphia: Lippicott Williams & Wilkins.

Hammers, D. B., Atkinson, T. J., Dalley, B. C., Suhrie, K. R., Beardmore, B. E., Burrell, L. D., … Hoffman, J. M. (2017). Relationship between (18)F-Flutemetamol uptake and RBANS performance in non-demented community-dwelling older adults. *Clin Neuropsychol, 31*(3), 531-543. doi:10.1080/13854046.2016.1278039

Heaton, R. K., Chelune, G. J., Talley, J. L., Kay, G. G., & Curtiss, G. (1993). *Wisconsin Card Sorting*

Test Manual Revised and Expanded. Odessa, FL: Psychological Assessment Resources.

Jack, C. R., Jr., Albert, M. S., Knopman, D. S., McKhann, G. M., Sperling, R. A., Carrillo, M. C., ... Phelps, C. H. (2011). Introduction to the recommendations from the National Institute on Aging-Alzheimer's Association workgroups on diagnostic guidelines for Alzheimer's disease. *Alzheimers Dement, 7*(3), 257-262. doi:10.1016/j.jalz.2011.03.004

Jurica, P. J., Leitten, C. L., & Mattis, S. (2001). *Dementia Rating Scale-2 (DRS-2).* Odessa, FL: Psychological Assessment Resources.

Karantzoulis, S., Novitski, J., Gold, M., & Randolph, C. (2013). The Repeatable Battery for the Assessment of Neuropsychological Status (RBANS): Utility in detection and characterization of mild cognitive impairment due to Alzheimer's disease. *Arch Clin Neuropsychol, 28*(8), 837-844. doi:10.1093/arclin/act057

Kim, T. H., Jhoo, J. H., Park, J. H., Kim, J. L., Ryu, S. H., Moon, S. W., ... Kim, K. W. (2010). Korean version of mini mental status examination for dementia screening and its' short form. *Psychiatry Investig, 7*(2), 102-108. doi:10.4306/pi.2010.7.2.102

Lee, D. Y., Lee, K. U., Lee, J. H., Kim, K. W., Jhoo, J. H., Youn, J. C., ... Woo, J. I. (2002). A normative study of the Mini-Mental State Examination in the Korean elderly. *Journal of Korean Neuropsychiatric Association, 41*(3), 508-525.

Lee, J. Y., Dong Woo, L., Cho, S. J., Na, D. L., Hong Jin, J., Kim, S. K., ... Maeng Je, C. (2008). Brief screening for mild cognitive impairment in elderly outpatient clinic: validation of the Korean version of the Montreal Cognitive Assessment. *J Geriatr Psychiatry Neurol, 21*(2), 104-110. doi:10.1177/0891988708316855

Levin, H. S., & Eisenberg, H. M. (1991). Management of head injury. Neurobehavioral outcome. *Neurosurg Clin N Am, 2*(2), 457-472.

Lezak, M. D., Howieson, D. B., Bigler, E. D., & Tranel, D. (2012). *Neuropsychological Assessment* (5th ed.). Oxford University Press.

Loring, D. W., Marino, S., & Meador, K. J. (2007). Neuropsychological and behavioral effects of antiepilepsy drugs. *Neuropsychol Rev, 17*(4), 413-425. doi:10.1007/s11065-007-9043-9

Luria, A. R. (1966). *Higher cortical functions in man.* Oxford, England: Basic Books.

McKeith, I. G., Boeve, B. F., Dickson, D. W., Halliday, G., Taylor, J. P., Weintraub, D., ... Kosaka, K. (2017). Diagnosis and management of dementia with Lewy bodies: Fourth consensus report of the DLB Consortium. *Neurology, 89*(1), 88-100. doi:10.1212/WNL.0000000000004058

McKeith, I. G., Dickson, D. W., Lowe, J., Emre, M., O'Brien, J. T., Feldman, H., ... Consortium on, D. L. B. (2005). Diagnosis and management of dementia with Lewy bodies: third report of the DLB Consortium. *Neurology, 65*(12), 1863-1872. doi:10.1212/01.wnl.0000187889.17253.b1

McKhann, G. M., Knopman, D. S., Chertkow, H., Hyman, B. T., Jack, C. R., Jr., Kawas, C. H., ... Phelps, C. H. (2011). The diagnosis of dementia due to Alzheimer's disease: recommendations from the National Institute on Aging-Alzheimer's Association workgroups on diagnostic guidelines for Alzheimer's disease. *Alzheimers Dement, 7*(3), 263-269. doi:10.1016/j.jalz.2011.03.005

Meyers, J. E., & Meyers, K. R. (1995). *Rey Complex Figure Test and Recognition Trial: Professional Manual.* Odessa, FL: Psychological Assessment Resources.

Nasreddine, Z. S., Phillips, N. A., Bedirian, V., Charbonneau, S., Whitehead, V., Collin, I., ... Chertkow, H. (2005). The Montreal Cognitive Assessment, MoCA: a brief screening tool for mild cognitive impairment. *J Am Geriatr Soc, 53*(4), 695-699. doi:10.1111/j.1532-5415.2005.53221.x

Petersen, R. C. (2004). Mild cognitive impairment as a diagnostic entity. *J Intern Med, 256*(3), 183-194. doi:10.1111/j.1365-2796.2004.01388.x

Petersen, R. C., Caracciolo, B., Brayne, C., Gauthier, S., Jelic, V., & Fratiglioni, L. (2014). Mild cognitive impairment: a concept in evolution. *J Intern Med, 275*(3), 214-228. doi:10.1111/joim.12190

Petersen, R. C., & Morris, J. C. (2003). Clinical Features. In R. C. Petersen (Ed.), *Mild Cognitive Impairment: Aging to Alzheimer's disease* (pp.15-39). New York: Oxford University Press, Inc.

Petersen, R. C., Smith, G. E., Waring, S. C., Ivnik, R. J., Tangalos, E. G., & Kokmen, E. (1999). Mild cognitive impairment: clinical characterization and outcome. *Arch Neurol, 56*(3), 303-308.

Randolph, C. (1998). *Repeatable Battery for the Assessment of Neuropsychological Status(RBANS)*. San Antonio, TX: The Psychological Corporation

Ravon, J. C. (1938). *Standard Progressive Matrices*. Oxford: Oxford Psychologists Press.

Ravon, J. C. (1947). *Colored Progressive Matrices*. Oxford: Oxford Psychologists Press.

Ravon, J. C. (1962). *Advanced Progressive Matrices*. Oxford: Oxford Psychologists Press.

Reitan, R. M., & Wolfson, D. (1993). *The Halstead-Reitan Neuropsychological Test Battery: Theory and clinical interpretation* (2nd ed.). Tuscon, AZ: Neuropsychological Press.

Rey, A. (1941). L'examen psychologique dans les cas d'encéphalopathie traumatique. (Les problems.). *Archives de Psychologie, 28*, 215-285.

Roebuck-Spencer, T., & Sherer, M. (2018). Moderate and severe traumatic brain injury. In J. E. Morgan & J. H. Ricker (Eds.), *Textbook of Clinical Neuropsychology* (2nd ed., pp. 387-410). New York: Routledge.

Rosvold, H. E., Mirsky, A. F., Sarason, I., Bransome Jr, E. D., & Beck, L. H. (1956). A continuous performance test of brain damage. *Journal of Consulting Psychology, 20*(5), 343-350. doi:10.1037/h0043220

Ruff, R. M. (1987). The Ruff figural fluency test: A normative study with adults. *Developmental Neuropsychology, 3*, 37-51.

Ruff, R. M., & Allen, C. C. (1996). *Ruff 2 & 7 Selective Attention Test*. Lutz, FL: Psychological Assessment Resources, Inc.

Shallice, T. (1982). Specific impairments of planning. *Philosophical Transactions of the Royal Society of London, 298*, 199-209.

Sivan, A. B., & Benton, A. L. (1992). *Benton Visual Retention Test* (5th ed.). San Antonio, TX: Psychological Copporation.

Stringer, A. Y., & Postal, K. (2015). Representing the underrepresented: American Board of Clinical Neuropsychology (ABCN) and American Academy of Clinical Neuropsychology (AACN) Diversity Initiatives. *The Specialist, 35*, 31-32.

Stroop, J. R. (1935). Studies of interference in serial verbal reactions. *Journal of Experimental Psychology, 18*(6), 643-662. doi:10.1037/h0054651

Teasdale, G., & Jennett, B. (1974). Assessment of coma and impaired consciousness. A practical scale. *Lancet, 2*(7872), 81-84.

Trenerry, M. R., Crosson, B., DeBoe, J., & Leber, W. R. (1990). *Visual Search and Attention Test*. Odessa, FL: Psychological Assessment Resources, Inc.

Truelle, J. L., Le Gall, D., Joseph, P. A., Aubin, G., Derouesné, C., & Lezak, M. D. (1995). Movement disturbances following frontal lobe lesions: qualitative analysis of gesture and motor programming. *Neuropsychiatry, Neuropsychology and Behavioral Neurology, 8*, 14-19.

Tucha, O., Smely, C., Preier, M., & Lange, K. W. (2000). Cognitive deficits before treatment among patients with brain tumors. *Neurosurgery, 47*(2), 324-333; discussion 333-324.

Ye, B. S., Seo, S. W., Lee, Y., Kim, S. Y., Choi, S. H., Lee, Y. M., ... Kim, E. J. (2012). Neuropsychological performance and conversion to Alzheimer's disease in early- compared to

late-onset amnestic mild cognitive impairment:
CREDOS study. *Dement Geriatr Cogn Disord*,
34(3-4), 156-166. doi:10.1159/000342973

10장

윤순임(1995). 현대상담·심리치료의 이론과 실제.
중앙적성출판사.

Akhtar, S., & Kramer, S. (1998). *The colors of
childhood: Separation-individuation across cultural,
racial, and ethnic differences*. Northvale, New
Jersey, London. Jason Aronson Inc.

Balint, M. (1968). *The basic fault*. London: Tavistock.

Beebe, B., Lachmann, F., & Jaffe, J. (1997). Mother-
infant interaction structures and presymbolic
self and object representations. *Psychoanalytic
Dialogues*, *7*(2), 133-182.

Blanton, S. (1971). *Diary of my analysis with Sigmund
Freud*. New York: Columbia University Press.

Bowlby, J. (1969). *Attachment and loss: Vol. 1.
Attachment*. New York: Basic Books.

Bowlby, J. (1973). *Attachment and loss: Vol. 2.
Separation: Anxiety and anger*. New York: Basic
Books.

Bowlby, J. (1980). *Attachment and loss: Vol. 3. Loss:
Sadness and depression*. New York: Basic Books.

Brocher, T. (1984). *Wege zum Menschen. Video series 1*.

Brody, S. (1982). Psychoanalytic theories of infant
development and its disturbances: A critical
evaluation. *Psychoanalytic Quarterly*, *51*, 526-597.

Erikson, E. (1950). *Childhood and society*. New York:
Norton.

Erikson, E. (1959). *Identity and the life cycle: Vol 1.
Selected papers, Psychological issues*. New York:
International University Press.

Fairbairn., R. (1952). *An object-relations theory or the
personality*. New York: Basic Books.

Fonagy, P., Gergely, G., Jurist, E., & Target, M.
(2002). *Affect regulation, mentalization, and the
development of the self*. Other press: New York.

Freud, A. (1936). *The ego and the mechanisms of defense*.
London: Hogarth.

Freud, S. (1895). Project for a scientific psychology. In
Standard Edition, *1*, 295-397.

Freud, S. (1900). *The interpretation of dreams*. Vols. 4
and 5 of S.E.

Freud, S. (1905). *Jokes and their relation to the
unconscious*. In S.E., 8.

Freud, S. (1905). *Three essays on the theory of sexuality*.
In S.E., 7, 125-243.

Freud, S. (1911). *Two principles of mental functioning*. In
S.E., 12, 213-226.

Freud, S. (1915). *Instincts and their vicissitudes*. In S.E.,
14, 111-140.

Freud, S. (1916-1917). *Introductory lectures on psycho-
analysis*. Vols. 15 and 16 of S.E.

Freud, S. (1917). *Mourning and melancholia*. In S.E., 14.

Freud, S. (1923). *The ego and the id*. In S.E., 19, 3-66.

Freud, S. (1924). *The loss of reality in neurosis and
psychosis*. In S.E., 19, 183-187.

Freud, S. (1926). *Inhibitions, symptoms and anxiety*. In
S.E., 20, 77-175.

Freud, S. (1930). *Civilization and its discontents*. In S.E.,
21, 59-145.

Freud, S. (1931). *Female sexuality*. In S.E., 21, 223-
246.

Freud, S. (1933). *New introductory lectures on psycho-
analysis*. In S.E., 22, 3-184.

Freud, S. (1940). *An outline of psycho-analysis*. In S.E.,
23.

Gergely, G. (2000). Reapproaching Mahler: New
perspectives on normal autism, symbiosis,
splitting, and libidinal object constancy from
cognitive developmental theory. *Journal of the
American Psychoanalytic Association*, 1197-1228.

Guntrip, H. (1975). My experience of analysis with
Fairbairn and Winnicott. In *Essential papers on
object relations*. New York: New York University
Press.

Hartmann, H. (1964). *Essays on ego psychology*. New
York: International Universities Press.

Hartmann, H., Kris, E., & Loewenstein, R. (1946).
Comments on the formation of psychic structure.
Psychoanalytic Study of the Child, *2*, 11-38. New

York: International Universities Press.

Jacobson, E. (1964). *The self and object world*. New York: International Universities Press.

Jacobson, E. (1971). *Depression*. New York: International Universities Press.

Kardinal, A. (1977). *My analysis with Freud: reminiscences*. New York: Norton.

Kernberg, O. (1976). *Object relation theory and clinical psychoanalysis*. New York: Jason Aronson.

Kernberg, O. (1984). *Severe personality disorders*. New Haven, Ct: Yale University Press.

Kernberg, O. (1995). *Love relations*. New Haven: Yale University Press.

Klein, M. (1932). *The psycho-analysis of children*. London: Hogarth.

Klein, M. (1937). Love, guilt and reparation. In *Love, guilt and reparation and other works: 1921-1945*. New York: The Free Press.

Klein, M. (1946). Notes on some schizoid mechanisms. In *Envy and gratitude and other works: 1946-1963*. New York: The Free Press.

Klein, M. (1948). On the theory of anxiety and guilt. In *Envy and gratitude and other works: 1946-1963*. New York: The Free Press.

Klein, M. (1957). Envy and gratitude. In *Envy and gratitude and other works: 1946-1963*. New York: The Free Press.

Loewald, H. (1980). *Papers on psychoanalysis*. New Haven, CT: Yale University Press.

Mentzos, S. (1982). *Neurotische Konfliktverarbeitung*. Muenchen. Kinder Verlag.

Mitchell S. & Black, M. (1988). *Relational concepts in psychoanalysis: An integration*. Cambridge, MA: Harvard University Press.

Moore, B. & Pine, B. (1995). *Psychoanalysis: The major concepts*. Yale University Press. New Haven & London.

Ogden, T. (1982). *Projective identification and psychotherapeutic technique*. New York: Jason Aronson.

Pine, F. (1985). *Developmental theory and clinical process*. New Haven & London: Yale University Press.

Pine, F. (1990). *Drive, ego, object, and self*. New York: Basic Books.

Sandler, J. & Rosenblatt, B. (1962). The concept of the representational world. *Psychoanalytic Study of the Child, 17*, 128-145.

Spitz, R. (1946). Hospitalism: a follow-up report. *Psychoanalytic Study of the Child, 2*, 113-117.

Stern, D. (1985). *The interpersonal world of the human infant*. New York: Basic Books.

Stolorow, R., & Atwood, G. (1992). *Contexts of being: The intersubjective foundations of psychological life*. Hillsdale, NJ: Analytic Press.

Sullivan, H. S. (1953). *The interpersonal theory of psychiatry*. New York: Norton.

Winnicott, D. (1958). *Through paediatrics to psychoanalysis*. London: Hogarth.

Winnicott, D. (1965). *The maturational process and the facilitating environment*. New York: International Universities Press.

Winnicott, D. (1971). *Playing and reality*. Middlesex, England: Penguin.

11장

Clark, D. M. & Fairburn C. G.(2007). *Science and Practice of Cognitive Behaviour Therapy*. NY: Oxford University Press.

Dobson, K. S. (1988). *Handbook of Cognitive-Behavioral Therapies*. NY: Guilford

Elkin, I., Parloff, M. B., Hadley, S. W., & Autry, J. H. (1986). NIMH treatment of depression collaborative research program. *Archives of General Psychiatry, 42*, 305-316.

Goldfried, M. R. (2011). Acceptance and Mindfulness in Cognitive Behavior Therapy: What's New? In J. D. Herbert & E. M. Forman (Eds.), *Acceptance and Mindfulness in Cognitive Behavior Therapy*. NJ: Wiley.

Greenberg, L. S. & Safran, J. D. (1987). *Emotion in psychotherapy: Affect, cognition, and the process of change*. NY: Guilford.

Hayes, S. C. (2004). Acceptance and commitment therapy, relational frame theory, and the third wave of behavioral and cognitive therapies. *Behavior Therapy*, 35, 639-665.

Hayes, S. C. & Strosahl, K. D. (2004). *A practical guide to ACT*. NY: Springer.

Herbert, J. D. & Forman, E. M. (2011). The evolution of cognitive behavior therapy: The rise of psychological acceptance and mindfulness. In J. D. Herbert & E. M. Forman (Eds.), *Acceptance and Mindfulness in Cognitive Behavior Therapy*. NJ: Wiley.

Kohlenberg, R., & Tsai, M. (1991). *Functional Analytic Psychotherapy*. NY: Plenum.

Rachman, S.(1997). The evolution of cognitive behaviour therapy. In D. M. Clark & C. G. Fairburn (Eds.), *Science and Practice of Cognitive Behaviour Therapy*. NY: Oxford University Press.

Roemer, L. & Orsillo. S. M. (2009). *Mindfulness- & Acceptance-Based Behavioral Therapies in Practice*. NY: Guilford.

Safran, J. D. & Segal, Z. V. (1990). *Interpersonal Process in Cognitive Therapy*. [서수균 역. 인지치료의 대인관계 과정. 서울: 학지사, 2016].

12장

김정규 (2015). 게슈탈트 심리치료: 창조적 삶과 성장. 서울: 학지사

Boss, M. (1963). *Psychoanalysis and Daseinsanalysis*. [이죽내 역, 정신분석과 현존재 분석. 서울:하나의학사, 2003].

Frankl, V. (1946). *The Doctor and the Soul: From psychotherapy to Logotherapy*. [유영미 역, 영혼을 치유하는 의사: 로고테라피로 치유하는 영혼과 심리. 파주: 청아 출판사, 2017].

Frankl, V. (1959). *Man's Search for Meaning*. [정태시 역, 죽음의 수용소: 인간 의미 탐구. 서울: 제일 출판사, 1987].

Kierkegaard, S. (1844). *The Concept of Anxiety: A Simple Psychologically Orienting Deliberation on the Dogmatic Issue of Hereditary Sin*. [임춘갑 역, 불안의 개념. 서울: 종로서적주식회사, 1979].

Kramer, R. (1995). The Birth of Client-Centered Therapy: Carl Rogers, Otto Rank, and 'The Beyond.' *Journal of Humanistic Psychology*, 35, 54-110.

Maslow, A. H. (1968). *Toward a Psychology of Being* (2nd Ed.). [이해성 역, 존재의 심리학. 서울: 이화여자대학교 출판부, 1982].

Polster, E., & Polster, M. (1974). *Gestalt Therapy integrated*. New York: Brunner/Mazel.

Rogers, C. R. (1942). *Counseling and Psychotherapy: Newer Concepts in Practice*. [한승호, 한성열 역, 칼로저스의 카운슬링의 이론과 실제. 서울:학지사, 1998].

Rogers, C. R. (1961). *On Becoming a Person: A Therapist's View of Psychotherapy*. [주은선 역, 진정한 사람 되기: 칼 로저스의 상담의 원리와 실제. 서울: 학지사, 2009].

Yontef, G. (1993). *Awareness, Dialogue and Process: Essays on Gestalt Therapy*. [김정규, 김영주, 심정아 역, 알아차림, 대화, 그리고 과정: 게슈탈트 치료에 대한 이론적 고찰. 서울: 학지사, 2008].

13장

이장호 (2005). 상담심리학. 서울: 법문사.

Alexander, F., & French, T. (1946). The principle of corrective emotional experience. *Psychoanalytic theory, principles and application*, 66.

Yalom, I. D. (1995). *The theory and practice of group psychotherapy*. Basic Books.

14장

고영건, 김진영 (2012). 멘탈 휘트니스 긍정심리 프로그램. 서울: 학지사.

고영건, 이은경, 김현정, 김진영 (2018). 멘탈 휘트니스 긍정심리 프로그램이 고등학생의 정서행동 특성 및 학교폭력에 미치는 효과. 청소년학연구, 25(1), 237-256.

국립정신건강센터 (2024). 국민 정신건강 지식 및 태도 조사. 서울: 국립정신건강센터.

김근향 (2011). 정신과 입원환자의 적응기능 향상을 위한
긍정심리치료 프로그램의 효과. 고려대학교 대학원
박사학위 논문.

김민순, 김현진, 고영건 (2017). 군 생활 적응 증진을
위한 멘탈 휘트니스 긍정심리 프로그램의 효과.
한국심리학회지: 산업 및 조직, 30(2), 275-298.

김진영, 고영건 (2009). 긍정 임상심리학: 멘탈
휘트니스와 긍정 심리치료. 한국심리학회지:
사회문제, 15(1), 155-168.

박정임 (2015). 긍정심리 집단프로그램의 효과성에 관한
메타분석연구. 한국콘텐츠학회논문지 15(10), 205-
213.

박찬빈, 고영건 (2014). 대학생의 방어기제 유형에 따른
멘탈 휘트니스 긍정심리상담 및 치료 프로그램의
효과. 한국심리학회지: 건강, 19(3), 673-693.

백혜진, 이혜규 (2013). 헬스 커뮤니케이션의
메시지·수용자·미디어 전략. 서울: 커뮤니케이션
북스.

보건복지가족부 (2015). 제4차
국민건강증진종합계획(2016~2020). 서울:
보건복지가족부.

이정애 (2012). 우울한 노인들을 대상으로 한 집단
긍정심리치료 프로그램의 효과. 고려대학교 대학원
박사학위 논문.

한국건강증진개발원(2017). 제4차 국민건강증진종합계획
2017년 동향보고서. 서울: 한국건강증진개발원.

통계청(2017). 2016년 생명표. 대전: 통계청

Ader, R., & Cohen, N. (1975). Behaviorally
conditioned immunosuppression. *Psychosomatic
Medicine, 37*(4), 333-340.

Alattas, A., Teepe, G., Leidenberger, K., Fleisch, E.,
Car L. T., Salamanca-Sanabria, A., & Kowatsch,
T. (2021). To what scale are conversational
agents used by top-funded companies offering
digital mental health services for depression?.
*Proceedings of the 14th International Joint Conference
on Biomedical Engineering Systems and Technologies
(Vol. 5)*, HEALTHINF: Scale-IT-up, 801-808.

Boucher, E. M., Harake, N. R., Ward, H. E., Stoeckl,
S. E., Vargas, J., Minkel, J., Parks, A. C., &
Zilca, R. (2021). Artificially intelligent chatbots
in digital mental health interventions: a review.

Expert Review of Medical Devices, 18(sup1), 37-49.

Bolier, L., Haverman, M., Westerhof, G. J., Riper,
H., Smit, F., & Bohlmeijer, E. (2013). Positive
psychology interventions: a meta-analysis of
randomized controlled stuies. *BMC Public Health,
13*, 119.

Brannon, L, Feist, J., & Updegraff, J. A. (2014).
*Health psychology: An introduction to behavior and
health* (8th ed). Belmont, CA: Wadsworth.

Brockman, J. (2013). *Thinking: The new science of
decision-making, problem-solving, and prediction.*
NY: Harper Perennial.

Cannon, W. B. (1932). *Wisdom of the Body.* New York:
W.W. Norton & Company.

Cantril H. (1965). *The pattern of human concerns.* New
Brunswick, NJ: Rutgers University Press.

Diener, E., Emmons, R. A., Larsen, R. J., & Griffin, S.
(1985). The satisfaction with life scale. *Journal of
Personality Assessment, 49*, 71-75.

Diener, E., & Biswas-Diener, R. (2008). *Happiness:
Unlocking the mysteries of psychological wealth.
Malden. MA*: Blackwell Publishing.

Engel, G. L. (1977). The need for a new medical
model: a challenge for biomedicine. *Science,
196*(4286), 129-136.

Firth, J., Torous, J., Nicholas, J., Carney, R., Pratap,
A., Rosenbaum, S., & Sarris, J. (2017). The
efficacy of smartphone-based mental health
interventions for depressive symptoms: a meta-
analysis of randomized controlled trials. *World
Psychiatry, 16*(3), 287-298.

Gilbert, D. (2004). *Affective forecasting or
the big wombassa.* A Talk with Daniel
Gilbert(Introduction by John Brockman).
https://www.edge.org/conversation/
daniel_gilbert-affective-forecastingorthe-big-
wombassa-what-you-think-youre-going-to

Gilbert, D. (2006). Stumbling on happiness. New
York: Vintage Books. [서은국 외 역, 행복에 걸려
비틀거리다. 파주: 김영사, 2006]

Grison, S., Heatherton, T., & Gazzaniga, M. (2017).
Psychology in Your Life (2nd Ed.). New York: W.W.

Norton & Co.

Helliwell, J., Layard, R., & Sachs, J. (2018). *World Happiness Report 2018*. New York: Sustainable Development Solutions Network.

Ingram, R. E., & Luxton, D. D. (2005). Vulnerability-Stress Models. In B. L. Hankin & J. R. Z. Abela (Eds.), *Development of psychopathology: A vulnerability-stress perspective* (pp. 32-46). Thousand Oaks, CA, US: Sage Publications, Inc.

Irwin, M., & Vedhara, K. (2005). *Human psychoneuroimmunology*. London: Oxford University Press.

Jones, D. S., Podolsky, S. H., & Greene, J. A. (2012). The burden of disease and the changing task of medicine. *New England Journal of Medicine, 366,* 2333-2338.

Johnston, M. (1994). Current trends in Health Psychology. *The Psychologist, 7,* 114-118.

Kahneman, D., & Deaton, A. (2010). High income improves evaluation of life but not emotional well-being. *Proceedings of the National Academy of Sciences, 107*(38), 16489-16493.

Keyes, C. L. M. (2007). Promoting and protecting mental health as flourishing: A complementary strategy for improving national mental health. *American Psychologist, 62,* 95-108.

Lau, N., O'Daffer, A., Colt, S., Yi-Frazier, J. P., Palermo, T. M., McCauley, E., & Rosenberg, A. R. (2020). Android and iPhone mobile apps for psychosocial wellness and stress management: systematic search in app stores and literature review. *JMIR Mhealth Uhealth, 8*(5), e17798.

Lutgendorf, S. K., Sood, A. K., Anderson, B., et al. (2005). Social support, psychological distress, and natural killer cell activity in ovarian cancer. *Journal of Clinical Oncology, 23*(28), 7105-7113.

Lykken, D. (2000). *Happiness: The nature and nurture of joy and contentment*. New York: St. Martin's Press, Inc.

Lykken, D., & Tellegen, A. (1996). Happiness is a stochastic phenomenon. *Psychological Science,* 7(3), 186-189.

Maddux, J. E., Snyder, C. R. & Lopez, S. J. (2004). Toward a positive clinical psychology: Deconstructing the illness ideology and constructing an ideology of human strengths and potential. In P.A. Linley & S. Joseph (Eds.), *Positive psychology in practice* (pp.320-334). Hoboken, NJ: Wiley.

Maslow, A. H. (1954). *Motivation and personality*. New York: Harper and Row.

Maslow, A. H. (1961). Eupsychia: The good society. *Journal of Humanistic Psychology, 1*(2), 1-11.

Matarazzo, J. D. (1980). Behavioral health and behavioral medicine: frontiers for a new health psychology. *American Psychologist, 35*(9), 807-817.

Norman, C. D., & Skinner, H. A. (2006). eHealth literacy: essential skills for consumer health in a networked world. *Journal of Medical Internet Research, 8*(2), e9. Retrieved from http://www.ncbi.nlm.nih.gov/pmc/articlesPMC1550701/

Nutbeam, D. (2000). Health literacy as a public health goal: A challenge for contemporary health education and communication strategies into the 21st century. *Health Promotion International, 15,* 259-267.

OECD (2018a). *Family Database*. http://www.oecd.org/els/family/database.htm

OECD (2018b). *Health Statistics*. http://www.oecd.org/els/health-systems/health-data.htm

OECD (2018c). http://www.oecd.org/

Peterson, C., & Seligman, M. E. P. (2004). *Character strengths and virtues: A handbook and classification*. New York: Oxford University Press/Washington, DC: American Psychological Association.

Robine, J. M., & Ritchie, K. (1991). Healthy life expectancy: Evaluation of global indicator of change in population health. *British Medical Journal, 302*(6774), 457-460.

Schofield, W. (1969). The role of psychology in the delivery of health services. *American Psychologist, 24*(6), 565-584.

Schwartz, G. E. & Weiss, S. M. (1978). Behavioral medicine revisited: An amended definition. *Journal of Behavioral Medicine*, 1, 249-251.

Seligman, M. E. P. (2011). *Flourish: A visionary new understanding of happiness and well-being*. N.Y.: Simon & Schuster.

Seligman, M. E. P., & Csikszentmihalyi, M. (2000). Positive psychology: An introduction, *American Psychologist*, 55, 5-23.

Seligman, M. E. P., Rashid, T., & Parks, A. C. (2006). Positive psychotherapy. American *Psychologist*, 61(8), 774-788.

Shaw, G. B. (1903). *Man and Superman*, act I.

Snowdon, D. A. (1997). Aging and Alzheimer's Disease: Lessons from the Nun Study. *The Gerontologist*. 37(2), 150-156.

Torous, J., & Roberts, L. W. (2017). Needed innovation in digital health and smartphone applications for mental health: transparency and trust. *JAMA Psychiatry, 74*(5), 437-438.

Tsigosa, C., & Chrousos, G. P. (2002). Hypothalamic-pituitary-adrenal axis, neuroendocrine factors and stress. *Journal of Psychosomatic Research*, 53, 865-871.

U.S. Department of Health and Human Services. (2010). *Healthy People 2020*. Washington, DC: US Department of Health and Human Services.

Vaillant, G. E. (1997). *The wisdom of the ego*. Cambridge, MA: Harvard University Press.

Vaillant, G. E. (2000). Adaptive mental mechanism: Their role in a positive psychology, *American Psychologist*, 55, 89-98.

Vaillant, G. E. (2002). *Aging well*. Boston: Little Brown.

Wang, P. S., Aguilar-Gaxiola, S., Alonso, J., Angermeyer, M. C., Borges, G., Bromet, E. J., Bruffaerts, R., de Girolamo, G., de Graaf, R., Gureje, O., Haro, J. M., Karam, E. G., Kessler, R. C., Kovess, V., Lane, M. C., Lee, S., Levinson, D., Ono, Y., Petukhova, M., Posada-Villa, J., Seedat, S., & Wells, J. E. (2007). Use of mental health services for anxiety, mood, and substance disorders in 17 countries in the WHO world mental health surveys. *Lancet, 370*(9590), 841-850.

Weizenbaum J. (1966). ELIZA—a computer program for the study of natural language communication between man and machine. *Communications of the ACM, 9*(1), 36-45.

Wikman A., Marklund, S., & Alexanderson, K. (2005). Illness, disease, and sickness absence: an empirical test of differences between concepts of ill health. *Journal of Epidemiology & Community Health*, 59, 450-454.

15장

김빛나, 김지혜 (2015). 근거기반 심리평가의 기본개념과 국내 적용에 대한 논의: 공황 장애와 우울장애의 예시와 함께. 한국심리학회지:임상, 34(3), 579-605.

양윤란, 이경희, 고혜정, 이은식, 강지현(2018). 나는 생각을 바꾸는 문제해결사. 서울: 사회평론아카데미.

염태호 (1996). 임상심리학회 30년사: 임상심리학의 어제, 오늘, 내일. 한국임상심리학회.

이혜림, 김수현, 박은혜, 김나현, 최승원 (2014). 한국 임상심리학의 연구동향: 1967-2013 '한국심리학회지:임상' 학회지 게재 논문 분석. 한국심리학회지: 임상, 33(4), 919-942.

조현(2018). 우린 다르게 살기로 했다. 서울: 휴.

한국임상심리학회(2017). 한국임상심리학회 50년사. 한국임상심리학회.

Ammaniti, M., Trentini, C., Menozzi, F., & Tambelli, R. (2014). Transition to parenthood: studies of intersubjectivity in mothers and fathers. in R. Emde & M. *Early Parenting and Prevention of disorder*. (pp. 129-164). Routledge, London and New York.

Belsky, J. (1984). The Determinants of Parenting: A Process Model. *Child Development*, 55(1), 83-96.

Cuijpers., P., Eber, D. D., Reijnders, M & Stikkebroek, Y.(2017). Technology-Assisted Treatment For Mental Health Problems. In J, Weisz, & A, Kazdin. *Evidence Based Psychotherapies for children and adolescents* (3rd edition) 555. The Guilford Press, New York.

Hoeve, M., Dubas, J. S., Eichelsheim, V. I., van der Laan, P. H., Smeenk, W., Gerris, J.R. (2009). The relationship between parenting and delinquency: a meta-analysis. *J Abnorm Child Psychol*, *37*(6), 749-75. doi: 10.1007/s10802-009-9310-8.

Hupp, S. D. A., Jewell, J. D., Reitman, D., & LeBlanc, M. (2010). Competencies in Child Clinical Psychology. In: Thomas J.C., Hersen M. (eds) *Handbook of Clinical Psychology Competencies*. Springer, New York, NY

Kuosmanen, T., Fleming, T. M., Newell, J., Barry, M. M. (2017). A pilot evaluation of the SPARX-Rgaming intervention for preventing depression and improving wellbeing among adolescents in alternative education. *Internet Intervention*. *29*(8), 40-47. doi: 10.1016/j.invent.2017.03.004. eCollection 2017 Jun.

Kwon, H. (2018). A National Survey of Korean Licensed Clinical Psychologist in 2018: Chararteristics and Professional Activities, *Korean Journal of Clinical Psychology*, *37*, S4-12.

Merry, S. N., Stasiak, K., Shepherd, M., Frampton, C., Fleming, T., & Lucassen, M. F. G.(2012). The effectiveness of SPARX, a computerised self-help intervention for adolescents seeking help for depression: Randomised controlled non-inferiority trial. *British Medical Journal*, *344*, 1-16.

Noble, K. G., Houston, S. M., Kan, E., & Sowell, E. R. (2012). Neural correlates of socioeconomic status in the developing human brain. *Developmental science*, *15*(4), 516-527.

Pramana, G., Parmanto, B., Lomas, J., Lindhiem, O., Kendall, P.C., & Silk, J.(2018). Using Mobile Health Gamification to Facilitate Cognitive Behavioral Therapy Skills Practice in Child Anxiety Treatment: Open Clinical Trial. *Journal of Medical information Resource Serious Games*. *10*, *6*(2):e9. doi: 10.2196/games.8902.

Riva G. (2022). Virtual reality in clinical psychology. *Reference Module in Neuroscience and Biobehavioral Psychology*, DOI: 10.1016/B978-0-12-818697-8.00006-6

Roberts, M. C., Carlson, C., Erickson, M. T., Friedman, R. M., La Greca, A. M., & Lemanek, K. L., et al. (1998). A model for training psychologists to provide services for children and adolescents. *Professional Psychology: Research and Practice*, *29*, 293-299.

Stacey, D., Légaré, F., Lewis, K., Barry, M. J., Bennett, C. L., Eden, K.B., Holmes-Rovner, M., Llewellyn-Thomas, H., Lyddiatt, A., Thomson, R., Trevena, L. (2017). Decision aids for people facing health treatment or screening decisions. *Cochrane Database of Systematic Reviews 4*, Art. No.: CD001431.DOI: 10.1002/14651858. CD001431.pub5.

Stevens M. (2018). Preventing at-risk children from developing antisocial and criminal behaviour: a longitudinal study examining the role of parenting, community and societal factors in middle childhood. *BMC Psychol. 10 , 6*(1)−40. doi: 10.1186/s40359-018-0254-z.

Taraban, L., & Shaw, D. S.(2018). Parenting in context: Revisiting Belsky's classic process of parenting model in early childhood. *Developmental Review*, *48*, 55-81.

Weisz, J. R, Sandler, I. N., Durlak, J. A., & Anton, B. S.(2005). Promoting and protecting youth mental health through Evidence based prevention and treatment. *American Psychologist*, *60*(6), 628-648.

16장

김명언, 장재윤, 조성호, 노연희 (2003). 성취 프로그램의 효과. 한국심리학회지: 산업 및 조직, 16(2), 181-204.

김민지 (2013). 법심리학이란 무엇인가?: 연구 영역 및 법심리학자의 역할. 한국심리학회지:법정, 4(3), 125-142.

김수임 (2012). 조직 팀장의 인지도식에 기반한 리더십 유연성 저해요인 구조: 기업상담 관점에서. 서울대학교 박사학위 논문.

김은정 (2016). 코칭의 심리학. 서울: 학지사.

김용균 (2020). 디지털 헬스 분야의 최근 D.N.A 동향: ICT SPOT ISSUE 산업 분석. 정보통신기획평가원(IITP).

김주원, 장기정, 황은혜 (2020). 디지털치료제(기술동향브리프 No. 2020-15). 한국과학기술기획평가원.

김혜수, 안용민, 박종익(2018). 강제입원의 법적 기준에 대한 고찰: 입원적합성 심사에 참고할 해외 사례의 소개를 포함하여. *Korean Neuropsychiatric Association*, 57(1), 43-51.

권서영, 김민서, 이채빈, 류종훈 (2021). 국내 디지털 치료제 활성화 방안을 위한 고찰. FDC 법제연구, 16(2), 181-192.

류희영 (2008). 우리나라 기업상담의 실태 및 활성화 과제 -기업상담자의 인식을 기반으로. 서울대학교 박사학위 논문.

박광배, 최상진, 이훈구 (1998). 법심리학의 영역: 요약. 한국심리학회지, 17(1), 49-71.

보건복지부 드림스타트 https://www.dreamstart. go.kr/index.asp

보건복지부 정신건강복지법 소개 http://www.mohw. go.kr/react/policy/index.jsp?PAR_MENU_ID=0 6&MENU_ID=06330405&PAGE=5

손재희, 양승현, 정인영 (2023). 디지털 헬스케어의 현황과 전망: 디지털 치료제를 중심으로(Research Report No. NRE2023-03). 보험연구원.

식품의약품안전처 (2020). 디지털치료기기 허가심사 가이드라인(민원인 안내서). 식품의약품안전처.

오경자, 김영아, 이상석, 강지현, 윤현수, 김성건 (2009). 드림스타트 대상 위기도 판정도구 매뉴얼. 보건복지부가족부

이상원 (2021). 디지털 치료제와 미래. 병원약사회지, 38(2), 281-90.

차경렬, 김찬형 (2007). 가상현실 기술의 정신의학적 이용. 생물정신의학, 14, 28-41.

한인섭 (2009). 한국의 배심원재판. 서울대학교법학, 50(2), 681-710.

한국상담심리학회 (2013), 기업상담 안내. 한국상담심리학회. 검색일 9월 19일, 2018년, 출처 http://www.krcpa.or.kr/sub06_6. asp?menuCategory=6

한국EAP협회 (2009). 근로자지원프로그램(EAP)의 합리적 도입운영모델 연구. 근로복지공단.

Akbarova, S., Im, M., Kim, S., Toshnazarov, K., Chung, K.−M., Chun, J., Noh, Y., & Kim, Y.−A. (2023). Improving depression severity prediction from passive sensing: Symptom-profiling approach. *Sensors, 23*(21), 8866. https://doi.org/10.3390/s23218866

Albee, G. W. (1986). Toward a just society: Lessons from observations on the primary prevention of psychopathology. *American Psychologist, 41*(8), 891-898.

Allied Market Research (2021). *Mental health market size, share, competitive landscape and trend analysis report, by disorder, service and age group: Global opportunity analysis and industry forecast, 2021-2030.* Retrieved fromhttps://www. alliedmarketresearch.com/mental-health-market-A11770

Astur, R.S., Tropp, J., Sava, S., Constable, R. T., Markus, E. J. (2004). Sex differences and correlations in a virtual Morris water task, a virtual radial arm maze, and mental rotation. *Behav Brain Res 2004;151*:103-115.

Barton, W. E. (1991). Toward a model curriculum in mental health administration. *Administration and Policy in Mental Health and Mental Health Services Research, 18*(4), 237-246.

Brewer, L. C., Fortuna, K. L., Jones, C., Walker, R., Hayes, S. N., Patten, C. A., & Cooper, L. A. (2020). Back to the future: achieving health equity through health informatics and digital health. *JMIR mHealth and uHealth, 8*(1), e14512.

Bronfenbrenner, U., & Morris, P. A. (1998). The ecology of developmental processes. In W. Damon &R. M. Lerner (Eds.), *Handbook of child psychology: Theoretical models of human development* (pp. 993-1028). Hoboken, NJ, US: John Wiley & Sons Inc.

Bufano, P., Laurino, M., Said, S., Tognetti, A., Menicucci, D. (2023). Digital Phenotyping for Monitoring Mental Disorders: Systematic Review. *J Med Internet Res 2023;25*:e46778

Caplan, G. (1964). *Principles of preventive psychiatry.*

Oxford, England: Basic Books.

Choi, A., Ooi, A., & Lottridge, D. (2024). Digital Phenotyping for Stress, Anxiety, and Mild Depression: Systematic Literature Review. *JMIR mHealth and uHealth, 12*(1), e40689.

Dalton, J. H., Elias, M. J., & Wandersman, A. (2001). *Community psychology: Linking individuals and communities.* Belmont, CA, US: Wadsworth/ Thomson Learning.

Digital Therapeutics Alliance (n.d.). *What is a DTx?* Retrieved November 5, 2024, fromhttps:// dtxalliance.org/understanding-dtx/what-is-a-dtx

Felner, R. D., Jason, L. A., Moritsugu, J. N., & Farber, S. S. (1983). Preventive psychology: Evolution and current status. *Preventive psychology: Theory, research, and practice,* 3-10.

Filkins, B. L., Kim, J. Y., Roberts, B., Armstrong, W., Miller, M. A., Hultner, M. L., Castillo, A. P., Ducom, J., Topol, E. J., & Steinhubl, S. R. (2016). Privacy and security in the era of digital health: what should translational researchers know and do about it?. *American Journal of Translational Research, 8*(3), 1560-1580.

Fitzpatrick, K. K., Darcy, A., & Vierhile, M. (2017). Delivering cognitive behavior therapy to young adults with symptoms of depression and anxiety using a fully automated conversational agent (Woebot): a randomized controlled trial. *JMIR Mental Health, 4*(2), e7785. https://doi. org/10.1016/j.jval.2016.12.003

Grant, A. M. (2005). What is evidence-based executive, workplace and life coaching?. *Evidence-Based Coaching Volume 1:* Theory, Research and Practice from the Behavioural Sciences, 1.

Grant, A. M., & Zackon, R. (2004). Executive, workplace and life coaching: Findings from a large-scale survey of International Coach Federation members. *International journal of evidence based coaching and mentoring, 2*(2), 1-15.

Inkster, B., Sarda, S., & Subramanian, V. (2018).

An empathy-driven, conversational artificial intelligence agent (Wysa) for digital mental well-being: real-world data evaluation mixed-methods study. *JMIR mHealth and uHealth, 6*(11), e12106.

Institute of Medicine(1994). *Summary: Reducing risks for mental disorders.* Washington, DC: National Academy Press, pp. 32-33.

Iscoe, I. (1982). Toward a viable community health psychology: Caveats from the experiences of the community mental health movement. *American Psychologist, 37*(8), 961-965.

Jarden, A., & Anticich, S. (2005). Clinical psychology and life coaching: Comparisons, contrasts, and opinions. *New Zealand Clinical Psychologist, 15*(1), 17-21.

Kang, M., & Chai, K. (2022). Wearable sensing systems for monitoring mental health. *Sensors, 22*(3), 994.

Kazdin, A. E., & Rabbitt, S. M. (2013). Novel models for delivering mental health services and reducing the burdens of mental illness. *Clinical Psychological Science, 1*(2), 170-191.

König, A., Tröger, J., Mallick, E. Mina, M., Linz, N., Wagnon, C., Karbach, J., Kuhn, C., & Peter, J. (2022). Detecting subtle signs of depression with automated speech analysis in a non-clinical sample. *BMC Psychiatry 22*(830). https://doi.org/10.1186/s12888-022-04475-0

Lee, D. (2018). *Monetizing digital therapeutics.* Simon-Kucher & Partners. Retrieved October 10, 2024, fromhttps://www.simon-kucher.com/en/ insights/monetizing-digital-therapeutics

Makady, A., Ham, R. T., de Boer, A., Hillege, H., Klungel, O., & Goettsch, W. (2017). Policies for use of real-world data in health technology assessment (HTA): a comparative study of six HTA agencies. *Value in Health, 20*(4), 520-532.

Mellouk, W., & Handouzi, W. (2020). Facial emotion recognition using deep learning: review and insights. *Procedia Computer Science, 175,* 689-694.

Miller, M. (2022, March 30). *We tried the meditation app Headspace, and this is what we thought.* CNN Underscored.https://www.cnn.com

Mittelstadt, B. (2017). From individual to group privacy in big data analytics. *Philosophy & Technology, 30*(4), 475-494.

Mohr, D. C., Schueller, S. M., Riley, W. T., Brown, C. H., Cuijpers, P., Duan, N., Kwasny, M. J., Stiles-Shields, C., & Cheung, K. (2015). Trials of intervention principles: evaluation methods for evolving behavioral intervention technologies. *Journal of Medical Internet Research, 17*(7), e166.

Morris R. (1984). Developments of a water-maze procedure for studying spatial learning in the rat. *J Neurosci Methods 1984;11*:47-60.

Norcross, J. C. (2005). The psychotherapist's own psychotherapy: educating and developing psychologists. *American Psychologist, 60*(8), 840-850.

Omarov, B., Narynov, S., & Zhumanov, Z. (2023). Artificial Intelligence-Enabled Chatbots in Mental Health: A Systematic Review. *Computers, Materials & Continua, 74*(3).

Phelps, R., Eisman, E. J., & Kohout, J. (1998). Psychological practice and managed care: Results of the CAPP practitioner survey. *Professional Psychology: Research and Practice, 29*(1), 31.

Rickwood, D. (2008). *Pathways of recovery: preventing further episodes of mental illness* (monograph).

Sajno, E., Bartolotta, S., Tuena, C., Cipresso, P., Pedroli, E., & Riva, G. (2023). Machine learning in biosignals processing for mental health A narrative review. *Frontiers in Psychology, 13,* 1066317.

Tang, X., Gong, Y., Xiao, Y., Xiong, J., & Bao, L. (2024). Facial Expression Recognition for Probing Students' Emotional Engagement in Science Learning. *Journal of Science Education and Technology,* 1-18.

Wallace, W. A., &Hall, D. L. (1996). *Psychological consultation: Perspectives and applications.*

Belmont, CA, US: Thomson Brooks/Cole Publishing Co.

Williams, P. and Davis, D. (2002). *Therapist as Life Coach: Transforming your practice.* New York, WW Norton.

World Health Organization[WHO] (2019). *Digital health.* Retrieved fromhttps://www.who.int/health-topics/digital-health

Wykes, T., & Schueller, S. (2019). Why reviewing apps is not enough: transparency for trust (T4T) principles of responsible health app marketplaces. *Journal of medical Internet research, 21*(5), e12390.

Yardley, L., Spring, B. J., Riper, H., Morrison, L. G., Crane, D. H., Curtis, K., Merchant, G. C., Naughton, F., & Blandford, A. (2016). Understanding and promoting effective engagement with digital behavior change interventions. *American Journal of Preventive Medicine, 51*(5), 833-842.

찾아보기

인명색인

저자 소개

신민섭

서울대학교 생활과학대학 소비자아동학과 학사 및 심리학과 석사
연세대학교 심리학과 박사
서울대학병원 신경정신과 임상심리전문가 과정 수료
(전) 하버드의대 소아정신과 방문교수
(전) 한국임상심리학회 · 한국인지행동치료학회 · 한국자폐학회 · 한국심리치료학회 회장
(전) 서울대학교 의과대학 정신과학교실 교수
(전) 서울대학교병원 소아청소년정신과 교수
서울대학교 의과대학 정신과학교실 명예교수, 고려대학교 심리학부 특임교수
임상심리전문가, 정신건강임상심리사 1급, 인지행동치료전문가

권석만

서울대학교 심리학과 학사 및 석사
호주 University of Queensland 심리학과 박사
(전) 한국임상심리학회 회장
(전) 서울대학교 대학생활문화원 원장
(전) 서울대학교 심리학과 교수
서울대학교 심리학과 명예교수
임상심리전문가, 정신건강임상심리사 1급

민병배

서울대학교 심리학과 학사, 석사 및 박사
(전) 한국임상심리학회 회장
(전) 한국인지행동치료학회 회장
(전) 서울상담심리대학원대학교 총장
마음사랑인지행동치료센터 소장
임상심리전문가, 정신보건임상심리사 1급, 인지행동치료전문가

이용승

서울대학교 심리학과 학사, 석사 및 박사
서울대학병원 신경정신과 임상심리전문가 과정 수료
(전) 한국임상심리학회 선임이사
(전) 한국임상심리학회 사례연구위원장
(전) 서울대학교 대학생활문화원 자문교수
서울정신분석상담연구소 부소장
임상심리전문가, 정신보건임상심리사 1급

박중규

연세대학교 심리학과 학사, 석사 및 박사
서울대학병원 신경정신과 임상심리전문가 과정 수료
(전) 연세의대 세브란스병원 정신과 강사
(전) 인제의대 일산백병원 신경정신과 조교수
(전) 한국임상심리학회 회장
대구대학교 재활심리학과 교수, 대구대학교 정신건강상담센터장
임상심리전문가, 정신건강임상심리사 1급, 인지행동치료전문가

정승아

연세대학교 심리학과 학사, 석사 및 박사
한양대학병원 신경정신과 임상심리전문가 과정 수료
(전) 대인관계연구소 부소장
(전) 한양대학병원 신경정신과 연구교수
(전) 한국임상심리학회 학술 부회장
조선대학교 상담심리학과 교수, 조선대학교 원스톱상담센터/양성평등센터 소장
임상심리전문가, 정신건강임상심리사1급

김영아

연세대학교 심리학과 학사, 석사 및 박사
신촌 세브란스병원 정신건강의학과 임상심리전문가 과정 수료
Harvard 대학 의과대학 정신과 박사후 과정
㈜휴노 공동대표
임상심리전문가, 정신건강임상심리사 1급

박기환

고려대학교 심리학과 학사, 석사 및 박사
(전) 인제의대 서울백병원 신경정신과 임상심리실 교수
(전) 가톨릭대 상담심리대학원장
(전) 한국임상심리학회 회장
가톨릭대학교 심리학과 교수, 한국인지행동치료학회 회장
임상심리전문가, 정신건강임상심리사 1급, 인지행동치료전문가

송현주

연세대학교 심리학과 학사, 석사 및 박사
상계 백병원 정신과 임상심리 인턴 과정 수료
서울아산병원 정신과 임상심리 레지던트 과정 수료
예일대 의과대학 정신과 박사후 과정(2005), 방문 조교수(2013)
(전) 마인드빅상담센터 공동소장
서울여자대학교 심리-인지과학학부 교수
임상심리전문가, 정신건강임상심리사 1급

장은진

이화여자대학교 (교육)심리학과 학사 및 석사
이화여자대학교 심리학과 박사
(전) 계명의대 동산의료원 정신건강의학과 연구교수
(전) 보스턴 대학교 Research Scholar
(전) 한국임상심리학회 부회장
(전) 한국심리학회 회장
한국침례신학대학교 상담심리학과 교수, 대전스마일센터장
임상심리전문가, 정신건강임상심리사 1급, 학교심리사 1급

조현주

명지대학교 영어영문학과 학사, 중앙대학교 심리학과 석사
고려대학교 심리학과 박사
한양대학병원·삼성서울병원 신경정신과 임상심리전문가 과정 수료
(전) 순천향대학병원, 중앙대학병원 정신과 임상심리수련 감독자
(전) 가톨릭대학교 예방의학과 연구교수
(전) University of California, Berkeley 심리학과 방문교수
(전) 한국임상심리학회 회장
영남대학교 심리학과 교수
임상심리전문가, 정신건강임상심리사 1급, 상담심리사 1급, 인지행동치료전문가

고영건

고려대학교 심리학과 학사, 석사 및 박사
삼성서울병원 신경정신과 임상심리 레지던트 과정 수료
(전) 예일대학교 심리학과 박사후 연구원
(전) 한국임상심리학회 회장
(전) 보건복지부 정신건강기본계획 추진단 위원
(전) 고려대학교 학생상담센터 센터장
고려대학교 심리학과 교수
임상심리전문가, 정신건강임상심리사 1급

송원영

충남대학교 영어영문학과 학사
연세대학교 심리학과 석사 및 박사
서울아산병원 임상심리 레지던트 수료
(전) 신촌 세브란스병원 임상심리실장
(전) 국가청소년위원회 선임연구원
건양대학교 심리상담치료학과 교수
임상심리전문가, 정신건강임상심리사 1급

진주희

연세대학교 심리학과 학사, 석사 및 박사
(전) 미국 미시건 대학교 병원 정신과 방문 연구원
(전) 삼성서울병원 신경과 임상신경심리 수련감독자
(전) 성균관대학교 의학과 연구교수
(전) 성균관대학교 심리학과 겸임교수
한림대학교 도헌학술원/심리학과 부교수
임상심리전문가, 정신건강임상심리사 1급

이지영

서울대학교 심리학과 학사, 석사 및 박사
서울대학병원 신경정신과 임상심리전문가 과정 수료
(전) 서울대 대학생활문화원 전임상담원 및 특별상담원
(전) 한국임상심리학회 학술 이사 및 편집 이사
(전) 한국상담심리학회 학술 이사, 수련 이사 및 자격관리 이사
서울디지털대학교 상담심리학과 교수, 서울디지털대학교 심리상담센터 센터장
임상심리전문가, 상담심리사 1급, 정신건강임상심리사 2급

최기홍

고려대학교 심리학과 학사 및 석사
미국 네브래스카 주립대학교 임상심리학 박사
미국 로체스터 대학병원 정신과 임상심리 인턴쉽
미국 웨슬리안 대학교 풀브라이트 방문교수
(전) 미국 컬럼비아 대학병원 마리-캐슬 펠로우
(전) 미국 예일 대학병원 연구과학자
고려대학교 심리학부 교수, 고려대학교 KU마음건강연구소 소장, 한국심리학회 부회장
임상심리전문가, 미국공인심리학자(코네티컷주)